36 Classic Cases:
A Closer Look of Republic of China

庭审民国

王晓华　孙辉刚
————————————著

团结出版社
UNITY PRESS

图书在版编目（ＣＩＰ）数据

庭审民国 / 王晓华，孙辉刚著 . -- 北京：团结出版社，2022.9

ISBN 978-7-5126-9321-0

Ⅰ . ①庭… Ⅱ . ①王… ②孙… Ⅲ . ①案例 - 中国 - 民国 Ⅳ . ① D929.6

中国版本图书馆 CIP 数据核字（2022）第 026897 号

出　版：团结出版社

　　　　（北京市东城区东皇城根南街 84 号　邮编：100006）

电　话：（010）65228880　65244790（出版社）

　　　　（010）65238766　85113874　65133603（发行部）

　　　　（010）65133603（邮购）

网　址：http://www.tjpress.com

E-mail：zb65244790@vip.163.com

　　　　tjcbsfxb@163.com（发行部邮购）

经　销：全国新华书店

印　装：三河市东方印刷有限公司

开　本：170mm×240mm　16 开

印　张：39.25

字　数：505 千字

版　次：2022 年 9 月　第 1 版

印　次：2022 年 9 月　第 1 次印刷

书　号：978-7-5126-9321-0

定　价：128.00 元（上下册）

目 录 / *CONTENTS*

第一讲　民国司法第一案

——周实、阮式被害案

上集

中华民国司法独立第一案，即周实、阮式被害案。这起案件有什么特别之处呢？在辛亥武昌起义爆发，各省纷纷光复的一派大好革命形势下，江北的清朝山阳县知事姚荣泽却残忍地杀害了南社社员、同盟会会员周实、阮式。这是一起反对革命的大案。中华民国南京临时政府成立后，在临时大总统孙中山和司法总长伍廷芳的关注下，用合议庭的形式，公平、公正地进行了审理。在审理案件过程中，革命党与封建官僚势力展开了一场较量，案件一波三折。由于这是第一次由司法部组织的公开裁判法庭，是司法独立的追求与表现，所以，人们就把此案称为民国司法第一案。

1．青年才俊，革命先锋

首先要说明的是，山阳县在历史上有两个，一个位于陕西商洛地区，现在还称山阳县；另一个就是我们现在要讲的山阳县，是江苏淮安县的旧称。民国三年（1914年），因与陕西山阳同名，改山阳县为淮安县。

那么，这起谋杀案究竟是怎样发生的呢？

要说清这起血案，就必须从周实和阮式这两位革命党人说起。

1

周实（1885—1911），字实丹，淮安府山阳县车桥镇人。由于喜欢喝酒，自号山阳酒徒。1902年入县学为秀才。1906年夏，南京的两江师范学校招生，周实考取，名列前茅。

阮式（1889—1911），字梦桃。淮安府山阳县人。出生于举人之家。1904年，应山阳县试，成为秀才。1906年以第一名考取两江师范学校，与周实为同乡、同窗和同道的挚友。

1909年11月13日，革命文艺团体南社在苏州成立，周实、阮式这两个文艺青年欣然参加，并被柳亚子称为"社中眉目""南社健儿"。二人以诗文鼓吹反清革命，又组建淮南社，与南社相呼应。

1911年10月，武昌起义消息传到南京，周实兴奋至极，联合了700余名南京各校激进学生，准备参加光复南京行动。不料，柳亚子、朱少屏来信请周实去上海，商讨组织光复两淮事宜，周实即去上海，与柳亚子等一起分析了江苏革命形势。柳亚子认为苏北淮安府处南北之间，位置紧要，劝周实回乡进行革命。于是周实在11月7日回到山阳县。

他的好友阮式，时在山阳高等小学当教习。周实有革命党身份与革命计划，阮式有家财与地方的人脉，二人结合起来，谋划光复。正好因为新军第九镇进攻南京，不少宁沪的山阳籍学生都返回家乡，周、阮二人将这些学生召集起来，再加上阮式在山阳高等小学的弟子，共有八九十人，说服山阳团练局，获得了一些枪支，成立了一支"学生队"，周实与阮式分别担任正、副队长。

当时淮安府已经陷入瘫痪，知府被吓跑了，知县闭门不出，又无兵卒守卫，奸宄之徒趁机抢劫，人心惶惶，一夕数惊。学生队掌握武装，第一件事便是跑到知府衙门前，放了几枪，把龙旗扯下来撕得粉碎；再插上起义的白旗，宣布革命。周实等接管山阳县城防后，自行巡逻，使混乱的局面安定下来，恢复了社会秩序，商店也照常营业。

惶惶不可终日的富户士绅，看到学生军持枪日夜巡逻，分班守城，查询奸宄，安定市面，于是纷纷要求学生队改名为"巡逻部"，请周、阮二人分别担任正、副部长，维持山阳的社会秩序。这就出现了一个权力真空期。革命派扯了龙旗，没有宣布光复，又没有成立新政权，山阳县绅商对两个二十多岁的学生维持局面，总归放心不下。于是士绅们又开会商议，推举前山阳知县姚荣泽出任县知事，总管商民政事。巡逻部尚无政权名义，周实、阮式也就未加阻止。

2."虏吏"猖狂，白日血案

姚荣泽当上县知事后，"私募"四十名兵士当卫队。之前，绅商选县知事，巡逻部可以不管，现在要私招武装力量，周、阮等人立行干预，不准招募。

11月12日，淮安府治所清河县光复，举蒋雁行为江北都督，传檄山阳县反正，要求山阳县士绅派代表赴都督府议事。山阳县便推举周实等五人去参加会议。周实等去了清河，和江北都督蒋雁行接洽，决定两天后宣布山阳光复。

周实前脚刚走，姚荣泽便在山阳县城内散布谣言，说周实是上海的革命党，这次回来，要当山阳的都督，要"杀官劫绅"，士绅们吓得坐立不安。

11月14日，由周实、阮式及巡逻部人员在旧漕运总督府召开了山阳光复大会，到会者有五千多人。周实在大会上宣布山阳光复，与清廷划清界限；阮式随即发言，慷慨陈词。由于县令姚荣泽拒不出席光复大会，阮式在会上愤怒斥责道："姚荣泽避不到会，即为反对光复行为！"与会士绅鉴于县知事都没参加会议，心有疑虑，默不作声，阮式痛责他们不明形势，清朝要完蛋了，你们竟不敢上台发言表态！要想想反对革命的下场。阮式的话印证了姚荣泽的谣言：革命党要"杀官劫绅"。次日，有江北都督蒋雁行的部下来到山阳，周、阮二人出城迎接，设宴招待。这时，姚荣泽带着卫队也赶到了。

阮式毫不客气地质问："老姚，昨天开光复大会时你为何不参加？你反对光复吗？"

姚荣泽放下身段，说："鄙人身体抱恙，实在是对不住！"

阮式哼了一声："恐怕不是抱恙是抱恨吧！"

姚荣泽急忙否认："不对不对，我也是汉人，光复华夏，也是下官的责任！"

周实来得直接："那么请'下官'把库存漕银的数目、库房的钥匙统统交出来，就算你对得起地方，也对得起我们。"

交钥匙就等于交出命，姚荣泽的头上沁出了汗珠："这个、这个……"

"什么这个那个，认识这个吗？"

周实抽出腰间两把手枪，冰冷的枪管抵在姚荣泽额头上："你认识它，它可不认识你！三天之内，不交账本和钥匙，就跟它说！"

"一定交，一定交！"

姚荣泽话音中充满了恐惧与胆怯。

于是，宴会开始，周实、阮式坐了上首，而姚荣泽叨陪末座。尽兴之后，周实、阮式着手筹建山阳军政分府，被众人推为山阳分府一、二把手。

眼看死到临头，姚泽荣当然不肯束手就擒，就在海会庵召集劣绅何钵山、阮钵香等密谋，说："我们如想活命，必杀周、阮，不是他们死，就是我们亡！"阮钵香因为与阮式是宗亲，没有表态。但姚荣泽与何钵山定下了杀人计划。

11月17日中午，由何钵山出面，在自家宅内请周实小饮，吹捧其一番。饭后，周实微醺，骑着马途经府学宫门前。这时，有人手持姚荣泽名片，说姚知事邀请他进学宫明伦堂议事。

当时，府学内兵勇林立，周实的手下提醒："可能有诈，不要进去！"

周实心怀坦荡："朗朗乾坤，何惧鬼蜮？"坦然而入。一进大门，突然有人冲上前来，举刀向他的头上砍了一刀，顿时血流满面，周实自知上当，忍着剧痛从容高喊："文明世界，请以枪毙！"

"想吃炮子那就成全你！"

典史（也称县官、县丞、主簿、典史）周域邠连发两枪，周实倒地，又中五弹，壮烈牺牲，年仅27岁。

周实被害后，参将杨建廷立即带领团勇直奔阮府，先将宅子包围，自己再进门去请阮式：周部长与姚知事在学宫议事，请副部长即往。阮式没有怀疑，一出家门，就被捆上了，绑到学宫。

阮式见到姚荣泽，就破口大骂"虏吏"，"要杀就杀，快刀立断，别拖延！"

姚荣泽、杨建廷竟指使手下的一个无赖，将阮式刳肠剖胸，血流满地，当场死亡。

随即，有20余人手持枪械，将周父及其弟羁押山阳县外监。后定周父监禁十年，并不堂讯。10天后，姚荣泽畏罪逃走，周父等具结后被释放。

3．主犯潜逃，沪督缉凶

姚荣泽不是很嚣张吗？可是他为什么逃呢？

镇江都督林述庆闻山阳光复有阻力，特派部下臧在新率部队前往弹压，追问姚荣泽杀周、阮二人是何理由，姚自知理屈，花言巧语，每日好吃好喝，以银款贿赂林氏部下，表面上装作很镇定。镇军并未对姚荣泽采取行动，姚却担心，纸里包不住火，早晚会东窗事发，趁夜打开银库，把金银取之殆尽，除分给党羽一部分外，携巨款连夜逃往通州（南通）。

原来，就在周、阮被害的当日晚上，南社周伟，也是周实的两江师范同学，逃出山阳，前往上海找到柳亚子，要求给周、阮报仇。

再说，党人周伟等人到了上海，见到柳亚子诉说周实、阮式被害的经过，柳亚子义愤填膺，周实是经他鼓动后才回山阳县进行光复运动的，如果没有这一层原因，周实就不会有此横祸。这真是：我不杀伯仁，伯仁却因我而死，这仇非报不可！

柳亚子联合南社朱少屏等上书上海都督陈其美，其中有"虏令（山阳县令）无状，一日杀二烈士，不扑杀此獠，无以谢天下"之语。淮安学团也派出五十余名代表前往上海请愿。

"一时军界、政界、学界，被害者家属的公函、公禀、呈文雪片般投向上海都督府。"陈其美与上海都督府军法司司长蔡寅也是南社同人，都鼎力支持。于是，陈其美立即下令通缉姚荣泽。

但是姚荣泽已经无影无踪。他去了哪里呢？

姚荣泽逃往南通，投奔族人通州（南通）大纲公司的董事长姚仲勋，姚仲勋得知事情的真相后，十分害怕。当时，通州光复，成立了军政府，实业家张謇之兄张詧任总司令。姚、张两家有旧交，姚仲勋与姚荣深决定走其后门，贿以重金，请求庇护。于是张詧与张謇商议，让姚荣泽躲到南通郊外很偏僻的通海星牧公司。

说起南通张家，在江苏乃至全国影响都很大。张謇是中国近代著名的实业家、政治家、教育家。光绪二十年（1894年）中状元，光绪二十一年（1895年），奉张之洞之命创办大生纱厂。宣统元年（1909年），被公推为江苏谘议局议长。宣统二年（1910年），发起国会请愿活动。宣统三年（1911年），任中央教育会会长、江苏议会临时议长、江苏两淮盐总理，是个黑白两道通吃、无人敢惹的角色。有张家庇护，姚荣泽当无问题。

陈其美下通缉令捉拿姚荣泽，起初并不知姚逃至何处，但这个姚荣泽在公司里仍摆其县知事的官架子，极为傲慢，于是暴露了踪迹。

通海星牧公司的自卫队队长钱惟善，发现一生面孔，大摇大摆步入小餐厅吃饭，于是问其部下："此是何人？"都说不知道，恰巧有一部下进来，他知姚的底细，告诉钱：这家伙就是上海都督府悬赏捉拿的逃犯姚荣泽。钱一听发财的机会来了，喜出望外，一面向上海发报，一面派人捉拿，连夜将姚押往南通军政府。随即，姚被转移到张謇家中，钱不知其底细，洋洋自得，等着拿赏金。不料，等来了数名警察，反把他抓进监狱，罪名是"颠覆地方政府"，钱方知内有勾结，懊悔莫及。钱惟善被警察抓捕后，一直无供。其父钱子青托人说情，又三番五次向张謇当面求情，张就是不放人。

再说陈其美得知姚荣泽躲在南通后，便向张謇要人，请其将人犯从南通押解到上海来，按照军法进行审讯。但张謇根本不理那一套。

1912年1月1日，孙中山从上海往南京，就任中华民国南京临时政府大总统，在此期间，张謇指使姚荣泽呈文临时大总统，要求将该案交给江苏都督府讯办，理由是山阳县地属江苏省管辖，在山阳县的案子应由江苏都督来讯办。

这起案子究竟是在南通、上海还是苏州（江苏省治所）审理，各方都提出各自的理由，相互推诿。

孙中山临时政府的实业总长就是张謇，南京临时政府想依靠张謇掏钱支撑局面，知道这起案子有张謇的哥哥搅和在其中，便给张謇一个面子。

4. 多方角逐，沪上审理

孙中山认为姚荣泽的要求也有道理，当即批令江苏都督庄蕴宽讯办，令张謇将姚荣泽押解至苏州，交江苏省高等法院讯办。

这样一来，姚荣泽和张謇的目的达到了，因为江苏都督庄蕴宽是清朝旧官僚，做过知县、知府，在江苏审理此案，庄蕴宽定会网开一面，姚荣泽不至于被判死刑。

没想到，孙中山的做法可把陈其美给气坏了，陈是革命党，又是青帮老大，有"青帮都督"之称。他派人把持在南京临时大总统府担任秘书的笔杆子柳亚子接到了上海。

柳亚子以陈其美的名义，给临时大总统、司法总长、次长打了一通电报，指明南通的土豪张謇与姚泽荣是勾结与包庇关系，最后说："今日之事，若不得当，则义旗所指，首在南通！粉身碎骨，所不敢辞，衅非我开，敢告天下！"表示不交人就派兵舰去打南通。

柳亚子在《南社纪略，我和南社的关系》中追述此事说：叵耐（可恨）南通的土皇帝张謇，是和老姚有关系的，包庇着不许引渡。老姚又挥金四处奔走，事情闹到南京临时总统府，却还是不得要领，英士（陈其美）也很生气，对冶民（蔡寅）讲，这一次要亚子亲自出马了，他叫人接我去上海都督府，起草了一份洋洋数千言的电报，打给南京，说话讲得很不客气，大意说，倘然张家再不就范，我们便不管三七二十一，要派兵舰去攻打南通了。老张见了这份电报，知道英士是说到做到的人，才把老姚交了出来。

2月4日，陈其美致电临时大总统孙中山和司法总长伍廷芳、次长吕志伊，请昭雪周实、阮式冤案，究办杀人犯姚荣泽。

电报中首先称颂山阳志士、南社社员，同盟会友周实、阮式"奔走于革命事者多年"，武昌起义后，周弃学回淮，与阮组织"巡逻部"，分任正、副部长，"力保危城，勋劳卓著"。接着他指出：山阳县县令姚荣泽杀害周、阮以及姚逃匿通州，通州分府拘姚后"匿不解申"，沪、苏、通三处为拘审姚荣泽，"争辩不暇"；"而彼乃得挟大总统之批逍遥于法外；其计之狡，实匪夷所思"；"其美如诬姚贼，愿甘伏法。惟至今通分府并未解申，未知何故。大总统及法部保护人道，尊重人权，当知吾辈之所以革命者，无非平其不平。今民国方新，岂容此民贼汉奸戴反正之假面具，以报其私仇，杀我同志？其美不能不为人昭雪，虽粉身碎骨，有所不辞"。

正是由于陈其美态度坚决，2月7日，孙中山复电陈其美，云："此案既经周、阮二人家属及各团体迳向贵都督告发，自应迳由贵都督讯明律办，免致枝节横生，沉冤莫白。已饬南通州张司令謇，火速将姚荣泽及此案紧要证据卷宗，遴委妥员解交贵都督秉公讯办，以彰国法而平公愤。"孙中山又同意将此案交由陈其美来审。

2月9日，孙中山总统电令江苏都督庄蕴宽：

> 应将全案改归上海都督彻查讯办，以便迅速了结。合就将原呈发交贵都督查照，仰即将全案卷宗一并移交上海都督办理可也。此令。

孙中山的意思很明确：告知江苏都督不必再过问插手此案。

2月10日，孙中山电令南通总司令张謇：

> 山阳周实、阮式被杀一案，迭经各处来电申诉，非彻底查究，不足以彰国法而平公愤。仰该司令迅将姚荣泽及此案证据卷宗，赶日遴派妥员，解送上海都督讯办，毋庸再行解交江苏都督。切切。
>
> 总统孙文

同日，孙中山复电陈其美：

> 山阳周实、阮式惨被杀害一案，前据姚荣泽来呈，以地属江苏管辖，当经批令江苏都督讯办。项阅来电，此案既经周、阮二人家属及各团体迭向贵都督告发，自应径由贵都督讯明律办，免致枝节横生，沉冤莫白。已饬南通张司令謇，火速将姚荣泽及此案紧要证据卷宗，遴委妥员解交贵都督秉公讯办，以彰国法而平公愤。并令行江苏都督知照矣。

有了大总统的尚方宝剑，陈其美致电淮安山阳议事会："前山阳令姚荣泽系因惨杀周（实）、阮（式）二烈士，故由本府提沪讯办。"

峰回路转，柳暗花明。此案应该有个了断了吧。

下集

陈其美一定要为辛亥先烈、南社故友周实和阮式报仇，再三要求将姚荣泽引渡到上海受审，但南通总司令张詧坚持说此案属地在江苏，不在上海，轮不到上海都督陈其美过问。然同盟会与南社又不同意将姚荣泽交给江苏都督庄蕴宽（以庄蕴宽与张謇的关系，他们的担忧也颇可以理解）。各方相持不下。孙中山拍板：同意陈其美的要求，命令南通总司令张詧将姚荣泽押解至上海，交由陈其美审讯，彻查、秉公法办。案情审理终于按照革命党人预期的方向进行。

1. 官绅请求私了，总长坚决抵制

正当上海都督府要派人将姚荣泽提到上海审判时，又出幺蛾子了，庭审尚未开始，差一点就结束了。这又是怎么一回事呢？

原来，姚荣泽并没有甘心伏法，他四处托人花钱，找到了他的老师丁宝铨出面，此人是山阳人，曾做过山西巡抚，有很强的地方势力。他联合了士绅何钵山、阮钵香等，向阮家、周家的人进行游说，什么都是乡里乡亲，冤冤相报何时了？就是法庭判姚荣泽死刑，你们的人也死了，不能复生；也拿不到任何赔偿，不如私了更实惠。

私了的价码也很高，共三笔罚款：由姚荣泽等人罚银8000元，以赔偿周实、阮式家属的损失；罚银2000元，为周实、阮式建祠堂、修坟迁葬、刊稿之用；罚银6000元，以为地方公益之用。他们认为，这种结局，周阮两家得到实惠，姚荣泽免"羁绁"之苦，而地方人士也可免诉讼之累。

当时就有山阳和江苏各地的士绅几十人通过各种关系来说和调解

此事。周阮二烈士的家属认为可行，答应与姚荣泽私了。

民国成立前，一般民间的调解撤诉称"和息"，呈送官府请求撤诉的文书称"息词"。师爷大多数会劝告官员推迟审理，以待民间和解。对县官来说多一事不如少一事，和息比审理省事得多，根据向生者不向死者的原则，生者能得点儿实惠，案子就算了结。

私了消息一出，包括陈其美和南社等革命党人都不干了，革命为了什么？不就是社会公平和司法正义吗？

对于这种要求私了而不审判的"和解"，司法总长伍廷芳坚决不同意。

伍廷芳何许人也？

伍廷芳（1842年7月30日—1922年6月23日），清末民初杰出的外交家、法学家，早年入香港圣保罗书院，1874年自费留学英国，入伦敦大学法学院攻读法学，获博士学位及大律师资格，成为中国近代第一个法学博士，后回香港任律师，成为香港立法局第一位华人议员。曾代理英国人酗酒打死华人的案件，促成凶手被判刑，并为当事人争得赔偿。清廷在预备立宪时，他与修律大臣沈家本一起起草了多部法典，在刑事诉讼法草案中提出辩护人制度。

辛亥革命爆发后，伍廷芳任中华民国军政府外交总长，主持南北议和，达成迫清室退位。南京临时政府成立后，出任司法总长。这次，伍廷芳只不过是把他的律师辩护制由理论变为实践。

他认为，此案应该迅速审结以分曲直，而且要采用文明的方式审判。他说："民国方新，对于一切诉讼应采文明办法。况此案情节重大，尤须审慎周详，以示尊重法律之意。"伍廷芳还拟定了审判的具体办法。他说：必须组织临时裁判所，委派所长、副所长，设陪审员。判决权完全属于陪审员，但陪审员只能做有罪无罪的判决，而不能决定死刑和无期等年限。

2月18日，伍廷芳致电孙中山，提出姚荣泽案"拟由廷芳派精通中外法律之员承审，另选通达事理、公正和平、名望素著者为陪审员，并准两造（即原告和被告）聘请辩护士（律师），到堂辩护。审讯时任人旁听"。因为，姚荣泽杀人案是民国以来第一起由法庭自主审理的大案，伍廷芳力主借助民国第一案来树立法治标杆，实行陪审和律师出庭辩护制度。他的意见具有极大意义。

孙中山表示认同伍廷芳这种全新司法理念和价值观，于19日复电说："所陈姚荣泽案，审讯方法极善，即照来电办理可也。"

孙中山、伍廷芳主张根据新的诉讼法进行文明审判，反对山阳官吏、士绅等要求私了的主张。其实是依法办事和以钱屈法这两种新旧不同的法治观的斗争。

在几千年封建社会，原告到衙门击鼓鸣冤，县官大老爷传来被告，两下跪在县官面前各自陈述，最后县官与师爷商定后拍板，根据"衙门八字开，有理无钱莫进来"的原则，全凭大老爷判定输赢，其他人等无从置喙。

中华民国成立了，一种新的资产阶级社会制度正在推行。司法总长伍廷芳等从改革司法审判入手，提出文明审判，控告双方聘请律师进行辩护，最后由陪审员认定有罪无罪，法官进行宣判。这是代表民国司法的方向。

伍廷芳就是要引进这种西方的文明审判方式，怎么可能让封建的司法搞什么私了呢？

2. 都督蛮横，总长倔强

在如何组织临时裁判所，委派所长、陪审员、国民代表及聘请外国律师和外国证人方面，司法总长伍廷芳与上海都督陈其美之间发生了激烈的争辩。

在陈其美看来，民国建立之初，在机构不健全、局势尚未安定的情况下，不能过分强调司法独立。他以都督府名义擅自委任军法司长蔡寅为所长，金泯澜为陪审员，进行审判。

蔡寅（1873—1934），江苏吴江人，早年留学日本，"苏报案"发，他与金松岑等设法延请英国律师琼斯为章太炎、邹容辩护，未果。遂避祸赴日本留学，入早稻田大学攻读法政，结识孙中山、黄兴，加入同盟会。辛亥革命前夕，蔡寅回国，任浙江宁波地方检察厅检察官；上海光复后，任上海都督府军法司司长。他是代表陈其美审案子的。

司法总长伍廷芳反对，说姚案既按照文明办法审理，裁判所的人员安排，委派某人为裁判官、某人为陪审员，其权应属于司法部。陈其美的擅自委任，"未免稍有误会"，就是有军政干涉司法之嫌。其中对于委派国民代表，更表示疑问，认为责任不明，必须重新决定。

但陈其美认为有其必要，这是由于"此案迹近抵抗民军，非寻常挟嫌之杀可比，案情较重，故所派律师应作为国民代表，以昭慎重"。坚持要派金泯澜参加陪审。金泯澜，原籍绍兴，毕业于日本法政学院，清廷法部主事。民国后任宁波地方审判厅厅长。

伍廷芳则提名陈贻范为所长（审判长）。

陈贻范（1871—1919），字安生，江苏吴县人，1861年，赴英国留学，入林肯法学院，毕业后获英国律师职称。任职驻英使馆，自四等翻译逐级晋升二等参赞。民国后任驻沪通商交涉使。

陈其美对外宣称：对司法总长伍廷芳任命陈贻范为所长原无反对的意思，只是都督府早已对外宣称由蔡寅担任临时庭长，如果更换，对社会各界不好交代。因此，折中一下，陈其美提出由蔡寅担任正所长，由陈贻范、丁榕二人任副所长，审理姚荣泽案。关于派出民国代表一事，由于姚荣泽是抵制革命，反对人民，并非是寻常的故意杀人问题，因此特派律师金泯澜为国民代表，以昭慎重之意。

伍廷芳和陈其美争辩的问题，实际上是根据刑法办案，还是根据军法办案，是维护司法独立，还是行政军政干涉司法的一场斗争。

3月11日公布的《中华民国临时约法》规定第五十一条："法官独

立审判不受上级官厅之干涉"；司法必须独立。因此，根据规定陈其美和上海都督府不得干涉审判。《中华民国临时约法》第四十八条规定："法院以临时大总统及司法总长分别任命法官组织之"，因此，司法总长伍廷芳委任英国林肯法学院毕业的陈贻范为所长（裁判长），大律师丁榕和蔡寅为副所长等陪审，陈的英国法学院同学林某受命赴山阳案发地进行调查取证。此外还专门组织了七人的陪审团。

法庭组织好后，借上海南市市政厅作为审判庭。3月23日下午，期盼已久的姚荣泽案宣布开庭，各界人士前来旁听者近200人。

法庭上原告被告之间唇枪舌剑，针锋相对。原告证人认为，姚荣泽对周、阮是故意杀害。周实、阮式的被杀，是姚荣泽对周、阮宣布山阳光复、成立军政分府、揭发他反对革命以及控告他亏空公款，怀恨在心所致。这就是姚故杀周、阮的原因。

原告律师说：周、阮本无罪，姚杀他们无理可言。姚杀周、阮实为挟嫌，因阮演说语既侵姚，又要当面盘查粮赋，更见周、阮确有兵队，且秘密组织军政分府，还有人推周为民政副长，以掣肘姚。由于上述种种原因，姚就产生了杀意。而且，事后姚还有预谋的证据，故姚杀周、阮，实为故杀、惨杀。依现行法律第299条，应处姚死刑。

被告姚荣泽却辩解说，杀周、阮并非是其本意，是地方绅商的主意，而周实、阮式不是他杀的，他俩死于杨建廷、周域邠等人之手。姚还说："吾心之初，总须讯明方可究办，而地方各界之意，以此事须如此小理，是地方上之人，均赞成此举也。被告又派人至街上探访舆论，亦均赞成，被告于是处于不赞成之势。"意思是被告是不赞成杀周、阮的。

被告律师对原告律师所指控进行驳斥，认为姚荣泽的所为应当看作职权范围（县知事）内的行为，应依现行法律第301条及第305条论处。被告律师把被告故意杀人的罪行轻描淡写地说成为"职权范围内的行为"，实际上是为被告开脱。

之后，3月30日进行第二次、31日进行第三次审讯。

陪审团认定姚荣泽谋杀成立，法官丁榕据此宣布：判处姚荣泽死刑，两周内执行。双方可以做最后陈述。

法庭给姚荣泽五分钟做最后陈述。姚荣泽申辩说：杀死周实、阮式并非出自本意，而系受地方绅团的逼迫所为，请求减刑。

姚荣泽的律师请求陪审团施恩。丁榕说可由陪审团上书总统请求赦免，原告律师则在最后提出赔偿费用、保护证人等要求。丁榕宣布：如果总统赦免了姚荣泽，那么姚荣泽需要向周、阮的家属各赔偿20000元，另处罚金1000元。

判决虽然严厉，但给姚荣泽开了后门，随时可以免于死刑。

对于判姚死刑，山阳官吏、士绅等联名俱函公然反对。而上海都督陈其美即令山阳县民政长查复此事，认为这是公然反抗、蔑视法律，实为"煽乱之源"。如确有此事，应将为首者提解来沪，"以儆刁风而维国法"。

其实，这是资产阶级革命派与山阳官吏、士绅等封建势力，在要不要依法判决、罪刑相当问题上的较量与斗争。

宣判不久，书记员就代姚荣泽表示，此事系地方士绅所为，请求陪审员施恩。裁判官也说，因当时处于革命纷扰混乱之际，被告所为或许情有可原，陪审员如认为可以，应在两周内，将此详细情形报告大总统，由大总统裁夺。

陪审团也认为，本案发生在光复未定、秩序扰乱之际，与平静之时不同，"该犯虽罪有应得，实情尚有可原"，于是，陪审员对姚荣泽是否要施恩进行讨论。七人之中，有三人表示反对，四人却同意施恩。

最终决定由陪审员集体呈请大总统"恩施轻减"。

当时国内政局发生了变化，孙中山在任临时大总统时曾表示，如果清内阁大臣袁世凯能让清帝退位，南北双方停战，就把大总统的位置让给袁世凯。果然，袁世凯用"逼宫"的方法让清帝退位了。

孙中山4月1日在临时参议院宣告辞去临时大总统职位；而代表大地主、封建势力的袁世凯继任大总统。

3. 总统"施恩轻减"，凶手逍遥法外

袁世凯的上位，使姚荣泽一案的结局发生了逆转。4月8日，四位同意恩减的陪审员再次向北京的中华民国大总统袁世凯发出要求恩减的电文。

这四位陪审员又到伍廷芳处商量此事，力求减轻；审判官陈贻范也同意他们的意见。但是，孙中山内阁的司法总长伍廷芳已交卸司法总长职务，不能以司法总长的名义给袁世凯发电报，故由通商交涉使温宗尧代发。

但是这种要求恩减的信息，立即遭到舆论界的攻击，而且把责任完全推到原司法总长伍廷芳身上。当时由南社社员姚雨平、陈陶遗、柳亚子、朱少屏等主持的《太平洋报》发表短评，题为《伍廷芳破坏法律》，说伍廷芳就像清朝法臣那样，"强夜奔走，嘱托运动"，姚案审判为民国第一次法庭庭审，为全国人民所关切，而司法总长乃以"一手掩之"。姚有死罪可杀，伍廷芳却使其逍遥法外，"其罪应做何等议"？这是《太平洋报》出于对反动旧官吏姚荣泽的憎恨，把气都撒在了伍廷芳身上。

伍廷芳对于这种攻击，当然不能容忍。他在《答客问》中说，对于姚案，开始时因其身任司法总长，主持司法行政，故必须设法组织正当法庭，而正式开庭审问以后，权限全属于法庭，其未曾干涉。因此，"此中界限甚为明了，何来此破坏法律之说耶"？又说，大总统有权赦免人罪，无权加增人罪，这是法律的原则，就在《中华民国临时约法》中有明确规定，这怎么能指为破坏法律？

《太平洋报》发表短评，题为《伍廷芳说鬼话》，说袁总统命令明明讲据前司法总长伍廷芳及陪审员四人等先后电陈本案，而伍说"无之"，这是可笑可恨的饰辞，因而是"鬼话"。

伍廷芳立即发表了《再答客问》。他说，《太平洋报》的言辞，可以欺骗愚蒙，而不值得"识者一晒"，该报颠倒是非、混淆黑白，这足以使其"价值扫地"。袁命令中标明他的名字，定是交涉使温宗尧的电报，因除温电之外，未曾另发一电。并严正指出："如有凭据普告天下，以声其罪，余亦无悔。否则请该报执笔人扪心自省，是否失信，余心慰矣。"

《时报》刊登《姚荣泽案之评论》一文，驳斥了《太平洋报》的种种说法。该文说，伍以司法总长而为组织法庭做了各方面的准备和安排，这是"职权攸关"，未尝于原被告两方"有所偏袒"。

张謇曾经任过袁世凯的老师，二人有师生之谊。于是张謇出面，请袁世凯特赦姚荣泽。袁世凯以大总统令，特赦了姚荣泽，改为判处监禁十年，附加罚金一万元而结案。未满三月，姚荣泽即匿藏在上海法租界，同案如杨建廷等八人也消失无踪。1915年那个开枪打死周实的周域郊，又混入浙江衢江县（西安县）当知事，由于贪污公款被沪海道尹杨晟通缉捉拿。

1913年7月，山阳丁宝铨又出面了。他提出的调停条件是：由八名案犯捐出田产六百亩、现款二万元充作两烈士遗族赡养费，并修建一所二烈士祠堂，革命党方面便不再追究往事。这个提议得到了两位烈士家属的支持——他们实在也很艰难，已到了"悬釜待炊"的地步，而且此时二次革命一触即发，国民党方面也没有力量再来理会此事。于是几经交涉，加了一个条件：此八人以后不得再过问地方事务。

祠堂建起来了，供奉着周实、阮式的塑像，有二百亩祭田供维持之用。另外还配享着一位杨楚材。此人是在周、阮死后，为同志奔走控诉，但无法雪冤，精神失常，在案结后独自再往南京法院进行控告，反被关押。南社友人救他出来，送他回乡。船走到半夜，杨楚材落入邵伯湖身亡，是自杀，还是谋杀？莫衷一是。

民国第一案是中华民国成立后，第一次由南京临时政府司法部组织公开裁判法庭进行审理，表明民国政府主张改革法制、否定封建旧法、采用欧美资本主义新法和进行文明审判的决心，体现了实行三权分立和司法独立的意图。但是，在封建势力十分强大的社会中，要实现司法独立、文明审判和依法办事，只能是纸上谈兵。

由于孙中山与伍廷芳的辞职，袁世凯得以借机打击革命派，为反对革命的反动旧官吏开恩减刑。所以这场民国第一案未能实现法律的公平和正义。

第二讲　陈其美被害案中案

上集

南社是1909年11月，由苏州吴江的陈去病、黎里的柳亚子和金山的高天梅发起和组织的一个革命性质的文学团体，与同盟会互为犄角，一文一武、相辅相成，形成合力，目的就是为了推翻腐朽的清王朝。

"文字收功日，全球革命潮。"南社社员对辛亥革命和旧民主主义革命的贡献和功绩，是光辉的、不可磨灭的。然而，南社社员中也不乏懂军事的文武双全的人才。这种人才会被他的敌人视为眼中钉、肉中刺，必欲除之而后快。陈其美就是这样的人。

1. 刺杀郑汝成

1915年5月下旬的一天下午，上海法租界白尔都路新民里11号一座洋房里，传来一片哭声，原来这户人家正在举办丧事，花圈挽联，素车白马，轰动了一条街。法租界巡捕房派来的十数名越南巡捕守护在该住宅的门前，维持秩序，如临大敌，前来吊唁者，必须接受身份验证才能进去。客厅正中放着一口非常气派的楠木黑漆大棺，棺材里躺着的是一个身穿民国大礼服、戴着眼镜的中年男子。一位相貌堂堂的青年男子趴在棺材上，号啕大哭，哀痛欲绝。灵堂两侧悬挂的挽联是："扶颠持危事业争光日月，成仁尽义俯仰无愧天人。"落款是介弟书。

那么，这个介弟是谁？号啕大哭的男子又是谁？棺材里的死者究竟是何人？

"介弟"就是这位号啕大哭的青年男子，他不是别人，正是中国现代史上的风云人物蒋介石！那位死者正是蒋介石的义兄陈其美。

陈其美，字英士，浙江吴兴（今湖州）人。是辛亥革命时期和民国初年名声显赫的风云人物。他于1906年夏东渡日本留学，入东京警监学校第三班，学习警察法律，成绩优良。在此期间结识了革命党领袖孙中山，加入了同盟会，与黄兴、宋教仁、徐锡麟、秋瑾等为好友，并与蒋介石结盟为兄弟。陈其美文武双全，是最早加入南社的社员之一，柳亚子为其介绍人，入社号为125号。

陈其美是《中国公报》《民生丛报》《民立报》等发行人、主编、记者、撰稿人。《民生丛报》为半月刊，陈其美、陈去病任主编，编辑部设在马霍路381号得福里，副刊上经常刊载于右任、朱少屏、景耀月、宁调元、林白水、雷昭性等南社社员的诗文。在1910年上海出版的各类报刊中，以此报最富有革命色彩。陈其美是南社社员中一位有革命理想，并能付诸行动的能文能武的社员。同时，他的编辑部又是一个革命党联络的秘密机关。

柳亚子在《更生斋随笔》中记载了这样一个故事：辛亥年上海起义前夕的一天深夜，柳亚子与朱少屏等人在《中国公报》报馆里聊天，还有其他一些不相干的人。当时，革命党的活动引起了法租界的注意，巡捕盘查甚严。陈其美抱着一个帽盒路过，见前面有安南巡捕，陈其美就拐进了编辑部，和众人打招呼，随手把帽盒放在壁炉架子上，说："武汉乱了这些日子了，咱这些做贸易吃饭的小商人以后怎么讨生活呢？"一边摇头一边走了。第二天，有人来取走帽盒，没两天，上海制造局发生剧烈的爆炸声，革命党攻打并夺取了制造局。后来，柳亚子才知道陈其美那个帽盒里藏着的是一枚威力巨大的炸弹，正是用来攻打上海制造局的。

陈其美在34岁时，组织革命力量，在光复上海的行动中发挥了重要的作用，成了上海都督；他又组织了江浙联军攻打南京，占领南京全城，之后在南京建立了中华民国临时政府。陈其美被孙中山任命为南京临时政府工商总长。1915年，陈其美年仅38岁，死于一场惊心动魄的谋杀案件。那么，陈其美大案究竟是怎样发生的呢？

1913年3月12日，袁世凯的党羽暗杀了国民党重要领袖宋教仁，陈其美与孙中山、黄兴等领导和发动了"二次革命"，由于准备不足，仓促上阵，失败后逃往日本。

1915年10月中旬，为了反对袁世凯复辟帝制，陈其美被孙中山任命为淞沪司令官，携带反袁的作战计划，从日本回到上海。他将法租界霞飞路渔阳里五号，作为反袁军事活动的总机关。计划第一步，先干掉郑汝成。

郑汝成，直隶人，毕业于英国格林威治海军学校。是海军上将，袁世凯的心腹。1913年孙中山、黄兴发动"二次革命"，讨伐袁世凯。郑汝成率领两艘兵舰，护送陆军第四师13000人，搭乘招商局的"新昌""南平"两艘商轮南下，于7月上旬抵达上海。之后，残酷地镇压了"二次革命"。正因为郑汝成镇压革命党有功，1915年10月6日，升彰威将军兼上海镇守使。此人是革命党的劲敌，革命党人多次想除掉他。就在这一年8月18日，郑汝成送家属回北京，在金利源码头被人扔炸弹，但炸弹扔偏了，躲过了一劫。从此，郑汝成外出行动很警惕，生怕被革命党逮到机会，丢了性命。

要杀郑汝成，谈何容易？陈其美一次不成，就等待下一次机会。俗话说机会总是留给有准备的人，究竟是什么样的一个机会呢？

1915年11月10日，是日本大正天皇举行加冕典礼的日子。新天皇即位典礼时所需使用的高御座，即"龙椅"（Takamikura）高6.5米，由圆形的宝盖亭与宝座组成，饰以漆器、黄金和其他饰物。

顺便说一下，2019年4月30日，日本明仁天皇正式退位。皇太子德仁即位，10月22日举行加冕典礼。新天皇坐在高御座上，向来自世界各地的贵宾宣布即位。他的高御座就是他曾祖父大正天皇为1915年加冕典礼而专门制作的，之后就一直被保存在京都御所。它的上一次使用还是在1990年明仁天皇的加冕大典上。

为了大正天皇的加冕典礼，驻上海的日本总领事馆将在礼查饭店举行庆祝会。上海镇守使郑汝成必须代表袁世凯前往道贺。这就是陈其美的机会。

11月9日晚，陈其美、蒋介石、吴忠信、杨虎、孙祥夫、王晓峰、王明山等人齐集萨坡赛路14号秘密机关。陈其美说："明日行动成功与否，关键要做周密安排。凡是郑汝成可能经过的路口，都要派同志埋伏。"他说："安徽同志在十六铺码头，江浙同志在跑马厅，广东同志在海军码头，各自分头前往，准备伺机伏击。"陈其美布置了42道关，说没有一定的把握就不要强行动手，以免打草惊蛇，把郑汝成吓得缩回去。他指着地图说："英租界外白渡桥是最重要的一处，这里离日本总领署最近，不管郑汝成从哪条路来，这里是必经之路，而且车辆在此须转弯慢行，最利于我们伏击。必须派干练沉勇、射击术娴熟的同志去……"话音未落，（奉天人）王晓峰、（山东人）王明山，皆争着要求担此大任。

陈其美面色凝重："欲在沪发难，必先杀郑汝成，因此杀郑就是倒袁，也是恢复民国的一种手段，希望你们要有不成功则成仁的思想准备。"

王晓峰、王明山慷慨誓言："誓死完成任务，不成功则成仁。"

出来后，王晓峰、王明山邀请行动组员去他们下榻的宝康里的寓所，王晓峰特地穿上一套新做的衣服，是一件黑色漳缎马褂和一身青灰色花缎袍。这在当时是一种高档服装，可以说是盛装。现在也是非物质文化遗产。

王晓峰穿好了新衣服，问："我像不像个烈士？"众人感到很奇怪："怎么说这样不吉利的话呢？"王晓峰说："我一定要把郑汝成打死，而且事成后我是绝对不跑的，要跑了，将来知道是谁打的？我不走，我就要做烈士，将来中华民国革命史上总会有我王晓峰三个字，我死了也是光荣的！"说明他是抱着必死的决心去执行的任务。

10日上午，天色阴沉，下起毛毛细雨。各路阻击人员携带炸弹、驳壳枪和五百发子弹向各路口分头出发，各就各位，可以说布下天罗地网。

但是，各路口的设伏队员均未遇上郑汝成的车队。这是怎么回事呢？

郑汝成像一只狡猾的狐狸，绝不白给。革命党在上海活动风声很紧，他做了必要的防范。原来他也制定了一条秘密路线：出了高昌庙镇守使署后，不坐车，而是乘小汽艇从黄浦江上直接去虹口码头；他的总务处长舒锦绣则坐他的汽车，招摇过市，然后到虹口码头接郑汝成。这里距离礼查饭店路线最近。因此，陈其美布下的天罗地网让郑汝成漏网了，只剩下最关键的路口，即白渡桥，过了外白渡桥就是礼查饭店了。

孙祥夫、王晓峰、王明山等就在桥北墩三四米处潜伏，焦急地等待着。

根据内部情报：届时郑汝成乘坐由两匹高头大马拉着的黑漆马车，身穿军礼服，佩勋章。果然在11点半钟，马车队远远来了。只见前面的顶马之后，是一辆两匹高头大马拉着的黑漆马车，里面的人身穿高级燕尾大礼服。

"就是他！"

王晓峰、王明山迫不及待地就要动手，孙祥夫一看不对，急忙叫停。这是为什么呢？

诸位想想：郑汝成是上海地方最高军政长官、海军上将、陆军中将，怎么会身穿燕尾大礼服、戴大礼帽呢？孙祥夫说："再等等！这个恐怕是个替身！"于是他们让过了第一个车队。

又过了20分钟，将近11点50分时，又有一个车队飞快向礼查饭店附近的白渡桥驶来，孙祥夫眼尖，一眼认出坐在第二辆车中的郑汝成，大喊："第二辆——"他的眼神怎么这样好使呢？

原来，车前排坐着的除了司机，还有2名卫士，后排坐着两个人。左边的人身穿军礼服，右边一个人头戴白羽毛金边帽，身着海军蓝色大礼服，胸前大绶勋章闪闪发光，两撇胡子下垂着，这个人才是真正的郑汝成。

当时郑汝成的汽车到达白渡桥北，车速减慢，开始上桥。桥左侧埋伏的王晓峰站起来，只见他迎面向郑汝成的汽车掷出一枚炸弹，"轰"的一声，用力过猛，炸弹落在车后。郑的司机见有人行刺，立即加速，想夺路而逃。王明山眼明手快，又投出第二枚炸弹，司机猛打方向盘，炸弹还是落在了车的后部，"轰"的一声，一只后轮飞了出去，汽车猛地停下来，坐在后座的郑汝成一看不好，用力打开车门，连滚带爬地想要逃跑，王晓峰从右侧抢步上前，左手一把抓住郑汝成的大礼服袖筒，右手的驳壳枪对准郑汝成的身体："啪——啪——啪——啪……"一口气开了9枪，将弹夹中的子弹全部射进郑汝成的身上、头部，郑立即脑浆迸裂，头若蜂巢，仰面倒下，当场身亡。

郑汝成的卫士也开始还击，都被王明山开枪击退。郑汝成身边的总务处处长舒锦绣也被打死。

任务完成了，王晓峰、王明山果然没有撤退，而是放声大笑，说：吾志已成，虽死无憾！在巡捕赶来后从容被俘。在租界法庭上，二人大义凛然："郑汝成辅袁世凯背叛民国，余等为民除贼，警告袁世凯不要为所欲为。"

公共租界法官气势汹汹地追问主谋时，二人坚决否认，只是自豪地说："我们为祖国除一大害，为人民立一大功，虽死无憾。"

两人后被租界法院引渡到上海镇守使署。12月7日，王明山、王晓峰二人被判处死刑，在上海西炮台从容就义。

郑汝成被刺杀，电报传到北京，袁世凯连连跌足，大为伤感，辍食终日。次日，以大总统令，追封郑汝成为一等彰威侯，加优恤世袭罔替，并赐天津小站练兵营田百顷给其家属。以大总统令封侯，为世界创举。18日，袁世凯下令裁撤上海镇守使，改任命杨善德为淞沪护军使。这些做法，都因为袁世凯认为郑汝成死事最惨，永不再设原官，昭示"朝廷"（洪宪朝）笃念重臣之意。袁世凯还亲书挽联，悼念郑汝成的去世。

2."肇和"舰起义

再说革命党方面，诛除郑汝成以后，人心振奋，各地武力讨袁起义由此触发，此起彼伏。当时，长江流域和江浙方面革命党人认为时机成熟，催促上海首先发难，并表示如果上海起义能够成功，各省必可陆续响应。于是，陈其美便乘袁世凯惊魂未定，继续布置更大的起义计划：一方面遴选人员，购置武器，组织好基干队伍，里应外合夺取上海制造局！

上海制造局又称上海机器局，是清朝洋务运动中成立的晚清中国最重要的军工厂，同时也是近代中国最大的军火工厂，为江南造船厂的前身。当时，仓库里存有大量的枪炮弹药。

另一方面，在袁世凯的陆海军中进行联络、策反，以做内应，争取一举成功。

蒋介石吸取了"二次革命"时攻打江南制造局失败的教训，提出在发动陆路进攻的同时，积极做好海军的策反工作，能策反一条或数条兵舰，不仅能减少在市区进攻的后顾之忧，也能为夺取上海助一臂之力。以此为宗旨，草拟了《淞沪起义军事计划书》。

但是，袁世凯任命杨善德署上海护军使，杨善德一上任便将上海制造局里驻守的陆军调离原地，换上新的部队，掐断了陈其美与制造局之间的联系。

陈其美派杨虎等潜赴黄浦江面与"肇和""应瑞""通济"等军舰上的革命党人取得联系，策动海军起义。

经过多次工作，"肇和"舰舰长黄鸣球决定起义，同意去做"应瑞""通济"两舰舰长的工作，说服他们一起参加起义。

黄鸣球（1864—1916），字韶臣，福建闽侯人。1878年考入福州船政学堂，1886年入选为清政府第三批海军留学生，赴英国主修驾驶铁甲舰诸学。1890年学成回国，入北洋海军供职。甲午战争期间，率镇边舰留守旅顺、威海基地，参加威海保卫战。北洋海军覆没后，被清政府革职。1914年经海军总长刘冠雄保荐，黄鸣球任海军部航海科科长，旋调升为"肇和"舰少将舰长。

然而，陈其美的活动，已被袁世凯设在上海高昌庙的海军总司令部察觉出蛛丝马迹，决定釜底抽薪，采取"调舰出海"计，也就是调虎离山计。

12月3日，海军总司令李鼎新召集"肇和""应瑞""通济""永丰""永翔"等各舰舰长开会，传达命令：袁大总统欲去广东检阅海军，各舰做好准备，于12月6日开赴广东，南下参加检阅。会议刚一结束，"肇和"舰舰长黄鸣球便急急忙忙赶去找陈其美汇报这一紧急情况。他告诉陈其美："5日下午5时，海军元老萨镇冰在其宅第举行公宴，为南下舰队各舰舰长送行，我们都要去参加。"

萨镇冰，字鼎铭，出身于福建福州。中国近代著名的海军将领，官拜清末海军大臣。

萨镇冰是海军界泰斗级人物，他请客，谁敢不去？

"肇和"舰对于陈其美和革命党来说太重要了，是革命党一支重要的力量。如果离开上海去广东，则上海发难必然会倍增困难。因此，这是最后的机会了。革命党人摩拳擦掌，都希望陈其美在6日下午前发动起义。陈其美与蒋介石、吴忠信、杨虎等党人商议，决定乘各舰舰长离船参加宴会时，举行起义。即12月5日下午4时提前发动起义。

在不到两天的时间里要做好起义的一切准备工作，也真够难为陈其美了。蒋介石挑灯夜战，写了起义计划：

1）起义提前在12月5日下午4时进行。

2）设立淞沪司令长官，以陈其美为长官司令，吴忠信为参谋长。

3）以响应起义的"肇和"舰长黄鸣球为海军总司令。

4）设海军陆战队，以杨虎、孙祥夫为正、副司令。由杨虎占领"肇和"军舰，开炮轰击制造局；孙祥夫占领"应瑞""通济"两舰。

5）制造局和市区各军警的同志，当听到"肇和"军舰的炮声时，攻取警察局、电话局、电灯厂等。

5日下午，上海关的大钟悠扬地响了四下，各舰舰长相继离开兵舰，上岸去萨镇冰家参加宴会。

4点45分，杨虎带着30余名志士，暗藏手枪、炸弹装作游客，乘着小艇直奔黄浦江上的"肇和"舰。汽艇上挂着青天白日旗，此旗和当时的海军军旗比较相似，"肇和"舰上的官兵以为有人来校阅，大副陈可钧按计划集合官兵在甲板上列队欢迎。杨虎顺利登舰，迅速占领了驾驶台、炮位等地，很快控制了全舰。接着杨虎当众宣布讨袁宗旨。因炮弹库库员不在，寻不到钥匙，耽误了时间，直到下午6时，才用大锤打破库门，取出炮弹，向江南制造局发炮轰击；很快，驻守上海制造局的北洋军悬白旗示降。杨虎等向制造局发炮后，未见局内有什么动静，以为陆上已被革命军占领，便不再发炮。

再说另一路：孙祥夫率领的一部分同志去乘小汽船，却出师被阻。由于没有照会（通行证），遭租界巡捕干涉，不能开船，因此无法按原定计划占领"应瑞""通济"两舰。这样，"肇和"舰遂处于孤立之势。但是"肇和"舰并不知道，还用灯号与各军舰进行联系，询问是否起义。"应瑞""通济"两舰发信号，表示赞同，请勿攻击。杨虎等人见此情况，误以为孙祥夫等人已占领"通济""应瑞"两舰。

杨虎遂命令瞭望台上的旗语兵："给'应瑞''通济'舰发信号，

命令他们向'肇和'舰靠过来。""应瑞""通济"二舰回答灯号："执行命令！"

两舰朝着"肇和"舰开了过来。这又是怎么回事？不是孙祥夫等没有上舰吗？难道两舰上还有其他的革命党人继续执行起义的命令吗？陈其美领导的上海起义能获胜吗？

下集

革命党夺取了"肇和"舰，向"应瑞""通济"两舰发出灯号，让他们靠过来。果然，两舰遵照命令升火，并靠了过来。但孙祥夫等革命党人并没有上舰，这又是怎么回事呢？

1. 临时生变，起义失败

杨虎发现情况不对，为何"应瑞"与"通济"两舰接近"肇和"舰的同时，主炮高昂，对准了"肇和"舰。突然，"应瑞"舰发炮了，炮弹不偏不倚，正落在"肇和"炮台旁，"轰"的一声，指挥兵舰的陈可钧猝不及防，与水兵数人被炸得血肉横飞。杨虎大惊，令旗语兵赶快与对方联络，问：为何向我舰开炮？得到的回答为："叛党，赶快投降！"

这是怎么回事呢？原来，"肇和"舰向上海制造局开炮后，海军总司令李鼎新立即给"应瑞"和"通济"舰送去交通银行现金10万元。李鼎新保证：只要击毁"肇和"舰，许以100万元犒赏费，并封官许愿，力促两舰攻击"肇和"舰。

杨虎赶紧下令调转炮口，向敌舰射击；炮手迅速地转动炮塔，但已经来不及了，"通济"舰靠了上来，"轰——轰——"两发炮弹打到左舷，"肇和"舰中炮，船头立即向左倾斜。水兵和革命志士在突然袭击下死伤不少。杨虎不甘心，跳着脚大喊："开炮！"炮位上已无人听他的指挥了。他欲将舰开出吴淞口，但他不懂驾驶，无法开船，此时"肇和"舰锅炉被击中爆炸，全船燃起熊熊大火。最后，杨虎被手下人强拉着上了舢板，向浦东方向划去，上岸后，他们换上农民的衣服逃脱。大副陈可钧等数十人因伤势太重，不能行走，被捕杀害。"肇和"舰的起义就这样失败了，那么，陈其美不是还有在市区发动的配套起义吗？

黄浦江上海军起义失败，再看岸上的起义："肇和"舰发炮后，上海制造局内的革命党准备响应，但炮声忽然中止，以为已经失败，遂停止发动。这样，制造局的这一路响应也未成功。陈其美听到炮声后，立即率吴忠信、蒋介石等向华界进发，因预定的司令部未占领，只得折回，但道路已被封锁。此时，黄浦江边正好系着一叶小舟，陈其美掏出大把钞票给船家："这个给你，送我们去十六铺。"于是他们从水路脱身，从外滩法租界金利源码头登岸，返回渔阳里总部。各路同志相继回来，粗略统计一下，有20多名同志死亡，伤了一百多人。

蒋介石仍不甘心，说："今夜再行动一次，敢死队先夺'应瑞'舰，再派几路人马攻击陆地各官署。"

陈其美摇头反对："袁军对我们行动已有准备，我看再想别的办法吧！"

陈其美策动领导的"肇和"舰起义就这样失败了。12月25日，袁世凯改中华民国为洪宪帝国，复辟帝制。这时，孙中山决定进行"三次革命"，筹集经费，并于1916年2月22日，特委派陈其美为革命军江浙皖赣四省总司令，积极发动。

作为袁世凯手下的上海护军使杨善德能善罢甘休吗？他要搞暗杀，要除去陈其美这个心腹大患。这个消息被革命党知道了。2月15日，陈其美出资，南社人邵力子、叶楚伧创办的《民国日报》报道了袁世凯政府在沪设立暗杀机关，专门针对革命党的重要干部之事。

当晚，渔阳里5号总部门外突然人声鼎沸，十几名法租界安南巡捕正包围而来，当时总部内革命党主要人员都在，于是众人纷纷四下而逃，前门出不去了，陈其美等从二楼跳下逃走。只有蒋介石立在门前，装作是局外人问："啥事体？捉啥人？"巡警们推开蒋介石一拥而入，蒋介石趁机越过矮墙，逃跑了。

没有抓住陈其美，袁世凯一伙当然不肯善罢甘休。于是派张宗昌去主持暗杀陈其美。

2. 效坤受命，英士殒命

张宗昌，山东掖县人，字效坤，家贫失学，18岁赴东北，先在中东铁路做工，后至哈尔滨为赌场守卫，再后到了海参崴，因体格高大，膂力过人，擅长枪法，精于骑射，又天生一副绿林豪杰的个性，交朋结友，挥金如土。辛亥革命爆发，黄兴派李徵五到东北去招兵。张宗昌号召了一两千人，前往投奔李徵五，被编为管带，从海道运至上海。这时上海业已光复，陈其美任沪军都督，张部被编为骑兵团，升为团长。"二次革命"后，张宗昌投靠江苏督军冯国璋，为副官长，兼军官教导团团长。

当时，南京浦口商埠筹备督办蔡某是袁世凯心腹，袁命蔡某物色一个可靠的人筹划暗杀陈其美的阴谋。蔡和张宗昌是赌友。有一天蔡约张打牌，张赴约，只见蔡一人，很是奇怪，蔡乃延入内室，郑重问张有没有胆子替老头子（指袁）干一件重要工作。张这时屈居冯部副官长之职，颇不得意，一听袁有密令，立即答允。于是蔡乃去电北京，第二天袁发密电给冯国璋，命张宗昌克日赴京。冯国璋乃令张即日去北京一行。张进京见到袁，袁即授以杀陈其美任务，且予以大洋5万元。张返南京，冯国璋询以赴京经过，张对冯说："大总统交给我一个任务，是极秘密的，可是我对督军您不能不说，总统要我找人刺杀陈其美。"冯听张一说，即表示支持，因为陈其美在上海对江苏督军冯国璋亦是一大威胁。

张宗昌于是携巨款赴沪，可是如何实现刺杀陈其美，却颇费周章，因为陈在上海的活动很谨慎。正当他一筹莫展时，却在一次偶然机会碰到了曾当过他的排长，但被他斥革的同乡程子安，程见到张极力表示感激，张宗昌一头雾水。为啥呢？因为程接到家书，知道张回掖县时曾经去谒见程母，且送了300块大洋。所以这次在上海见到老长官，非常亲切。张问程现干何事？程说在陈其美处跑腿，这才是踏破铁鞋无觅处，得来全不费工夫。张委程负责策划一切，程亦欣然慨允，遂积极布置。

　　程子安和一个叫许国霖的人，知道陈其美经费紧张，于是设下了一个所谓鸿丰煤矿公司的陷阱，其实就是专门为暗杀陈其美而组织的机关。他们谎称该公司有一块矿地要典押给日商中日实业公司，但事情的成交还须一位社会名流来做担保。于是，程子安、许国霖通过关系收买了陈其美身边帮办党务的李海秋、王介凡，请这二人将借款开矿之事转告陈其美，并许以贷款的十分之四即二十万元给担保人，希望陈其美出面担保。

　　陈其美当时为筹划革命正急需钱款，有人肯出二十万元，无疑是解了燃眉之急，加上李海秋、王介凡都是党内比较亲信的人，于是信以为真，双方约好在萨坡赛路十四号会面。

　　萨坡赛路十四号在法租界，是一幢三层洋楼，底下一层是客厅和饭厅，第二层是日本人山田纯三郎住家，第三层是办公室。

　　18日下午2点多，陈其美来到上海法租界萨坡赛路十四号。一见吴忠信就说："今天我来的时候，黄包车夫问我是不是到萨坡赛路去？我说是的。有些不对头啊。"

　　吴忠信说："那个人恐怕是侦探。"

　　陈其美说："我也注意到了，但是，我现在要和刘基炎见面。"

　　刘基炎是革命党人。1905年留学日本，加入同盟会。1907年回国，参加了徐锡麟、秋瑾领导的起义和辛亥革命。曾任沪军都督府参谋长、北伐先锋队司令官、烟台都督等。他此次是专来要经费的。

果然，双方一见面，刘基炎便开口要经费五千元。陈其美让吴忠信去三楼廖仲恺处取钱，但没有那么多，只拿了五百块。陈其美对刘基炎说："你先拿着，我马上就有钱了，剩下的一定给你。"

这时，许国霖、程子安与叛徒李海秋、王介凡和日本人山田纯三郎分乘两辆马车来到萨坡赛路十四号，王殿臣等5名杀手各持手枪、石灰包，还雇有汽车和马车，准备接应。萨坡赛路十四号前后门以及附近各个路口都布置了杀手。

李海秋先推门进去，说：陈先生，客人已经来了。陈其美对吴、刘说：你们先谈，我去一下就来！

陈其美起身下楼，到了会客厅，李海秋借口忘将合同拿来，出门回避了。这时，凶手程子安、宿振芳等对着陈其美就开了几枪，其中第一枪打在陈其美的右脸下部口边，第二枪打在右边眉端，第三枪打在了额头上，枪枪致命，陈其美倒在血泊之中。隔壁房间的党人萧萱听见枪声出来查看，凶手举枪就打，幸未击中。

三楼的吴忠信、邵元冲、丁景良、曹叔实等听见枪声，急忙冲下楼，凶手打了几枪，夺门而逃。丁、曹二人受伤，还有一名女仆伤了耳朵。她手里抱着的山田纯三郎的女儿民子堕地，伤及大脑，终身残疾。此时，巡捕赶来，匪徒跳上汽车，但的士司机已经吓得发动不着车子。几个人下车逃跑，叛徒王介凡被乱枪打死；许国霖是个大胖子，跑不动，想坐黄包车逃跑，被车夫连人带车子掀翻了，当场被抓获。另有一名叫宿振芳的凶手也被抓获。

萧萱立即去向环龙路4号的孙中山汇报，孙中山当即穿外衣要去看陈其美，在场的人担心有刺客，劝他不要去，孙中山说："贼欲甘心者为英士，英士已不幸，凶人必鸟兽散，吾何畏乎？你带吾去！"并从口袋中取出一把勃朗宁手枪交给萧萱，枪号为4645500。事后，这把手枪留给了萧萱作纪念。孙中山说："共毋相忘英士之殉党国也。"如今这把枪成为上海公安博物馆珍贵的藏品。

孙中山赶到现场抚尸大恸。见陈其美仍死不瞑目，为其闭上双眼，说："英士（陈其美的字），你安息吧！一切责任，由我负责。"之后，蒋介石将其尸体背到自己的新民里十一号寓所，为其办理丧事。

3．巡捕房缉凶

再说许国霖、宿振芳被法国巡捕房捕获后，二人在接受审问时，都供认受政府指使进行暗杀，是为政府做事的。许国霖供称："赏格十三万，其目的先办掉政府最忌之陈先生"；并供认了在暗杀前的各种准备工作和他们所承担的各种任务。

宿振芳供认："程子安奉张宗昌命令，暗杀陈先生！许国霖、王介凡、徐丰山、王典章、尹子光、王风林、王恩普、蔡阿六等等均受程子安指使，我也是受程子安之命在门口把风。"证据确凿。8月30日，法租界公廨审判员聂宗义会同法国驻上海副领事德某当庭宣布："许国霖与程子安组织鸿丰煤矿公司为暗杀机关，谋害陈其美罪已成立。宿振芳在捕房书有帮同谋害亲笔口供，并有萨坡赛路十四号内侍者（用人）证实，陈其美被害时宿振芳实在场，无可违饰，罪亦成立。一并接送地方厅照律惩办。"此外，对李海秋等四人均宣布了处理意见。之后，将这一伙人引渡给上海地方检察厅。

由于"陈案"是震动中外的政治谋杀案。当时，袁世凯已死，但继任的冯国璋因与该案脱不开干系，于是给法庭施加压力。许国霖、宿振芳被解送到上海地方检察厅之后，立即推翻在法国巡捕房的供词。检察长林炳勋审讯许国霖时，许只承认知情，不承认进行实施，而且说："陈其美被杀，完全是党务关系，以党杀党，实系程子安所为。因为程子安本来是韩恢等人的部下，……程子安与陈其美在谁当都督的问题上有分歧，于是决定杀陈其美。……这是捕房私刑逼供，我才瞎招供的。"

宿振芳也称："捕房出刑逼供，这起案子我根本不知情！"

上海地方审判庭推事赵毓璜审讯时，许国霖、宿振芳均不承认暗杀。许国霖称："借款的事是陈先生要多借二十万做革命经费，我心里不愿意，后来程子安等劝我答应。"

因此，从这两人的口供看，陈其美之死，一是党内争权夺利，一是为了经费多少而引起的凶杀案，根本与北洋政府无关。

上海地方审判庭认定事实为："程、许组织鸿丰煤矿公司，招附商股，以振兴实业之名，行补助党费之实。厥后商借外债，邀请陈先生担保，因陈有多借二十万之酬金条件，介凡等愤其太苛，然党费迫不及待。不得不曲循之，而谋杀之心亦于是乎决。十七日，许嘱子安预备，一面通知陈翌日签字，先令振芳门首把风，见面以后，开枪行凶。"

上海地方审判庭于1916年11月30日开庭判决，判处许国霖死刑，褫夺全部公权终身；宿振芳处以一等有期徒刑十五年，褫夺公权二十年。并驳斥检察庭加重宿振芳的刑名申请。该案移交苏州高等审判厅。

为什么又将该案移交苏州呢？

当时袁世凯虽然死了，继任的总统冯国璋掌握大权。但显然他也不愿意让陈其美案的真正内幕曝光。加上陈其美的势力在上海影响很大，不利于审判。

而苏州的江苏省高等审判厅是处于冯国璋势力范围内的，他认为可以操控此案。

江苏高等审判厅第一法庭（设在苏州道前街旧道署衙门）究竟会怎样审理此案呢？

4. 法大还是枪大？

秋冬的一天傍晚，第一法庭邱庭长的轿夫匆匆来到法官彭荣家，对彭的儿子彭庆修说："审判厅内外密布了士兵，气势汹汹，除非七老爷（彭榦行七）顺从军方的意见办案，否则恐怕会对七老爷不利。"

江苏高等法院定于第二天下午3点开庭。在审判时，在审判庭内外布置了军队。当时所有厅丁、法警都换成新面孔，个个手提盒子炮（驳壳枪）。

庭长邱继平问："这是怎么一回事？"

一名军人手持盒子炮对着邱庭长厉声说："今天这案子请庭上对于两被告要么判死刑，要么无罪开释！"

邱庭长说："这是什么意思？这是法庭，你们不知道司法独立吗？军人不能干涉！"

那名军人说："我们是奉令而来，犯人不听话要上诉就打死犯人，法官不听话就枪毙法官，假如你们不合作，休要强迫我用强硬手段对付你们！"其余军人们一起大叫大嚷，在法庭上捣乱。邱庭长害怕了，问法官彭榦："这可怎么好？"彭榦说："我来当庭长。"于是法官彭榦与邱继平换了座位，由彭榦出任庭长。

彭榦问："你们到底想干什么？"

那名军人仍然称："我们是奉命办事，必须完成任务，庭上如果判两名被告死刑，我们就不许两名被告上诉，立即执行枪毙；假如判被告无罪，我们带被告出去自行处置，必须立即解决，以免贻人口实。希望法官合作，至于法官的人身安全，则由我们负责保护！"

彭榦对军人进行劝说，晓以大义，最后，所有手持驳壳枪化装成法警的军人都将枪口纷纷朝下，不再嚣张跋扈。

庭审一直持续到下午6点，法庭对两位被告进行宣判，庭长彭榦宣读主文："撤销原判决，两被告均处无期徒刑，褫夺公权终身。"判决理由："缘审被告等供认受人指使，参与行刺，核尚未径持凶器直接强杀被害人，不能以直接杀人论科，因而'虽系同谋，究非主动'，应撤销原判，该处无期徒刑，庶彰法纪。"

什么意思呢？就是说这两名人犯没有直接杀害被害人，只是同谋，所以只能判处无期徒刑。

在北洋军阀统治时代，所谓法律，只是统治者貌似公平、实则是哄骗人民的工具，法律条文可以任意解释和定义，甚至军人可以公开上庭威胁法官、干涉判案。所以当时经常有人用一句成语指责军阀——弁髦法纪。弁是黑布帽子，髦为儿童眉际的垂发，弁髦含有蔑视、抛弃之意，指蔑视抛弃法令和纪律。陈其美一案最后的结果也证明了这一点。

第三讲　临城劫车案

上集

今天我们要讲的是发生在民国时期山东临城的一桩惊天劫车大案，因为这起案子牵扯到数十名外国人质，轰动了世界，因此又被称为民国第一要案。今天，临城已经不存在了，成为山东枣庄的薛城区，但在民国历史上却很有名，它既是铁道游击队的活动区域，又是临城劫车案所在地。事情的经过如下：

1."洋票"绑上抱犊崮

1923年5月6日，凌晨两点五十分左右，由南京的浦口开往天津的津浦铁路第二次特别快车，当行进到山东临城与沙沟车站之间时，司机发现前面的铁道上人影幢幢，感到情况不对，于是紧急刹车，已经来不及了，就听见"轰隆隆"一声巨响，火车头和前面的煤车、邮车以及三等车厢出轨，翻倒在路边。

此时，列车四周枪声大作，早已埋伏在铁路两边的上百名土匪，呐喊着"打死！""打死！"蜂拥而上，砸门的砸门，破窗的破窗，眨眼之间，土匪们就涌进了车厢之内，开枪恐吓车厢里的旅客，大肆抢劫，搜罗财物，并劫持了二百多名中外旅客做"肉票"，也就是人质。

被劫持的洋人来自不同的国度，有的是来中国观光旅游的，有的是在中国做生意的，还有的是去山东参观利津县宫家坝险工修复的。分别来自美国、英国、意大利、法国、比利时、荷兰、墨西哥还有罗马尼亚等。这趟列车上的美国人最多，为啥呢？原来1921年7月黄河在山东利津县宫家坝决口泛滥，受灾面积5400平方公里，灾民达六万之多。次年11月20日，山东河务局与美商亚洲建业公司签订堵口工程承包合同，承包费120万银圆，1923年堵口工程竣工。因此，美国方面有不少记者，如《大陆西报》记者李思白、《米勒支报》记者鲍威尔、《上海经济商报》记者亨利、《申报》记者康通等，还有意大利著名律师穆安素等人都前来参观采访。当然也有一些有身份有地位的中国人在这趟列车上，比如说袁世凯的女婿、时任大总统府侍从武官的杨毓珣（岐山），还有财政部次长钱锦孙的父亲钱星甫，以及南京高等师范学校的学生张绳祖与顾克彬等。

张绳祖，字贡粟，江苏吴江人，他和同学武进人顾克彬结伴，自费去京、津考察教育。张绳祖这样记录当时的情景："五月六日夜间，三时许，津浦火车行至山东临城之南，沙沟之北，无端出轨。时旅客方熟睡，余觉火车大震而惊起。闻车外枪声逼剥不绝。即见匪徒以枪柄击破玻璃窗，一拥而入，一匪以枪向余，始知盗劫。……于是驱余等下车，此时枪声叠起，子弹呼呼然从头飞过，余置性命于度外，即亦不惧，随之行。"

土匪劫持了"肉票"200多人，其中包括洋人39名，奇怪的是，在这列火车上连一个日本人都没有，当时日本的记者和在华的间谍多如牛毛，可以说是无孔不入，为什么唯独在这趟列车上缺少了日本人的影子呢？

同样让人感到费解的是，土匪一般是打劫财物，得手之后想的是如何尽快逃跑和藏匿起来，但他们劫持这么多人质不仅不便于逃跑和藏匿，而且安置问题也是个大麻烦。那么，他们会把人质带到哪里去呢？

土匪把这些"肉票"统统押往土匪的老巢——抱犊崮。崮是啥呢？四周陡峭，顶上较平的山叫崮。

抱犊崮离出事的地点临城的沙沟有五十多里路，属于沂蒙山区，海拔560多公尺，三面都是悬崖峭壁，只有北边有一条羊肠小道，接近山顶最险处，靠在石头上打出来的石窝，手足并用往上爬，山顶平地约30亩是可以耕种的，但是牛上不去，所以农民只能抱小牛犊子爬上去，把它养大后就在山顶拉犁耕种，当地人很形象地把这个山叫作抱犊崮。抱犊崮是一处一夫当关、万夫莫开之地，土匪就把这些人质带到了那抱犊崮。

土匪抢劫了国际列车，抓了那么多人质，难道就不怕发现吗？其实，这些土匪还真不怕被人发现。他们在抢劫时不停地开枪，就是要闹出动静来，要闹得越大越好。果然，土匪劫车事件很快就被附近沙沟镇的驻军知道了。这里的驻军是北洋山东第六旅一个连，该部听见枪声以后立即紧急集合，就追出来了。他们能不能追上这些土匪和人质呢？能，肯定能，为什么？因为这些"肉票"有的穿着睡衣，有的光着脚，连鞋都没有，走在黑漆漆、高低不平的山路上非常艰苦，虽然土匪拿枪驱赶着他们，其中的老弱病残还是走得很慢。土匪就干脆把他们扔了。就在这个天色渐明的时候，透过晨曦，官军已经发现前面这帮人了，官军就对天开枪，让前面站住。土匪一看官军追来了，应该说是很惊慌吧，其实不然，因为他们手里不是有外国人吗？所以他们就把这些外国人统统地摆在前面做肉盾，做他们的护身符，这些"洋票"看到对方开枪，吓得够呛，有的拿着白毛巾，有的脱了自己的白衬衫拼命地挥动，用外语就喊，意思是说千万不要开枪。这时，官军才发现原来人质中有不少外国人，打死洋人就是国际事件，于是追兵的枪是不敢开了，在这种情况下，土匪就让一名美国《上海经济商报》记者亨利，另外给他配了一名中国翻译，就是南京高等师范学校的张绳祖，前去跟官军进行交涉，如果再继续追赶，就来个鱼死网破，统统地给"撕票"。在这种情况下，官军就停止了追击，为什么呢？如果你开枪打死了外国人，那就是国际事件了，别说是这些官军了，就是北洋政府也惹不起，这样呢，土匪押着这些"肉票"大摇大摆地继续前进，直到当天的中午才到达抱犊崮。

2. 官军追剿，震惊中外

山东鲁南发生了这么大的事，首先看官方的反应如何。山东督军田中玉在5月6日急电兖州镇守使何锋钰："万急。兖州何镇守使。据报歌（五）日晚，津浦快车在临城被劫，架去旅客多名，并毙伤外人。该处为兖镇防地，竟令匪徒猖獗至此，殊堪骇愕。该使应即亲往查看，并飞派军队追剿。田中玉"

兖州镇守使何锋钰六日电田中玉："驻临城颜营副、驻沙沟王连长等，率带目兵竭力尾追，救回西人男女六名，华人二十八名。刻正追剿。"

临城劫车案发生后，各种媒体相继报道，迅速震惊中外。影响大的如由著名的南社报人邵飘萍办的《京报》在5月7日报道：昨晨津浦特别快车行至鲁省临城站，突然遇匪，土匪开枪轰击，洋人死一名，华人两名受重伤，逃出者洋人六名，华人二十三名，余均被掳，计有三百余人之多……

到底被土匪绑架了多少人呢？有被土匪释放的老弱病残，还有趁乱逃跑的，最后经核实，共有外国旅客39人和中国旅客71人。

《益世报》《申报》《大公报》和山东济南的报纸都对临城劫车事件进行大量报道，就连著名南社人柳亚子的《新黎里报》也连篇累牍地进行了报道。

自临城劫车案发生后，驻北京的英美法意葡公使馆昼夜办公，极其忙碌，与本国电报往来日均百封以上。公使领袖、葡萄牙公使符礼德得知发生临城劫车案后，立即从天津赶往北京，7日，主持了领事团第一次紧急会议，会上，英国公使和日本公使小幡酉吉尤为慷慨激昂，强烈要求出兵讨伐。英国公使是因为本国公民罗斯门睡在头等车中企图抵抗，被土匪当场击毙，所以义愤填膺。那么日本公使为啥那么起劲呢？尽管这趟车上没有一个日本人，但小幡也一个劲儿架秧子。这两国公使提出的诉求是什么？就是要求英国、美国、日本、意大利、墨西哥等国组织国际联军，或者是成立一支护路队伍，开往津浦铁路沿线，对津浦铁路实行国际军事共管。

3. "八国联军"要来了

理由很简单。既然中国政府不能保证外国旅客乘坐列车的安全，让外国人的生命财产受到损失，那就由联军直接把中国铁路接管了，直接就能保护各国的利益了嘛，因此，日方提出一个口号。什么口号呢？就要发动所谓第二次八国联军战争，共管中国的铁路。而且就在6日当天，日本四艘驱逐舰抵达天津；8日日本旗舰"对马"号奉命开赴汉口，表现得格外积极。

对日本人积极挑事的态度，美国驻华公使许满当即反对，说：先别忙着共管铁路，第一步最主要的是要将被掳的人质救出来。

最后公使团决定向北洋政府提出最严重的抗议，抗议书内容如下：

（一）限期将被掳外人完全救出；（二）死亡之外人从优抚恤；（三）惩戒肇事地方文武官吏；（四）将来外人生命财产之安全保障。

公使团领袖、葡萄牙公使符礼德约国务院总理张绍曾于8日下午会面进行交涉。张绍曾借口要先向大总统黎元洪汇报，让交通总长吴毓麟出面交涉，让符礼德坐了冷板凳。符礼德大为恼火，立即通知公使团下午三点召开第二次紧急会议，报告和中国政府交涉情况，说："张总理对发生的这么大的问题，居然拒绝会见，我们应该径直前往总统府，直接找黎元洪大总统交涉！"

在这种情况下，张绍曾害怕了，不得已带着外交次长、交通总长、秘书等在国务院接见了符礼德。符礼德戴着高高的外交官帽子，身穿大礼服、盛气凌人地宣读了抗议书。最后提出请中方从速设法赎回被掳的各国人士，限定中国政府在三日内将全部外侨统统救出，不能伤及人质的性命，否则超过二十四小时，政府的赔款就要往上加一倍。并威胁，这是继八国联军之后发生的第二次重大事变，如果处理不好，就会发生同样的后果。

张绍曾对临城劫车事件表示遗憾，并说，政府即将下令，对地方责任长官严行处分；交通部吴总长也说，交通部对此非常重视，将严肃办理，对局长以下，均须议处。

之后，符礼德召开第二次公使团会议，汇报交涉经过。日本公使小幡提出："即使此事解决，将人质救出来，也必须谈善后办法：凡是铁道沿线必须驻扎外国军队，在列车后加挂一节兵车，等等。"

美国驻华公使许满在致美国国务院第一次报告书中说：事情实关重大，恐妨碍中美两国之亲睦邦交。而美国国务卿许斯与代理陆军总长达维斯发表声明：国务院对于北京各国公使团所决议之事，美国陆军部已准备以武力为其后盾。

果然，从上海传来不好的消息：驻沪的各国军舰，有法国、美国、英国、意大利的"谷尔曼"号、"保罗"号等数艘军舰，从5月8日起纷纷生火起锚，驶往南京下关的江面，准备在时机成熟时陆战队就在南京登陆。当时《益世报》评论："我国如不速救出被绑者，不速自动筹保护完全之法，则外交团一经提出，必致交涉异常棘手矣。"（5月9日北京《益世报》）

果然，就在当天（9日），葡萄牙公使符礼德来到外交部，向署外交总长顾维钧面交抗议书称："使团因中国政府营救被掳外人立时出险所取办法之结果急不能待，特再为声明，所有现在匪徒手中之外人生命，贵国政府当负其责。并决定以本月十二日夜十二时为限，须将被掳各人全数救出。如逾时限，每二十四小时，当要求按时增加之巨额赔偿。"

通过这次公使团交涉，可以看出后果很严重。于是黎元洪大总统令：……山东督军田中玉、省长熊炳琦，着交陆军、内务两部议处。所有肇事地点文武官吏，均即先行撤任，听候查办。责成该督军、省长迅将被掳人等先行设法救回，务令安全出险。……

在外国使团的压力下，大总统、国务总理、交通部、外交部和主管直鲁豫的巡阅使（相当于总督）曹锟、吴佩孚和田中玉等都手忙脚乱，整个乱套了。

那么，对临城劫车案民间的反应是什么呢？

当临城劫车消息传来，南社三巨头中的柳亚子和陈去病都很关注此案，并参与营救活动。柳亚子急忙与张绳祖的父亲商量办法："当由其（张绳祖）父子芄先生、兄都金先生即日驰往南京，进谒校长郭秉文君，请其设法营救。"

郭秉文是著名教育家，中国现代大学的开创人之一。南京高等师范学校成立于1915年。1921年9月，国立东南大学正式成立。"南高""东大"其实是双轨制运行，郭秉文同时兼两校校长；"南高"自1921年起不再招生，俟其学生全部毕业后即并入东南大学。1923年3月，郭秉文任中国首席代表参加第一次世界教育会议，被推选为世界教育会副主席兼亚洲地区主席，之后连任两届。

张绳祖父兄到南京后，请求郭秉文校长出面，求见江苏督军齐燮元，请其出手援助。这个面子齐燮元要给。于是在15日，齐燮元致电山东督军田中玉："南高学员张绳祖、顾克彬临城被掳，请设法迅速营救。"

柳亚子又请时任东南大学教授的陈去病想办法救人。他说："此次各方面营救，除学校外吴江旅宁同乡会尤极出力，17日曾开特别会议，议决由钱强斋（崇固）（江苏省议会议长）、费朴安（费孝通父亲，江苏省教育厅督学、赤十字会会长）诸先生领衔，通电山东交涉使温士珍、镇守使陈调元。电云同乡南高学院张绳祖被掳日久，迄未释放，请设法营救，俾早脱险，无任感托。又东南大学教授陈去病先生，与张君以同乡兼师生之谊，更面托郭校长特电西人安特生，设法营救矣。"安特生是瑞典地质学家、考古学家，曾任"北洋政府农商部矿政司顾问"，被评价为"了不起的学者"。安特生拉开了周口店北京人遗址发掘的大幕，曾被称为"仰韶文化之父"。

有了柳亚子、陈去病、钱强斋、费朴安以及安特生这些著名人士出面相救，被土匪绑架的中外人士能获救吗？这些敢于劫持国际列车的人究竟是什么来历呢？

4. 自古"英雄"出少年

劫车的土匪自称"山东建国自治军"，匪首叫孙美瑶，是个什么人呢？其实，孙美瑶是一个二十多岁的青年，长得细皮嫩肉，白白净净的，那样子一点儿也不像土匪，倒像是一个念过书的斯文人。为什么要干出这起惊天大案呢？我们不得不从他的人生经历开始说起。

孙家是山东峄县的一个世代大族，耕读之家，家中有房屋上百间，牛马几十头，还有良田六百多亩。孙家兄弟的大哥是个秀才。孙家兄弟怎么从这个耕读之家走向了上山为匪的这条路呢？这个事还跟直系和皖系两派北洋军阀的斗争大背景有关系。

1920年7月，直皖战争以后段祺瑞下野，皖系有一个大将叫张敬尧，他是安徽、江苏、山东和河南四省的剿匪督办。他的这些部队被打散了以后怎么善后？过去不是有这么一句话吗？就是兵匪一家，兵被打败了，当土匪了，当了土匪以后，被招安以后又当兵了，直皖战争以后，是这样善后的：一个士兵我给你十块大洋，遣送你回家，如果你有枪，把枪交了我再给你十块大洋，就是二十块大洋。但是对这些当兵的来说，有些人拿着这二十块大洋是不解渴的，因为都吃喝嫖赌惯了。这个时候呢？当地有些土匪就来做枪的生意了，他就找到溃兵说，你把枪卖给我，一支枪我给你一百块大洋。你可以比一比，政府给十块大洋，土匪给一百块大洋，所以这些溃兵干脆就把枪直接卖给土匪了。还有的人呢？他说与其这样干，那不如我们也占山为王吧，于是就落草为寇，所以在当地形成了大大小小的土匪武装。

孙家兄弟原来跟皖系这些官兵的关系是不错的，这些溃兵当了土匪以后，就经常到孙家来借粮。孙家是个大户，不敢得罪这些土匪，于是你要多少钱粮，我就借给你多少钱粮。这样一来，官府知道了，就不高兴了，孙家"通匪"，或者说资助土匪，所以官府也向孙家借粮，说你既然能把钱借给土匪，也能借给我们。大家想一想，这样下去，你借他借，坐吃山空。这个孙家大哥叫孙美珠，实在受不了了，把哥几个叫到一块儿，孙家一共是弟兄五个，老大就说了，土匪借粮如果不借咱把土匪得罪了，官府也借粮，不借咱把官府也得罪了。人为刀俎，我为鱼肉，总不是长事！干脆这样算了，不如我们把这个长衫脱了，上山落草吧。

中集

民国社会前期，政治腐败，军阀混战不休，导致了匪患横行、民不聊生的社会现状。官逼民反、逼上梁山的事件屡屡发生。但是作为峄县的孙家，有着书香门第、耕读传家的传统，这要改换门庭，上山落草，变化不啻天壤之别！

1. 逼上梁山

老大孙美珠此言一出，顿时就炸窝了，首先老二、老三、老四站起来了，他们是坚决不当土匪。说大哥你这叫什么话，秀才当土匪，成了土匪头子，那就是斯文扫地，辱没门庭，愧对祖宗，何以为人。兄弟们之间吵成一锅粥。那孙家兄弟之间能不能摆平此事？能不能上山落草？临城劫车这桩大案究竟是怎样发生的？

秀才出身的孙美珠提议上山当土匪，他是信口胡说的吗？其实，孙老大是经过深思熟虑的。此言一出，就在孙家弟兄们之间，引起轩然大波，老二、老三、老四强烈反对，都表示饿死事小失节事大，无论如何不能给祖宗脸上抹黑。只有老五，也就是最小的那个弟弟孙美瑶"啪"的一拍桌子站起来，"大哥，我支持你，当土匪怎么了？当土匪将来被招安了，非但不辱没祖宗，反而能够光宗耀祖。好事啊！"这样一来，五个弟兄分成了两拨，三个反对，两个同意，怎么办呢？最后大哥就出了这么一个主意，这样吧，咱们也别吵了，这个家产咱们把它分成五份，把它变卖了，我们各拿一份，省得受了牵连，你们到外地去生活吧，我跟老五上山落草，我们的这些钱用来买枪买炮。

好不容易弟兄之间算是摆平了，在这个时候，孙美珠遇到了最难的一件事，是什么事呢？就是财产好分，感情难舍，孙美珠决心落草为寇了，但是他的发妻和孩子们怎么办呢？尤其是他的这个妻子，是翰林家的后代，跟他的感情还是相当好的。孙美珠是被逼无奈走到了今天这个地步，所以就把老婆请来，说：我现在是实在没有办法了，只有上山当土匪了，我顾不得这个夫妻之情了，我把这个家产已经分给弟兄们，我要当土匪，这个脑袋就算是掖在裤腰带上了，说不定哪天就死了，你就当寡妇了，那就更惨了，不如早点分开吧。他妻子当然不愿意了，哭哭啼啼的，就说嫁鸡随鸡，嫁狗随狗，你当土匪，我就当土匪婆。孙美珠说那不行。为什么？你是翰林的后代，丢不起这个人。因此还是这样吧，我写一纸休书，就把你给休了。为了照顾你以后的生活，我给你五百块大洋，你回娘家算了。他老婆尽管不同意，但是丈夫决心已定，最后还是回到了娘家。孙美珠、孙美瑶变卖了家产，得到数千块大洋，购买了枪支弹药，一把火将老家的房子都烧了，算是完成了从秀才到土匪这么一个艰难的转变过程。

当土匪容易吗？说难也难说容易也容易。为什么？做个被生活所迫，几个人杀人放火抢劫强奸的小土匪并不难，但是要做大土匪也很难。什么叫大土匪呢？要有远大目标，要有与政府官军持续对抗的能力，这样的土匪很难。为啥呢？树大招风嘛。要有头脑，要会谋划，还要有实力。从干小票起，积累经验，再干大票。

孙美珠兄弟要登架子，做大土匪第一件事是什么呢？就是要购买武器，有了武器，壮大了自己的力量才能保护自己，才能不受人欺负。但是你说这个枪，又不是美国，市场上能公开买卖。在中国你上哪儿去买呢？孙美瑶有一个堂兄，叫孙美崧，说我知道哪儿有，去上海啊。在租界里还真能买来武器，但是也不是明目张胆，谁去都能卖的，你必须有关系。通过谁的关系呢？上海有一个青帮的老大，这个人叫张聘卿，正好是山东台儿庄这个地方的人。他们就通过老乡的关系找到了张聘卿，张聘卿说没问题。出面找到了德国的洋行，买了二百杆长枪，还有五十杆大镜面驳壳枪。买了枪以后你怎么运出去呢？火车站是要进行严查的，没法运。张聘卿就给孙美珠想了个办法，说你到南京找我一个兄弟，他也是青帮大字辈，这个人外号叫"大将张飞"，孙美珠拿着张聘卿的介绍信，到南京果然找到了"大将张飞"，张飞一口答应，这样，青帮把枪和弹药都藏在运粮船的粮食下面，然后通过运河层层的关卡，每一站都由青帮的兄弟来把守。就这样，神不知鬼不觉地将枪械从上海运到了山东台儿庄，孙美珠再派人把枪藏在抱犊崮的山洞里。

孙美珠、孙美瑶兄弟当土匪以后，选择了以抱犊崮为根据地。但是抱犊崮南面有一个重要据点叫杨庄，这个地方有一个大地主叫马世钰，养了一大群家丁和民团，正好挡在抱犊崮往南去的路上，山上的土匪下山打家劫舍，要从杨庄经过。马家说：借道可以，要留下买路钱。黑吃黑呀。所以，要扬名立万，就必须把这个据点拔掉。事情也巧了，这个马世钰家老太爷去世了，各地的亲朋前往吊丧，孙美珠的人就混在吊丧的人群中混进了杨庄，趁乱就把马家的灵棚给点了，在众人都在忙着救火的这个当口儿，孙美珠带人就把民团团部给端了，枪声四起，马世钰这帮人被吓跑了，据点也拔了，这场仗打得比较漂亮，没费多大劲儿就赢了，不但有吃有喝有物资，还得到枪支弹药，更重要的是扬名立了，影响和声势都造了出去。

胜利得来全不费工夫，孙美珠就膨胀起来了，为了在山东立住脚，他下了一个大的决心，就是要与官军对抗，打山东第六旅。靠什么呢？土匪中神枪手比较多，为什么呢？因为当时子弹非常贵，他不能随便打枪，所以他就要练瞄准。要练到什么程度呢？就是用一块银圆往上一扔，这边大枪一举，"啪"一枪，就要把那个银圆的当中打出一个窟窿，就得这么练，所以土匪当中的神枪手特别多。孙美珠知道自己的优势在什么地方，所以他去挑战北洋军，如果此战能够胜利，山东最起码鲁南将是孙美珠的天下了。

2. 阴沟翻船，老大挂了

仗怎么打呢？开仗前，孙美珠让他的这些神枪手爬到树上，爬到山上，专门打官军的重机关枪枪手。官军按常规先开机关枪，震慑土匪。没想到只要开枪，射击手就被打死一个，再补充上来一个吧，又被打死。土匪接连几枪打死了几个重机关枪枪手，最后官军就没人敢去开那挺重机关枪。在这种情况下土匪呐喊着前进，一拥而上，居然把北洋第六旅给打跑了。孙美珠带人打败了第六旅，气焰嚣张。山东督军田中玉认为此匪绝非一般，而且打出"山东自治军"的旗号，一定要予以剿灭。于是剿匪的力度一次比一次大，孙美珠的土匪队伍要扩张，田中玉要进行打压，一来二去双方就结下梁子了，这个仇恨就是这么打出来的。田中玉也感到，要想消灭这股土匪不容易。孙美珠也认为，要想把北洋军赶出山东似乎难度也很大，双方形成了一种僵持的局面，双方这种僵持的局面如何打破呢？

抱犊崮周边还有一个重要的据点，就是峄县的西集。这个地方正好堵在抱犊崮往北方去的这条路上，当时兖州镇守使何锋钰派了第六旅的一个连在西集这个地方驻扎着，孙美珠为了打破封锁，决定把西集这个据点拔掉。

1922年7月15日，孙美珠调集了人马，决定对西集据点发动突然袭击。

西集是个镇子，四面有寨门，一圈有寨墙。孙美珠派人踩点后，发现北门外是一个大大的打麦场，当时堆放了很多麦垛子，所以特别利于隐蔽。靠近北门不远，有个铁匠铺。第六旅连部在什么地方呢？在西集的南面。根据这些侦查到的情况，孙美珠就作了如下的安排，在南面虚张声势，进行佯攻，把官兵的注意力吸引到南边，再从北边突然袭击，里外夹击就能把这个据点顺利拿下来。于是趁着黑夜，大队人马潜伏到北边打麦场的草垛里，三个土匪，在北边从寨墙搭人梯就爬了进去，干什么呢？派一个人到铁匠铺里找一把大锤子，到了北门，北门是上了大锁的，用这个锤子把这个大锁砸开，好让大队人马进城。但是这三个人刚刚爬进寨墙的时候，突然被一名哨兵发现了，大喊口令，土匪哪里知道口令，哨兵快步上前盘问，突然发现前边这个人腰里插了一把盒子枪，知道坏事了，刚要举枪，对方更快，一枪就把放哨的打死了。

寂静的夜晚，枪声一响，四个寨门的哨兵都警觉起来，到处都是问口令的声音。这时负责取铁锤的这个土匪就到了铁匠铺，拿了大锤以后就跑到北门，三锤两下就把锁给砸开了。孙美珠亲自带了二十多个人冲进了寨门，拼命地向南边跑去，想包围官军那个连部。接着城外的这些土匪也把麦垛点着了，火光冲天。举火为号，南边的土匪看见北边火起了以后，就开始佯攻了。孙美珠没想到西集虽然只有一个连把守，但是这个连的连长战斗经验非常丰富。为什么呢？因为他知道自己的兵力不够，就事先在北门这条街道上找了一家商铺，在这个商铺临着大街的墙上修了一些枪眼，但外边是用泥糊上的，看不出来，实际上这些枪眼的作用就是为了封锁北门这条街道的。枪一响，连长就派一个班长带了四个兵飞奔那个秘密据点而去，这个时候，孙美珠带着他的二十多名敢死队员也从北门闯进来，没想到这些官军动作快了这么一步，进了商铺，用枪托就把那些枪眼给砸开了，五支枪正好把这个路口封得死死的，孙美珠并不知道，带着他的人拼命往前跑时，突然对面"啪啪"一阵枪响。第一排枪声过了以后，就看见孙美珠一头就栽在地上。旁边的土匪都慌了，一看大当家的被打倒了，急忙把他拉起来，旁边有一堵院墙，一脚把人家那个门就踹开了，背着孙美珠就进去了。又派了人到后边报告孙美瑶，说大当家的出事了。

孙美瑶一听他哥受了伤，顿时就急了，带着人火速增援，这个时候，守军连长听到北街枪声密集，于是立即又派了两个人扛着子弹箱火速前往增援，就这样七支步枪形成了一个交叉的火力网，把北门街道封锁得死死的。孙美瑶带人赶到以后，虽然冲锋很厉害，但是只见土匪一个一个往下倒，有些土匪就害怕了，往后退，孙美瑶一看就急得直跺脚，逼着这些匪众往上冲，后边又有七八十个人陆续赶到了。由于道路太窄，官军的火力封锁太强了，无法前进一步，孙美瑶连着打死两个人都挡不住，结果也跟着退了出来。

这个时候天已经渐渐地亮了，孙美瑶没想到西集这个小小的地方，让他们在阴沟里翻了船。眼看攻打无望，大家都泄了气，无心再战，孙美瑶也没有办法了，失声痛哭，带领群匪撤回抱犊崮去了。

天大亮以后，驻守西集的官兵开始打扫战场。这时候来了一个剃头匠，走到一个士兵的面前，轻声说："老总，你们这一仗打得太好了，你们把土匪的大当家的给打死了。"士兵一听这个话赶紧去报告连长，连长一听也非常高兴，但是又将信将疑，大当家的怎么可能被我们打死呢？把这个剃头匠给我带到连部来。这个剃头匠进了连部以后，连长就问了，"你怎么认识那个大当家的呢？"这个剃头匠就说了，山上的土匪经常让我去给他们"码网子"。什么叫"码网子"？就是剃头。土匪最讨厌剃头这两字，为什么呢？被剃头就等于死了，所以他们管这个剃头，黑话叫作"码网子"。他说前一个集，就是赶集，农村经常五天六天就要赶集，把各家的东西都拿到集上来进行交换。他说，我在这个集上给人家剃头的时候来了几个土匪，把我带到抱犊崮上去了，带到抱犊崮上干什么呢？就是给他们土匪剃头，从大当家的开始剃，所以我跟大当家的还聊过天。连长见这个剃头匠说得如此恳切，也觉得这事靠谱，于是他说那好，你带我去看看吧。结果到了那一片乱尸之中，这个剃头匠看了一眼，毫不犹豫地走到一具尸体面前，用手一指，"这就是大当家的孙美珠。"

听了这话以后，大伙"哗"一下就围了上去，只见这个死者四方脸，浓眉大眼，颧骨突出，指甲很长，是腹部中的弹。连长把孙美珠的脑袋割下来放进一个煤油筒里，上面撒上一层厚厚的盐，亲自带着这个战利品就去报功了。到了济南以后，督军田中玉马上下令把孙美珠的首级拍了照片，印刷后贴在津浦铁路沿线各个火车站，向老百姓进行宣传，震慑匪徒，以儆效尤。该连连长因为击毙了土匪有功，田中玉还奖励他一千块大洋。

3. 绝处逢生，围魏救赵

孙美瑶为了给大哥报仇，在1923年年初，又在临沂这个地方抢劫了一家大户，没想到这家大户人家跟山东督军田中玉有亲戚关系，直接就告到田中玉哪儿去了。田中玉一听就火了，土匪胆大妄为，敢和我叫板，于是就下令第六旅、第二十旅各派了一个团，再加上临城的警备队，共有五千多人，一下子把抱犊崮围得水泄不通。

孙美瑶在抱犊崮有多少人呢？只有一千多人，还有很多是女眷家属，除了加强工事以外，运粮、备水，严阵以待，但是没想到山下的官军都扎上了帐篷，步步为营，准备长期围困。时间一长，山上的存水存粮就成了大问题，土匪事先是有约定的，山上左右各立了一根旗杆，左边的旗杆挂的是白灯笼，右边的旗杆挂的是红灯笼，白灯笼代表水，红灯笼代表粮食。如果粮食缺的话，挂的这个灯笼数的多少就表示事情有多严重，如果挂一个红灯笼表示已经缺粮了，如果挂两个红灯笼那粮食已经不够吃一个星期了，三个红灯笼挂上去表示连三天都不够了。水同样如此表示。围困的时间一长，左边右边的两根旗杆同时升上了红白六个灯笼。连连告急，孙美瑶为了打破僵局，他的一个参谋处长叫丁开发，提出采取围魏救赵的办法，怎么办呢？先打出去，打出去以后袭击官军的司令部，说不定能够打围救山，让围山的官军撤走。

孙美瑶就带着人下山连夜袭击了司令部，你别说还真把官军打了个措手不及。这样一来，官军该撤了吧？非但没撤，官军的人数反而增加了，看来是铁了心要把孙美瑶这帮人统统消灭掉。再说孙美瑶连续突袭几次无济于事，土匪活动的区域越来越小，生存日趋艰难。

就在孙美瑶愁得吃不下、睡不着的时候，来了一位神秘人物求见孙美瑶，并扬言能够帮孙美瑶解围。那么这个神秘人物是谁，在抱犊崮被围得水泄不通，官匪力量悬殊的情况下，他能给处境险恶的孙美瑶支什么招呢？

这个人的名字叫张培健，原来是皖系段祺瑞训练的边防军的一名教官。所谓的边防军就是原来段祺瑞政府借口参加第一次世界大战，要扩充军队向日本贷款，日本给他武器，给他装备，给他派了教官，帮助段祺瑞训练三个师的部队。第一次世界大战结束后，你再叫参战军就不好听了，于是段祺瑞干脆把这支部队换了个名，参战军改成边防军了，这个张培健就是边防军的一名教官。他没想到参战军在直皖战争中打了败仗，军队被解散了，自然当教官的就该干吗干吗去了。于是这位叫张培健的教官就出现在孙美瑶面前，成了孙美瑶的高参。这个高参和孙美瑶、丁开发、刘玉斗这些人经过精心策划，决定劫持临城的特别快车，绑架外国人，制造国际争端，以转败为胜。孙美瑶担任这次劫车的总指挥，指挥部设在巨山的山上，坐镇指挥；孙美崧带领少数土匪，配备了精良的武器，坚守抱犊崮这个老巢；丁开发这个人武功好，所以他挑选了一些身强体壮、精通武术的人，带着短枪进行劫车。还有，一些土匪扒铁道，另外的一些土匪在周围牵制官军。这个计划布置得相当周密。经过侦查，他们把劫车的地点选择在临城的沙沟车站，并在这趟列车上安排了眼线，果然酿成一场国际大纠纷。

那么，北洋政府究竟采取怎样的办法使人质迅速获救，并平息严重的国际纠纷呢？

下集

孙美瑶劫了这么多中外旅客震惊了世界，北洋政府感到非常棘手。怎么办呢？如果采取强硬的态度派兵进剿，怕危及外国人的生命安全，再产生更大的国际纠纷。如果你不打他吧，又担心助长土匪的气焰。这时候，各方面都派人到了枣庄，都通过各种渠道跟土匪进行接触。在这种情况下，孙美瑶可以谈判的筹码就太多了。

1. 枣庄谈判，一波三折

孙美瑶先释放了"一部分女性肉票"，为什么呢？让她们带口信给政府，转达了土匪方面的三个条件：第一个是迅速将围山的这些官军撤出三十里以外，否则要把"洋人肉票"统统杀死。第二个是收编土匪为一旅，以孙美瑶为旅长。第三个是补充抱犊崮的军火还有水以及粮食。

作为一帮土匪，他们劫持人质后，没有提出要大笔的赎金，却想做正规军，由政府招安，这样的特殊要求让人感到奇怪。他们为什么提出这样的要求？北洋政府方面会接受土匪这样的要求吗？被劫持的人质的命运又将如何呢？

如何解决临城劫车案，北洋政府内部也产生了重大的分歧。有人主张安抚，答应土匪的条件。有人主张强攻，这些土匪非消灭不可。在这种情况下北洋政府又如何抉择呢？官军和土匪之间的谈判能不能达成协议？那些被绑人质的安全能不能得到保证？孙美瑶闯了这样的大祸是否能够全身而退？

这个事件发生以后，山东的枣庄成了各方谈判的一个中心点。山上的土匪和官军派的人都在枣庄中兴煤矿这个地方来进行谈判。

受孙美瑶委托，人质中的南京高师学生顾克彬作为翻译，与《上海经济商报》记者亨利下了山，向政府方面报告土匪的要求和人质状况。亨利还要向美国领事达维斯报告山中情况，寻找解决办法。而张绳祖留在山上，继续担任土匪和意大利著名律师穆安素及其他洋人的翻译，与土匪沟通，与外界联系，寻求各方援助。张绳祖曾对顾克彬说："若两人同逃，翻译无人，（土匪）势必下山追蹑，何能出险？不如你先逃去，我独留此，彼若传呼，有一人在，可以塞责，彼不疑而你可远遁，不致被追还受苦。"

经过几方协调，上海的美国商会和红十字会组织了一个救援团到达枣庄。其中有一位记者叫李斯白，曾经在5月6日被孙美瑶抓住过，后来他自己逃跑了。他这一次主动要求回来，代表美国商会还有红十字会携带了大量的药品、食物、衣服等日用品，到了枣庄以后跟土匪进行联系，设法接济山上的外国人。

之后，顾克彬抵达南京，呼吁各方，协同母校与吴江在宁同乡会，积极参与营救张绳祖。6月1日，柳亚子在其创办的《新黎里报》发表要闻《津浦劫案中之张绳祖君》，报道了劫车事件与营救活动。

北洋政府和绑匪方面第一次正式谈判，是在1923年5月15日，谈判地点是中兴煤矿公司，官方代表是山东督军田中玉和山东省省长熊炳琦，匪方代表是周天松。匪方提出几个条件：（一）政府军解除包围，撤回原防；（二）收编匪军为一旅，以孙美瑶为旅长；（三）补充军火。

官方认为除了第三条都可以接受，官方提出分三批释放外国人。双方准备签字时，匪方节外生枝，要求外国人和邹县、滕县、峄县三县士绅一同签字担保官方履行协议。

5月16日，山东督军田中玉下令政府军解围撤退，并委孙美瑶为招抚司令，派人持委任状和命令上山。不料匪方却变了卦，孙美瑶当着官方代表的面，扯碎了委任状，并且致函田中玉，否认官匪所签订的和平协议，宣称必须政府军完全撤退，并接济山中粮食后，才能提出正式条件。而且，孙美瑶居然要求将所部土匪改编成两个旅，对此北洋政府接受不了！谈判就拖延下来。但是时间长了，山上外国人质的生命安全受到威胁，有不少外国人写信告诉山下的人说他们患了重病，在这种情况下这件事就越闹越大了。

2. 陈调元上山

官匪谈判破裂以后，孙美瑶在"洋票"当中找到一位在欧战时曾经得过勇士勋章的法国人，让他进行宣誓，保证下山谈判以后还必须回来。他带着什么条件下山呢？就是限定政府军在22日下午6点以前全部撤回原防，不料这个法国的所谓"勇士"一去不返了。于是，25日这一天，《密勒氏报》的主编鲍威尔亲自宣誓下山，他带去了孙美瑶的三个条件：第一个，发给匪军六个月的军饷。第二个，收编匪军一万人。第三个非常重要，提出让张敬尧做山东督军。张敬尧这个人原来是皖系的大将，这个时候孙美瑶把这个条件提出来，里边是肯定大有文章的。26日，鲍威尔又下山，带了土匪的两个条件：第一，土匪表示对政府进行妥协，但条件是政府军必须撤围；第二，收编孙美瑶的队伍以两个旅为限。

政府方面提出了反条件，你先释放人质三分之二，收编的匪军以持枪者为限，就是说你没有枪的这些人政府是不能收编的。双方的条件始终谈不拢。北洋政府派出飞机要轰炸抱犊崮，进行施压。

为了防止政府军强行劫走"洋票"，20日，匪方将三名外国人用绳索吊上山顶，去挡炸弹。其中63岁的英人斯密士年纪最大，他是因为患了失眠症，特地到中国大陆来"旅行疗养"，没想到成为人质，他的失眠症发作得更厉害了，幸而这时山上和外界已可通邮，因此在山上的外国人可以从山下取得接济，斯密士的安眠药可以寄来，所以勉强还可以应付。此外，山顶洞穴中还有不少中国"肉票"，包括不少儿童，因重度营养不良，骨瘦如柴，被土匪视为"废票"。

当这些消息经《京报》《申报》《大公报》《新黎里报》等刊出后，激起全国范围的愤怒，一致谴责北京政府对本国"肉票"的痛苦遭遇视若无睹，却只一心一意援救外国"肉票"，真是毫无心肝。

当谈判陷入僵局的时候，有一个人毛遂自荐、脱颖而出。是谁呢？就是当时的徐海镇守使陈调元。这个人出身于保定军官学堂，纵横江湖多年，始终处于不败之地，山东枣庄这个事照理说跟他是没有关系的，但是这一次他主动请缨到了枣庄，自告奋勇要求上山谈判。他还带去了五万大洋和两千套军装，并送去了大量的粮食，孙美瑶自然愿意接纳陈调元。当天夜里，陈调元留在山上和这个土匪们在一个屋檐下睡觉，并把自己和卫兵的家伙都卸下来交给孙美瑶。这样一来，孙美瑶和陈调元之间几乎是无隔阂，所以在陈调元的组织下，官匪之间的谈判进行得比较顺利。

孙美瑶也想找一个台阶下，因为如果和政府军没完没了地相持下去对谁都没有好处，而且他的人马最多不过三千多人，枪支也不过是两千多支，当初上山造反的初衷，就是为了让政府招安，可以达到曲线来挽救家族、耀祖光宗的这个目的。政府答应凡是有枪的都予以收编，没枪的每个人发一张免死证，再给五十块大洋的遣散费。因此所有跟着孙美瑶造反的人都有了着落，应该说这样的结局该满意了吧。他的山东自治军被编为一个新编旅，一共是三千多人，按照两千七百人发饷，其余三百人的饷钱自己来负担。官匪双方终于达成了一个最终协定。

6月2日，孙美瑶同陈调元同时下山，和山东省省长兼军务帮办郑士琦签订了一份和平协议，陈调元又陪着孙美瑶回到山上，点验他的部队。到6月12日，最后一批"洋票"8个洋人全部被释放了，还有4名"中票"，其中就有吴江人张绳祖。

6月12日，张绳祖与最后一批洋人穆安素等离开了抱犊崮的巢云观。21日，张绳祖回到黎里，他是吴江县立第五小学和县立中学毕业生，他在母校演讲"临城被难""匪巢脱险"的过程；8月1日，《新黎里报》刊登《张贡粟先生讲演临城被难记》。

3."鸿门宴"孙美瑶被杀

到7月1日这一天，孙美瑶释放了所有的人质，他的部队正式改编为山东的新编旅，下辖两个团，驻地就在枣庄的郭里集这个地方。

8月10日，外交使团领袖公使符礼德将16国因临城劫车案所提通牒交外交部，要求赔偿每个被掳洋人8500元损失费，保障外人安全及惩办山东官员。赔偿照准；但任免官员事关主权，不能同意。10月16日，符礼德至外交部质问顾维钧，要求48小时之内撤销田中玉职务，并威胁说："若中国政府如无满意答复，使团将另定对华态度。"当时，政局变化，黎元洪下台，曹锟通过贿选当上大总统，准田中玉辞职，并裁撤山东督军，以郑士琦督理山东善后事宜。

田中玉下台前命令兖州镇守使张培荣除掉孙美瑶。再说孙美瑶当上了新编旅旅长以后，得意扬扬，一时间迎来送往非常忙碌。他除了回老家祭祖以外，又在济南拜见了山东督军田中玉。田中玉表面上虚与委蛇，却调山东第六旅吴可璋团到了枣庄，和孙美瑶驻扎在一块儿，随时对孙部进行监视和瓦解。吴可璋不断地采取挑拨离间的手段来瓦解孙美瑶的队伍。首先他拉拢了新编旅的两个团长，一姓张、一姓魏，常以酒肉相待。时间一长，孙美瑶的团长和孙美瑶之间的关系就慢慢疏远了。

吴可璋团和孙美瑶新编旅士兵经常在路上碰面，互相瞧不起，就打起架来。部队一打事就大了，把孙美瑶的人打伤了。凡是做土匪头子的这些人都有一个习惯，都特别"护犊子"，孙美瑶一听就火了，马上命令弟兄们抄家伙，登门要跟吴可璋算账，吴团长被吓得把大门关上了，任凭你在外边把门都锤破就是不开。

可是当地的老百姓可害怕了，因为两拨人马如果在这里打起来，倒霉的肯定是老百姓，所以家家户户吓得闭门闭户。消息很快就传到郑士琦那里，郑觉得机会来了。

为迷惑孙美瑶，郑士琦大张旗鼓地把吴可璋团调回省城，又把山东的第五旅、第六旅和第二十旅调到枣庄附近。17日，孙美瑶向郑士琦认错，郑回电抚慰，表示没事了。19日，张培荣奉郑士琦密令，在枣庄中兴公司以调解孙美瑶与吴可璋冲突为名，要吃讲茶。什么意思呢？就是把孙美瑶请来，把吴可璋也请来，坐下来大家喝个茶、聊个天，把这个事给它化解了。

12月19日，张培荣在枣庄大摆宴席，把有头有脸的乡绅都请到中兴煤矿，孙美瑶带着卫队来了，但他的卫队却被拦在了门外。孙美瑶刚进二门，上来两个便衣，一把石灰就撒向了孙美瑶的眼睛，两个人趁机把他往下一摁，抽出匕首对他连戳了十几刀，孙美瑶就这样死了，同时被杀的还有孙部军官11人，新编旅也被缴械解散。

4．日本人搞的鬼

说到这，就必须谈谈"临城劫车大案"真正背后的推手了。先前我们曾经谈到有一位叫张培建的上了山，其实，这个张培健根本就不是中国人，是日本人，他的真名叫什么呢？叫伊藤集吉。在山上土匪们都称他为洋参谋，所以这个人本身就是一名日本间谍。

有人要问了，你说这个话有根据吗？当然有了，1923年5月26日济南的《大民主报》就明确地指出据某外国人报告，前任边防军教练之某国人，他没有点是日本人，说的是某国人，伊藤集吉改名张培健，现在就在匪中参与机密，匪众皆称之为洋参谋，甚得孙美瑶的信任。据匪中传述，彼于当年二月间始投入匪中，所以一切的武器都是靠他向各方购买得来的。难怪在5月6日的第二次国际快车上，为什么没有一名日本记者，没有一名日本侨民，就得到了一个合理的解释。

那么，日本人为什么要帮助孙美瑶策划这场"临城劫车大案"呢？原因并不很简单，1920年直皖战争后，皖系段祺瑞下台。段祺瑞代表的是日本的利益；直系政府上台以后代表的是英美等国的利益，日本又不能扶持亲日派取得政权，于是就用这种勾结土匪的办法制造了一起很大的国际事件，企图浑水摸鱼，乱中取胜。所以1923年5月12日《山东法报》就一针见血地指出："此次劫车案不能单纯地认为是土匪性质，实含有政治意味，做此劫车之举更由此项浪人做探，侦查旅客之人物，认为可劫，始行动手。"所以一般的土匪重在钱财，而张培健的目的：一是为了扰乱社会秩序，二是挑起国际争端，尤以离间中美两国关系为主。该报指出："故此次旅客之西人中以美国人为最多，而独无某国人，可为注意。"果然，日本公使趁机提出来组织八国联军共管中国，或者共管中国的铁路。就是想让日本重新获得在山东那些被美国、英国所占有的利益，这才是他的目的所在。

此外，孙美瑶在与北洋政府谈判的时候有一个重要的条件，即是让张敬尧出任山东督办，就是让一个皖系的人物重新来掌握山东的政权。如果张敬尧当了山东的督军，他能代表哪方的利益呢？肯定是日本。日本正是想把山东作为自己的势力范围，因此伊藤集吉给孙美瑶出了主意，让张敬尧出任山东督军，不就是要收回日本在山东失去的这些利益吗？当时北洋直系掌权，怎么能让皖系的做督军呢？孙美瑶的主要目的已达到，所以就没再坚持这一条。

通过这些事我们可以联想到，所谓当时是有国际法的，真正的国际法是什么呢？实际上就是大国列强的法律，对弱小的民族、弱小的国家来说，是根本没有用处的。所以临城劫车案发生以后，列强就提出要求共管中国，按照《辛丑条约》那种条款来惩治中国这些地方的文武官吏，重新让中国赔款，甚至把铁路交给洋人管。这都是根据列强所谓的国际法进行对照来执行的，但是1923年那个时候已经和1900年时的情况完全不一样了，所以列强提出的这些条件最后还是流产了。

同时，我们还可以联想到另一个问题，就是当时中华民国成立了，也颁布了宪法，难道这些法律就不管用了吗？实际上当时年年军阀混战，北洋政权不断地进行更迭，没有一个稳定的社会环境，所谓的法制，所谓的法律形同虚设。如果当年有一个稳定的社会环境，孙氏兄弟也不会从秀才走向做土匪这条路，临城劫车案或许根本不会发生。

5. 结局再反转

时过境迁，当一切尘埃落定之后，有人却提出临城劫车案的主要人物孙美瑶并非死于北洋政府军的枪下，而是在1929年病死的。那么，这种说法从何而来，又有何依据呢？

就是第七十四军前任军长俞济时，这个人是蒋介石的外甥，黄埔军校一期毕业的，后来做了第五十八师的师长。俞济时接任师长后，把两个旅长叫到面前，就问了，你们这支部队为什么那么能打仗呢？是怎么来的呢？结果这两个旅长就跟他透了个底。说我们这支部队就是当年"临城劫车大案"的那个孙美瑶的队伍。这一来引起了俞济时的兴趣，他说这个事我知道，当时孙美瑶不是死了吗？旅长说：孙美瑶根本就没死，死的那个人是别人顶替的。当时这个俞济时就愣了，说后来的情况怎么样？他手底下的旅长就说孙美瑶后来跟着山东有个督办叫张宗昌，成了山东督办张宗昌的队伍。后来在1928年，国民革命军打到北平以后，该部投降了国民革命军，变成了第五十八师，所以我们这个部队溯源就是来自孙美瑶的部队。俞济时就问了，孙美瑶到底到哪儿去了呢？旅长就说孙美瑶实际上是在1929年才病死的。

　　这段史料来源于谁呢？来源于俞济时写的一本叫《八十虚度回忆》的书，就有这么一段记载。俞济时后来一直是跟着蒋介石当卫队队长的，晚年到了台湾，他写下这一段。我想一个师长，对这个师的渊源应该是一清二楚的。当时为了让老百姓觉得如果走孙美瑶这条道路是没有希望的，所以他们制造了一个假象，说是孙美瑶被政府镇压了。

第四讲 广州风云系列大案

刺杀蒋介石

今天我们开讲六集广州风云系列大案，是由蒋介石被刺案、廖仲恺被刺案以及中山舰事变等六集系列组合而成。1925年3月12日到8月20日，五个多月的时间里，中国国民党领袖孙中山、廖仲恺相继谢世，他们的死改变了国民党的走向与格局。这一场"大地震"究竟是怎样发生的呢？通过这一系列大案，我们可以看出孙中山逝世以后，国共合作的局面是怎样被一步步破坏，蒋介石又是如何一步步夺取国民党最高权力宝座的。

我们先讲孙中山逝世后影响国民党政局发展的第一个案件，即蒋介石被刺案。

1. 陈炯明叛变，蒋介石出头

1925年8月，天气炎热，骄阳似火。这一天上午，在广州一个叫东坡楼的地方，一辆车头插有国民党党旗的小轿车正在行驶中，突然遭到迎面而来的暴风疾雨般的机关枪的射击。当时人死车翻。这是黄埔军校校长蒋介石的座车，所幸蒋介石并不在车内。这到底是什么人干的呢？为什么要刺杀蒋介石呢？

当时，蒋介石在国民党内的地位并不高。孙中山在军事上主要依靠粤军总司令、陆军部部长陈炯明。对此，蒋介石很不服气，私下跟孙中山说陈炯明这个人靠不住，有反骨。但是孙中山只听信陈炯明的。于是，蒋介石一气之下，离开孙中山，返回上海。

陈炯明曾经是孙中山的好学生。但他担任广东省省长兼粤军总司令以后，主张发展地方经济，积极参与"联省自治"运动，阻挠孙中山到桂林设立北伐大本营，破坏北伐，被孙中山免去广东省省长、粤军总司令、内务部总长三个职务。孙陈矛盾公开化了。此后陈炯明躲在惠州，其部下叶举率"陈家军"于1922年6月16日发动叛乱，炮轰观音山南麓总统府和孙中山的住所粤秀楼。

孙中山从小道下山，脱险后抵达海珠海军司令部，后避难于永丰舰，给远在上海的蒋介石发了封电报：事紧急，盼速来。蒋介石就赌了一把，在孙中山生死关头，从上海赶到广州救驾，6月29日，登上永丰舰，陪孙一起与叛军战斗。

当时舰队在进入白鹅潭时必须经过车歪炮台。然而车歪炮台早已落入了叛军之手，居高临下，枪炮密集，给舰队通过造成了很大的困难。蒋介石始终站立在永丰舰舵楼，指挥舰队作战，"鼓勇直前"，经过20多分钟的战斗，终于顺利地冲过了叛军的炮火封锁，驶入了白鹅潭。蒋介石与孙中山同生死共患难，在永丰舰上坚持了40多天，赢得了孙中山的信任。孙中山派蒋介石为孙逸仙博士代表团团长，去苏联考察政治、军事。蒋介石回国后参加1924年1月召开的国民党第一次代表大会，会上决定成立陆军军官学校，由于该校校址在黄埔岛上，于是习惯性将其称为黄埔军校。

2. 蒋介石出任黄埔军校校长

蒋介石被孙中山任命为陆军军官学校校长兼粤军总司令部参谋长。因为军校位于黄埔岛上，所以人们习惯称之为黄埔军校。有了黄埔军校校长这个职务，黄埔毕业生都是他的学生，而且以后成为国民党军队的骨干，这就是蒋介石发家的根基。

再说陈炯明被桂滇联军打败，退出广州后，继续盘踞在东江一带，自恃潮汕地区资源丰富，惠州地势险要，拥兵6万，又有英国的支持，时刻准备"反攻"广州。1925年1月7日，他乘孙中山北上之机，自称为"救粤军总司令"，自潮汕分三路进袭广州。

1月15日，主持广州大本营的代帅胡汉民以杨希闵的滇军、刘震寰的桂军和许崇智的粤军组成东征联军，以杨希闵为总指挥，总兵力达10万余人。东征军序列中没有蒋介石的黄埔军。因为，黄埔校军训练时间短，又无战斗经验，只有两个团共三千人，为滇桂军所蔑视，他们并未把蒋介石放在眼里。黄埔师生积极请缨，经国民党中央批准，加入右翼粤军序列，由蒋介石为总指挥，军校政治部主任周恩来负责指导战时政治工作。

在东征中，左路滇军与陈炯明军林虎部达成默契，徘徊于增城、博罗间；中路桂军屯兵于惠州城下；只有右翼黄埔校军和粤军英勇奋战。1925年3月12日，中国国民党总理孙中山在北京逝世。蒋介石正在指挥第一次东征，黄埔校军2个教导团，与陈军激战于棉湖；何应钦的教导团第一团以"千余之众，御万余精悍之敌，其危实甚"。蒋介石及苏联顾问加伦和政治部主任周恩来等均亲临团部指挥；廖仲恺也到前线劳军，"草履手杖，亲督伕役搬运弹药"。当战至中午，得粤军七旅增援，双方乃成对峙状态。钱大钧指挥教导第二团又绕出鲤湖，从敌侧背后发起进攻，粤军第一师陈铭枢部和警卫军亦进抵河婆，叛军因腹背受敌，当晚溃退。棉湖之战，教导团虽损失惨重，伤亡官兵600余人，但终于转败为胜，击溃了叛军主力。

当时蒋介石并不知道孙中山逝世，3月14日还在给孙中山打报捷电。直到3月21日夺取兴宁城后，下午5点，接到胡汉民电报，这才得知孙中山逝世的噩耗。27日，蒋介石在兴宁东门外集合黄埔教导团官兵，哀告总理逝世的噩耗；并于3月30日举行"追悼大元帅及阵亡将士大会"。

东征的胜利，提高了蒋介石在国民党军中的领导地位，也令在广东的各军刮目相看。孙中山逝世后，国民党最高权力一分为三，即汪精卫主政、胡汉民主军、廖仲恺主财。国民党内部的权力之争，明争暗斗。

5月8日，一位面目俊朗、头发梳得一丝不乱的"帅男"，带着夫人来到东征前线的潮州，特地前来看望蒋介石。

此人是谁呢？他不是别人，正是汪精卫。孙中山逝世后，汪精卫在北京操持完孙中山的后事，回到广州，又马不停蹄地赶到了潮州。他是以孙中山遗嘱起草者的身份来见蒋介石的。他说："总理逝世，我就守在身边……"他擦着眼泪说："总理的遗嘱是我起草的，总理签的字。总理在临危的时候，还不断低声呼唤一个人的名字，你知道是谁吗？"他盯着蒋介石的眼睛，卖起了关子。

"谁呀？"蒋介石迫不及待地问。

"就是介石你呀。"汪精卫见蒋介石上钩，这才揭开谜底。

一句话直接把蒋介石说得热泪涟涟，"甚感其亲爱"，即大为感动。

其实，孙中山弥留之际，口中不断叨念的是"和平……奋斗……救中国"，这是在场的宋庆龄、何香凝等人亲耳听到的。汪精卫为什么要对蒋介石说这话呢？肯定是有目的的。

汪精卫的意思是孙中山把政治大权托付给了自己，军事上是希望托付给蒋介石的，只是因为蒋介石的人望不如胡汉民，但只要蒋汪联手，何愁大局不定？

汪精卫要巩固自己的地位，就需要拉帮结派，他的目光就落在了蒋介石身上。汪、蒋见面，"倾谈党事"，就是告诉蒋介石，有苏联顾问鲍罗廷的支持，他是孙中山的接班人，希望蒋介石支持他。

作为蒋介石来说，他心里清楚，如果汪精卫把这话传出去，是很能抬高自己的身价和地位的。和汪精卫结盟何乐而不为？汪蒋一拍即合，互相援手，战胜对手，以夺取政治、军事的最高权力。

第一次东征后，杨希闵、刘震寰狼子野心大暴露，他们在香港召开会议，邀请唐继尧、段祺瑞、陈炯明的代表和商团头目陈廉伯参加，会商叛乱计划，妄图联合进攻广州，夺取政权。在廖仲恺为首的国民党"左派"和共产党的坚决支持下，胡汉民随即以代理大元帅名义，明令讨伐。蒋介石由潮州、梅州回师，6月中旬，和粤军一起，击溃叛军，杨希闵、刘震寰在英帝国主义掩护下经沙面逃往香港。15日，国民党中央委员会决定，改组大元帅府为国民政府，党军改为国民革命军。

7月1日，国民政府成立，汪精卫在鲍罗廷的支持下，以全票当选为主席和军事委员会主席。廖仲恺是财政部部长，胡汉民成为外交部部长。军权在陆军部长、粤军总司令许崇智手上，蒋介石成为军事八委员之一。

7月26日，蒋介石去军事委员会参加会议，在汪精卫默许下，提出建议：要统一军事，统一财政。矛头首先是针对许崇智的，目的是把军权财权集中到军事委员会。这是蒋介石谋求控制军事大权所做的准备。蒋的这些建议，首先得到了汪精卫的赞同，并在军委会议上通过了相关决议。

由于第一次东征胜利及平定杨、刘叛乱，也塑造了蒋介石的"左派"军事强人的形象。这样，蒋介石就成为国民党右派、粤军、商团各方的眼中钉、肉中刺。

当时蒋介石日常办公仍以黄埔军校为主，但在城内有个军校驻省城办事处，在沿江中路239号，那是一座三层洋楼，邻近珠江上的天字码头，又称为军校码头。

3. 蒋介石遇刺

1925年8月的一天上午，骄阳似火。蒋介石由广州北教场黄埔军校入伍生总队部回城内军校办事处。他所乘的小汽车，车头插有一面青天白日小旗子作为校长专车的标志，正当这辆小汽车要开动时，发动机发生故障，打不着火了。司机立即进行修理。蒋介石等得不耐烦，即改乘随从的另一辆没有插青天白日小旗的汽车，叫卫士连长宓熙带四名卫士跟他一同先走，令排长黄文友带领六名卫士，等车修好随后赶来。

蒋介石的车从北门进城后，一路平安，抵达了军校驻省办事处。那辆车头插有青天白日小旗的小汽车修好后，在驶经东坡楼附近时，突然，附近的驻军对着它猛烈开枪射击，顿时，油箱破裂，汽车被打翻，两名卫士被打死，排长黄文友手臂受伤，从汽车里爬出来，逃至军校办事处，立即向卫士连长宓熙报告遇袭之事。宓熙一听，失声叫道：好险啊，如果车不坏，岂不是……顿时惊出一身冷汗，急忙向蒋介石报告。

蒋介石勃然大怒，认为这场袭击一定是有人预谋的，目的是要置他于死地，但他黄埔军校的力量尚无法与粤军进行对抗。但他又是粤军的参谋长，必须追查此事，于是立即打电话向东坡楼附近粤军（讨贼军）第四军驻地查询。该军代理军长梁鸿楷很快就来到军校办事处。

梁鸿楷是孙中山信任的将领，在赶走陈炯明的战斗中立了大功，晋升为陆军上将。所以蒋介石也不敢对其无礼，很客气地将东坡楼发生的流血事件告诉他，希望他查明真相。梁鸿楷非常惶恐，说：这件事不是自己的人干的，却有重大嫌疑；当即带着黄埔军校大队长胡公冕和一中队长枪上膛，刀出鞘，如临大敌，直奔东坡楼进行查究。

大约一个多钟头，梁鸿楷满头大汗地回来向蒋介石报告说："据该驻地两个连长说，他们是奉旅长杨锦龙的命令，叫他们如发现插有青天白日小旗的汽车，上面命令把这辆汽车打翻，把人都打死，就有重赏！这是执行上面命令这样做的。"

蒋介石对梁鸿楷说："这件事由你全权负责处理，首先将杨锦龙扣留查办，并将他的部队限四小时内全部撤离广州市区；驻在东坡楼附近的两个连长也扣押查办。"

这个杨锦龙是什么人呢？杨锦龙（1887—1925），广东茂名人。广东将弁学堂毕业。1920年任粤军第二军第四师独立旅团长。1923年1月参与讨伐陈炯明战斗，任讨贼军第四军第一独立旅旅长。1924年春任建国粤军第四军第八旅旅长，是总司令许崇智的人。当时，许崇智是粤军总司令、陆军部长，军权在握，蒋介石不敢得罪他。于是，梁鸿楷走后，蒋介石非常紧张，对入伍生总队长陈复说："你暂时不要回总队部，在这里待命，担任警戒，等待杨锦龙（第八）旅撤离广州市区后，再回总队部。"

当天下午两点左右，梁鸿楷来到军校省城办事处，向蒋介石报告："已将旅长杨锦龙和东坡楼驻军两个连长都扣押，所有该旅的部队，已撤出广州市区。"

蒋介石当时的羽翼未丰，还不敢和许崇智翻脸，加上他也是粤军参谋长，于是表扬了梁鸿楷几句，这件事就这样结束了，但是许崇智、杨锦龙等人就成为蒋介石要报复的对象。

4. 蒋介石又遇险

"东坡楼事件"后蒋介石就搬家了。搬到哪里了呢？广州东山。原来，廖仲恺和夫人何香凝在东城门外山脚下建有两幢小洋房，自住一幢，另一幢让给蒋介石和其夫人陈洁如居住。蒋介石与廖仲恺关系较好，一是在政治方面两人几乎一致，二是在私人关系上两家都住在东山，两家一个大门进出，一起吃饭。

当时，蒋介石与夫人陈洁如没有孩子，何香凝专门陪陈洁如去领养了一个女儿，即蒋陈瑶光。

没过多少日子，针对蒋介石的第二次刺杀事件又发生了。

有一天，蒋介石在外面开会，回东山家里吃中饭。这时，便衣卫士来报告警卫连长宓熙，说："今天早晨在你们进城之后，这里发现两个形迹可疑的人，一个穿长衫，一个穿短装，不像商人，也不像工人，鬼头鬼脑，来去徘徊三次，不断向蒋校长的住房东张西望，前两天也发现这种情形。"

宓熙立即前往当地派出所了解情况，派出所说是有这么两个人，我们已经注意了。宓熙回来便同卫士排长和全体卫士说明了这个情况，要求加强警戒，随时随地都要保持高度警惕。

结果，当天没有发现情况，第二天也平安无事。第三天，蒋介石由省城办事处回东山吃中饭，宓熙带一个卫士同蒋介石坐一辆汽车；后面一辆卫士汽车。宓熙和司机并排，外有一个卫士站在踏板上。后面还跟着一辆卫士车，坐有一个班的卫士。

当蒋介石所坐的车开进离城门约一百米处的时候，宓熙和卫士都发现一个穿长衫的、一个穿短装的两个人，伸着头向汽车方向注视。于是立即命令："发现两个形迹可疑的人，警戒准备。"同时，迅速地把汽车玻璃窗摇下来，二十发的快慢机，即盒子枪做好射击准备。时间只有几秒，当汽车开进城门洞约三十步的时候，只见那个穿长衫的，对着汽车举起枪来，宓熙迅速而敏捷地先发制人，举起盒子枪伸出玻璃窗外，对准那个穿长衫的连续发射，"啪啪"两枪，那个人就倒在地上。汽车风驰电掣地开出城门洞，驶回东山；同时后一辆卫士车听见前面枪一响，马上停车，卫士们蜂拥而下。当那个穿短装的人举起枪，还未来得及扣动扳机，就被一个卫士一脚正踢在膝盖后面，另两个卫士一把抓住他的手臂，他动弹不得了。卫士排长把他拖到汽车上，那个被打伤的穿长衫的人，也一同拖上汽车，很快车开到东山，蒋介石即命令将该犯押交军法处查究。

这起案件是谁干的呢？蒋介石派人立即对凶手进行审讯。凶手很快就招了，供称是商团陈廉伯的人。

商团是怎么回事呢？原来，广州商人有强大的经济实力。从清末开始，广州商团为维护自身利益就敢于同政府对抗。

1924年8月10日，广州商团向英商南利洋行购置枪械9000余杆，其中有机关枪40挺，子弹300余万发，由英籍轮船哈佛号运往省城，在天字码头附近江面上，被蒋介石率领的"江固"舰扣留。

8月12日、15日，商团组织1000多人两次到孙中山大元帅府请愿，要求发还扣留的军火。被拒绝后，组织广州商人罢市。8月24日，孙中山宣布广州戒严，通缉陈廉伯。汪精卫、胡汉民等反对孙中山武力解决商团的主张，廖仲恺因其严办商团的主张受阻，向孙中山面辞广东省省长一职。

9月4日，孙中山离开广州赴韶关北伐大本营，广州设留守府，派胡汉民代理大元帅兼广东省省长。

10月4日，广东商团以尚未领回被扣枪械为由，联络广州及100余个县镇在佛山开会，决定在广州发动第二次罢市，表示抗议。

10月14日，省长胡汉民下令解散商团。隔天宣布广州戒严。下午5时商团军集中于西关，计划于10月15日拂晓出动占领省署、公安局以及财政各机关。

10月15日凌晨，蒋介石指挥黄埔军校第一、二期学生联合了许崇智的粤军进攻商团军，战斗至下午二时左右，商团遂停止抵抗。陈廉伯逃回沙面，副团长陈受恭投降，事变至此平息。因此，蒋介石成为陈廉伯的死对头，陈派人刺杀蒋介石也可谓冤有头债有主。

但是，两起暗杀事件并不是同一个敌人所为。怎么会这样呢？

孙中山逝世以后，蒋介石崭露头角，成为新型军队的代表人物，国民党右派意识到如果不尽早将蒋介石除掉，其势必坐大，无法控制。因此，粤军中的将领、反对国共合作的国民党右派分子以及英国支持的商团都欲除之而后快。但是，由于蒋介石的警卫森严，针对他的刺杀活动屡屡受挫，于是，国民党右派将矛头就对准国民党左派廖仲恺。

谋杀廖仲恺

上集

1925年8月20日上午，国民党中央执行委员、广州国民政府财政部部长、黄埔军校党代表廖仲恺，与妇女部长、夫人何香凝以及《民国日报》社社长陈秋霖，同车前往中央党部所在地开会，刚下车，迎面突然闪出来四五个杀手，紧接着一阵枪响，廖仲恺、陈秋霖当场中弹，送到医院，相继身亡。这桩发生在90年前的案件至今扑朔迷离，有点像世界著名的电影《东方快车谋杀案》，各方都有杀害廖仲恺的嫌疑，但真正的凶手是谁呢？

1. 廖仲恺的革命经历

要想知道这桩著名谋杀案的谜底，我们必须从廖仲恺这个人说起。廖仲恺是广东省归善县人，祖籍梅县，1877年生于美国旧金山。1902年冬，何香凝和廖仲恺留学日本，并结婚。

1903年8月间，落魄之中的孙中山，游历了南洋各地，一无进展，准备到檀香山省亲，从西贡顺道经过日本，到达东京，此时旧同志都已星散。

在举目无亲的情况下，孙中山来到了横滨，在山下町租了一间小房。当时横滨的兴中会会员寥若晨星，在留学生会馆聚会上认识了廖仲恺与何香凝夫妇。数日后，两人前往孙中山寓所拜访，听孙先生纵谈阔论，指斥清政府腐败无能，必须进行反清革命的道理。廖仲恺、何香凝对于孙先生推翻清廷、建立民国的道理，十分赞成，表示愿为革命效力。孙中山托付他们结交有识之士，"结为团体，以任国是"。

当时和廖仲恺、何香凝一起去看望孙中山的还有一个人，叫胡毅生。他是胡汉民的堂弟，他认识孙中山和廖仲恺要比胡汉民更早。胡汉民是1905年认识孙中山的。提到胡氏兄弟是因为这两人都与以后的谋杀廖仲恺案件有关联。

1905年7月，孙中山从巴黎再次回到日本东京，与华兴会黄兴见面，决定成立中国同盟会，孙中山到何香凝寓所为其主盟，并且在介绍人处签了字。孙中山所住的旅馆有日本下人打扫房间，将来访人和文件报告给了日本警察。日方加强了对孙中山的监视。孙中山遂以何家为通讯联络站和开会地点，每周在何家开会两三次。来人多，怕被监视，何香凝又负责收鞋子的工作。所以何香凝是同盟会第一位女盟员，资历比廖仲恺还老。

廖仲恺当时去哪里了？他与胡汉民利用暑假回了广东，胡汉民接夫人及其妹、廖仲恺接1岁的女儿廖梦醒。听说孙中山已到日本，廖仲恺、胡汉民等急忙返回东京，等赶到时，已经是9月初，中国同盟会于8月20日已经成立了。孙中山向廖仲恺与胡汉民解释了三民主义，廖仲恺举双手赞成；廖仲恺参加同盟会的介绍人是其夫人何香凝。

胡汉民不同意三民主义中的"平均地权"。孙中山说："你参加反对清朝帝制，这很好！但是解决民生问题，也是我们革命的目标之一，要解决民生问题，首先要平均地权。"两人辩论了一夜，最后胡汉民终于同意了孙中山的主张，办理了入盟手续。后来，胡汉民不同意改组国民党，不同意实行三大政策，这是有预伏原因的。

同盟会成立后，孙中山为总理；汪精卫为评议部部长、胡汉民为议员；廖仲恺为会计。

1911年辛亥革命后，廖仲恺夫妇留在广州政府中。1913年"二次革命"爆发后，他们逃往香港，但还是遭到港英当局的驱逐，于是流亡日本。随即孙中山也抵达日本。

2. 孙中山的"荷包"

廖仲恺对孙中山的重要性主要体现在以下几个方面：

第一，他是孙中山的荷包（即钱包）。

廖仲恺的特点是擅长理财。在1914年的中华革命党时期，以及1917年孙中山南下护法，在上海运动海军等事情，都要花钱，这都是由廖仲恺负责筹来的。

1922年5月，廖仲恺任中华民国军政府代理财政总长。是年6月，发生了一件重要的大事，什么事呢？即陈炯明叛变。陈炯明从辛亥革命时就追随孙中山，得到重用，后来被孙中山任命为粤军总司令、广东省省长。他和孙中山为啥闹掰了呢？就是因为北伐的问题。孙中山一直要北伐，陈炯明反对。为什么呢？北伐就是要打仗，打仗就需要钱，要军费；可是陈炯明是广东省省长，广东的经济收入有限，他不愿意把钱用在打仗上，要搞经济建设，因此他就和相连的省比如湖南、江西搞"联省自治"，不打仗，因此阻挠和反对孙中山进行北伐。

因此，是北伐还是联省自治，造成孙中山与陈炯明极大的分歧。6月14日那天，陈炯明在惠州给廖仲恺打了一通电报，请廖仲恺去惠州领款，有"要事相商"。廖仲恺以为陈炯明改变了立场，为筹集资金以支持孙中山北伐，于是信以为真前往惠州，没想到刚到石龙这个地方就被陈炯明囚禁了，关押在石井兵工厂内。陈炯明高兴地拍着大腿说："这一次就把'孙大炮'的荷包给锁住了。"什么意思呢？荷包是装钱的，孙中山离了廖仲恺就等于没了钱，还会有什么作为呢？两天以后，即6月16日，陈炯明手下的叶举就炮轰观音山大元帅府，公然背叛了孙中山。

孙中山避难永丰舰后，宋庆龄在卫士马湘的护卫下，也脱险了。第三天，何香凝上了永丰舰，说起廖仲恺被陈炯明扣押，孙中山听后，与何香凝一起流下眼泪。何香凝见孙中山几天没换衣服，汗污得不像样，于是下舰去给孙中山找来几件换洗的衣服；又去找宋庆龄，几经周折，在岭南大学的一间小屋里找到了宋庆龄，当时她已经小产了。

蒋介石闯关千里，赶到广州，登上永丰舰，与孙中山坚持"平叛"，坚持了40多天，后因为在桂林前线准备北伐的粤军梁鸿楷部反攻广州时，反被陈炯明策反，孙中山无可奈何，只能带着蒋介石一起经香港去了上海。

那么廖仲恺怎么样呢？陈炯明原想杀掉廖仲恺，但过去毕竟也有很深的交情，陈炯明的部队在困境中，也得到廖仲恺的帮助，想想还是不杀，暂时将他囚禁起来。十天后，何香凝找到陈炯明部下的一个军官，说服了他，去一个兵工厂的楼上见到了廖仲恺。廖被三道铁链锁着，衣服又脏又臭。第二次又带着衣服去，听说陈炯明决定要杀掉廖仲恺。第三次去看廖仲恺，听说陈炯明在白云山开会，何香凝直闯白云山。天色阴沉，也叫不到轿子，何香凝就走上山去。在山道上，忽然天下起大雨来，何又没有带雨伞，淋着雨爬山，心里更是着急，一脚不稳，滑到山沟里，弄得满身都是黄泥，头发衣服全湿得不成样子。正巧碰到陈炯明手下一个军长洪兆麟坐车上山开军事会议，他就领着何香凝上山。陈炯明拿过一把藤椅，又递了一杯白兰地酒给何香凝，说："廖夫人，你身湿了，喝点酒吧，不然要受寒。"何说："雨湿有什么要紧，我今次来，还打算血湿呢。我问你，仲恺有什么对你不起？你们说仲恺帮孙先生筹款，要把孙先生的荷包锁起来，就囚禁了仲恺。但仲恺何尝不在三年前（民国九年）帮助你们呢？你们在漳州两年多，把孙先生在上海莫里哀路的房子抵押了三次来帮助你的不也是仲恺吗？难道只有帮助你才对，帮助孙先生就不对了吗？同样都要帮助，帮助孙先生更要紧，我们没有对你不起。对于廖先生，我也不一定要你们放他，但是，我一定要你们今天给我一个决断的答复，就是放他或者杀他。你做事要磊磊落落，要杀仲恺就随你的便，要放他就叫他和我一同回家！"陈炯明理屈词穷，答应放了廖仲恺。这样，何香凝赶快带着廖仲恺回了广州。但是第二天陈炯明睡醒后就后悔了，上午就派人去抓，没想到，何香凝料定陈炯明会反悔，当天夜里他们就从广州逃往香港，转道去了上海。

第二，廖仲恺坚决执行孙中山的"联俄、联共、扶助农工"三大政策。

廖仲恺不仅在财政上是孙中山离不开的助手，他对孙中山的重要性还表现在：坚定支持孙中山的"联俄、联共、扶助农工"三大政策。

早在1921年12月，孙中山在桂林主持北伐时，他多次与列宁信函往来，反复讨论联俄之事，列宁派马林在翻译张太雷的陪同下，到达广州，廖仲恺派人把他们送到桂林，与孙中山商谈双方合作之事。孙中山给廖仲恺打了两封电报，让他快些进行联俄的事情。这两封电报藏在财政部金库保险箱里。陈炯明叛变后，打开了保险箱，发现了这两封电报，并把它们刊登在香港的报纸上，揭露所谓孙中山勾结苏俄、出卖权益的罪行。

1922年8月，孙中山从广州回上海后那一段时间，是孙中山一生中最黑暗的日子：最信任的陈炯明叛变；广州的政府也没了；跟随他的部下也都云散了。在绝望之中，苏联施以援手，派代表越飞到上海，越飞派代表马林去和孙中山会谈，告知：共产国际已经命令中国共产党人加入国民党，为国民党的主义和目标而奋斗。孙中山很乐于接受马林的建议。他请马林在国民党中央委员会阐述关于群众运动的观点，以说服国民党领导人接受共产国际代表的建议。

1922年底，孙中山联合滇桂军杨希闵、刘震寰，加上支持自己的一部分粤军力量，反攻广州，陈炯明抵挡不住，1923年1月16日，率部撤出广州，退往惠州。各路将领呼吁孙中山回广州主持大局。孙中山电请胡汉民等全权代行大总统职权。这时孙中山干嘛呢？孙中山要干一件更大的事。

3. 主持联俄联共，改组国民党

（18日）孙中山与苏联代表越飞在上海莫里哀路进行了会谈，1月26日发表《孙越宣言》。

一、中国最要最急之问题，乃在民国的统一之成功，与完全国家的独立之获得。关于此项大事业，中国当得俄国国民最挚热之同情，且可以俄国援助为依赖也。

二、为明了此等地位起见，俄国政府准备且愿意根据俄国抛弃帝政时代中俄条约（连同中东铁路等合同在内）之基础，另行开始中俄交涉。

三、因承认全部中东铁路问题，只能于适当之中俄会议解决，现在中东铁路之管理，事实上只能维持现况，现行铁路管理法，只能由中俄两政府不加成见，以双方实际之利益与权利，权时改组。

四、俄国现政府绝无亦从无意思与目的，在外蒙古实施帝国主义之政策，或使其与中国分立。

但是，双方几次会见，被英租界密探发现。

双方只好决定转移去日本谈，但孙中山目标大，于是由廖仲恺和越飞在日本谈。

27日晚，在夜幕的掩护下，越飞带着随员由吴淞口登上昌兴轮船公司的"亚细亚皇后"号赴日本"养病"。廖仲恺带着廖梦醒同船离开上海，经过长崎、神户，于2月1日抵达横滨，当天到达东京。廖仲恺的哥哥是北洋政府派驻的驻日公使，可以为其掩护；廖仲恺在日本的行动极其秘密，连很熟的日本朋友也避开，没有会面。可是和越飞的谈判还是被日本东京的"特高课"发觉了。越飞就以治疗"足疾"为由，去了热海温泉。廖仲恺以带廖梦醒"治病"为名，也抵达热海温泉。越飞带了个英文秘书，他们就是通过这个秘书进行谈判的。

廖仲恺与越飞共同研究中苏联合、反抗帝国主义的初步意见，研讨了《孙越宣言》每一项条款的细节，做好技术性的准备工作，为后来《孙文、越飞宣言》的落实与执行，打下了坚实的基础。

2月下旬，孙中山等重回广州，3月初，建立大本营，就职海陆军大元帅，任命廖仲恺为财政部部长，蒋介石为大本营参谋长，后为行营参谋长。5月7日，孙中山任命廖仲恺为广东省省长。

第三，帮助孙中山，改组了国民党。

1923年10月9日，苏联顾问鲍罗廷到广州，孙先生提出改组国民党，修改党纲，制定党章。

孙中山委派廖仲恺、汪精卫、张继、戴季陶、李大钊为国民党改组委员，委派廖仲恺、邓泽如召开国民党特别会议，讨论国民党改组问题。10月25日，廖仲恺、邓泽如和大约五十位著名的国民党党员聚集在一起讨论了下列问题：

（一）国民党的改组。（二）进行改组的计划和纲要。（三）国民党的纲领和章程。（四）召开由4省或5省代表参加的国民党全国代表大会。（五）选举改组委员会。

广东省省长廖仲恺宣布会议开始。鲍罗廷就第一个问题以及章程草案做了报告。孙中山在鲍罗廷之后发表了演说，然后开始讨论。廖仲恺等人都赞成按孙中山、鲍罗廷的计划改组国民党。

张继反对最为激烈，他是老华兴会会员、中国同盟会会员，国民党元老。孙中山极为气恼，甚至想开除张继党籍。有一天晚上开会，张继又大吵大闹，孙先生叫卫士长马湘把张继带出会场，关了一晚上禁闭。

12月2日，国民党广东支部长邓泽如、林直勉等联名上书，认为改组国民党的组织法、党章、党纲是陈独秀写的，让国民党听陈独秀指挥，而陈独秀听苏俄指挥，所以要坚决反对共产党加入国民党！而且把矛头都指向廖仲恺，认为这都是廖仲恺干的好事。

孙中山在上书上批示："此稿为我请鲍（即鲍罗廷）君所写，我加审定。原为英文，廖仲恺译之为汉文，陈独秀并未与闻其事，切不可疑神疑鬼。"

在正式公布改组国民党方案的时候，邓泽如和林直勉再次联名上书孙先生，极力表示对改组的不满。可见国民党左派在改革中遇到的阻力之大。

孙中山三大政策遭到了国民党右派的激烈反对，包括邓泽如、胡毅生、林直勉、邹鲁、居正、冯自由、张继等一批老同盟会会员，这些人很早就跟随孙中山参加革命，在会上激烈反对三大政策。这里有没有胡汉民呢？肯定有，但他是在幕后。林森等坚决反对改组国民党，利用国民党海外代表齐集广州之际，在太平沙林宅开了几次会，发起"组成一会，为救党准备"，策划反对共产分子加入国民党。他们还起草了组织章程。就在反对党组织将要成立的时候，孙先生立即命令邓泽如召集海外代表到他家里，严加责备："你们怕共产党，不赞成改组，可以退出国民党呀？为什么搞派别活动来分裂国民党？"孙中山气得摔了茶杯，说："你们不赞成改组，好，那我就解散国民党，我当不了你们的总理，行了吧！我个人可以加入共产党。"

话说到这个分儿上，冯自由等还不甘心，联合各省及华侨党员五十余人，通过《警告李大钊等不得利用跨党机会以攮窃国民党党统案》，要向中央国民党递交。廖仲恺向孙中山指名控告冯自由等人，谓为不守党员纪律及挑拨国共恶感。孙中山在士敏土厂召开中央执行委员会特别会议，亲自讯问冯自由等4人，鲍罗廷亦在旁观审。冯自由等被迫写书面检讨。孙中山当然希望党内团结，于是致函国民党中央执行委员会，谓："通告同志，冯自由、刘成禺等人之解释，本总理已甚满足，此事当作了息。但望同志以后不得再起暗潮。"

可见，在改组国民党和实行三大政策问题上，孙中山遭到国民党右派的激烈反对，斗争是你死我活的。但是，右派不敢公开和孙中山对着干，于是便把矛头、毒气统统对准了廖仲恺。因此，孙中山逝世后，国民党中央执行委员、候补委员、监察委员林森、邹鲁、戴季陶、谢持、张继等13人即在北京集会，联名写信给国民党中央及国民党上海执行部，要求"清党"。这就是西山会议派。

4. 国民党一大的组织者

1924年1月20日，国民党第一次全国代表大会在广州高师礼堂召开，大会的组织者是廖仲恺。他指定李大钊、毛泽东、谭平山等一批共产党人参加了会议。廖仲恺协助孙中山决定主席团名单，有胡汉民、汪精卫、李大钊等五人。其中有左、右派和共产党人。在出席会议的172名代表中，有李大钊、毛泽东等共产党代表24名，约占总数的四分之一，并当选中执委监委。廖仲恺被选为中央执行委员兼工人部部长，就是为了和孙中山"扶助农工"的政策进行对接。毛泽东后为宣传部部长，谭平山为组织部部长，林祖涵为农民部部长。

廖仲恺是孙中山的坚定支持者，从同盟会成立，到辛亥革命、"二次革命"、护法运动、广东革命政府和陈炯明叛变，以及帮助孙中山改组国民党，实行"联俄、联共、扶助农工"三大政策等诸方面，成为孙中山的代言人和政策执行者，因此，遭到来自陈炯明叛军和国民党内右派的激烈反对。右派对其恨之入骨。但是，孙中山敢为其做的事负责，因此，国民党右派也无可奈何。

中集

廖仲恺是孙中山的革命战友，从中国同盟会起，一路走来，廖仲恺对孙中山的支持与帮助始终如一。尤其是在孙中山最危难的时刻，廖仲恺总是其最坚定的支持者和执行者。

1. 黄埔军校的"慈母"

廖仲恺是黄埔军校的创立者。没有廖仲恺就没有黄埔军校。为什么这样说呢?

1923年1月下旬,廖仲恺与苏联代表越飞会谈的中心议题:军事问题和财政问题。这才是具体的核心问题。越飞在会谈中指出:"以往的中国革命,过于借重军阀之力,因而常导致失败。国民党必须组织培养自身的军队。苏联将援助国民党设立军官学校。"从后来苏联帮助孙中山建立黄埔陆军军官学校的事实,就证实了这一点。

与此相关讨论的另一议题是解决资金问题。钱从哪里来呢?来自一笔赔偿金。原来,十月革命后,日本的北洋渔业界人士在"俄国领海水产组合"中共同储备了一笔对苏补偿金,大约三百万日元。苏联决定用这笔钱帮助国民党建立一所军官学校。这笔钱后来由鲁西通过越飞交给孙中山建立军队。孙中山曾告诉张继说:"俄国从1924年前后起,每年给广东提供二百万元的援助。"意思是你不知联俄的内幕,瞎嚷嚷什么?我们的政府都是苏联资金支持的,没有苏联,哪有你今天在这儿瞎胡闹?

《孙越宣言》和具体条款谈判之后,孙中山决定派懂军事的蒋介石筹组代表团赴苏联考察。8月5日蒋介石在上海会见共产国际代表马林,商定"孙逸仙博士代表团"访苏考察党务、政治事宜。该团以蒋介石为团长,团员为沈定一、张太雷、王登云;是日由沪乘"神田丸"起程赴苏,船到大连,乘南满铁路火车,于9月2日抵达莫斯科。蒋介石主要考察苏联军队、军事学校、军事设施,参观了空军和海军舰艇,尤其是红军中的党代表制度。

代表团在苏考察三个月,至11月29日从莫斯科首途回国。12月15日,蒋介石抵沪,在途中已草成游俄报告书稿,即对俄政策及党务军事意见书。

这年的10月6日,以鲍罗廷为首的苏联代表团来到广州,开始落实《孙越宣言》的具体条款。

鲍罗廷,任共产国际驻中国代表,及苏联驻广州政府全权代表。

鲍罗廷被孙中山任命为国民党组织教练员，提出按苏联共产党的模式改组国民党的计划。之后任国民党中央执行委员会、政治委员会顾问，为孙中山的得力助手。鲍罗廷作为苏联代表，任务是负责联系苏联政府派军事顾问团及调拨金钱、武器支持黄埔军校。

1924年1月16日，也就是国民党一大召开的前三天，蒋介石才偕姚冶诚和蒋纬国姗姗来到广州。20日，国民党第一次全国代表大会召开。

在一大会议上，孙中山决定创立陆军军官军校，24日，孙中山指派蒋介石为陆军军官学校"筹备委员长"。但是不到一个月，即2月21日，蒋介石具禀孙中山：辞筹办军校职。之后，他就返回了奉化。孙中山于23日任命廖仲恺代理军校筹备委员长一职，由廖仲恺全权负责。

蒋介石为什么辞职呢？主要原因：

国民党一大会议选出的中央委员和机构，并没有蒋介石的一杯羹，他连中央候补委员都不是。这令蒋大失所望，"终日不安，如坐针毡"。而孙中山只让他专心办军校，不必过问党务和军政，令蒋介石大为不满。

再看黄埔岛上，除了原来的广东陆军学校与广东海军学校的空校舍，其余皆无。主管财政的禁烟督办杨西岩和广州市政厅厅长孙科联手，扣着军校开办费迟迟不发。蒋介石搞不到钱，还吹胡子瞪眼。滇桂那些军阀控制了税收和财政，根本不甩他。于是蒋介石当了甩手大掌柜，说走就走。

为了办好黄埔军校，廖仲恺不断去向当时把持广东财政的军阀杨希闵讨钱。他常常夜里到杨希闵吸食鸦片烟的烟床旁边去等他签字，等杨希闵过完烟瘾后，趁他高兴，才让他签字，才能领到款，送去黄埔军校。黄埔军校几百学生的学费、宿费、伙食费甚至连服装费、书籍文具费用，就是这样辛苦筹来的。廖仲恺求爷爷告奶奶，苦心孤诣地四处化缘创办黄埔军校。何香凝说他就是深知军阀终不可靠，一定要成立一支进步的、与民众相结合的革命武装力量，才足以反抗帝国主义，并最后消灭封建军阀的反动武装。

反之，军阀杨希闵卡住了财政，始终百般阻挠一切革命措施，特别是对筹措黄埔军校的经费处处刁难，就是不想让孙中山、廖仲恺创建黄埔军校。

直到军校筹办工作大体就位，蒋介石才带着陈洁如于4月26日去黄埔，吃了现成饭。5月3日，孙中山任命蒋介石为陆军军官学校校长。5日，第一批新生入校，编为一、二、三队，7日备取生入校为第四队。可见，黄埔军校从筹办到招生，新生入校，皆是廖仲恺的功劳，所以黄埔学生感谢廖仲恺，称廖仲恺是"黄埔的慈母"。

2．力主镇压商团叛乱

黄埔军校开学后，校内出现了孙文主义学会与青年军人联合会两个团体组织，斗争激烈。蒋介石在形式上，虽曾一律解散，但骨子里却偏袒孙文主义学会。廖仲恺身兼学校党代表，常有双方争论不开时，经廖先生了解说服，都能听他一言以为决。蒋虽身为校长，因处事不公，故其讲话的信用，远不如廖可以一言解决问题。1924年底，黄埔军校成立两个教导团，这就是校军；在军械和经费方面廖仲恺都给予了大力支持，并亲赴前线，进行劳军，参加反击作战。

而在此期间，黄埔校军改为党军。包惠僧说："党军各部对廖仲恺都有很深厚的感情，平常都说廖党代表是党军的慈母。"因此，饮水思源，没有廖仲恺就没有黄埔军校。

当时，对孙中山政权的威胁，来自两个方面：一是外部敌人，除了陈炯明以外，还有港英当局支持下的广州商团；二是内部的滇桂军阀。

广东商团，原是辛亥革命后成立的商人自卫组织，后来被英帝国主义和买办地主阶级利用操纵，以英国汇丰银行广州分行买办陈廉伯、佛山大地主陈恭绶为首领。他们私自购械练兵，拥有一支数千人的装备精良的反动武装——商团军。1924年中国国民党改组后，帝国主义与国内反动势力为了破坏中国革命，一面造谣污蔑，挑拨离间，破坏国共合作；一面支持广州内部的反革命势力搞颠覆活动。同年6月，孙中山前驻韶关准备北伐。此时广州兵力空虚。英方怂恿陈廉伯联合东江一带的陈炯明里应外合，要推翻孙中山的革命政权，建立"商人政府"。

8月上旬，商团从外商南利洋行购得9800支步枪包括子弹500万发，运往广州。孙中山得到情报，即电令长洲要塞司令部将私运军械船只扣留在黄埔军校外的江面上，听候发落。长洲要塞司令由蒋介石兼任，他的军事力量除了几门要塞炮而外，只有五百余名军校生。

商团总部为了要回枪械，一面以罢市相要挟，一面请滇军第二军军长范石生做调和人，希望息事宁人，发还枪械。范石生就去找蒋介石商量，无利不起早，你给部分枪械，我帮你摆平此事。蒋介石搞不过，被讹诈去了长短枪共二千余支，暂时阻止了商团行动。

8月底，粤军总司令许崇智与总商会协商，筹措北伐经费50万元，每支枪助饷50元，发还扣押的枪支。"双十节"前，商团趁孙中山不在广州，煽动第二次罢市，准备发动叛乱。孙中山命令蒋介石舍弃黄埔岛，所有人都撤到韶关，并发还被扣枪支。

在关键时刻，苏联运送枪械等武器的船只抵达黄埔，蒋介石立即给黄埔生和部队发放枪械，做好反击准备。

"双十节"之前，广州盛传商团要实行武装叛乱，联合陈炯明、林虎、洪兆麟等反革命军队准备从石龙、东莞进袭虎门，会师于广州，局势非常紧张。

大敌当前，共产党人向廖仲恺建议三步走：第一步解散商团，第二步讨伐陈炯明，第三步举行北伐。廖仲恺等同意中共的意见，请孙中山从韶关回师靖乱，先巩固后方，再行北伐。10月9日，商团发出第二次总罢市通牒。这时，革命阵营内部围绕着商团叛乱事件，发生了严重分歧。以胡汉民和军阀范石生为代表的一些人物，主张向商团妥协，步步退让。孙中山从韶关给蒋介石写来手令，指示立即成立革命委员会，以对付商团事件引起的非常局面。在讨论革命委员会人选的会议上，孙中山指示蒋介石："革命委员会当要马上成立，以对付种种非常之事，汉民、精卫不加入未尝不可。……我党今后之革命，非以俄为师，断无成就。而汉民、精卫恐皆不能降心相从……"

"双十节"到了，广州革命群众、学生在观音山下第一公园举行盛大的集会，到会的共有三十多个团体，下午3时，集会完了举行游行示威。当游行队伍与全副武装的商团军相遇时，对方开枪，当场打死二十余人，受伤的百数十人。孙中山立即成立革命委员会，自任为会长；特派许崇智、廖仲恺、汪精卫、蒋介石、陈友仁、谭平山为革命委员会全权委员。即在国民党中央党部所在地惠州会馆设临时军事指挥部，黄埔军校开来两队学生作为革命委员会的卫队，驻在惠州会馆。共产党员周恩来、陈延年及谭平山等均在革命委员会工作。12日，广州市形势极险恶，西关等处遍贴"打倒孙政府"等标语。在关键时刻，省长廖仲恺站了出来，旗帜鲜明地发布布告，宣布解散商团、命令反击！蒋介石指挥警卫军、农民自卫军、铁甲车队、黄埔军校两个教导团，投入战斗，包围西关商团军总部。徐向前、陈赓等一批黄埔生参加了消灭商团的战斗，表现英勇。经过一夜激战，才把商团军击溃。显示了黄埔生不同凡响的战斗力。10月16日，商团团长李颂韶请"缴械赎罪"，罢市商店开始复业。而驻防佛山的政府军，也于10月19日解散了佛山的商团，摧毁了广东商团的基地。至此，商团反革命叛乱终于被平定了，广东革命政权又转危为安。

这次军事斗争中，廖仲恺、谭平山、蒋介石互相配合，组织并指挥黄埔学生军、工团军、农民自卫军、警卫军等部队，镇压商团叛乱，解除了广州革命政府的"心腹之患"。

3. 孙中山北上，廖仲恺坐镇广州

这时，北方政局突变，打乱了孙中山的北伐计划。原来，1924年

9月，第二次直奉战争爆发。冯玉祥被任命为"讨逆军"第三军总司令，出古北口迎战奉军。10月23日，冯玉祥率部返回北京，包围了总统府，迫使直系控制的北京政府下令停战并解除吴佩孚的职务，监禁总统曹锟，宣布成立"国民军"。史称北京政变。10月25日，冯玉祥邀请孙中山北上，共商国是。孙中山任命胡汉民代理大元帅之职，11月13日起程北上。12月31日抵达北京，随即病倒。后于1925年1月23日，入协和医院治疗。

这时，陈炯明部队进犯虎门等地，逼近广州。

廖仲恺主持东征，何香凝探病北京。

1月28日孙中山先生患肝癌消息传至广州，大本营及省署各要人皆惨然色惊，廖仲恺夫人何香凝竟掩面而泣。廖仲恺对何香凝说："孙先生的病恐怕难治了，孙夫人很忙，我现在因党务、政事、军需又都不得脱身，第一次东征的军事行动，都要我亲自参与策划，不如你到北京去帮忙吧。"这样，何香凝于2月3日去了北京，陪在宋庆龄身边，一周照顾孙中山。

3月11日上午，何香凝去孙先生的房间，一见他的情形，心里就很难过，原来孙先生的眼睛已开始散光了。何香凝就赶紧出来，对汪精卫讲："孙先生的眼睛已开始散光了。"并叫汪精卫拿遗嘱去签。"为什么我那天那么着急呢？因为孙先生联俄、联共的政策，即使在孙先生未死之时，也有很多人公开反对，假若再不签了致苏联的遗嘱，以后国民党右派的人一定会更明目张胆地来反对了。"何香凝后来回忆说。

陈璧君听见了，十分不满。她还骂何香凝："还说签？就是因为汪先生写了遗嘱，人人都骂汪先生，现在又叫汪先生签遗嘱，将来不是别人更骂汪先生吗？"何香凝只得又对宋子文、宋霭龄他们说，他们赶忙入内细看，也都觉得应该签了。于是大家一起走到孙先生床前，请孙先生在遗嘱上签字。在动手签字时，孙夫人泪流如雨，大家也不禁哭起来。那时孙中山又喊："廖仲恺夫人……"喊了两声，便哽咽舌僵，不能作声，但又像还要说什么。本来在平时，孙中山都是用日本话喊何香凝"巴桑"的（"巴桑"是日本话，即老太婆的意思），一听到他那样郑重且沉痛地叫"廖仲恺夫人"，何香凝就很伤心地掩泪和孙夫人一起走到孙先生的床前说："我虽然没有什么能力，但先生改组国民党的苦心，我是知道的，此后我誓必拥护孙先生改组国民党的精神。孙先生的一切主张，我也誓必遵守的。至于孙夫人，我当然尽我的力量来爱护。"当时孙中山潸然握住何香凝的手说："廖仲恺夫人，我感谢你……"他握住何香凝的手，有十分钟才放开。弥留之际，孙先生又支撑着精神挣扎地喊出"和平……奋斗……救中国"。3月12日上午9时30分，孙中山病逝于北京铁狮子胡同行辕。

是日，东征前线的蒋介石下达总攻击令。蒋本人、加伦顾问及周恩来等人亲临前线督战，大战棉湖。何应钦教导一团的三个营先后投入战斗，却被约10倍的敌军所包围，八方挨打，幸有陈诚的炮兵援护，勉强撑持，但一团伤亡惨重，连团部的几个文职勤杂人员也冲上去了，团长身边只剩下了一名司号兵。何应钦令司号兵不断地吹起冲锋号，弄得已成胶着状态的敌我双方都莫名其妙。后来，何应钦说："吹冲锋号的意思，是叫大家知道，团指挥部还没有被敌人占领！"这唱的也是"空城计"了。正午，粤军第七旅赶来支援。下午2时，教导第二团在代团长钱大钧率领之下也赶到，校军实力大增。

这时，正好到前线劳军的校党代表廖仲恺也赶来了。二话没说，他穿着草鞋，挽起衣袖，便协助战士们搬运起从后方运来的弹药。终于黄埔校军转取攻势了，敌军动摇后撤，校军乘胜追击。14日，终于取得棉湖之役的胜利。

4. 成为右派的眼中钉

1925年6月初旬，广州政府以迅速行动，平定了云南、广西军阀

86

杨希闵、刘震寰的反动武装叛乱。国民党中央决定将大元帅府改组为国民政府，采取"合议制"。7月1日，国民政府成立，以汪精卫为主席，下设外交部、财政部、军事部，由胡汉民、廖仲恺、许崇智分任部长。胡汉民的权力受到抑制，从代理大元帅落到一个只与苏联等少数国家打交道的外交部部长。

作为右派的代表人物胡汉民是不甘心的。

据何香凝回忆：当时仲恺与国民党右派之间的激烈斗争，已经面对面地展开。如果说，在孙先生未死之前，国民党右派的矛头，是指向坚持改组国民党、坚决执行三大政策的孙中山先生的话，那么，在孙中山先生死后，右派的矛头，就转而指向遵照孙先生的遗志、贯彻孙先生主张的廖仲恺等人的身上。此外，仇恨廖仲恺的人还有港英政府和商团的残余分子及粤军将领，可谓众矢之的。这就应了孙中山临终前对汪精卫、何香凝等人所说："我死了，四面都是敌人，你们是很危险的，希望你们不要为敌软化。"汪精卫回答："要怕敌人，我就不革命了。"孙先生这一段话专门对汪精卫说，可见不是偶然的。汪精卫后来投降了日本，就是恰恰被敌人软化了。

孙中山口述的遗嘱是："联合世界上被压迫民族，共同奋斗。"汪精卫害怕得罪列强，就改为"联合世界上以平等待我之民族，共同奋斗"。这样改好之后，胡汉民、张继等人还是反对。所以当时汪精卫属于中间派偏左。当时，广州的局势波谲云诡，暗潮涌动。作为孙中山遗志的继承人，国民党左派廖仲恺，的确是处在四面是敌人的危险当中，他是不是应该加以防范？而右派分子怎样策划？又如何谋杀廖仲恺？

下集

1. 右派要谋杀廖仲恺

1925年7月上旬，右派分子在胡汉民家里开会，参加的人有邹鲁、

87

胡毅生、邓泽如、林直勉、吴铁城等人，还有孙科。在会上他们集中攻击廖仲恺"被人利用，祸害国民党"。这样的闭门会议开了十一次之多，在研究如何除掉廖仲恺方案时，有人主张用暗杀手段干脆把他做掉！不过，作为孙中山儿子的孙科却说了这样的话："倒廖仲恺的台是要的，但是万万不能采用暗杀手段。"甚至，还有人专门去找鲍罗廷，要求把国民政府的委员制再改回总理制，以便让胡汉民做总理。

此外，这些人还经营了一间类似俱乐部性质的"文华堂"，专门作为聚会的地方，从事聚赌吃喝的勾当。右派在那里纠合党徒，公然大放厥词，辱骂廖仲恺和他的执政主张。其中骂得最凶的人有胡毅生、林直勉。

这个林直勉何许人也？林直勉（1888—1934），祖籍广东增城。1910年春，经胡汉民介绍加入同盟会。1921年4月7日，孙中山在广州当选非常大总统，林直勉任总统秘书兼两广电政监督。1922年6月16日晚，陈炯明叛军炮轰总统府，孙中山的秘书林直勉等人力劝孙赶紧离开粤秀楼，宋庆龄也力劝，让孙先走。孙中山扮成医生，身穿白夏布长衫，戴黑眼镜，手携药箱，与林等一起离开粤秀楼。经过敌军重重布哨，几个人走小路到天字码头。林直勉护送孙中山下山，安全登上永丰舰。因此，孙中山回粤后任命林直勉当粤汉铁路督办。1924年，林直勉、邓泽如等联名上书孙中山，反对国共合作，反对改组国民党，遭孙中山批驳，心怀不满。

在这里，要讲一下国民党的派别，主要有广东帮、江浙帮、湖南帮、福建帮等。孙中山、胡汉民、汪精卫、许崇智等大佬都是广东人，他们占天时地利，属于核心力量。但也有所谓"元老派""太子派"和"左派"。

"元老派"即胡汉民派，主要的干部有胡毅生、林直勉及军人李福林、梁鸿楷等。"太子派"是以孙科为首，主要的干部有吴铁城、伍朝枢、马超俊等。当时江浙帮的蒋介石周围有张静江、吴稚晖、戴季陶等。

在反苏反共的共同目标之下，"元老派""太子派"以及广东军人、政客团结起来，目标对准廖仲恺、蒋介石。

带兵的蒋介石加强了防范，刺杀不易。为了限制黄埔军校和蒋介石力量的发展和扩张，只有锁住蒋介石的"荷包"。怎么办？除掉廖仲恺才是打了左派的七寸。

2. 中央党部遇刺

在廖仲恺遇害前一个星期，何香凝就风闻有人要暗算廖仲恺。何香凝说："既然有人阴谋行刺，你也该多加两个卫兵防备一下才是。"廖听了很不以为然，说："增加卫兵，只好捉拿刺客，并不能阻挡他们行凶。我是天天到工会、农会、学生会等团体去开会或演说的，而且一天到晚要跑几个地方，他们想要谋杀我，很可以装扮成工人、农民或学生模样，混入群众中下手。我生平为人做事，凭良心，自问没有对不起党、对不起国家、对不起民众的地方。中国如果不'联俄联共'，就没有出路。他们如果安心想来暗杀，防备也是没有用处的。总之，生死由他去，革命我总是不能松懈一步的。"

何香凝执意要多派人担任警卫，廖仲恺拗不过何香凝，于是多带了一名便衣卫士；何香凝去找当时的广州公安局局长吴铁城，请他多派人手，保护廖仲恺的人身安全。

吴铁城，恰恰就是广东帮"太子派"的。因此，他得到何香凝的知会，虽口头答应，却没有对廖仲恺采取任何保护措施。

8月19日夜晚，廖仲恺忙于替黄埔军校筹款，到家已经很晚了。8月20日早晨，刚过8点，有人来向廖仲恺请示公事，等把公事交代完，已经是快9点了。廖仲恺还没有吃早餐，于是喝了几口粥便上车出门。路上遇着陈秋霖，廖仲恺一见就招呼："你是找我吗？"陈说："是的。"廖仲恺请陈上车一同去中央党部。

陈秋霖是什么人？东莞人，国民党中央监察委员，兼任广州《民国日报》社社长。

汽车开到惠州会馆即中央党部门前停下，陈秋霖、廖仲恺下车。何香凝刚出车门，抬头看见一位女同志，就止住脚步向她打招呼。正在这时，就听见"啪啪、啪啪啪"的声音，何香凝还以为谁在放爆竹呢。转过脸来，看见廖仲恺已倒在地上，随即陈秋霖也倒下去了，卫兵也躺下了。何香凝才意识到有人行刺。一面大喊捉人，一面俯身抚着廖仲恺。这时，只见有五六个凶手从中央党部门前"骑楼"底下的石柱后面窜出来，平时中央党部总有警察站岗，但那时却迟迟不见有警察来捉人。也就是说，何香凝向广州公安局报告有人要杀廖仲恺，局长吴铁城不但不加强戒备，反而有意放水。

何香凝赶紧将廖、陈二人送往广东大学医学院，半路上廖仲恺就去世了。陈秋霖也在几天后不治身亡。蒋介石闻讯赶往医院，抚尸大恸。黄埔校军第三团团长钱大钧、党代表包惠僧闻讯，骑马赶到医院，安慰何香凝，发誓要为廖党代表报仇。

包惠僧找中共广东区委书记陈延年汇报情况。区委一致认为这是国民党右派有计划的阴谋，这是反共的一个讯号。包惠僧又去向周恩来汇报。周说："这个问题当然不简单，是两党合作的一个重大损失，一定还有事故发生，你要经常住在部队里，好好掌握第三团。"

3. 凶手陈顺被抓

在廖案事发时，有个叫陈顺的凶手因头部被廖仲恺的卫士打伤，眼睛也被打坏，当场被逮捕。

陈顺，外号"斗零"，时任花捐局的稽查。什么叫花捐局呢？花捐即向卖淫的娼妓所征收的营业税，花捐局是负责收取花捐税的机构。他又是粤军南路司令部军事委员。从现场拾获陈顺使用的一把大号曲尺手枪，并从他的身上搜出襟章、枪照及一纸写有数字的名单（后来被认作是"分银单")等物。枪照是粤军南路司令部梅光培发给的。

梅光培，广东新宁（今台山）人。早年赴美国，在芝加哥唐人街经商。1908年与梅乔林等在芝加哥组织革命团体，1910年初协助孙中山组织同盟会芝加哥分会，任书记。武昌起义后与梅乔林等向旧金山洪门筹饷局提议拨款购买飞机，组织华侨革命飞机队回国参加革命，被委派专责办理购机及延聘机师事宜。1912年3月获南京临时政府大总统颁赠旌义状。次年参加讨袁斗争，失败后于1914年在美国加入中华革命党。1917年返国，任海陆军大元帅府秘书兼参军处会计科科长。1923年任广东财政厅厅长、大本营筹饷总局会办、财政委员等职。次年任广东造币厂监督、粤军南路司令。

陈顺供出："可叫梅光培来保我出去。"

于是，广州市公安局扣留了梅光培，并拘捕了为陈顺填发枪照的粤军南路司令部参谋长郭敏卿。

广州政府秘书长、广州地方检察厅厅长等，前往医院盘问陈顺，笔录的内容：（一）今早与梁博、冯灿、吴培等数人在万福茶楼饮茶，饮茶后同赴惠州会馆，刺杀廖仲恺。（二）冯灿分得55元，吴培分得155元，梁博分得40元，陈顺分得80元。此款在新海珠酒店面交。（三）系由澳门黄福芝"主使"，黄福芝在陈炯明执政时，任广州警察局侦探队队长，与陈炯明关系密切，有"杀人王"的称号。（四）他原本不认识廖仲恺，后由黄基指认，方识得并开枪。这些凶手都是朱卓文的旧部。法庭的审讯记录表明，他们中有的人曾经合伙贩卖鸦片，有的人在香港参与过杀人。

陈顺还供出："香港有人出两百万元打共产党"；"有几十万元打'猛人'（猛人是广东方言，意为有名声、有权势的人）"。

审问官问："猛人是谁呢？汪精卫够猛吗？"

陈顺摇头："不！猛人是廖仲恺。"

陈顺在"昏迷时频频呼叫'大声佬'……"

'大声佬'是谁？原来是朱卓文的诨号。

朱卓文（1875—1935），广东香山县（中山）人，1910年加入中国同盟会。1912年，任中华民国临时政府庶务司司长。"二次革命"失败后，协助孙中山筹建中华革命党。陈炯明叛变时，朱卓文即令兵工厂赶制军火，支援孙中山的卫队。后返香山县组织讨贼军，任中央直辖游击司令，并配合滇、桂军直捣广州，把陈炯明赶走。

朱卓文与孙中山、宋庆龄私人关系很好。1915年10月，孙中山与宋庆龄在日本结婚时，朱卓文曾协助筹办婚礼。1921年5月5日孙中山就任非常大总统时，朱卓文撰文祝贺，热情赞颂孙中山。孙中山重病时，朱卓文专程到北京探病，孙中山逝世后，他参加扶柩。可见他对孙中山是十分敬仰的。

1923年8月，朱卓文任香山县县长时，拆城隍庙、拆城墙、筑马路、建电话系统，宋庆龄对建电话系统一事，曾去信向他表示祝贺。可见，这位"大声佬"和孙中山的关系不一般。

几天后，陈顺在医院死去。

4．谁是嫌疑人

从有关证据看，除几个凶手外，嫌疑人有胡汉民、梅光培、朱卓文等。

"廖案"发生后，身为国民党中央政治局委员会主席的胡汉民，一开始就被认为是最大的嫌疑人。陈璧君说："全市哗然，谓杀廖君者，必为胡汉民。"在文华堂攻击、谩骂过廖仲恺的胡毅生、朱卓文很快被锁定为重要追查目标，于是胡汉民更被牵连进案中，被怀疑为杀廖主使者。

在鲍罗廷主张下，中央执行委员会、国民政府委员会、军事委员会召开联席会议，鲍罗廷推汪精卫、许崇智、蒋介石组织特别委员会，胡汉民已被排除在"廖案"三人特别委员会之外。当时的党部、政治会议、国民政府各机关职权，一律交特别委员会统制。这个委员会，有党政军一切大权，又设一个所谓检察委员会，彻查廖仲恺被刺的案情，授以蒋介石"政治、军事及警察全权"。蒋介石以卫戍司令名义，宣布广州市戒严，命令何应钦率领第一军第一师分布市区警戒，并派兵驻防市区制高点观音山阵地，控制了全广州市。

8月23日，即案发后的第三天，廖仲恺的灵柩停放在中央党部。何香凝很悲痛地坐在灵柩旁。胡汉民趋前慰勉了几句。廖夫人说："今天接到一个消息，说刺廖先生是毅生主使的。"

胡汉民反问："根据什么消息？可以知道吗？仲恺这样牺牲太痛心了。谁犯法，谁就该受到法律的裁判。"何香凝没说话，胡汉民就走了。他肯定将此消息通知了胡毅生。

8月25日，早上5点，胡汉民刚起床，"房门外枪声大作"，大批人"冲到房中"。为首的军人问："你是胡毅生吗？胡毅生躲到哪里去了？"胡汉民问："你是哪里来的？为什么这样凶？"胡汉民在其妻和佣人的掩护下，逃入隔壁人家。后来，蒋介石派卫士长王世和来带走胡汉民，将其软禁于黄埔军校。

特别委员会下令拘捕胡毅生、林直勉、魏邦平等。在铁路工人的指引下，由周恩来率黄埔军校学生逮捕了林直勉，将其囚禁于虎门炮台；而"大声佬"朱卓文、胡毅生、魏邦平等均逃脱。事情已经很清楚，这次行刺事件是朱卓文一手布置的。朱卓文为什么要刺杀廖仲恺？因为朱卓文以前做县长时曾因办事不力，被廖仲恺免职，所以结怨。

没想到事情又发生变化，粤军第三军军长李福林反水，向汪精卫、许崇智、蒋介石举报：8月初在文华堂，曾亲眼看见并亲耳听见朱卓文与林直勉坐在一起，"口口声声说非杀廖仲恺不可"；还有胡毅生也在场。李福林还举报：当年7月间，粤军将领李福林、魏邦平（粤军总部高等顾问）、梁鸿楷（粤军第一军军长）、梁士锋（旅长）、张国桢（第五师师长）、杨锦龙（旅长）等，曾在李福林的家乡——广州珠江南岸的大塘村，召开"反共倾覆政府的会议"，内容是："拟首先推翻许崇智、蒋介石，重组政府"。

经过苏联代表团和蒋介石等缜密研究，以"解决反革命军队武装"的名义，将粤军第一军军长梁鸿楷关押。此时广州城内充满紧张气氛，粤军将领都惶恐不安，内乱一触即发。梁鸿楷认为，如果广东发生内战，自己将会被定为挑起广东内战的罪名，于是命令全军不准轻举妄动，并表示自己绝对没有密谋推翻国民政府，更没有参与买凶刺杀廖仲恺。

蒋介石借题发挥，痛下杀手。粤军师长张国桢系广东陆军速成学堂第一期毕业，陆军大学肄业，历任粤军参谋、第二军卫队司令、代理第二军第七旅旅长、第二军总参议、粤军军官研究所所长、建国粤军第四军军长、南路八属剿抚总指挥等。因与蒋介石同在陈炯明、许崇智手下共事时屡次发生矛盾，深为蒋所忌恨。蒋介石借机诬陷，将其逮捕并处决。杨锦龙也被蒋介石下令枪毙。这样，蒋介石一举控制了市区内的粤军。

9月19日，在广东省举行的财政会议上，蒋介石以广州卫戍司令的身份，突然把许崇智的亲信、广东财政厅厅长李鸿基、军需局局长关道职等人逮捕，送黄埔岛关押，罪名是侵吞公款，接济反革命军队。随后，国民党中央任命宋子文为国民政府财政部部长兼广东省财政厅厅长。

20日凌晨，按计划黄埔学生军将许崇智的嫡系部队许济、莫雄两部包围，许济部未行抵抗即缴械；莫雄略加抵抗，接着也被解除了武装。蒋介石后将这两个师编入了他的第一军。

当晚，蒋介石宣布广州全市戒严，包围了许崇智的住宅，"四面放枪"，实行武力威逼。夜10时，蒋介石给许崇智送去了一封长信，要求许"暂离粤境"。在万般不得已的情况下，许崇智只好交出军权，在陈铭枢的"护送"之下，登上了开往上海的轮船。粤军第四师师长许济，亦被令卸职随行。蒋介石又派出军队，到虎门、宝安、石龙一带，分别包围追缴粤军第三师师长郑润琦部的枪械。

鲍罗廷认为胡汉民是右派的总代表，"必须让他离开"。汪精卫以特别委员会的名义，决定"胡汉民出洋"。因此，胡汉民从中央执行委员会主席的高位上跌落下来。在鲍罗廷的安排下，国民政府给了胡汉民出使俄国名义，坐俄国船走了。汪精卫、蒋介石各自达到了目的。

9月28日，汪精卫以军委会名义命令蒋介石为第二次东征军总指挥，准备进行东征。随即，汪精卫宣誓就任黄埔军校党代表。10月6日，蒋介石率领参谋团和司令部全体人员由广州出发赴前线开始东征。

5. 廖案是怎么结案的呢?

1926年7月13日，"廖案"特别法庭宣判：梅光培、郭敏卿送国民革命军总司令部"军法审理"；梁博处以死刑。其判决主文为：

一、梅光培组织军队，放弃责任，致令参谋长郭敏卿，任用凶匪陈顺为军事委员，因而杀人之所为，应移送总司令部酌予处分。

二、郭敏卿擅委凶匪陈顺为军事委员，因而组织暗杀团体，刺死廖前部长仲恺，含有政治作用之所为，应移送总司令部军法审理。

三、梁博共同杀人之所为，处死刑，褫夺全部公权20年。

后法庭查明枪照是郭敏卿以梅光培的名字填发，梅并不认识陈顺，对此并不知情。国民革命军总司令部军法处通过"军法会审"，决定释放梅光培。

8月初，梁博被执行枪决；郭敏卿因发了个枪照，也被军法处以死刑，这肯定是冤案。

"廖案"特别法庭具文中央政治委员会和国民政府，呈报结束。至于林直勉、胡毅生等人，1927年，林直勉得陈铭枢、吴稚晖、邓泽如营救，获得了释放。国民党广州市党部设宴欢迎他出狱，称他为"忠诚的国民党同志"。逃往香港的胡毅生看破红尘，皈依佛教流派之一的密宗。

"大声佬"朱卓文因涉嫌参与刺廖而被通缉，辗转潜居香港。1931年回到中山县。1934年10月任中山县土地局局长。其时军阀陈济棠统治广东已多年，朱卓文深为不满，于是在1935年间集结一些军人，秘密组织"大同救国军"，计划在广州举事推翻陈济棠，陈济棠即密令驻石岐教导团团长梁公福，将朱卓文逮捕就地处决，对外则称是朱卓文逃跑被守兵枪击致死。

孙中山逝世后，权力一分为三，汪精卫主政、胡汉民主军队、廖仲恺主财政，加上粤军总司令许崇智，蒋介石未能进入权力核心，很郁闷。借廖案为名，汪蒋联盟，驱胡倒许，解决了胡汉民，又夺得许崇智的军权，成为廖案的最大受益者。在蒋介石通往国民党最高权力的道路上，横亘在前面的挡路石廖仲恺、胡汉民和许崇智已经顺利地去掉了，只剩下汪精卫这个最后的大石头。蒋介石会怎样驱逐汪精卫呢？以后再说。

中山舰事件
上集

1926年3月20日清晨4点，一群士兵在海军军校副校长欧阳格的指挥下，登上了停泊在黄埔岛江面的中山舰，迅速占领了该舰；第一军第二师师长刘峙所部600余人，包围了省港罢工委员会，收缴纠察队枪械；同时，第二师包围了苏联顾问团住处，解除了卫队武装，并包围了海军局、航空局、参谋团、制弹厂等机关单位；王柏龄第一师部队逮捕了海军局长李之龙。一时间，恐怖气氛笼罩广州城。这就是中山舰事件，也称"三·二〇事件"。这一事件被蒋介石欲盖弥彰，故弄玄虚，说要等他死了，拿出他的日记，真相自然就可以大白于天下了。蒋介石已经死了近五十年，可是中山舰事件依然扑朔迷离，云山雾罩，见仁见智，莫衷一是。这到底是怎样一回事呢？原来，汪精卫、蒋介石借廖案搞掉了胡汉民、许崇智以后，大权掌握在汪精卫手里，野心勃勃的蒋介石开始预谋夺取汪精卫的最高权力，两人之间的矛盾开始显现，中山舰事件就是其矛盾发展的必然结果。

1. 中山舰到黄埔

要解开中山舰事件之谜，要从一次海盗劫船事件说起。安定商轮是上海跑广州的一艘客轮。1926年3月18日下午，在接近黄埔岛的鱼珠码头的上游，遇上一艘海盗轮船，海盗们持斧持枪，对旅客进行抢劫，约个把钟头后逃走。船长向黄埔岛上求救。

6点半左右，黄埔军校校长办公厅主任孔庆睿（上校）接到求救消息，立即命令管理科科长赵锦雯速派巡逻艇一艘，带卫兵16名前往保护。赵科长连忙安排该科交通股股员黎时庸调遣船只，没想到军校的船只都没在家，无船可调。于是黎时庸给军校驻省办事处交通股股员王学臣打电话，请办事处派巡舰一至两艘回来。由于电话声音不好，王学臣听成一至二艘巡洋舰，差之毫厘谬之千里。一系列的误会与事件，就从这个"马大哈"开始。

王学臣立即向办事处交通股股长欧阳钟汇报，说军校要一二艘巡洋舰。这可不是一件小事。欧阳钟就问是谁的命令？王学臣只听得电话里有"饬赵科长"语，谁能给科长下命令？官一定不小，他就武断地认为下命令者应该是教育长邓演达，于是就把孔庆睿的命令说成是邓演达的命令。

欧阳钟不敢怠慢，因为邓演达不好惹，于是亲自去海军局交涉。海军局局长李之龙不在，只有找作战科科长邹毅，假传圣旨说：蒋校长命令要舰，限立即办理。邹毅说，我写一便函，你们去李局长家，跟他去说。

便函是这样写的：军校办事处欧阳钟秘书来局，谓接黄埔邓教育长电话，转奉蒋校长面谕，饬海军局即派得力军舰两艘开赴黄埔，听候校长调遣，职已通知"宝璧"舰预备前往，其余一艘，只有"中山""自由"两舰可派，请在此两舰中决定一艘。

欧阳钟带着信函去了李之龙家，李之龙不在，便对其妻说："奉蒋校长命，有紧急之事，派战斗舰两艘开赴黄埔，听候校长调遣。"

李之龙（1897年12月10日—1928年2月8日），湖北沔阳（今仙桃市）人。1916年入烟台海军学校，1921年8月加入中国共产党；1924年考入黄埔军校第一期，1925年2月参加第一次东征，同年10月被任命为海军局政治部主任；1926年升任代理海军局局长、海军局参谋厅厅长兼中山舰舰长，被授以中将军衔。

李之龙回家后，其妻一说，并交给他便函。李之龙即去对门和自由舰舰长谢崇坚商量，谢说：自由舰刚从南海回省，机件稍有损坏，需要修理。李之龙决定派中山舰前往，并给该舰舰长章臣桐下令。

中山舰就是陈炯明叛变时孙中山避难的永丰舰。1925年3月12日9时30分，一代伟人孙中山因肝癌医治无效，在北京铁狮子胡同行辕逝世。3月21日，中国国民党中央执行委员会为永久纪念孙中山先生，决定将永丰舰改名为中山舰。本来舰长是李之龙，李因代理了海军局局长，事务繁忙，于是让章臣桐代理了中山舰舰长。

章臣桐，江苏江阴人，1911年清末邮传部高等商船学堂学生。1915年入选吴淞海军学校，1918年任北洋海军靖安舰驾驶员，1924年先后任海军局军衡课课长和永丰舰副舰长。1926年3月12日章臣桐代理中山舰舰长。

李之龙当即写下了两道命令，"着即舰长即将该舰开赴黄埔，听候蒋校长调遣"，一交"宝璧"舰黄舰长，一请代交中山舰章臣桐舰长。

据海军局值日官3月19日记录：19日上午7时中流砥柱（今二沙东，广州塔位置）（观测站）来电：中山兵舰是日7时出口。7时30分中流砥柱来电，"宝璧"兵舰于早6时出口。

李之龙上班后，吩咐邹毅去军校驻省办事处索取调舰公函。

邹毅来到驻省办事处，欧阳钟给他补写公函：

> 敬启者，顷接教育长电话，转奉校长命令，着即通知海军局迅速派得力兵舰二艘，开赴黄埔，听候差遣等因，奉此，相应通知贵局，速派兵舰二艘开赴黄埔为祷。此致海军局大鉴。中央军事政治学校驻省办事处启。
>
> 中华民国十五年三月十八日

邹毅盖上了大红的关防。

"宝璧"舰在中途出了故障，临时返回省城；中山舰大约上午8时开到黄埔码头。据说炮身未着炮衣，是做战斗状态的。舰长章臣桐下舰，去军校校长办公厅报到，请示任务。蒋介石没来黄埔，办公室秘书季方派副官黄珍吾接见。章臣桐拿出李之龙的命令，说："派中山舰火急开往黄埔，归蒋校长调遣。该舰长来校，乃为请示任务。"

黄珍吾当即报告教育长邓演达。邓很奇怪："我没有调舰来黄埔啊。说不定是校长有什么用，请转告该舰长听候命令。"于是章臣桐便命令该舰处于生火状态。因为当时舰船动力是蒸汽机，都是烧煤的，一旦熄火再要点火，需要几个小时的时间，怕影响战斗任务。

那么19日上午，军校校长蒋介石去哪里了？他找汪精卫吵架去了。自从廖仲恺被害，胡汉民和许崇智出局，蒋介石头上的四座大山只剩下最后的汪精卫了。"汪蒋联盟"便不复存在。汪精卫感到了蒋介石的威胁，于是他一方面依靠苏联总顾问鲍罗廷给他撑腰，利用苏联军事顾问季山嘉掌握对广州的军需物资的分配，打压和限制蒋介石；另一方面，由于自己不懂军事，而蒋介石手中有第一军，万一翻脸搞不过，于是汪精卫便拉拢第一军第二师师长王懋功。

2．蒋汪矛盾

自东江平定之后，蒋介石便送了一张庚帖给汪精卫，要结拜把兄弟。一天，汪精卫写了一封信给蒋介石，开头写着"介弟"两个字，被陈璧君看见了，大发雷霆地骂汪精卫："你愿意做他的把兄，可是我不愿意做他的把嫂。"汪精卫是怕老婆的，不得已撕了那封信重写，此后不敢再称蒋介石为"介弟"了。

谭延闿说过："我看汪先生和介石一定有问题，外面只管要好，我倒看出他们有些冲突。有一次国民政府宴客，席刚散后，有一个副官来回说蒋介石有电话给汪先生，汪先生露出厌烦的神气，说：'我不接。'说完这话，他便离开国府了。"

1926年初，蒋介石主张立即北伐，汪精卫附和同意。苏联军事顾问季山嘉认为，目前政治、军事等方面的条件还不成熟，因此，北伐应该从缓。汪精卫支持季山嘉。这样蒋介石与季山嘉矛盾很大，由于关系搞僵了，季山嘉建议蒋介石离开广州，去海参崴练兵。蒋介石开始也同意，但很快就反悔了。因为他发现第二师师长王懋功与汪精卫走得很近，关系不一般。在开军事委员会时，决定拨黄埔军校经费30万，拨给王懋功第二师12万。不料，第二天，黄埔军校经费成了27万，王懋功第二师成为15万。这一下把蒋介石气得要发疯，认为是季山嘉捣的鬼，目的是要加强汪精卫的力量。蒋介石去找季山嘉理论，季山嘉说第一师、第二师都是革命军队，不是个人的，希望蒋介石不要把军队看成是个人的，不要当军阀。蒋介石在日记中表示："急思跳出环境，免成军阀也。"汪精卫支持季山嘉的意见，要求蒋介石放弃军权，出任军事总监；这样一来蒋介石真急了，以辞职相威胁，辞去军事委员和广州卫戍司令，并正式向汪精卫提出"赴俄"。2月下旬，国民政府成立两广统一委员会，任命汪精卫、蒋介石、谭延闿、朱培德、李济深、白崇禧为委员，将广西军队改编为第八军、第九军，以李宗仁、黄绍竑为军长。蒋介石的疑心病又犯了，他认为广东有六个军，广西军队应为第七、第八军。为什么将第七军的建制空缺下来？难道广东还有个第七军？

蒋介石认为必然是汪精卫，想策反王懋功背叛自己，再任命他为第七军军长。在王柏龄的撺掇下，蒋介石以迅雷不及掩耳的手段将王懋功扣押，并将其遣送上海；任命自己的亲信刘峙为第二师师长。3月上旬，广州出现了"反蒋"传单，3月7日，刘峙、邓演达二人告诉蒋介石，有人以油印传单分送各处，企图掀起"反蒋"运动，这更增加了蒋介石的危险感，觉得有人在陷害他，企图把他搞掉。他的3月10日日记："近日反蒋运动传单不一，疑我、谤我、毁我、忌我、排我、害我者亦渐显明，遇此拂逆，精神颓唐，而心志益坚矣。"这时，蒋介石和季山嘉的矛盾更加尖锐，以致公然"反脸"。12日，季山嘉和蒋介石讨论北伐问题，他曾同意季山嘉由海路运兵往天津的计划，此时却认为这是"打消北伐根本之计"，与孙中山的"北伐"之志完全"相反"。对于季山嘉劝他往北方练兵的建议，更认为是心怀叵测，是有意设法使他离开广东，"以失军中之重心，减少吾党之势力"。

蒋介石和汪精卫以及苏联顾问的矛盾与裂痕，让国民党右派看到了希望。为了加大裂痕，挑拨蒋介石与汪精卫、鲍罗廷的关系，有一天，孙科"太子派"曾任过军政府外交部部长的伍朝枢专门请苏联领事吃饭，紧跟着第二天又请蒋介石的左右吃饭，他在饭局上说："俄国领事告诉我，蒋先生最近将要去莫斯科，你们知道他什么时候起程吗？"

蒋介石得到左右的报告，认为这是"共产党要干掉他！"或者"汪精卫要赶走他"。为此，蒋介石向汪精卫提出了"赴俄休养"的试探，第一次，汪精卫挽留了蒋介石；第二次，汪精卫同意了。在蒋介石第三次提出赴俄时，汪精卫竟然催他"速行"即尽快成行。

3月14日，蒋介石和汪精卫谈话后，在日记中写道："晚，与季新兄谈话，其催予离粤乎？"当汪精卫同意蒋介石赴俄的要求，有一艘俄国商船也恰好抵达广州，更让蒋介石惶惶不可终日。他认为这一切都是汪精卫安排好的，要动手了。

3月18日夜12点半，有人到东山蒋官邸敲门求见。当时是秘书陈立夫开的门。来人说："我姓胡，有十分紧急的事要当面报告向校长。"陈立夫说："校长已经睡下三个多小时了。"来人坚持求见，陈不得已，才去通报。蒋介石听说来人姓胡，立即答应起来接见，两人密谈了半个多小时，胡才离去。陈立夫后来才知道这个人是胡公冕，是一名重要的共产党干部。虽然陈立夫不清楚蒋胡二人的谈话内容，但敢确定的是，与汪精卫有关。

原来，这一天晚上，汪精卫以军事委员会主席的身份，在省政府的洋花厅宴请各军政治部主任，参加的都是共产党员。有第一军政治部主任周恩来，第二军政治部主任李富春，第三军政治部主任朱克靖，第五军政治部主任李朗如，第六军政治部主任林祖涵，第四军政治部主任人选还未任命，所以没有人参加，陈公博是全部军队的政治训练部主任，自然是一个半主人的陪客。席间汪精卫对陈公博说："今日不知为什么，在黄埔军校演讲时，有些头晕，现在还是昏昏沉沉的，大概老毛病又要复发了。"陈说汪先生太辛苦了，应该休息一下罢。果然，汪精卫就请假在家。

3月19日上午，蒋介石去见汪精卫，谈起近日的"反蒋"传单，蒋介石说是共产党挑拨离间，买空卖空。汪精卫说是右派和西山会议派捣乱。

西山会议派是国民党内的一个反对"联俄、联共、扶助农工"三大政策的派别，代表人物有林森、张继、谢持、邹鲁、居正等。

11月16日，国民党中央执行委员林森、邹鲁、戴季陶、谢持等人即在北京集会，联名写信给国民党中央及国民党上海执行部。20日，国民党中央执行委员会急电李大钊、王法勤、于右任等，指斥林森等人的分裂行为，要求国民党北京执行部切实查明。11月21日，国民党中央执行委员会再次急电李大钊等人，取消国民政府外交代表团邹鲁的代表职权及名义。1925年11月23日，谢持、邹鲁、林森等国民党右派，在北京西山碧云寺孙中山的灵前，召开所谓国民党一届四中全会，要求"清党"，即清除国民党中的共产党，考虑国民党的去向问题和解决国民党内的共产党问题。出席会议的有国民党中央执行委员叶楚伧、邹鲁、林森、张继、居正、沈定一、邵元冲等13人。林森、邹鲁分别担任会议主席。

会议宣布取消共产党员的国民党党籍，分别撤销共产党人谭平山、李大钊、毛泽东等的中央执行委员会委员和候补中央执行委员职务，并开除他们的党籍。会议通过了《取消共产党员的国民党党籍宣言》《开除国民党中央执行委员共产党人李大钊等通电》《取消政治委员案》等决议。会议最后提醒大家：如果不在国民党内实行"清党"，恐怕"再过一年，青天白日之旗，必化为红色矣"。

在中国共产党和国民党左派的支持下，国民党第二次全国代表大会通过了弹劾西山会议派的决议案，决定永远开除邹鲁、谢持的党籍。

3. 蒋介石方寸大乱

广东的乱局如麻。蒋介石说是共产党买空卖空，想乱中取胜的结果；汪精卫说是西山会议派和右派捣乱的结果，两人争执起来，彼此都很激动。蒋介石告辞时，汪精卫问："你今天去不去黄埔？"蒋答："今天我要去的。"到9点多时，陈璧君打电话到蒋介石家，是陈洁如接的。汪夫人问："介石在吗？"陈洁如："没回来呢。""今天他去黄埔吗？""不知道。"大约10点多，客厅里的电话又响了，还是陈璧君打来的，问蒋介石回没回来？今天去不去黄埔？陈洁如说不知道。中午时分，蒋介石才从驻省办事处回来。陈洁如告诉他汪夫人来了两次电话，问你今天去不去黄埔。蒋介石一头恼火："去不去黄埔和她有什么关系！"

中午一时许，电话又响了，蒋介石正要发火，一听是学生李之龙的电话。李之龙是黄埔一期生，应该是蒋介石的得意弟子。湖北沔阳（今仙桃市）人。1913年参加湖口起义，1916年入烟台海军学校，1921年8月加入中国共产党。1924年考入黄埔军校第一期，1925年2月参加第一次东征。广州国民政府成立时，在军事委员会下设海军局，由苏联专家斯米诺夫任局长，欧阳琳任该局参谋厅厅长，仍兼中山舰舰长；李之龙同年10月被任命为海军局政治部主任。1926年2月，斯米诺夫因事回国，欧阳琳奉命代理局长。但欧阳琳之堂弟、时任广东海军学校副校长的欧阳格对海军局局长一职觊觎已久，为赶走欧阳琳，遂以海军局所属"江固"、"金马"两舰走私受贿案发相恐吓。欧阳琳因恐受到惩罚，3月10日借医脚疾离职，经香港转赴上海养病。欧阳格认为自己可以做海军局局长。但是，李之龙做过鲍罗廷的英文翻译，所以有鲍罗廷的推荐，汪精卫便任命他为海军局代局长。那个军校驻省城办事处主任欧阳钟就是欧阳格的侄子。

李之龙上任后，稽查一批走私船，查到与虎门要塞司令陈肇英、师长王柏龄有关系，于是将船扣押。陈肇英请蒋介石出面，但李之龙没有给面子，说秉公办事，再说校长也管不到海军。于是得罪了蒋介石。

当时，以联共（布）中央委员布勃诺夫为团长的苏联使团正在广州考察，苏联考察团要参观中山舰。李之龙给蒋介石打电话请示：可否调中山舰返省？蒋介石一听就发脾气说："我没有要你开去，你要开回来，就开回来好了，何必问我做什么呢？"说完就挂了电话。蒋介石在气头上，李之龙也没敢解释，他接到的便函就是邓教育长转奉校长的命令调舰。

蒋介石越想越感到事情蹊跷："为什么没有我的命令中山舰要开去黄埔？而他要开回来为什么又来问我？""肯定是他以为我在黄埔，所以中山舰到了黄埔，因为我不在黄埔，在省里，他就开回来省城。这个中山舰有鬼！"

生性多疑的蒋介石认为有人要害他，这个人就是汪精卫。汪是国民政府主席、军事委员会主席，怎么能与汪精卫对抗呢？于是，他命令住在东山公馆的英文秘书陈立夫立即检点行李，备车去码头逃离广州，前往东征军总指挥部所在地汕头，去找何应钦寻求庇护。

下集

1. 蒋介石发动政变

疑心生暗鬼的蒋介石，琢磨来琢磨去，最后得出一个结论：肯定是李之龙在执行季山嘉的命令，"矫令中山舰驶泊黄埔"，而且呈战斗状态，随时准备发射的样子。目的就是要抓他，然后送他上俄国商船去海参崴。他如果不去就要杀他。于是，蒋介石越想越害怕，第一反应是不能束手就擒，要赶快跑。

当天下午，蒋介石急急忙忙带着陈立夫坐着汽车去天字码头，预备乘船走。到达码头候船时，年轻气盛的陈立夫劝蒋介石："校长，为什么我们一定要走？军权在校长掌握之中，为什么不干一下？"蒋介石还在犹豫。陈立夫又说："如果我们走了，总理所交给校长的任务将由谁来担负呢？应该当机立断，机不可失。退让与妥协，必贻后患。"蒋介石幡然下决心，驱命司机开车回东山公馆。回到家后，召集陈肇英、欧阳格和第一军经理处长徐桴等人商议，一致认为："若不于此当机立断，何以救党？何以自救？"

当晚，蒋介石与同伙"移驻造币厂"，招来第二师师长刘峙进行布置，整晚上都在密议。为防范中山舰"有变乱政局之举"，于3月20日晨3时在经理处下达命令：

宣布广州戒严，以陈肇英为戒严司令；

任命欧阳格为海军舰队司令，派兵逮捕李之龙，占领中山舰；

派刘峙部600余人，由黄埔乘舰至东堤，于拂晓登陆，包围省港罢工委员会，收缴纠察队枪械；同时，包围搜查苏联顾问团住处及海军局、航空局、参谋团、制弹厂等机关单位，并收缴苏联顾问团卫队武装。

各路人马立即行动。

欧阳格早就对李之龙心怀不满，受命后，即派第二十师王柏龄的部队迅速赶往李之龙住处文德楼。文德楼位于文德东路文德里，由5幢3层的楼房连成一体，称文德楼，楼房为钢筋混凝土结构，花阶砖地面，巷口原有两扇铁闸，上有"文德楼"横匾，周恩来、邓颖超住3号，李富春、蔡畅住1号2楼，中山舰舰长李之龙等居住4号2楼。

李之龙住在楼上。在梦中被拍门声惊醒，听声音是局里的卫兵。家人问其来此何干？答："有话对李局长说。"李之龙担心欧阳格所谋局长不成，特夜深派人来暗杀他。这时，家人已开门，李之龙暗思两卫兵均在楼下，万一有变，只好听之任之，遂穿起袜子下床，开房门一看，见有携带驳壳枪之兵士六七人。问：你们要干什么？该卫兵凶恶答道：欧阳校长（即欧阳格，时任海军军官学校副校长）奉蒋校长命令来捉你去。说完将李之龙皮包中的函件搜去。李之龙答云："好！要去等我穿了衣服同你去。"他刚穿上外衣未及扣纽扣，就被这些人推着下楼。此时，李之龙才发现这几个士兵服装不如第一军整齐，认为是欧阳格勾结土匪冒充军队来抓他。等过了文德东路转角，见有一警察，李之龙大叫："我是海军局局长，他们不是正式军队，无有命令乱拿人。救人呀！救人！"士兵呵斥："不是正式军队是土匪，再喊一枪打死你。"警察吓得低头而去。等走到监察院门前，又遇着旧时相识之党军第二营勤务兵，问你们是什么人？为什么抓李局长？该士兵回答：我们是第二师办事处的。等到了第二师办事处，上楼后，见中山舰代理舰长章臣桐已先在。李之龙问："你怎么也在这里？"章臣桐说："我在朋友家正喝酒，就被捉到这里。"

这时，欧阳格出来，装模作样地问李之龙："你为什么这么早起身？是不是要登中山舰啊？"李之龙回答："我根本没起床，是你派人到我家中把我拿起来的。"欧阳格没有回答，先命人将章臣桐捉下楼，又命人将李之龙外衣剥下，将双手绑起；用毛巾将李之龙的眼睛蒙上，又拿二条毛巾用驳壳枪塞进李之龙口中，口破出血，既不让他看见，又不使他出声。李之龙想到：为什么这样不正大光明？既是正式拿办人，为什么不经审讯？这样黑暗手段，死不足惜，只恐死得不明白。

稍待片刻即下楼，李之龙被押解上了汽车，天已渐明，他从毛巾缝隙中见车经过惠州会馆向广九车站方面行驶，心中想到必是将自己载到车站附近人稀之地谋害。但是他发现是被他们押到士敏土厂的第一军经理处，徐桴随便问了几句，又把李之龙关进一个小房间；陈肇英来一看，嚷道："校长的命令，绑紧一点。"那张脸上，挂满了残忍与满足。

这时，第二师官兵刚刚集合完毕，刘峙就宣布对本师中共及左派分子进行整肃。当场，第六团党代表胡公冕以下党代表、政治工作人员40余人被看管，拘捕关押于造币厂内。

随即，刘峙调兵遣将，派兵包围了东园内省港罢工委员会，收卫队枪支。大沙头、东山、北校场、惠爱马路一带，荷枪实弹的步哨林立，盘查行人，断绝交通，刚刚从晨梦中醒来的广州市民竞相诧异，搞不清一夜之间究竟发生了什么事。

第二师第五团团长蒋鼎文则率兵直扑设在省议会内的海军局，一部分士兵最初以为这里是武装暴乱的指挥部，肯定将有一场恶战。街面的十字路口都架起了机关枪。可是，海军局却和往常一样平静，除了门口的卫兵吃惊地望着他们，没有武装人员抵抗，黄埔官兵们感到意外和茫然。海军局值夜班的少许人员，在莫名其妙的朦朦胧胧中被解除了武装，关禁了起来。

事变的时候，东山沿河的地区，是苏联顾问住宅，被军队团团包围，卫兵们的枪支都被强行缴下，交通断绝，人身自由受限，毫无准备的苏联顾问除了发发脾气外，也不知所措。

2. 汪精卫束手无策

时任军事委员会训练部主任陈公博就住在东山，离蒋介石公馆不远；3月20日早晨，大概还没有到六点钟，陈公博还睡在床上，站在门口的卫兵直入卧室报告，说东山地区全部已戒严，许多军队已把俄国顾问的住宅包围起来。

陈公博认为如果是解决不稳的军队，应该得通告。如果是一种政变呢？自然自己住宅也会被包围，于是穿好衣服之后，打一个电话到国民政府，问那里有什么人，国民政府的副官回答，现在还早，不到办公时间，还没有人到办公室。又问副官：有没有军队包围国民政府，副官回答说没有。陈公博再摇一个电话到西华二巷汪精卫家中，无论军用电话或普通电话都一样的没有声息。陈公博一想出事了，赶快盥洗，穿上衣服，吩咐司机直驶汪公馆。在东山马路、铁路的旁边，看见戒严的军队都是第一军的，更见陈继承团长带了士兵在那里警戒。于是认为，第一军叫作党军，广州无论朝野都以为最靠得住的无过于第一军，哪里会有党军叛变党的呢？

到了汪公馆，陈璧君问有什么要事，而曾仲鸣夫人方君璧正在调药递给汪精卫。

陈公博仓促地问："外间戒严，汪先生知道吗？俄国顾问的公馆也被包围了，这是怎么一回事？"

汪精卫说："我完全不知道，刚才有人来报告，我还在怀疑。"

陈公博问："汪先生，我刚才打电话到这里，连电话也不通了。"

汪精卫解释原因："那是璧君因为我病，怕电话吵闹，故意把听筒搁起的。"

陈公博正在详述东山戒严的状况时，第二军谭延闿和第三军朱益

108

之都到了。据他们的报告，说蒋介石找他们，托他们转呈一封信给汪先生，大意说共产党意图谋乱，所以不得不紧急处置，请求主席原谅。

汪精卫怒火中烧："我是国府主席，又是军事委员会主席，蒋介石这样举动，事前一点也不通知我，这不是造反吗？"

谭延闿认为：蒋介石此举大家实在都不懂，说反对共产党吗？蒋最近的演讲还企图消灭黄埔军校内共产和反共产的斗争。说反对汪先生吗？汪蒋的交谊特别厚，谁都知道。我看我们还得再走一趟，问问他想什么和要什么再说。

汪先生站起来，抓起一件长褂穿上，可刚穿上一半又晕倒在床上。

陈璧君说："你身体这样是不能去的。"

汪精卫说："好！等你们回来再说罢，我在党内有我的地位和历史，并不是蒋介石能反对掉的！"说完又躺下。

谭延闿说："现在什么时候，还讲这些不咸不淡的话，要想和蒋介石一争高低，手中必须有王牌，有军队。"因此他特别强调："我们是去了，但会不会给介石扣留，实不知道，我们想托公博先生通知第二军和第三军，以备万一之变。"汪精卫："放心吧，公博会去的，待会儿李任潮（第四军军长李济深）还要来，我也会向他交代的。"

谭、朱刚离开汪公馆，第四军军长李济深和宋子文又接踵而来。

宋子文说："我也想到造币厂看看。"

汪精卫劝止："你去不得，过去对于财政，介石对你很不满意的。"

汪精卫问李济深："你能立刻到军队去吗？"

李济深说："今日哪里有办法？不只电话电报局被蒋介石派人守住了，连铁路和轮渡的码头他也派人守住了。现在谁也不能离开广州半步，离开是有危险而于事无补的。"

陈公博赶往高弟街第二军军部和大沙头第三军军部，商量决定，如果谭延闿、朱培德被扣就立即动员，如果他们能回来，便勒兵陈威，以俟后命。

谭延闿、朱培德刚到造币厂见蒋介石的时候，蒋的态度还很傲慢，谭延闿不禁动起怒来，双目圆睁，一拍桌子："总理逝世才一年，骨头还没有冷，你干什么呢？国共合作是总理生前的主张，遗嘱也说要'联俄、联共、扶助农工'，你现在的行动，总理的在天之灵能允许吗？"第一次见这位前清翰林动怒，蒋介石吓了一跳，兔子急了还咬人呢。蒋介石换了一副面孔："组安兄，有话好说。"

谭延闿却一甩袖子，扬长而去。

蒋介石扯住了朱培德："组安兄这是干什么？"

朱培德态度很和缓："谭军长这是去韶关调他的第二军。"接着他批评蒋介石："你到底要干什么？"

蒋介石说："我只为限制共产党，他们利用中山舰要造反呢。"

朱培德叹了一口气："你也实在闹过火了。"

谭、朱二人离开造币厂，蒋介石也害怕了，以他第一军之实力来抗衡广东各军，那是必败无疑，这还没算上苏联和中共方面的力量呢，必须刹车！

3.苏联顾问力挺蒋介石

当时，支持国民政府的苏联顾问团又是什么态度呢？

季山嘉的助手鄂利金昂首走进造币厂，连珠炮似地责问："为什么无故包围苏联顾问驻地？收缴苏联卫兵枪支？拘捕中国共产党人？我们俄国同志，不远万里而来，除了帮助中国革命，帮助蒋校长，而无别种企图；蒋校长若有不满之处，当明言，用这种武力手段做威胁，我们决不能坐视。"

广州国民政府是苏联用几百万卢布喂养起来的，一旦惹恼了这些大鼻子，政府完了，他蒋介石也就完了，蒋介石是知道其中厉害的。但在苏联顾问中，他最恨的就是季山嘉，季山嘉是1925年11月1日代替加伦将军出任华南军事顾问团团长的,季山嘉对蒋介石从来就不客气。蒋介石也连带讨厌他的助手鄂利金。这时,蒋介石却放下身段:"误会,都是误会,请顾问先生原谅。"他转过身来,对刘峙命令道:"包围东山的部队都撤回来,要切实保证所有俄国同志的安全。"说完,他又躬身问鄂利金,还有什么需要他做的。

苏联代表团团长布勃诺夫亲自来到造币厂,要求"蒋校长此次行动总得有个说法吧"。

蒋介石向他保证这是一场误会,绝不是"反苏反共"的行为。"是一艘兵舰无端驶入黄埔,露械生火,为了防止其有变乱政局之举,迅速采取的非常行动。介石对贵国顾问也一直尊以为师,如加伦将军,如鲍罗廷先生,如史顾问(斯切潘诺夫),皆尊敬有加。唯一气愤耳,乃季山嘉顾问。"布勃诺夫以为找到了病根,将路线问题的争论归结为个人矛盾,他许诺蒋介石,立即调季山嘉回国。蒋介石暗暗得意,歪打正着。只要季山嘉一走,汪精卫的腰杆还靠什么撑着?

布勃诺夫为联共(布)中央委员,红军政治部主任,位高权重。回到驻地,他对季山嘉前阶段的工作进行了否定,指出"中山"舰事件的发生是由"军事工作和总的政治领导方面的严重错误引起的",他一连列举了五条错误:(1)不善于预见国民政府内部的冲突及其在军队中的反映。(2)过高地估计了广州领导的力量和团结一致。(3)未能及早揭露和消除军事工作中重大的冒进做法。(4)参谋部、军需部、政治部的集中管理进行得太快,没有考虑到中国将领们的心理和习惯。(5)将领们受到过分的监督。

他又指出:"蒋氏具有革命思想,远在其他军阀之上",只要善加利用,满足其人的尊荣权力,就不难让他摆脱右派的包围,进入左派的行列。

最后他宣布将季山嘉调回苏联,要鲍罗廷尽快回来。

4. 毛泽东力主反击

那么，毛泽东、周恩来以及陈独秀对蒋介石发动的这场反革命政变，采取了什么措施进行反击呢？

周恩来得到消息后，立刻赶往造币厂去见蒋介石，向他提出质问，蒋介石提出两个条件：第一，共产党员退出第一军；第二，不退出的要交名单。周恩来被关押了一天。

毛泽东也在广州，任国民党中央宣传部代理部长，住在东山庙前西街38号，与苏联顾问寓所只有一箭之地。事件爆发后，毛泽东、周恩来曾在第二军副党代表李富春住处商讨对策。他们认为，蒋介石是在发动政变。在广东的国民革命军六个军中，有五个军的军长同蒋介石存在矛盾，而在蒋介石直接指挥的第一军中政治骨干大部分是共产党员。基于这种形势，他们提出以叶挺独立团为主，联合国民党左派和一切能联合的力量给蒋介石以回击。

毛泽东和茅盾赶往东山苏联军事顾问团驻地，在小洋楼前，有两个士兵迎上来，询问来历。毛泽东昂首指着自己："中央委员，宣传部部长。这是我的秘书。"毛泽东让茅盾留在传达室，独自走进后面的会议室。不大一会儿工夫，茅盾听到会议室传来争吵声，其中毛泽东的声音最激昂，似乎还有陈延年在场。显然，他的提议遭到布勃诺夫的反对。

3月29日，在上海的中共中央也发出了指令，主张向蒋介石退让。指令说："从党和军队纪律的观点来看，蒋介石的行动是极其错误的，但是，事情不能用简单的惩罚蒋的办法来解决，不能让蒋介石和汪精卫之间的关系破裂，更不能让第二军、第三军和蒋介石军队之间发生冲突。"对蒋介石，"我们现在应该全力拯救他，将他从陷入的深渊中拔出来"。

在苏联方面和中共中央双重压力下，身在广州的毛泽东、周恩来、陈延年等人还能有什么作为呢？

5．蒋介石上位

20日傍晚，蒋介石去探视汪精卫病情，日记云："傍晚，访季新兄病。观其怒气冲天，感情冲动，不可一世。甚矣政治势力之恶劣，使人几乎无道义之可言也。"

22日，国民党中央政治局委员会在汪精卫寓所召集临时特别会议。会上，汪精卫对蒋介石擅自行动表示了不满，会议决定："工作上意见不同之苏俄同志暂行离去"；"汪主席患病，应予暂时休假"；"李之龙受特种嫌疑，应即查办"。政治委员会临时特别会议之后，怯懦的汪精卫知道搞不过蒋介石，隐居不出。据陈璧君说，一是为了"疗病"，一是为了让蒋介石"反省一切"。但是蒋介石除了装模作样地给军事委员会写过一个呈子，自请处分外，并无什么像样的"反省"行为。3月31日，汪精卫致函蒋介石，内称："今弟既厌铭，不愿与共事，铭当引去。铭之引去，出于自愿，非强迫也。"蒋介石赌胜了。但是一方面，他不得不在公众面前透露某些情节，以说明有人企图陷害他；另一方面，却又不能全盘托出他的阴谋，所以故弄玄虚、吞吞吐吐、欲言又止，要人们在他死后看日记，造成了一个很大的谜。

所谓中山舰事件，我总结一下，一场小题大做的虚惊，演变成借题发挥的政变，加上故弄玄虚的掩饰，达到了最终篡位的结果。孙中山逝世后，蒋介石头上仍有汪精卫、胡汉民、廖仲恺、许崇智四座大山，蒋介石处心积虑，利用廖案，剔除了胡汉民、许崇智；接着又通过发动中山舰事件，赶走了汪精卫，成功上位。因此，中山舰事件就是一场蒋介石制造的阴谋活动，是一场夺权政变。

第五讲　邵飘萍被害大案

上集

1936年，在陕北苏维埃临时首都保安县（即志丹县）的一孔窑洞里，美国著名记者埃德加·斯诺采访共产党领袖毛泽东。谈到邵飘萍时，毛泽东充满感情地说："特别是邵飘萍，对我帮助很大。他是新闻学会的讲师，是一个自由主义者，一个具有热情理想和优良品质的人。1926年他被张作霖杀害了。"

1926年邵飘萍就被北洋军阀杀害了，为什么十年以后，毛泽东还会和斯诺谈起邵飘萍呢？这样一位中国报人怎么会赢得毛泽东的尊敬？他为什么会遭到北洋军阀的毒手呢？

这就必须从邵飘萍的学历和经历说起。

1. 有做记者的天赋

邵飘萍（1886—1926）生于浙江东阳，原名振青。"飘萍"是到了北京以后取的笔名。曾经有南社著名的报人包天笑对邵飘萍说："飘萍两字不好。"邵飘萍说："人生如断梗浮萍，有何不可？"不幸被其言中矣。

我们看一下少年时代邵飘萍的朋友圈，就知道他有多厉害了。1907年邵飘萍进入杭州的浙江高等学堂学习。当时，"浙高"著名校友有"二邵一陈"，二邵就是邵飘萍、邵元冲，一陈就是陈布雷。

陈布雷说：我们浙江高等学校（堂）有著名的两邵：一是翼如，

一是飘萍。而且，陈布雷的名字就是邵飘萍给起的。陈布雷说上学时面颊圆满，邵飘萍戏以面包孩儿呼余，由面包的英文为BREAD，再由译音而改为布雷。

陈布雷（1890—1948），原名训恩，字彦及，慈溪人。1910年《天铎报》编辑戴季陶结婚度蜜月，经邵飘萍介绍，陈布雷进入该报。后任《商报》编辑主任，在上海商务印书馆做编译工作。1926年陈布雷担任蒋介石的私人秘书，历任浙江省政府秘书长、国民党中央党部书记长、浙江省教育厅厅长、国民政府教育部常务次长、国民党中央宣传部次长、军事委员会委员长侍从室第二处主任、中央政治会议副秘书长、国防最高委员会副秘书长等，成为蒋介石的文胆。

邵元冲（1890—1936），字翼如，绍兴人。1906年加入同盟会，1913年因参加讨袁之役失败后逃亡日本，1914年任《民国杂志》编辑、孙中山大元帅府机要秘书，1919年赴美留学。国民党一大时当选为候补中央执行委员。后历任国民党中央执行委员、粤军总司令部秘书长和黄埔军官学校政治教官、国民革命军政治部代主任、国民政府考试院考试委员会委员长、国民政府委员、国民政府立法院副院长等。

在浙江高等学堂学习期间，邵飘萍、陈布雷等人就醉心于新闻事业，开始了最初的办报活动。

据邵飘萍的同班同学张天任回忆："1908年浙江省开运动会，实际上是学校开的，但校外爱好者可以报名参加，还邀请社会名流参加。这次运动会，由于我和邵飘萍、陈布雷三人不爱运动，所以都没有参加竞赛项目，但又不甘寂寞。干什么呢？于是三人一合计，就办了个《一日报》。因为运动会只开一天，所以就取了这样一个报名。后来非常有名的陈布雷为编辑，我和邵飘萍为访员。《一日报》为16开蜡纸版油印而成，共出20余期，每期120份。这是我们三个人办报生涯的开始。"

2. 笔锋犀利，为时人所重

1912年，中华民国临时政府成立。邵飘萍参加了南社，与一名叫杭辛斋的南社社员合作，"为民军光复汉土之纪念"，创办《汉民日报》。什么是南社呢？

南社就是辛亥革命时期由柳亚子、陈去病、高天梅在苏州吴江发起的一个松散的文化团体，该团体与同盟会一样，旨在推翻清政府的反动统治，但侧重于文化和宣传方面。当时追求光明和与恶势力作斗争的青年知识分子，都加入了南社。

再谈谈《汉民日报》。该报是浙江民党机关报，党人杭辛斋任总经理，邵飘萍主持时评。他在报端经常以"振青"为笔名，"揭露贪官污吏和地方豪绅的丑恶"；对袁世凯盗民国之名，行专制之实，嬉笑怒骂，"笔锋犀利，为时人所重"。

1913年3月，"宋案"即宋教仁被刺案事发后，邵飘萍撰文指出："瓜蔓藤牵，有行凶者，有主使者，更有主使者中之主使者。"他将矛头直指袁世凯，因此为当局所不容，曾唆使流氓深夜爬进报馆进行放火，还在街头对邵飘萍寻衅滋事，还派人刺杀邵飘萍，被他侥幸躲过。

5月中旬，邵飘萍报道"九花娘聚赌"案，揭露浙江司法筹备处处长范贤方和杭州第一地方检察厅厅长许畏三贪赃枉法，激怒了浙江当局。5月17日，《汉民日报》刊登邵飘萍撰写的通讯《检厅大捉九花娘》，指名道姓地批评浙江省司法筹备处处长范贤方，"自视事至今，毫无建树，置筹备处事宜于度外，专事狂嫖浪赌，以九花娘家为俱乐部"；认为浙江高等检察厅和杭州地方检察厅办事不力，以致"九花娘已去如黄鹤无从拿获"。范贤方闻讯勃然大怒，前往杭州第一地方检察厅起诉邵飘萍。当局干脆以"扰乱治安"罪将邵飘萍逮捕下狱，《汉民日报》随即被查封。

邵飘萍却说："报馆可封，记者之笔不可封，主笔可杀，舆论之力不可斩也！"

浙江革命党人和邵飘萍妻子汤修慧多方营救，托人找门路。

邵飘萍的妻子汤修慧是个什么样的人呢？她是浙江女子师范的学生。她父亲与邵飘萍的父亲是朋友，在杭州开了一家照相馆，邵飘萍喜欢照相，经常来照相馆，于是与汤修慧相识。一个风度翩翩，一个天资聪颖，两人是当时很时髦的自由恋爱。1912年结婚。夫唱妇随，她是邵飘萍事业上的好帮手。当时有份著名的报纸叫《妇女时报》，鼓吹新的妇女观。南社社员包天笑是第一任主编，他极力鼓吹新的妇女观，汤修慧和邵飘萍经常为该报撰稿。

包天笑回忆与汤修慧、邵飘萍的认识经过，说："汤修慧寄来投稿……写的是短短的论文，谈的是教育、卫生一类的事。我初以为不是她自己写的，或是有床头捉刀人，那时女子读书识字的，远不及今日之多，倘投稿人而果为女子手笔，幼稚拙劣，每至不堪卒读。若通顺条达者，率多捉刀人之所为。""后来来领稿酬，方知确实是她自己写的。她谈吐甚佳，既大方又幽默，我认为在现代女界中不可多得。"

汤修慧四处寻门路，花钱请人担保，邵飘萍终于出了狱。

为躲避袁党迫害，邵飘萍东渡日本，在东京一所法政学校学法律，却仍然关注国内的时局。这时，他认识了孙中山、黄兴等人。面对日本眼花缭乱的新闻业，邵飘萍更坚定了唤起民众、"新闻救国"的信念。

3. 新闻救国

1915年，袁世凯为实行帝制，与日本作为交换条件，签订出卖中国利益的"二十一条"卖国条约。因为日本要独霸中国，影响到其他列强的在华利益，于是外国报纸最先予以披露。是年7月，邵飘萍与同窗潘公弼在日本创办了东京通讯社，以半工半读的方式用中文向国内各报尤其是京沪著名报纸发稿，内容以国际和外交新闻为主。邵飘萍以"阿平"为笔名，在上海的《申报》《时报》《时事新报》上连篇累牍撰文，报道"二十一条"的交涉内幕，激起全国人民对卖国条约的强烈反对与声讨。很多人喜欢读他辛辣的文章，而东京通讯社"以议论激越，惹日本警察官吏注意"。

1916年6月，袁世凯复辟帝制遭到全国的反对，羞愤而亡。直到这时，邵飘萍才回国，成为总经理史量才上海《申报》驻京特派通讯记者。

当时驻京记者是仅见的，成本多，开销大，一般报纸是没有的，大多转引外国通讯社的电文。

由于邵飘萍是专为《申报》撰写"本报专电"，每天一二百字的独家新闻，所以看《申报》成为上海白领的首选。史量才爱才，按月支给一二百元，按件支给每通讯10元以上。注意，这里说的元，是大洋。当时工人一个月挣10元左右，邵飘萍200字就10块大洋，也太厉害了吧。

北京是北洋政府的政治统治中心，又是各党派的活动大舞台。邵飘萍结识了不少政要和外国记者，如《泰晤士报》的中国特派员莫理循，很快名满京华。

邵飘萍在撰写北京专电的同时，随时寄出内容较为详尽的"北京特别通讯"，每篇五六百字，甚至达二三千字。

这时期，邵飘萍在给人打工的同时，开始经营属于自己的办刊阵地。1916年8月，邵飘萍创办了新闻编译社，以图改变外国通讯社"任意左右我国之政闻"的状况。他具有独特的新闻思想和行事作风，形成了自己的采访风格，即：北京是政治中心，最高的绝密的资讯，就必须来自高层、来自第一手资料。应该采取一切手段和方法，得到事实的真相。

4. 采访有妙招

为了获得第一手新闻，邵飘萍往往用尽手段，有如下绝招：

采访要诀之一：打牌吃饭。邵飘萍交际很广，每日下午多半不在家中，夜夜有饭局。与达官贵人吃吃喝喝，让这些知情人酒后吐真言。等到夜深人散以后，回到家里，他才忙活起来。拿起桌上的电话开始打电话（那时电话绝对是奢侈品），都是政界的朋友、各总长智囊、政治会议秘书长。邵飘萍往往以内幕和独家新闻取胜。尽管他的老板薪酬给得多，一分价钱一分货，"每日总有一两件特殊稿件，如北洋内阁的阁议（内阁会议），以至政府的重要新闻已无一可漏"。

某次，上海《小说画报》主编，大东书局编《星期》刊的老友包天笑来北京，就住在邵飘萍家里。有一天早上，汤修慧说："今天晚上，振青要在家里请客。"包问："请啥人？"汤修慧说："都是一些官老爷，我不太清楚。"包天笑一听就明白了。那天下午，他就外出了，一直到很晚才回来。只见邵家还是灯火辉煌、宾客喧哗，在"斗地主"，也就是打牌。桌中闹腾得最厉害的是一个大胡子。是谁呢？原来是外交总长孙宝琦。

诸位想想，把外交总长都请到家里来打麻将，邵飘萍想干什么？就是想从他嘴里套些政要秘闻。这位总长有个毛病，凡是他摸到中、发、白三张牌时，都要扣在桌上，但有时忘了扣的牌，他单吊一张"红中"，巧了，还真让他摸着了，但既不开杠，又不打出去，直到别人和了，他还问："谁扣下红中呢？"邵飘萍问："你桌上扣的是啥？"掀开一看，是三张"红中"。你想啊，这么个糊涂蛋总长，有什么重要的外交新闻邵飘萍搞不到呢？

采访要诀之二：豪华包装，轿车开路。邵飘萍为了采访独家新闻，他坐着北京城里很少见的私家车，那时绝对是身份的象征。只有总统、总理及部长才有小轿车。所以，邵飘萍就开着豪华车，独闯国务院及各院部。抽着特制的"邵振青吸用"的香烟，掏着印制精美的名片，还有一身名牌，别的记者怎么可能与之相比？

1917年5月，第一次世界大战期间，北京政坛就中国要不要参战问题，引发一场大地震。总统黎元洪反对中国参战，总理段祺瑞主张参战，史称"府院之争"。最后段祺瑞在国务会议上秘密决定中国参加协约国，对同盟国宣战。为防止消息外泄，国务院与各重要机关都挂出"停止会客三天"的牌子，严禁记者采访。为得到第一手消息，邵飘萍开着私家车直闯国务院的大门，但这次不好使了，牌照不对，不让进大门。邵飘萍却不死心，当即去总统府借了辆轿车，车前挂有总统府的"京字001号"车牌，谁敢拦？一脚油门直开进大门，停在国务院大楼前。这谁能做到？但就算你能把车开进国务院大门，但大楼的警卫怎么可能放你进去采访呢？邵飘萍掏出印有"邵振青吸用"的独家烟卷递给传达长，对方说不会，问有啥事？邵递上自己的名片，说要见段总理。传达长说：段总理不会客，连秘书和侍从也都不见客。堵得死死的。这下傻了吧？不，邵飘萍自有办法。

采访要诀之三：花钱铺路，有偿新闻。就是花大价钱买新闻。邵飘萍当即掏出1000元钱，点出500元交给传达长，说：你只要回禀段总理一声就可以了，这500元就是你的。如果回禀上去，万一段总理同意接见，那这剩下的500元也是你的。

谁和钱有仇啊？传达长连忙屁颠屁颠地拿着名片进去，不一会儿，笑吟吟地高举着名片，大声喊一声"请"字，于是，邵飘萍跟着传达长大摇大摆地走进段祺瑞的小客厅。

原来传达长通禀之后，段祺瑞当然不愿意见，又不愿得罪这位无冕之王，说让他进来吧。这样，邵飘萍才登堂入室。

两人一见面，段祺瑞说："先说好，我们不许谈参战和不参战问题。"

邵飘萍说："可以。"

段祺瑞就问："我这不是大栅栏，你说进就进？怎么进来的？"

邵飘萍实话实说："我开大总统的车，谁敢不让进？"

段祺瑞鼻子都气歪了，哼哼两声："哦，大总统的车，也坐不了两天了。"

邵飘萍开心地笑了，就等着这句呢："这可是您老说的啊，中国要参战了。"

段祺瑞知道失言了，脸一怔："这是国家机密，三天之内不许走漏半点风声，你懂的。"

邵飘萍拍着胸口说："三天之内，如果北京城走漏了这项机密，邵某愿受泄露国家机密罪的处分，并以全家性命财产作担保。"

接下来，老奸巨猾的段祺瑞也不得不开口，讲了一番中国参加协约国的必要性，和对同盟国宣战的计划，说准备调动15万华工协助协约国修筑工事等等。

临出门，段祺瑞一再交代，邵飘萍再三保证。

邵飘萍一上车加大油门，直接奔电报局，随即，用密码将"独家秘闻"拍发到上海的《申报》，第二天几十万份号外沸腾了十里洋场，成为全国独家新闻。用的是"北洋派耆硕名人之秘密谈话"，把中国即将参战的快讯发布到全世界。《申报》出尽了风头，客户量暴增。

那邵飘萍怎样应付对段祺瑞的拍胸保证呢？泄露国家重大机密可是要丢脑袋的。

邵飘萍打了个擦边球，他向段祺瑞保证三天为限，不准在北京走漏这项机密。当时津浦、宁沪铁路各是一段，有长江在南京隔开。火车绝不是朝发夕至。等上海报馆的号外"出口转内销"抵达北京，已经超过三天的约期，段祺瑞吃了哑巴亏，恨透了邵飘萍。

采访要诀之四：逛妓院，吃花酒。当时的政要、军阀常出入北京八大胡同，依红偎翠，醉生梦死。为了从将军、总长、次长、秘书长、政客与谋士的口中打听许多内幕新闻和秘密情报，邵飘萍便混迹青楼，出手阔绰，和妓女、老鸨交朋友。既能得到最新信息，又有女色潇洒，不亦乐乎。

那么，邵飘萍的妻子不吃醋吗？他的妻子是新女性，不是那种一哭二闹三上吊的妇女。丈夫去风月场所搞一手新闻线索，思想开明的汤修慧并不反对，但她毕竟也是女人，丈夫经常出入妓院，毕竟还是不太放心，为了防止邵飘萍出轨，她也有自己独特的"高招"，什么招数呢？

和足球战术一样，叫贴身防守。汤修慧要和邵飘萍一起去逛妓院。邵飘萍笑着说："哪有带太太吃花酒的道理？"汤修慧怎么回答呢？她振振有词："谁定的这个法律？只许男人吃花酒，不许女人吃花酒？这哪叫男女平权，却事事排斥妇女。我偏要去！"

邵飘萍辩不过她，又必须去挖独家新闻，只好带着太太去逛妓院。入席之后，要"叫条子"。什么是"叫条子"呢？就是用红纸剪成纸条，将自己喜欢的妓女的名字写在上面，这是"叫条子"。"你叫我也叫！"汤修慧也"叫条子"，常常把应招来的妓女吓一跳，一看这位"爷"是女的，以为她是同性恋呢。

有一次却闹出一个笑话，北京的妓院是在胡同里的，八大胡同指从铁树斜街以南，珠市口西大街以北，南新华街以东，煤市街以西这一大片区域内的许多胡同，这些胡同多为一、二等妓院。每一个妓院是个大院子，里面住了几十个姑娘，每一个姑娘有一间房间，不能侵越。别的院子的姑娘不能到这个院子里来，除非是客人"叫条子"，串门子也可以带姑娘去别院，这叫"过班"。那一天，有个"达人"请客，酒酣饭饱后，邀请在座的客人到别的院子串门，汤修慧也跟着去了，有"跑厅"的即引导人，看岔了眼，以为邵飘萍带着别院的姑娘来了，于是大喊"过班"，被汤修慧打了一个耳刮子，打得那个跑厅的鼠窜而逃。

一个知识女性出手打人，未免有失闺仪，传出去也影响声誉，事后汤修慧也很后悔，以后便对邵飘萍放任自流，不再步步为营了。

邵飘萍以这些独特的采访方式，获得许多有价值的新闻，这是当时众多的新闻记者和报人无法复制的，特殊的环境和特殊的经历，也使邵飘萍成为民国时期上海和北京乃至全国报界第一流记者和著名的报人。

中集

1. 毛泽东与新闻学会

美国记者埃德加·斯诺在《西行漫记》（原名《红星照耀中国》）一书中记载，毛泽东对斯诺说："特别是邵飘萍，对我帮助很大。他是新闻学会的讲师，是一个自由主义者，一个具有热情理想和优良品质的人。"

毛泽东为什么对邵飘萍有如此高的评价呢？原来，邵飘萍做过毛泽东的老师，毛泽东写新闻稿、办报纸都是受邵飘萍的影响。

毛泽东说："我决定到北平去，当时叫北京。当时湖南有许多学生打算用'勤工俭学'的办法到法国去留学……我陪同一些湖南学生去北京。虽然我协助组织了这个运动，而且新民学会也支持这个运动……北京对我来说开销太大。……来了以后，非马上就找工作不可。我从前在师范学校的伦理学教员杨昌济，这时是国立北京大学的教授。我请他帮助我找工作，他把我介绍给北大图书馆主任。他就是李大钊，后来成了中国共产党的一位创始人，被张作霖杀害。李大钊给了我图书馆助理员的工作，工资不低，每月有八块钱。"

当时北大代理校长是蒋梦麟。

蒋梦麟（1886—1964），浙江余姚人，中国近现代著名的教育家。1912年于加州大学伯克利分校教育学本科毕业，后获哥伦比亚大学哲学及教育学博士学位。1919年初，蒋梦麟被聘为北京大学教育系教授。五四运动爆发后，受蔡元培委托，代理北大校长。

蒋梦麟在《回忆中的李大钊、毛泽东》一文中这样说："毛泽东到北大图书馆当书记，是在我代理校长的时期。有一天，李守常（大钊）到校长室来说，毛泽东没饭吃，怎么办？……我说那么图书馆有没有事做？给他一个职位好啦。他说图书馆倒可以给他一个书记的职位。于是我便拿起笔写了张条子：派毛泽东为图书馆书记……"

毛泽东在北大有不好的境遇，他告诉斯诺："我的职位低微，大家都不理我。我的工作中有一项是登记来图书馆读报的人的名字。在那些来阅览的人当中，我认出了一些有名的新文化运动头面人物，如傅斯年、罗家伦等，我对他们极有兴趣。我打算去和头面人物攀谈政治和文化问题，可是他们都是大忙人，没有时间听一个图书管理员说南方话。但我不灰心。我参加了哲学会和新闻学会，为的是能在北大旁听。……"

什么是新闻学会？毛泽东又与邵飘萍和该学会是怎样的一种关系呢？

1918年10月14日，在北大理科第16教室成立了中国历史上第一个新闻研究团体——北大新闻研究会。蔡元培、李大钊作了演讲，推选邵飘萍为导师。

但是邵飘萍没有出席研究会的成立。为什么呢？因为在十天以前，即10月5日他在北京成立了自己的报馆《京报》，自己做起了老板。邵飘萍来北京为《申报》采访和撰写特别通讯，同时经营新闻编译社，几年下来，萌发了自己的理想——办报。于是辞去《申报》特派记者的职务，在北京创办了《京报》。

2．邵飘萍与毛泽东

邵飘萍在北京创办《京报》。他在创刊词中，挑明宗旨："必使政府听命于正当民意之前，即是本报之所为作也。"《京报》问世仅一个月，就因为它"三多"的特点——新闻多，评论亦多，兼之副刊和附刊也多，遂以消息灵通、内容丰富受到广大读者的欢迎。不久，这份报纸的销量就从最初的300多份一跃上升到4000份，《京报》报馆遂成为京城的一家名报馆。

尽管如此，邵飘萍对北大新闻研究会的事，同样倾全力去做。1919年1月5日，邵飘萍在《京报》刊登征求会员的广告。不久就有55名会员，大多是北大学生和职员。其中就有毛泽东，还有陈公博、谭植棠、罗章龙、高君宇、蒋绍谟等人。

邵飘萍在授课时强调"访员"（即记者）的素质与思想的训练，他以"贫贱不移、富贵不淫、威武不屈"砥砺会员，这恰与青年毛泽东注重人格主体精神培养的思想相合。

毛泽东回忆："在新闻学会里，我遇到了别的学生，例如陈公博，他现在在南京当大官了，谭平山，他后来参加了共产党，之后又变成所谓'第三党'的党员。"这批会员后来都投入了办报办刊实践活动。毛泽东跟着邵飘萍听了半年的课程，后来获得了听讲半年的证书。当时，新民学会会员讨论"个人的生活方法"时，毛泽东说："我可愿做的工作：一教书，一新闻记者，将来多半要赖这两项工作的月薪来生活。"

第二年毛泽东返回长沙后，运用了他在北京所学到的知识，以新闻为武器，相继办起《湘江评论》《新湖南》和充任《大公报》湖南记者。这对毛泽东后来成为新华社"最高级别的记者"都有重要的影响。

所以毛泽东对斯诺说："特别是邵飘萍，对我帮助很大。"

1949年4月21日，为成立新中国日理万机的毛泽东亲自批复：确认邵飘萍为革命烈士。他还在会见外宾时以及其他场合多次提到邵飘萍，邵飘萍的遗孀汤修慧也在毛泽东的关怀下得到了妥善安置。

3. 邵飘萍与五四运动

1919年在五四运动中，邵飘萍是北大发源地的直接发起人之一。1918年第一次世界大战结束，德国战败。1919年1月18日，战胜国在巴黎召开"和平会议"。北洋政府和广州军政府联合组成中国代表团，以战胜国身份参加和会，提出取消列强在华的各项特权，取消日本帝国主义与袁世凯订立的"二十一条"不平等条约，归还大战期间日本从德国手中夺去的山东各项权利等要求。巴黎和会在帝国主义列强操纵下，不但拒绝中国的要求，而且在"对德合约"上，明文规定把德国在山东的特权，全部转让给日本。北洋政府竟准备在"对德和约"上签字，从而激起了中国人民的强烈反对。

5月3日，北京各社团纷纷召开紧急会议，力谋补救"山东问题"。晚上在北大礼堂，凡在北京城内的各大学代表都来参加了，只有清华大学在城外赶不进来参加，完全没有教授，也没有党派的区分，纯粹都是学生……那时胡适在上海，陈独秀是后来看了报纸才知道五四运动中游行的事，而老师中只有邵飘萍参加了。他首先跳上讲台，作了沉痛激昂的报告。此外，邵飘萍利用《京报》发表爱国报道与文章，反对政府镇压学生。邵飘萍声称："这些军阀，鬼鬼祟祟，捣乱世界，设计害民，我偏要撕破他们的秘密。"

当时，北洋军阀政府执政的是皖系段祺瑞。本来，段祺瑞就将邵飘萍视为眼中钉、肉中刺。

5月23日，《京报》刊出《国民一致对外之声援》，被警察厅以"有意妨害治安""侮辱政府"之罪名，还有3月15日，5月8日、12日、17日，6月15日等评论，4月19日要闻，7月2日紧要新闻，7月30日内外杂录等"仍多有触犯出版法及刑律规定之处"，于是就痛下杀手。8月10日星期天晚上，出动军警搜查了《京报》馆，没收了印本和印版，找了半天没找着邵飘萍，只好拘捕了主编潘公弼，说拿人来换。

那么，邵飘萍上哪儿了呢？说来也巧，那天晚上包天笑回上海，他去北京东车站送包天笑。路上他已经发现后面有暗探跟踪了，于是把人送上车后，故意不下来，让暗探以为他也去上海。等临到开车铃声响第三次，即将关车门时，他才跳下车，直奔东交民巷，住进六国饭店，仍继续写作。为什么还继续写呢？当时《京报》馆尚未查封，报纸还照出。

此时，在六国饭店外，日夜有十余名暗探蹲守；而且由段祺瑞内阁外交部外长陆徵祥要求外交团引渡邵飘萍，被外交团予以拒绝。过了一个星期，邵飘萍觉得待在北京时间长了不是事，于是化装易容，混过暗探的监视，去八大胡同，找了位相好的妓女"张小姐"，住了一夜，第二天假扮夫妻混进前门车站，进了头等车厢，一起到了上海，这才从北洋军阀的魔爪下躲过一劫。邵飘萍随身带的钱不多，到上海住了一家普通的旅馆后，给包天笑打电话说："你知道我是谁吗？"包天笑听出来了，说："你怎么到上海来了？住在哪里？"邵飘萍说："住在西藏路一家旅馆。很普通。"并说借一百块钱。包天笑去旅馆看他。前台说没有姓邵的。原来用的是假名。他找到房间，看见那位小姐在里面。邵说这是张小姐，是回无锡看母亲的。包天笑一看就是胡同里的人。既然到无锡看母亲，为什么不下车，一起来上海？

还有个滑稽事，等汤修慧给邵飘萍寄来钱后，他故态复萌，住进高档的鲍德饭店，居然在这里遇见段祺瑞的军师徐树铮和国会众议院议长王揖唐，相顾哈哈大笑。

得知邵飘萍逃到上海，段祺瑞政府对全国下通缉令，并于8月22日查封了报馆。

编辑主任潘公弼吃了几个月牢饭才被释放。这期间的薪水连同各种费用，汤修慧一并拿出送给潘太太。

不久，无法在国内施展拳脚的邵飘萍前往日本，被《朝日新闻》聘为中国问题顾问，他再次东渡日本，从中了解到日本侵华的野心，同时也从新闻界学习了不少好东西。

4.《京报》的独立性

1920年7月，代表英美利益的直系与代表日本利益的皖系军阀打起来，即直皖战争爆发。皖系军队被打垮，段祺瑞政府下台，代表直系军阀的曹锟上台，这时邵飘萍才从日本回国，并在这年9月7日将《京报》复刊。此时的《京报》已非吴下阿蒙，由一张对开报纸变成日销4000—6000份的大报，有自己的昭明印刷厂，改铸印刷的铅字；在天津、上海、杭州等地设立分馆或记者站（派驻访员）；报馆迁至宣武门外骡马市大街魏染胡同，一幢新建的二层楼。前院办公，邵飘萍汤修慧夫妇住后院。邵飘萍此时的地位已达至顶峰。

1923年，北京政局动荡。有个新词叫"猪仔议员"，成为流行语，就像现在的网红词，就从《京报》叫出了名。

所谓"猪仔议员"是指收受贿赂、贪赃枉法、人格卑鄙、为国人所唾骂之"民意代表"。

1917年张勋拥戴溥仪复辟，大总统黎元洪解散了国会，到1922年，直系军阀与奉系军阀打了一场直奉战争，直系曹锟、吴佩孚战胜了奉系张作霖，取得了实际控制北洋政府的大权，于是逼代表皖系利益的大总统徐世昌下台，打出了一个"法统重光"的旗号。什么意思呢？就是要恢复1917年被解散的国会，利用旧国会将黎元洪请出来暂时过渡，最后名正言顺地选出曹锟为大总统。

但是1917年孙中山发起护法运动，南下广州，建立护法军政府，1919年成立了新国会，开除了一批不来广州的旧国会议员，新国会要选孙中山为非常大总统，为什么叫非常呢？因为议员人数不够法定人数，所以又从各省补充了一些议员，所以孙中山便成为非常大总统。出现"一南一北"两个政权。北洋政府要南征，统一南方；南方政府要北伐，统一全国，于是就发生南北战争。

到1922年曹锟等推黎元洪上台，说这叫"法统重光"，如果这样，孙中山这位非常大总统就必须下台。因此，跟随孙中山的议员就反对，认为你们那个政府早解散了，国会也早解散了，只有广州非常国会和孙大总统是代表中国的唯一合法政府。黎元洪毁法，解散国会；叛国，将民国大权献给宣统溥仪，又逃到日本使馆避难；所以黎元洪没有资格复任大总统。新国会议员也反对旧国会议员，在法律上旧国会早已无效，只有继续"民八国会"，才有法统可言。

两下针锋相对。最后，北京政府成立一个专门机构，把南方议员进行安插，等于合并。

那么对不同意见的议员，咋办？就用金钱收买。

1923年4月27日，邵飘萍在《京报》上发表题为《驱逐议员败类》的文章，痛斥议员中的败类是"猪仔议员"，他说："试问每票数百元千余元之身价，非竹杠而何？非猪仔而何？微论若辈必无心于制宪，且猪仔所制之宪，岂能奉为国家之根本大法乎？绝望矣，不可教诲矣！驱逐！驱逐！！国民速起而驱逐！！！"

4月28日《京报》又发表《通电撤销"猪仔议员"之提议》："第一届国会之恢复，所谓法统，所谓护法，尽属欺人之谈。唯国民素抱和平苟安之心理，希望宪法能成，或政治有一线径路可走，以稍减其水深火热，此言吾信可以代表一般国民。乃开会一载，见若辈堕落行为，完全暴露。制宪云云，已与国民心理背驰。国会既因此辈而失其尊严，时至今日，宪法纵草草告成，亦绝难望其有施行之效力。故本报力辟迷信，提议以国民资格起而撤销代表，勿任魑魅魍魉高视阔步于光天化日之下，造成种种恶孽，陷国家于万劫不复之境。登高一呼，通告国民，吾知大多数国民莫不人同此心，必咸认此举为必要也。"

1923年6月，大总统黎元洪下台后，曹锟就觊觎总统的宝座，派人设立俱乐部，每人参加一次会议20块大洋，每周参加开会的议员出场费100元。但是张作霖拆台，鼓动在京、津一带的国会议员纷纷南下"旅游"，目的是让参加国会的议员不够法定人数，程序无法进行。张作霖拿出70万元，凡是赴沪的议员每月可领补助300块大洋。黎元洪为报一箭之仇，在天津也招待南下议员，差旅费500元。你想这种好事何乐而不为？曹锟命令军警严密监视在京议员不许离境，但事与愿违，化装开溜的议员成群结队。

曹锟眼看不是事，干脆一不做二不休，以40万元收买国会众议院议长吴景濂，许以国务总理之位；吴帮忙收买众议员北上。出场费外带各种名目繁多的各种补贴，这样七七八八加起来，回京议员每月可得600元。

10月5日，一清早，天低云暗。北京城军警机关出动大批军警，在西单牌楼至宣外大街布置了警戒线，如临大敌。这是要干什么呢？原来是国会开会，选举大总统。

经过几个小时选举，当众唱票，总票数590张，曹锟得票480票，大选会议主席宣布曹锟当选中华民国第八任大总统。全场欢声雷动，高呼："大总统万岁！"一切进展得很顺利。

此时，京师地方检察厅收到一封揭发信，诉状说："高凌霨、吴景濂等，假甘石桥房屋，组织买票机关。每票自五千至万余不等，所签票数，在五百张以上。……为国家立纲纪，为国会抱尊严，为议员争人格。"云云。起诉书署名是邵瑞彭。

邵瑞彭，字次公，浙江淳安人。早年就读于浙江省立优级师范学校。他精通古典诗词及诸子书、古历算学，并且参加过同盟会、南社。他是邵飘萍的浙江大同乡，1912年出任国会众议院议员。

1923年10月1日，邵瑞彭收到了曹锟为贿选投票开出的5000元支票之后，不动声色，即把支票摄影，加印了一二百张，备文向京师警察厅实名揭发曹锟贿选的违法行为。

原来，就在1923年6月，直系军阀头子曹锟开始准备选举总统时，国会议员只有385人，议员人数不够，总统"选举"的程序无法进行，内务总长高凌霨、国会众议院议长吴景濂设立选举俱乐部，以40万元收买国会议长，如果投票曹锟，每票贿价达5000—10000元不等，受贿的议员共550人，计用费13567000余元。但尚差法定人数30人，如果加上蒙古王公富豪，就差不多了。这些议员出卖人格，出卖灵魂，被邵飘萍贴上"猪仔议员"的标签，就再也别想摘掉了。

下集

1. 邵飘萍不断"得罪"当权者

1924年10月3日，邵瑞彭担心遭到北洋政府的迫害，化装逃离北京。他写了揭露曹锟贿选内幕的文章并附上照片，分寄各大都市的报馆揭发此事，其中就有《京报》。他在天津致函京师警察厅，声明"决不申请撤销告发"。

10月6日，《京报》《晨报》《申报》等刊登了邵瑞彭提供的5000元贿选支票的照片；7日，发表了邵瑞彭《举发贿选通电》说："曹锟之宜为总统与否，皆当别论。若夫选举行贿，国有常刑，不为举发，何所逃罪？特向京师警察厅依法告发。又恐京师受制强暴，法律已无效验，用是附告发状原文，布告天下，以求公判。邦人父老，凡百君子，其鉴察焉！"

直系军阀大惊失色，当局通缉邵瑞彭。通缉令下发之后，邵瑞彭已于10月14日到达上海。恰逢柳亚子、叶楚伧、邵力子、胡朴安、陈望道、曹聚仁、陈德徵等在福州路小花园都益菜馆召开新南社成立大会，邵瑞彭飘然而至。大家为邵瑞彭举行了庆祝酒会。四天之后，邵瑞彭返回故乡淳安，石峡师范讲习所的学生们高举着"揭发五千贿选，先生万里归来"的横幅欢迎他，热闹非凡。

面对曹锟当选的既成事实，邵飘萍10月13日在《京报》上发表《反对不足虑》，代表另一种观念，认为：曹锟当选，在法律及政治道德上为另一问题，但既然当选，就须以国家利益为重，当务之急，要整理内外债，严惩贪官污吏，改善秩序，恢复信用，立全国治安之基础，毋夸大"统一"之虚名。什么意思呢？当时直系军阀热衷于"武力统一"，邵飘萍就是希望直系上台，不要再打着统一旗号，和南方进行战争，要给人民以和平的环境。

10月23日，邵飘萍在《京报》发表《新宪法之效力问题》，指出：制宪与大选急速通过，使国家大法渗入政治之恶臭，这样，使反对大选的人会连宪法一起反对，一般国民就会对宪法顿生怀疑之心。11月6日《京报》发表《请君入瓮与所谓拥宪》，指出强迫人民服从宪法毫无疑义，则恐感情愈激愈远，终无足使国民心悦诚服之一日，国家之不幸，岂吾人所忍言耶。

邵飘萍以文字为刀，直戳北洋统治者的心窝，势必招致北洋军阀和政客的嫉恨。前众议院议长吴景濂因贿选被曝光而下台，《京报》揭露他的种种丑行，吴景濂径向法院进行控告"诽谤"。因为吴已经下台，法院象征性地判《京报》赔偿两元。邵飘萍撰文，嬉笑怒骂："各派反对吴前议长之声，至昨日而几震墙瓦。然吴氏固仅一价格两元的东西也。不观京师地方简易庭对于本报案之判决文乎？所以判为处两元者，乃与多数猪仔无与。"

不久，邵飘萍又将矛头对准他的牌友，原外交总长，现国务总理孙宝琦，发表《本社社长对孙宝琦严重质问》《昏聩糊涂之国务院秘书长》等。

1924年1月，国民党第一次全国代表大会在广州召开，标志着国共合作的革命统一战线建立。邵飘萍感到欢欣鼓舞，他在舆论上倾向于广东国民政府，这在南北政治格局对峙的形势下，格外引人注目。

《京报》曾以大号字公开表示"广东国民政府论政治为全国第一"，并称道广东国民政府各方面的成就，一时形成《京报》为国民党在北方的"无形之总代表""北方党人莫不争读《京报》"的局面。

是年9月，第二次直奉战争爆发。直系将领冯玉祥从古北口前线，返师京师，囚禁了贿选总统曹锟，将自己的队伍改编为国民军，与奉军夹击并大败直军，导致了直系军阀的垮台。冯玉祥电邀孙中山北上，共商国是。但孙中山无法立即北上，当时北京处于无政府状态，黄郛内阁摄政。冯玉祥和张作霖联袂去天津，请出下野数年的段祺瑞出来做中华民国临时执政。

11月10日，孙中山发表"北上宣言"，主张对外必须取消一切不平等条约，改变半殖民地的地位，对内实行国家统一，保障人民自由，发展经济文化，改善劳动人民生计。这与邵飘萍的政见十分吻合。为配合孙中山北上，《京报》还辟出《时事论坛增刊》等，广泛宣传孙中山的北上运动，孙中山在北行途中，曾托人赠予相片，邵飘萍遂将之刊在《京报》上，并标以"全国景仰之中山先生"。

11月4日，邵飘萍在《京报》上发表《孙中山先生》一文，12月5日，他又撰写了《因何欢迎中山先生》一文。

没想到孙中山由于舟车劳顿，于年底抵达天津时旧疾复发，于1925年3月12日在北京逝世。

孙中山逝世之后，邵飘萍在《政府宜如何对待国民党？》一文中阐明了他对北洋政府和南方国民党的态度。对北洋政府的"官僚派"仇视南方国民党的谬论进行批驳，强调了与国民党合作的必要，并以此来考量北洋政府的诚意，且以召开国民会议之最终结果，来验证北洋政府的政治诚信。

2. 邵飘萍被捕

冯玉祥发动北京政变后，改变了北方政治势力的对比，并使得北方革命形势渐趋高涨。而冯玉祥对待孙中山与国民党的态度以及他的"联俄"倾向，被北洋军阀视为"北赤"，于是直系吴佩孚，奉系张作霖、张宗昌，晋系阎锡山等实现大联合，共同对付冯玉祥的国民军。在反动势力的压迫下，冯玉祥宣布下野，去了苏联；直奉联军进攻北京。

1926年4月15日，直军进攻通州，奉军打到北京西苑，在腹背受敌的情况下，国民军退往南口；与直奉联军大战南口失利后，退往张家口、绥远一带，又被阎锡山的晋军追杀而溃散。

奉系军阀张作霖对冯玉祥恨之入骨，逮不住冯玉祥，就要抓邵飘萍。为什么呢？邵飘萍在《京报》上广泛报道冯玉祥部队的消息，后来又特意辟出附刊《西北周刊》，专事报道冯玉祥国民军的情况。后来，邵飘萍还数次建议冯玉祥屯兵、开发西北，远离军阀纷争的北京，赴苏联考察。《京报》被看成是冯玉祥和国民军的代言。直奉系军队气势汹汹地进占北京城后，对同情或支持冯玉祥国民军的人士大肆逮捕与迫害。奉系军阀当局列了一份名单，发出包括李大钊、徐谦、邵飘萍、林白水、吴稚晖、易培基、朱家骅、蒋梦麟、丁惟汾、鲁迅等48人的通缉令。一时间黑云压城，被鲁迅形容为"如磐大夜的到来"。

面对风云突变，以邵飘萍对新闻的敏感度难道没有觉察？就等着束手就擒？其实，国民军一撤离北京，他便立即躲入德国医院，后又避入东交民巷的六国饭店。以前他都是这样化险为夷的。但是不到十天，他就走出东交民巷，自投罗网了。这又是怎么回事呢？

4月24日这天，邵飘萍突然遇见一个神秘的人物，之后便离开了六国饭店打道回府，那么，邵飘萍遇见的神秘人物究竟是谁？

这个人物叫张汉举，安徽人，和邵飘萍同行，是北京一家小报《大陆报》的报人，常混迹于八大胡同，因其好吹牛，嘴上没把门的，妓女们便送他"夜壶张三"的绰号。

奉系军阀收买了张汉举，只要诱出邵飘萍，就给他两万元，并让他担任造币厂厂长一职。张汉举见赏格丰厚，不惜出卖人格和友情，就去六国饭店找邵飘萍，谎称："我一切替你疏通好了，已经和张学良取得默契，放心回来吧，保证无事。你看《京报》不是正常出版了吗？"

正因为邵飘萍与张学良认识，而且关系不错，所以不疑有他。下午5时许，借着暮色邵飘萍乘洋车赶回报馆，一个小时之后，又坐车回家，刚到魏染胡同北口，就被蹲坑已久的侦缉队拦下，问："你是邵飘萍吗？跟我们走一趟！"侦探随即将其逮捕，送到警察厅。

当晚7点，警察厅派巡警及便衣侦探30余名到《京报》报馆大肆搜查，搜出冯玉祥聘请他为军事顾问的聘书一纸，军事密码一本，以及邵飘萍与冯玉祥合影的照片，这些作为犯罪的物证。随后，侦缉队查封了报馆。

次日凌晨4点，汤修慧和家人获悉邵飘萍被捕，立即告知北京新闻界和各方面人士，恳请紧急营救邵飘萍。当天下午3点，北京新闻界集会，13家报社包括上海《新闻报》《时报》《商报》，汉口《正议日报》的驻京记者以及《北京晚报》《五点钟晚报》《中报》《公报》和万国电讯社、神州通讯社、益智通讯社、民生通讯社、报知新闻社的记者参加。13位代表赶到石老娘胡同，拜访张学良，请其营救邵飘萍，或者将其关押，只要不杀就行。

张学良的态度如何？他能不能营救邵飘萍呢？

张学良振振有词地告诉记者代表："我和邵飘萍私交不浅，经常有书信往来。但是，这一次，我没法救他。逮捕邵飘萍一事，是老帅和吴大帅早有此决定，并且只要抓住，即可就地枪决，已经无法挽回。我一人做不了主。"

代表们面面相觑，又再三恳求。张学良始终没有动容，说了一番杀人的理由：直奉联军进入北京，为了借"反赤"获得出师之名，并以此控制局面，势必要拿几个人头来开刀问祭。甚至说："飘萍虽死，已经可以扬名了。你们何必如此，强我所难。"众人苦求三个小时，张学良渐渐失去耐心，说要去参加一个会，送客！

问题是为什么张作霖父子一进北京就一定要置邵飘萍于死地呢？

3．最后的仰天大笑

原来，早在1918年2月，段祺瑞从日本进口了一批军火，在秦皇岛卸货。张作霖得到这个消息后，派人把这批军火给劫了，不声不响地运往奉天，并在此基础上扩充了六个旅的军队，奉军力量大大增强。邵飘萍听说此事后，写了一篇报道《张作霖自由行动》，大揭张作霖"马贼"出身的老底：奉天督军张作霖，初以"马贼"身份投剑来归，遂升擢而为师长，更驱逐昔之奉天督军，取而代之。从此"张作霖"三个字成为中外瞩目的一个奇特的名词。

也因为这一篇文章，让张作霖知道了北京还有邵飘萍这么一号人物。一个拿笔杆子的竟敢和一个拿枪杆子的作对，好！从此两人结下了梁子。

导致邵飘萍必死的另一个直接原因就是郭松龄起兵反奉，郭松龄是张作霖手下一员大将，在第二次直奉战争中，他率军攻占直军重要阵地山海关九门口，立下大功。当时，张作霖将大批奉军开入关内，郭松龄则提出要退出关内，保境安民，但建议未被张作霖采纳。郭松龄由此决定联络冯玉祥共同反奉。当时郭松龄的部队驻扎在天津，冯玉祥的部队驻扎在北京。两地之间需要一个联系人，这个人就是邵飘萍！

邵飘萍和冯玉祥的关系很好，《京报》上常有赞扬冯玉祥的文章。冯玉祥就把与郭松龄联系的重任交给了邵飘萍。邵飘萍在与郭松龄的私下交往中，"主动宣传国民革命的形势，大摆张作霖引狼入室的罪行，促使郭及早下决心，与张作霖决裂"。

郭松龄反奉后，连战连捷。邵飘萍在《京报》上发表了大量历数张作霖罪状，称赞郭松龄为"人民救星"，以此声援郭松龄、冯玉祥两位将军的新闻、评论。12月7日，邵飘萍出了一大张两整版的《京报特刊》，以厚厚的铜版纸，精印左右时局的人物照片，引得京城舆论沸腾。

由于邵飘萍不断发表报道、时评，力数张作霖的罪状，甚至撰文鼓励张学良"坑爹"，"父让子继"。张作霖慌了手脚，马上汇款30万元给邵飘萍，企图堵他的嘴。

30万元对邵飘萍来说意味着什么，张作霖知道，邵飘萍更清楚。张作霖心想：北京的报纸，还不是有奶便是娘，收了钱后的《京报》还不是向着我说话？但是，邵飘萍会收张大帅的这笔钱吗？

　　令张作霖感到意外的是，金钱这个法宝在邵飘萍身上不灵了！邵飘萍收到汇款后立即退回，同时宣称："张作霖出三十万元买我，这种钱我不要，枪毙我也不要！"张作霖听说邵飘萍把钱退了回来，并且还在报纸上公开此事，恨得咬牙切齿。那他咋办呢？

　　张作霖只能求助于日本方面，答应了日本的条件。在关东军帮助下张作霖转危为安，郭松龄兵败被杀。邵飘萍悲愤不已，随即把张日勾结的内幕公之于众，从而引发了北方民众"反日反奉"运动的高潮。张作霖能不对邵飘萍恨之入骨吗？落在奉系军阀的手中，邵飘萍还能活吗？

　　据北京《晨报》报道："至昨晨（26日）一时余，邵由警察厅解到督战执行处，审问一过，即判决死刑。三时余又解回警察厅。至四时三十分，由警察厅一面通知外右五区警署预备刑场，一面用汽车二辆，将邵提到天桥，执行枪决。当时邵穿长夹袍、青马褂。汽车行抵刑场，由警队扶之下车，走至监刑官案前报名，即向监刑官狂笑数声。（遂）往南行数步，由行刑者用马枪向脑后射击，"砰"地一响，邵即应声倒地，弹由右眼穿出，即时毙命。邵毙命后，尸身即抬至永定门外义地，由警察厅电告其家属前往收埋。"

　　我国天才的新闻记者、著名报人就在北洋军阀中最凶残的奉系军阀占领北京的日子里，倒在天桥的刑场上。在告别人世之时，他突然仰天大笑，震撼刑场，使刽子手仓皇开枪。

　　邵飘萍死了，人民和共产党人并没有忘记他。

　　1949年4月11日，新中国即将开国之际，日理万机的毛泽东曾对邵飘萍烈士家属提出的照顾要求给予批复：照办！新中国成立后，邵飘萍被民政部定为烈士。1980年，在邵飘萍死难54周年之际，有关方面将烈士残存的遗骨从天宁寺厝地起出,火化后移入八宝山革命烈士公墓。夫人汤修慧过世后,邵飘萍和汤修慧的骨灰同葬于八宝山革命烈士公墓。

邵飘萍是"五四"前后和第一次大革命时期的著名新闻记者、爱国进步报人。他自青年时代投身报业,矢志"新闻救国"。辛亥革命后,积极参加反对袁世凯和北洋军阀反动统治的斗争。他敢于秉笔直书,宣达民意,抨击时政,曾多次遭到反动势力的逮捕和通缉,两次被迫出走日本。袁世凯死后,他将矛头对准执政的北洋皖系军阀段祺瑞;段祺瑞垮台后,直系军阀接替,他又将矛头对准曹锟;直系垮台后,奉系军阀接替,他把矛头对准奉系张作霖,最后惨遭毒手。

第六讲　黄慧如情奔案

上集

　　1928年8月，上海滩一资本家的阔小姐黄慧如与男仆陆根荣双双潜逃。这一对打破等级观念，为爱情而结合的男女后在苏州被公安机关逮捕，并移交法庭审判。此事引起社会各界的广泛关注，一时成为焦点新闻。此后文明戏、京剧和苏州评弹纷纷以此为题材，编排剧目演出。更有别出心裁者，聘请案件中之真人来演真事，或拉出当事人来谢幕，开创了纪实创作手法之先河。电影公司也不甘落后，拍出一部叫《血泪黄花》的影片。一些烟草商们为博取大利，竟用该案件的主人公为商标，制成"黄慧如"牌香烟。报界连篇累牍地进行跟踪报道，出版商一年之中出版了《黄慧如恋爱史》《黄慧如自诉》《黄慧如外史》等二三十种图书。当时有人评价说，黄慧如的名声之大，新闻热度甚至超过宋美龄与蒋介石结婚的风头，可见此案影响之大之深。此案究竟是怎样一回事呢？

1. 恋爱挫折，寻死觅活

　　1928年8月9日（阴历六月二十四）清晨，苏州公安局两名侦探来到护龙街83号华寿卿古董店的楼上，敲开了住户的房门，恶狠狠地问里面的一男一女："姓名？"女的说："我叫黄慧如！"男的说："我叫陆根荣……"

　　侦探说："找的就是你们！"随即拿出了手铐，铐住了男人，男人惊慌失措，问："为啥要抓我们？"

侦探说："你诱拐年轻妇女，骗取钱财，上海巡捕房已经发出通缉令了。"接着又在房间内进行搜查，搜出一批首饰、衣物，一并带到侦探队。第二天，侦查队便将这一对青年男女和赃物移交给苏州地方法院审判。

黄慧如和陆根荣到底为什么被抓？陆根荣真是诱拐妇女骗取钱财吗？

要了解这一切，还得从头说起。

黄慧如，时年22岁，浙江湖州人。是出生于一个富有家庭的大小姐。其父黄静之在北京做过几年电话局局长。那年头，电话局是一门肥得流油的新兴产业。黄静之挣下了一份厚实的家产，但不幸病故。黄家举家南迁，移居上海。开始住在老垃圾桥贻德里，后搬到赫德路（今常德路春平坊76号）一幢石库门房子，二上二下，老太太住楼上客堂间，太太、小姐（黄慧如）住楼上前厢房，大少爷住楼上后厢房，姨娘（女佣）住楼上亭子间。楼下客堂间是会客厅，前厢房是少爷书房，后厢房是饭厅，楼下亭子间住着茶房即仆役陆根荣。

黄慧如的大哥黄澄沧在物品交易所六发商号做经纪人，二哥黄澄济年前去美国留学，黄慧如本人在启明女中读书。

说起启明女中，是上海徐家汇的法国天主教会开办的一所教会学校，学校是一幢法式建筑，教室的四楼有一排琴房。班上有近30名同学，上课的内容有语文、政治、数学、体育，外语学法语与英语等，还有一些选修课，如钢琴、油画、刺绣等。能在这里受教育的女生，家庭条件都是很好的，都是地道的资产阶级。

转眼到了1927年夏天，黄慧如中学毕业后，待字闺中。其母黄朱氏便到处张罗找媒人，希望为女儿择一金龟佳婿。

10月间，媒人上门，说合的是上海滩颜料大王贝润荪堂弟贝露荪的儿子。这么大好的一桩姻缘，黄朱氏与黄慧如十分满意。不料，其祖母与大哥却反对这门亲事，为什么呢？

反对的理由是：首先，贝家门楼比黄家高，财大气粗，黄家比不过；和这种人家做亲家，一定会吃瘪；其次，贝家少爷19岁，比女方小三岁，恐嫁到贝家遭人白眼，有的是气受。想来想去打算搅黄了这门亲事。但是男方就要派媒人前来下聘，祖母便与大孙子黄澄沧合谋，用流言蜚语去毁坏黄慧如的名誉。

黄澄沧出去放风，说黄慧如好吃懒做，还有怪症，不能行房事等等。此风放出去没多久，就传到男方耳朵里，于是便将黄慧如的照片、庚帖退还回来。黄慧如从其母口中得知是大哥捣糨糊，于是每日里啼哭吵闹，常常拿刀拿绳子寻死觅活，家里人多次相劝但黄慧如仍不罢休，有一次竟然推开窗子要跳下去，幸亏被男仆陆根荣抱住，才没有酿成悲剧。

大哥黄澄沧也怕黄慧如一时想不开，真的去轻生，于是就叫陆根荣去劝，并说：阿根，劝好了我妹子要给侬以奖赏；甚至还许愿：我可以考虑将黄慧如许配于侬。作为陆根荣来说，平时与小姐见面对他都不理不睬，现在奉命去劝，还可以进入小姐闺房何乐而不为呢。

2．主仆相爱，离家私奔

那么，读过书的大哥怎么会让一个下人去劝自家妹妹呢？因为黄慧如经常在家里闹，摔东砸西，没人能拦得住，只有陆根荣是个男人，浑身是劲，可以防止意外；此外，陆根荣虽是个下人，却是伶牙俐齿，又是已婚之人，有与女人打交道的经验，于是他劝黄慧如说："小姐，侬年纪轻轻，家里有铜钿，贝家的亲事不成功，还有别家可配，别哭坏了身子。像我一个乡下人，一个月只赚几块钱，尚且要养一家老小几口人，都舍不得死。你要想得开，千万不可一时糊涂，去寻短见，被人家笑话。"

黄慧如问："阿根呀，我看你诚恳老实，良心好，啥人叫侬来劝我的？"

陆根荣说："是少爷呀。"

黄慧如叹了口气："阿根呀，侬不知道，阿拉在外面的名誉已经给他说坏了，贝家不要，别家也不会要了。既然你来劝我，我看你的良心很好，我就跟你吧。"

陆根荣说："我是个底下人，怎么好同你千金小姐相配呢？"

黄慧如说："如今民国社会，人人平等，男女平等，不论尊卑贫富，都是一样的，爱情也是如此。我只爱侬有良心，肯真诚待我，阿拉是情愿的。"

陆根荣双手直摆："不行不行，不可以的。我只是一个下人……"

黄慧如说："既然如此，那么你也是白白的来劝我，我总归是要寻死的。"

陆根荣只得同意："好吧，我答应你！只要你不再做傻事。"

黄慧如高兴了，拿出一只金戒指送给陆根荣作为表记。

从这以后，黄家人发现，黄慧如的情绪好了许多，不再哭哭啼啼，也常常和陆根荣聊天，蛮开心的样子。

1928年春节（1月23日）后，黄家的老太太、太太、少爷都去走亲戚了，黄慧如和陆根荣独处一室，孤男寡女，不长时间，便形影不离。不久，黄母和大少爷也发现了蛛丝马迹，觉得留陆根荣在家里早晚要出事，于是，黄澄沧找了个借口将陆根荣调到他办事的交易所工作，临行时黄母借给他一副铺盖，让陆根荣去交易所住，以后没事不许到黄公馆来。

正在热恋中的黄慧如见不到陆根荣，顿感失落，隔三岔五地去交易所找陆根荣。陆根荣担心被少爷发现，有时乘黑夜就溜回春平坊黄家的亭子间，去与黄慧如幽会。更多的时候两人在大东旅社同居。

大少爷的眼睛揉不得沙子，曾私下问过陆根荣："你和小姐到外面开过房间吗？"陆根荣轻佻地回答："吭没，无不过在亭子间里和小姐吵吵白相相。侬不是答应我把小姐劝好了，把她许给我吗？"

大少爷气得无话可说，决定要赶走这个"无赖"。

7月28日（六月十二日）早上，黄澄沧借口让陆根荣写英文号码，陆根荣知道少爷有意为难他，于是说："我只会写中文的，不会写英文的！"

那天早上，他又听错了一个电话。

黄澄沧发飙了："侬看看，这是啥地方？交易所听错一个电话进出很大，饭桶，不能干就滚蛋！"

"滚就滚！"陆根荣嘟囔着，回睡觉的地方将铺盖一卷，就扛着回到黄家，正巧老太太与太太都不在家，陆根荣告诉姨娘："我要走了，麻烦你把铺盖替我还给太太。"说完就进了亭子间收拾自己的衣物。这时，姨娘上楼告诉小姐，"阿根要走了，收拾东西呢。"黄慧如便径直下楼来，进了亭子间问："阿根，侬为啥要离开？"

陆根荣愁眉苦脸："少爷已经歇掉我的生意，他逼我走……"

黄慧如"哇"的一声哭了出来，一把拉住陆根荣的衣袖不放："侬走，阿拉要和侬一道走。"

陆根荣："不行的，小姐，我还不知道去哪里呢。"

黄慧如说："我已经有喜了，决不能生产在黄家，我非要和你一起走不可。"

陆根荣："我怕养不起你，不行的不行的。"

黄慧如主意已定："没关系，我有钱。"说着塞给陆根荣十块钱，"明天早上叫一部汽车，在赫德路愚园路路口等候，我去找你。"

陆根荣走了，当天就去了吴淞的表兄家里，在那里等黄慧如。

再说陆根荣走后，黄慧如上楼，收拾了一些自己的衣服，又偷拿了母亲的一些首饰，包括金银珠宝、金表等物件，放在一只皮箱里，藏在柴房的杂物堆中。

当天晚上，黄母发现家里首饰丢失了，就怀疑被陆根荣偷走了，问女儿却说不知道，于是便拿鸡毛掸子抽打她。黄慧如只是啼哭，就是不承认，闹了半宿，黄母也乏了，于是上床睡觉。

天明时分，黄慧如溜下楼去，在柴房中寻出皮箱，开了后门，提着箱子跑到了愚园路路口。这时，陆根荣堂兄阿毛已经叫好了一部出租车等候在路边，黄慧如让司机先去梅白克路（今新昌路）瞿兴泰木店，找到在店里打工的陆根荣的亲戚，问清阿根在吴淞的具体地址，又去了大马路（南京路）费文元银楼，用部分首饰兑换了420块钱，之后又赶到吴淞，找到陆根荣。他们在吴淞一家旅馆中住了两夜，在6月15日一大清早赶到上海沪宁火车站，乘早班车去了苏州。

也就在这一天，黄母与黄澄沧向上海公共租界巡捕房报案，控告陆根荣诱拐黄慧如，盗窃贵重首饰潜逃，要求巡捕房通缉捉拿。

再说逃出上海的陆根荣、黄慧如，在陆根荣表哥的介绍下，花了200多块钱在阊门外毛家桥朱家庄租了一间房子，添置了一些家具和日用品，原本打算安定下来，隐姓埋名地过日子。谁知道这一对青年男女的气质、装扮各有不同，不时有陆的表兄的朋友，即当地几个流氓前来骚扰，敲诈财物，两人提心吊胆地过了一个星期，不敢再住下去，就搬到城里，住进护龙街乐桥头古董店楼上。

3．苏州被捕，轰动社会

陆根荣与黄慧如安顿下来才两天，由于没有满足楼下一个木匠的敲诈，木匠就去公安局报案。8月9日一大清早，这一对苦命鸳鸯就被侦探逮捕了。男女私奔，而且是主仆被捉，立即成为当地一大新闻。

8月10日，苏州公安局侦查队将全案人赃移交给司法科，并通知上海黄朱氏和其子黄澄沧前来投案。第二天，司法科将人犯移解桃花坞苏州地方法院审办。就在提解之际，为了顾及黄府的颜面，法警让黄慧如雇辆黄包车坐着去，陆根荣被押送而行。黄慧如予以拒绝，迎着路人如刀的眼光，不顾羞辱，不顾廉耻，坚决要求与陆根荣并肩同行。在途中，陆根荣不但不对黄慧如的行为倍加感激，进行安慰，反而一个劲儿地埋怨："你看你，把我弄得一个铜板都呒没哉！"

黄慧如则低头说："晓得哉！晓得哉！"

检察官便下令将陆根荣收押；黄朱氏和黄澄沧要求地方法院允许他们将黄慧如带回家。检察官询问黄慧如："我可以允许你母亲和你阿哥将你领回家管教，你不要执迷不悟。"黄惨然说："此事已铸成大错，唯愿与陆根荣一起坐牢了。"检察官也没有办法，只得将其收容在女看守所，黄母与兄暂时回沪。

8月17日（七月初三），黄澄沧又来苏州，到了桃花坞地方法院，将侦探队搜来的珍珠、金银首饰等清点后俱领，再领出妹妹黄慧如，说要送她到苏州城里的姨妈魏家去住几天。不料，黄慧如竟如此倔强，就是不出女看守所的门，无论法官还是她大哥怎样劝说，前脚迈出，后脚又退回来，哭着喊着："我不出去，情愿与阿根一道吃官司啊！"法官摇头，就没见过这样的女人，完全不像受过教育、有教养的。于是令法警将其硬拉上黄包车，但她等法警一松手便从黄包车上跳下来，扑倒在法院门前，哭得死去活来："我不愿回去呀！我死也要死在这里呀！"黄澄沧无奈，只得央求法警用绳子捆住她的手和脚，扶上黄包车，径直拉到司前街朱家园27号她的姨妈家。姨妈和家里人多方劝说，黄慧如总算安静下来，只是说她要在苏州等候法院判决的结果。此时，黄澄沧想起有个朋友在苏州更生医院，想托这个人介绍黄慧如去医院学习护士，但被妹妹一口回绝。

为了让妹妹死心，两天后，黄澄沧特意带黄慧如去了胥门外前往常熟的码头，乘小火轮船去了陆根荣的老家吴塔镇。吴塔镇在苏州与常熟之间，从苏州坐船，大约三个多钟头，就到了一个叫潭泾口的地方，上岸约行三四里，再渡河到石桥镇，过一座小木桥，走几百米，有几间矮屋，就是陆根荣家。家里简陋不堪，破烂的家具，还有陆根荣的发妻潘氏，一个农村妇女鹑衣垢面，在干粗活。这里生活很不方便，没有电灯，没有自来水……买一些生活必需品都要走几里路到镇上去。这一切对于有钱人家的大小姐都是无法忍受的。

黄澄沧本来以为妹妹看了真正乡下人的生活，作为城里公馆中娇生惯养的大小姐肯定会觉悟而放弃不切实际的想法，而回归正常人的生活。然而，黄慧如非但没有后悔，反而更坚定了与陆根荣一同生活的决心。

从吴塔镇回到苏州城后，就在第二天一早，黄慧如便去地方法院看守所等候探监。并留下一张字条，写着：不愿再受家庭约束，今后与家庭脱离关系等。

黄澄沧见妹妹如此执迷不悟，气得大发雷霆，请了一位律师当顾问，发了一个启事刊登在苏州《明报》上，声明："此后黄慧如个人的任何行动，概与黄家无涉。"之后，黄澄沧和母亲黄朱氏一起回上海去了。

再说，黄慧如去探望陆根荣，两人隔着铁窗，手却紧紧握在一起，相互泪流满面。黄慧如说："阿根，你好好在这里，不要心急。我妈和阿哥因为我一心跟着你，已经答应我嫁给你了，不过，只有一个条件，就是要我们正式结婚，不允许你把我当偏房。我妈和阿哥今天就回上海去，是他们关照我来看望你，等他们再来时就保你出去，给你本钱，好好去做生意。"她又用手帕包了200枚铜板交给陆根荣。

此后，黄慧如又去探过两次监，给陆根荣买了一双黑色布鞋，还有水果和食品。

中集

1. 法庭初审，判处徒刑

8月25日（七月十一日），苏州地方法院开庭，审问陆根荣和黄慧

146

如私奔大案。首先由法警将身材矮小、头发稀疏干枯、穿黑灰布长衫、白丝袜、黑布鞋、精神委顿的陆根荣带上。

法官问：人犯姓名、年龄、籍贯、职业。

答：陆根荣，22岁，江苏吴县吴塔人，去年七月进上海赫德路春平坊76号黄公馆做茶房。

问：你和小姐是怎么相好的？

答：去年十月（注：阴历）小姐配亲，要嫁给颜料富商贝润荪堂弟贝露荪的儿子。小姐的祖母老太太和阿哥黄澄沧大少爷认为这门亲事不妥当，想要悔婚，少爷便叫常给贝家看病的汤医生去放风，说小姐好吃懒做，还有怪症，不能行房事的，所以十二月间贝家将照片、庚帖退了回来，小姐从此怨恨在心，天天啼哭吵闹，常常用刀用绳子要寻死，劝住过几次，她还是不肯吃饭，终归不想活下去，吵得全家不太平，大家都不放心，所以少爷命我去劝劝小姐。

问：为什么要你去劝呢？

答：老太太、太太、少爷都曾劝过，小姐始终不肯回心转意，他们非常着急。有一天少爷在书房里吩咐我去劝劝小姐，我说我是男用人，彼此有尊卑之分，男女之别，不便去劝，即使要劝，应该由娘姨（女仆）去劝。少爷说不要紧的，你如能把小姐劝醒，我还可以将小姐许配给你。我再不依，少爷就发火，说我做奴仆的不服从主人，我就只好去劝了。

问：你是怎样劝的？

答：我对小姐说，你年纪还轻，家里有钱，贝家的亲事不成功，还有别家可配，别苦坏了身体。像我一个乡下人，一月只赚几块钱，尚且要养一家数口，舍不得去死。你要想得开，千万不可一时糊涂，去寻短见，被人家笑话。

问：你劝了她之后又怎样呢？

答：她先问是啥人叫我去劝她的，我说是少爷，她说阿根呀，你不知道，我在外面的名誉已经给他说坏了，贝家不要，别家也不会要了。既然你来劝我，我看你的良心很好，我就跟了你吧。我说我是底下人，怎么好同你千金小姐相配呢？她说不论尊卑贫富，只爱你有良心，肯真诚待我，我是情愿的。我还不肯，她说那么你也是白白的来劝我，我总归是要寻死的。因此我才不得不答应下来，她立刻送我一只金戒指，作为表记。

问：后来怎样呢？

答：小姐的确不再想寻死了，以后常常和我说说白相相，就蛮开心。

问：那么你们就通奸了吗？

答：今年正月里，老太太、太太、少爷都去走亲戚不在家的时候，我和小姐先干过一回快活事，二月里她就有了孕。

问：黄家的人怎样住法？

答：黄家是独住里弄内二上二下的一幢石库门房子。老太太住楼上客堂间，太太和小姐住楼上前厢房，少爷住楼上后厢房，娘姨住楼上亭子间，我住楼下亭子间，少爷的包车夫阿二是回家去的，楼下客堂间是会客厅，前厢房是少爷的书房，后厢房是吃饭间，都没有住人。

问：你一直住在黄家吗？

答：后来不住了。今年五月少爷调我到他办事的交易所去工作，太太借了一副铺盖给我，命我住到那里去。不过小姐时常来找我，我怕别人见到不大好，有时仍旧回到楼下亭子间里去住夜。

问：你是几时歇生意的？

答：六月初十（7月26日），少爷叫我写英文号码，我说只会写中文的，不会写英文的；那天我又听错了一个电话。少爷说交易所听错一个电话进出很大，骂我是饭桶，就叫我滚蛋。

问：你是哪天去黄家的？

148

答：六月十二日（7月28日）早上，我将铺盖送还太太。在亭子间里我收拾自己东西的时候，小姐下楼来问我为什么要脱离她家，我说少爷已经歇掉我的生意，她就拉住我的衣袖不放，哭哭啼啼地要跟我一起走。

问：你们为什么要逃走呢？

答：她说已经有了喜，决不能生产在黄家，非要跟我一起走不可，我怕养不起她，先回绝的，她说她有钱。我临走时，她塞了10块钱给我，要我明天早上托人叫好一部汽车在赫德路愚园路路口等候，她会来找我的。

问：你们逃到什么地方？

答：我当天到吴淞表兄家里，第二天她追到吴淞来找我，商量同去苏州，我说没有钱，她说已将带出来的一部分首饰在大马路（即南京路）费文元银楼兑换了420块钱，尽够用了。不过在苏州拘捕那天，只剩五块钱了。

问：你哪一天离开黄家？什么时候到吴淞？

答：六月十二日（7月28日）上午离开黄家，当天下午到吴淞。

问：黄慧如哪一天到吴淞的？

答：六月十三日（7月29日）上午10点多钟。

问：你离开黄家带走什么东西？

答：一只皮箱，太太早先送给我的，里面装了自己的衣服。另外身上只有一只装零用钱的皮夹子。

问：黄慧如的东西是谁带走的？

答：是她自己拿出来的。

问：首饰有没有叫你带走？

答：没有。

问：你们什么时候来苏州？

答：在吴淞住了两夜栈房，六月十五日（7月31日）乘早班火车到

149

苏州，由我表兄介绍，在阊门外毛家桥朱家庄租了一间房子，因为害怕当地流氓"敲竹杠"，住了一星期就搬到城内护龙街乐桥头古董店楼上，只过了两夜，六月二十四日（8月9日）就被侦探逮捕。

至此法官命陆根荣退下。又命传黄慧如。只见面部轮廓饱满，皮肤白皙，一头浓密的秀发，身穿淡色印度绸旗袍，白丝袜，黄色高跟皮鞋的黄慧如上庭。

法官问：人犯姓名、年龄、籍贯、学历。

答：黄慧如，22岁，浙江湖州人，在上海启明女中读过三年书，去年停学的。

问：你一家几口人？

答：祖母已有62岁了，母亲朱氏47岁，大哥黄澄沧29岁，尚未结婚，现任物品交易所六发商号经纪人。二哥黄澄济26岁，前年去美国学习电科。

问：家中有几个仆人？

答：一个茶房，一个娘姨，一个包车夫，包车夫不住在家里。

问：你为什么要跟茶房陆根荣逃走？

答：因为我爱他。

问：什么时候爱起的呢？

答：去年十二月里。

问：什么缘故？

答：贝家亲事不成功，是我祖母和阿哥破坏的。陆根荣来劝我，说一家不成，可以另配别家，不必自暴自弃。我看他非常诚恳老实，良心好，就愿意跟他。

问：你们几时妍的？

答：今年正月间。

问：是你自愿的，还是他强要你的？

答：是我自愿的。

问：你几时晓得陆根荣要走的？

答：六月十二日（7月28日）他来送铺盖还给娘的时候。

问：你如何晓得的呢？

答：娘姨上楼来告诉我的，我下去见了他，就要跟他一起走。

问：为什么你要同他一起走呢？

答：因为我有了喜，不能再待在家里了。

问：那么你的那只箱子是不是他帮你拿出来的？

答：不是。是我自己在六月十三日（7月29日）叫汽车拿出来的。

问：你说是自己拿出来，为什么家里有娘有阿哥，都没有看见呢？

答：我在前一天先装好了放在楼下柴房间的杂物堆中，十三日早取出大门，没有被人看见。

问：拿了些什么东西？

答：我自己的几件衣服，首饰是娘的。

问：十二日（7月26日）当夜你的娘发觉失去了许多首饰，问过你打过你吗？

答：我回答不知道，娘用鸡毛掸子打我的。

问：你出来后先到哪里？

答：先到瞿兴泰木店陆根荣的亲戚那里，问明了他在吴淞的地址，到银楼将一些首饰兑换了钱，再去吴淞，以后就同他一起到苏州来了。

问：到了苏州住在哪里？

答：先住在朱家庄，后来搬到护龙街，不久就被捕了。

问：带出来的东西，都是你带到朱家庄，再带到护龙街的吗？

答：是的。

问：有没有到陆根荣家里去过？

答：没有。

问：陆根荣以前没有告诉你他在乡下有妻子，所以你愿意跟他，对吗?

答:起先不知道,我也没有问过他。在五月里他对我说的。

问:他怎么忽然提起乡下有妻子呢?

答:因为我的肚皮大起来了,提出要同他结婚,他才说的。

问:今年正月里他并没有说起乡下有妻子,你才肯同他要好愿意跟他的吗?

答:不关事,我无论如何愿意跟他的。

问:你要跟陆根荣,瞒过你娘的吧?

答:娘是不知道的。

问:陆根荣当初来劝你,也瞒过你娘的吧?

答:娘和阿哥都知道的。

问:陆根荣有没有引诱过你?

答:没有。

问:他先要你还是你先要他?

答:是我先要他。

问:戒指是他向你要的吗?

答:是我自己送给他的。

法官:就到这里,将黄慧如带下去。

有关陆根荣、黄慧如的审问结束,法官宣布退庭,定于三天后宣判。

8月28日(七月十四日)上午10点,苏州地方法院开庭宣判。黄慧如因受暑邪,出现心胸烦闷不宁、头昏、目眩、面赤,痢疾严重,未能出庭。黄澄沧从上海赶来旁听。法官宣读主文:陆根荣犯和诱与实施帮助盗窃两罪,应执行徒刑两年。

2. 聘请律师,进行上诉

什么叫和诱罪呢?根据当时刑法规定,凡以诱骗的方式,并取得

152

被害人的同意，诱使未满20岁之男女脱离家庭，或其监督人的控制，或引诱有配偶的人脱离家庭者，皆构成和诱罪。法庭宣布将陆根荣押至第三监狱服刑。

陆根荣听完当庭就大喊："我不服！我要上诉！"

法官准许人犯可以在十日内提出上诉。判决后，陆根荣押苏州第三监狱。

民国时期苏州仓街南口东端地名"狮子口"，故俗称"狮子口监狱"（即第三监狱），和上海"提篮桥"监狱（即第二监狱）、南京"老虎桥"监狱（即第一监狱）并称为"民国三大监狱"。

当宣判的结果传到黄慧如耳中，她的病情加重了。她大哥黄澄沧给她请了医生看病，也被她拒绝。其姨妈劝她："看病吃药不光是为了你，也是为了阿根，你若病倒，更没有人帮助阿根了。"黄慧如这才同意服药，等十天以后，身体慢慢恢复了。9月4日（七月二十一日），她带着黑布棉袄、洋布短衫裤，去苏州地方法院看守所探望陆根荣，两人见面，黄慧如大放悲声，说："阿根，我拖累了你，我要帮你上诉的，天冷了，棉被我也准备了，你放心吧！"

这时，陆根荣的姨夫和弟弟陆根虎也来到苏州，和黄慧如一起商量如何进行上诉问题。黄慧如还请了宋铭勋律师做陆根荣的辩护人。她和宋律师见面以后，对打赢这场官司信心十足。宋律师说："法庭所定之罪都不能成立，放心吧！"

9月22日（八月初九），黄慧如与陆根荣的姨夫和弟弟陆根虎一起去监狱探监，黄慧如给他带去棉被和食品，她兴奋地告诉陆根荣："宋律师说了，高等法院已经受理了，上诉有很大的胜算！你耐心等候吧。"

陆根荣听了，也很高兴，等待着高等法院开庭的那一天。

江苏高等法院于10月23日（九月十一日）下午2时开庭审理。这一天，赶来苏州旁听的人很多，不少人是从南京、无锡、上海、杭州等地特意赶到苏州来的。法院考虑到因此案牵涉男女感情，肯定有不少女权主义者前来观审，于是特地设立了女宾席。但来人实在太多，法庭拥挤不堪，于是守候在庭外的也有几百人。法官分别询问了陆根荣、黄慧如，也问了黄朱氏。黄朱氏矢口否认了女儿是因为与贝家的亲事不成，企图自杀，因此，当然没有要陆根荣去劝说女儿，却一口咬定陆根荣是个有心计的人，家里丢失的金银首饰都是陆根荣偷出去的。法官又将陆根荣与黄慧如传到庭，与黄朱氏三人进行当面对质。之后，由陆根荣的律师宋明勋起立辩护。他说："原判陆根荣和诱与实施帮助盗窃财物两罪，都不能成立。"为什么呢？他解释："和诱罪是指女子未满20岁的，现在的黄慧如已经22岁，因此，和诱之罪名当然不能成立。陆根荣与黄慧如的结合，是以恋爱为前提的。"

法官问陆根荣："你爱不爱黄慧如？"

陆根荣说："我不知道爱不爱，反正全是她要妍我，她既要妍我，我何必去拒她呢？"

法官转头问宋明勋："宋律师，你的当事人不认可你的观点。"

宋明勋十分尴尬，也非常恼火，接着说："我的当事人的第二个罪名即实施帮助盗窃，必须被告实施方可成立。黄慧如明明供认财物是她自己拿出来的，并未假手于人。在六月二十三日黄慧如拿出大门时，无人可以证明她是空手而出的。况且，这些首饰原本放在黄朱氏房内，原告没有看见被告有帮助盗窃的行为。原判仅凭黄朱氏的片面臆测而做判断，就定我的当事人有罪，理应撤销！事实上，上诉人既未起意，又无犯罪行为，不能负刑事责任。应请庭上重新审核，撤销原判，宣告陆根荣无罪。"

法官听了律师的辩护，宣告退庭，并于10月27日（九月十五日）进行判决。

陆根荣还押第三监狱。当天，黄慧如就赶到监狱和陆根荣商量："肚皮大了，我在姨妈家住下去很不方便，我娘希望我回上海去等消息。"

陆根荣说："你怀的是姓陆的子孙，应该在陆家做产，你应该去吴塔住！我娘会好好照顾你的。"

黄慧如说："这样也好，反正你就要出来了，早晚我们都要住在一起的，我先去适应一下环境也好！我听你的。"

陆根荣听了十分高兴。果然，黄慧如在两天后就提了一只箱子，坐黄包车去了胥门外码头，坐小火轮去了吴塔。

3．重新判决，罪加一等

黄慧如去了吴塔，对上海黄家人来说无疑是打脸，如坐针毡。老太太、太太对座，愁眉苦脸，唉声叹气，大少爷摔茶杯、砸盘子，心灰意懒，甚至歇了生意，人言可畏，名誉扫地，再也无颜在社会上混，一气之下，竟然把自己在交易所的六发商号都盘让给朋友去经营。这时，黄慧如二哥从美国来信，说：慧如终归是黄家骨肉，就是死也得死在家里，如果死在外边，尸骨也必须领回来安葬。这样一来，黄家上下都迫切希望黄慧如回家，必须和陆根荣来一个了断。

黄慧如来到吴塔的陆家，陆家人的态度有热有凉。陆根荣的奶奶把自己住的陆家唯一较好的房子腾出来让黄慧如住。陆根荣的爸爸妈妈、弟弟妹妹都对她很客气，只有陆根荣的老婆潘氏认为黄慧如是仇人，既要夺走自己的丈夫，又害自己的男人坐牢，因此视其为仇人，对她特别冷淡。

常言说：衙门八字开，有理无钱莫进来。

那么，民国时期的法院是不是如此呢？究竟是向着穷人还是富人呢？

10月27日（九月十五日）是苏州高等法院开庭宣判的日子，谜底即将揭开。

那天上午，黄慧如就从吴塔赶到苏州来了，她怀着莫名的兴奋，等待着最后的结果。此时，她的母亲黄朱氏也来到法庭，同样等待着宣判的结果。

下集

1. 上诉失败，加倍判刑

在宋律师的帮助下，陆根荣对地方法院的判决提起上诉。黄慧如和陆根荣包括宋律师都抱着一定能赢的信心。10月27日（九月十五日）是苏州高等法院开庭宣判的日子，下午2点终于来到了，陆根荣和黄慧如以及律师和所有旁听者都焦急地等候着结果。

法官郑重地宣布判决书：

原判决的和诱罪改判为意图奸淫而拐诱罪，因上诉人已有妻室，在黄慧如失身前未曾言明，显然出其诱拐手段；将原判的实施帮助盗窃罪不作改动，逃走时又由上诉人参与保管及变卖使用，自难任其空言捏饰。本院综合以上结论，原判既有未当，应予撤销；更判陆根荣有期徒刑四年，剥夺公权三年。在接到判决书后，如上诉人不服，可以在十天内向江苏最高法院提起上诉。

这一判决，简直就是晴天霹雳，把黄慧如和陆根荣都击垮了，他们对未来的美好憧憬，对上诉抱有必胜的希望，这一刻都化为乌有。宋律师当即代表陆根荣表示一定要向最高法院提起上诉。

法庭上的陆根荣脸色惨白，目光呆滞，当法警将他押回第三监狱时，他从口袋里掏出皱皱巴巴的香烟，哆哆嗦嗦地点上火，一个劲儿地猛吸着，嘴里不停地嘟哝着："咦！反而加了两年，横竖横，官司打末哉。"

黄慧如更是心如死灰，全部希望落空了，回姨娘家的路上踉踉跄跄，路都走不稳了。在姨娘家，黄朱氏告诉不停地啼哭的女儿说："你二哥从美国来信了，说你再不回黄家，就和你断绝一切来往，脱离骨肉关系。你好好考虑考虑吧！"

当晚，一轮明月从东山升起，如水的清辉洒在苏州的老街老房和庭院中，黄慧如辗转反侧，一夜未合眼，自己的肚子一天天大了，身子也不方便，如果和家里脱离关系，一文莫名，今后的日子怎么过？干脆跳了太湖，可肚子里的孩子是无辜的，还有阿根，连上诉都无人帮助，思来想去，决定还是先回上海吧。

于是，她又去探监，将自己的难处和想法告诉阿根。不料，陆根荣听后说："你变心了，看我被判四年，想甩开起我了。"

黄慧如哭着说："我决不会变心！"

陆根荣说："那好，你听我的，你回上海做人也难，还是到我乡下去好啊！"

黄慧如说："上次你让我去我就去了，但我到你家实在是住不惯，本来希望这次上诉你能宣告无罪释放，哪里想到反而加了两年，我怎么能在乡下住那么久呢？请你还是让我回上海吧，生育以后，我就去医院学护士，一直等你到出来的那一天！"

陆根荣吼道："你就是变心了，如果没变，你就去乡下等我！"

这时狱警过来干涉，说："时间到了，走！"

黄慧如央求道："请让我说最后一句，阿根，我没有变心啊！这两天我回上海，会给你写信的，你放心！"

陆根荣怒气冲冲，掉头回牢房去了。

看到陆根荣生气的样子，黄慧如又陷入左右为难之中。为了爱情，为了阿根，她终于在九月底去了吴塔陆根荣的家里。

黄慧如听从了陆根荣的话，没有回上海，而是回到吴塔陆根荣的家里去了。她的肚子大了起来，行动也很不方便。陆家的条件是很艰苦的，黄慧如今后的日子将怎样过呢？

2．电影公司，慧如加盟

自从她住到乡下后，上海、苏州等地关于黄陆一案的新闻炒得沸沸扬扬，成为公众关注的焦点。一些报社的记者纷纷赶到吴塔去采访黄慧如。报刊连篇累牍地报道此事，产生轰动效应。当时的京剧与文明戏都已将黄慧如和陆根荣的故事编成剧本在上海各大剧场演出，很是卖座。

1929年1月（十二月）中旬的一天，上海大中国影片公司顾无为和其新婚的妻子电影明星林如心专程从上海来到吴塔，与黄慧如签订了一份合同：黄慧如生产后，去上海公司帮助拍一部反映她与陆根荣爱情故事的电影。公司先付给了定金。顾无为特意联系了苏州的志华医院，让黄早些入院待产。

月底，黄慧如就住进了志华医院。而上海影戏公司老板、著名导演但杜宇和夫人殷明珠也托编剧郑逸梅，带着礼品到志华医院探望黄慧如，希望她出院后也能去上海影戏公司合作。这些消息在报上刊登后，黄家人又气又急，黄慧如万一与影戏公司合作，再把"家丑"外扬出去，那黄家就没法在上海滩待了。这真正是辱没祖先，败坏家门了。于是黄朱氏于1月25日（十二月十五日）来到苏州志华医院，名义上陪女儿，实际上劝说黄慧如不可去当戏子，等生子之后，再回家静养，或去医院做护士。上海中商烟公司总经理张友亮推出商标叫"黄慧如"的香烟，卖得很红火。漫画家鲁少飞以黄慧如、陆根荣为题材创作了一批画作，都很受市场欢迎。

1929年2月4日，《申报》刊登了两则启事。一则是上海影戏公司启事："本公司兹与黄慧如女士订立常年合同，聘为基本演员，一俟春暖即从事摄制富有艺术之影片，特此登报公布。"一则是黄慧如启事："黄慧如应上海影戏公司之聘，从事电影工作，潜心艺术，贡献社会，不以个人经过藉作投机，恐各界不察，特此启事。"

3. 执意出院, 中途暴毙

3月8日（正月二十七日），黄慧如在苏州志华医院顺利产下一个白白胖胖的男婴，黄给这个孩子取名"永年"，寓长命百岁之意。黄的心里如释重负，也很高兴，自己总算对得起阿根了，给他生了个大胖儿子；而且自己以后也不用多考虑了，有电影公司的签约，生活不成问题，再也不用看人脸色讨生活了。说来也奇怪，没过几天，黄慧如就病了。3月15日（二月初五），黄朱氏来到医院看望女儿和外孙。不久，黄慧如突然上吐下泻，发起高烧。黄朱氏不顾女儿身体不适，也不听医生劝阻，坚持要带她出院。

3月19日（二月初九）凌晨，天刚蒙蒙亮之际，黄朱氏打着灯笼，黄慧如将儿子留在医院中，自己在两个护士的搀扶下，偷偷出了医院后门，在大儒巷河埠上船，待摇到阊门外，由一条事先准备好的小火轮拖带，从外湖向上海方向驶去。在经过阳澄湖时，风大浪高，船剧烈地颠簸，洋炉和热水瓶全滚于舱中。黄慧如晕船，大吐不止，不久便休克了。跟随来的护士连续为她打针都不见效果，下午4时许，她死于舟中。

由于担心外滩海关查验，小火轮绕道闵行，再从高昌庙进入黄浦江，转入苏州河垃圾桥上岸。黄朱氏先打电话通知家里人将楼下亭子间安置好停尸床，再叫了一部汽车，将尸体抬上，等开回春平坊时已经是晚上7点多了。当晚又请来和尚道士念经，超度亡魂，折腾到天明，整整忙了一夜。

天明时分，买来一口棺材，匆匆将黄慧如入殓，就由黄澄沧和包车夫阿二和几个吹鼓手送往闸北湖州会馆暂厝。

3月21日，沪上各报刊出了黄慧如死亡的消息，震惊了上海，并传到四面八方。连日来，有大量的人群纷纷拥在春平坊黄公馆门前，大约在5000人上下，出入穿梭于弄堂中。一时猜测四起，有人说黄慧

159

如死于血崩；有人说黄慧如是诈死，是为了躲避影戏公司的片约；也有人说黄慧如为防止陆根荣出狱后再上门纠缠，躲到美国她二哥那里去了；还有人说黄慧如死于心力衰竭，伤寒惊风；等等。人们都想一探究竟，但只见黄公馆双门紧闭，门上高贴白纸启事：

> 此间不幸，遭兹惨变，阖家哀悼，诸君苟不予同情，亦不宜幸灾乐祸，似宜稍顾人格。苟因必要，有所垂询，亦须先日函约，方有接见余地，幸祈垂鉴。

具有讽刺意味的是，也在3月21日，在刊登黄慧如消息的同时，报上也发表了江苏最高法院接受陆根荣的上诉，经过研究，认为判决陆根荣的罪名的条款不能成立，发还苏州高等法院重审的消息。但是，本案最重要的证人黄慧如已经无法出庭做证了，陆根荣维持原判。

众人心中最大的疑问是：她是怎样死的？是不是别有隐情？各种谣言四起，最后志华医院不得不将黄慧如从分娩到出院13天每日两次体温与脉搏及病况公布于众，以图证明黄慧如的确是因病而亡。黄慧如死后，她的孩子还在志华医院，究竟该由谁家认领呢？志华医院于3月22日（二月十二日）写信给黄朱氏，限其三天去医院领孩子，否则或令陆家领走，或代送育婴堂。黄澄沧信誓旦旦，说黄家的骨血，不能属于陆家，一定要由黄家抚养，可是事到临头，又不算数了。陆根荣听说黄慧如死了，大哭一场，但也表示陆家家境贫寒，无力抚养这个婴儿。后来这个孩子也不知下落了。

4．人亡戏兴，常演不衰

黄慧如死了，上海滩刮起"黄慧如风暴"，黄慧如的风头已经完全碾压"第一夫人"宋美龄。

1928年10月笑舞台、上海舞台轮番上演《黄慧如与陆根荣》，场场爆满。当时连台本戏很受上海人欢迎，不过都是《封神榜》等旧戏。黄慧如死讯传出没几天，精明的剧场老板立即请人操觚，于数日内赶写出第二本《黄慧如产后血崩》的时事新剧，更是一票难求。扮演黄慧如的演员是赵君玉，演陆根荣的是赵如泉、林树森，都大受观众欢迎。他们在上海舞台连演几十场，场场火爆。看戏者还可以得到黄慧如、陆根荣当年春节在南京路兆芳照相馆拍的合影一张，大受观众欢迎。

小世界、新新花园、神仙世界等剧场都在演出文明戏《黄慧如》。此外，各种地方戏也都有《黄慧如》，还有二三十种出版物充斥书店和地摊。

1929年12月17日，由明星影片公司郑正秋编剧，郑正秋、程步高联合导演的《黄陆之爱》上演，著名的电影明星胡蝶饰黄慧如、龚稼农饰陆根荣、夏佩珍饰潘氏，演员阵容十分强大，一上演便风靡上海滩。同年原班人马又拍了一部续集《血泪黄花》，票房创第一。

江苏最高法院接受陆根荣的上诉，经过核查，认为判决陆根荣罪名的条款不能成立，发还苏州高等法院重审。后来陆根荣提前两年释放。出狱后，没人敢请他工作。他只好在时装京剧中做活广告，每当戏结束谢幕时，演陆根荣的演员就将他拉上舞台向观众进行介绍，陆本人则一身旧西装，深深向台下鞠躬，以此招揽观众，满足小市民的好奇心理。

关于黄慧如，社会上一直有传说，说她并没死，而是被人悄悄送至北平其伯父家。她的儿子永年，跟随她住在北平。又说永年长大后曾到上海来寻其父，而陆根荣并没有与其相认。黄慧如在1974年也到上海找陆根荣，当时陆根荣在陕西北路菜场卖熟食，已不愿与她相见。陆根荣于1975年病逝，黄慧如则死于1986年。

第七讲　军法审判王赓泄密案

上集

1．独立旅旅长被俘

1932年1月28日，中国第十九路军与日本海军陆战队在淞沪地区开战。战争规模越来越大，中日双方都在不断增兵，打得难解难分。一件意想不到的事情发生了：2月27日傍晚，响了一整天的枪炮声沉寂下来，位于虹桥镇附近的第八十八师独立旅，一位佩戴少将军衔的军官，违反军纪，擅自脱离部队，骑着一辆摩托车，从徐家汇进入法租界，穿过外白渡桥，进入公共租界。在黄浦路上，日本海军陆战队士兵发现了一名骑摩托车的中国军官，领章为中将军衔，身背公文包，一看就是重量级人物，于是立即发动汽车追赶。黄埔路上进行一场追逐赛，那名军官眼看就要被日兵追上，情急之下，将摩托车停在黄浦路15号的礼查饭店门前，只身逃了进去。

礼查饭店坐落在黄浦江与苏州河交汇处，外白渡桥北堍东侧，南侧隔苏州河与上海外滩建筑群相望，紧邻的黄浦路边，集中了美国、德国、日本、苏联等十余个国家的领事馆，属于公共租界范围。沿百老汇路向东直到提篮桥，当年是英资和日资的轮船码头，有日本的汇山码头和英国的公和祥码头。

礼查饭店是一座英国新古典主义的建筑，楼高五层，饭店的大堂内宽敞华丽。日军陆战队士兵在与公共租界巡捕房进行交涉后，由租界巡捕进入礼查饭店进行搜查。情急之下，这名军官将他的公文包交给一位英国领班，请他帮忙藏起来。这名军官随即被巡捕抓获；那位领班不敢私藏公文包，复交给了巡捕，巡捕将皮包带人一并交给日本海军陆战队士兵。日本海军陆战队将该军官带回审讯。

这名军官究竟是谁呢？他的被抓对这次大战有何影响呢？

这名军官是第八十八师独立旅旅长王赓。王赓何许人也？此人是上海名媛陆小曼的前夫。在中日两军交战之时，他为何脱离战线前往市区呢？

2. 金童玉女，喜结良缘

王赓，字受庆，江苏无锡人，1895年出生在一个官宦家庭里。其祖父王谷生是晚清时期的浙江省湖州府正堂知府。王赓早年在北京安定中学和清华留美学堂读书，因学业成绩非常突出，被公派赴美留学。王赓稍长在北京清华留美预备学校读书（清华大学的前身），考取官费留美，先后曾在密西根大学、哥伦比亚大学、普林斯顿大学就读，学习哲学和文学。1915年获普林斯顿大学文学学士后转入西点军校学习。王赓在西点军校一贯成绩优秀，并热心帮助其他人，颇得同学赞誉。美国四星上将艾森豪威尔就与王赓同级。1918年王赓在西点军校毕业时为全级137名学生中第12名。

王赓回国后曾任职北洋陆军部，是年，外交总长陆徵祥率领中国代表团参加巴黎和会。由于需要有留洋的军事专家协助争取中国的权利，王赓便担任巴黎和会中国代表团上校武官，兼外文翻译。期间认识了在巴黎和会周边到处呼吁中国权益的梁启超，成为梁启超的学生。

由于王赓深受美国文化的熏陶，举止全是西洋做派，加上他能文能武，仪表堂堂，在北京的社交圈子中很惹眼。而陆小曼在京城社交圈子中也是一个有名的交际花，她人长得漂亮，且能歌善舞，又擅丹青，在她的石榴裙下，曾经拜倒多少好逑君子！

年轻英俊的王赓和陆小曼相识，而小曼的母亲则一眼相中了未来的东床，在她一手包办下，王赓和陆小曼很快谈婚论嫁。

1922年10月10日，王赓、陆小曼在北京金鱼胡同的海军联欢社举行婚礼，场面盛大，轰动京华。婚后的王赓，在梁启超、蒋百里等人积极活动下，被推荐为清华学校的校长。但王赓应西点军校老学长温应星的邀请，去了哈尔滨担任中东护路军副司令、哈尔滨市警察厅厅长。1925年年底，并担任孙传芳的五省联军总部参谋长。

由于王赓经常外出，耐不住寂寞的陆小曼重返北京社交圈，与浪漫诗人徐志摩相遇。

有人说这是作为军人的王赓缺乏柔肠与细心所致，其实不然。在《胡适遗稿及秘藏书信》里，有王赓的一封信，其中写道：适之、歆海：正要写回信给歆海，恰好适之的信亦到。谢谢你们二位种种地方招呼小曼，使我放心得多。这几个月来，小曼得着像你们二位这样的朋友，受益进步不在少处，又岂但病中招呼而已。她有她的天才，好好培养可以有所造就的。将来她病体复原之后，还得希望你们两位引导她到SWEETNESS ANDLIGHT的路上去呢。

可见，王赓不在陆小曼身边的时候，对妻子的关心还是很细微的。

徐志摩此时，因为与林徽因相识，疯狂地爱上了林徽因，并与自己的妻子张幼仪离婚。等他再遇见林徽因，没想到林徽因却与梁思成结婚，于是他非常落寞，在社交圈里认识了陆小曼，浪漫的诗人，与美丽而任性的陆小曼同时坠入爱河。

等王赓发现小曼红杏出墙，移情别恋，为时已晚。面对这样残酷的事实，美国西点军校培养出来的一介武夫并未雷霆震怒，掏枪相向，反倒像绅士一样拱手，将所爱让与了手无缚鸡之力的徐志摩。只是警告他："若对不起小曼，我不会饶过你的。"

"苦尽甘来方知味",这七个字曾是王赓写给陆小曼把玩的。王赓的意思是,陆小曼跟他是苦,跟徐志摩是甘,如今苦尽甘来,终于可以品尝爱情的滋味了。王赓说:"真正的爱情应以利他为目的,只讲无私奉献,不求索取。既爱其人,便以对方的幸福为幸福。我是爱陆小曼的,既然她认为和我离开后能觅得更充分的幸福,那么,我又何乐而不为?又何必为此耿耿于心呢?"王赓对陆小曼的爱,是放手,是成全,是看着她跟别人幸福。如此,足矣。

1926年10月3日,陆小曼跟徐志摩在北京北海公园举行盛大的结婚典礼,梁启超为他们证婚。梁启超也是徐志摩的老师。当徐志摩和第一位夫人张幼仪离婚时,梁启超写信表示反对,信中说:"呜呼志摩!天下岂有圆满之宇宙?"徐志摩却说:"我之甘冒世之不韪,竭全力以斗者,非特免凶惨之苦痛,实求良心之安顿,求人格之独立,求灵魂之救度耳。"

梁启超当着众人的面,教训两位新人说:"我希望这次对你们都是最后的一次。"弄得徐志摩、陆小曼好不尴尬。婚后,徐志摩偕陆小曼离开北京,南下上海。爱情是浪漫的,婚后的生活却是现实的。徐志摩自从娶了花钱如流水的陆小曼做太太,而且陆小曼染上了嗜好,开销很大。徐志摩的父亲徐申如终止了对儿子在经济上的接济,令他苦不堪言。为生活所累,他先后在上海光华大学、苏州东吴大学教书,后来又在南京中央大学兼课,就是为了多挣钞票供太太享用。

1931年2月起,徐志摩又在北京大学和北京女子师范大学教书,奔波于上海与北平两地,以为稻粱之谋。

是年11月19日晚,林徽因要在北平为外国使者举办一场关于中国建筑艺术的演讲会,徐志摩听说后要去参加。于是,这一天上午,徐志摩在八点钟便搭乘中国航空公司的"济南"号邮政飞机由南京前往北平。上午11时许,飞机飞至在济南附近的党家庄上空,突遇大雾,导致了飞机撞山，引发大火。徐志摩身化一缕青烟，悄悄地走了。

得知徐志摩死讯的陆小曼，自然非常痛苦，一口咬定："是林徽因害死了徐志摩。"

再说王赓与陆小曼分手后，不久脱离北洋军阀参加北伐战争，担任第四集团军前敌炮兵司令、铁甲车司令。北伐成功后，王赓担任国民政府淮北盐务缉私局局长。1931年宋子文当财政部部长时，组织了财政部税警总团，继温应星之后，王赓接任总团长，陆军中将军衔，是孙立人的长官。

王赓去看望孤独的陆小曼，本来无可厚非，但问题时，在中日两国交战之间隙，王赓违反军纪，擅自脱离战场去看陆小曼，更成问题的是还被日本兵抓住，丢了皮包，那性质就特别严重了。说到这里，我们就需要交代一下"一·二八"淞沪战争。

3. 淞沪战争爆发

1931年"九一八"事变爆发后，东北三省在蒋介石不抵抗政策的影响下，很快沦陷。但日军恣意侵占主权国家领土的行为遭到世界舆论的谴责。国联派出英国爵士李顿率调查团前往中国上海、东北进行调查。为转移国际视听，日方决定在上海发难。利用女间谍川岛芳子搞事，令日本僧人和浪人与上海三友实业社工人发生冲突，并冒充工人打死日本僧人，要求上海市政府道歉、缉凶，趁机挑起战争。

1932年1月5日，一个寒冷的下午，日本驻上海领事馆武官田中隆吉接到日本关东军高级参谋、"九一八"事变策划者之一的板垣征四郎的密电称："满洲事变按预计发展，……外国的目光很讨厌，请利用当前中日间紧张局面进行策划之事变，使列强目光转向上海。"

田中隆吉决定拿生产"三角牌"毛巾的三友实业社开刀，作为上海事变的导火索。在他和日本女特务川岛芳子的精心策划下，一场阴谋由此而产生。

1月18日下午，川岛芳子指使上海江湾路妙发寺日本莲宗和尚等五人来到马玉山路的三友实业社总厂大门外，观看厂内工人义勇军操练，并故意向工人投掷石子进行挑衅，工人随即出来，双方发生冲突。这时，在路边突然窜出三十多名化装成中国人模样的日本打手，手持木棍、匕首，与闹事的日本和尚发生"互殴"。在混乱中，有一名和尚重伤，另一名受伤的和尚在送往医院后死亡。事后，日方将伤人之事嫁祸给三友实业社的工人，终于找到了寻衅的借口。

1月20日晨，在田中隆吉指使下，日本宪兵上尉重藤千春指挥上海的"日本青年同志会"暴徒32人，来到三友实业社总厂，将整瓶整瓶的汽油，浇到三友实业社仓库等建筑的板壁上，然后放火焚烧，顿时大火熊熊，浓烟蔽天。

"三角牌"是民族工业产品毛巾的著名品牌，"铁锚牌"是日本毛巾的商标。民族工业的商品品牌与洋货商标的斗争由来已久，在纺织品、药品、轻工业品、电器产品、化工产品等方面都有激烈的竞争。但由一个品牌的斗争，导致一场你死我活的战争，尚属仅见。

上海著名的民族企业三友实业社，创立于1912年，即中华民国元年。发起人是三个老友，一个叫沈九成、一个叫陈万运、一个叫沈启涌，他们见当时市面上所卖的洋烛都是日本产品，很是畅销，于是集资数百元，试做洋烛芯。好不容易实验成功，质量、规格和日本产品差不多，但新兴牌子未得到消费者的信任，打不开销路。于是他们就在日商某洋烛洋行门左，摆设自造烛芯摊位，以叠架烛箱为柜，在箱盖上点着好几支自制的蜡烛，公开实验宣传，供人参观。入夜，更是烛光通明，灿烂耀眼，引得路人纷纷驻足观看。于是三友实业社的烛芯逐渐打开了销路。

第一次世界大战期间，英商白礼氏洋烛厂的烛芯中断进口，烛商遂向日商订购，日商趁机抬价。三友实业社生产的烛芯物美价廉，于是厂商纷纷向该社订购，日商的大蛋糕被三友实业社切走一块，引起日本人的嫉恨。

三友实业社的烛芯打开销路后，又向日商垄断中国市场的"铁锚牌"毛巾下手。该社的沈九成东渡日本，在"铁锚牌"毛巾厂家当小工，偷偷学得其漂煮、染色等方法；回国后再反复进行实验，取长补短，终于制造出"三角牌"毛巾。商标为一个三角形，象征三人协力同心，团结一致；外面是一个圆圈，象征着产品要行销全球。也有人说，三角的真正内涵是三个角一致对外，抵制洋货。

1919年五四运动爆发，国人群起抵制日货，视其为仇货，提倡国货。上海工商界组织爱国团体，订立公约，不销售仇货，互相监督，以防混冒。在全国一片提倡国货声中，三友实业社的"三角牌"产品成为国货典范，占领国内市场，蒸蒸日上。

"三角牌"毛巾质地柔软耐用，样式美观大方，一经推出立即得到消费者的认可。此外，该社还开发了染织各种布匹、毛呢、印花全幅被单、床罩、窗帘、台布、童装、帐子等产品，都很受市场欢迎。

三友实业社对其商品的宣传是有自己独特的手段的。它们经常在上海、南京的重要报纸上大做广告，搞各种各样的促销宣传，让人看得眼花缭乱。

1931年"九一八"事变后，全国上下群情激愤。提倡国货、抵制日货的呼声一浪高过一浪。三友实业社的工人们反日情绪高涨，他们加班加点，生产"三角牌"毛巾；而该毛巾厂的女工组织宣传队上街宣传，以实际行动抵制日本"铁锚牌"毛巾。"三角牌"恰似三只利箭，日本人将其视为眼中钉，势必置之于死地而后快。

当公共租界工部局派出救火车三辆，前来救火时，遭到日兵的阻拦，禁止通过，并打死救火员三人，致使三友实业社总厂主要车间和原料、产品均付之一炬。接着日本暴徒又与赶来的公共租界华籍巡捕发生冲突，戳伤巡捕三人。当天下午，田中隆吉煽动日侨在北四川路一带集会游行，沿途捣毁公共汽车，砸毁中国商店，殴打行人，撕毁"三角牌"毛巾等商品，并向日本驻上海领事馆及海军陆战队请愿，要求采取强硬手段，进行报复。

日本暴徒的挑衅、滋事，激起了上海民众极大的愤怒，各抗日团体纷纷发表抗日宣言，要求逮捕凶手，并保证不再发生类似的事件。而日本驻沪总领事村井仓松竟向上海市政府提出书面抗议，提出无理要求，要求市长吴铁城向总领事道歉、取缔抗日团体等。日本第一遣外舰队司令官盐泽幸一也发表声明，要求中国方面反省，同时威胁：如不接受日方要求，将采取适当行动，以"保护帝国权益"。

1月28日夜，日本海军陆战队突向上海闸北地区发起进攻，淞沪战争爆发。第十九路军第六团和公安警察两个中队的将士，在未及进入阵地的情况下，仓促应战。将士们都抱着一种强烈的爱国责任感，斗志昂扬，奋勇杀敌，在宝山路、虹江路、上海北火车站、青云路、横浜路一带与敌展开激战。直至29日凌晨，才将来犯之敌击退。

第十九路军将领蒋光鼐、蔡廷锴、戴戟发表抗日通电曰："光鼐等分属军人，唯知正当防卫，捍卫守土，是其天职，尺土寸草，不能放弃。为救国保种而抵抗，虽牺牲至一人一弹，绝不退缩，以丧失中华民国军人之人格。"

第十九路军爱国将领的通电，激起了全国民众的热烈拥护和积极支持。是日上午10时许，敌机复来俯冲轰炸，闸北一带燃起冲天大火，商务印书馆编译所、总厂和藏有大量珍贵图书资料的东方图书馆都在爆炸和烈火中焚毁。日军陆战队趁着浓烟，向上海北火车站发起进攻，竟一举攻占北站。我军经过几个小时的浴血拼杀，终于在下午夺回北站。第一天的战况是：第十九路军击落敌机一架，击伤两架，击毁敌铁甲车三辆，毙敌数百人。下午6时许，我军进至北四川路一带被日军占领之地，日军退入虹口租界。

从2月3日起，日本海军陆战队在空军的掩护下，连续三天向闸北等地发起进攻，均被第十九路军击退。2月4日，日军13艘军舰在舰炮和飞机的支援下，进攻吴淞炮台，守军6门要塞重炮和宿舍被密集的炮火炸毁，要塞司令逃走，蔡廷锴急调兵力进行顽强的抵抗，继续与日军作战。

至2月7日，日军"出云"舰抵达上海，混成第二十四旅团亦到达吴淞口，在舰炮火力支援下，施行强行登陆。敌主力向江湾和吴淞发起进攻，均被第十九路军第一五六旅翁照垣部击败。到18时，其先头第四十六联队之第一大队占领了滩头阵地。另一路日军进攻八字桥，也被我军击退。此时上海日军已达万余人。

8日，日军第二十四旅团自拂晓起倾力猛攻吴淞，截至下午3时许，冲锋达十余次，均被第十九路军所部击败。闸北方面，日海军陆战队向光明路、宝兴路进攻，遭我伏兵袭击，向横浜路败退；八字桥方面敌进攻未遂，向北四川路溃败。

9日、10日，日军第九师团从吴港出海，预计13日可抵达上海。第十四联队第二大队于13日经纪家桥强渡蕴藻浜架设浮桥，欲接应登陆部队，被我军包围，激战一夜，被守军击退。当天下午，日军第九师团长植田谦吉中将率第一梯团（第六旅团），在海军第一水雷战队的护卫下，到达上海；15日，第二梯团也陆续抵沪。

在中央军校教育长张治中的要求下，蒋介石以国民政府两个警卫师和军校教导总队编成第五军，由张治中为军长驰援上海。

2月14日下午2时，蔡廷锴接总指挥部命令：第五军张治中部第八十七师、第八十八师归我军指挥，现已到安亭。一部抵南翔，加入战斗序列，实行分区作战。第十九军及税警总团归蔡廷锴军长指挥。

下集

1. 税警总团参战

税警总团是20世纪30年代初宋子文在担任国民政府财政部部长期间，成立的一支专管镇压盐枭抗税的部队。该团直属财政部，由于经费宽裕，枪械、服装、军饷都是一流的。税警总团的士兵要经过考试，择优录取。

税警总团建成时下属五个团，加总团直属部队，相当于六个团。每团战斗兵员共五千余人。总团部直辖特务营、高炮营、炮兵营、通讯营等七个营。整个总团拥有兵力三万余人。税警总团原驻安徽蚌埠，以后移驻上海地区。

财政部部长宋子文对将领的选择更青睐于有留美学历的俊才。第一任总团长是温应星。王赓文武双全，是最佳人选，于是被任命为第二任总团长。第三任总团长莫雄，北伐战争时是张发奎第四军的一员勇将。第四任总团长是孙立人。孙是清华大学、美国弗吉尼亚军校毕业生。他把中国传统教育和美国军校的教育方式结合起来，制定出适合自己部队需要的训练制度和方法，形成了一套与国军其他部队不同的训练操典，被大家称为"孙氏操典"。所属部队按照"孙氏操典"进行严格训练，官兵无论是文化水平，还是学科、术科水平，乃至专门的缉私技术都比较高。

"一·二八"事变前夕，税警总团大部分驻守在上海及浦东一带，第一团驻徐家汇，第二团驻南翔，第三团驻闸北，第四团驻浦东，总部设在徐家汇。

"一·二八"淞沪开战后，作为行政院副院长兼财政部部长的宋子文，对日本采取强硬立场，明确向美、英方面表示：中国将以全部军事力量来抵抗日本的入侵。

在蔡廷锴统一指挥下，王赓率税警总团配置在龙华和南市一带，抗击日军。宋子文决定驻闸北的税警三团和驻南翔的税警二团，统归第十九路军指挥，参加抗战序列。税警团装备好，士气高昂，在反侵略战争中，发挥了应有的作用。这一切与王赓的指挥不无关系。

再看中央军方面。

1月30日，蒋介石发表《告全国将士电》，声言"抱宁为玉碎毋为瓦全之决心，以与此破坏和平蔑视信义之暴日相周旋"，"今身虽在野，犹愿与诸将士誓同生死，尽我天职"。

拱卫京师的第八十八师师长俞济时致电蒋介石："沪案严重，十九路军应战颇获胜利，唯恐不能撑久。可否将本师调沪增援，乞示。"蒋介石复电勉励："中（正）本日随政府同人已到豫，贵师行动，一听何（应钦）部长命令，如运沪作战，务希奋勇自强，以保荣誉。"

2月1日，军事委员会决定将全国划分为四大防卫区，规定各防卫区"除酌留部队绥靖地方外，均应将防区内兵力集结，以便对日寇之侵略进行抵抗"。5日，蒋介石明确指示何应钦，"如吴淞要塞陷落，日本陆军登陆参战时，则我飞机应即参加沪战"。蒋又致电蒋光鼐、蔡廷锴，"如果日军有二师以上之陆军，则我方应重定计划须与之正式决战，如有必要，中（正）可亲来指挥也"。

日军增兵上海，蒋介石下令第八十七、第八十八师集中于昆山、南翔之间待命。何应钦建议任命中央军校教育长张治中为军长，"使其指挥第八十七、第八十八两师"。蒋介石赞成，即以中央军校教导总队、炮兵学校之山野炮队、军政部直属地雷队和铁道炮队等，组成第五军，驰赴前方增援。税警总团的参战部队改为第五军第八十八师独立旅，以原税警团总团长王赓为旅长，同时接受第五军指挥。

2月18日，日军总指挥官植田谦吉向蔡廷锴将军发出最后通牒：要求中国军队须于2月20日上午7时以前从第一线撤退完毕，否则日军将"自由行动"。在遭到蔡廷锴的严正回绝后，从2月20日清晨7时开始，在植田的亲自指挥下，日军从吴淞口沿淞沪铁路线至闸北天通庵一线，向中国军队发动大规模的总攻击，激战一直持续到25日，植田的"全面总攻计划"被英勇顽强的中国军队粉碎。

2.王赓泄密了吗？

就在淞沪战役紧张激烈之际，作为第八十八师独立旅旅长王赓擅自离开战场，在上海租界被日军抓获，他随身携带的军用皮包中，据说有淞沪兵力部署和战线配置图及重要文件。日军得到地图后，如获至宝，重新调整了进攻中国军队的计划。如果王赓没有随身携带军事地图，他为什么将皮包交给礼查饭店的服务生，让其帮忙藏起来呢？即使没有军事机密被泄露，作为独立旅旅长被日军俘获，对该部甚至整个中国军队的士气都会造成不可估量的打击，对此，第十九路军的将领对自己的猪队友感到羞耻与愤怒。

在此之前，日本成立上海派遣军，派白川义则大将为总司令率部增援上海。白川于2月29日抵达吴淞口外，立即重新部署作战方针。

3月1日6时30分，日军发动了全面攻势，淞沪第十九路军和第五军整个战线均有激烈战况。日军在向中国守军发动正面进攻的同时，以第十一师团先遣部队于3月1日晨6时在中国军队侧背七丫口登陆，中国军队在沿长江七丫口、杨林口、浏河、小川沙数十公里的警戒线上只有教导总队一个营及少数义勇军守备，在登陆敌人强大的炮火和步兵的进攻面前，寡不敌众。

午后，日军第十师团偷渡浏河。在此防守的我第十九路军只有两个连的兵力，经过一个多小时的抵抗，阵地失守。但中国方面已经无力派兵增援浏河。日军占领浏河，使中国军队侧后方受到威胁。战场形势逆转，我军被敌前后夹击，腹背受敌，情况相当危急。

在吴淞方面，日军舰队进行猛烈炮击，蒋光鼐派一个团前往增援，惨遭败绩。这时，蔡廷锴已看出日军的企图，是要与第十九路军进行决战，以便将该军一举歼灭。

在这种情况下，蒋光鼐、蔡廷锴与张治中三位将军进行紧急商议，决定保存实力，撤退到第二防线。是夜21时，中国军队开始撤退。第十九路军向南翔方向转移，第五军向常熟方向撤退。3月6日，第十九路军总指挥蒋光鼐电令全线停火。在英国、美国、法国、意大利等国驻沪领事的斡旋下，中日双方代表开始举行停战谈判。事后，也有人说上海守军的撤退与王赓丢失的军事地图有关。

3. 王赓接受军事法庭审判

那么，在中日战争如此紧张和激烈之际，王赓为何到公共租界去呢？他带的公文包里究竟有没有军事地图呢？

1932年2月27日晚，王赓在公共租界被日军抓获。次日，上海市政府向南京政府外交部报告说："王赓于感（27）日，因事路经黄浦路，为日方海军士兵追捕，该旅长避入礼查饭店，后为工部局巡捕帮同扭送虹口捕房，该管捕头虽询明该军官来历，竟将其交与日方带去自由处置……"

日本方面则指责王赓是间谍，加以审问，以枪毙相威胁。南京国民政府指示上海市政府与日本方面进行交涉，并请在沪的各国领事斡旋。29日晚，上海市政府向美国总领事克宁翰以及各国领事提出严重抗议。在英国、美国、法国等国的压力下，3月6日，王赓被日军放了回来。

据3月7日《申报》报道，王赓昨午后释放：警备师独立旅旅长王赓，被日陆战队在礼查饭店内带去，拘禁于日军司令部，昨经领团与日方交涉，结果业于午后恢复自由，唯所携文件，被日方扣去数件，未曾交还。

在两国交战的紧张时刻，王赓离开战区，独自到租界里干什么呢？当时，上海滩的小报记者就著文：王赓是去看坠机身亡的诗人徐志摩的遗孀陆小曼的。失去了徐志摩的陆小曼，身心处于极大的痛苦之中。王赓与陆小曼同处一城，去看望和安慰小曼也是人之常情。

这的确是个可以解释的理由。但第十九路军的高级将领却不这样认为，他们指责王赓有出卖军事秘密之嫌疑。此事毕竟不是空穴来风，在上海搞情报的军统特务沈醉也认为有这种可能！王赓遂被第十九路军总指挥部看押，解除其独立旅长之职务，转交军政部军法司关押。

据《大陆报》报道：独立旅旅长王赓解京后，因犯以重要文件献于日军事当局之嫌疑，将由军事法庭审讯。第一次开庭时蒋介石将任庭长。昨日蒋已向王赓问询……

王赓的确太轻率了。难道他不应该为自己的行为负责吗？但是《大陆报》也太危言耸听了，蒋介石怎么可能当审判长？

淞沪停战之后，军事委员会有关部门对王赓案进行审查，王赓多次接受军政部、参谋本部、军法司的联合调查，军事委员会组织高等军事法庭对王赓进行会审。

根据军法中军机防护法第一条：

泄露交付或公示因职务上所知悉或保管之军事上机密之消息、文件、图画或物品者处死刑或无期徒刑。……因过失犯本条之罪者处五年以上有期徒刑。

根据海空军刑法第五十四条：保管军事机密之图书物件当危急时，不尽其不委弃于敌之方法致委弃于敌者，处五年以下有期徒刑。

在这种指控下，王赓说不清楚，其面临着杀头或坐牢的危险。这里面还牵连着国民党内的派系斗争。作为财政部部长宋子文当然不愿意自己的部队和将领以此蒙羞，也不会眼看他的爱将入狱而无动于衷，肯定要介入，为之缓颊。

几经审问，关于王赓丢失军事地图一事，事出有因，查无实据。几个月后，即在同年8月1日，高等军事机关对王赓进行会审，将其定为王赓通敌疑案。

经十九路军逮捕，押于军政部军法司。该部特请军委会、参谋本部、训练总监部及第五军等军事机关派员会审，严密侦察，数度鞠讯，（8月）1日下午，军部又在军法司侦讯，各军事机关均派员会审，经时颇久。

军事法庭对王赓泄密案进行宣判，审判长宣读判词如下：

前八十八师独立旅长王赓，当沪战时，擅离职守，经礼查饭店时，被日军拘押，经交涉交十九路军总指挥部，转解军政部军法司看管，当由该司组织高等军法会审，先后会审数次及严密侦察，确无通敌嫌疑与证据；但事先未得长官允许，擅离戒严地点。依陆海空军刑法第九十八条、第九十三条、第十五条治罪，判决有期徒刑二年零六个月。

对王赓究竟有无主动或被动泄露重要文件，没有说明。

但是社会舆论没有放过王赓。

《申报》消息：王赓判处徒刑

当沪战时，前八十八师独立旅旅长王赓，擅离职守，走入敌军重地被日军拘押，经交涉释放，当经军部军法司组织高等军法会审，及严密侦查，确无通敌嫌疑之证据，仅判处有期徒刑二年零六个月。

现在的新刑法，模仿欧美，注重证据，亦是不差。但中国情形，在一切侦查机关于侦探术未曾设备以前，若专重证据，是否适用。并且王赓之案正在军事时期，是否适用于寻常刑事手续，亦为疑问。兹姑不论此事既经当局组织高等军法会审，先后会审数次及严密侦查，认为无通敌嫌疑与证据，但我谓证据容或无之，若曰无嫌疑，则我未敢信。十九路军与敌抗战一月有余，其战事重心，均在江湾、八字桥、蕴藻浜等处。自王赓被敌军拘获后，日军突然变更作战计划，全力驱重浏河方面，以致我军形势陡变，此可疑者一。王赓身为军事长官而在两军战事形势，正在严重之时，而王忽无故跑入敌军重地，以致被拘，既失我军体面，又丧个人人格，王君此行，究属何意，此可疑者二。王赓既被敌军拘留，敌军一定视为奇货，决不放松，试阅敌方战事画报，王赓在敌司令部严讯时，王赓垂头丧气之情形，见者莫不认为奇耻大辱，何以一经交涉，立即释放，在王赓之供词，敌方严守秘密，并不宣布，在我方将有何法侦查？则我国军情，是否未被泄露，此又可疑者三。

北平的大学教授邓之诚于1932年3月12日在北平《新晨报》上，以"五石"笔名，写了一首仿吴梅村《圆圆曲》的《后鸳湖曲》，其中有：

> 一月拒倭方雪耻，忽然退走东南倾。
>
> 退兵只为舆图失，虚实安能教敌悉。
>
> 却向香巢访玉人，未防鹰隼攫来疾。
>
> 才知女宠原祸水，破国亡家皆由此。
>
> 痛哭连城人尽俘，心伤千里室如毁。

这种传闻究竟有没有依据呢？

据第十九路军蒋光鼐、蔡廷锴等《十九路军淞沪抗战回忆》：我军召开军事会议，王赓以税警团旅长身份与会，散会后王取去十九路军"部署地图"和"作战计划"各一份（当时在会场上散发的）。王当晚跑到租界舞厅跳舞，被日军侦知，将王"逮捕"，搜去该项军事文件。第二天，日本报纸吹嘘俘虏十九路军旅长王赓云云。王赓是美国西点军校毕业的，与美帝特务有勾结，当晚被日方扣押数小时，即由美总领事具保释放。

由于此文是20世纪60年代所写，时隔多年，有些记忆不准确之处，但大体应该是可信的。

陆小曼也不愿意让人说王赓是去约会她而被捕的，说他是去美国驻沪领事馆，为了研究如何向日军开炮，找温莎公爵夫人的前夫厄尔·温菲尔德·斯潘塞去的。显然很扯，越描越黑吧！

4. 抗战复出，魂归开罗

对于事业处于上升期的王赓来说，做了日军的俘虏，身陷囹圄，的确是个沉重的打击。两年多的牢狱生活，使王赓患上严重的肾病。1935年，王赓出狱后，就去德国治疗肾病。从此，仕途蹭蹬。而他的副手孙立人却由于作战英勇，名声大噪，在抗战中成为抗日名将。

王赓病愈回国后，便退出军界，在南京铁道部任职。留美的哈佛毕业生、时任军政部兵工署署长俞大维劝其不必消沉，应该再任军职。王赓回答："如果国家对外作战，自会挺身而出。"

1937年，王赓在香港结婚，有一儿一女。是年卢沟桥事变爆发，蒋介石在庐山发表抗日演讲，宣告抗日战争全面开始。天下兴亡，匹夫有责。王赓即前往南京见兵工署署长俞大维要求为国效劳，俞大维随后允其到兵工署报到，担任兵工研究委员、兵工署昆明办事处处长（兼职）。

1941年12月8日，日军袭击美国珍珠港，美英中等国结盟，共同抵抗德意日法西斯。1942年3月11日，国民政府决定派遣一个军事代表团赴华盛顿，参加同盟国联合军事会议，以便共同制定抵抗法西斯国家的战略，并加强中美两国的军事交流。因美国参谋长联席会议主席艾森豪威尔将军与王赓为美国西点军官学校的同班同学。因此，宋子文急招王赓参加军事代表团，代表团中还有徐培根、金镇、刘锴、崔存彝、朱世明、黄秉衡等人。

王赓当时的身体很不好，但为了国家利益还是勉强就道。当军事代表团途经开罗时，旧病复发，一个多月后病情恶化，病逝于开罗皇家医院，时年47岁，可谓英年早逝。

是年4月29日，中国驻美军事代表团在纽约大使馆举行记者招待会，出席招待会的中美英加记者有60多人，多为各大通讯社、报馆、新闻摄影公司的代表。先由宋子文外长介绍军事代表团团长熊式辉，在回答中国、英国、美国三国记者提问如何打击日本时，熊式辉回答："渠以为同盟国家在远东不能予日本以喘息机会，应在太平洋所有可能之地点即可进攻日本，渠相信同盟国家实力雄厚，足以同时对德日采取攻势，并力促同盟国家协商其战略及攻势之行动。"

宋子文问代表团团长熊式辉："怎么不见王赓？"熊式辉回答："王赓已在开罗病逝。"宋子文唏嘘不已。

王赓死后，开罗盟军以军队隆重葬仪，将其安葬在英军公墓。他所领导的税警总团旧部王天鸣、曾昭六、游弥坚、孙立人等获此噩耗后均悲痛不已，深切悼念。

王赓的母校普林斯顿大学在《王赓传略》结尾处这样写道："1943年纪念西点毕业生王赓的讣闻结于这样一些话：王的一生是诚实、正直和爱国的。他给西点带来荣誉。1915年的同窗都知道这是确实的，而且关于他还应有更多的可以说。他确实是1915级可以引为骄傲的一员。"

第八讲　陈独秀被捕大案

上集

1932年10月15日下午7时左右，天色已经暗沉下来，上海法租界巡捕房巡捕员和中统特务来到上海法租界岳州路永兴里，包围了一幢石库门的房子，几个人蹿上二楼，一脚踢开房门，对床上一位面色清癯、留有微髭、呻吟不已的病人大声吼道："不许动！陈先生，侬被捕了！"随即，这位陈先生起身，穿上一身淡蓝色哔叽长衫，戴上一顶淡黄色呢帽，说："走吧，各位，我这里没有什么金银财宝可翻的，快些回去向蒋介石领赏去吧！"随即，他神色安闲地和捕快出了门，被押上囚车，带到公共租界嘉兴路巡捕房。陈独秀发现，彭述之、谢德盘、罗世凡、濮德治、宋逢春五人也被关在里面。

这样，隐居中的陈独秀又一次被捕。那么，陈独秀为什么要隐居？这位中国共产党第一任总书记究竟遇到了什么？

1. 共产党领袖成为托派首领

陈独秀（1879年10月9日—1942年5月27日），字仲甫，号实庵，安徽怀宁人。北大教授、文科长，新文化运动的倡导者、发起者和主要旗手，"五四运动的总司令"，中国共产党的主要创始人之一和党的早期主要领导人。

陈独秀1920年初前往上海成立共产党早期组织，并发起成立中国共产党。1921年7月在中国共产党第一次全国代表大会上被选为中央局书记，后任中央局执行委员会委员长（中共二大、中共三大）、中央总书记（中共四大、中共五大）等职务，并任第一至五届中央委员。

作为共产党创始人、第一任总书记，陈独秀是个什么样的人？什么时候被开除出党成为反对派领袖的呢？

1927年"四一二"反革命政变发生，标志着大革命的失败。陈独秀被贴上"机会主义"的标签。7月，陈独秀干不下去了，他说："国际一面要我们执行自己的政策，一面又不许我们退出国民党，实在没有出路，我实在不能工作。"于是向中共中央提出辞职，离开了领导岗位。8月7日，中共中央在汉口鄱阳路123号惠罗洋行楼上举行紧急会议。瞿秋白、李立三、陈独秀的儿子陈乔年等二十余人参加了会议，共产国际代表罗明纳兹出席了会议，他不允许批评共产国际，将大革命失败的责任都推到以陈独秀为首的中共中央身上。在八七会议上，与会代表批评了陈独秀所代表的投降主义，确定了土地革命和武装反抗国民党反动派的总方针。毛泽东在会上发言，强调"以后要非常注意军事，须知政权是从枪杆子中取得的"。八七会议是中国革命的转折点，为挽救党和革命作出了巨大的贡献。这是从大革命失败到土地革命兴起的历史性转变。

苏共中央与共产国际希望中共派代表去莫斯科，最好让陈独秀去莫斯科。中共新领导瞿秋白、李维汉等多次劝陈独秀去莫斯科，陈独秀坚持不去。原因很简单，他对苏联方面把责任都推到他和中国共产党身上的做法很反感。不久，中共准备在莫斯科召开党的六大，共产国际要陈独秀去参加会议，陈独秀也不去。

不久，他通过阅读托洛茨基的《中国目前政治形势和反对派的任务》等文章，发现思想和立场与托洛茨基不谋而合，倾向于托派，于是便成立了"中国共产党左派反对派"，取名"无产者社"，发表宣言表示："中国革命要由无产者社独立承担完成，反对斯大林，打倒蒋介石，打倒国民党，建立无产阶级专政。"

陈独秀在党内成立托派小组织，被党内警告，却毫不悔改。

1929年爆发了中东路事件。中东铁路自1898年至1903年，在以哈尔滨为中心的我国东北地区分段修建。根据当时的勘测数据，中东铁路东西干线加上南部支线全长2380俄里，即2522.8公里。

1905年，日俄战争后，中长铁路（长春至大连段）为日本所占，改称南满铁路。

1917年俄国十月革命后，以列宁为首的苏俄政府在第一次对华宣言中说："愿将中国中东路及租让之一切矿产、森林全部及其他一切产业"，"一概无条件归还中国"。到了斯大林时代，自食其言，拒不交还。

1929年5月27日，黑龙江省行政长官公署借口第三国际执委会在苏联驻哈尔滨总领事馆召开远东大会，派警察搜查该领事馆，抄走文件，拘捕苏联驻沈阳总领事馆总领事、驻哈领事等39人。其中参加会议的人多系中东铁路的高级职员，因此，中东铁路苏方理事长向黑龙江省长官公署提出抗议。31日，苏联政府照会国民政府抗议哈尔滨当局搜查驻哈领事馆。总领事、副领事等先后被释放回国。苏联和张学良双方调兵遣将，进行布防。

7月17日，苏联外交委员会照会中国驻苏代办夏维崧，宣布与中国绝交，并责其下旗回国。19日，国民政府就苏联绝交一事发表对外宣言，声称："此次中东路事件之发生，乃由苏俄政府违反中东路协定精神之全部，及指使苏俄驻哈尔滨领事馆，与利用中东路机关及其人员之名义，为其宣传共产主义等事实而起。"

21日，中国宣布收回中东路，随即中苏边境爆发了大规模武装冲突。8月13日，苏联兵舰两艘，陆战队员300人，飞机两架，侵入黑龙江省绥东县境。8月15日，东北边防军司令长官张学良动员东北军6万人，组成"防俄军"。以王树常为第一军军长，兼任东路总指挥；以胡毓坤为第二军军长，兼任西路总指挥；以周濂为预备军军长。中苏大规模武装冲突从1929年10月中旬开始，持续近两个月。

战争分东西两线，两个战场。东线主要发生在黑龙江与松花江汇合处的同江、富锦地区和黑龙江东部的密山地区；西线集中在内蒙古的满洲里和海拉尔地区。至11月下旬，战争以东北军惨败而告结束。

中东路事件发生后，共产国际向中共发出指示，提出"武装保卫苏联"。中共中央发出指示，要求"变帝国主义战争为国内战争，变帝国主义进攻苏联的战争为拥护苏联的战争"。

陈独秀在中东路问题上，与中共中央唱反调。7月28日他给中央写了第一封信，题为《撒翁同志对中东路问题的意见》。撒翁是陈独秀的笔名。该文的主要观点即不能光喊"拥护苏联"等口号。8月5日，陈独秀给中央写了第二封信，提了12条意见和建议，指责中央政策的盲动主义、命令主义和抹杀党内民主。认为：革命高潮"不会很快到来"，不要"随便把群众领到街上玩弄"；有不同意见，公开争辩，都是党内允许的。很快中央表态："陈独秀是跟着群众落后的意识跑，从根本上离开了无产阶级观点，包含了很严重的原则问题。"批评陈独秀"完全是资产阶级民族主义的精神，与无产阶级的民族革命的观点和阶级观点决不相容"，"极有害于革命的斗争，有害于党对中东路问题的整个的路线"。

是年9月，陈独秀见到了一个人，使他和中央对立的意见分歧更大了。这个人是谁呢？他就是中共一大代表刘仁静。此人是湖北应城人，曾经和陈独秀一起在莫斯科参加共产国际会议，认识列宁和托洛茨基。1926年9月，刘仁静受党中央的派遣，赴苏联莫斯科共产国际党校列宁学院学习。学习期间，苏联党内爆发了斯大林与托洛茨基的斗争。1927年11月4日，苏共中央开除了托洛茨基的党籍，1929年托洛茨基又被苏联政府驱逐出境。刘仁静对托洛茨基的遭遇表示同情。

1929年4月，刘仁静在列宁学院学习结束，离开莫斯科，踏上了去欧洲寻找托洛茨基的旅程。在土耳其伊斯坦布尔太子岛，他终于见到了托洛茨基。托洛茨基兴奋地说："你是我认识的唯一一位中国人，很高兴有了来自中国的支持者。"两人经过一个月的交往，刘仁静接受了托洛茨基的理论。临别之前，托洛茨基送给刘仁静一篇文章，题目叫作《中国目前政治形势和反对派（布尔什维克—列宁派）的任务》。在这篇文章中，托洛茨基总结了中国过去的革命，并提出了今后的任务：第一，苏维埃问题，认为苏维埃不是随便可以组织起来的；第二，蒋介石、汪精卫是一丘之貉，对蒋介石和汪精卫同样地反对；第三，中国革命现在处于低潮时期，不能马上进行起义，现在不能盲目活动，要积聚力量；第四，作为过渡时期的口号，应提出以直接、平等、不记名方式投票产生国民议会，以实现中国的独立统一；第五少数民族自决，八小时工作日，土地归农民等目标。

刘仁静将托洛茨基有关中国革命著作带给陈独秀，陈独秀的思想与托洛茨基有极为相似之处，使陈独秀大有英雄所见略同之感，他的政治立场倾向于托派，决定和彭述之等人组织一个反对派。他们拼凑了几十个人，成立了中国共产党布尔什维克列宁派，又称左派反对派，即"托派"。

1929年11月15日，中共中央政治局作出开除陈独秀、彭述之等人党籍的决定。

12月15日，陈独秀等81人发表《我们的意见书》，把中国革命失败的原因完全归于共产国际的领导，反对中共六大对中国社会性质、革命性质的分析，公开提出"国际的苏联的中共的现行政策和党制，都需要根本改变"。

该文分五部分：（一）中国过去革命失败的原因——国际机会主义的领导；（二）党的现状与危机——机会主义盲动主义与官僚主义；（三）国际机会主义的根源与苏联危机；（四）国际无产阶级运动的两个路线的斗争；（五）我们的态度与建议。

文章最后说：反对派的责任是在使全体党员明了机会主义的危险，

摆脱机会主义的领导，而回转到马克思列宁主义的路线，在真正民主集中的当中，党内政治不同的意见本可用公开讨论的方法来解决，不但不会使党分裂，并且使党更加巩固。反过来，官僚主义的压制与蒙蔽，势必使党崩坏与分裂。反对派为拥护真正无产阶级的路线，为实现布尔什维克列宁主义的统一，不能不与机会主义的领导做有组织的坚决的斗争。机会主义已迭次在中国宣告其可耻的破产，中国无产阶级已付出了过重的代价，直至现在接近到马克思列宁主义的路线。

这就是托陈取消派的政治纲领。陈独秀在大革命失败后接受了托洛茨基的观点，形成了托陈取消派，反对中共中央关于武装斗争和土地革命的路线方针。

据托派成员之一的郑超麟回忆，所谓81位签名者，其中有三分之一是假的。所谓假，一是根本就没有这个人，例如第一名王阿荣。"中国的习惯，注意第一名，责任大，弄个假名字，是陈独秀的意见。"二是本人不知道，但被作为托派的发展对象，当本人知道后也没有加入托派。

陈独秀被中国共产党开除后，专心做托派工作，树立起"反对派"旗帜，担任"总书记"，成为共产党的反对派领袖。舅舅不疼姥姥不爱，在国民党和共产党两边，都不受待见。蒋介石悬赏三万大洋缉拿陈独秀，于是他在上海潜伏，搬到岳州路永兴里11号一幢石库门房子里隐居起来。

2. 乱世鸳鸯，老夫少妇

从1927年大革命失败以后，陈独秀一共失去了四位亲人。

陈延年（1899—1927），陈独秀长子。1915年入上海法语补习学校、震旦大学学习。1919年1月与黄凌霜等组织无政府主义团体进化社，创办《进化》杂志。1922年6月，与赵世炎、周恩来一起创建旅欧共产主义组织——中国少年共产党，并担任宣传部部长。同年秋，加入法国共产党。不久，经中共中央正式承认为中国共产党党员。

1924年10月，陈延年任中共广东区委书记，被毛泽东称赞为天才。一位叫筱林的，最早写了《毛泽东印象记》一文。1934年5月27日刊发在《社会新闻》杂志中，文中写道："1926年某一天晚上，我寄寓在毛泽东家里，他赞美陈延年的天才：在中国，本来各种人才都很缺乏，特别是在CP党内，因为CP的历史根本没有几年，所以人才就更缺乏。像延年，的确是不可多得的人才。在许多地方，我看出他的天才。"

陈延年1927年任中共江浙区委书记，被选为中共第五届中央委员和政治局候补委员，不久，任中共江苏省委书记。1927年6月26日于上海被捕入狱，7月4日英勇就义。

陈乔年（1902—1928），陈独秀次子，1915年入上海法语补习学校学习，两年后进入震旦大学学习。1919年底赴法勤工俭学，1922年发起成立旅欧中国少年共产党，同年转为中国共产党党员，是中共旅欧支部领导成员之一。1924年回国，先后任中共北京地委组织部部长、北方区委组织部部长。1927年陈乔年在中共五大上当选为中央委员，任中共中央组织部副部长；6月起任中共顺直省委委员、中共中央代秘书长。1927年8月7日陈乔年出席在汉口召开的紧急会议，对其父亲陈独秀在大革命中所犯的"错误"进行了严肃批评。会后，被党中央调任湖北省委组织部部长；不久，被调任中共江苏省委组织部部长。1928年2月16日陈乔年被捕，6月6日英勇就义。

高晓岚（1876—1930），陈独秀的原配夫人。安徽六安霍邱人，清末安徽安庆绿营统领副将高登科的长女。1897年8月与陈独秀结婚，和陈独秀育有三子一女，即陈延年、陈乔年、陈松年、陈玉莹（陈筱秀）。1930年9月9日逝于安庆。

高君曼（1888—1931），陈独秀第二任夫人。高君曼是陈独秀原配夫人高晓岚同父异母的妹妹，1931年病故。

就在这时，大约是1930年下半年，陈独秀搬到公平路附近熙华德路上的一个石库门房子里，遇上了比他小29岁的女工潘兰珍。潘兰珍（1908—1949），又名潘若云，潘云仙生于江苏省通州余西镇大悲殿北一个贫苦农民家庭。

一天，破帽遮颜的陈独秀患胃病上街买药，不幸被绊倒，昏了过去。正巧，一位剪着短发的英美烟草公司的年轻女工路过，她就是住在陈独秀同一个楼亭子间的潘兰珍，于是她扶起了这位老伯伯送回家中，又请来医生，把陈独秀抢救过来。潘兰珍问："先生尊姓大名？"陈独秀说："我姓王，叫我王先生好了。"在潘兰珍的悉心照料护理下，陈独秀的生活也逐渐条理化。在吃上可口应时的热菜、热饭之后，他的身体与精神均有了很大的改观。

在患难中见真情，两人相依为命，相互帮助，终于结合成为一对老夫少妻，一时间成为弄堂里人们家长里短、茶余饭后的一段话题。后来，为了安全，陈独秀又搬家了。

3. 叛徒告密，锒铛入狱

1932年10月15日，托派中央常委在虹口区东有恒路春阳里210号举行会议时，突然遭到公共租界工部局政治处和虹口区捕房探员的搜捕，当场抓获托派中央谢少珊、张次男（彭述之）等五人，文件三箱和书籍500多本被搜走。只有托派"总书记"陈独秀因患胃病没有出席。

谢少珊立即做了叛徒，供出被捕人员的真实姓名，并于当天下午7时带领巡捕去岳州路永兴里11号抓捕陈独秀。

谢少珊，后改名谢力公，广东梅县人。早年曾加入共产党，大革命时期被派赴苏联莫斯科中山大学，归国后参加了中国托派的活动，任陈独秀的秘书。

大革命失败后，中共开始发动武装斗争。中国托派既反对中共的方针政策，又反对国民党的政策路线，自是两面树敌。特别是它主要活动于国民党统治区域以及租界，故托派中央机关很快被破坏。"二费"即费侠（女，后为国民党"中统"头子徐恩曾的情妇）、费克勤（其小姑即费侠），是莫斯科中山大学的学生，回国后不久先后叛党，成为国民党特务。

一次，费克勤在路上遇见中国托派骨干分子濮德治的妻子张颖新，他们原是莫斯科中山大学的同学，当时张颖新不知道费克勤已经叛变，并且已成为国民党特务，还热情地邀请他到家里做客，费克勤于是赴约。那天，正好陈独秀也在濮家，费克勤见到陈独秀后，濮德治责怪妻子不该让面目不清的费克勤到家里来，并于翌日搬家，但是濮德治的新居又被国民党特务牢牢盯上了。最终，特务获知了中国托派中央开会的地址。上海市市长吴铁城密电南京政府行政院，称逮捕陈独秀事先曾与租界当局"特别交涉"，并"协同捕房侦查"达月余之久。这才收网，一举逮捕了陈独秀以及中国托派的其他人员。

16日，上海大街上的报童，摇着手中当天的报纸吆喝着："特大新闻，共产党首领陈独秀等，昨天在上海被捕……看报咪！看报咪！"陈独秀被捕时，恰好潘兰珍回老家南通去了。她回到上海，看到报纸上的照片，才知道自己的先生"王老头"竟然是共产党的首领，大名鼎鼎的陈独秀。内心的震动可想而知，于是到处打听先生的下落。

公共租界捕房决定将陈独秀等人押解到江苏高等法院第二分院。这是根据中国与英国、美国、法国、荷兰、挪威、巴西等6国在南京所订关于《上海公共租界内中国法院之协定》，于1930年4月1日成立的，和江苏高等法院第一分院一样，院址均在北浙江路191号。

但是，上海市公安局代表要求将陈独秀等人引渡到南京，交军法审判。

中集

1933年10月15日，陈独秀在上海家中被捕，被押解至公共租界巡捕房。在那里他看见了先行被捕的彭述之等人，幽默地说："我原以为只我一个人被捕，没想到你们都先来了。这下我可有伴儿了，可以松快松快了。"那么，这个彭述之是什么人呢？

彭述之（1895—1983），湖南邵阳人。1919年入北京大学学习，参加五四运动；1921年冬加入中国共产党，是中共旅莫斯科支部负责人之一；回国后主编《向导》和《新青年》，在中共四大、五大上当选为中央委员。后因不同意中央的路线，于1929年11月被开除出党；是托派中央常委，1932年10月15日被捕。

1．军法关押，地法收审

江苏高等法院第二分院，名义上归租界管理，其实与国民党上海公安局暗中勾结。法院只是象征性地进行了审问，便把全案人犯引渡给上海市公安局，关押在侦缉队。

南京政府接到上海市市长吴铁城的电报后，兴奋异常，立即命令将陈独秀"妥慎押送来京"。

11月20日晚，陈独秀、彭述之等被秘密押解至上海北站，乘车去南京。车厢里的彭述之辗转反侧，夜不能眠。而陈独秀一路鼾声，直到21日晨抵达南京下关车站，被特务叫醒，还打着哈欠，伸伸懒腰，镇定自若，令彭述之十分羡慕。陈独秀说："吾已半老，别无所求。汝正青春，大有可为。万望勿作他想。"随即陈独秀、彭述之被押赴军政部军法司关押。从这个举动来看，说明一开始国民党打算对陈独秀进行军法审判。

蒋介石原打算将陈独秀押赴武汉。

为什么押赴武汉呢？因为当时蒋介石正在武汉行营指挥对鄂豫皖和湘鄂西红色根据地发动的第四次"围剿"。蒋介石的目的就是要知道陈独秀与红色根据地的共产党人之间会有什么来往，从中得出有价值的情报，也可以将陈独秀绳之以军法。陈独秀很坦然，同意去武汉见蒋介石，当面陈述自己组织托洛茨基派的活动情况；国民党当局也表示将于21日"提陈犯出狱，由司令部派员押解武汉"。

　　10月21日下午，天津《大公报》记者采访了军政部军法司监狱科长。该科长说："陈独秀、彭述之二犯是由中央党部交押的，属于寄押性质，军法司还没有开庭审讯，是不是押到武汉，还没有确切消息。"

　　陈独秀被捕后，各地国民党党部心花怒放，就像打了鸡血似的，纷纷列举陈独秀的种种罪状，要求政府枪毙陈独秀。国民党南京市党部、广东省党部等致电国民党中央，"恳请严办"，"迅予处决"。

　　但是，营救陈独秀的呼声与力量更是来势汹汹，宋庆龄、蔡元培、胡适等都纷纷向陈独秀推荐辩护律师。陈独秀的好友章士钊还自告奋勇，义务担任他的辩护律师。

　　国内著名学者蔡元培、杨杏佛、柳亚子、林语堂等8人和国际著名人士杜威、爱因斯坦、罗素等，纷纷致电蒋介石，致电国民党中央党部、国民政府请求释放陈独秀。

　　沪上的柳亚子更是为营救陈独秀极力奔走。北大、燕大师生都纷纷举行演讲集会声援，如此等等，形成了一场声势浩大的"救陈活动"。党国元老柏文蔚也于25日晨去上海当局探询了对陈独秀的处置态度，以便进行营救。

　　这时，蒋介石改变主意，决定将陈独秀由军法审判改为司法审判。

　　对蒋介石来说，何尝不想将陈独秀置之死地而后快呢！国民党中统派干事黄凯将陈独秀的多种重要文件送到武汉，并向蒋介石详述"陈彭案"的情况。蒋介石又让人把叛徒谢少珊等送到武汉行营，亲自审问，经过再三调查，证明陈独秀确实没有与红色根据地红军有任何联系。加上著名学者翁文灏、胡适及南京政府外交部部长兼行政司法部部长罗文干致电蒋介石："请将陈独秀案付司法审判，不由军法从事。"这样，蒋介石终于同意将"陈彭案"交给司法部门审判。24日，蒋介石自汉口电京，称"陈等所犯之罪，系危害民国之生存，国家法律对于此种罪行，早在法律上有明白规定，为维持司法独立尊严计，应交法院公开审判"，"陈彭案"循"牛兰一案"办理，同为"危害民国罪"。军政部军法司决定将陈、彭暂押南京江宁地方法院，听候高等法院决定审讯地点。

10月25日下午，军政部部长何应钦与军法司司长王振南在军政部会客室传讯陈独秀。

何应钦问："赣鄂等省共产党暴动行为，或知其详否？"

陈独秀答："各处共党行动，均由干部派指挥，与余毫无关系。"

何应钦问："你对未来中日战争前景有何看法？"

陈独秀答："依据国际形势的观察，仍须联俄才能于抗战有利，英美及国联对中国都不会施以援手。"

10月26日，军法司电询国民党中央组织委员会调查科，请示处置办法，并电请司法行政部刑事司司长李幼泉，转告江宁地方法院准备监房，查验收押。当天，陈独秀、彭述之就被押赴长乐路上的江宁地方法院。

2. 舆论焦点，尖锐对立

10月19日，《晨报》以《陈独秀被捕》为题，发表社论，称：人们知道陈独秀，还以为他仍然是共产党领袖，是"不知共产党之内情之言也"，独秀虽共产党首领，而近几年瞿秋白、李立三等已经换人四五次。领袖更迭的原因，是党内关于革命策略不一致，中央派（干部派）认为中国社会尚在封建时代，因此策略为农民暴动；与中央相反的是托洛茨基，认为中国社会已经到了资本社会，他们不反对农民武装，认为应该同时注重工人罢工和世界革命。因此导致了两派分裂。该文批驳了"独秀虽已非共产党首领，然近年共产党之杀人放火，独秀乃始作俑者，故不可不明正刑典"的言论。认为宣传共产党言论、组织共产党与实行危害国家，这是两码事，共产学说是以反抗现实社会为目的。发生的根源是人心不平。人心不平的原因是因为国家"早有病根"，应该负责的，不是坚持共产学说者，而在于政府当局的罪过。

23日，蔡元培、杨杏佛、柳亚子、林语堂、潘光旦、董任坚、全增嘏、朱少屏联名致电南京中央党部、国民政府请释陈独秀，电称："此君早岁提倡革命，曾与张溥泉、章行严办《国民日报》于上海，光复后复佐柏烈武治皖有功，而五四运动时期鼓吹新文化，对于国民革命，尤有间接之助，此非个人恩怨之私所可抹杀者也。不幸以政治主张之差异，遂致背道而驰，顾其反对暴力政策，斥红军为土匪，遂遭共党除名，实与欧美各立宪议会中之共党议员无异，伏望矜怜耆旧，爱惜人才，特宽两观之诛，开其自新之路，学术幸甚，文化幸甚。"

一个叫仿鲁的人在《社会新闻》上发表《清算陈独秀》一文，称陈独秀是"近代政治怪杰"，"陈曾是共党取消派，然而他是'赤匪'的创造者始作俑者……照现行法规，似应惩罚，而无活命之可能。反转是说，陈虽是共党，却是反对共党现行暴政者，而且还是个学者，只要他继续反共，似乎不至于死"。

10月26日，《申报》发表《陈独秀或不致处死》一文说："盖陈原非真共产党可比"，共产党进行武装斗争，而陈独秀不仅手无寸铁，且反对成立红军，况且国民党未尝不想利用陈去进一步反对共产党。虽国民党不能不考虑要求宽大处理的舆论压力，但也决不会轻饶他，任其进行反国民党的活动。

10月28日，香港《大公报》发表了《营救陈独秀》的短评，说陈独秀是一个领袖，只需给他机会，叫他堂堂正正地主张意见，向公众陈述，这正是尊重爱护他的道理。如果用哀恳式的乞怜，感情式的缓颊，在法律以外去营救他，反倒辱没了这位有骨头用意识的老革命家。

10月30日，在北大曾为陈独秀学生的傅斯年在《独立评论》上发表文章《陈独秀案》，文曰：

> 最近陈独秀在上海被公共租界工部局捕去，移交中国官厅，又解到南京，押在军政部军法司候审。这事件引起南北舆论重大的注意，平津的几个重要日报都有社论，论这件事，而其结论皆不外乎政府处置此案应分别陈氏之功罪，给他一个合法的、公正的判决，不可徒然用一个'反动'的公式率然处分。舆论的这个态度我觉得是很可以佩服的。我们绝不能要求执政者法外徇情，同时也绝不能同意当官者之主观用事。我们对一切司法案件皆应如此主张，对陈案何独不然？
>
> 陈独秀案不是一件简单的事情，假如陈氏是在江西或湖北共党巢穴中捕去，他是一个现行犯，这事情简单得多了，然而他是在上海公共租界中捕去，而其本身与其同派的人又早已为苏俄背后之第三国际开除了党籍，且对于他们这些人的态度是拔刀相见的。假如陈氏在江西共党区域被共党捉了去，他登时便要明正了苏俄的典刑了，现在是国民党之政府捉到手，于是处置此事完全有考虑陈氏一生行迹，及近二十年中国革命历史之必要。

文章最后"希望政府能将此事交付法院，公开审判……不妨依据法律进行特赦活动"。

《壬申半月刊》于11月1日刊登了题为《陈独秀被捕以后》的文章，痛斥"共产党徒，其罪大恶极，自然是应该聚而歼之"；但又说陈独秀在1929年12月发表的《我们的政治主张》，"该派现在似乎已经崩溃",并说:"自陈等被捕解京,我当局尊重法律司法独立,由蒋委员长提议,经中央常委会通过,将全案移归法院审理,此诚不失为法治国家持平的态度。"

总之,关于陈独秀的被抓,引起舆论方面的极大关注,一类无非要求明正刑典;而另一类希望网开一面,减刑或释放陈独秀。

3. 老友行严,挺身而出

陈独秀等受江苏省高等法院传讯,江苏高等法院派检察官朱隽带书记官来到南京,于10月29日上午9时,与推事赵钲锺,在江宁地方法院刑二庭开庭,审讯、侦查陈独秀、彭述之案。侦查之后就在江苏高等法院提起公诉,并公开审理。

有《晨报》记者问陈独秀是否聘请律师辩护时,陈独秀说:"余等案件系政治问题,又可说学理问题,似无须请人辩护,如欲请人辩护,亦须有钱才行,但我系一穷措大,没有钱请人辩护。而信件来往每月只能一次,何来有此充分之时间,做请人之准备?故开庭期促,则更不延人辩护矣。"

消息一出,大律师郭蔚然于10月31日写信给蔡元培说:"昨闻独秀老夫子谈话谓无钱不能请律师是伤心语。门人愿为不要钱的辩护人。如荷夫子赞同,敬乞赐示关照以便晋京晤独秀夫子做准备……桃李盈门,谓桃李者此时不努力,等到何时!"许多著名律师如章士钊、张耀曾、董康、郑毓秀、汪有龄等都自告奋勇,愿为陈独秀担任义务辩护人。

陈独秀则自有主张,说:"烦请律师过多,转易外间无谓之注意",最后还是决定委托老友章士钊为他的辩护律师。

章士钊,字行严,曾任中华民国北洋政府段祺瑞政府司法总长兼教育总长,其时为沪上著名大律师。

说起陈独秀和章士钊,两人在前清时期就是朋友,是"总角之交"。早在1903年4月，陈独秀、邹容、张继等在日本留学，因闹学潮，割去清朝学监姚煜的辫子，被遣送回国。他在上海便认识了《苏报》报社的主笔章士钊。不久，《苏报》停刊，陈独秀便协助章士钊创办《国民日报》来代替《苏报》，章士钊任主编，陈独秀负责全部文字校对。该报以"国民"命名，公开宣称："以当今狼豸纵横，主人失其故居，窃愿作彼公仆，为警钟适铎，日聒于吾主人之侧，敢以附诸无忘越人之杀而父之义，更发狂吆，以此报出世之期，为国民重生之日。"这明确地标明了其宣传民主、恢复民权、反对封建专制的宗旨。志同道合的陈独秀与章士钊两人，同居偏楼，对面执笔，抵足而眠。

一日，陈独秀早起，钻出黑黢黢的被窝，伸胳膊伸懒腰时，章士钊突然发现他的衣袖里全是密密麻麻的白色的小生物，大惊失色，忙问是何物？陈独秀却若无其事地说："虱子。"章士钊吓得连退数步，"仲甫，你这虱子从何而来？"陈独秀说："这不是偏楼的产物，难道是从东洋进口的？"这时，好友苏曼殊拿着书稿来偏楼，章士钊说："子谷，来的正好，你看仲甫一早醒来，满身都是白色的怪物，星星点点，好似夜空繁星。"苏曼殊凑近一看："噢，不足为怪，这玩物是仲甫兄的老伙计了，在日本时他就和虱子为伍了。俗话说穷生虱，富生疮，此乃寒士乞丐的生活写照。"章士钊说："仲甫，我原以为你是一个天生的领袖，没想到你还是一个天生的乞丐。"

《国民日报》在章士钊和陈独秀的努力下，依旧秉承《苏报》反清革命的宗旨，风靡一时。但在清政府上海知县的干涉下，不能发行到长江流域各省，导致经费严重不足，于当年年底停刊。陈独秀与章士钊各奔东西。

辛亥革命时期，陈独秀任安徽都督府秘书长，意气风发，励精图治。章士钊则从英国回国，任上海《民立报》主笔，兼江苏都督府顾问。1913年3月，袁世凯主使刺杀宋教仁反嫁祸于黄兴。章士钊由此看出袁之险恶，乘隙逃离北京，前往上海，7月由孙中山任命为讨袁军秘书长。"二次革命"失败后，章士钊亡命日本。

"二次革命"失败后，陈独秀又混到卖马当锏、抛妻别子的地步，只得东渡日本投奔在东京办《甲寅》杂志的章士钊，二人同甘共苦，又过起合穿衣裤、与虱子为伍的穷日子。

1915年，陈独秀回国，办《青年》杂志，名声大噪。两年后被蔡元培聘为北大文科科长。陈独秀便将《青年》杂志搬到北京，办起《新青年》杂志。

1915年，陈独秀在其主编的《新青年》上刊载文章，提倡民主与科学，反对封建文化，揭开了新文化运动的序幕。这次运动沉重打击了统治中国2000多年的传统礼教，启发了人们的民主觉悟，推动了现代科学在中国的发展，为马克思主义在中国的传播和五四爱国运动的爆发奠定了思想基础。

1915年冬，袁世凯公开称帝，蔡锷遁走西南，与李烈钧、唐继尧在昆明组织护国军，攻入四川；各地反袁斗争此起彼伏。1916年西南护国军反对袁世凯称帝，并于5月8日在广东肇庆组织军务院，代行国务院职权，为独立各省对内对外之机构。唐继尧、岑春煊为正副抚军长，梁启超任政务委员长；章士钊出任军务院秘书长，并兼两广都督司令部秘书长。6月，袁世凯病死，军务院随后取消。章士钊应蔡元培之邀，受聘为北京大学研究所伦理教授，兼图书馆主任；章士钊并荐李大钊、杨昌济到北大任教，并将自己的北大图书馆主任职位推荐李大钊继任。

1918年5月，章士钊任广州护法军政府秘书长。次年在上海举行南北和平会议，当选南方代表。

1919年五四运动发生，陈独秀成为新思想、新文化运动的旗手和总司令

1921年7月，陈独秀当选为中国共产党总书记。1924年11月，段

祺瑞执政，任章士钊为司法总长。1925年4月，章士钊兼任教育总长。

1926年，"三一八"惨案时，章士钊任段政府秘书长。后段祺瑞被国民军驱逐下台，章士钊出走天津，继续在日租界出版《甲寅》周刊。章利用该刊反对新文学运动、新文化运动，反对白话文，反对"欧化"，与陈独秀在批判传统文化上、思想上、观念上渐行渐远，走向了对立面。"九一八"事变后，章士钊在上海挂牌，成为著名大律师。

没想到，陈独秀被捕后，无钱请律师，此时，作为老朋友的章士钊挺身而出。由于他做过司法总长，人脉资源很多，因此，主动要求为陈独秀担任辩护律师，那么，这场官司有无胜算的把握？陈独秀能无罪释放或减刑吗？

下集

章士钊大律师免费为陈独秀进行辩护，在民国历史上本来是一段佳话。但不想陈独秀不但不领情，反而将章士钊惹恼了。究竟是什么问题让陈独秀与章士钊搞得很不愉快呢？

1. 法庭公审，大义凛然

1933年4月14日，陈独秀一案在位于南京新廊的江宁地方法院开庭，检察官以"危害民国"罪起诉陈独秀。旁听席上有百余人，有从上海、无锡、镇江等地专程来旁听者。

陈独秀的律师章士钊、彭望邺、吴之屏、蒋豪士、刘祖望也依次进入辩护席。

上午9点35分，陈独秀、彭述之等10人到庭，陈独秀"两鬓斑白，须长寸许，面色红润，已无病容，四周环视，态度自若"。审判正式开始。

审判长胡善称色厉内荏，审陈独秀这样的大家生怕压不住台面，大声问："案犯陈独秀，将年龄、籍贯或住址、职业告知本庭！"

陈独秀不卑不亢："本人陈独秀，字仲甫，五十五岁，安徽怀宁人，住上海岳州路永兴里，无业！"

……

胡善称又一一询问其他同犯完毕后，由检察官朱隽向法庭陈述了陈彭等人拘捕经过。

接着胡善称审问陈独秀："共党活动，是否受莫斯科指挥？"

陈独秀："是，不争之事实。"

胡善称："当时共党之活动，第三国际态度如何？是否满意？"

陈独秀："无所谓满意不满意。"

胡善称："共党总书记是否总秘书长？"

陈独秀："是！"

胡善称："何时被开除？"

陈独秀："记不清，大约在民国十七年或十八年。"

胡善称："究以何故成为苏俄干部派（即斯大林派）之反对派？"

陈独秀："以意见不同而已。"

胡善称："被开除后做何事？"

陈独秀："未做事。"

胡善称："共党共分几派？"

陈独秀："分托洛茨基派与斯大林派。"

胡善称："托洛茨基现在何处？"

陈独秀："现在情况不知。"

胡善称："你们反对党内常委几人？"

陈独秀："五人，但五人中并没有宋逢春。因为宋被捕时，我方出狱一周余，他在狱中怎么能当选为常委？还有濮一凡是一个三十多岁的黑脸汉子，刚才看见怎么是一个漂亮的小孩子？"

胡善称："濮一凡曾供认自己是常委？"

陈独秀："不对。濮非常委，恐因为语音不同而有舛误。"

这时，律师席上章士钊起立申告："检察官之记录，我等并未见过，其中恐有错误，请发下一看！"

检察官朱隽急忙答道："待将来整理后宣读，如有舛误，再做修改！"

胡善称："对于红军主张如何？"

陈独秀："红军为特别组织，要先组织苏维埃政府，照现在状况尚用不着红军。共党理论，先要有农工为基础，待有政权，才需要有军队。"

胡善称："有告党内同志书一文（注：即1929年12月10日一文），内有当共党欲实行暴动，曾有信去指说现在尚未至革命高潮，国民政府尚不能崩溃，徒使党离开民众，应请改变政策等语。是否是你做的？"

陈独秀："是有的。"

胡善称："中国共产党反对派即托派最终目的如何？"

陈独秀："世界革命，在中国需要解放民众，提高劳动者生活，关于夺取政权，乃当然之目的。"

……

胡善称："与皖湘赣等省共党不能合作，是否因政策不同？"

陈独秀："是！"

胡善称："（托洛茨基派）党内教育界学生方面有人参加否？"

陈独秀："当然有，工人比较多，其余各界都有。"

……

胡善称："被捕十人中，有几人认得？"

陈独秀："以政治犯资格，不能详细报告，作政府侦探，只能将个人情形报告。"

胡善称："陈独秀，你们何以打倒国民政府？"

陈独秀："这是事实，我不否认。至于理由，可以分三点，简单说明之：（一）现在国民党政治是刺刀政治，人民既无发言权，即党员恐亦无发言权，不合民主政治原则；（二）中国人已穷至极点，军阀官僚只知集中金钱，存放于帝国主义银行，人民则苦到无饭吃，此为高丽亡国时现象；（三）全国人民主张抗日，政府则步步退让。十九路军在上海抵抗，政府不接济。至所谓长期抵抗，只是'长期抵抗'四个字，始终还是不抵抗。根据以上三点，人民即有反抗此违背民主主义与无民权实质政府之义务。"

退庭后，章士钊认为陈独秀所供之词，难以达到自己为陈独秀辩护争取无罪或减刑的最终目的，于是便找到与自己熟悉的法官，调阅陈独秀的案卷与供词，擅自修改了部分不利于陈独秀的词句。

第二天，继续开庭，胡善称说："被告陈独秀，昨日本庭审讯之笔录，今由书记官宣读，内容若有错误出入之处，可当庭声明更正。"

陈独秀回答："悉听尊便！"

这时，书记官开始宣读昨日讯供笔录，陈独秀发现有多处篡改，已经不是自己的表述，非常不满，厉声质问书记官的失误，还刨根问底，盘问失误的缘由。之后，一把夺过供状，在改动之处，又改了回来。章士钊用心良苦，陈独秀毫不领情，统统纠正过来，才签字画押。

陈独秀的举动，令章士钊非常不爽，如此不配合律师，这场官司还怎么打？如何能有胜算？

审判长有意设套，问："陈独秀，托洛茨基派之最终目的如何？是否为推翻国民党，实行无产阶级专政？"他的目的就是要让陈独秀承认推翻国民党，这样才能判其危害民国罪。没想到陈独秀回答得很肯定：

"是的，凡不抗拒外侮，不顾人民，实行独裁政治的党派和政府，都应该打倒，莫说是国民党，也包括托洛茨基主义者！"陈独秀毫不掩盖自己的观点。

审判长转而问彭述之："托洛茨基派最终目的如何？"

彭述之回答："世界无产阶级革命！"

"是否为推翻国民党，实行无产阶级专政？"

"诚如刚才陈独秀所言！"

第二次庭审时间是4月20日上午10时，这一天，8点刚过，江宁地方法院门前，人头攒动，熙熙攘攘，很多人都等在法院门前，请求签发旁听证，也有不少人不远千里专程赶来，不大的法庭之中拥挤了200多人，"庭址不敷容纳，后至者多抱向隅。等到10时许，旁听席上无地可容，有立于座次两旁者，立于记者席之后者，亦有立于室外者"，总之人满为患。

检察官朱隽起立，提起控告：本案被告陈独秀等十人，被捕经过已于起诉书中述明。并对被告十人之犯罪证据，加以说明。

他从陈独秀的历史、言行等，归纳为"攻击国民政府，使国府威信堕地，不能领导群众，应由其领导农工及无产阶级，与以武装暴动，组织农工军，促立苏维埃政权，推翻国民政府，由无产阶级专政，并欲打倒资本家，没收土地，分配贫农，破坏政治及经济组织，故为危害民国，毫无疑义。综纳被告之主张，共有四阶段：（一）组织团体；（二）宣传；（三）武装暴动；（四）无产阶级专政。……综合所述被告实犯危害民国紧急治罪法……"

审判长问陈独秀："你是否尚有抗辩？"

陈独秀愤然作答："我当然抗辩。凭空编造虚实之词，强加于人，焉有不抗辩之理？我只承认反对国民党和国民政府，却不承认危害民国，因为政府不等于国家，反对政府，并非危害国家！自辛亥以来，共和招牌高悬，实则一事无成，而连年军阀混战，都以争夺地盘、搜刮人民为目的，弄得工业凋敝，农村破产，国家将亡，民不聊生，予不忍眼见中国人辗转呼号于帝国主义与国民党两重枪尖之下而不为之挺身奋斗也……"

他历数国民党政府的"罪状"：

第一，"对于日本侵占东三省，采取不抵抗主义，甚至驯羊般跪倒在日帝之前媚颜投降，宁至全国沦亡，亦不容人有异同，家有异说……宁赠友邦，不与家奴竟成国民党之金科玉律。儿皇帝将重现于今日，不亦哀乎？"

第二，"国民党吸尽人民膏脂以养兵，挟全国军队以搜刮人民，屠杀异己……大小无冠之王，到处擅作威福，法律之制裁小民，文同官俱在议亲议贵之列。……其对共产党人，杀之囚之，犹以为未足，更师袁世凯之故智，使之自首告密，此不足消灭真正的共产党人，只以破灭廉耻导国人耳……"

第三，"连年混战，杀人盈野，饿殍载道，赤地千里。老弱转于沟壑，少壮铤险，死于水旱天灾者千万，死于暴政人祸者万千。……工农劳苦即牛马，爱国有志之士尽入囹圄，……民死之不暇，何以言民生？"

"国者何？土地、主权、人民之总和也，此近代法学者之通论，绝非'共产邪说'也。以言土地，东三省之失于日本，岂独秀之责耶？以言主权，一切丧权辱国条约，岂独秀签字者乎？以言人民，余主张建立人民政府，岂残民以逞之徒耶？若谓反对政府即为'危害民国'，此种逻辑当为世人耻笑。孙中山、黄兴曾反对满清和袁世凯，而后者曾斥孙、黄为国贼，岂笃论乎？故认为反对政府即为叛国，则孙、黄已二次叛国矣，此荒谬绝伦之见也。"

陈独秀将国民党的罪恶，痛快淋漓地倾泻而出。

旁听席上众人交头接耳，皆赞叹陈独秀的《辩诉状》言之凿凿，振聋发聩，由衷地表示钦佩，赞道"真乃革命家！""英雄豪气也"。

审判长胡善称铁青着脸面，敲着手中的木槌，连连警告："肃静！肃静！旁听者不得喧哗，谨守法庭秩序。"他大声斥责："被告陈独秀，不得有鼓动言辞！如今强寇入侵，吾等国人应万众一心，上下一致，精诚团结，以国事为重！"

陈独秀十分恼怒："你不要我讲了，我就不讲了，何必还要什么程序呢？"

胡善称只得说："不是不要你讲话，只是要你言辞检点一点。你讲吧。"

陈独秀说："不过，在我讲之前，有一词先须问明，'言辞检点'意指为何？"

胡善称解释："是要你莫借题发挥，渲染过重，且不敬言辞，有辱民国领袖之形象。"

"国事衰退若此，国民疲敝若此，又妄设此法庭，实悖于三民主义，于领袖不敬甚矣！"陈独秀揶揄着，又说："刚才你说团结，这是个好听的名词；不过，我觉得骑马者和马讲团结，马是不会赞成的！它会说，你压在我身上，你相当舒适，我要被你鞭打还要跑，跑的浑身大汗，你还嫌慢，这种团结，我敬谢不敏。"

陈独秀的话，引起一阵哄堂大笑。让胡善称感到十分难堪。

胡善称一脸尴尬："讲你的辩诉，不要讲骑马不骑马了，它与本案无关。"

陈独秀坦然一笑："好，闲话休提，言归正传，余固无罪，罪在拥护工农大众利益开罪于国民党而已，余未危害民国，危害民国者，当朝衮衮诸公也。冤狱世代有之，但岂能服于后世。余身工农，死不足惜，惟于法理之外，强加余罪，则余一分钟呼吸未停，亦必高声抗议也，……法院欲思对内对外，保持司法独立之精神，应即宣判余之无罪，并责令政府赔偿余在押期间物质上精神上之损失。"

真是岂有此理，陈独秀不仅不认罪，反而要求法庭宣布其无罪，并进行政府赔偿，于是审判长胡善称铁青着脸宣布："依照法庭审理程序，由被告律师为其作辩护。"

2. 章士钊辩护，陈独秀拒绝

章士钊从律师席上站起来，开始辩护。从言论和行动入手，说，以言论反对或攻击政府，无论何国，均不为罪，陈独秀之暴动，和国民党打倒北洋军阀的策略一样，既未越言论或理想一步，与紧急治罪法上之"行为"含义根本不同。所谓叛国罪、危害民国罪，于逻辑无取，于法理不当！他又说明陈独秀被共产党开除，已经不属于"干部派"，他的托派是反对斯大林派的，所以，托洛茨基派实与国民党取掎角之势以清共也。

章士钊自认洋洋洒洒五千六百字的辩护，是对得起老朋友的信任了。之后，他去狱中见陈独秀，劝陈独秀修改供词。不料，陈独秀对章士钊的好意，尤其是托派与国民党取掎角之势对付共产党等提法坚决反对。章士钊劝道："仲甫，我这样改对你现时的处境是非常有利的。"陈独秀不买账："行严，好意铭记，但以君之美意屈我之本意，实为仲甫所难从命也。"两人最终没有达成共识。

下午开庭时，陈独秀站起来说："本人对律师辩护，有补充说明，章律师等之辩护，以其个人之观察与批评贡献法院，全系其个人意见，并未征求本人同意，且亦无须征求本人同意。至本人之政治主张，不能以章律师之辩护作根据，应以本人之文件为根据。"有一天，一个叫汪原放的出版人来狱中探望陈独秀，陈独秀气愤地将自己批改过的章士钊的《辩护状》拿给他过目，说："咳！行严真糟！你回去，马上告诉他，我再也不要他替我答辩了！"说着用笔敲着"清共而后""取掎角之势以清共"的字样说："你看吧。这成什么话！"后来，陈独秀的好友柏文蔚对陈独秀的儿子陈松年说："你父亲老了还是那个脾气，想当英雄豪杰。好多朋友想在法庭上帮他的忙也帮不上，给他改了供词，他还要改过来。蒋介石以'危害民国罪'判了他十三年徒刑。他开始上诉还让报社登，后来就不让登了。"

4月26日下午2时，"陈独秀、彭述之一案，业经江苏高等法院派员赴京审结。被告陈独秀等8名处有期徒刑，褫夺公权。

江苏高等法院刑事判决，二十一年度高字第三五号

主犯陈独秀、彭述之共同以文字为叛国之宣传，各处有期徒刑十三年，褫夺公权十五年。……

本案上诉法院为最高法院，当事人对于本判决如有不服，应于送决书之翌日起，十日内以书状叙述不服理由，向本院提起上诉。"

法庭宣布判决书后，陈独秀愤然说："本人乃叛国民党，并非叛国，以此不公之裁判强加于人，吾等定会上诉，以明是非！"

6月15日，陈独秀完成了《上诉状》，第二天，他托律师蒋士豪带到上海，与章士钊研究后，让章士钊交给最高法院。

上诉书抓住判决书中三点谬误进行辩驳。

其一，判决书声称，国民党国民政府为建设中华民国之领导机关，谁反对国民党国民政府，谁就是叛国。陈独秀对此予以强烈反驳：

以民国为一党一人之私产，目反之者为叛国，岂其以万世一系之天赋特权自居乎！此于建设民国之约言岂不显然背叛乎！视建设中华民国者之自身即为国家，犹之视建筑房屋之匠人即为建筑物，谓反对封建民国者之自身即为根本推翻民国，亦犹之主张更易匠人即等于毁坏建筑。世间滑稽之论，宁有过于此者乎！

其二，再衡以建设中华民国之现状，无冠之王遍于宇内，田赋附加增逾正额十倍以至数十倍，新税名目多至难以悉数，贪夫盈廷，饿殍载道，农夫辍耕于田亩，工贾咨嗟于市廛，鸦片官营已为公开之秘密，士流动色相戒莫谈国是，青年出言偶激辄遭骈戮，民国景象固应如是乎？此即判词所谓"中华民国建设之基础"乎？六年以来内战大小十余次，破坏铁路车辆七千有余，增加内债十余万万。最近更由政府借入美国农产品价值二万万元，既以加速农村之破产，又阴增人民对于未来内战军费之负担，此即判词所谓"于训政时期以内指导人民

为革命建设之进行"乎？

其三，前年不战而断送东北三省，今年不战放弃热河及平、津以东，南渡之局已重见于今日，崖山之迫亦难免与方来。政府复纵百万虎狼于民间，所谓抗日捐，所谓救国公债，所谓防空捐、飞机捐，成为强征暴敛之最新名词，人民之爱国心渐为迫于暴政苛政之惨痛心情所排而去。瞻念前途令人不寒而栗。此即判词所谓"从事于建设中华民国之领导机关"之所应从事者乎？以予等反对如此建设中华民国之领导机关，而谓为"乘日本之侵略，妄诋政府不抵抗"而诬为"将中华民国之建设从根本上推翻"，而判以"危害民国及叛国"之罪，"莫须有"三字其何以服天下后世？

国民党最高法院驳回了陈独秀、彭述之的上诉。陈独秀等于7月7日递交《再抗辩书》。最高法院拖延了一年之后，于1934年6月30日进行了最后审理，7月20日国民党最高法院对陈独秀等作出了终审判决：

主文如下：原判决关于陈独秀彭述之及王武、濮一凡、王兆群、郭竟豪之褫夺公权部分，均撤销。陈独秀彭述之以文字为叛国之宣传，各处有期徒刑八年。裁判确定羁押日数，均以二日抵徒刑一日。其他上诉驳回。

3. 抗战爆发，提前出狱

1937年7月卢沟桥事变爆发后，中国进入全民抗战阶段。8月中旬，日本飞机开始轰炸南京。一夜，飞机炸弹扔进老虎桥监狱，差点炸死陈独秀。金陵大学中文系主任陈钟凡教授与胡适、南开大学校长张伯苓商定准备联名保释陈独秀，但国民政府要求陈独秀本人出具悔过书，此项要求被陈独秀拒绝。

几天后，到南京参加国防会议的周恩来、叶剑英去狱中看望了陈独秀。8月22日，陈独秀终于出狱了。出狱后，他坚持发表抗日演说，写下大量抗日文章。蒋介石请他出任国民党政府劳动部部长，被他拒绝。国民党政府出资10万元请他另立党派，亦遭其痛斥。1938年6月底，陈独秀从汉口乘船溯江而上，于8月到达江津居住。1942年5月27日，陈独秀在贫病交加中于江津溘然长逝。

第九讲　杨杏佛被杀大案

上集

1933年6月18日，周日一清早，在上海法租界亚尔培路331号中央研究院总办事处（今陕西南路147号），一位40岁的中年人和他15岁的儿子坐着敞篷车出来，刚驶出大门，转入亚尔培路时，一阵震耳欲聋的枪声响起，父亲立即扑在儿子身上，把儿子压在身下，只见4名枪手在汽车的四角射出了10多发子弹，这位中年男子身中数枪，很快气绝身亡。

这个中年男子是谁呢？是什么人要杀他？这个人就是南社社员、中国民权保障同盟总干事——杨杏佛。

1. 辛亥志士，留学美国

杨杏佛（1893年5月4日—1933年6月18日），名铨，号杏佛，祖籍江西清江县（今江西省樟树市）人，生于玉山。15岁入上海公学，17岁加入同盟会。武昌起义后，1912年1月，孙中山就任中华民国临时政府大总统，杨杏佛与同学任鸿隽（南社社员）到南京总统府任职，杨任总统秘书处收发组组长，任鸿隽任秘书处总务长。1912年3月12日由柳亚子介绍，19岁的杨杏佛加入南社，入社书编号229。4月1日，孙中山辞去临时大总统之职。杨杏佛不愿随临时政府去北京，在旧官僚袁世凯手下为官，要求由稽勋局派其去美国留学，他如愿以偿，成为中国第一批"稽勋留学生"，与任鸿隽、宋子文等一道赴美国，入康奈尔大学学习。上学期间，杨杏佛与任鸿隽一起创办中国科学社和综合性杂志《科学》。杨杏佛在康奈尔大学毕业后，又转入哈佛大学学习。1916年，他在那里遇见被称为"民国产婆"的赵凤昌之小女儿赵志道。赵凤昌是晚清与民初的著名人物，是幕后推手，辛亥革命期间，孙中山多次上门求教，才建立中华民国临时政府，所以赵凤昌被称为"民国产婆"。赵志道的留学经历：先在卫斯理女子学院学习，与宋美龄同学，两人关系较好。后入孟河女子学院。杨杏佛狂追赵志道，两人相爱后，赵志道也参加了科学社。1918年二人在美国结婚。

1918年10月，取得哈佛硕士学位的杨杏佛、赵志道与任鸿隽一同回国。杨杏佛先在汉阳铁厂任科长，后经陶行知介绍，于1920年到了南京，在国立东南大学任经济学、工科教授。因与校长郭秉文关系紧张，郭遂取消了工科，让杨杏佛无用武之地，于是他愤而辞职，奔赴广州，效力于孙中山广州护法军政府，任非常大总统孙中山秘书。

2. 主持总理葬事，效力北伐战争

1924年11月，杨杏佛随孙中山北上。孙中山抵达天津的第二天旧疾复发，12月31日抱病抵达北京。杨杏佛一直随侍在侧。

孙中山临终前说了"紫金山"三个字，在场的人谁也不明白，只有他的秘书、南社社员陈去病告知治丧委员会：孙中山希望埋在南京紫金山。原来，1912年孙中山任临时大总统期间，在紫金山上打猎，曾对秘书陈去病说："我将来死后，希望南京人给我一抔土。"这才是中山陵为什么营建在南京的原因。

1925年3月12日，孙中山逝世以后，杨杏佛是治丧处秘书之一，负责文件和筹备工作。

孙中山葬事筹备处在上海陶尔斐斯路成立，杨杏佛、蒋介石等七人为葬事筹备委员会筹备委员。杨杏佛与宋庆龄、孙科等人实地勘察孙中山的墓址，选定在紫金山之中茅山南坡，占地约2000亩，均由筹备处给价征地，并征求陵墓图案，征求期为三个月，共收到应征图案40余种。9月20日下午，葬事委员会召集孙中山家属联席会议，列席者有宋庆龄、孙科及夫人、孔祥熙、陈去病、叶楚伧、杨杏佛，后三人均为南社社员。根据征求条例和顾问意见详细讨论，由杨杏佛报告评判结果，决定获奖名单：头奖吕彦直、二奖范文照、三奖杨锡宗。决定由吕彦直担任建筑师。

在营建中山陵的整个过程中，从筹备、圈地、征求图案到施工投标、预算、签订工程合同、修筑马路、种植花草等，杨杏佛皆全程参与，提出圈地宜包括紫金山全部，山下则以灵谷寺、明孝陵及往汤山大路为界，同时包括小茅山全部。会议全体通过。宋子文提议，派杨杏佛往宁接洽圈地及测量、照相等事。当时的江苏及南京在五省联军总司令孙传芳统治之下，国民党是要推翻北洋军阀统治的，经过杨杏佛到南京与江苏省省长韩国钧斡旋，确定了中山陵的范围。在修建中山陵的过程中，杨杏佛与宋庆龄、宋子文、孔祥熙，包括蒋介石等人联系密切，关系都很好。而且，杨杏佛为蒋介石做了不少情报方面的事。

1926年5月，蒋介石在广州就任国民革命军总司令，随即于7月誓师北伐。9月，北伐军打到江西，与东南五省联军总司令孙传芳作战。当时，杨杏佛担任特别市党部宣传部部长，为蒋介石提供情报。他在孙中山葬事筹备处的三层阁楼里，秘密设置无线电台，将孙传芳部队活动逐日电告总司令部。不久，电台被孙传芳的侦缉处侦查到。那天早上八点多，军警会同法租界巡捕把杨杏佛从筹备处抓走，并抄走了收发报机。当巡捕把杨杏佛推入警车时，正好被一个叫张国权的职员看见，他觉得事态紧急，如果杨杏佛被从法巡捕房引渡至孙传芳军法处，会被他的大刀队处决的。于是他赶紧去向住在附近莫利爱路的孙中山夫人报告，孙夫人立刻请留法著名女律师郑毓秀去法国巡捕房交涉，将杨杏佛保释出来。但是筹备处的电台被巡捕抄走了，情报又必须送出去，这怎么办呢？杨杏佛与法国驻军电台的负责人商量，租用他们的电台继续收发工作。法驻军同意出租，但使用后损坏的真空管等均必须照价赔偿。就这样，杨杏佛继续给北伐军总司令部提供有关孙传芳的军事情报。所以，北伐军能迅速占领宁沪，杨杏佛功劳不小。

3."清党"遇险，侥幸脱身

1927年3月，周恩来、赵寿华准备在上海发动第三次工人武装起义。国民党代表吴稚晖、钮永建一反过去与共产党合作的态度，表示反对。时任国民党上海党部执行委员的杨杏佛则赞同参加武装起义，并做其他人的工作，国民党右派对此非常不满。3月21日，上海工人第三次武装起义取得了胜利，赶走驻扎在上海的孙传芳、李宝章等军阀部队，迎接北伐军占领上海。抵达上海不久的蒋介石，发动"四一二"反革命政变，公开"反共反苏"，大肆屠杀共产党和国民党左派及革命群众，杨杏佛差一点就成为刀下鬼。这是怎么回事呢？

4月12日那天，杨杏佛去龙华北伐军前敌司令部联系工作，不料，淞沪警备司令杨虎将其扣押，准备与被捕的共产党员一起枪决。恰巧，原孙中山大元帅府参事郭泰祺，这时受蒋介石委派任江苏交涉员，来到司令部，见此情况便有意识地对杨虎说："这是市党部的杨先生，你不认识吗！"杨虎只得说："误会！误会！"郭泰祺带着杨杏佛坐他的车一同回家，救其一命。不久，杨杏佛因为参加上海工人第三次武装起义等活动，被上海市党部罢免了执行委员一职。

1927年4月18日，国民政府定都南京。孙中山葬事委员会迁移南京。国民党斥资白银80余万两兴建中山陵，杨杏佛是学工程的，负责营建中山陵具体事项，被推为治丧筹备处总干事，掌握极大的决定权，每月津贴三百大洋。杨杏佛主持工程招标时，许多建筑公司纷纷送礼贿赂，杨杏佛照单全收，却将礼品存放在陈列室中，供人参观。

1929年5月下旬，在杨杏佛呕心沥血的操劳下，历时4年多的中山陵工程基本完工。6月1日国民党在中山陵为孙中山先生举行了奉安大典。

4．人权同盟，遭蒋忌恨

可以说，杨杏佛从早年追随孙中山先生开始，到孙中山成立广州军政府，再到孙中山北上，营建中山陵，为蒋介石总司令部提供情报等，无论从公交私谊还是与宋子文、宋庆龄的关系，蒋介石都不应该痛下杀手。那么，究竟为什么要谋杀他呢？

主要的问题就在他和宋庆龄、蔡元培为反对蒋介石独裁统治，成立了中国民权保障同盟。

中国民权保障同盟是宋庆龄、蔡元培、杨杏佛等为反对蒋介石的法西斯统治、争取人民民主自由权利而建立的一个进步政治团体，成立于1932年12月29日。为什么成立该组织呢？

1931年"九一八"事变后，蒋介石推行"攘外必先安内"的反动政策，在加紧对各苏区红军"围剿"的同时，残酷镇压抗日民主运动，许多为挽救中华民族危亡而斗争的人被逮捕甚至惨遭杀害。面对蒋介石的黑暗统治，不少有识之士感到无比愤怒，纷纷表示要与国民党反动派作斗争。中国民权保障同盟的成立正是为了把单独分散的斗争发展成为集体的有组织的斗争。

杨杏佛在以下几件事上触怒了蒋介石。

第一件事，邓演达被害案。邓演达是著名的国民党左派领导人。保定军校毕业。历任粤军营长、团长。曾率兵讨伐陈炯明叛军，深得孙中山的信任。1924年任黄埔军校教育长、国民革命军总政治部主任，是国民党中央执行委员、中央政治委员会委员、中央军委主席团成员和中央农民部部长等。1927年"四一二"反革命政变后，邓演达公开谴责蒋介石、汪精卫，并与宋庆龄等展开"反蒋"活动。1930年，邓演达离开德国柏林回国前，曾与宋庆龄见面，说，各种反动势力"不能阻挠我追随（孙）总理的步伐，我准备牺牲生命以赴"。回国后的邓演达于8月9日在上海主持召开中国国民党临时行动委员会代表会议，正式宣告中国国民党临时行动委员会（即第三党）成立，目的是推翻蒋介石的反动政权，继续完成孙中山的革命事业。邓演达被选为总干事。第三党积极进行"反蒋"活动，特别是邓演达利用他以前在黄埔军校1—4期学生中的影响力。当时因为校长蒋介石工作繁忙，在军校的时间不长，而教育长成天在校，就是代校长。所以邓演达在黄埔生和第一军的影响很大。他成立第三党后，有宋庆龄支持，又要沿着孙中山的道路前进，在国民党军中影响很大；他策反粤系军人陈铭枢和蒋系军官如陈诚等，力度也很大，给蒋介石的统治造成很大的威胁。

1931年8月17日，邓演达在上海愚园路为干部训练班作结业讲话时，因叛徒告密，被上海租界巡捕逮捕。在引渡和押送至南京的途中，押送队长是他的黄埔学生，建议他半路逃跑。邓演达认为蒋介石还不至于杀害他，说："我如果逃跑就会牵连你们。"于是，错过了唯一一次逃跑的机会。

邓演达被关押在南京陆军监狱期间，杨杏佛、宋庆龄曾去探望并积极设法营救。蒋介石对邓演达软硬兼施，要他放弃自己的政治主张，宣布解散组织，并许以中央党部秘书长和总参谋长的职务，均遭到邓演达的拒绝。邓演达说："我要为中华民族维护正气。"

为防止宋庆龄、杨杏佛等人再来探望邓演达，蒋派将其秘密转移到紫金山山麓一个秘密地点关押。当时，蒋介石与汪精卫、胡汉民大闹分裂，曾在汤山软禁了胡汉民，汪精卫、陈济棠等在广州成立国民政府。"九一八"事变后，全国抗日呼声很高，要求宁粤双方捐弃前嫌，重新合作。广东方面坚持蒋介石必须下野。在此形势下，蒋介石决定下野。在下野之前，他派人对邓演达说："只要邓在蒋下野后，不再写'反蒋'文章，就可以获释！"被邓演达所拒绝。于是蒋介石决定秘密处死邓演达。

11月29日晚，蒋介石令其卫队队长王世和率卫队三十余人，到了邓演达关押处，谎称请邓演达转移，带他上了汽车，开到南京麒麟门外沙子岗，突然停车，说汽车抛锚，需要修理，请邓下车。邓下车后，被带到无人处，枪声突起，邓演达顿时倒在血泊之中，时年36岁。邓演达死后，蒋介石封锁消息，外界无人知晓。

12月16日，宋庆龄去见蒋介石时，向蒋介石提出探视邓演达的要求。不得已，蒋介石说："这个人你已经见不到了。"

这时，宋庆龄才知道邓演达已不在人世，悲愤之下，一下子掀翻了茶几，上面的茶杯、茶壶统统摔得粉碎。蒋介石一看不好，急忙躲到楼上去了。

12月19日，宋庆龄为邓演达被害，在《申报》上公开发表宣言，强烈谴责蒋介石的卑鄙行径，指出："中国国民党早已丧失其革命集团之地位，至今已成为不可掩蔽之事实。亡其党者，非其党外之敌人，而为其党内之领袖。"蒋介石个人独裁，"借反共之名，行反动之实，阴狠险毒，贪污欺骗，无所不用其极"。宣言表示"深信中国之真正革命者，必不因反动势力之恐怖残杀而消极畏缩"，他们将奋起斗争，朝着革命所树立的目标前进。

随即杨杏佛将宋庆龄的宣言翻译成英文，在美国、英国等国的报刊上进行刊登，广泛揭露蒋介石的卑鄙行径，让蒋介石的形象在欧美扫地。这件事让蒋介石对杨杏佛更加痛恨。

第二件事，即"牛兰事件"。

宋庆龄去见蒋介石时，带去苏联方面一个口信，即交换人质。如果蒋介石释放牛兰，苏联方面就答应放蒋介石的长子蒋经国回国。

牛兰是波兰人，原名希莱雷·努伦斯（Hilaire Nuolens），中文名字叫牛兰。1929年2月，共产国际东方部在上海成立远东局，牛兰是负责人。1930年3月，牛兰到达上海。为了协助和掩护牛兰的工作，他的妻子汪得利曾带着年仅两岁的儿子吉米也来到上海。牛兰不管在任何情况下，均不得与苏联在华的公开机构联系，以保持他工作的秘密性。

牛兰的主要工作是通过租界区内的三家贸易公司作掩护，将活动经费转发给中国共产党及青年团等组织，建立并保持与红军及苏区的联系。为了安全起见，牛兰夫妇持有比利时、瑞士等国护照，使用数个假姓名，登记了八个信箱，七个电报号，租用十处住所、两个办公室和一家商店。1930年8月到1931年6月，远东局援助中国共产党的资金平均每月达2.5万美元，就是通过牛兰转给中共中央的。

那么，牛兰是怎样暴露的呢？

1931年4月26日，中央特科负责人顾顺章护送中共领导人张国焘和陈昌浩去鄂豫皖根据地，没有按规矩返回上海，而是擅自留在汉口想靠变魔术挣钱，被中统武汉地区特派员蔡孟坚抓获，押送南京，顾顺章随即向陈立夫、徐恩增投降。除了交代了中共中央在上海的秘密地点外，还供出共产国际在上海有一个联络站，其负责人是德国人，绰号"牛轧糖"。但顾顺章并没有和牛兰联系，也不知道上哪里找"牛轧糖"。

同年6月1日，共产国际联络员约瑟夫在新加坡被捕。英国警察从约瑟夫携带的文件中发现了一个上海的电报挂号和邮政信箱，便通知上海公共租界工部局警务处。根据这条线索，军统特务沈醉往那个邮箱投了个地址，并在约定的饭店蹲守，果然有个人前来联系，发现情况不对赶紧逃跑，结果在逃跑时被抓，做了叛徒。这个人叫陆海防。

陆海防，湖南人，黄埔军校四期生。北伐战争期间在国民革命军第十一军政治部做宣传工作。后潜至上海，加入共产国际远东情报组织。他就是"牛轧糖"的秘书。陆海防很快交代，并参加了军统。上海公共租界巡捕房英籍警长哥尔特率警士对上海四川路235号内第4公寓进行搜查，发现了一把钥匙。经过侦查，发现这把钥匙是南京路49号30室的钥匙，那里是"泛太平洋产业同盟秘书处"驻上海办公处，是一个公开的工会组织。巡捕在那房间里又查出三个铁箱，箱中存有共产国际远东局和太平洋职工书记处上海支会的档案文件，这是上海租界当局第一次获得有关共产国际在远东活动的情报。

牛兰夫妇被捕后并未暴露真实身份，他们拒绝回答警方的讯问，8月9日，上海高等法院第二分院审讯牛兰夫妇，宣布将牛兰夫妇引渡给国民政府。14日，牛兰夫妇由上海警备司令部解押南京。

为了营救牛兰夫妇，中共保卫部门和苏联红军总参谋部上海站迅速共同制订了计划，由潘汉年与苏联军方著名的情报人员佐尔格负责。

佐尔格通过在华的美国进步女作家和记者史沫特莱在上海成立了一个"保护努伦斯委员会"（即营救牛兰夫妇的委员会），包括宋庆龄、杨杏佛在内的中外许多知名人士都参加了这个委员会。这个委员会在国际上广泛宣传南京政府迫害国际工会负责人，坐牢的不但是牛兰夫妇，还有一个三岁的孩子吉米。

一时间，蒋介石就好像捅了马蜂窝一样，国际上不少组织抗议中国逮捕牛兰夫妇，如法国工会联盟、国际反帝同盟主席明岑贝尔格发来电报抗议。

就在这时，宋庆龄为宋母倪桂珍奔丧，从德国返回，途经莫斯科时，就已经有人告诉她牛兰夫妇的危难并请她施以援手。8月18日，美国作家德莱塞等32人联名致电宋庆龄，恳请她对牛兰夫妇"予以援助，免除不良待遇，及求得释放"。国际救援组织"红色救济会"主席蔡特金以个人名义致电宋庆龄，希望她营救牛兰夫妇。法国著名作家罗曼·罗兰、苏联著名作家高尔基、美国哲学家杜威都给宋庆龄打电报，要求她营救牛兰。美国作家史沫特莱还亲自到鲁迅家商谈关于营救牛兰之事。鲁迅也撰写并发表了多篇揭露蒋介石政府迫害中国知识界罪行的文章，由史沫特莱负责译成英文，介绍到美国《新群众》等进步刊物上发表，在国际上影响很大。除此之外，著名的美国记者埃德加·斯诺以及《中国论坛》的出版者依萨克斯、上海《密勒氏评论报》的创办人鲍威尔等外国友人也参加了营救牛兰夫妇的这次活动。

究竟宋庆龄用什么方法营救牛兰？杨杏佛又是因为什么事与蒋介

石交恶，成为蒋介石的眼中钉、肉中刺，必欲除之而后快？

下集

1．以蒋经国交换牛兰

前面说过苏联方面答应用蒋介石在苏联的儿子蒋经国来交换牛兰。蒋介石心中对他大儿子蒋经国是十分看重的，蒋介石对蒋经国要求极严，是按接班人的标准来培养的。

那么，蒋经国什么时候到了苏联，又怎么成了人质呢？

蒋经国是1925年10月赴苏联留学，当时正是国共合作期间，留学生由国共两党共同推荐，邓小平、张闻天、左权、王明等都曾是蒋经国在中山大学的同学。不久，他加入苏联共产党。蒋介石开办黄埔军校所需的经费、枪支，以及进行北伐战争，都仰仗苏联的大力支持。1927年，蒋介石发动"四一二"反革命政变，公开"反共反苏"，虽然蒋经国表示与蒋介石划清界限，也在公开集会上喊出"打倒蒋介石"的口号，只是无奈之举。但是不久，蒋经国就作为人质被苏联羁留，送到西伯利亚去做工了。到1931年，蒋介石已经五年多没他的消息了。

于是宋庆龄找蒋介石，带去了交换人质的办法。作为父亲的蒋介石是要把蒋经国作为接班人来培养的，换不换他的"太子"回国呢？苏方号准了蒋介石的脉，给了他这么优惠的条件。没想到，被蒋介石一口拒绝了。

12月16日，这一天晚上，蒋介石在日记中愤愤地写道："苏俄共产党东方部长，其罪状已甚彰明。孙夫人欲强余释放而以经国遣归相诱。余宁使经国投荒，或任苏俄残杀，而决不愿以害国之罪犯以换亲儿。……"

蒋介石这里所说的苏俄东方部长指的就是牛兰。蒋介石的态度非常坚决，宁可让蒋经国流亡西伯利亚，或让苏俄杀了蒋经国，也不换牛兰，不与苏联做交易。（直到1937年7月抗日战争爆发后，国民政府以"驱逐出境"为名，才释放了牛兰夫妇，准许其回国。）

2. 中国民权保障同盟

接下来宋庆龄、杨杏佛应该怎么办呢？看来和蒋介石单打独斗是不行了，为了扩大朋友圈，在国际上造成更大的影响，宋庆龄与蔡元培、杨杏佛酝酿成立一个组织，动员国内外一切进步人士参与行动，共同营救政治犯，以保障人民民主自由的权利。这个组织就叫"中国民权保障同盟"，于1932年夏秋间由宋庆龄、蔡元培、杨杏佛、林语堂等人开始筹备。12月17日筹委会发表宣言，宣布组织该同盟的目的与任务是：为释放国内政治犯与废除非法的拘禁、酷刑及杀戮而斗争；刊布关于压迫民权之事实，以唤起社会之公意，援助为争取言论、出版、集会、结社等自由权利的一切斗争。12月29日，蔡元培、杨杏佛代表同盟在上海举行中外记者招待会，正式宣告同盟成立，宋庆龄任主席，蔡元培任副主席，杨杏佛任总干事。他们以组织的名义，公开前往南京老虎桥监狱探望牛兰夫妇，要求监狱方面善待牛兰夫妇。这件事也令蒋介石十分恼火。

宋庆龄、杨杏佛让蒋介石恼火的第三件事是什么呢？

就是向蒋介石施压，要求释放共产党前总书记陈独秀以及所谓的政治犯。

那么，陈独秀是怎样被捕的呢？

大革命失败以后，苏共中央和共产国际要求陈独秀去莫斯科，共同商讨中国革命问题，实际上是让陈独秀背锅，把大革命失败的责任推到陈独秀身上。陈独秀说："我都是执行共产国际的指示，这个锅我不背。"所以他坚持不去。共产国际和中共中央决定让陈独秀作为特邀代表到莫斯科参加中共六大会议，也被陈独秀拒绝。不久，即1929年11月15日，以向忠发为首的中共中央政治局便开除了陈独秀的党籍。这边共产党把他开除了，但国民党也不饶他，认为他是祸首，悬赏三万元通缉陈独秀。陈独秀于是隐姓埋名，搬到岳州路永兴里11号楼上隐居起来，化名"王先生"。后因叛徒告密，1932年10月15日下午，公共租界工部局政治处及虹口区捕房中西探员，前往岳州路永兴里将陈独秀逮捕，连同抄得的资料，押送到了租界巡捕房。公共租界的法庭，早与国民党暗中勾结，对陈独秀等人简单审问几句，便把全案人犯引渡给了上海市警察局。10月19日陈独秀便被押解往南京，关押在老虎桥监狱。同时被捕的还有早期共产党领导人、中央委员彭述之，他是和陈独秀一起被开除党籍的。

陈独秀被国民党关押的消息传出后，以杨杏佛为首，发动各界人士展开营救行动。这次营救的舆论力度超过了历史上的任何一次，是一次社会各界的大营救。翁文灏、胡适及南京政府外交部部长兼行政司法部部长罗文干致电蒋介石："请将陈独秀案付司法审判，不由军法从事。"国内著名学者蔡元培、杨杏佛、柳亚子、林语堂等8人和国际知名人士杜威、爱因斯坦、罗素等，纷纷致电蒋介石，对陈独秀进行营救。

10月24日，蒋介石打电报建议将陈独秀、彭述之交法院公开审理，内称："系危害民国之生存，国家法律对于此种罪行，早在法律上有明白规定，为维持司法独立尊严计，应交法院公开审判。"

上海的柳亚子更是为营救陈独秀极力奔走，律师界章士钊、张耀曾、董康、郑毓秀均愿做陈独秀的辩护律师，北大、燕大师生都纷纷举行演讲集会声援，如此等等，形成了一场声势浩大的"救陈活动"。党国元老柏文蔚早年在安徽都督府做都督时，陈独秀是秘书长，两人交情匪浅。他于25日晨，专门去上海当局探询了对陈独秀的处置态度，以便确定下一步采取的营救方案。

上海国民党当局听从蒋介石建议，决定"陈彭案"循"牛兰一案"办理，同为"危害民国罪"，交由江苏高等法院下属的江宁地方法院来审理。于是蔡元培、胡适等都纷纷向陈独秀推荐辩护律师。陈独秀的好友章士钊还自告奋勇义务任他的辩护律师。

10月31日，宋庆龄由上海抵达南京，欲见蒋介石。但是，蒋介石正纠集50万大军对鄂豫皖根据地发动第四次"围剿"，驻在武汉，宋庆龄又飞往武汉，访问蒋介石夫妇，要求释放陈独秀。

第二天，即11月1日，陈独秀等人被押往南京；国民党南京市党部书面警告蔡元培、杨杏佛，说他们"请宽释陈独秀"之电是"徇于私情，曲加庇护，为反动张目，特予警告"。中国民权保障同盟派人亲赴南京积极营救陈独秀。

不仅如此，中国民权保障同盟还为廖承志等人被捕一事发表宣言，指出：罗登贤、廖承志由间谍报告被捕，未得任何证据。要求立刻释放廖承志等人，并派代表往上海公安局调查犯人待遇等。宋庆龄、杨杏佛等往卫戍司令部监狱探望了廖承志、罗登贤等人，又往江苏第一监狱探视了牛兰及其夫人。

3. 营救政治犯，声援记者

1932年4月2日，中国民权保障同盟临时全国执委会与上海分会联席会议，决定组设"营救政治犯委员会"，选举宋庆龄、蔡元培、杨杏佛、吴凯声、王造时、沈钧儒、陈彬龢为委员；要求国民党当局释放陈赓、陈淑英、廖承志等一切政治犯，废止"特别法"，开放言论与集会结社自由，严禁私刑，予政治犯以人道待遇等；并推宋庆龄、杨杏佛、沈钧儒、伊罗生为代表进京营救。4月5日宋庆龄偕杨杏佛、沈钧儒、伊罗生及吴凯声到南京。行政院院长汪精卫和罗文干往饭店访宋，宋、杨等除要求立刻释放廖承志、罗登贤等人外，以中国民权保障同盟名义提交书面要求四项：（一）立即释放一切政治犯，（二）废止滥刑；（三）给政治犯以阅报读书自由，禁用镣铐；（四）严惩狱吏敲诈受贿。

第四件事，杨杏佛等人提议声援刘煜生一案。

这个刘煜生何许人也？

刘煜生是江苏省会镇江《江声日报》经理和总编辑。1931年，镇江佃农因灾荒无法按时交租，镇江县政府为强迫农民交租，关押了4个农民。刘煜生知道后认为，这不是赤裸裸地欺负老百姓吗？马上以记者身份调查，指责镇江县政府关押农民多日，违反法律，并请全国律师代表张迈出面弹劾县长，把当地县政府搞得声名狼藉。刘煜生还在《江声日报》设铁犁副刊，经常发表一些贬斥时政的文章。江苏省主席顾祝同以违背出版法为名下令将其拘押。很快刘煜生就被抓进监狱，在刘煜生申诉后，监察院出面过问此案，顾祝同拒绝配合调卷审阅。后又依据所谓《危害民国紧急治罪法》，未经任何法律程序，就在1932年1月19日将刘煜生枪毙了。

国民党政府这种枪杀记者的行为，怎么和北洋军阀张作霖枪杀著名报人、南社社员邵飘萍如出一辙？

其实，江苏省主席顾祝同下令枪毙刘煜生另有隐情。原来，他的儿女亲家赵启担任江苏省民政厅厅长，赵启有抽大烟和炒股两大嗜好。不但每月用公款炒股，还暗地里大做鸦片生意。为报道此事，刘煜生冒充省政府官员，混进客房拍到了赵启一手拿烟枪吞云吐雾，一手拿电话向交易所喊话的照片，还给捅出去了。就是因为这档子事儿，顾祝同嫉恨上了刘煜生，非要置他于死地。

刘煜生被杀害后，全国新闻界一片哗然。杨杏佛认为：刘煜生即使违背出版法，处罚机关也应该是内政部，顾祝同是越权，于是对顾祝同提出质问。宋庆龄、蔡元培、杨杏佛、鲁迅等人愤怒谴责国民政府践踏人权、残害刘煜生的罪行，并号召全国报纸停刊一天。

2月19日，上海市新闻记者239人为抗议顾祝同非法枪杀刘煜生案发表宣言，列举顾祝同违法12项，要求政府予以国法制裁。

迫于压力，行政院于9月1日发出《保护新闻事业人员》的通令，下令改组江苏省政府，以陈果夫为省政府主席；可顾祝同并未受到严惩重罚，转任鄂皖湘赣北路总司令，监察院的弹劾不了了之。但各大报将民国的记者节就定于9月1日。

宋庆龄和杨杏佛以及中国民权保障同盟，屡屡和蒋介石的独裁统治对着干，让蒋介石在国际国内颜面丢尽。

牛兰案件尤其是苏联拿蒋经国做筹码，让蒋介石大为恼火，做了最坏的打算，不惜与宋庆龄闹翻。没想到宋庆龄、杨杏佛等人到南京又去监狱探望牛兰，此举彻底激怒了蒋介石。总之，在邓演达、牛兰、陈独秀、刘煜生等四大事件中，宋庆龄、杨杏佛领导的中国民权保障同盟和蒋介石的独裁统治对着干，激怒了蒋介石。激怒了老板，自然有马仔出面帮忙摆平。

4．杀杨吓宋，一箭双雕

蒋介石为什么要杀杨杏佛呢？军统特务沈醉说得很明白："蒋介石当时决定杀杨，最主要的原因是要以此威吓宋庆龄先生。"

中国民权保障同盟成立后，处处与蒋介石的独裁统治对着干，势必遭到戴笠及军统组织的迫害，于是，宋庆龄、杨杏佛都受到了死亡威胁，他们收到了附有子弹的恐吓信。还有好心朋友来信提醒杨杏佛不要去南京，但杨杏佛并没有十分在意。

蒋介石将制裁杨杏佛的任务交给了戴笠。戴笠等不敢怠慢，周密布置。经过多次踩点，军统特务发现了杨杏佛父子的活动规律，只要杨杏佛在上海，星期天早晨就要带杨小佛在大西路、中山路一带骑马一两个钟头。

特务们认为在这时候在这个地段，对杨杏佛进行狙击，机会最多也最有把握。戴笠将此方案上报后，特务们开始进行准备，没想到，这个方案被蒋介石否定了。蒋介石改主意了吗？不是！因为把杨杏佛暗杀在租界以外的地区，既达不到威吓宋庆龄的目的，还可能引起各方面的指责，徒然增加政府的麻烦。蒋介石坚持一定要在法租界宋庆龄的寓所附近执行，这样既可威胁宋庆龄，又可以不负破案责任。戴笠只好改变计划，在中央研究院附近进行布置，准备趁杨杏佛外出散步或去宋庆龄寓所途中执行暗杀。

6月初，戴笠亲往上海指挥布置，负责执行暗杀的是华东区行动组组长赵理君。这个人是四川人，黄埔军校五期毕业，在上海专门负责军统行动工作。参加这次行动的凶手事前都举行了宣誓，要做到"不成功即成仁"，如不幸被法租界巡捕抓住，应即自杀，而不能泄露内幕，否则将遭到严厉制裁。

6月18日是一个晴朗的星期天。

这天早上6点多钟，赵理君亲自带着李阿大、郭得诚、施芸之等前往中央研究院。汽车则停在亚尔培路、马斯南路转角处，赵理君坐在汽车上督阵。李阿大、郭得诚、施芸之等人分散等候在中央研究院附近，两头还各有一人把风掩护。7点左右，当杨杏佛带着儿子杨小佛上车，车子发动后，从花园驶出32号大门，减速向右转入马路。就在这一刹那，就听到一声震耳欲聋的爆炸声，杨杏佛还以为后胎爆了，下意识伸出头往后看。

这时，弹如飞蝗，四支手枪同时朝着车内射击。杨先生一闻枪声，立刻知道是要杀害他。在这生死关头，杨自知不免，但因爱子心切，所以一下子扑在杨小佛身上，把他压在身下。

杨杏佛伤在要害：一弹中左腰，一弹击中心尖。杨小佛的右大腿穿过一弹，幸免于难。

此时，在十字路口值班的法租界巡捕房的巡警随即鸣笛报警，拔枪追赶。而凶犯们见目的已达，便向停在附近的汽车狂奔，抢着上车。赵理君听到枪响，早已指使司机将车开动。这时，郭得诚因对上海道路不熟悉，慌乱中跑错了方向，等折转来再去追汽车时，车已离得很远。他一面跑一面喊："等一等我。"赵一看，他还差好几丈，而这时附近警笛狂鸣，因怕他被捕后泄露消息，立刻从车上向他开了一枪，仓皇中未能击中要害，便加足马力疾驰而去。

杨杏佛父子被送到广慈医院，杨杏佛在半路上已经死亡。凶手郭得诚也被巡捕送来医院，只是头上有些擦伤。杨小佛与郭得诚都被送到楼上病房。

法租界巡捕房探员见杀手伤势不重，随即在病房进行审问，希望从郭得诚那里拿到口供，便于租界法庭进行审判。

探员询问："你的姓名？哪里人？"

郭得诚隐瞒了自己的情况，但还是用在军统中的化名来搪塞："我叫高德臣，山东人，来沪投亲……"

探员："投亲？什么亲？住在哪里？"

郭得诚："……"

探员："亲戚是干什么的？枪是哪里来的？为何要开枪杀人？"

郭得诚："……"

探员："你的同伙是谁？又是谁指使你杀人的？"

郭得诚："我的伤口很痛……"

探员："好吧，你先治疗吧！等好了以后再说吧！"巡捕房决定等郭得诚痊愈后，对其开庭审讯，以查出幕后的真凶。

戴笠得到报告，知道杨杏佛已死，手下完成任务，非常高兴；但听说郭得诚被活捉，并说出自己在军统中的化名"高德臣"，担心内情外泄，大发雷霆。他马上通知在法租界巡捕房担任华探的军统特务范广珍，晚上带上一包毒药，以捕房关系去探望郭得诚，杀人灭口。

范广珍混入医院探望郭得诚。当晚，郭得诚便"重伤不治"而死去。

戴笠为安抚手下，在军统内部，除了对郭得诚的死表示悲痛外，还对他的家属给予抚恤，郭得诚的儿子也一直由军统负责养育。抗日战争期间，戴笠曾多次以郭得诚"任务完成后，无法逃走，自杀成仁"的精神来教育特务学生，并对郭一再表示赞扬。以后在重庆修建中美所内的马路时，戴笠还把一条路命名为"郭得诚路"。

5．又为斯民哭健儿

由于所谓刺杨凶手郭得诚死亡，无法进一步庭审，真凶无从查证，法租界巡捕房对杨杏佛遇害案最终也就不了了之了。

6月20日，杨杏佛遗体在胶州路万国殡仪馆成殓。宋庆龄前往吊唁时异常悲愤，讲话语气也很激昂。她指明这是一次有计划有组织的政治性暗杀，自己不会被这种卑鄙手段吓倒。这些人和他们雇来的打手们以为靠武力、绑架、施刑和谋杀，便可以粉碎争取自由的斗争……但是，斗争不仅远远没有被粉碎，而且我们应当更坚定地斗争，因为杨铨（杏佛）为了自由而失去了他的生命。我们必须加倍努力直至实现我们的目标。

杨杏佛遇害后，鲁迅极度悲伤，为南社老友杨杏佛的死，写下了传诵一时的悼诗：

> 岂有豪情似旧时，
> 花开花落两由之。
> 何期泪洒江南雨，
> 又为斯民哭健儿。

由于当时白色恐怖极端严重，加上杨杏佛被害后，失去了一位组织家、实干家，活动无法进行，因此中国民权保障同盟无形中解散了。杨杏佛生前有一个"梦想"："我梦想中的未来中国，应当是一个物质与精神并重的大同社会。"怀着这样的抱负和理想，杨杏佛奋勇向前，一次次与恶势力进行战斗，最终遭到杀身之祸。杨杏佛虽然死了，但南社人为了梦想前赴后继、坚持斗争的精神，值得我们永远学习。

第十讲　易培基故宫盗宝冤案

上集

1933年11月13日，北平各大报纸突然间纷纷登载了一条爆炸性的消息，说故宫博物院院长易培基伙同其女婿、该院秘书长李宗侗监守自盗，携卷故宫大量国宝逃匿无踪。消息一出轰动全国，社会各界议论纷纷。直到1948年1月9日《南京人报》突然登出一则新闻，标题是"易培基案不予受理"，内容为地方法院对被告易培基、李宗侗、吴瀛之判决主文："李宗侗、吴瀛免诉；易培基部分不受理。"非常奇怪，哪有不经判决就特赦的道理呢？而且，原案主犯易培基不受理，原来的从犯升为主犯又被赦免了。这场持续了十八年的案件到底是怎么回事呢？

1. 末代皇帝居住紫禁城

光绪三十四年旧历十月二十日，慈禧太后和光绪帝病笃，慈禧太后决定立三岁的溥仪为嗣皇帝。两天后，光绪帝与慈禧太后相继"驾崩"。十一月初九，摄政王侧身单膝跪在宝座下面，双手扶着拼命挣扎着的溥仪，举行清朝末代皇帝登基大典。朝堂之上一个稚嫩的童声哭着喊着："我不挨这儿，我要回家……"

摄政王急得汗都出来了，连哄带骗："别哭别哭，快完了，快完了！"

满朝文武百官惊骇莫名，窃窃私语说："怎么说'快完了'呢？"

果然，不到三年，宣统皇帝便在辛亥革命的洪流冲击下，颁布退位诏。1912年，袁世凯接替孙中山，成为中华民国大总统，颁布了"清室优待条件"，"尊号仍存不废。中华民国以外国君主之礼相待"。"岁用四百万……暂居宫禁……有之禁卫军，归中华民国陆军部编制，额数俸饷，仍如其旧。"

这样在中华民国的国内出现了一个"小王国"。就像人的躯体中的盲肠，是一段隐患，有时会发炎，会糜烂，引起阵痛。1917年7月1日辫帅张勋以调停府院之争为名抵京，入紫禁城，拥立清废帝溥仪复辟12天，便是一例。

对小朝廷深恶痛绝的大有人在。张勋复辟时，第十六混成旅旅长冯玉祥起兵靖难，带着队伍杀进北京城，满世界都是定武军扔下的大辫子，足足有几千条，像死蛇一样。在段祺瑞的命令下，未追究少年溥仪和清室的责任。冯玉祥咬牙切齿地骂道："早晚有一天，会收拾你们的！"

夏去冬来，几度春秋。高墙内的"小宣统"长大了，第一次登基时，他又哭又闹，第二次"登基"时，还没过足瘾，便像一出折子戏，转眼间便落了幕，心犹未甘。随着他一天天长大成人，便一遍又一遍地问自己："我成年了。如果不是闹革命，是我'亲政'的时候开始了！我要恢复祖业！"

怀着一颗不安分而躁动的野心，成家未立业的溥仪扬言励精图治，要出国留学。于是便串通皇弟溥杰，将宫里最值钱的字画和古籍"皆属琳琅秘籍，缥缃精品"，偷运出宫，以变卖而筹备经费。对他这种偷拿国家宝物的行径，冯玉祥得知后更加气愤。

2. 冯玉祥赶溥仪出宫

1924年9月，第二次直奉大战爆发。冯玉祥从古北口前线班师回京，发动政变，囚禁大总统曹锟。11月5日，冯玉祥派兵包围紫禁城，决定驱逐溥仪出宫。

溥仪在《我的前半生》中回忆道：

那天上午，大约是九点多钟，我正在储秀宫和婉容吃着水果聊天，内务府大臣们突然跟跟跄跄地跑了进来。为首的绍英手里拿着一份公文，气喘吁吁地说："皇上，皇上……冯玉祥派了军队来了！还有李鸿藻的后人李石曾，说民国要废止优待条件，拿来这个叫，叫签字……"

溥仪一下子跳了起来，刚咬了一口的苹果滚到地上，一把夺过绍英手中的公文，只见上面写着：

大总统指令：

派鹿钟麟、张璧交涉清室优待条件修正事宜，此令。中华民国十三年十一月五日

国务院代行国务总理黄郛……

鹿钟麟是冯玉祥进京后的京畿警卫司令，张璧是警察总监。

在修正清室优待条件中，对于皇室的优待费由200万两改50万两，并规定："清室应按照原优待条件第三条，即日移出宫禁，以后得自由选择住居……"

溥仪吓得面如土色，急命内务府大臣绍英去与鹿钟麟商量，想拖延时间，不一会儿工夫，绍英回来了，哆哆嗦嗦地说："鹿钟麟催啦，说，说再限二十分钟，不然的话，不然的话……景山上就要开炮啦……"

溥仪惊慌失措，只得答应鹿钟麟的条件，乘上国民军准备好的五辆汽车，惶惶如丧家之犬，带着婉容和文绣等人，前往位于什刹后海的醇亲王府。之后，几百名太监、宫女皆被遣散。

车到醇亲王府门口，鹿钟麟走过来和溥仪握手，说："溥仪先生，你今后是还打算做皇帝，还是要当个平民？"

神色惨然的溥仪连忙说："我愿意从今天起就当个平民。"

根据修正清室优待条件："清室私产归清室完全享有，民国政府当为特别保护，其一切公产应归民国政府所有"，摄政内阁又下令："修正清室优待条件，业经公布施行，着国务院组织善后委员会，会同清室近支人员，协同清理公产私产，昭示大公。所有接受各公产暂责成该委员会妥慎保管，俟全部结束，即将宫禁一律开放，备充国立图书馆、博物馆等项之用。借彰文化而垂久远，此令。"

11月10日开始，以李石曾为首的"清室善后委员会"开始清查故宫。到13日，查封完竣，估计宝物价值10亿元以上。

李石曾原名李煜瀛，河北高阳人。其父李鸿藻是同治、光绪朝军机大臣、礼部尚书。李石曾在1902年随驻法公使孙宝琦赴法国，入巴斯德学院及巴黎大学学生物。1906年，他和张静江、吴稚晖等人在巴黎组织了"世界社"，宣扬无政府主义。同年，经张静江介绍，李石曾加入同盟会巴黎分会。1911年，李石曾回国参加辛亥革命。在天津，他和黄复生等组织了京津同盟会，出版《民意报》，在北方宣传和组织革命。1912年，李石曾和吴稚晖等人在北京创立留法俭学会。1913年初，首批由俭学会资助的30名学生赴法，李石曾安排他们进入巴黎的蒙达学院。1915年6月，李石曾和蔡元培等一起组织勤工俭学会。1917年，李石曾应蔡元培之邀回国担任北大生物系教授。他和蔡元培等人在北京建立了华法教育会和留法勤工俭学会。第一次世界大战结束后，法国经济萧条，大批工人失业，许多中国留学生也无工可做，陷入困境。李石曾利用自己和法国官方及教育界人士关系，多方奔走，解决了部分学生的工作问题。1920年，李石曾在北京创办中法大学。同年，他得到孙中山和广州政府的经济支持，在法国建立里昂中法大学。

1924年，在国民党一大上，李石曾和吴稚晖被选为国民党中央监察委员。1924年10月，冯玉祥发动北京政变，驱逐了末代皇帝溥仪出宫。11月5日，李石曾以民间代表身份参与其事，出任故宫财产清理保管委员会主席。

13日，摄政内阁总理黄郛公布《办理清室善后委员会组织条例》，又规定将紫禁城筹建故宫博物院，目的是保存数千年来中华文化的精粹。定于1925年10月10日国庆日午后二时举行开幕典礼。

3. 故宫博物院的成立与艰辛

1925年9月29日，清室善后委员会颁布故宫博物院临时组织大纲。

第一条　遵照办理清室善后委员会条例第四条，并执行中华民国十三年（1924）十一月七日政府命令，组织故宫博物院。

第二条　故宫博物院之组织如下：

临时董事会

临时理事会

古物馆

图书馆

……

到了1925年"双十节"这一天，故宫博物院乾清门（正宫门）内举行了隆重的开幕典礼。几万北京市民和各界人士出席了典礼。在民国五色国旗悬挂的宫门前，庄蕴宽任主席，宣告开会。由清室善后委员会委员长李石曾报告故宫博物院筹备情形，大意为："自溥仪出宫后，本会即从事将故宫物品点查，并编有报告，逐期刊布。现点查工作告竣，履行本会条例，并遵照摄政内阁命令，遵照故宫博物院，内分古物、图书两馆，……乃有今日之结果。"

之后，由黄郛发表了热情洋溢的讲话。他说："今日开院为'双十节'，此后是日为国庆与博物院之两层纪念。如有破坏博物院者，即为破坏民国之佳节，吾人宜共保卫之。"大家纷纷鼓掌、情绪热烈，接下来，王正廷、于右任等发言，祝贺故宫博物院正式开院。

从此，老百姓也能像主人翁一样，买张门票就步入昔日森严的宫禁。这一天也永远地记入中华民国的历史之中。

故宫博物院开院的第二年，即1926年3月18日，北京发生"三一八"惨案。起因是3月12日，冯玉祥的国民军与奉系军阀作战期间，日本军舰掩护奉军军舰驶进天津大沽口，炮击国民军，守军死伤十余名。国民军坚决还击，将日舰驱逐出大沽口。日本竟联合英美等八国于16日向段祺瑞政府发出最后通牒，提出拆除大沽口国防设施的无理要求。

3月18日，北京群众五千余人，由李大钊主持，在天安门集会抗议，要求拒绝八国通牒。大会结束后，游行队伍由李大钊率领，一时群情激昂，呼啸冲向国务院。按预定路线，从天安门出发，经东长安街、东单牌楼、米市大街、东四牌楼，最后进入铁狮子胡同（今张自忠路）东口，在段祺瑞政府（今中国人民大学清史研究所）门前广场请愿。示威群众公推代表去向卫士长交涉，请段祺瑞和国务总理贾德耀出来见面。段政府下令开枪，当场打死游行者46人，伤者155人，包括两名便衣警察、一名卫兵。死者中为人们所熟知的有北京女子师范大学学生刘和珍，李大钊和陈乔年也负伤。事发后，京师警察总监李鸣钟赶到，见此情形，立即转赴吉兆胡同段宅，这时贾德耀内阁成员都在，段祺瑞命令通缉李大钊、徐谦、李石曾、易培基、顾兆雄等五人，诬指"以共产党学说，啸聚群众，屡降事端，率领暴徒数百人闯袭国务院，泼灌火油，抛掷炸弹，手持木棍，丛殴军警。实属目无法纪，一体严拿，尽法惩办，以儆效尤"。

为什么段政府会通缉李石曾和易培基呢？李石曾是国民党元老，因为他组织赴法勤工俭学，这些留学生中有很多是共产党员；易培基的"罪名"是他与李大钊交情深厚，另外，是他在长沙湖南第一师范当校长时，学生中有不少共产党员，如毛泽东、萧子升、周士第等。

这样，李石曾与易培基便逃入东交民巷的瑞金大厦，故宫博物院就失去了主持人，于是在3月26日举行故宫董事联席会议，推举卢永祥、庄蕴宽做维持员，继续维持。卢永祥原为浙江督军，但不在北京，枉担虚名；庄蕴宽是常州人，前清做过知县、知府、边防督办、陆军小学总办，正二品衔，在南京临时政府时为浦口商埠督办、江苏都督、北洋政府都肃政史、审计院院长，一度代理过平政院长，为故宫博物院董事会董事、理事、图书馆馆长，与段祺瑞有私谊，由他担任维持会副会长再合适不过。

于是，在4月5日，办理交替，庄蕴宽作为维持员，从原来的清室善后委员会代表陈垣手中接管负责故宫博物院的权力。很快，国民军退出北京，张作霖麾下的直鲁联军张宗昌率部进入北京，段政府立即倒台了。

当时由北洋元老级人物王士珍、熊希龄、赵尔巽、孙宝琦等人成立了一个临时维持会，宣布在"政局未定之前，维持现状"。故宫博物院也进入了一个危险的时期。为什么这样说？因为张宗昌、张作霖这些老粗军头们盯上故宫里的东西都是宝贝，都可以卖钱，他们根本不知道故宫珍贵文物的文化价值。

果然，在4月23日下午，故宫来了两辆小汽车，车两边都扒着荷枪实弹的卫士，直闯神武门，见了里面的办事人后，停车下来两位军官，凶神恶煞地宣布："你们赶快将故宫让出来，我们定于明日一早前来接收，派军队驻扎！"并指定某处为某项办事处所，分派完房子，就扬长而去。

故宫内的工作人员都傻眼了。怎么办呢？于是立即将此事报告给庄蕴宽。庄先生不顾年迈体病，去了京师治安会，找王士珍等人，王等正在北京外交大楼为奉军、直鲁联军各军将领接风洗尘。庄蕴宽声明："故宫责任重大，本人极愿有力者来继续负责维持。但必须有一番手续，交代清楚，倘若不作交代，强来驻扎军队，那么，神武门内所有代故宫所藏，都是历代重要文物，我们都负有责任，万不能拱手相让！"于是王士珍等元老便问张宗昌和李景林，是否知道此事。但是，他们都拒绝承认，因此，答应在神武门前出一布告：严禁在故宫内驻军，"如有军队前往，可以立即电告司令部，由司令部派员与军队接洽禁止"。

24日清晨，果然有大批军队气势汹汹开到，要立即进占。故宫方面即与警备司令部接洽，司令部很快派专员来与军队严重交涉，部队不情愿地开走。司令部专员贴上严禁部队驻扎的布告后才离开。

在接下来的三个月内，故宫博物院得以"苟安"。但是，更大的危机又来了。原来，以吴佩孚为后台的杜锡珪内阁成立后，清廷的遗老遗少纷纷出动，公然以清室内务府的名义，要求国务院和吴佩孚，谋求溥仪回宫及恢复优待条件，连康有为也要求吴佩孚恢复优待条件，并迎逊帝回宫。章太炎却义正词严："应请通行在京将吏，严示拒绝。如再干涉，则大刑随之。"但是，民国政府内务部只同意改组故宫博物院，增加一些旗人和北洋元老。为了给原委员会一点颜色瞧瞧，张宗昌手下的宪兵司令王琦将故宫博物院理事陈垣带走。王琦是个残忍的刽子手，邵飘萍、林白水就死于此人之手。于是庄蕴宽请赵尔巽、孙宝琦出面营救，才将陈垣放了回来。但是，国务院天天有人去庄蕴宽处催逼故宫博物院办理移交事宜，易培基、李石曾却在东交民巷不出来，相持了一个多月，杜锡珪内阁辞职了。想着能松口气了，可张作霖马上就要进北京充任陆海空大元帅了。奉军入主京师，虽然没进入故宫，却将高大殿及神武门外筒子河营房都占用了。庄蕴宽、汪大燮、熊希龄、王士珍等又成立了故宫博物院维持会，几经周折，由江瀚与王宠惠出任正、副会长。

维持会虽然成立了，对于故宫博物院的经费政府却一分钱不给，唯一的经费来源，仅靠门票收入。于是决定将故宫里的金砂、银锭和食品进行处理，设立临时监察会，但是有人告到上面，说他们是为给南方国民党政府筹钱，又被叫停了。端午节就要到了，在这种情况下，只得借薪过节，门票的钱又不愿意还借款，职员罢工，种种困难，接踵而来。张作霖做了海陆军大元帅后，要接收故宫的太庙、堂子等地，又要争夺存放在高大殿等的清朝档案，将奉系军阀的刘尚清、鲍贵卿、张学良、刘哲等都列为故宫博物院管理委员会委员。总之，这是故宫博物院一段黑暗的日子。直到1928年春夏之交，北伐军要打到北京，张作霖退回关外，国民党蒋介石将北京改为北平，由易培基负责接收故宫，同时接收清史馆、东华门皇史晟的清朝档案，包括颐和园。就在故宫博物院同人认为天下太平之际，忽有国民政府委员经亨颐提议，故宫文物为逆产，废置故宫博物院，拍卖院内一切物品。经过易培基等人坚决反对，最终通过维持原案，函请国民政府照原通过的组织法公布。

综上所述，从清室迁出紫禁城，到故宫博物院成立，外有北洋军阀觊觎、清室妄图复辟，内有经费无着落，举步维艰，好不容易国民政府统一，又有废置拍卖风波，故宫博物院总算在风雨飘摇中得以生存下来。

中集

1928年10月，南京国民政府公布了故宫博物院组织法、理事会条例，南京政府行政院院长谭延闿任命易培基为故宫博物院院长兼古物馆馆长，照理说故宫博物院进入了一个发展时期。然而树欲静而风不止，不久就出现了院长易培基盗宝冤案。这场沸沸扬扬的故宫盗宝案持续了17年，最终不了了之。这究竟是怎么回事呢？

1. 易培基得罪张继

我们讲故宫盗宝案就必须讲主角易培基，他是怎样的一个人呢？

易培基是湖南长沙人，生于1880年2月28日。早年在日本留过学，参加过同盟会，1911年辛亥革命时期，跟着黎元洪当过秘书，是国民党的元老之一。1924年冯玉祥北京政变以后，易培基被任命为黄郛摄政内阁的教育总长，所以这个人是教育专家，同时他对文物有相当的研究，也是一个文物专家。那么他在什么情况下被任命为故宫博物院院长的呢？1925年10月10日故宫博物院成立，易培基就是开创者。1928年10月，南京国民政府行政院院长谭延闿就任命他为故宫博物院的第一任院长。但是，易培基当院长，就不能不提到另外一个重要的人物，就是副院长张继。因为院长易培基暂时不能到任，理应由副院长张继来主持工作，可是这个时候，有人征求易培基的意见，易培基说了这样的话：张继这个人神经，他老婆更神经，而且张继又听他这个老婆的，所以他这个人不合适。

原话是"溥泉神经，又要听神经太太的支配，不能让他当家"。这样，大权实际上就落在李宗侗（李玄伯）肩上。这个李宗侗是国民党元老李石曾的侄子，资格比张继差得多。这样一来，张继不高兴了。

张继也是国民党的元老之一，1902年的时候去日本去留学，认识了黄兴、孙中山，他是同盟会的参与者、追随者之一。

张继虽说是一个文官，但这个人有个特点，胆儿特别大，但是他还有另一方面，他惧内。老婆一骂他，就吓得往床底下钻。张继的太太名叫崔震华，是有名的"河东狮吼"。

当时易培基以这样的一个借口，说张继不堪胜任，主持故宫博物院工作的就是秘书长李宗侗。

李宗侗（1895—1974），字玄伯，河北高阳人。出身于晚清世家大族，名臣李鸿藻之孙，南皮张之万外孙，国民党元老之一李石曾的侄子。早年留学法国巴黎大学，1924年返国任教于北京大学。易培基做农矿部部长的时候，李宗侗跟着他做农矿部的参事，等易培基成了故宫博物院第一任院长的时候，这个李宗侗就做了秘书长，为什么会这样呢？

说明李宗侗是易培基的夹带人物，即当权者的亲信。还有一个重要原因：原来这个李宗侗娶了易培基的女儿易素平，是易培基的东床快婿。

张继心里不平衡，回家跟他老婆吐槽，他老婆就抱不平了，易培基是党国元老，我们也是元老，我们为什么不能当馆长啊？还不如他李宗侗？所以这个矛盾，这个根子从这儿就埋下了，显然张继作为一个副手，他心有不服，有点儿妒忌心，心理不平衡。

李宗侗有老丈人这层关系，加上他的大少爷作风，就有些飘飘然。这就埋下了一颗延期爆炸的地雷。

2. 风起于青蘋之末

有这么一件事儿，就是李宗侗跟张继的老婆崔震华迎头撞上了，这是怎么回事？故宫博物院由于缺乏经费，制定了这么一个措施，就是把这故宫中的物品进行了分类处理，清宫当中还有大批的金砂、金器，大量的食品火腿、茶叶、药材、山珍海味、皮货和丝绸等物品，有的东西是不属于文物的，但是呢，又不能放太长时间，所以呢，高层就开会决定把这些物品给处理了。这个事情就由秘书长李宗侗来负责。张继的老婆崔震华听说要处理皮货，当然想去挑几件好的了。在一个星期天，崔震华兴冲冲地去了故宫，想到分绸缎的场所看看，淘换一点物美价廉的东西。照例，进入故宫的人都要在神武门外购票处购票，崔震华却贸然而入，她没有院里的徽章，也没有参观券，竟然被一个小小的门卫伸手拦住去路，请她去购票。这是一桩小事，她解释一下就完了嘛。

不料，崔震华大发雷霆，摆出馆长夫人的威风，不买票非要进。门卫也是愣头青，不但不让她进，还问她姓什么？

崔震华大吼："我没有姓，我姓天！"

门卫说她是个疯子，双方就火力全开，一时间，围观者竟把神武门围个水泄不通。争吵声引起一个职员的注意，此人认识崔震华，赶快拉住门卫："别吵了，这是张继院长的太太，赶快让她进去。"

一听这样，门卫吓得够呛，急忙请她进去。谁知崔震华却破口大骂："你们这帮势力混账东西，欺压平民惯了！不知我是张太太，就不许我进去，现在知道了就请进，你非还我这个理不可！"可怜的小门卫成了打败的鹌鹑，斗败的鸡，不敢吭气了。

崔震华一肚子火啊，"连一个小门卫都敢跟我喊啊！"正气哼哼往发卖处走，正巧易院长和李宗侗都在。易培基一看不妙，装作没看见，没打招呼就赶快闪了。李宗侗无奈，只得上前寒暄，崔震华一见有了发泄的对象，喊了一声："好！你居然在此！我正要找你呢，你们终日在院里舞弊弄钱，大门口却不许我进来！"李宗侗不知如何招架。他身边站着一个秘书尹起文，是负责经管处分绸缎的书记，于是急忙说："尹先生！你来招呼招呼张太太！"说完也转身溜走。

尹起文是张继的亲戚，和崔震华极熟。崔这时才收敛杀气，缓过劲来，在尹起文的陪同下，在场内转了一圈就回家找老公告状去了。枕头风这么一吹，张继就决定想个办法、找个碴儿把易培基和他的女婿李宗侗，从这个故宫博物院赶走得了。

3. 借车风波

1931年"九一八"事变后，宋美龄带着一群高官太太搞起爱国募捐运动，到喜峰口去给抗日义勇军送棉衣。有一天，崔震华打了一通电话给易院长，要借院里的汽车一用。院长回答："汽车坏了，正在修理，对不住！"于是，崔震华又打电话给李石曾先生的大儿子李宗伟，要借李家的汽车。李宗伟是厚道人，加上张继与李石曾又是朋友，也不想得罪崔震华，于是便让司机开了去。这是一辆进口的高级轿车，价值在万金以上，李宗伟平时很爱惜，轻易不开。崔震华借车是跑长途运军衣，去喜峰口，道路崎岖，整整跑了一天。连司机都很心疼。好容易在第二天下午，载着崔震华开回北京城。崔震华命令司机送她回月牙胡同的张公馆，却先路过李宗伟的家门口，她叫司机停一下，说："李五爷（石曾）在法国住哪里你知道吗？"司机说不知道。崔震华说："你进去问一下，我要给他寄封信去。"于是司机把车停在路边，下车进去问。等他问了以后再出来，小轿车连同崔震华都不见了。原来，崔震华事先又找了个会开车的埋伏在这里，司机一下车，她就换人把车开走了。李家司机出门一看就傻眼了，又急忙赶往张公馆取车，崔震华在，车却没影了。

司机急忙问："是怎么回事？"崔震华说："回去告诉你家大少爷，汽车我还要用。义勇军是大家应该捐款帮助的，叫大少爷替李五爷（石曾）出2000元捐款，汽车还他不成问题。否则对不住！汽车就不回去了！"

这不就是土匪绑票吗？司机当时吓得魂飞天外，他回去如何交代呢？砸饭碗事小，要赔车就是把全家都卖了也还不上。于是跪下来磕头如捣蒜，崔震华铁石心肠，毫不心软。司机无奈，只得回去报告大少爷。李宗伟一听魂飞天外，他也拿不出这么多钱去赎票，于是只好去求崔震华。崔却置之不理。李宗伟找到和张继、崔震华夫妇有交情的不少人，请他们帮忙说好话，请张继两口子在全聚德吃烤鸭，都不好使，要不回来这辆车，最后有人出主意说："让李五太太从法国回来亲自登门要车吧。"

这个李五太太是李石曾的夫人，也不是一个好包的粽子，崔震华对她还有三分惧怕，真是一物降一物。于是崔震华放下身段，说："那就让他出200元来拿车！"李宗伟捏着鼻子拿了200块大洋，将车赎回来，车已经被弄得不像样子了。

从此，易、李两家与张继之间的明争暗斗愈演愈烈。

4. 古物南迁的斗争

日本狼子野心，得陇望蜀，占领东北三省又觊觎热河。1933年1

月山海关失守，北平岌岌可危。21日，北平中央研究院历史语言研究所120箱文书古物由津浦路运往南京。故宫博物院的负责人惶恐不安，认为日本总有一天会打到北平城，于是提出将国宝南迁，放置到一个安全的地方。李宗侗对此事特别起劲，马衡也天天闹着南迁。故宫文物南迁，在当时也算挺大的一件事儿，目的为了避免这批国宝落入日本人的手里，当时南迁南京是一个方向，另外一个提案是说准备把这批宝物，西迁到西安去。于是，他们将文物迁移的建议呈报给国民政府，得到的批令是："交行政院北平政务整理委员会同军事委员会办理。"

这个北平政整会委员长是黄郛。

易培基立即召开理事会议，通过了6万元的迁移预算案，由李宗侗负责南运文物。张继把持着文献馆，提出文献馆归他主持，运往西安，分三分之一的迁移费给他，大家也通过了他的意见。

故宫博物院文物装箱共3000箱，预定在1月31日启运南下。李宗侗去上海筹备，马衡主持第一批迁运。当时北平民众团体致函国民政府，要求速定救国大计，不必急于迁移古物。鲁迅先生也发表《学生与玉佛》《崇实》两文，揭露政府只要古董、不要人民的倒行逆施。由于北平市民反对，搬运工人进行罢工而未果。

再说，李宗侗到南京后，就去行政院与代理院长宋子文联系。没想到计划没有变化快，宋子文推翻了故宫博物院南迁南京和西迁西安的方案，决定将文物分别迁往上海法租界，存放在天主堂街七层楼高的库房和英租界四川路库房里。这样一来，张继独自分2万大洋运输费运文献去西安的计划泡汤了，难免不引起张继脸上的不满与心头的嫉恨。

这样，李宗侗前往上海打前站，下榻于沧州饭店，正好崔震华也下榻那里，真是无巧不成书，冤家路窄。崔震华一见面就与李宗侗讨论文物南迁之事，李宗侗说："张太太，您在故宫并没有任何名义、地位，故宫的事最好请您不要管！"

"为什么不要管？我偏要管！"崔震华怒不可遏。

"你不配管！"李大少爷也发了脾气。

"什么叫不配管！偏要管，偏要管！我就要管给你看！"说着抓起桌上的烟灰缸照着李宗侗就砸了过去。李大少爷一看不好，拔腿就跑，还回头嘟囔着："不配管！就不配管！"

崔震华恶狠狠地说："你等着，老娘非管出个样儿让你们来看看！"

2月5日凌晨，天安门至火车站一带戒严，首批故宫南迁文物2118箱装载上21节火车，加上职员、警察、宪兵一百多人，每节车厢顶上和车厢出口都架有机关枪，荷枪实弹地保卫，在火车两旁，逐段都有马队随行，夜间开车都不开灯；为防止日军在天津站搞名堂，于是先从平汉线南下郑州，再转陇海线到徐州，再由津浦线到南京对面的浦口车站，换船运往下关车站。文物南迁，对沿途的土匪都有很强烈的诱惑力。在徐州附近有1000余人在铁路沿线活动，想干一票大的，却与当地的军队打了一仗，土匪这才后退。所以，21车皮的南迁文物安全运抵南京下关车站之后，总押运官吴瀛才长出一口气，总算平安无事。

总押运官不是马衡吗？怎么又成了吴瀛？

原定古物馆副馆长马衡任总押运官，见有人反对文物南迁，他突然又打退堂鼓，坚决不干了。院长易培基只好找到吴瀛，吴瀛本来也是不同意文物南迁的，经不住易培基几次三番地央求，只好答应担任此职。

这个吴瀛是何许人也？

吴瀛，字景洲，江苏常州人。其父吴殿英曾为张之洞编练新军。吴瀛本人毕业于张之洞创办的湖北方言学堂，学贯中西，曾任京都市政都办公署坐办（相当于市府秘书长）。他的舅父庄蕴宽和易培基关系深厚，都参与了创建故宫博物院，吴瀛任常务委员、古物审查专门委员，并担任《故宫书画集》《故宫周刊》首任主编，是个办事能力很强的人。

5. 张继捣鬼，肘腋生变

负责押运文物南迁的吴瀛在下关车站一下车，发现迎接他的正是张继，顿时倒吸一口凉气。

果然，张继通知他文物不能卸车，中政会通过了要将文物改运洛阳和西安，等候转运。

吴瀛一问，还真是张继捣的鬼。原来，张继趁宋子文到上海去找租界方面联系存放文物事项不在南京之际，突然向中政会提出一个紧急案，说：文物迁往上海托庇租界，是国耻，所以要改迁洛阳和西安两处。于是中政会稀里糊涂就通过了。

可是西安与洛阳两处要临时寻找文物存放地，不是一句话的事，张继为了一己私利，说要临时去找。如今，大批文物放在下关车站，只有等。但这么多列车的重宝，安全问题非常突出，万一有失，谁敢负责？吴瀛去军政部借调500卫兵，由博物院提供每天的津贴伙食费。吴瀛深知关系重大，夜不能眠。

第二天一早，吴瀛就赶往张继在南京的家，问张继有什么好办法，张继只是与他大眼瞪小眼，他心里只是为了报复，没有任何办法，只有等待西安和洛阳两地的最后结果。终于西安与洛阳两处都来了电报："没有存放地点。"蒋介石的意思：文献留在南京吧。但存放地点还是没有着落，连中山陵的主意都打了，还是不行！吴瀛只好在南京坐等宋子文回来。眼看等了两个星期，宋子文总算从上海回来了。于是宋子文又召集了一次临时中政会，议决"照旧运沪"。宋子文又和轮船招商局打了招呼，放一只专轮运文物，并派企业家刘鸿生帮助料理。吴瀛高兴了，完胜张继！

之后，这批文物从南京到上海，水上走了三天，整整耽误了三周时间，总算安全抵达，并运进法租界天主教库房。吴瀛完成任务，回到北平，此后第二批、第三批、第四批，至5月15日运走文物5批，共13427箱又64包。其中，书画9000余幅，瓷器7000余件，铜器、铜镜、铜印2600余件，玉器无数，文献3773箱，包括皇史宬和内府珍藏的清廷各部档案，明清两朝帝王实录、起居注，以及太平天国的档案史料等，还有《四库全书》及各种善本、刻本，包括当时国内发现最早的印刷品之一《陀罗尼经》五代刻本，国内最古老的石刻"岐阳石鼓"。

故宫文物南迁，至此结束。

1937年七七事变后，故宫南迁文物加上国立中央博物院筹备处（今南京博物院）等单位的文物又分三路运往四川，巴县存80箱，峨眉县存7287箱，乐山县存9331箱。1946年三处文物先集中于重庆，于1947年运回首都南京。1948年底至1949年初南运文物中的2972箱被运至台湾，保存于台北"故宫博物院"。1951年后留在南京的文物陆续运回故宫博物院一万余箱，剩余2221箱留于南京库房，划归南京博物院所有。文物南迁，保存了中华几千年的历史文化，将国宝传承下去，易培基、吴瀛等人功不可没。即便当时人没有这样的意识，用句大白话来说：没有功劳也有苦劳，没有苦劳也有疲劳吧。非也，这些人都陷入了一场十几年的冤狱之中。

下集

1. 祸从天降

1933年5月1日，是星期天。这天中午，南京最高检察院检察官朱树声到了故宫博物院，拿着天津高等法院一封介绍信，要求参观。庶务科虞科长接待了他。突然，此人要求调查一些文卷。虞科长打电话给秘书长李宗侗，恰好，易培基也在，于是他俩都来到故宫博物院，吴瀛等也都到了。朱检察官要求吴瀛将秘书处的部分处分物品文件和清单交出来。吴瀛拒绝了，说："拿着天津高法的介绍参观信，怎么能看文件呢？"

但是已经晚了，总务处已将有关账册交给朱检察官了。经双方商定：按朱的要求提来的文件集中封存在院里，朱检察官明天来看。同时，凡经手处分物品的人员都要听候他的问话。

第二天，朱树声带着一名书记官和书记又来了，在会客室取出了昨天提存的文件。朱树声问了一些处分物品的情况，突然，张继的那位亲戚尹起文站起来，指着桌上一大堆售货通知单，其中有一处折了一角说："这是一笔秘书长同院长购买的……有3000块钱的绸缎、皮货，不是星期日买的……"说着拿出这一单据交给了朱树声。

朱拿起来看了一眼，问李宗侗："秘书长，这是您买的吗？"

李宗侗结结巴巴："我、我记不清楚了。"

朱问："这些处分物品是先估价而后发卖的？还是先选定而后估价的？"

尹起文说："这个是先估价的，我敢以人格担保！"

朱树声很不高兴地白了尹一眼，原来事先他们是说好的，但尹为了讨好上司，又加上一个以人格担保。于是朱演不下去了，很郁闷，带着人走了，撂下一句话："明天我照时再来！"

第二天，朱树声带着一个书记和一名法警来了。朱拿出昨天的笔录，李宗侗要看，朱递给他，但是尹起文的"以人格担保"这句话根本没写。李宗侗提出责问，朱说："笔录是书记官的权利，他漏了，但尹起文已经签过字了，我们不能修改！"

这时，众人才明白过来，那名书记为什么没有来。李宗侗当时就慌了，再三要求进行修改，但是都被朱检察官拒绝了。这位检察官是来查账办案的，还是来找碴儿的？背后又是谁在指使的呢？他的目的达到了吗？

2. 非法审讯

那天中午，吃过午饭，李宗侗便要求吴瀛出面抵挡。

吴瀛就指出朱检察官在执法中的不合法，他说："朱先生，你此来用的是天津高法介绍信，我是在内务部做事的，他们是文化机关，对公事不熟悉，我懂一些，我觉得你这样做我们应当拒绝你！"

朱说："是的，我是有特殊任务的。"

吴说："你是等于问案子。"

朱说："是的！我们检察庭可以随时开庭，不比推事。"推事即法官和审判员。

吴问："那谁是被告呢？"

朱说："那不能说，这有特殊关系！还没有到发表的时候。"朱说着又拿起一沓通知存根单："我要提这几张存根带走！"

吴说："不可以！"

朱说："检察官有扣押之权！"

吴说："不！我们也有特殊规定：故宫博物院的片纸不能携带出神武门！"

朱毫不客气："我带有法警，可以强制执行！"

吴瀛也变脸："我们故宫的警卫可以扣押你！"

朱检察官傻了，只好转弯："请示一下院长好不好？"

吴说："那行，我打个电话商量一下！"

于是吴瀛去办公室打电话，又同故宫法律顾问江某商酌许久，江说："让他抄一份去！"

易院长也同意了。吴瀛回到会客厅，准其照抄。朱还要查账目，吴瀛叫人去请总务处长俞星枢和会计科程科长，之后就走了。

大约过了三个小时，总务处长慌慌张张地来找吴瀛："程科长被带走了，因为发现有六百多元的账目不符。"

于是李石曾、吴稚晖、易培基、李宗侗感到事态的严重性，与吴瀛等在揣测究竟是何人在幕后指使，能让南京高等法院来人调查。程科长很快就被放回来了，而且朱树声也很快离开了北平。后来查清，完全是张继和崔震华搞的鬼，最高法院检察长郑烈是崔震华要张继推荐给司法院院长王宠惠的，崔震华与郑烈合谋，于是郑烈派朱树声北上北平，采用不合法手段进行审问，后因事发，朱树声连忙撤了，此案就交给北平地方法院检察厅。对方应付差事，只打电话问问情况。不久，李宗侗、易培基也都南下了，此案似乎不了了之。

3. 构陷者变本加厉

没想到易培基到了南京，忍不下这口气，但他没有走司法程序，想通过行政手段解决，于是向中央监察委员会、行政院、司法行政部提呈，反诉崔震华及最高法院检察署长郑烈，假借司法独立之权威，朋比勾结，贿买人证，蓄意构陷。并请罢免郑烈。

其实，易培基不知道：郑烈和张继的后台，其实是汪精卫。这汪精卫与易培基不睦、有过节是怎么回事呢？原来，当年这两位都在孙中山身边，关系不错，因为政务分歧，彼此渐行渐远，到最后汪精卫不能见容于易培基；加上张继的不断挑唆，矛盾就更大了。

易培基的反诉，竟然没产生什么反响。但也给张继提了个醒，以区区600元的鸡毛讼案，只会贻笑大方，必须扩大为一桩最大的盗宝案，这样就可以移交南京地方法院办理，那就可以置对手于死地。

于是就出现了一个大谣言，说易培基将一大批成扇（即折扇与团扇）送给张学良了。马衡是负责古物馆的，当有人问他有无此事。他含糊其词说："不知道。"于是，胆小怕事又无主见的李宗侗就选择了自动辞去秘书长一职。张继等又命令他说服易培基也辞职。崔震华放出风来："只要易院长辞职，以后双方都不攻讦，万事全休！"

于是，闹不清站在哪一头的李宗侗再也不说"张太太不配管故宫之事"，拼命要老丈人接受调停，主动辞职。

于是，10月15日故宫博物院理事会竟然在南京召开，议决："院长易培基辞职，以古物馆副馆长马衡代理。"

张、崔等人的计划成功了。吴瀛只得与马衡办理交接。

这时，崔震华又挑事了："有太庙金制祭器同珠宝一共二十六箱在古物南迁搬运之际，没有运到上海，被分别搬到人家家里去了。"

既然有这等事，必须彻查。于是吴瀛等去上海抽查此二十六箱。好容易在三万多箱中检出这二十六箱，结果太庙祭器一件不缺，总共二十三箱，其余都是珠宝，其中有三颗东珠，因为纬帽已破，又占地方，于是就把珠子拆下装箱，帽子留在故宫博物院原处了。

到此为止，应该没有问题了。但是，马衡又传张太太崔震华的"懿旨"：要把故宫藏品全部细点一遍。

吴瀛火了，谁爱点谁点，不奉陪了。于是转回北平，办了交接手续，辞职不干了。

4．"猪队友"送出昏着

李宗侗和易培基先后辞了职，想大事化小小事化了。张继、郑烈他们是这样想的吗？他们变本加厉地想置易培基于死地而后快，这时的易培基被逼到墙角上，不得不反击了。他在北平请了最著名的大律师刘崇佑为辩护人，准备到南京跟他们打官司，上法庭，这是一个反攻的好机会啊。易培基起诉书要在2月3日提出，本人如果不在此时前到案，就来不及了，所以易培基决定1月30日到上海，在京、沪等报纸上做大规模的宣传，为打官司造势。此时，又是他那位不知算哪头的东床快婿出面阻止易培基南下，说不要再起诉了，双方已有秘密交易，有绝对把握，对方不再追究，到此为止。于是易培基错失了先发制人的机会。

在此期间，朱树声又回到故宫博物院，强迫秘书处董寅复说有被易院长随意提取物品和扣留名人墨迹，不说不行。

在故宫文物南迁包装的整个过程当中，有一个职员叫萧襄沛。当时有个木箱比较小，要将一个大凤冠装进去，所以呢，萧襄沛就把上面的珍珠都摘下来了，然后呢，把这个凤冠放在箱子里，珍珠也放在箱子里，当着人的面把这个箱子封死了。就这事儿，有什么问题？充其量是对文物的处置不当，最多行政记过可以了呀，法院却抓住萧襄沛这个事大做文章。理由就是萧襄沛在文物南迁这个过程当中，破坏古物，以假充真，结果萧襄沛被判处有期徒刑数年，成了故宫盗宝案的第一只替罪羊。张继、郑烈、崔震华等人，找些狗仔记者，在报纸上进行大肆渲染，终于编织出故宫盗宝案的谎言。

5. 欲加之罪，何患无辞？

既然有故宫盗宝案就应该归北平法院审理，但是在郑烈的干涉下，此案归到江宁地方法院来审理，为啥要这样呢？这样好就近掌握和控制。

江宁地方法院为了将此案从处分物品的舞弊案演变成侵占文物大案，就要寻找证据，于是派莫检察官到上海仓库去开箱检查珠宝箱。

在最高法院检察官莫宗友主持下，江宁地方法院派出一名推事，故宫博物院派出会计科的那志良，还有几个珠宝鉴定商，还有院里的工作人员，有装箱开箱的、报号的，都在一起办公。当时，那志良说自己并不懂珠宝。

检查组有十几个人，摆一张大长桌，都围在一起办公。开箱的开箱，报号的报号，有人在账册中查找出来，再交鉴定人鉴定真伪。有的朝珠在清朝时，坠角下面的小珠子用玻璃珠代替，现在证明不是真珠，于是就封存起来；当时有工作人员说这样一粒小珠子，就算真的，也不值几个钱，还要费工夫去拆换，岂不是赔本？莫检察官立即训斥：

"我们只检查真假，谁管它赔不赔本？"有时检查一个小箱子，上面只写珍珠大半箱，显然因为时间不允许，当时就这样写了，未写明里面是多少，就算被盗，这样就要封存；还有的人不认识珠宝，看见一红碧玺的坠子，鉴宝人随口一说是红宝石，那志良虽不懂珠宝，但看上去无论如何不是红宝石，于是请鉴宝人再看看，于是鉴宝人说是红碧玺。那志良说："将来人家和我们要红宝石，那我们就拿不出来了。"也有的袋子上写了五颗珍珠，里面只有四颗，就算在被盗的里面；但有的袋子上写了五颗珍珠，却有六颗，这显然是装袋子时记错了，但莫检察长说："在法律的观点，每一件事不能与另一件事混为一谈。"还是将错就错，按五颗算。

检查书画就更麻烦，国画大家黄宾虹建议多找一些人来鉴定，但为了节省成本，法院只聘用画家黄宾虹一人担任，书画的鉴定见仁见智，也有看走眼的时候。有的画上题签是李成，但里面不像，就被封存起来。黄宾虹曾把"马麟层叠冰消"这件有名的珍品列为伪品，让故宫的同人为这件文物叫屈。

如此一来，人为地扩大范围，自然找出"许多"被调包、被偷盗的文物。这些就成了易培基故宫盗宝的铁证。检查完毕，法院印出三本厚厚的鉴定书。

根据这三本鉴定书，1934年10月13日，江宁地方法院检察官起诉。起诉书如下：

被告易培基、李宗侗、陈郁、萧瑜、崔燮邦、晏怀远、秦汉功、董琳、张淅稽。

哄传全国之故宫盗宝舞弊案，由江宁地方法院提起公诉：右开被告，民国二十二（1933）年度检字第六零零四号，为侵占、伪造、背信、妨害公务及名誉一案，业经本检察官侦查完毕，认为应行提起公诉。今特将犯罪事实、起诉理由及所犯法条，开列于后：

犯罪事实

缘易培基于民国十八年间，充任故宫博物院院长，李宗侗充任该院秘书长，陆续将保管之珠宝部分盗取真珠一千三百一十九粒，宝石五百二十六颗，以假珠调换真珠者九千六百零六颗，以假宝石调换真宝石者三千二百五十一颗，其余将原件内拆去珠宝配件者及一千四百九十六处；此外尚有将缉米珠流苏及翠花嵌珠宝手镯等类，整件盗取者，为数甚巨，均一律占为己有。

……

易培基当时就给国民政府蒋介石、汪精卫都写了信，说明自己的冤情，请吴稚晖、张静江、李石曾三位党国元老去四川找蒋介石，蒋却置之不理。汪精卫是暗中支持张继的，却有自己的说辞，不能干涉司法独立。

这个时候报纸上就说了，易培基潜逃了，这些舆论都对易培基相当不利。

6. 不了了之的大案

易培基闻讯，破帽遮颜，藏匿于天津日租界，李宗侗藏匿于上海租界，不敢出庭自辩。以后，华北局势紧张，易培基又潜往上海租界。晚景萧疏，郁闷激愤，新病旧疾同发，还盼望着国民政府有政治解决的一天。

终于等到1937年，国难当头。上海"八一三"淞沪战役已经打得非常激烈了，没想到江宁地方法院又根据"新罪证"，以二十六年诉字第三九五号提起公诉：

> 被告易培基前国立北平故宫博物院院长，在逃未获。
> 李宗侗前国立北平故宫博物院秘书长，在逃未获。
> 吴瀛前国立北平故宫博物院秘书，所在不明。

……

很奇怪，在1933年10月的原被告中没有的吴瀛，此时却升为该案的主犯，排在李宗侗之后。其实此时的吴瀛在武昌，后来又在南京农本局做事。抗战后到了重庆，还不时与张继见面，点头而已。

再说江宁地方法院检察官的起诉，令易培基又急又恨，于当年9月就去世了，终年57岁。遗嘱令其夫人候战后为之申雪，并托国民党元老吴稚晖主持其葬事。李宗侗胆小怕事，连送葬也不敢去参加。而易培基所提拔信任的旧部也没有一人去看他。

老友吴稚晖感慨不已，亲撰挽联：

最毒悍妇心，沉冤纵雪公为死；

误交卖友客，闲官相攘谋竟深。

法院方面还不信，认为易培基是假死，一面派上海地检处人员前往调查，查明在案；一面还在报上宣传易培基是逃亡大连与伪"满洲国"去投靠日本人了。易去世后仅遗妻子杨篝村和女儿易漱平，她们与李宗侗一起居住在上海法租界西爱咸斯路，哪儿也没去。

1945年8月15日，日本宣布投降，八年的艰苦抗战终于结束了。可是，易培基夫人没能等到为其夫申冤，1946年1月22日在上海去世了。在抗战中，最高法院当初认为有盗换嫌疑而封存的所谓古物，连箱子也没影了，据说本案的案卷也遗失了。那又如何处理本案呢？

1946年底升任国史馆馆长的张继，每日在中山东路上班，突然于1947年12月5日暴病而亡。树倒猢狲散，郑烈、崔震华都无能力了。终于在1948年1月9日，《南京人报》登载了一段小小的新闻，标题为《易培基案不予受理》：

易培基等检察官提起公诉，该刑庭已宣告判决之侵占案，由地院对被告易培基、李宗侗、吴瀛之判决主文称：李宗侗、吴瀛免诉；易培基部分不受理。

判决理由：

李宗侗、吴瀛部分

查该被告等于民国十八年（1929）分任北平故宫博物院秘书长及简任秘书时，共同将职务上保管之故宫文物陆续侵占入己，经公诉在案。惟犯罪在二十六年（1937）以前，依刑法第二条第一项，自无惩治贪污条例之适用，应按刑法治以侵占之罪。但三十六年（1947）一月一日业已赦免。

二、易培基部分

被告死亡，应谕知不受理，刑事诉讼法第二百九十五条五款有所规定，并经中央监察委员吴敬恒（稚晖）证明，上海地检处查明在案。

吴瀛看到报纸后，认为这是一个奇谈，天下哪有不经判决而忽然赦免之理？原案易培基是主犯，现在忽然倒置，不受理了。那就应该整个消灭，哪有从犯升成主犯，又变成业已赦免的道理？

这场由文物南迁引发的惊天盗宝冤案，是崔震华去故宫和门卫发生冲突，继而崔震华和李宗侗大吵大闹，到检察官从600多元的这么一个鸡毛小账，逐渐就翻到监守自盗的故宫盗宝大案。这完全是崔震华、张继、郑烈勾结在一起，以"莫须有"的罪名，构陷易培基、李宗侗和吴瀛等人的冤案，直接逼死易培基，最后却以特赦和不受理而告终。在当时的社会中，高官操纵了法律，表面上司法面前平等，其实可以任意捏造罪名，指鹿为马，任意解释、操纵法律，使法律成为政治斗争的工具。

第十一讲　阮玲玉自杀案

上集

1935年"三八"国际妇女节的那天凌晨，中国电影明星、著名的演员阮玲玉，怀着满腔悲愤，服用大量安眠药结束了她26岁的生命。消息不胫而走，震动了十里洋场，无数喜爱阮玲玉的粉丝伤心欲绝。阮玲玉在她的事业走向辉煌之际，选择了自杀，究竟是什么原因造成了阮玲玉最终选择以死来一了百了的呢？

这一切，源自于一场孽缘和一场诉讼。

阮玲玉怎么会惹上一场官司呢？这要从她与张达民的婚姻说起。

1. 遇人不淑，自谋生路

阮玲玉（1910年6月3日—1935年3月8日），原名阮凤根，出生于上海市，祖籍广东省香山县，其父阮用荣，是上海浦东亚细亚油栈的工人。1916年，在阮玲玉6岁那年，阮用荣因积劳成疾而患肺痨逝世。母亲给一张姓的大户人家做女佣，阮玲玉稍大一些，其母求张老爷帮忙，让阮玲玉在崇德女子中学读书。张是崇德女中的校董，于是阮玲玉进了崇德女中读书，后肄业。在她17岁时（应该是16岁），经同学介绍，在虹口昆山花园认识了张家二少爷张达民（时年23岁），两人开始恋爱，认识不久，二人同居。第二年张母在广东病故，张、阮回籍奔丧，阮玲玉以子媳地位服孝。之后，偕同至沪，居住于虹口。1927年，张达民的父亲去世。父亲死后，兄弟二人分了家产。老大张慧冲用分得的家产，组建慧冲影片公司，专拍武侠片。老二张达民分到了另一半家产，他没有固定的职业，一天到晚混迹于赌场，很快手上就没有多少钱了，生活十分拮据。阮玲玉对他心灰意懒。

张慧冲，1922年就开始从影，他在"联合""明星"等公司拍摄了《莲花落》《情海风波》《无名英雄》等片，多以英俊潇洒的武侠英雄形象出现，受到观众欢迎，被誉为"东方范朋克"。

张慧冲见阮玲玉面目姣好，又十分清纯，于是介绍她去影戏公司当演员。为了生活，阮玲玉只得自谋职业，开始时薪水很低，月薪只有五十块钱。第一部片子《白蛇传》，大约是跑龙套，演的什么她都不记得了。

2. 投身银幕，绽放华彩

1927年，阮玲玉加盟明星公司，出演郑正秋编剧、卜万苍导演的《挂名的夫妇》，影片描写一个聪明美丽的女子史妙文（阮玲玉饰），由于"指腹为婚"的旧俗，嫁了一个傻丈夫方少琏（黄君甫饰）。后来方少琏患猩红热病死去，史妙文忍受着守节的痛苦，立志终身不嫁。这是阮玲玉初登影坛的处女作。一个演艺界新人，没有任何表演经验的阮玲玉，就像一块璞玉，被导演卜万苍发掘打磨，当时她被认为是一个"难得的悲剧演员"。《挂名的夫妻》拍成十大本，使阮玲玉一举成名，从此卜万苍对阮玲玉也刮目相看。

1928年，阮玲玉参演了郑正秋编剧、张石川导演、著名电影明星胡蝶主演的《白云塔》。阮玲玉饰演的绿姬，是一个心机颇深、破坏石斌与凤子（胡蝶饰）爱情的第三者，最后阴谋败露，纵身跳下白云塔而死。同年，阮玲玉又出演了古装戏《洛阳桥》。

1929年冬，阮玲玉转入华联影业公司，去北平拍摄了《故都春梦》，深受观众欢迎。此片是导演孙瑜和阮玲玉合作的第一部电影，也成为阮玲玉事业上的转折点。之后，她与孙瑜又合作了《野花闲草》。

1931年，阮玲玉与卜万苍合作，主演了《续故都春梦》。《续故都春梦》是《故都春梦》的续集，讲述了朱家杰一家悲欢离合的故事。之后，主演了《恋爱与义务》，阮玲玉饰演的杨乃凡抛弃丈夫和一对儿女，与初恋情人李祖义私奔。李祖义后来潦倒而病故，杨乃凡将李祖义的女儿抚养成人，却发现影响了另一个女儿的前途，遂投河自尽。同年还与卜万苍合作，主演了《一剪梅》《桃花泣血记》。

1932年，阮玲玉与导演卜万苍，以及陈燕燕、黎烁烁、金焰合作了《三个摩登女性》。该片讲述大学生张榆逃婚到上海，做了演员，不久就成了家喻户晓的明星。张榆和一个南方姑娘虞玉相爱。"九一八"事变后，张榆的影片卖座一落千丈。一日，张榆接到一位女观众电话，劝告他振作爱国精神，改变戏路，张榆深受震动，原来这位女观众就是自己的逃婚对象周淑贞。东北沦陷后，周偕母逃亡入关，考入上海电话公司当接线员。张榆接受周淑贞的忠告，于"一·二八"沪战发生时，投身前线抗日工作。其时，一崇拜他的少女陈若英特地从江南小城赶来上海，向他表示爱情。时前线战事趋紧，张榆负伤被送至医院治疗，与参与护理工作的周淑贞相遇。张榆悔悟，意欲恢复婚约，周淑贞却表示冷淡。战事结束后，已成为富孀的虞玉自香港返沪，又常来约张榆寻欢作乐。陈若英仍然一片痴情，紧追不舍，张榆无奈，同意与她合演一部电影，留作友情纪念，不料拍摄中陈若英竟假戏真做，殉情而死。周淑贞邀请张榆参观码头、工厂、贫民窟，接触劳动群众，使张榆深受启示。一日，虞玉特意邀请张榆、周淑贞赴宴，席间虞玉当众奚落周淑贞，周淑贞慷慨陈词，语惊四座，张榆愈加敬佩。不久，周淑贞因参加罢工被公司开除，张榆特意赶来慰问，握住周淑贞的手，久久不能松开。

《三个摩登女性》是阮玲玉的代表作，她成功地塑造了周淑贞这个新女性的形象。该片于1933年上映，由民国著名电影人厉麟似等推介参加国际电影节。

1933年，阮玲玉与孙瑜合作，主演《小玩意》；与吴永刚导演合作，主演《神女》。《神女》讲述了一个为了生活和抚养儿女而出卖肉体的"神女"的悲惨故事。影片被国际影坛誉为中国电影最佳默片之一。同年，阮玲玉在蔡楚生执导的剧情电影《新女性》中担任主角，该片讲述了一位知识女性韦明（阮玲玉饰）遭遇婚姻失败后，期望依靠自身力量和女儿生活下去，最后却在感情波折、生活苦难和流言蜚语的打击下，走上自杀之途的悲剧故事。1934年，阮玲玉与编剧罗明佑、导演朱石麟合作了《国风》，主要讲述在"新生活运动"的背景下，两姐妹不同的生活状态。在短短的数年间，阮玲玉先后主演了二十多部电影。她以出色的表演天赋，扮演了各类不同的角色，奠定了她在中国电影史上的不朽地位。

阮玲玉事业上越红，张达民便在生活中越糜烂，独自在上海尽情地赌、嫖，甚至将分得的家产全部输光。1931年，搬家至法租界海格路大胜胡同。

阮玲玉从北平回到上海，张达民就跑来要钱，说："我已经签了一张空头支票，你要再不给我钱，我的一生，将就此糟了。"经不住张达民苦苦哀求，阮玲玉于心不忍，便把辛辛苦苦在北平积存的三百元给了张达民。但是，张达民拿到钱还是挥霍而光。阮玲玉的母亲告诉她后，张达民恼羞成怒，竟当着阮玲玉的面打了她母亲，这样一来，两人的感情无法弥补了。

3. 为夫谋职，订立契约

此时的张达民干脆就是要钱，只要达不到目的，不是吵闹便是恐吓，阮玲玉没有办法，只得拿衣服、首饰当了凑钱给他，而他拿了钱就去赌，一点也没有愧疚和心疼。但这是无底洞，一天又一天，怎么办呢？

于是阮玲玉就去找罗明佑想办法，设法替张达民谋个职业。罗明佑何许人也？他是电影圈内的大咖。原籍广东番禺，生于香港，后迁居广州，出身于名门望族。1918年，考入北京大学法学院学习。翌年，在北京开设真光电影院，课余兼任经理。他坚持严格的选片标准，多放映艺术性较强的外国影片，配有翻译字幕和说明书，每周日加映优待学生的早场，深受各界好评。之后，他以"真光"为基础，精心擘画，开拓经营，于1927年建立华北电影公司，任总经理。1929年，他在天津、太原、济南、石家庄、哈尔滨、沈阳等地所拥有的影戏院已达20余家，控制了北方5省的电影放映和发行事业。1930年罗明佑又与大中华百合影片公司合并，并吸收印刷业巨头共参其事，组成联华影业制片印刷有限公司，担任总经理。

阮玲玉是1929年在北平拍摄《故都春梦》时认识罗明佑的。罗明佑需要阮玲玉，于是给她这个面子，将张达民推荐到他旗下的光华大戏院担任经理，月薪一百二十元。但是，张达民依然不满足，隔三岔五地便去明星公司找阮玲玉的事儿、闹架。这样长了，也不是事啊。后来，香港的超级富豪何东爵士到了上海，阮玲玉恳求其设法介绍张达民去香港太古公司任瑞安轮船买办，随船服务。张达民因担心阮玲玉一人寂寞，特为其领养了一个养女，名小玉，借以陪伴。可是好景不长，张达民去了几个月，又亏空了一千多元，丢了职位。于是，还是回来找阮玲玉吵闹。

被逼无奈的阮玲玉第三次拉下脸皮，写信给第十九路军参谋长范其务，请其为张达民找个事做。范其务是广东三河人，1932年"一·二八"淞沪抗战时任十九路军参谋长，战役结束，第十九路军调往福建。是年冬，范其务调任福建省财政厅厅长。在他的安排下，张达民去了福建，任税务局局长。

这时，阮玲玉的生活中出现了一个富商唐季珊，此人是联华电影公司的大股东之一。

唐季珊，祖籍广东广州府香山县唐家村，是近代上海著名茶商唐翘卿的儿子。唐季珊曾留学英国，见多识广，又富有商业手腕，因此博得"茶叶大王"称号 。唐季珊有女人缘，阮玲玉很快与唐季珊打得火热，另租房屋于海格路一四七弄二十一号作为爱巢，开始同居。

在遇到阮玲玉之前，唐季珊已经玩弄了不少女星，他早年追求著名电影明星张织云，将她捧成了电影皇后。不过唐季珊这么做只是为了借张织云的名字打响自家茶叶的招牌，在张织云渐渐过气之后，他就将张织云给抛弃了。唐季珊在追求阮玲玉的时候，张织云曾经写信给阮玲玉，告诉她唐季珊是一个无赖，千万不要中了他的套路。而阮玲玉当时正在和张达民解决婚姻纠纷，她急需唐季珊的帮助，所以虽然明明知道唐季珊并非良人，还是忍了下来。唐季珊后来又开始追求梁赛珍，作为情敌，梁赛珍却对阮玲玉抱有同情态度，唐季珊经常当着梁赛珍的面殴打阮玲玉，有的时候还不允许阮玲玉回家，阮玲玉走投无路的时候，甚至到了请求梁赛珍收留的地步。

1933年春天，张达民从福建回上海公干，顺便回家探望阮玲玉，发现阮玲玉已移情别恋，与唐季珊同居，"佳人已属沙陀利"，于是大闹一场。几天后，阮玲玉即委托律师伍澄宇出面，与张达民订立离异契约。

伍澄宇也是广东新宁人。清末留学日本，加入中国同盟会。后赴美国，任中国同盟会美国支部长。1910年，在旧金山发行《少年中国周刊》。1911年，在美国任孙中山秘书。1913年，任旅美华侨创办的中华飞机制造公司总经理。1914年，离美抵日本，被孙中山委派为中华革命党菲律宾联络员。1917年回国，后任北京大总统秘书，最高法院审判官，广东建设委员会委员，上海法科大学教授兼上海总工会法律顾问，兼营律师业务。

订立契约如下：

　　阮玲玉张达民脱离同居关系约据
　　阮玲玉甲

立脱离关系约据人张达民（以下简称乙）今双方曾一度发生恋爱同居关系，现为彼此免日后争执，订立脱离关系条件如此：

（一）双方自签约后，彼此各图自立，不相干涉，所有男婚女嫁亦各任自由，并声明以前并无婚姻关系。

（二）甲因生计较乙为优，并于脱离后如乙方生计果有困难情形，甲为念旧日恋爱之情，仍须酌量津贴，但每月至多一百元为限，以二年为期，期满乙不得再有何要求。

（三）前条甲之生计若不能继续维持时，乙不得以此为要求。

（四）乙之生计如若不要甲之津贴，以友谊将实在情形商告，不得有不实之事瞒欺甲方。

（五）双方为名誉保障起见，约定对本约不为登报。

（六）乙方对甲方之津贴依照第二条，若遇困难实甚，经甲方同意，按月之付给有时超过一百元以上，则陆续给付以满足二千四百元为额。

（七）双方以前手续，自立约之日后为清楚，以后不得有任何事件之主张。

（八）本约一式二纸，各执一纸为凭。

民国二十二年四月

张达民在签订契约后，又匆匆返回福建任上。是年11月20日，"闽变"发生。闽变又称福建事变。第十九路军将领蔡廷锴、蒋光鼐等联合国民党内的李济深、陈铭枢等爱国将领，反对蒋介石"剿共"政策，在福州举行了"中国人民临时代表大会"，会上通过了《中国人民临时代表大会权利宣言》；成立了"中华共和国人民革命政府"（通称福建人民政府），定都福州，与蒋介石南京政府进行对抗。1934年（民国二十三年）1月15日，蒋介石军队攻陷福州，福建人民革命政府和第十九路军总部分别迁往漳州和泉州。1月21日，泉州、漳州失守，福建事变失败。事后，各高层领导人出走，第十九路军亦在缴械后被解散、收编。

"闽变"发生后，张达民丢了饭碗，又回到上海，回到法租界海格路大胜胡同，一看阮玲玉已是人去楼空。原来，她此时已和"茶叶大王"唐季珊同居，搬到海格路一四七弄二十一号居住。

4. 风波再起，诉讼法庭

张达民不会让阮玲玉好过的。没过多久，即委托律师致函阮玲玉，要其履行先前答应的条件，交还衣物等，谁知阮玲玉竟然说，两年之期已到，我不欠你的钱；而唐季珊反而在第一特区地方法院（简称特一法院）状告张达民妨害名誉。

当时上海共有三个地方法院：公共租界（英租界）有第一特区地方法院；法租界马斯南路，有第二特区法院；中国地界南市有上海地方法院。

但是这场诉讼，经特一法院审理并判决：张达民无罪。

张达民本来是通吃阮玲玉的，阮自从有了唐季珊以后，不但不给他钱财，自己反被唐季珊告上法院，气得头晕，自然不肯善罢甘休，经"高人"指点，何不去法院告阮玲玉，把事情闹大，看她如何下场呢？张本性无赖，于是请了律师具状，在特二法院初级刑庭自诉阮玲玉、唐季珊伪造文书、侵占盗窃等罪；又在法院刑庭具状，自诉阮玲玉、唐季珊略诱、通奸等罪，二纸诉状将二人告上法庭。

特二法院受理张达民状告阮玲玉、唐季珊案，由特二法院初级刑庭推事孙彭衔对张达民与阮玲玉两方发出传票，于1935年2月27日，开庭审理。但到了开庭时，被告阮玲玉称病未到。庭上察核卷宗，以本案与地方刑庭控案有牵连关系，当庭裁定候移地方庭合并审理各情。于是特二法院地方刑庭业已发出传票，派警传达两造，并通知双方律师：定于1935年3月9日下午开庭审理。

下集

1. 张达民别有用心

上海滩就是八卦的中心。听说特二法院要审理电影明星阮玲玉与张达民案，沪上各报大秀"八卦"，阮玲玉私刻印章、侵占财产、通奸等"罪名"就是不审判也够赚足噱头，让"阿拉"上海人大呼过瘾，生怕失去吸引读者眼球的大好机会。

几天前特二法院的报到处就人来人往，很多人请求预领旁听券，生怕届时拥挤，后到者不能入庭旁听，一睹阮玲玉之明星风采；可谓一票难求。特二庭司法警长特派法国籍警员督率众多法警，届时到法庭内外维持秩序，无旁听券者一律不准进入法庭。

那么，张达民状告阮玲玉的"罪状"是什么呢？

张达民援引刑法第三百三十六条第一项之侵占罪，即告阮玲玉、唐季珊伪造文书，私刻图章侵占他名下在万国储蓄银行的一张20万元存折。

这一笔20万的存款是怎么回事呢？张民达的工作和生活费都是靠阮玲玉的，他自己应该没有钱。阮玲玉靠着不菲的片酬积攒了20万元，原本是用来孝敬母亲的，但是存钱的时候为了方便，就借用了张达民的户名。夫妻闹到要离婚的地步，阮玲玉要将这笔钱取出来。为了避免张达民节外生枝，于是就私刻了张达民的图章，自己把钱取走了。这就是伪造文书、私刻公章的"侵犯罪"。

本来，这笔钱数额不算太大，阮玲玉和唐季珊也完全有能力归还；张达民完全可以以民事纠纷诉追回存款。但是张达民见阮玲玉与唐季珊同居，羡慕嫉妒恨，二纸诉状将阮玲玉、唐季珊告上法庭。

能想出这一招的并不可能是张达民。张达民不能诉诸法院维持婚约，阻止唐季珊与阮玲玉的结合。显然有人帮忙案中出谋划策，他便借口20万元的存折，援引当时刑法污控阮玲玉。上海当年除挂牌律师外，还有律师帮办及土律师，挑唆诉讼，甚至还有老头子（帮头）在幕后指使操纵。主要还是抓住阮玲玉的弱点，如果阮到法院受讯，不仅会有群众围观，到庭也要站进竖立的方形木桶里。如果庭讯结束，再来个庭谕"被告交保"，更将不堪受辱。因此，阮玲玉的伍、谢两位律师建议引用刑事诉讼法第二百九十八条："法院认为被告应科拘役罚金或应谕知免诉或无罪的案件，被告经合法传唤，无正当理由不到庭者，得不待其陈诉径行判决。"让阮玲玉不到庭缺席判决。但这条法律，是否引用，权在法官。如不引用，被告就非到庭不可。阮玲玉就怕出庭审讯，所以只好自杀了。

当年阮玲玉的法律顾问谢居三后来撰文说："张达民在万国储蓄银行（有奖储蓄）20万元的存折，实际是阮母的钱，只是用了张达民的户名。"

这场官司究竟阮玲玉能不能打赢呢？

问题就在这里：如果按诉追存款是民事诉讼，被告可以全权委托律师代理出庭，自己不必到案。所以在高人指点下，张达民以刑事控告阮玲玉伪造文书，犯侵占盗窃罪；另外就是通奸罪。目的就是用刑事官司为要挟，达到其敲诈勒索的目的；即使对方还了款，至少可以把爱惜名誉的阮玲玉拖上法庭，让其出洋相。而一些所谓"无冕之王"的新闻记者，借题发挥，诽谤造谣，让阮玲玉陷入婚姻绯闻的涉讼问题之中。对于一个清白无辜的人，一旦被过去的爱人所告，对簿公堂，世俗的偏见，小报的造谣，给她作为公众人物所带来精神上的痛苦，可想而知。加上她身体一向较弱，要去片场拍片，还要被张达民无休止地纠缠，导致神经衰弱，经常失眠，无法安睡，于是家中备有安眠药。

2. 阮玲玉悲愤告白

阮玲玉自杀之前，曾对访问她的记者，倾述过她和张达民相识、同居及解除同居关系的经过：

　　我和张达民认识，就在17岁那年，起初是同学介绍的。那时我的意志还很薄弱，同时年龄也究竟还轻，所以认识不多久以后，受不住他的欺骗，两个便实行同居了。张达民原系一个世家子弟，他并没有什么固定职业，一天到晚尽是在赌场里混日子。因此，同居了数月后，由于他自己经济上的拮据，便对我断绝了生活上的供给。自然，人是求生存的动物，为了生活，没办法，便决意加入了明星公司自谋独立。哈，那时月薪只五十块钱。

　　后来我往北平去拍《故都春梦》了，他便独自在上海尽情地赌、嫖，甚至将从家里分得的一万多块现钱，一分钱也不给我。这是我可以对天发誓的，全部输光了。当我回上海时，他又跑来上海找我要钱……起始，我是不知道他会荒唐到这田地。所以，经他再三商恳，心里不忍，便把辛辛苦苦在北平积余的三百元给了他。天啊，谁知道他竟是这么的没良心呢？更使我气的是，后来我母亲告诉了我，他竟当我的面想打起我的母亲来了，你说这还成什么呢？到这时，我俩的感情就无法再弥补了。

　　但是，他是什么都会做的。他会恐吓，他会闹，他耍起赌博的本钱来，眼见我把衣饰当了凑钱给他，他也不叫一声可惜。你想，我还有什么办法呢？后来，一天又一天，我真给缠不过了，于是我便亲自去找罗明佑先生，恳他代为设法给他找个职业。承罗先生的情，慨然答应了我，把他荐在光华大戏院担任经理，月薪一百二十元。你想，这样总算好了。可是他却偏偏仍常来公司跟我找事，闹架。唉，这些事情，如今想来，也还使我气哩。

　　后来，我觉得放他依旧在上海的恶劣环境里，是无论如何改不过他的坏脾气的，于是就再去恳托香港来的何东爵士，为他设法介绍到了瑞安轮上充当买办。可是去不数月，又用亏了一千余元，丢了职。论理，他这样荒唐，我是可以不管了。可是，他再回来吵闹，却委实使我感到头痛的。所以，在无可奈何之中，便写信给十九路军范其务先生，把他介绍到福建清税局任事。然而，吓，又不到两个月吧，竟又三日隔两日地写信来骚扰了。到这时，你说，我怎能再忍耐呢？我是只能请律师和他依法解决了。

在这种情况下，阮玲玉和张达民在伍澄宇律师的主持下，在1933年4月签订了脱离同居关系的契约。既然双方已经脱离同居关系，阮玲玉和唐季珊在一起何来的"通奸"之说呢？这明摆着泼脏水，就是要把阮玲玉的名声搞臭，让她身败名裂嘛。

3．自杀身亡，人言可畏

在30年代阮玲玉拍出了生平最重要的几部电影。她主演的《神女》和《新女性》相继上映，这两部片子在当年可谓是轰动一时，阮玲玉在银屏上大放异彩。她的声望也空前高涨，而且终于和唐季珊有了属于自己的家。就在这个时候，1934年12月27日，阮玲玉收到一封律师函，说她窃取财物、侵占衣饰，私刻张达民的图章，盗领存款20万元。

阮玲玉还是想息事宁人，与张达民私下和解，不料唐季珊却不干了！

唐季珊一面先行控告张达民虚构事实妨碍名誉，一面要阮玲玉登报声明，在同居期间，唐季珊和阮玲玉经济各自独立。一时间流言四起。

终于在1935年2月，法院受理了张达民的诉状，以阮玲玉、唐季珊伪造印章，侵占他的20万元存款，以及和诱通奸罪，定于3月8日下午开庭审理此案。

阮玲玉是个"颇有名，却无力"的人。一个名艺人，在上海滩那种地方是很注重和爱惜自己的羽毛的。一旦被张达民告上法庭，是一件很丢人、非常损害名誉的事情。她不知道应该怎样保护自己，精神上和工作上的双重压力倍增。

此时，还有一件让她很纠结的事情。她发现唐季珊是位"登徒子"，是个人渣。他有老婆却和一位电影演员张织云厮混在一起；后来见了阮玲玉，又抛弃了张织云。张织云曾对阮玲玉说：你的明天就是我的今天。但阮玲玉没有相信。后来，阮玲玉发现唐季珊又与一位舞女梁赛珍在一起。阮玲玉这才发现被唐季珊骗了。在两个男人的双重打击下，绝望的她只能走上自杀的路。

1935年3月7日晚，阮玲玉还在联华制片厂工作。12点后，返回新闸路沁园邨9号寓所，三楼母亲的房中还亮着灯，阮玲玉敲门进去，见母亲还未睡，母亲关心地问："阿根，还有一天半就开庭了，有把握胜诉吗？"

"姆妈，放心，律师说有九成九的把握。只是……"

"只是什么？"

阮玲玉叹了口气："上法庭吃官司，在众目睽睽下，多丢人啊。"

"没事，钱本来是我们的，如果我们无理那才是真正丢人啊！"

阮玲玉故意把话岔开，"姆妈，睡吧，我肚子饿了，让人煮碗面吃。对了，安眠药还有吧？"

母亲："你那两瓶都吃完了？我这里还剩一瓶。"她找出药递给阮玲玉。

阮玲玉进了二楼卧室，唐季珊非常恼火，问她为什么又回来这样晚？是不是与张达民旧情难忘？

阮玲玉说："片场加班，好多人都在。"

唐季珊不信，两人又吵了起来，愤怒的唐季珊又动手打了阮玲玉。这一下，使阮玲玉彻底绝望了。她出了卧室，下楼来到饭厅，就着那碗面，把三瓶安眠药都吃了。乘药性尚未发作，写下两份遗书。

一封是给张达民的：

达民，我已被你害死，哪个人肯相信呢？你不想想我和你分离后，每月又贴你一百元吗？你真无良心，现在我死了，你大概心满意足啊！人们一定以为我畏罪，其实我何罪可畏？不过我很悔（误）悟，不该做你们两人的争夺品，但是太迟了，不必哭啊，我不会活了，也不用悔改，因为事情已经到了这种地步。

另一封是给唐季珊的：

季珊：没有你迷恋，没有你那晚打我，今晚又打我，我大概不会这样吧？我死之后，将来一定会有人说你是玩弄女性的恶魔，更加要说我是没有灵魂的女性，但，那时我不在人世了，你自己去受吧。过去的织云，今日的我，明日是谁？我想你自己知道就是，我死了，我并不敢恨你，希望你好好待小囡囡，还有联华欠我的人工二千零五十元，请作抚养她们的费用，还请你细心看顾她们，因为她们只有你可以靠了，没有我，你可以做你喜欢的事了，我很快乐。玲玉绝笔

阮玲玉服下安眠药，等药性发作以后，辗转难受，痛苦呻吟。第一个发现阮玲玉服毒的是唐季珊，他没有在第一时间把阮玲玉送到家门口的广仁医院，而是舍近求远送到了四川路日本人开的福民医院，但是福民医院晚上没有医生值班，导致延误了宝贵的抢救时机。最后送到一位姓周的私人诊所，又打电话请来老巴子路陈达民、陈继尧两位医生，经过抢救，还是救不过来，只好送至蒲石路中西疗养院抢救，虽有数度清醒，终因中毒过深，抢救过迟，延至8日下午6时38分气绝身亡。

阮玲玉死后，唐季珊因发现阮玲玉遗书中有对自己不利之处，利用

阮母不识字，竟偷偷地指使情妇梁赛珍的妹妹梁赛珊伪造了几封遗书。

其一：告社会书

　　我现在一死，人们一定以为我是畏罪。其实，我何罪可畏？因为我对张达民，没有一样对他不住的地方。别的姑且不论，就拿我和他临脱离同居的时候，还每月给他一百元，这不是空口说的话，是有凭据和收条的。可是他恩将仇报，以冤来抱德，更加以外界不明，还以为我对他不住。唉！那有什么法子想呢？想之又想，惟有一死了之罢。唉！我一死何足惜，不过还是怕人言可畏，人言可畏罢了。

阮玲玉绝笔二十四年三月七日晚午夜

其二：

　　我不死，不能明我冤。我现在死了，总可以如他的愿。你虽不杀伯仁，伯仁由你而死。张达民！我看你怎样逃得过这个舆论！你现在总可以不能再诬陷唐季珊，因为你已害死了我啊！

午夜致唐季珊

　　我真做梦也想不到这么快，就和你死别，但是不要悲哀，天下无不散的宴席，请代千万节哀为要，我很对不住你，令你为我受罪。现在他虽这样百般的诬陷你我，但终有水落石出的一日，天网恢恢，疏而不漏，我看他又怎样活着呢。鸟之将死，其鸣也悲，人之将死，其言也善，我死而有灵，将永永远远保护你的。我死之后，请代拿我之余资，来养活我母亲和囡囡，如果不够的话，那就请你费力吧。而且刻刻提防，免她老人家步我后尘，那是我所至望你的，你如果真的爱我，那就请你千万不要负我之所望才好。好了，有缘来生再会！另有公司欠我之人工，请向之收回，用来供养阿妈和囝囝，共二千零五元，至要至要。另有一封信，如果外界知我自杀，即登报发表，如不知请即不宜为要。

阮玲玉绝笔

4．人死庭开，惊鸿不再

阮玲玉虽然自杀身亡，但特二法庭仍于3月9日下午2时开庭审判。为什么呢？因为张达民并未因阮玲玉之死而撤讼，而且被告还有一位唐季珊，因此法庭照样开庭。唐季珊与阮玲玉的母亲以及律师江一平准时到达法庭，而张达民却没有到庭。当自鸣钟"当当当"响了三下，章推事（审判官）与书记官宣布开庭。

原告代理律师起立说："自诉人张达民因受感冒及刺激过甚，今日不能到案，被告人阮玲玉被指控通奸而致自杀。故请求准予改期。"

审判官又问站在被告木桶里的唐季珊："你的姓名、年龄、籍贯、住址、职业。"

身穿西装革履的唐季珊回答："唐季珊，年三十一岁，广东中山人，住艾文义路沁园村九号，业茶商，以前未受过刑事处分。"

章推事："被告阮玲玉今日见报载已服毒自杀身死了吗？"

唐季珊所请的辩护律师江一平起立，声称："阮玲玉在生前因此案发生后，报纸上刊登被控通奸，一生名誉，在社会上大受打击，抑郁气愤，而致服毒自杀。其实对于通奸一点，并不确实。今有对本案之证据数种及遗书遗言，可以呈庭做证参考。而自诉人今日忽称病不到，并无证据提出请求改期，殊出意外。自诉人律师称：阮玲玉之自杀，指谓因被控通奸而自杀，未免捕风捉影。阮玲玉与张达民于民国二十二年四月间，委伍澄宇律师证明订立解除同居关系契约，由张亲笔签字。订约后，阮每月向张支洋一百元，至此款支付终了后，忽发生此不幸案件，今有脱离关系笔据可证。"他拿着解除同居关系契约，"请庭上传伍律师到案询问。伍律师现在沪上，住居北四川路"。

章推事对唐季珊说："今日自诉人未到，听候定期再传。"并对江一平说："被告律师，下次开庭可将各种证据备副本交案。"

原告律师："阮虽死亡，但有遗产案关侵占，请求可否下一处分？被告唐季珊经常离沪前往香港经商，行踪不定，庭上如认为有交保必要，请令妥保。"

章推事："现在毋庸提出，俟下次审讯再核，退庭！"

3月11日阮玲玉入殓的那天，在大家一再要求之下，唐季珊才拿出了一份遗书《告社会书》，矛头直指张达民，把自己的责任推得一干二净。并发表紧急启事："……玲玉在联华公司服务，月有千元收入，个人生活，自给有余。若谓与余相识，系受金钱诱惑，未免辱及死者，其次，余与张达民素无往来，若不涉讼公堂，至今犹未谋面，何能论及朋友？……余与玲玉结合，在玲玉与张达民签约脱离同居关系以后，所告通奸云云，尤属厚诬死者。兹为表明真相起见，特此慎重声明。"

阮玲玉的这份遗书影响很大，其中"人言可畏"，就是将自杀原因指向了制造和传播"可畏"流言的小报记者。这些人在公正舆论的指责下，强词夺理，进行诡辩。连病中的鲁迅先生都十分气愤，用"赵令仪"的笔名，写下了《论"人言可畏"》一文，针对阮玲玉的自杀和新闻记者的辩解之词，进行了深入的分析，有力地阐明了不良新闻记者的诽谤性报道对阮玲玉之死负有不可推卸的责任。言辞看似平静、和缓，而蕴含着同情和悲愤、感慨和谴责。假如，鲁迅要知道阮玲玉之自杀的真正内幕又会写下什么样的文字呢？

总之，阮玲玉死了，中国电影界最有才华、艺术成就如此之大的电影明星就这样仓促地走完了她的一生，短短的二十六年。真正的内幕直到她死后很多年才得以浮出水面。众口铄金，人言可畏。

第十二讲 《闲话皇帝》惹官司

1935年6月23日上午，日本驻上海总领事石射猪太郎铁青着脸，气势汹汹地来到上海市政府，要求立即见市长吴铁城。吴市长不敢怠慢，立即放下手中的公事，起身相迎。猪太郎高举右手，将手中握着的一本杂志，狠狠地拍在会客室的茶几上，向吴市长大声抗议："这本所载登的《闲话皇帝》，对大日本天皇大大的不敬，引起日本臣民和旅沪日侨极大愤怒，事态极为严重，本总领事希望中国政府立即审慎处理。"

这是一本什么杂志？登了一篇什么内容的文章？为什么会引起日本总领事大动干戈，从而酿成中日间的一场外交事件？

1.《新生》周刊闲话摊大事

这个杂志叫《新生》周刊。是一个叫杜重远的人，1934年2月10日，在上海创办的。杜重远，吉林省公主岭市人。早年留学日本，1923年回国后在沈阳开设肇新窑业公司，1929年任辽宁商务总会会长。属于民营企业家，是东北工商界知名人士。同年，兼任张学良东北边防军司令长官公署秘书，襄助处理对日外交问题。与此同时，还与友人组织东北国民外交协会，促进了东北各地抗日运动。

1931年"九一八"事变后，杜重远参加阎宝航、高崇民、王化一发起组织的东北民众抗日救国会，被推选为常务理事兼政治部副部长，因遭日本关东军通缉被迫移居北平。不久，到上海，结识沈钧儒、邹韬奋、胡愈之等爱国人士。同时，提倡并发展"国货工业，作经济上的实际抗日"。是年冬至1932年春，杜重远以记者的身份在长江一带和华南、华北等地宣传抗日救亡，讲演60余次，并在邹韬奋主编的《生活》周刊上发表许多见闻通讯。"一·二八"淞沪抗战爆发后，积极支援英勇抗日的十九路军。

1933年，邹韬奋的《生活》周刊被迫停刊后，杜重远接盘，创办《新生》周刊，自任总编辑和总发行人，倡导发动"一场自己的反帝抗日的民族革命战争"。

1935年4月底，《新生》周刊社给国民党中央宣传委员会图书杂志审查委员会送来了该刊2卷15期稿件，其中有一篇易水著的《闲话皇帝》文章，两千字左右。作者易水，真名叫艾寒松。他是《新生》周刊的合伙人。艾寒松，江西高安人。原名艾涤尘。1930年毕业于复旦大学政治系。次年进入邹韬奋《生活》周刊社，参加编辑《生活》，成为邹韬奋的左右手、生活书店创办人之一。1933年邹韬奋被逼出国，《生活》编务由胡愈之和艾寒松负责。后又和杜重远创办《新生》周刊。

《闲话皇帝》说了什么闲话呢？

《闲话皇帝》一文中说：世界上英国、意大利、日本、南斯拉夫、暹罗等国有皇帝。"这种过时代的古董，各国为什么仍要保存它，不把它送进博物院去呢？这自然是也有它存在的道理的。"

"从前的皇帝，能干点的，真是一日万机，忙得个不得了，权威当然也是高于一切。'君要臣死，不得不死'。就是糊涂一点的皇帝，三天两天的朝是要坐的，大大小小的事情还要问他一下，现在的皇帝呢？他们差不多都是有名无实的了，这就是说，他们拥有皇帝的名儿，却没有皇帝的实权。"

接着就拿日本天皇为例："就我们所知道的，日本的天皇，是一个生物学家，对于做皇帝，因为世袭的关系，他不得不做。一切的事，虽也奉天皇的名义而行，其实早做不得主。接见外宾的时候，用得着天皇；阅兵的时候，用得着天皇；举行什么大典礼的时候，用得着天皇；此外，天皇便被人民忘记了。日本的军部，资产阶级，是日本的真正统治者。……现在日本的天皇，是一位喜欢研究生物学的，假使他不是做皇帝，常有许许多多不相干的事来寻着他，他在生物学上的成就，也许比现在还要多些。据说他已在生物学上发明了很多东西，在学术上这是一个很大的损失。然而眼下的日本，却是舍不得丢掉天皇这一个古董。自然，对于现阶段的日本的统治上，是有很大的帮助的。这就是企图用天皇来缓和一切内部各阶层的冲突，和掩饰一部分人的罪恶。

"其他国家的皇帝并不像日本那样将天皇捧得神圣不可侵犯，所以我们称现在各国的皇帝叫作傀儡皇帝，倒是名副其实。在现在的皇帝中，最可怜的，恐怕要数到伪满洲国的伪皇帝溥仪了。做现在的皇帝，本就等于傀儡，而溥仪更是傀儡的傀儡，自然益加感到做皇帝的悲哀，如同所有的末路皇帝一样了吧。"

平心而论，这也没有什么啊？不过说天皇是个化学家，如果专心致力于化学研究，说不定能研究出更大的学术成果，或许能得诺贝尔奖呢？也没有什么大不敬处啊。这就是小题大做，没事找抽型的！可是那年头不行啊。民国的法律不仅怕洋人，而且还时时助长外国人的气焰。这一起发生在上海《新生》周刊事件，就是因为有人说了几句实话，惹得日本人不高兴，这就是由《闲话皇帝》引出来的一场外交风波。

日本总领事石射猪太郎随即提出下列几点要求：

（1）立即禁止该刊发行并严禁转载；（2）惩办该刊负责人及该文作者；（3）惩办负责审查人员；（4）中宣会及沪市府书面道歉；（5）保障不再发生同样事件；（6）保留提出其他要求的权利。

吴铁城当即表示接受。但惩办杂志负责人及作者一节，系属司法范围，而且《新生》杂志社设在租界内，当即移请江苏高等法院第二分院办理。

江苏高等法院第二分院（以下简称高二分院），隶属于司法行政部。高二分院主要是办理镇压革命人士的政治性一审案件和地方法院一般民刑事上诉案件。高二分院的一审案件，则上诉于南京国民政府最高法院。

在这种大背景下，日本一个总领事就敢打上门去，将上海市市长吴铁城吓得三魂七魄都没了。但他也没看过《闲话皇帝》这篇文章，不知内容怎样，但从日本总领事气势汹汹的神态看来，知道又发生了一桩难以应付的交涉，于是便立刻仔细看了《闲话皇帝》一遍；并立即附和日本总领事的意见，也认为这篇文章对日本天皇确有不敬之处，当即弯腰表示歉意。吴铁城的态度更助长了日本领事的嚣张气焰。

石射猪太郎质问吴铁城："《新生》周刊刊载了对我国天皇不敬文字，为什么还取得了中央宣传委员会图书杂志审查委员会审查通过？贵国政府总是说要敦睦中日两国邦交，为什么还允许这种足以影响两国邦交的文字发表和流传？这是不是含有排日的意思？"

吴铁城竭力表白：中国政府绝无排日意图，我国要求与日亲善，决不容许有排日宣传，这是有事实可证的，希望贵总领事谅解。至于《新生》杂志刊载对日本天皇不敬文字，这是偶然事件，不能说是纵容反日宣传。又说该文是否送经审查，以及怎样取得审查证的，容后查明答复。

一个日本总领事为何敢如此嚣张呢？当时国民政府因为河北事件，采取对日妥协、避让方针，凡是只要涉及日本的事件，不敢有丝毫得罪。为什么这样说呢？

1935年5月2日到3日凌晨，天津日租界连续发生两起暗杀事件，亲日的《国权报》社社长胡恩溥和《振报》社社长白逾恒被刺杀。日方大做文章。华北驻屯军参谋长酒井隆、驻华使馆武官高桥坦以此为借口，直闯北平军分会所在地中南海，冲进何应钦的办公室，要求罢免河北省主席于学忠、天津市市长张廷锷、宪兵三团团长蒋孝先、军分会政训处处长曾扩情，撤退宪兵三团，国民党河北市党部、中央军调离华北；取缔排日书籍。否则将开战。在日方的压迫下，何应钦答应日方所有条件，于6月9日与日本梅津美治郎签订了《何梅协定》。

第二天，也就是6月10日，国民政府发表"睦邻敦交令"，略谓"对于友邦，务敦睦谊，不得有排斥及挑拨恶感之言论行为，尤不得以此目的组织任何团体，以妨国交……如有违背，定予严惩"，并通令各省市政府一体遵守。

正因为国民政府的"睦邻敦交令"，所以猪太郎要求：迅速处理此案，以免事态扩大。吴市长表示一定在最短期间处理此事，石射猪太部总领事这才悻悻而去。

2. 杂志封存，追查责任

吴铁城立即找来了上海市公安局局长文鸿恩，告知此事，要文立即查封《新生》周刊，并限二十小时内将生活书店及全市各书店所存《新生》二卷十五期周刊一律没收封存，不许继续发售。又打电话给中央宣传委员会图书审查委员会秘书项德言，叫他查明此文有无送审。

经过调查，《闲话皇帝》这篇文稿确实送审查委员会了，交在审查员张增益手中。张在初审之后，因为敏感词有"日本天皇"，不便放行，就去和审查组组长朱子爽商量。

朱子爽，浙江江山人，1928年3月，任国民党中央宣传部编审科总干事，1933年任图书审查委员会组长。1935年12月，任国民党中央宣传部编审科科长。1947年5月，任国史馆征集史料科科长。1951年2月，国史馆改名为中国科学院近代史研究所南京史料整理处，即中国第二历史档案馆，朱在此工作。1994年8月17日，病逝于南京。

经朱子爽研读，认为该文虽然涉及日本天皇，但只是推崇他在科学研究方面取得的成就，没有什么不妥的地方，也没有违反审查通过标准，决定把它放行，就在原稿上加盖了"审查讫"的图章，并发给这一期的《新生》周刊的审查证审字第1536号，准许出刊。

5月4日，该期《新生》发刊，又送到文委会复审，还是没有发现《闲话皇帝》一文有什么不妥，就按照向例，寄了一份给中宣会复审，他们也同样没有发现什么问题。文章所言皆是事实，并无凭空捏造，言及现存天帝无权，这是不争的事实。文章通篇没有对天皇使用侮辱、谩骂、诋毁的字眼，更无对其个人品质的人身攻击，而只是分析这种制度存在的原因及作用。

项德言把该文审过的情况说了一遍，吴铁城大发雷霆，斥责审查员何以如此玩忽职守，竟放过足以影响中日邦交的文章？必须查明原因并追究责任。

项立即找来张增益查问审查情形，声色俱厉地责问道："你为什么放走《闲话皇帝》稿？现在日本总领事已提出严重抗议，要求查封《新生》杂志，惩办与本案一切有关人员并要中宣会及沪市府道歉！你这样疏忽职守，以致引起这样重大的外交交涉，你能负起这一责任吗？"张一听到引起中日交涉，就吓得面无人色，知道闯了大祸，只得把当日审查经过进行说明，听候处分。

吴铁城又打电话给南京国民党中宣会主任秘书方治，告知事情经过，要方迅速赶往上海，共商对策。

方治哪敢怠慢？连夜坐夜车赶至上海，与吴铁城商量怎样才能开脱中宣会的责任。最后决定，只有叫《新生》周刊负责人杜重远"背锅"，承认《闲话皇帝》一文是未经送审擅自刊登的，这样能摆脱中宣会的责任，比较容易了结本案。但他们又明明知道，杜重远是进步人士，与大律师沈钧儒关系极深，他决不会承认此稿未经审查，独自替政府负责。他们都感到十分棘手。市公安局局长文鸿恩却献策说："我们不妨先采取威胁与利诱的办法，要杜重远承认，如果达不到目的，就用特殊办法对付何如？"特种办法就是采取绑票、酷刑、暗杀等恐怖手段，逼迫他承认。

吴铁城、方治都同意文鸿恩的方案，责成他去办理。

日方抗议后的24小时内，6月24日，上海公安局以"触犯刑章""妨碍邦交"罪名，迫令《新生》停刊。

生活书店及全市各书店所存第二卷第十五期《新生》周刊也被一律没收封存，不得继续销售。

3. 主编下狱，日方满意

文鸿恩与杜重远进行两番谈判，杜重远坚决表示，文稿是经过中宣会审查的，有盖有"审查讫"的图章的原稿为证，政府不应该曲徇日方的要求，让杜某受到法律的制裁。至于作者易水，因来稿未附住址，无从寻找，果真要判罪，杜某愿独自受刑。并表示，现在《新生》周刊已经查封了，政府似可拒绝日本总领事的无理要求。文局长因两次不得结果，就回去向吴铁城请示，可否拿出"最后办法"来。吴当时因沪市舆论界对日方提出无理要求深为愤慨，而于市府之曲徇日方要求，尤为不满，深虑对杜重远一旦采取特殊手段，恐要节外生枝，惹起公愤，要文鸿恩耐心劝说为是。

这时，日本总领事又再三催逼，坚持要办人道歉，否则不允了案。日本浪人又纷纷去到图审会门前拍下照片，并不断寻衅，企图扩大事态。图审会职员接到命令，绝对不准与日本人发生冲突。

7月1日，杜重远来到高二分院受审。杜重远当庭申明《新生》周刊是依法登记的，而且每期稿件都经中央图书杂志审查委员会审查批准，编者不能负责。法官无言以对，令杜重远交保500元出院。

次日，日本外务省训令到沪，下午2点，日本领事有吉明邀外交次长唐有壬到其私宅晤谈。有吉明称：事件直接责任人对此事处置，予以谅解；对中央党部之处置，作严重之抗议。7月3日，唐有壬赶回南京湖南路中央党部，与陈立夫、叶楚伦商量《新生》周刊事件的处理办法。

眼看日本没有善罢甘休的意思，上海市府只得再找杜重远，要他体念时艰，以党国为重，地方为重，自己负起法律责任来，不要牵连政府，以免扩大事态，要是能够一致对外，即使法院判了罪，也是可以免予执行的，并说明这种做法，不过是为了敷衍日方而已。

商谈至此，杜方允诺不牵涉图审会，到法院去受审。等内部安排有了个头绪，吴铁城这才通知日本总领事馆，法院定于7月9日开庭，审讯此案。

7月7日，国民党中央宣传委员会为《新生》周刊事件电令各省、市党部转饬当地出版界、报社、通讯社："《新生》周刊刊载对日本皇室不敬文字，引起反感"；"嗣后对此类记载或评论，务须严行防止；并通令全国，取缔反日宣传，以促进中日亲善关系"。

国民党中宣会主任叶楚伧也向日本道歉，吴铁城撤换了上海公安局局长。

7月9日，江苏高二分院再度开庭审理《新生》周刊案。该刊编辑及发行人杜重远到庭。开庭后，首先由检察官郑钺（郑苹如的父亲）对杜重远宣告起诉意旨，谓"《闲话皇帝》一文，有诽谤日本天皇之言辞，经上海市公安局请求该处侦查。以著作人易水屡传无着，而该案被告既属编辑兼发行人，自应负责任。合依新刑法第310条第2项、旧刑法第325条第2项诽谤罪及新刑法第116条规定妨害友邦元首名誉，得加重本刑三分之一，请求刑庭从重处断"。

杜重远申辩，他曾游历日本及西欧，对政治言论当有所了解，"本人曾阅外国杂志，其中描写有甚于《新生》周刊之稿者，未闻因此获罪。我绝不会攻击日本某私人，我要反对的是侵略中国的帝国主义"。杜言时神色坦然，掷地有声。律师吴凯声为其辩护，并请缓刑或改科罚金。刑庭长郁华回答："环境不许可！"

最后，刑庭长郁华、推事周翰、萧爕棻根据检察官的起诉，略讯几句，当庭判决：

"杜重远散布文字共同诽谤，处徒刑一年两个月。《新生》周刊2卷15期没收，并谕依刑法第61条之规定，不得上诉，不准改科罚金，故判决即为确定，送监执行。"引起旁听者强烈的不满。

听完法庭判决以后，杜重远愤怒地表示："法律被日本人征服！我不相信中国还有什么法律！"杜重远遂被当庭收押，囚于江苏第二监狱。

日本使馆事后发表声明，对《新生》周刊事件的处理"大致满意"，"此后只需期待各种措施之充分效果，并严重监视之"。

4. 荒唐至极，腾笑中外

众所周知，日本侵略成性，绝非是中国的"友邦"，日军从东北打到华北，也绝非是因为老百姓说了几句"闲话"影响邦交。可见《新生》周刊获罪的前提并不存在。

1928年3月，国民政府公布的《中华民国刑法》明确规定了"妨害国交罪"，其内容为："对于友邦元首犯故意杀人罪处死刑"；"于外国交战之际，违背政府对外中立之命令者，处一年以下有期徒刑，拘役得并科或易科三千元以下罚金"；"意图侮辱外国，公然损坏、除去或侮辱外国之国旗、国章者，处一年以下有期徒刑、拘役或三百元以下罚款"。1934年10月制定并颁布《中华民国新刑法》，加重了外患罪，规定"对于友邦元首犯故意伤害罪、妨害自由罪及妨碍名誉者加重本刑三分之一"。由上述两刑法观之，"妨害国交罪"，对于处罚杜重远根本对不上号。

舆论自由，是民主国家公民应有的权利，公民可以根据自己的判断，对本国或外国的问题发表自己的看法，即使偏颇，也不应因其言论而判定犯罪。对此，连日本评论家室伏高信也对《每日新闻》记者说道："对日不敬之事，不独中国一国，他国亦屡见不鲜"，日本此举

"小题大做，实非大国民之态度"。

对当局为示好日本制造的新文字狱，凡血性男儿，莫不愤慨。《新生》一案之判决，举国哗然，纷纷痛斥于法于理不容。

7月23日，上海律师公会以《新生》案判决违法，要求司法院纠正。

从司法程序的角度来看，判决不准杜重远上诉，显属"违法"。曾任国民政府工商部次长的穆藕初当即指出，根据刑事诉讼法第367条的规定，不服高等法院之第二审或第一审判决者，可向最高法院上诉。上海市律师公会研究认为，高二分院判决失当，不准上诉更属违法，要求司法院予以纠正。

当时在美国的《生活》周刊负责人、杜重远的好友邹韬奋闻之"不能自抑"。我国著名的法学家沈钧儒闻之犹锥心疾首之恸，悲时局艰险，叹虎狼当道，遂愤然疾书：

我欲入山兮虎豹多，

我欲入海兮波涛深，

呜呼嘻兮，

我所爱之国兮，

你到哪里去了，我要去追寻。

国民政府某些监察委员、立法委员在接受记者采访时，也不得不承认"法官审理此案所依法条可疑"；刑法起草人、立法委员赵琛也说："《新生》案有上诉权，沪上法官，均富有司法经验，对于法律条文，绝不至于曲解，所云不许上诉，或系传闻失实。"事实上，杜重远和其夫人侯御之不服判决而屡屡提出的上诉，竟遭驳回。

国民党当局"恐外""媚外"，爱国思想就成了刑法所禁止的"犯罪行为"。欲加之罪，何患无辞，于是，爱国有罪，冤狱遍于国中。此案判决后，一切报刊再也不允许出现"抗日"字样，而只能以"抗×"表示，甚至连国民政府官方出版的《蒋介石全集》一类书籍中，也出现××帝国主义的字样，友邦、睦邻，皆大欢喜。

1936年9月8日，杜重远刑满出狱，恢复自由。这一天，不少出版界、新闻界和爱国人士，纷纷去监狱门口迎接杜重远出狱，为他送上一束束鲜花。著名记者曹聚仁写下《杜重远先生出狱以后》一文。他说："'邦交'二字，我们研究了整整一年，越研究越不明白。照字面上说，两个国家有交谊的，那就要彼此'敦睦邦交'。现在所要叫我们'敦睦邦交'的国家，他们的陆军占据我们的城市，他们的海军横断我们的海口，他们的飞机在我们的空中飞舞，究竟彼此的交谊的理由何在？要三令五申叫我们去敦睦的理由何在？杜重远先生为了'妨害邦交'的罪名入狱一年多，这一年间，某方以武力造成'妨害邦交'的事实迭出不已，为什么只有杜重远先生坐在牢狱中受罪呢？……国人为什么不重视'敦睦邦交令'呢？为什么对于杜重远先生的出狱而特别重视呢？我们人民和政府未必有意要走相反的路，人民要自己生存下去，要自己的民族生存下去；在生死关头，谁是我们的敌人？谁是我们的朋友？这最低限度鉴别力总是有的。人民看重杜重远先生，就因为杜先生是自己的朋友；人民重视杜先生的出狱，就是说国人对于侵略我们的大敌并不变其反抗的坚决主张，对于民族生存权的竞争并不以外来的压迫而放松退却。在杜重远先生出狱以后所看到的国人情绪，使我们相信人心的确未死。"

果然，十个月后，那个所谓"友邦"终于在卢沟桥动手了，第二十九军奋起抵抗，一场全民族的抗战终于开始了！

第十三讲　中央党部刺汪大案

上集

1935年11月2日，国民党党报《中央日报》用特大字体刊登了一则消息，标题是"汪院长昨晨被狙击，中央极度震惊"。汪院长即行政院院长汪精卫，当时国民政府除蒋介石之外的第二把手。

当时就有《新闻报》评论说："不特举国震惊，即全球各国亦莫不十分关切。此诚我国历史上政治暗杀稀有之重大事件。"为什么要刺杀汪精卫呢？

谜底直到1936年11月1日，即刺汪案发生一周年，孙凤鸣的同伙华克之在香港散发《为南京晨光通讯社诸烈士逝世一周年告全国同胞书》的文告才揭开。其中指出："刺蒋不成，击伤了第二国贼汪精卫。"在该文中，还阐明一个事实，他们所以一而再再而三地刺蒋，因为蒋介石是出卖民族利益、血腥镇压无辜群众的总头目，尽管除去蒋介石并不能解决中国革命的基本问题，但可以把阻挡中国革命的最大的一块绊脚石搬掉，有利于推进中国革命的进程。文告中驳斥蒋介石宣传机关说他们是暗杀主义者，指出蒋介石本人是地地道道的暗杀主义者，并且是最大的暗杀主义者。

这个重大的刺杀案究竟是怎样发生的呢？

1．汪精卫遇刺

1935年11月1日，国民党召开了四届六中全会。早上7点，一百多名中央委员去中山陵谒陵。9点钟，全体中委回到湖南路中央党部大礼堂举行开幕式。原来中央开会有默念总理遗嘱一项，那天却被司仪人员漏掉了。因此，中央常委兼行政院院长汪精卫提前登台致开幕词。汪精卫脸色苍白，声音颤抖，进行致辞。

开幕式结束后，全体中委步出大礼堂，集中到中央政治会议门厅前，分成五排等候摄影。由于蒋介石迟迟不来，没法照相。于是，汪精卫去会议厅休息室请蒋介石下楼，蒋说："今天秩序很不好，说不定要出什么事，我不参加摄影，希望你也不必出场。"原来，那天蒋介石原本是应该参加照相的，生性多疑的他见张学良、阎锡山及西南各省诸侯云集会场，随身均带有马弁二名，谁能保证马弁中不会出现异动者？于是在楼上不下来。

汪精卫面露难色，说："各中委已等候良久，专候蒋先生，如果我再不参加，怎么能行？我一定要去。"说完就来到中委前排中间，由摄影师举着照相机闪光灯拍照。

9点35分，摄影完毕。正当委员们陆续转身，准备回大楼参加预备会时，突然，从半圆形的记者群中闪出一人，从大衣口袋里抽出六响左轮式手枪，高喊"打倒卖国贼"，向站在第一排正在转身的汪精卫连开三枪，枪枪命中：第一枪射进汪左眼外角下左颧骨，一枪从后贯通左臂，一枪从后背射进六、七脊椎骨旁。汪精卫应声倒地。现场秩序大乱，前排坐在椅子上的张静江滚到地上，孔祥熙顾不上新马褂被刮破，钻到旁边的汽车下躲藏起来。

在慌乱中，站在第一排的国民党元老、司法院副院长、53岁的张继急奔到刺客的身后，拦腰将其抱住；站在第二排的西北剿总副司令张学良冲上前猛的一脚，一拳打在刺客手腕上，手枪落在地上。这时，汪精卫的卫士打了刺客两枪，刺客前胸连中两弹倒地。

汪精卫遇刺后，陈璧君奔过去屈一条腿跪在汪精卫身边，说："四哥，你放心吧，你死后，有我照料儿女。革命党反正要横死的，这种事我早已料到。"

蒋介石闻讯下楼，一腿在汪精卫右边，握着汪的右手。汪精卫喘着气对蒋介石说："蒋先生，你今天大概明白了吧。我死之后，要你单独负责了。"蒋介石说："不要紧，不要紧，不要多说话。"

没想到陈璧君发飙了，她认为蒋介石似乎知道有人要刺杀汪精卫，所以他就没来照相，于是就对蒋介石大叫大嚷起来："你不要汪先生干，汪先生就不干，为什么要派人下此毒手！"

原来，就在这一年8月初，行政院院长兼外交部部长的汪精卫以"肝病复发"为由，去青岛休养。实际上是发泄对国民党内主战派的不满，以及国内对其卖国行为指责的愤懑。此前，汪精卫主持签订卖国条约《何梅协定》《秦士协定》，把华北主权拱手让给日本。明明蒋介石是主谋，而汪由于主持签订条约成为全国的众矢之的。汪精卫的追随者、实业部部长陈公博非常气愤，力劝汪精卫辞职，连他的儿女都反对他兼任外长，以免"独负卖国责任"。当时，蒋介石手下的确有让汪精卫下台的主张。蒋权衡利弊，答应汪精卫的条件，汪则于8月23日宣告复职。

陈璧君这一骂，让蒋介石也糊涂了，闹不清是哪路人马所为，憋了一肚子气，十几分钟后，救护车来了，把汪精卫送往中央医院进行抢救。

刺客也被送到中央医院进行抢救，警卫人员从刺客身上搜出一张参加这次全会的新闻记者出入证，号码是"第六十三号"，单位和姓名是：晨光通讯社，孙凤鸣。该通讯社的地址是在陆家巷23号。

为了获取口供，医院里正在给孙凤鸣一针接一针地注射强心针，病榻旁，宪兵司令谷正伦、警察厅厅长陈焯、内政部代理部长陶履谦轮番审讯。参与此案审理的律师俞钟骆记录下审讯笔录：

问：为什么要对汪院长行刺？

孙答：请你看看地图，整个东北和华北，那半个中国还是我们的吗？

问：为什么到现在才行刺？

孙答："六中会开完就要签字（指华北），再不打，要亡国，做亡国奴了！"

问："行刺的目标是哪几个中央要人？"

孙答："我是专为刺汪的。"

问："你的行动是什么立场？"

孙答："我完全站在老百姓的这面。"

问："汪对国家有什么不对？"

孙答："现在的华北还有吗？还有那些条约呢？……"（昏迷过去）

后来又问："你是受什么组织、什么人指使？"

孙答："我是一个老粗，不懂得什么党派和主义，要我行刺汪的主使人就是我的良心！"

当天，警察和宪兵就在全城戒严，从车站、码头和机场等处拘捕了几十名"嫌疑犯"，逐一审问。

第二天凌晨，孙凤鸣因被两弹打中胸部，伤势过重牺牲，时年32岁。在他身上竟有150多处强心针的针眼。线索断了，蒋介石把中统徐恩曾和军统戴笠找来，大骂："现在人家用枪打到中央党部门里来了，我们每月花几十万养着你们，你们居然都不知道，限期三天破案，否则要你们的脑袋！"

蒋介石当时怀疑是徐恩曾做的，为什么呢？原来那天上午全体中委去中山陵谒陵时，老有一部汽车跟在蒋介石的专车后面，后查明是徐恩曾的车，于是疑心很重的蒋介石就疑心是徐恩曾所为。

由于蒋介石也有嫌疑，于是专门把汪派人物陈公博、顾孟余、谷正纲、唐有壬请到中央军校内官邸谈话，解释说："我看这件事不是自己人干的，那种手枪不是他们所用的那一种。"

2. 两统破案

事发当天，中央党部立时戒严，当即逮捕"嫌疑犯"数人，同时，南京全城宣布戒严，水、陆、空交通加强检查，又逮捕了数十人，一律关在清凉山的几间屋子里。

亲手核发这张出入证的中央宣传部新闻处处长彭革陈当时就吓傻了。会前，中央宣传部部长叶楚伧就明确指示：对新闻记者发证要严格限制。没想到晨光通讯社的登记证和记者出入证就是经他手发出的，而且，一开始他是拒绝发的，因为中央党部干事周希龄和吴璜的说项，到开会当天的早上8点钟才最后同意发出的。

刺汪案发生后，叶楚伧、陈果夫、陈立夫立即找彭革陈盘查发证的经过。

一路宪兵、警察与中统特务按图索骥，直接前往陆家巷23号，搜查晨光通讯社。23号是前后两个院子，晨光通讯社是在后院。房东交代，该通讯社前几天改由石鼓路后门出入，与前院隔离，不晓得具体情况。宪警只得绕后门进院，发现人去房空，只有烧过的纸灰残烬。办公桌的案头上放着一封信，信封上写着"留交来人们"。信笺内容："本社之事与郭智谋、吴璜、周希龄三君毫无关系，特此声明。"

郭智谋是谁呢？他是国民党中央候补委员、监察委员郭春涛的弟弟。靠郭春涛的势力，他弟弟出面担保晨光通讯社，也属于完全不知情，而且郭春涛是汪派人物。好在信函中将此三人都撇开了，郭智谋无事，后来参加了抗大。

中统对侦办此案尤为卖命，徐恩曾迫不及待，向蒋介石要了一架飞机，让大特务顾建中飞上海，宁可冤枉一千，不可放走一人，要求他不惜一切代价，三天破案。同时，中统特务总动员，上海、南京、京沪线沿线及南京附近各县所有人员，全部行动起来；同时，又与江苏省主席陈果夫联系，动员所属各县保安队、保甲组织，相互配合，进行追查。顾建中到上海后，不问青红皂白，把与贺坡光沾过边的200多人，一概逮捕，大约有200多人，严刑拷打，除吊打之外，坐老虎凳、压杠子、夹手指、钉手指、上电刑、烧脊背、对妇女刺乳房，无所不用其极。体力不支者，非死即残。

军统特务们搜捕晨光通讯社时，从一些未烧尽的信封上发现寄信人是扬州江都镇一个姓黄的，收信人为华克之。但是，教导总队已经派人去江都了，后抓了几个与华克之有关系的人。最后从一个线索中得知贺坡光有一寡嫂住在丹阳乡下的某处娘家。

在军统的配合下，在贺坡光的老家丹阳，捉到贺坡光的老母亲和哥哥。11月5日，贺坡光在丹阳和镇江之间的宝堰镇被捕。

与此同时，行政院又发现了一条线索，晨光通讯社成立时，曾经通过中央党史编修部主任秘书徐忍茹向中央社社长萧同兹等疏通，为晨光通讯社领过津贴。曾有南京钟英中学校长李怀诚和一个叫项仲霖的人为他们申请过津贴。同时军统对邮电系统进行检查，从一封迹象可疑的电报入手，查到了经常到晨光通讯社走动的南京钟英中学校长李怀诚和项仲霖。

李怀诚是同盟会会员，早年参加过辛亥革命、讨袁和护法战争，后来在钟英学校任校长。戴笠抓到这一线索，11月6日，派人把李怀诚、项仲霖二人抓来。11月16日，晨光通讯社的谷子丰在上海北站被捕，供出张玉华、孙凤鸣妻崔正瑶等，均在上海被捕。月底，余立奎等在香港被捕，与此案有牵连的共抓捕了十四人。

只有主犯华克之和王亚樵在逃。这是怎么回事呢？原来有个叫王仁山的，虽被逮捕但未被起诉，此人与王亚樵走得很近。在汪精卫被刺后，华克之逃往香港，几天后，在香港城和道六十九号王亚樵家参加了有王亚樵、余立奎、周士平、胡大海及王宝珍即孙凤鸣的妻子崔正瑶、王仁山都在座的会议。由华克之汇报了刺汪的经过和孙凤鸣牺牲的情况，并要求王亚樵、余立奎等筹款救济逃亡者。最后决定由王宝珍（崔正瑶）和王仁山携带一千元去上海，救济参与刺杀案的在逃人员。

没想到晨光通讯社的谷子丰在上海北站被捕，出卖了在新亚酒店下榻的崔正瑶与未参加刺杀的共产党员陈惘子，是日下午三时，住在沧州饭店的晨光通讯社总务主任张玉华来新亚酒店取钱时被捕。

崔正瑶坚贞不屈，被特务折磨至死。王仁山供出了与王亚樵、余立奎的关系及香港会议内情。王仁山后去香港，指证余立奎等不仅参与了刺汪，还在1931年7月在上海北站刺杀宋子文，导致了余立奎被引渡到南京受审。最后，军统认为晨光通讯社社长华克之化名胡云卿和暗杀大王王亚樵是主犯。

3. 华克之刺蒋的决心

谷子丰供出了华克之、张玉华以及崔正瑶等在上海的线索。戴笠亲自到上海部署抓捕行动。华克之是个什么样的人呢？

华克之在赫德路的一条小弄堂里租了一间房子。由军统上海特区法租界组长兼淞沪警备区司令部侦察大队行动组组长沈醉负责抓捕行动。他带了12个人，乘两部小汽车赶到赫德路，离华克之住处很远的地方就下了车，借着夜幕的掩护，悄悄地包围过去。华克之的租屋就在一所普通的二楼上。沈醉见二楼没有灯光，估计华克之没有在房子里，于是悄悄敲开楼下二房东的门，拿出证件一亮，并指指楼上。二房东微微点头，压低声音说："不在家，天黑前出去了，还没有回来。"沈醉派几个人分别在弄堂两头监视，自己和二房东带几个人上了楼，二房东打开门，拉开灯，沈醉一把将灯拉灭，怕华克之看见逃走。之后在房间里检查了一遍，在抽屉里找到几封信，桌上的镜框里还有一张华克之和他老婆的合影。沈醉让其他人在楼下和楼梯口监视，自己则睡在床上，等华克之落网。

然而，一天、二天、三天，华克之一直没有露面。戴笠只好把沈醉叫回去，只留下两个特务继续监视，然而，华克之始终就没再回去。难道他事先得到风声？或许在二房东拉灯的瞬间，就被附近的华克之发现？这是个什么人啊，怎么这样神呢？

华克之（1902—1998），江苏省扬州市宝应县人。1917年入南京江苏省立第一中学读书，1923年考入私立金陵大学，曾任国民党南京市党部的青年部部长。"四一二"反革命政变之后，华克之被关押起来。后经国民党元老保释，华克之方得以出狱。不久认识徐州人孙凤海，两人曾打算成立"反蒋"抗日游击队，由于中统特务的追索，逃亡上海。与同乡共产党员陈惘子、同学张保京即张玉华住在一起。经陈介绍，认识安徽人王亚樵。

1933年11月22日，第十九路军蒋光鼐、蔡廷锴与李济深、陈铭枢等在福州成立了"中华共和国人民革命政府"（通称福建人民政府），进行"反蒋"抗日。在蒋介石的镇压下，1934年1月21日，福建事变失败，领导人出走，第十九路军亦在缴械后被解散、收编。这样一场大规模的"反蒋"斗争又以失败而告终了。

华克之等四人悲愤莫名，认为国内外一切反动力量，都在蒋介石身上体现出来，因此一切革命，首先应把蒋介石处死，其他都是次要的。决定做"搏浪一击"，刺杀蒋介石。他们也知道，如果想要中国革命成功，必须有马列主义指导，有共产党领导，有广大工农群众的觉醒，经过艰苦卓绝的斗争，他们只是希望刺杀了蒋介石，就能搬掉一块阻路的大顽石，使得中国革命的道路较为顺利一些。而且，本着"乱臣贼子，人人得而诛之"的祖训。只要蒋介石这个反动头子一死，各地军阀必然各霸一方，矛盾和空隙自然增多，共产党收拾起来更加容易，这也是显而易见的。

但是，主要的问题，一是缺乏经费；二是要到南京，与蒋介石靠得近才有机会。但是用什么样的身份在南京久住，又不会被怀疑呢？华克之想到最好是报馆和新闻社的记者，这个身份上可以与国家元首对坐，下可以与乞丐同流，只要把文章写得流利，又不要抨击社会，当局没有不愿意和你接近的，所谓"无冕之王"就是这样的。这也有问题，就是办报馆所需的资金太多了，几个穷小子是不可能做到的，只能选一条轻而易举的道路，办通讯社。于是就定为"晨光通讯社"，华克之改名为胡云卿，为社长；张维化名为张玉华，担任总务兼编辑室主任；孙凤海化名为孙凤鸣，担任记者。他们又找了一个志同道合的丹阳人，就是江苏省立第二师范学校毕业的，在浦东当小学教师的贺少茹，任采访部主任。但是，到哪里去筹集一笔资金呢？

他们想到了李济深，因福建"反蒋"失败住在香港，而王亚樵也是陈铭枢的座上客，这些人会帮助他们的。于是，华克之就乘"怡和"轮船去了香港，下榻陆海通旅馆，去找王亚樵。两人一拍即合。这个王亚樵又是什么人呢？

4. 斧头帮帮主王亚樵

王亚樵是民国时期的暗杀大王。当时有这样一句话，世人都怕魔鬼，魔鬼却怕王亚樵。

王亚樵（1889—1936），字九光，江湖人称老九、九哥。1889年出生于安徽合肥，自幼读书，聪颖过人，每与青年志士谈论"国家兴亡，匹夫有责"，慷慨悲歌，邻里友人多赞王亚樵有古烈士风。

1911年，王亚樵响应孙中山革命主张，在合肥组织军政府，宣布独立。1913年，"二次革命"失败，出走上海；1916年，宣传讨袁护国运动。1921年，纠合在上海的安徽人，创建斧头帮，替穷人撑腰；连杜月笙都警告他的手下，离王亚樵的斧头帮远一点，不要招惹他们。1923年11月10日，王亚樵暗杀淞沪警察厅厅长徐国梁，事发后投奔卢永祥，在湖州征兵，与戴笠、胡宗南结为金兰兄弟。1926年，任安徽副宣慰使，宣传北伐。1927年，出席南京奠都典礼大会。由于指责蒋介石发动"四一二"反革命政变，引起蒋介石不满。1928年8月18日，暗杀安徽建设厅厅长张秋白。1930年7月24日，暗杀上海招商局总办赵铁桥。1931年6月14日，在庐山刺杀国民政府主席蒋介石未成；同年7月23日，在上海北站枪击国民党财政部部长宋子文，误中宋子文的机要秘书唐腴胪。1932年，日寇发动"一·二八"淞沪抗战进攻上海，王亚樵组织铁血锄奸团刺杀汉奸日寇，同年4月29日暗杀日本派遣军司令白川义则。后被蒋介石通缉，逃往香港。

下集

以华克之为首的几名爱国志士商量着组织晨光通讯社，以之为掩护，到南京伺机刺杀蒋介石。

1. 李济深、陈铭枢慷慨解囊

由于缺乏行动资金，华克之去香港见王亚樵，希望得到他的资助。他有无得到资金上的援助呢？

王亚樵给华克之分析了在香港的反蒋派领袖的具体情况，指出李济深和陈铭枢依然坚持打倒蒋介石的路线，蔡廷锴已经金盆洗手。他表示可以向李济深、陈铭枢进行说项。王亚樵一说就成，李济深和陈铭枢答应见华克之。一见面相谈甚欢。华克之说了他们几个年轻人刺杀蒋介石的初衷，李济深说："关于你说的那件事，既是你们的，也是我们的，更是有关大局的。首先我们竭力支持，你们对我们并无重大要求，关于长期的开支，我们竭力之所及绝对负责，这是一件神圣的事业。"

在华克之回上海之前，李济深等人给了王亚樵五千块港币，由王亚樵转给华克之作为经费。

这样，华克之等人就来到南京，在陆家巷23号设立了通讯社部门。在李怀诚的帮助下，找到徐忍茹，转托中央社社长萧同兹，完成了晨光通讯社的登记工作。在一年后国民党的四届六中全会前，经费告罄，再不动手将被香港方面视为拿钱不作为的人，于是华克之决定在四届六中全会上动手，制定了遇蒋杀蒋、遇汪刺汪的方针。正遇上蒋介石那天不下楼，于是孙凤鸣就开枪完成了刺汪的惊天大案。

2. 混乱的庭审

这里所说的混乱，既有程序上的混乱，又有在指控上、在地域管理上的混乱。

晨光通讯社刺汪大案，只抓到了贺坡光、张玉华等六人，加上王仁山等人的证词，国民党中常会决定把刺汪人犯移归法院处理。依当时法院事务管辖和划分地区规定，审判当由设在苏州的江苏高等法院（苏高本院）主管进行。但是，由于军警在各地捕到的人犯都集中羁押在南京，为了表示重视案件的严重性，认为要将这些人犯移往苏州，是有一定风险性的，于是就改在南京审理。当时南京还没有设置高等法院，在司法系统上应属于设在镇江的江苏高等法院第五分院的管辖范围，要派员就地处理，也不应该用苏高本院的名义进行，只好采用苏高本院派出人员，对外借用苏高五院的名义和印信去南京进行，即所谓由高等法院管辖第一审的审判阶段。由苏高本院派出的推事卢文澜、吴昱桓、龙灿雅三人组成合议庭。

在第一阶段里，负责侦查并提起公诉的检察官就是苏高本院检查处派出的罗人骥。起诉书中说：

在被告民国二十四年度侦字第二八号危害民国一案，业经侦查终结，认为应行起诉，兹将犯罪事实及证据并所犯法条开列于后：

缘陈铭枢、李济深自其在福建组织人民政府消灭以后，不甘伏处，仍思乘机再起，以遂其窃据国土、破坏统一之目的。在陈、李等以为此非设法扰乱中央地方之治安，使其陷于紊乱状态，不易着手，而欲扰乱中央地方之治安，即非加害中央负责要人，使中央失却领导之人，不易实现。适有专以广结党徒从事暗杀借获物质享受之在逃要犯王亚樵者，曾参加"闽变"，乐供驱使，遂商定加害中央负责要人，以图扰乱中央地方之计划。当时原拟加害蒋委员长一人，其经济供给由陈、李任之，主持进行由王亚樵任之，而在逃华克之（化名胡云卿）及已死孙凤鸣，均王党徒，唯王命是从。王遂以实施之任付孙，以组织机关掩护进行之任付华，孙、华均应允。……其所用凶器六轮手枪，早由华克之向王亚樵处领得带京。

1934年2月10日召开的四届五中全会时，晨光通讯社通过关系，也曾拿到进入会场采访的出入证，孙凤鸣就以记者的身份进入会场，但由于警卫森严，未能动手，但完成了踩点工作。

1935年8月8日，汪精卫自青岛致电国民党中常会，请辞行政院院长兼外交部部长之职。8月19日，蒋介石从庐山飞南京。晨光通讯社认为有机可乘，派孙凤鸣到机场等候，但未遇上蒋介石。

检察官罗人骥在起诉书中认定被告张玉华、贺坡光和其他人等共同犯了三项重罪：

以危害民国为目的勾结叛徒（指陈铭枢和李济深）图谋扰乱治安，实共犯民国紧急治罪法第一条第三款之罪。

预谋杀人未遂，又共犯刑法二百七十一条第一款、第二款之罪；唯所犯杀人未遂罪比较危害民国罪为轻，依刑法第五十五条应从其较重之危害民国罪处断。

张玉华、贺坡光又应并负危害民国紧急治罪法第六条，以危害民国为目的而组织团体之罪责。……合依危害民国紧急治罪法施行条例第一条、刑事诉讼法第二百三十条第一项提起公诉。

依一、二项罪行所谓法定刑来说，各被告都在处死之列。

1936年3月30日，在南京地方法院公开进行第一次审理。到庭旁听者多达五六百人，法庭内外虽戒备森严，却拥挤不堪。国民党中央委员陈树人、谷正纲、谷正鼎、王懋功等汪派人物都在旁听席上。江苏高等法院罗人骥以江苏第五分院检察官的名义宣读了起诉书，声称：王亚樵

"以实施之任付孙凤鸣，以组织机关、掩护进行之任付华（克之）"，证明了该案的直接指使人是华克之，另外是给予经济资助的王亚樵，以及牵涉李济深、陈铭枢等。但是，主犯王亚樵、华克之没有捉到。

起诉书说："凶刺案之幕后主使人为陈铭枢、李济深。"张玉华等否认与陈铭枢、李济深有关，但供认曾谋刺蒋介石、宋子文及国联李顿调查员未遂。

但是，起诉书中所提刺汪案件与"闽变"后的李济深、陈铭枢有关系，引起了很大争论，首先，检察官的起诉书中，对陈铭枢、李济深的指责，与1934年8月25日国民政府公告相抵触。

该公告说："为令饬事，查李济深、陈铭枢曩因参加'闽变'（注：即福建事变）经饬拿办有案。兹查李济深、陈铭枢三年以来尚知醒悟。且翊赞革命有年，不无勋劳足录。特将拿办李济深、陈铭枢前令准予撤销，以励前劳，候观后效……"

而检察官在起诉书中指控"陈、李在'闽变'失败后不甘伏处"，将如何解释呢？

首先，一般情况下辩护人用这一类辩词抨击检察官起诉不当，只不过是替被告防止过重地判罪处刑，目的是避重就轻，被采纳的可能性很小。却不料在这个案子里，却成为改弦易辙的根据，以"管辖错误"来进行判决，既可以澄清此案和蒋汪之间的矛盾无关，也否定了该案是出于"闽变"失败者的主谋指示，为从香港引渡余立奎铺平了道路。

其次，如有李、陈二人背景，就牵扯到政治问题，如果是这样，余立奎等就无法引渡。如将刺汪案与刺宋案联系起来，这就是斧头帮专门结伙流氓土匪，按普通刑法上的杀人罪处理，这才有理由要求港英当局把捕获的余立奎引渡归案。

因此，关于张玉华、贺坡光的自白书被多次修改：在张玉华第一份自白书中，要求硬行插入李济深、陈铭枢一节，在第二、第三份自白书中，为了让香港方面引渡余立奎，又必须与李、陈无关。于是根据上面的意思，不断地改写自白书。

贺坡光受到种种酷刑后，在写自白书以前，先有宪兵司令部给其纲目，指示许多材料，而他本人根本不知道，但不得不服从；后又将其母亲绑来，说不照着写就枪毙他母亲。因此。这种自白书的前后出入太大，不能令人信服。

3．牵出了刺蒋、刺宋案

张玉华等怎么又供出刺杀蒋介石、宋子文等事呢？这又是怎样发生的呢？

1931年7月23日，上海火车站发生了一起激烈的枪战，杀手是暗杀大王王亚樵，刺杀的对象是当时国民政府财政部部长宋子文。在枪林弹雨中，宋子文奇迹般地毫发无损，而他的秘书唐腴胪却死于非命。王亚樵与宋子文有何过节？为什么一定要置宋于死地呢？

暗杀宋子文的原因，还要从蒋介石的南京国民政府和汪精卫的广州国民政府的矛盾说起。

1931年2月，蒋介石软禁了西南派的领袖胡汉民。5月27日，反蒋派在广州召开了中国国民党中央执行委员会和监察委员会非常会议，议决在广州成立国民政府。推定汪精卫、唐绍仪、陈济棠、李宗仁、孙科等17人为国民政府委员，汪精卫、邓泽如、邹鲁、孙科、李文范等5人为常务委员，轮流担任国务会议主席。同时成立了广东军事委员会，将粤、桂两省军队分组为国民革命军第一、第四两集团军，陈兵湘境，叫嚷要发兵讨伐蒋介石。与此同时，胡汉民的亲家林焕庭带着20万大洋到上海，找到上海滩斧头帮的龙头老大王亚樵，将现金支票往王亚樵面前一拍，请其杀一个"仇家"。

由于蒋介石出入更加戒备森严，无从下手。广东方面认为：倒蒋必先去宋！蒋介石要讨伐西南反蒋派，靠的是宋子文的财政支持；杀宋对蒋介石来说，是乱其经济组织，等于釜底抽薪。如果得手，蒋介石必败无疑，可以不战而胜。于是，广东方面再次派人与王亚樵联络，将暗杀的目标定在宋子文身上。王亚樵暗中布置人手，调查宋子文的行踪，并秘密买通了财政部上班的一名职员郑抱真，了解到每逢星期六，宋子文可能回上海的信息。

7月22日下午，王亚樵突然接到郑抱真从南京发来的加急电报："康叔于今晚由南京乘夜车来沪，明晨准到，望迎勿误。"康叔不是别人，正是王亚樵给宋子文起的代号。

王亚樵兴奋不已，立即进行部署：行动组成员分成三路，组成三道狙击线，谅宋子文插翅难逃。王亚樵发给行动小组成员每人一把手枪、子弹十粒和一枚烟幕弹；王本人租下北站附近天日路一家旅馆三层楼临街的一间客房为联络点，亲自观察和坐镇指挥。

7月23日晨，就在列车到达上海前的15分钟，站内突然来了一队警察，将月台上的闲杂人等统统清除干净。原来日本驻华大使重光葵也坐这趟车来上海，上海警察局接到通知，于是布置警戒。华克之、孙凤鸣等人无法在月台上动手，急忙向候车室埋伏的第二小组发出动手信号。

7时整，从南京方向开来的蓝钢快车隆隆地驶进北站。当熙熙攘攘的大批旅客陆续拥出车站后，在列车尾部专门为宋子文准备的豪华车厢的门打开了，两名卫士先跳下车来。随后出现在车门前的是宋子文的机要秘书唐腴胪，他身穿白色亚麻西装，头戴白色硬壳太阳帽，左腋下夹着一个黑色的公文包。紧随他身后的是同样穿着白色西装，头戴白色硬壳太阳帽的宋子文，最后下来的又是四名背着盒子枪的卫士。

当宋子文一行穿过长长的月台，经过车站东大楼，向出站口走去时，预伏在大楼楼柱后面的第二狙击组的刘刚等人突然跃出，四五把枪，同时从两侧向他们开火。走在前面的唐腴胪猝不及防，当即中枪。只听见他"啊——"的一声惨叫，便倒了下来，其左肋、右腹、右臂等多处受伤，白色的西装满是鲜血。唐腴胪是上海人，家庭富裕，他的父亲唐乃安原籍浙江金华。唐腴胪毕业于美国哈佛大学，毕业后曾担任冯玉祥的秘书、上海英文《大陆报》主笔、淞沪警备司令钱大钧的秘书；1930年担任财政部部长宋子文的机要秘书，深得宋子文的信任。1931年6月3日，唐腴胪与原南京政府行政院院长谭延闿的女儿谭端举行婚礼，爱巢安在上海。

听见枪声，宋子文第一个动作是把在灰暗的车站里十分显眼的白色硬壳太阳帽甩掉，然后拼命跑进人群，躲到一根柱子后面瑟瑟发抖。宋子文的卫兵也清醒过来，纷纷拔枪还击。子弹横飞，火星飞溅，整个车站大厅都弥漫在硝烟之中。华克之的第一小组也赶来参战，枪声四起。混乱的旅客喊叫着拥挤着拼命向站外逃命，秩序大乱。枪战持续了数分钟，警笛声由远而近，大队警察赶来增援。宋子文在卫士和警察的保护下，快步登上三楼，脱离险境。华克之等不敢恋战，扔出烟幕弹，在白烟的掩护下，全体行动队员迅速撤离现场。

唐腴胪当即被送进医院，动了手术。由于伤势太重，是日中午11时30分谢世，终年32岁。宋子文为其治丧；而其母倪桂珍恰在这时病逝，《申报》头版头条，并列着两条以宋子文名义刊登的讣告。在唐腴胪治丧人员名单中有王赓和徐志摩两人的名字。

王亚樵误以为打死了宋子文，正在弹冠相庆之际，忽见报端刊出唐腴胪殒命的消息，才知道误中副车，遂懊悔不已。王亚樵自嘲说："我们已经尽了力。古人云：千金之子，不死于盗贼。宋子文福大命大，没有办法。"

4. 引渡余立奎

余立奎（1889—1967），1889年出生于安徽肥东，1910年毕业于安徽陆军讲武堂，同年加入中国同盟会，先后参加了辛亥革命和讨袁战争。

1932年"一·二八"淞沪抗战后，王亚樵将义勇军改为救国决死军，由余立奎任司令，负责前方指挥，王亚樵退居幕后主持后方。

《淞沪停战协定》签订后，决死军改为第十九路军补充团，余立奎任团长。1933年冬参加福建人民政府反蒋活动，任副官长。

余立奎是1935年11月22日在香港被香港警局暗探抓获的。李济深委托人帮他请律师。香港法律规定三个月没有证据就要放人，但到了三个月，南京政府还是拿不出证据，于是加控宋子文案，再拖三个月，一直到1936年5月，才伪造了一些证据、证人。由于南京方面花了六十多万巨资贿赂香港方面，于9月20日将余立奎引渡到上海，27日下午送达首都警察厅司法科。

开始当局决定要组织军法会审，指定张继为审判长。没想到张继在中央常务会议上提出反对，说："这个案子是杀人案，应该送法院，为什么要军法会审呢？"一批和李济深有关系的大佬如于右任等也表示反对。于是决定将余立奎送到法院进行审判。蒋介石要求戴笠务必擒杀宿敌王亚樵。戴笠手下立即侦查，通过王的小老婆，终于查到王亚樵在广西梧州的线索。1936年10月20日，戴笠及军统特务设将王亚樵刺杀，这才了却蒋介石、宋子文的一个心头大患。

5. 最终的结局

1936年9月，余立奎已在南京法院住了两个多月，检察官也没有提起控诉。直到12月12日西安事变发生了，蒋介石被扣，汪精卫匆忙于国外回国，想入主中枢。没想到人还在欧洲，西安事变即已和平解决。他于1937年1月13日回到上海。为了收买人心，他向国民政府申请特赦刺汪案的人犯，说与这些人没有私怨。于是余立奎的家属去问司法院院长居正何时能放人。居正说："案子未判决，不能特赦，我要法院赶快审判，等判决后再看情况吧！"

2月，检察官即以余立奎连续杀人未遂罪提起公诉。

3月初，法院开始审理余立奎杀人案。开庭七八次。

由于刺汪案各被告的辩护人都对调查的证据提了许多意见，法庭需要重新开展调查与取证。因此，原定3月31日继续审理此案，不得不改期审理。4月中旬宣判，以"杀人之行为虽属未遂，而恶性实极重大，判处余立奎、张玉华、贺坡光三人死刑。周世平、胡大海各处有期徒刑十二年；卢庆麟、刘书容各处有期徒刑七年；李怀诚、项仲霖各处有期徒刑五年"。

宣判后，全体律师大哗，当庭质问刑庭庭长："这个案子是怎么判的？杀人未遂判处死刑是违法的。"

庭长回答："我没有办法，你们上诉好了。"

由于江苏高等法院在镇江，由高等法庭刑庭来南京进行审理。7月间高等法院来南京开始审理，开了三四次庭后，上海"八一三"事变爆发，日机开始轰炸南京，无法开庭，只好中止。司法部电令：将余立奎、张玉华、贺坡光等人送往南昌，其余判处徒刑的人一律释放。后来三人先后被送到常德、贵阳。张玉华因患肺结核二期，后经重庆、香港到上海。余立奎、贺坡光直到1948年1月，经法院几次减刑后，判处十年徒刑，由于二人已坐了12年牢，无法再关，最终被释放。

汪精卫在抗战期间，投靠日本，成为中国头号大汉奸。于是冯玉祥说："在1935年11月1日，一个青年孙凤鸣用手枪打了汪精卫三枪，可见那青年有先见之明。我们把人家弄死的弄死，下监的下监，我们又把汪精卫弄成国民党副总裁；到今天汪精卫飞跑了，要到南京去组织汉奸政府，这样看来姓孙的青年真可佩服，我们应当为孙铸一个铜像来纪念他。"

汪精卫终于因为孙凤鸣的子弹深陷体内，无法取出，铅毒逐渐扩散，患"多发性脊骨瘤肿"，于1944年11月10日病死于日本。

只有华克之这个人非常传奇，他的人头曾被悬赏10万大洋，而他却在江湖上神秘失踪了。后来，他加入了共产党，成了党的秘密战士，1949年后又因潘汉年案件蒙冤入狱，平反后以一个报社编辑的身份平凡地度过了余生。

36 Classic Cases:
A Closer Look of Republic of China

庭审民国

王晓华　孙辉刚
————————————著

团结出版社
UNITY PRESS

第十四讲　张宗昌被刺案

上集

1932年9月3日，著名的"狗肉将军"张宗昌在济南车站被仇人枪杀了，这桩名义上打着"替父报仇"旗号的杀人案，其实绝非是简单的刑事案件，背后都是一场精心谋划的阴谋案。说到这起案件如何发生，我们首先就要说说张宗昌这个人的传奇经历。

1. 张宗昌早年经历

说起张宗昌，江湖传说"三不知"。哪"三不知"呢？兵有多少，不知；钱有多少，不知；老婆有多少，不知！他和北洋军阀或留德、留日，或保定军校、随营学堂培养出来的将军都不一样，此人就是一位深山野地摸爬滚打出来的草莽将军。

张宗昌，字孝坤，1882年出生于山东掖县祝家村。自幼家境贫寒，其父张锡福是个吹响器的。他仅念过一年的私塾，当过放牛娃、放铳手、酒店伙计。15岁时闯关东，17岁时在中东铁路当工人，由于他身材高大，干活有劲，在筑路工人中有威信，加之他头脑聪明，长期与俄国人打交道，说得一口流利的俄语。

1904年，日俄战争在我国东北打响，俄军招募华人，组织武装，袭扰日军后方。因为张宗昌俄语说得好，枪打得准，俄军让其去招募"胡子"，据说他曾单枪匹马，深入到土匪窝中收买土匪，人数最多时竟有一两万人，人称张统领。他的军事知识也是在这一阶段学习积累的。日俄战争结束后，他混迹哈尔滨，由于他讲义气，好交朋友，一掷千金，很快又成为穷光蛋。

这时，俄国老板招募中国人去西伯利亚开金矿，张宗昌成为招募和管理中国人的总工头。他仗义疏财，急公好义，在海参崴、哈尔滨、长春、奉天一带很有名气。

1911年辛亥革命爆发。在上海，宁波富商李征五组织光复军，委托一个姓胡的浙江人，找到张宗昌帮助他招兵买马，组织了一支骑兵武装，在海参崴登上俄国轮船，经日本长崎，抵达上海，驻扎在闸北。李征五对张宗昌很重视，委任他为骑兵团团长，徐源泉为团副。南北议和以后，张宗昌所部与原江宁第九镇残部重新改编为第三师与第八师，张宗昌所部隶属第三师，仍为骑兵团团长。

1913年"二次革命"发生，袁世凯北洋所部兵分二路南下，第一路由段芝贵任军长，率领第二师、第六师进攻湖北、江西，第二路由冯国璋任军长，率领张勋定武军、雷震春第七师等部南下，进攻南京。7月13日一早，讨袁军第三师师长冷遹所部驻防徐州，与北洋军第五师靳云鹏所部在山东运河韩庄一线遭遇。张宗昌趁北洋军尚未集结完毕时，抓住时机，主动进攻，大获全胜。不久，战事恶化，张勋所部增援第五师，北洋军攻占利国驿。在战斗中，张宗昌左臂负伤，回后方治疗。

7月16日，讨袁军黄兴在南京召开军事会议，令驻南京的陈之骥第八师开赴徐州、章梓第一师一部开赴宿迁配合冷遹第三师堵防张勋南下。在战斗中，第三师不敌张勋部的进攻，节节败退。7月28日，黄兴以战事失利，悄悄离开南京，潜往上海。冷遹也脱离了第三师。讨袁军退集浦口。此时，张宗昌返回第三师，说要带大家找出路，被推为师长，带着队伍归顺了冯国璋。随即调转枪口，攻打南京，黑夜渡江，一举攻下幕府山炮台。9月1日，张宗昌致电冯国璋：敝师步兵十二团于上午11时入神策门；十一团现正准备前进，拟俟十二团入城，占领狮子山，开仪凤门后，即行率队入仪凤门；敝师在前方各部队俟入城后，谨遵军长前次命令，在三牌楼一带实行警戒。

北洋军入城后，在南京城里大杀大抢，张勋被任命为江苏都督，又竖起前清的大龙旗，遭到外国领事团的抗议。12月16日冯国璋取代了张勋，当上江苏都督。张宗昌则调任江苏军官教育团团长。

2．重新领兵

1917年8月，冯国璋赴京任代理大总统，张宗昌跟随去了北京，成为总统府副官长。同年秋爆发两广战争护法运动，湖南响应，成立湘、桂、粤联军总司令部，谭浩明任总司令，指挥军队攻占长沙，湖南督军傅良佐被南军驱逐。这时国务总理段祺瑞决定组织援湘大军。不久，张宗昌被任命为江苏第六旅旅长，加入第二路战斗序列，自南京下关乘船到江西九江，步行到南昌，再经上高至宜丰进入湖南，从浏阳向醴陵出发。

1918年3月中，吴佩孚第一路军占领长沙，湘粤桂联军各自溃退；张怀芝第二路军到达攸县，与湘军刘建藩部遭遇，北洋军第一师施从滨担任正面，张宗昌担任右翼，正面被南军突破后，右翼也分别撤退，一直退到长沙。刘建藩受阻于张敬尧的第七师，张宗昌趁机夜袭南军，致使刘建藩猝不及防，全军混乱，手下一团长要求撤退，被刘建藩枪毙，在混乱中，刘建藩被刺杀；张宗昌转败为胜，取得湘东大捷。

于是，张宗昌荣升暂编陆军第一师师长。此时，皖系的湖南督军张敬尧担心张宗昌势力过大，派两个旅监视张宗昌。到1920年吴佩孚第三师北撤，张敬尧派第七师到吴新田接防时，遭南军痛击，节节败退。张宗昌的部队转移至江西萍乡，引起江西督军陈光远及将领方本仁的疑虑，暗中调集军队，对张宗昌部形成包围之态势。1921年3月，陈光远终于对张宗昌部下手，张见大势已去，化装溜回北京，所部被缴械后解散。张宗昌去陆军部领了20万元的欠饷，由曹锟的军官教育团教官许琨引荐，结识曹锟。趁曹锟过生日之机，张宗昌铸成八个金寿星送给曹锟。曹锟答应把直皖战争中缴获的皖军枪械拨给张宗昌一部分。但张宗昌手下无兵，迟迟未去领取。此事因吴佩孚反对，只得作罢。许琨一怒之下，对张宗昌说："此地不养爷，自有养爷处。咱们走吧。"张宗昌和许琨一起去东北投靠了张作霖。

张作霖只给了张宗昌一个营的宪兵，从师长到营长张宗昌当然不满意，但也没办法，只得隐忍。

此时，吉林督军孟恩远与张作霖矛盾很深，吉林的军队中，以孟的外甥高士傧旅长最为嚣张，张作霖撤了孟恩远的督军，高士傧便联合吉林胡匪卢永贵与张作霖开战。由于张作霖在1922年的第一次直奉战争中新败，无兵可派，想起张宗昌，说："他花了我几十万，让他去打高士傧！"于是便让张宗昌去打高士傧和卢永贵；而卢永贵是山东老乡，早年也在中东铁路当筑路工，一听是张宗昌，便率领手下来投，张宗昌将其收编为自己的队伍，以褚玉璞、程国瑞和许琨为团长，共三个团人马。张作霖很高兴，便任命张宗昌为吉林省防军第三旅旅长兼遂宁镇守使。

由于军饷入不敷出，张宗昌便在辖区内种了鸦片，饷源得到保证。这一时期，白俄军队纷纷逃入中国，枪马很多，因张宗昌会讲俄语，于是白卫军请他收容，张宗昌得到步枪八千多支，机关枪五十多挺，七生的大炮十七八门，指挥这支白俄军的司令是聂洽耶夫，最高首领米诺夫为张的顾问，张宗昌将一部分有技术的人员组成工兵队，后来的铁甲车队和铁甲车炮兵都从张宗昌这儿开始。靠着实力，张宗昌整军肃武。1923年奉系举行大演习，由于张宗昌的部队多由土匪招安，又种鸦片，总参议杨宇霆就要趁机将该军撤销。张作霖对校阅委员郭松龄、李景林、张学良等人说："每年花一百多万，养着这帮队伍种鸦片烟，太不像话了。这次演习，要是看他们不行，就把他们解决遣散好了。"因此，郭松龄在演习中，对张宗昌部要求格外苛刻。

当时，高粱已收割，满地都是高粱茬子，又逢天降大雪，张部在雪中卧倒，又看不见高粱茬子，加上泥泞不堪，眼瞅着好多士兵受伤。张宗昌心里不痛快，在休息室，在炕上蹲着喝酒、吃烧鸡，发着牢骚，骂道："他妈的，这是哪个龟孙的计划，弄成这样！"郭松龄突然推门进来，就问："你骂谁？"张说："这是我口头语，没骂谁。"郭松龄气势汹汹，指着张宗昌大骂："我操你妈！这也是我的口头语！"

张宗昌的脸由红到黑，一下子跳下炕来对郭松龄说："郭二大爷，你操俺妈，你就是俺亲爸爸，还有啥说的。"郭无语，负气而走，张宗昌说："我叫他爸爸，反正他不是我爸爸。"

演习完毕，张宗昌整理部队，大家对程国瑞这个团的表现反映不好，参谋长王翰鸣也要求撤换程国瑞。张宗昌说："旁人说他怎样不好不去管他，你当参谋长可不能那样说。你要晓得我和他的关系。当年我派他打死陈其美，花了四十万元，一个钱也没给人家，我觉得对不起他。徐州当上一个团长，那又有什么呢？"

李景林将张宗昌叫到沈阳，为张宗昌与郭松龄讲和，并请来张学良。结果，郭向张赔礼，四个人结为兄弟，重申盟誓。张学良向张作霖汇报：张宗昌第三旅在演习中学科战术成绩优良，士兵吃苦耐劳。张作霖感到满意，把张宗昌的吉林第三旅调到奉天，改为奉天第三旅。从此张宗昌在奉系中立住了脚。

3．直奉战争崭露头角

1924年9月，第二次直奉战争爆发。张作霖以奉天陆军第一师师长李景林和第三旅旅长张宗昌组成第一军，攻打朝阳，防守的毅军是前清留下的旧军队，抵挡不住，热河都统米振标就跑了，李景林便坐上热河都统的宝座，他的军队也不配合张宗昌作战。张宗昌打到离冷口不远的玉麟山，与直军主力董政国、彭寿莘对阵，打得热火朝天。正当张宗昌支持不住时，友军蔡本平被直军精锐包围，弹尽粮绝，前来求救，张部褚玉璞从前线带回五百人，救出蔡本平，奠定了奉军胜利的基础。很快，张作霖与直系大将冯玉祥接头，冯阵前撤兵，返回北京，捉了直系大总统曹锟，导致直系军队全线崩溃，张宗昌挥军入冷口，抵达滦州，将吴佩孚军尽数收编，张宗昌军一下子膨胀了七八倍。张宗昌、李景林抵达天津后，李景林又抢了直隶军务督办宝座。张作霖便改任张宗昌为第一军军长，南下去江苏打齐燮元，扩大领土。徐州是江苏北大门，这里的主官徐州镇守使陈调元与张宗昌关系密切。在冯国璋主政江苏时，张宗昌从上海妓院赎出妓女话四宝送给陈调元当四姨太，哥俩这种关系，陈调元就说奉军大军难以抵挡，让出徐州，于是张宗昌率十几万大军南下浦口，占领沪宁线各城市，进驻上海，与近在咫尺的浙江军务督理孙传芳剑拔弩张，在吴光新的调解下，两人化干戈为玉帛，结为兰谱兄弟。不久，张作霖把张宗昌调回山东做军务督办，把安徽的地盘给了姜登选、江苏的地盘给了总参议杨宇霆。

4. 张宗昌督鲁和垮台

1925年10月，孙传芳发动反奉战争，从上海、江苏打到淮北。张宗昌派施从滨南下反攻，在固镇被孙传芳打败，施从滨被孙传芳砍了头。孙传芳占领徐州后，不再北上。

12月，张之江的国民军第一军将李景林逐出天津，李景林逃到济南，求救于张宗昌。张宗昌与李景林经过密谋，反攻天津得手后，李景林做国务总理，直隶督办让与褚玉璞，惹得也想做直隶督办的大将毕庶澄不满。

张、李二人联手，组织直鲁联军，张宗昌任总司令，李景林为副司令，褚玉璞为前敌总司令，率军北上，与张之江国民军第一军在天津附近大战，日本方面以《辛丑条约》为依据，阻止国民军第一军在天津附近作战，并炮轰大沽口。1926年4月，国民军第一军退出京津，前往南口。直鲁联军开进北京。7月，蒋介石指挥国民革命军北伐。

为了对付北伐军，12月1日张作霖在天津就任安国军总司令。此时东南五省联军总司令在江西、安徽被北伐军打败，孙传芳亲自到天津，向张作霖表示归附。张作霖把津浦线交给张宗昌负责，于是张宗昌第二次南下，督办山东，支援孙传芳；孙让出上海、江苏地盘，退回江北；直鲁联军南下上海。但是褚玉璞、毕庶澄在上海和长江以南遭到国民革命军的打击后，加之蒋介石的分化、策反，在上海、江苏和安徽的部队向北撤退，退回山东。张宗昌截获的情报说毕庶澄与蒋介石暗通款曲，便让褚玉璞杀了毕庶澄。

1927年底，直鲁联军放弃山东，撤入直隶省。张宗昌将所有的军队部署在防守京奉线关内段滦州一线，由许琨负责指挥。他对褚玉璞说："我把山东赔光了，来到你们直鲁，我在这里吃劳金了。"意思是跟着你混了。

1928年6月，张作霖在沈阳皇姑屯被炸身亡。北伐军打到直隶，张宗昌要求张学良准许他的部队撤到关外，被张学良拒绝。褚玉璞的部下徐源泉投了蒋介石，褚玉璞垮台，严重影响了张宗昌的军心。接着白崇禧率北伐军到达冀东，对滦州形成包围，张宗昌只得弃军，化装潜逃，乘渔船从滦河口逃到大连，由于蒋介石下令通缉他，又去了日本，因为身上没带多少路费，急电在天津的许琨求助。许琨怕老婆，只汇给张宗昌三万元救急。

张宗昌的部队被白崇禧改编为七个师。从此，张宗昌成了孤家寡人。

下集

张宗昌逃到日本以后，妄图东山再起。日本人不断游说，怂恿张宗昌出山，反对蒋介石。张宗昌也不断给溥仪写信，想支持溥仪复辟。此时，张宗昌也给张学良写密信，因为他毕竟是从东北发家的，尽管对张学良有意见，还是怕日本侵占东北，对张学良不利。张学良看了张宗昌的密信后，邀请张宗昌回国。加上他缺乏经济来源，捉襟见肘，于是他母亲变卖了部分财产，凑了一笔钱，亲自赴日本，把儿子接回大连。

1. 张学良诚邀张宗昌

当时正值1930年蒋冯阎新军阀中原大战，张学良先是坐山观虎斗，后决定派30万大军入关助蒋介石，使蒋介石击败阎冯联军，稳住了局面，因此，蒋介石把北方交给张学良，自己专注于南方"剿共"。张学良出任北平绥靖公署主任、陆海空军副司令。

1931年"九一八"事变后，谣言迭起，传闻张宗昌将与日本方面合作，参加伪满洲国。他得知这一传闻后，决定用实际行动粉碎此流言蜚语。

对回北平之事，张宗昌很慎重，两次召过去的参谋长李藻麟去大连，要他去北平晋见张学良，试探回归北平和今后的出路。

为什么呢？一是张学良曾反对张宗昌出关，在队伍整编的问题上，两人意见不合，反目成仇，曾对张学良肆意谩骂，不知张学良对此是否还耿耿于怀；二是张学良心狠手黑，杀杨宇霆和常荫槐，张宗昌担心会遭其黑手。

李藻麟受张宗昌委托，衔命到北平后，张学良的态度十分诚恳，明确表态："效坤愿意回来共赴国难，我是非常欢迎的。"李藻麟见张学良态度诚恳，立即返回大连复命。张宗昌喜中有忧，犹豫不决。喜的是回归故土指日可待，忧的是安危祸福难以预测。李藻麟再三保证，劝其放心："少帅的态度是真诚的，绝无半点虚假。您现在回国是为了抗日，少帅绝不会因往日个人恩怨，而将抗日救国大计置诸脑后。回归北平，我保证万无一失。"

经过反复斟酌，张宗昌从大连到达天津塘沽，并转赴北平。随即去顺承王府谒见张学良。

一路上反复问李藻麟："汉卿会不会下毒手？"

李藻麟斩钉截铁地说："您放心好了，绝对不会；万一下毒手，我陪您一块儿死！"等到了顺承王府，在会客厅里会面时，张宗昌几步抢上前，张学良也疾走几步，彼此紧紧握住双手，心情都十分激动，哽咽在喉，谁也没说话，眼圈红润了，都流出眼泪。还是张学良说："过去的事，咱们都不提了，今后咱们还是好兄弟。"把酒言欢，谈笑风生，过去的隔阂烟消云散。张学良还在颐和园召开盛大欢迎会，旧友旧部三百多人参加，显示了张宗昌还是很有影响力的。

张宗昌在北平的房产，一处在东城铁狮子胡同，另一处在西城石老娘胡同，都被国民政府查封了。经张学良呈请国民政府后要了回来，此外，张学良每月拨发生活费四千元。

2．刺杀之网悄悄撒开

张宗昌到了北平，引起山东省主席韩复榘和冯玉祥的不安。韩复榘不安情有可原，因为张宗昌督鲁三年，他的旧部和各种人脉在山东盘根错节，如果他想东山再起，山东还有他的旧部刘珍年。

刘珍年，直隶南宫人。保定陆军军官学校第八期步兵学科学习三年。毕业后投于奉系陆军第一师李景林部下，先后任排、连、营长。

1925年冬，刘珍年投奔直鲁联军，任褚玉璞部第十六旅旅长，1926年秋，率部分亲信投奔张宗昌。1928年4月下旬，北伐军打到济南，张宗昌退到冀东，刘珍年率鲁军残部开往胶东。后投靠蒋介石被授予国民革命军暂编第一军番号，任军长兼第一师师长。到中原大战期间，该部已有三万人，割据胶东，人称胶东王，与山东省主席分庭抗议。韩对刘军的政治疏通和阴谋瓦解均告失败之后，即着手武力解决。为此，韩在各地媒体大造山东政权应当统一的舆论的同时，亲到泰安向息隐泰山的冯玉祥讨教攻刘之策。冯暗示韩要速战速决。一切准备就绪之后，1932年9月17日，韩复榘集中兵力5万，向驻昌邑一带的刘军发起了突然攻击。刘珍年早有准备，从容迎战。10月中下旬，由南京中央政府调停，双方停战。

张宗昌回国后，韩复榘一直很关心张宗昌的动向，当时正在泰山韬光养晦的冯玉祥听说张宗昌要当抗日联军华北总司令时，对韩复榘说："如果张宗昌当了抗日联军总司令，拉着队伍南下，你在济南还待得住吗？"而且，如果此时张宗昌与刘珍年联手，韩复榘对山东的统治岌岌可危。因此，他忌惮张宗昌回国。这本情有可原。后他以辞职相威胁，最后蒋介石将刘珍年部调到温州，才保住了韩复榘山东省主席的位置。

那么，冯玉祥为什么恨张宗昌呢？

因为1926年国民军第一军与直鲁联军在南口大战遭失败，丢盔弃甲，退往西北；冯本人去了苏联。在苏联的帮助下，返回中国，在五原誓师，重整旗鼓，与蒋介石的国民革命军联手，打出潼关，会师陇海线。1927年，冯玉祥奉蒋介石令由徐州进攻山东。蒋介石下野后，冯玉祥一柱擎天，与直鲁联军作战。是年秋，张宗昌直鲁联军入侵河南，冯玉祥第八方面军总指挥刘镇华、副总指挥郑金声率军抵御直鲁联军，郑金声手下有个姜明玉，此人原来属于镇嵩军，随刘镇华攻打西安，后被冯玉祥收编，为第八方面军第二军军长，率部在陇海线东段与直鲁联军作战。这个人被张宗昌收买，阵前倒戈，诱捕了郑金声。

郑金声是什么人呢？此人是山东历城人。早年和冯玉祥同在二十镇当兵，志同道合，成立"武学研究会"。辛亥革命滦州起义时就与冯玉祥、施从云、王金铭等谋划起义，事机不密，遭清军镇压，郑金声逃回老家，后参加吴佩孚第三师。1924年10月，冯玉祥发动北京政变，郑金声积极响应，所部参加冯玉祥国民军，被任命为第三师师长。冯玉祥下野时，郑金声任国民军第一军司令官，与直鲁联军大战南口，参加五原誓师。后为第六军军长。1928年4月任第八方面军副总指挥兼第十七师师长。张宗昌部师长潘鸿钧诱降了第八方面军军长姜明玉，10月14日，姜明玉诱捕了郑金声，押解至济南请功。不久，张宗昌被冯玉祥打败，一怒之下，于11月6日，连同马祥斌一起，下令杀害。

这个马祥斌原来属于定武军倪嗣冲的部队，一直在安徽，战斗力颇强。后来投北伐军，被蒋介石任命为暂编第十一军军长。张宗昌部第二次南下，亲自率队打合肥，久攻不下，甚为恼火。马祥斌后在亳县被张敬尧绑架，押至济南，被张宗昌下令枪决。因此，冯玉祥与张宗昌有仇，要为老弟兄郑金声报仇。

要谋杀张宗昌绝非易事。北平和河北是张学良的地盘，决不能在北平动手。只有一个办法，将其请到济南来，在韩复榘的地盘上干掉张宗昌，谁来动手呢？还是采取1926年廊坊车站截杀徐树铮的套路，让郑金声的侄子郑继成，以儿子的名义出面，子报父仇，名正言顺。

张宗昌回北平之后，韩复榘亲自赴北平邀请张宗昌去济南。以什么名义让张宗昌入彀呢？

原来，就在1932年7月，日本军队占领东三省后，又积极准备向热河省的朝阳、北票发动进攻。蒋介石、汪精卫都要求张学良加强热河防务，遇侵袭时极力抵抗。张学良倍感压力，致电国民政府：徐州正为援救热河、恢复东北失地尽力抵抗。于是，在北平召开军事会议，决定张宗昌协助东北军老将张作相防守热河。但张宗昌无一兵一卒，遂将孙殿英部调往热河，归张宗昌指挥。孙殿英是张宗昌旧部，后投国民党，驻扎在山东，张学良商得山东省主席韩复榘同意，将其调出，枪支弹药等由韩复榘负责。为此韩复榘专程赶往北平，与张宗昌会面过三次。

主要谈什么呢？一是孙殿英部的调动与武器弹药的接济；二是张宗昌在济南交通银行存有40万元存款，曾被冻结，此次可以去提出来，作为孙殿英部的开拔费。韩复榘请张宗昌去济南，共谋大事。于是张宗昌决定南下济南。

3. 张宗昌遇刺

张宗昌要去济南一事，遭到他身边的僚属、旧部大多数人的反对，主要理由是直鲁联军与国民军宿怨太深，曾经有过殊死搏杀，积怨难消。况且冯玉祥尚在泰山，韩复榘也诡计多端，难以预料，不可贸然行事。但是，张宗昌手下的金寿良、刘怀周等人只盼张宗昌早日出山，向济南方面的一些僚属探知韩复榘的意图。张宗昌被忽悠得太乐观了，认为直鲁联军和国民军的昔日恩怨，都已经过去，都被国民党打败了。况且，国难当头，此次出山完全是为了抗日，绝无觊觎山东之心，韩复榘的态度也十分诚恳，绝不会加害于他，张宗昌甚至说："如果韩复榘真的对我下了毒手，那他算是把我成全了。"他的意思是，我为抗日而死，虽死犹荣。可是韩复榘不杀他，不代表别人不会动手。从这点看，张宗昌过于天真，还是没懂防人之心不可无的道理。

济南之行既然已定，但何时出行却要保密，主要是防止家人和朋友的阻止。张宗昌没有在北平前门车站上车，而是驱车至丰台车站上车。

张宗昌走后，其母侯氏才知道，立即与吴佩孚商量。吴佩孚说：赶快给天津的林宪祖打电话，要林阻止张宗昌南下。

林宪祖何许人？此人是山东掖县人，与张宗昌为老乡。1925年，任山东军务善后事宜督办公署秘书长兼政务厅厅长。1926年4月，张宗昌保荐林宪祖为山东省代省长。1928年3月，任山东省省长。直鲁联军被国民革命军击败后，他随张宗昌败退滦河一带，受命前往沈阳谒见张学良，要求允许张宗昌部出关，未准。日军侵占东北后，举家由大连迁到天津。他竭力主张张宗昌回北平，以免为日本所利用。

林宪祖见到张宗昌后，说明来意。张说："你跟我相交多年了，还不知我的脾气？去趟济南有什么大惊小怪的？"

张宗昌是何时抵达的济南？一些书上认为是9月1日到，9月3日走。其实，据当事人王慰农回忆，张宗昌在济南大约有七八日，李藻麟回忆或10日。

张宗昌一行到达济南后，在纬二路石友三的私邸下榻。当日张宗昌去省政府拜见韩复榘，两人见面甚欢，谈笑风生。韩复榘很隆重地招待了他。

韩复榘邀请张宗昌到济南本身就说明了他和冯玉祥是这场谋杀的策划者。但是，这次的谋杀比6年前所谓陆承武顶缸杀徐树铮的把戏又高明了一些。那次是张之江奉令，深夜在廊坊车站截杀了徐树铮，第二天一早，陆承武才赶到廊坊。这次是预先找到山东省议会议员、郑金声的侄子郑继成，打着"替父报仇"的旗号，混在欢送张宗昌的人群之中。

但是，张宗昌是北洋军人当中出了名的神枪手，若郑继成没打到张宗昌，会不会遭张宗昌反杀？这一点，韩复榘等人早已想到。在一天晚上，韩复榘做东，在省政府珍珠泉西花厅宴请张宗昌，酒酣耳热之际，陪客的石友三问张宗昌喜爱何种型号的手枪。老张不知是计，随手掏出腰间的手枪——最新式的德国造左轮式手枪递给石友三。石装作爱不释手的样子，趁机要这支枪，豪爽的张宗昌就将这支枪送给石友三做纪念。于是郑继成等就可以大胆地刺杀张宗昌了。

9月3日下午6点多，济南火车站一列特别快车即将开往天津，在头等车厢门前，张宗昌与送行的人话别，同时还有大批记者采访张，当问到国内形势时，张说："关于时局，本人认为非团结不能救国。能团结，虽失东北，终能收回，否则，东北纵能收回，亦不免亡国。本人向来主张主权在民，赞成者颇多。东北事变后，日本人约本人出头，并予多少便利，本人不但不干，并且毅然返回。日本人复以政府通缉相恫吓，本人即表示，情愿在中国被杀，亦不做外人傀儡。在平时，曾与张群、杨杰说起此事，皆表示赞成，并邀本人赴南京一行，本人正准备前往。"

开车的时间就要到了，张宗昌与送行的人一一握手告别。当他登上车厢门口转身再度向送行的人挥手致意时，郑继成突然从人群中冲出，抢前一步，举枪骂道："我打死你这个王八蛋！"一扣枪机，却没有打中。张宗昌下意识摸枪，发现没有，大叫"不好"，转身就向车厢里跑去。张的随从副官刘怀周立即伸手掏枪，却听"砰"的一声刘怀周便应声倒在地上，原来，他早已成为郑继成帮手死盯的目标。另一名刺客上车紧追，张跑到车的尽头，跳下车就往东北方向跑，郑继成追来，又开了一枪，还是没打中。张的护兵追在后面，就向郑继成开枪，恰巧郑继成被铁轨绊倒，子弹从头上掠过，张宗昌在跑到第三站台第七股道时，被十股道后面埋伏的士兵一枪击中头部倒地。这时，郑继成赶来，对着张宗昌连开两枪。

一代枭雄张宗昌就这样被刺身亡。郑继成回到站台上高喊："我是郑继成，是替父报仇的，现在投案自首！"在站台上的士兵不明就里，将其抓住，打得头破血流，后被其他埋伏人员上前阻拦，方才将其押往第三路军法处，三天后移送至济南地方法院。

4. 庭审"替父报仇"者

张宗昌被刺杀后，冯玉祥在9月4日的日记中立即定调："振堂之子及差弁刘某在济南车站，将张宗昌打死，此乃为父报仇之事也。父仇不共戴天者，此也。"

明明是侄子，非说是儿子，明明是褚玉璞杀的郑金声，却说是张宗昌所为。这还不算，韩复榘欲盖弥彰，假惺惺地指责张宗昌的随从金寿良："怎么搞的？防范太不严密致使张宗昌被刺！"

金回答："在您的地面管辖范围内，我们怎么保护？既没有人，也没有枪！"张学良等其他政府要人纷纷致电山东省主席韩复榘，询问张宗昌被杀真相。

韩复榘复电均称：张宗昌到济，临行在车站被刺，当场殒命，凶手已获，系前国民军第十七师师长之子郑继成，特此电复。弟韩复榘。

郑继成枪杀张宗昌的消息立即传遍山东各地。舆论竭力抹黑张宗昌在督鲁时期的暴行，让"替父报仇"的郑继成瞬间成为英雄人物。

济南看守所所长的办公室成为郑继成的临时会客厅，所长还专门让出自己的寝室给郑当寝室。前来慰问和赠送礼物的人们络绎不绝。各民众团体、社会组织纷纷向南京政府发出请求特赦郑继成的电报；蒋介石给济南当局来电："应照法律手续办理，如科罪太重，再援特赦条例办理。"还有国民党大佬、中央委员陈立夫、程潜、柏文蔚、孙科、李烈钧、陈树人、薛笃弼等数十人屡次请求特赦。其实这后面不乏中统的影子。当年蒋介石追随陈其美，而陈其美被张宗昌暗杀，这里面都有关系。

即使这样，冯玉祥依旧对这起自己策划的谋杀案的处理结果不满意。他在9月14日的日记里写："各方援郑金声（振堂）兄案子的郑继成刺张案，日多一日，而中央反以按法办为词矣。"

一个多月以后，10月7日，济南警方以"预谋杀人罪"对郑继成提起上诉，公诉书称：被告持有手枪，杀害张宗昌，事实自属确凿。核其行为，实犯刑法第一百八十七条，第二百七十一条第一项之罪，唯有方法结果关系，应依同法第五十五条处断，手枪两支，请依同法第三十八条第一项第一段没收。合依刑事诉讼法第二百三十条第一项，第二百四十二条，提起公诉，请送法庭公审。

10月15日在济南地方法院进行公审。开庭三次，判处郑继成七年徒刑。

审判推事问："被告如不服，可以上诉。"

郑继成说："我早立誓与贼同死，今已杀国贼，已报大仇，已了一生大事，死而无怨。法律判决，我甘服从，并不上诉。"

检察官指认郑继成有预谋杀人。郑继成供认不讳，并将一切责任都担下来，要求法院放了同案犯陈凤山，说陈无罪可言。

10月31日，冯玉祥日记中写："郑继成之有侠骨，张宗昌之害民贼，不怪有被郑杀之事，此为极有价值之事也。"

1933年3月14日，国民政府令：特赦刺杀张宗昌之郑继成。

郑继成被无罪开释。

其实，那篇《郑继成替父报仇》的小册子并不是郑继成写的，而是冯玉祥提供材料，在济南市市长闻承烈的授意下，一个在济南市政府工作的小职员王慰农操刀而成，广为散发。张宗昌欲借抗日为名出山，被郑继成说成是"国贼"。

十年之后，"英雄"郑继成成为大汉奸、豫东招抚使"剿共军"总司令张岚峰的座上客。他在商丘巧遇王慰农，两人谈及刺杀张宗昌之事，郑继成洋洋得意地问："你看过冯先生印的《郑继成替父报仇》的小册子吗？上面写得很清楚。"王慰农笑了："你别瞎吹了，那本小册子靠不住，是我写的。"

而在整个抗战期间，韩复榘避战，让出津浦线，被蒋介石以军法处置而枪毙；西北军、东北军中当汉奸和伪军的最多，成为中华民族之毒瘤，岂非咄咄怪事？历史正有绝妙的讽刺之道。

第十五讲　施剑翘杀孙传芳案

上集

1935年11月13日下午，在天津居士林佛堂内，有男女信徒十几人，分男南女北两队，分坐在蒲团上，首座便是放下屠刀的孙传芳的位置。富明法师的讲经席位在正中座上，坐东向西，面对男女居士讲经说法。在孙传芳的后面，跪着一位年约30多岁的身材胖胖的妇女，短头发，浓眉大眼，身穿青布棉袍，蓝呢大衣，裹足后的脚上穿一双黑色皮鞋。就在众信徒昏昏欲睡之时，孙传芳身后的女人突然将右手伸向棉袍大襟口袋里掏出手枪，将枪口正对着孙传芳的后脑勺，"啪啪啪"就是三枪，随即，孙传芳应声扑倒在佛案之前。这名女子就是施剑翘！她为什么要刺杀孙传芳呢？

1. 反奉战争

施剑翘为何要在佛堂刺杀孙传芳？这要从十年前的一场战争说起。1925年10月，孙传芳率领东南五省即浙苏闽赣皖联军，向侵入江苏和上海的奉军发起进攻。奉军即张作霖的军队，本来是待在关外的，可是一直觊觎关内。1924年10月，爆发了第二次直奉战争，直系大将冯玉祥从前线倒戈，引奉军入关。为扩张地盘，奉军在占领北京、天津之后，沿津浦路向山东、安徽、江苏扩张，一直抵达上海，与浙江督理孙传芳的利益发生冲突，最后，孙传芳退出上海。但是，孙传芳整军肃武，暗中联络东南地方军阀，寻找时机，杀奉军一个回马枪。

1925年10月，孙传芳借秋操为名，突然发动反奉战争，向上海和沪宁线、南京的奉军发起进攻。为此，中国共产党、中国共产主义青年团对反奉战争发表宣言："从表面看来，此次战争自然是军阀间的循环报复战争，和以前的直皖直奉几次战争相类，然而实际上此次战争的原因与性质不是这样简单……此次反奉战争虽掺和了一些军阀势力，在客观上却是一种民族解放的战争。"

孙军兵分三路出击：一路从江浙边界直扑上海；一路从湖州渡太湖袭占丹阳，切断沪宁线；一路经长兴、宜兴，攻取南京。直如三把利剑，招招要命。仓促之间，奉军撤出上海，沿沪宁线北逃，很快就丢了无锡、镇江、南京，渡过长江。孙军一路追击，占了安徽蚌埠等地，继续向北前进。

2. 张宗昌南下反攻

此时，奉系张作霖决意反攻南下，任命张宗昌为江苏善后督办，施从滨为安徽军务善后督办兼第二军军长，其实，他指挥的部队只有第四十七混成旅。

施从滨何许人也？此人是安徽桐城人。幼入私塾，15岁投入清廷吴长庆的北洋部队，后入袁世凯的北洋新军。先后任什长、新建陆军第三营前队右哨哨长、左营后哨副教习、山东巡抚袁世凯行营差官、先锋队后路左营后哨副哨官、北洋新军帮带兼督操官等。光绪二十九年（1904年），施从滨任北洋常备军第二镇步兵队第六标第一营管带。光绪三十一年，调北洋第五镇任步兵队第十九标统带。民国三年（1914年），任镇江镇守使、第一混成旅旅长，民国六年为山东第一师师长，民国十一年任第四十七混成旅旅长，民国十四年（1925年）任山东督办张宗昌手下第四十七混成旅旅长兼山东军务帮办。

1925年10月，山东督办张宗昌任命施从滨为前敌总指挥，自山东兖州、泰安开拔南进。孙传芳领兵北犯，双方的军队在皖北平原展开了一场大厮杀。

10月24日浙军卢香亭、周凤岐、谢鸿勋三部及苏、皖两大队进攻南宿州（即安徽宿县），与奉军小有接触，奉军退守夹沟，联军追击，连占南宿州及符离集两车站。傍晚，联军分三路进攻夹沟，在夹沟站南与施从滨部奉军发生剧战。东西南三面皆取攻势。联军后撤。施从滨部赶到蚌埠，便命士兵挖战壕、修工事，安排火力，但已来不及了。五省联军卢香亭和谢鸿勋两路大军，从东西南三面将蚌埠紧紧包围。枪声、炮声、喊杀声，彻夜不停。拂晓，联军像决了堤的洪水一般从四面八方冲入市区。施军豕突狼奔，弃甲丢盔，向北逃窜。施从滨身不由己，随军溃退，好不容易在固镇设立了第二道防线，固守待援，并多次派人去向铁甲车队的白俄队长聂洽耶夫求救。

此刻，白俄雇佣军约4000人从符离集赶来。张宗昌为鼓励士气，特派专车送来好几百只活羊、几十箱大炮台香烟和法国白兰地洋酒，白俄雇佣军气焰嚣张，气势正盛。

浙军李俊义旅马葆珩团为先锋，一路向北穷追猛打。马葆珩原是卢永祥警卫团团长，保定军官学校炮科毕业。改投孙传芳门下后，要立头功，自任先锋。其先头尖兵五十余人搜索前进时，在津浦线以西，小汜河以北的曹老集与白俄雇佣兵遭遇，立即被包围。白俄雇佣兵第一次碰上敌人，个个嗷嗷怪叫，很快便将对手冲了个七零八落，除少数人被打死外，多数人举枪投降，做了俘虏。他们原以为缴枪能免一死，没想到白俄雇佣兵对他们进行了惨无人道的报复，将俘虏绑在大树上开膛破肚，有的被挖出了眼珠，割掉鼻耳；还有的被拉在马后活活拖死；更为残忍的是将俘虏捆绑后，扔进正在熊熊燃烧的房屋中活活烧成炭灰，惨不忍睹。俘虏们临死前的哀号哭骂之声，传到数里之外。白俄雇佣兵杀完俘虏后，兴高采烈地围着篝火烧烤羊肉，抽着烟，大口大口地喝白兰地，唱着俄罗斯小调，庆祝胜利。

浙军士兵愤怒至极，在马葆珩的指挥下，分两翼包抄了聂洽耶夫团，双方展开了殊死的白刃战。疯狂的白俄雇佣兵赤裸着上身，袒露出黑鬃似的长毛，一手拿着酒瓶"咕嘟咕嘟"往嘴里灌酒，一手拿着上了刺刀的长枪向冲上来的联军士兵乱扎乱抢，联军士兵从来没有见过这种阵势，几个人围着一个白俄雇佣兵也对付不了，非死即伤。这场空前的肉搏战几乎使马葆珩团全军覆没，没有战死的士兵拼命往回逃。马葆珩一看，根本无法与之近战，命令集中全团的大炮和水压机关枪，对准白俄雇佣兵猛烈地轰击和扫射，成群的白俄雇佣兵的胳膊、腿被炸得横飞，一排排倒下，后面的醉鬼们又冲上来，被炮弹炸得粉身碎骨。活着的人酒都被吓醒了，扔掉手中的酒瓶和枪，拼命地向北狂逃。联军猛烈地展开追击，加上白俄雇佣兵穿着大马靴跑不快，当即被活捉了几百人。

马团的士兵将俘虏带到车站上，将其倒吊在大树上，让新兵来打活靶，锻炼胆量。有的将其一排人用绳索捆绑好，架起机关枪扫射。直到旅长李俊义赶来，连骂带训，费了很大劲儿才阻止了士兵们的报复行动。

11月1日，施从滨在固镇终于盼来了聂洽耶夫指挥的铁甲车"长城"号和"长江"号，顿时觉得有了反攻的把握。他令铁甲车沿铁路猛攻，部队紧随其后，他将指挥所也搬上了"长江"号，亲自指挥反攻。

浙军谢鸿勋一看硬顶不行，便命令正面的部队迅速撤往铁路两旁的麦地和小树丛中，吩咐副官传达命令："放过铁甲车，专打跟在后面的步兵！"同时派上官云相团迂回敌后，从冷河上游徒涉，绕过固镇去拆毁铁道，断了施军的后路。

正在前进中的施从滨旅步兵被埋伏在铁道两侧地里的谢鸿勋、卢香亭部的侧击打得无法招架，纷纷停下来并向后跑，当官的堵都堵不住。马葆珩命令集中炮火，先猛烈轰击铁甲车前面的探道车，探道车被炮火击毁，铁甲车无法再往前开，又影响了后面铁甲车的前进。施从滨发现后面的步兵没有跟上来，只得令铁甲车往回急驶。

3．施从滨当了俘虏

固镇以南是一座坚固的大铁桥，横跨在宽阔的冷河上，桥下水流湍急，无法徒涉，铁桥成了部队北撤的唯一通道。当施从滨乘坐的"长江"号和"长城"号退到铁桥以南时，在灯光照耀下，只见一公里长的铁路上和桥面上拥挤着上千名逃跑的士兵。此时，桥南响起了激烈的枪炮声，追兵又跟踪而至。

再看桥上的溃兵秩序大乱，你推我挤，争先恐后地向桥北挣扎而去，越挤越糟，乱成一团，有的人被推倒了，后面的人践踏着倒地的躯体，仍拼命向前，惨叫之声此起彼伏。谢鸿勋旅大队赶到了桥边，机关枪、冲锋枪横扫，一条条火蛇蹿上桥面，许多人中弹倒下，掉进河中。第四十七混成旅的士兵想逃又无法挪动，闭目祷告真主来保佑他们。施从滨眼看过不了桥，只得命令铁甲车再度向南开，并令人从铁甲车上挑出一面白旗左右摇摆。联军士兵看见是投降的信号，欢呼跳跃，奋身向前，嘴里还不断吆喝："捉住施从滨！"当他们快冲到铁甲车前时，又响起了清脆的机枪声，最前面的士兵纷纷倒下，他们上了施从滨诈降的大当。

马葆珩火了，命令用炮火进行压制，在炮弹爆炸声中，铁甲车上的炮筒被击毁。

施从滨探出身子，挥舞手枪大声命令："闪开！快闪开！我是施旅长，让我先过去！"

"去你奶奶的——"黑暗中传来一阵破口大骂，"你算个屌，有本事就压过去！"有的伤兵躺在地上大嚷："去你妈的旅长，老子不活，你也活不了"，端起枪便向施从滨开火。局势完全失去了控制。施从滨慌忙缩进铁甲车，不顾一切命令："快！快！立即强行冲过大桥！"

铁甲车呼啸着，开足马力，疯狂得像个吃人的怪兽，向着满桥的人吞噬而去。几分钟的时间，桥上拥挤的千余人在铁甲车轮下血肉成泥，碾成肉饼，鲜血成河，掉入河水中的不计其数，铁桥成了奈河桥，鬼门关，宰人场……

"施旅长，行行好！再补我们一枪吧！"他的部下，有的被铁甲车压掉了双腿，有的失去了胳膊，鲜血淋漓，躺在桥上凄厉地呼喊着："施从滨，你这老混蛋，开枪啊！别让我们活受罪了。"

施从滨捂起耳朵，不忍再听这些悲惨的叫骂声。机枪开始扫射了，疯狂的火舌，像青蛇口中的舌信子吐向第四十七混成旅尚未断气的军官和士兵，在震耳欲聋的枪声之中，再也听不到部下的哭喊声了。就连开车的白俄驾驶员也吓得面色惨白，不断地在胸前画十字祷告："上帝保佑！"

突然"轰隆隆"一声巨响，天旋地转，施从滨的脑袋狠狠地撞在车厢壁上，便失去了知觉。原来铁甲车倾覆了，十八丈长的铁轨都被掀到路边。当施从滨醒来时，他已经被人从颠覆的车里拽了出来。满目都是持枪的联军士兵。他和"长江"号、"长城"号都成了联军的战利品。

施从滨爬起来，整整军衣，系好武装带，戴上军帽，交出腰间的手枪，很镇静地对联军士兵说："你们打得好，弟兄们都辛苦了。带我去见你们的孙总司令。"

随即，施从滨被联军士兵押上敞篷车，驶往蚌埠车站。

4. 血淋淋的头被挂上电线杆

半夜，孙传芳的卫队团长李宝章押着施从滨来到灯火通明的蚌埠车站，进了联军总司令部。

李宝章大声报告："联帅，鲁军前敌总指挥、山东军务帮办施从滨被俘虏，已押来，现在门外！"

孙传芳正躺在床上吸大烟，吞云吐雾，心里暗暗盘算如何处置施从滨。此番大战，没想到如此顺利，不到一个月，就从上海打到淮北，已经取得决定性胜利，但离他夺取北洋整个天下的目标还差得很远。在新获得的地盘上，各省将领心怀叵测，对他还不是真心顺从。张宗昌的大军还虎视眈眈，随时准备突然冲过来再与他决一死战。他要树立自己的权威，巩固取得的地盘，威慑对手。

他烟也吸足了，考虑好了，下命令："把施将军给我请过来！"

施从滨进来之后，"啪"的一声，脚后跟并拢，来了个立正，规规矩矩地行了个军礼："馨帅，您辛苦了！"

孙传芳既未动弹，也未回礼，只是抬起眼皮假装吃惊地说："哟，我当是谁？这不是施老将军吗？张宗昌不是让你来安徽当督办的吧？这样吧，你马上去上任吧！"

他对李宝章使了个眼色，做了个砍头的手势。李宝章押着施从滨出去。

参谋长杨文恺急忙上前劝道："馨帅，我们这是打内战，是不宜杀俘虏的。"他从口袋中掏出一封信，"谢鸿勋师长有信，要求优待施从滨。"

孙传芳沉下脸说："特殊时期有特殊办法，换成你我成为阶下囚，还不是被杀吗？"

杨文恺还希冀有所转圜："要杀也可以，何必在今夜？明天再审一次，杀也不迟。"

孙传芳此刻野心膨胀，固执地说："参谋长，这是妇人之仁。我借汉亭的头，稳定东南半壁，汉亭亦死得其所。我就是要给江苏陈调元、江西邓如琢等人一点颜色瞧瞧，看看以后还有谁敢与我对抗！"

按一般惯例，对战争中已失去战斗能力的俘虏应保障其生命安全。但孙传芳对施从滨的不合作怀恨在心，竟于11月2日凌晨，将施从滨在蚌埠车站外砍了头，孙传芳命人将其头颅挂在电线杆上，暴尸三日，惨绝人寰。后来，红十字会为其收尸，归葬桐城。

5. 施剑翘发誓报仇

正因为孙传芳杀人如儿戏，让施家人对其恨之入骨，发誓报仇。谁呢？就是施从滨的养女施谷兰。施谷兰是施从滨弟弟施从云的女儿。施从云在辛亥年和王金铭、冯玉祥等参加第二十镇反清起义，在雷庄附近指挥官兵与清军展开激战。战至次日黎明，清军诡称停战议和，要她与王金铭入清营谈判，施从云遂率100多名官兵前往，在雷庄为伏兵包围，被俘遇害。只有冯玉祥与当时袁世凯警卫军参谋官、右路备补军统领陆建章是亲戚，被陆建章保了下来。

再说施从云死后，他的女儿施谷兰就过继给施从滨，改名施剑翘。到1925年10月，施从滨被孙传芳杀害时，她已经是20岁的大姑娘了。当时，施家老二施从礼的儿子施中诚，从保定军校毕业后，跟着大伯施从滨在张宗昌部任排长。张宗昌为照顾施家，提拔施中诚当了团长。施家原指望施中诚能为施从滨报仇，但不久，孙传芳为了对抗北伐军，又投降张作霖，与张宗昌化敌为友。而施中诚升任烟台警备司令，不愿因杀人报仇而自毁前程。1928年，北伐成功，南北统一，施剑翘之弟施中达（施从云之子）被冯玉祥送到日本成城陆军士官学校留学。是年农历九月十七日，这天正好是施从滨的三周年祭日，施剑翘趁着母亲外出之际在院子里大哭一场。此时施中诚的保定军校同学有一人名叫施靖公，此人在山西阎锡山处当中校参谋，由山西到济南工作。在路过施剑翘家时，看到施剑翘哭得很伤心，于是安慰她不要过度悲伤，表示他曾经得到过施剑翘父亲的栽培，愿意为施家报仇。施剑翘以身相许，嫁给了施靖公。在施剑翘的日记中，她写道："在听他（施靖公）的一番豪言壮语后，我又把报仇的希望寄托在他的身上。我不顾一切，断然与他结了婚，随他到了太原。"然而，到了太原之后，施靖公再也没有提起报仇之事，施剑翘这才发现施靖公是一个自食其言的小人，察觉自己受了蒙骗，为此悔恨不已。1929 年，施剑翘的八弟施则凡从日本成城陆军士官学校毕业归来，带回了一柄日本刀，准备用这把刀为父报仇。施剑翘虽然报仇心切，但又怕年轻的弟弟人生地不熟，万一不能完成使命，反而白白送了性命，这样一来老母便没有人照顾。于是她陷入了两难境地。

下集

孙传芳杀了施从滨，施家之女要复仇，为什么一拖就是十年？是不是按中国的古话：君子报仇十年不晚？绝对不是。原来，他们在等一个时机，什么时机呢？

1. 暗杀引起的外交危机

1935 年，华北危急。日本策动华北五省自治，以逐步脱离南京中央政府的控制，将该五省作为和日本控制下伪满洲国保持密切关系的一个自治区域，以削弱南京中央政府的影响和控制。其计划由北洋旧政客王揖唐出面，主持自治政府，以孙传芳、曹汝霖为其副手。是年 5 月，日本特务还指使汉奸在天津等地，散布"拥孙倒蒋"的口号。此举令蒋介石与华北当局感到恐慌，因此，孙传芳被军统列入暗杀名单。

军统特务对威胁蒋介石统治的异己分子，尤其是可能被日本利用和拉拢的前北洋政要，都采取了毫不留情的暗杀手段，即所谓北国锄奸。但是这种带有政治色彩的暗杀有很大的风险。例如，1934 年军统特务在北平六国饭店刺杀张敬尧，使得日方设计的华北国的阴谋破产。又如 1935 年 5 月 2 日，天津日租界内一天发生两起亲日人员被杀事件，一是《国权报》社社长胡恩溥被枪击毙命，一是《振报》社社长白逾桓被暗杀。胡、白两人均接受日军津贴，受命办报，传播所谓"泛亚细亚思想"。日方一口咬定是南京方面的（蓝衣社）特务所为，5月21日天津日本驻屯军军官向河北省政府主席于学忠索要白、胡事件的凶手，并诬指天津市市长张廷锷为元凶、于学忠为指使者。关东军副参谋长板垣等主张逮捕于、张为质。

日本华北驻屯军参谋长酒井隆、驻平使馆武官高桥坦决定利用白、胡被杀事件，将中央系、东北系势力逐出华北。5月29日，酒井隆、高桥坦会见北平军分会委员长何应钦，在中日交涉中，取强硬立场，认为白、胡被杀是"中国排外行动"，要求逮捕暗杀白、胡的人犯，赔偿被害者损失；坚决要求军事委员会北平分会政训处、蓝衣社、励志社、宪兵三团撤出北平地区，罢免于学忠、张廷锷、蒋孝先（宪兵三团团长）、丁昌（宪兵三团、团附）、曾扩情（军分会政训处长）、何一飞（蓝衣社天津办事处处长），否则将对北平发动战争。6月1日，在日军威逼下，河北省政府迁往保定。北平军分会答应日方要求，将曾扩情、何一飞、蒋孝先等免职；中央军第五十一军撤出河北。

这便是由暗杀行动惹起的外交危机，负责交涉的北平军分会委员长何应钦不得不与日本驻屯军参谋长梅津美治郎签订所谓的《何梅协定》，答应日方的要求。可见，如果军统继续搞政治谋杀，很可能会引起中日间的军事冲突。

1935年10月31日，北平市长袁良函复驻津日本总领事川越关于"排日"问题抗议，略称："本市人民如有妨害两国邦交者，亦无不妨碍两国邦交者，当尽力取缔。""惟亲善之道须双方国民间有甚之了解。平津一带贵国官民中，亦无不妨碍亲善之前途者，尚希贵领事亦随时留意查察，同时加以取缔，则两国邦交之前途实利赖之。"这等于向日方递上了中方决不挑事的降表。

另一种暗杀，在20世纪二三十年代很盛行，尤其是打着"替父报仇"之名的杀人行为，属于刑事案件，不易产生中日间直接冲突；案件本身常为世间所同情，也可令严法网开一面。有些有政治背景的谋杀案，主谋者往往找出个"仇家"，以"复仇"的名义，将当事者杀害，这样只能作一般刑事案件来处理。例如1925年12月30日，冯玉祥杀徐树铮，就是打着陆承武为其父陆建章报仇的名义，将徐枪杀。徐树铮之子徐道邻，后做了蒋介石的西席，又成为国民政府行政院的高官，为此事专门向法院提出诉讼，结果最终此案不了了之。又例如，1932年9月3日，冯玉祥为除掉张宗昌，找来山东省府参议郑继成，打着"替父报仇"的旗号，在济南车站射杀张宗昌。最后郑只判了7年徒刑。这一类打着"亲情"旗号，内含政治色彩的"借刀杀人"的暗杀，往往能引起舆论和世人的同情甚至支持，结局有可能使"凶手"逃出法律的严厉制裁之外。所以借刀杀人，利用施家寻仇的方式除掉孙传芳无疑是"高招"。

2．选择报仇的最佳时机

同样，施剑翘刺杀孙传芳表面上是打着"替父报仇"的名义，其实完全是一起政治谋杀。即便孙传芳真的有与日本勾结的行为，但他却死于仇家之手，日本方面也无法借此找碴儿或挑起事端。施剑翘或许不知，在她的身后，有蓝衣杜成员、安徽寿州人、施从滨的部下张克瑶和施从滨的侄子、南京军官教导队团长施仲达以及时在军事委员会交通研究所任总队长的施剑翘的胞弟施则凡，他们利用施剑翘替父报仇的心理，为其提供线索和行凶用的枪支、子弹；施剑翘的《告国人书》也是施仲达与施则凡等人共同商量写出的。

1926年，冯玉祥和他的国民军被张作霖、张宗昌、吴佩孚等北洋军阀打垮了。很快，在苏联的资助下，军火、物资、苏联顾问，源源不断地涌向冯玉祥的残军，冯玉祥召集旧部，在五原誓师，重组国民军，从大西北杀出潼关，和蒋介石北伐军会师陇海线。之后，他们合作继续北伐，打垮了北洋军阀，建立了国民政府。不久，在军事编遣问题上，矛盾爆发，先后演变成蒋冯战争、蒋冯阎中原大战。冯阎军最终战败，冯玉祥下野，栖身泰山。政治上没有奥援，杀人必偿命，当然不能轻易动手。

1935年10月31日，隐居在泰山上的冯玉祥因蒋介石的迭次电邀及阎锡山的敦促，下泰山赴南京出席国民党四届六中全会。对施家来说，这是一个重大的利好消息，利用施从云的老关系，在南京炮兵学校任教官三个月的施则凡被停职，却来到冯玉祥身边，做了副官。

天时、地利、人和都具备了，再加上军统成功收买了孙传芳的贴身副官赵海山，让施剑翘找到了孙传芳的住处，再加上孙传芳下野后皈依佛门，每逢周三下午都要去居士林听经这一活动规律，就单等施剑翘行动了。杀孙之前，施剑翘去了一趟南京，找到弟弟施则凡，将母亲和自己的两个孩子托付给他并告诉他，母亲由他抚养，她的两个孩子交给妹妹施纫兰抚养。弟弟施则凡不同意施剑翘去刺杀孙传芳。施剑翘告诉弟弟，只有她去刺杀最合适，这样对大家都好。万一她不能刺杀成功，弟弟施则凡再肩负起这个责任。弱女并不弱。案发时，和施剑翘并未脱离夫妻关系的老公施靖公是阎锡山手下的旅长，堂兄、亲弟弟施中诚、施则凡、施中达、施中杰分别担任冯玉祥副主席的副官、军官教导团团长、军统交通研究所总队长、少将师长。而孙传芳已是一名落魄军阀，家中子女从事教育、法学研究工作，最小的女儿只有7岁。

3. 孙传芳血溅佛堂

1935年11月13日下午，施剑翘顺利地在居士林刺杀了孙传芳。之后，她冲出大殿，在院中大喊："大家不要害怕，我是为父报仇！决不伤害别人，我也不跑！"她随即从大衣口袋中掏出印好的传单散发。

传单系手写体，正面为如下内容：

各位先生注意：

（一）今天施剑翘（原名谷兰）打死孙传芳是为先父施从滨报仇。

（二）详细情形请看我的《告国人书》。

（三）大仇已报，我即向法院自首。

（四）血溅佛堂，惊骇各位，谨以至诚向居士林各位先生、道长表示歉意。

报仇女施剑翘谨启

传单背面是两首诗，系七言绝句：

其一：

父仇未敢片时忘，更痛兰堂两鬓霜。

纵怕重伤慈母意，时机不许再延长。

其二：

不堪回首十年前，物自依然景自迁。

常到林中非拜佛，剑翘求死不求生。

她撒完传单后，又进入电话间，拨通一个号码，兴奋地对着听筒大叫："喂！喂！……我成功了！我成功了！"这就是向组织通报：任务完成了。

居士林号房的杂役刘恕修跑到警察所，警士王化南正在门前值岗，刘恕修慌慌张张地说："庙里边打枪了，快要打死人了，你们快去吧！"王化南即随刘到了居士林，问和尚："人在哪里？"

和尚指着电话室："在里面。"

施剑翘还在打电话，在王化南的制止下，她放下电话，交出手枪说："请你带我出去自首，枪里还有三颗子弹。"她又交出一张其父施从滨的戎装照片，背后用蓝墨水钢笔写着："十年前在蚌埠车站被孙传芳陷害的施老将军从滨遗像。"从容步出。这时，警察所副官曲鸿韬又带着几个警察赶到，共同将她带回警察第一分局二所受审。

4. 孙、施两家打官司

施剑翘枪杀孙传芳之后，孙传芳的长子孙家震以杀父之罪名，将其起诉到天津地方法院。其时，孙、施两家各请律师，进行诉讼。

天津地方法院根据孙、施两家陈述的事实"真相"，于12月6日作出判决："施剑翘（谷兰）杀人，处有期徒刑十年，勃朗宁手枪一支，以及上缴子弹三粒没收。"

为什么会有这样的结果呢？因为，一个"弱女子"打着"替父报仇"的旗号，即使杀人也不可能偿命，毫无疑问是会博得国人的同情和原谅的。

施剑翘被捕之后，在法庭上谎称：手枪是从一个退伍军官手中买来的。其实，这种勃朗宁手枪在当时是很先进的，绝非一般人所能得到，只有执行特殊任务的人才能拥有。当年军统陈恭澍等人在北平六国饭店刺杀张敬尧时，就没有这种先进的利器，还是由军统头子戴笠从南京坐飞机亲自把枪送到北平的。施剑翘也承认这种枪是很先进的。因此，她在法庭上陈述从退伍的军官手里买来的完全是杜撰。

孙传芳的老友杨文恺、部下马葆珩等在回忆文章中都说孙传芳之死是蓝衣社的阴谋。马葆珩说："孙传芳两次抓部队失败后，便积极在天津和靳云鹏等搞什么国家主义派，希望在政治上取得地位，再登政治舞台。但又怕蒋介石知道他们的活动情况，对自己生命不利，因此与靳云鹏等经常假装在居士林打坐念佛用来作为掩护，暗中仍在进行组织国家主义派的阴谋。由于蒋介石特务活动遍及全国，孙传芳在京张线和济南截留部队等行动，早被蒋介石特务洞悉无遗。蒋介石对下台的大军阀头子本来就不放心，今孙传芳竟这样一而再地想与他为敌，便通过陈调元部队的师长施中诚（施从滨侄子），唆使施剑翘以替父报仇名义刺死孙传芳。"

卧底将军郭汝瑰，当时在南京陆军大学任教。他后来在《郭汝瑰回忆录》中这样写道："老军阀孙传芳，自从他的部队被北伐军打垮以后，一直寄居在天津，他是日本士官学校毕业，与日本人一直有往来。蒋（介石）也恐他给日本人当傀儡，便由军统密派一个叫施剑翘的女子去把他杀了。……蒋介石就是这样，采取软硬兼施的手段，能拉就拉，能杀就杀，必要时也可以拿钱收买，治服了一批人。"

5. 天大的后门

在这个著名案件中的关键人物是冯玉祥。为了共赴同难，捐弃前嫌，冯玉祥从隐居多年的泰山上下来，来到南京，重新与蒋介石携手，受到中枢政要及各政治派别的热烈欢迎，军事委员会委员长蒋介石、国民政府主席林森亲自到冯玉祥下榻的陵园韩复榘公馆登门拜访。第二天，在国民党四届六中全会第一次会议上，冯玉祥被选为宪法草案审查委员会委员及提案审查委员会政治组委员。在冯玉祥到南京后的20天里，几乎无日不与蒋介石在一起。他到南京的头十天，蒋介石宴请其五次，当时的威望如日中天。

12月1日，国民党第五次全国代表大会召开，冯玉祥被选为大会主席团成员之一，后当选为五届中央执行委员。12月28日，当选为军事委员会副委员长。

施剑翘恰恰赶在冯玉祥到南京以后才动手，是早就计划好的还是一种偶然的巧合？

施剑翘在动手之前，肯定考虑了冯玉祥的因素，就凭冯玉祥与他的老战友、滦州起义的烈士施从云这层关系，也不会袖手旁观的。因此，冯玉祥到南京重新做高官，成为二把手，对施剑翘来说无疑是个福音，于是其弟施则凡就有意来到冯玉祥身边当了副官。

关于施剑翘的行动，在冯玉祥日记中果然有记载。1935年11月14日："归来，知施从滨的女儿在天津打死孙传芳的事，（叫）施则凡来问了详细。"

果然，正如预期的那样，就在施剑翘案件还未审理时，南京方面就已经开始活动施剑翘的特赦问题了。为什么这样说呢？天津地方法院是12月25日开庭的。而在11月30日，冯玉祥日记就记载了："同施则凡、施中达二世兄去见焦易堂、居觉生先生，专为大赦施剑翘女士之事。"

焦易堂时为最高法院院长，居觉生即居正，时为司法院院长。冯玉祥的"后门"直接开到司法最顶峰，这个面子可谓不小。在这种人治大于法治的情况下，天津地方法院经过审理，援引郑继成杀张宗昌一案，判处施剑翘有期徒刑7年。

然而，施剑翘对此判决不服；孙传芳之长子孙家震对此判决也表示不服，认为量刑太轻。双方都在活动，要求减刑或加刑。

施则凡向冯玉祥诉说："施剑翘在狱中生活太苦"，冯玉祥则通过关系，一方面派自己的大将，时为中央国术研究馆馆长的张之江和施则凡一起去北平，找老部下、时为华北政务委员会委员长的宋哲元，要求在他管辖下的天津监狱优待施剑翘这个"弱女"。一方面设法说服司法部门和国民政府特施剑翘。

1936年9月21日，冯玉祥日记："傅沐波（即傅汝霖，时任立法院立法委员、宪法起草委员会委员、内政部常务次长）、赵丕廉（蒙藏委员会副委员长）先生请客，到居（即居正，南京国民政府司法院院长兼最高法院院长）、覃（即覃振，司法院副院长兼中国国民党中央公务员惩戒委员会委员）、王（即王用宾，时为司法行政部部长）、焦（易堂，国民党中央最高法院院长）各位谈些特赦施剑翘女士之事。七年之罪已定，一也；文词批得不好，二也；施从滨曾受国民军委状，三也；覃（振）说未见此件公事，四也；焦（易堂）说大权应在司法院，五也；居（正）、覃（振）说下星期二可提出法院会议，六也。我说施则凡已往北方去，乃之江兄领之去见宋（即宋哲元，原冯玉祥部的‘五虎上将’之一，时为华北政务委员会委员长），为照（郑）继成之刺张（宗昌）之案也，可先优待之，若只食粗食，诚太伤心也。”

这些掌握司法大权的大员们当即表示：特赦施剑翘一案，在自己管辖的范围之内肯定没有问题，只是特赦问题还须国民政府主席来颁发命令。冯玉祥拍着胸脯说：“林主席那里我去想办法！”

国民党的司法本来就是“片儿汤”，这么多掌管司法大权的大员在一起研究施剑翘的特赦问题，施剑翘的命运可想而知。事后，冯玉祥写了一封致国民政府主席林森的信，由冯玉祥的老部下，时任第五届中执委员、军事参议院参议鹿钟麟跑腿，串联了八位有头有脸的人物签名，其中包括国民党元老李烈钧、于右任、张继等人，要求林主席特赦施剑翘。更有汪精卫的老婆陈璧君、妇女运动先驱张默君出面说情。媒体也大量炒作，给法庭施加压力。

9月27日冯玉祥日记写：“为施则凡之姐施剑翘特赦事写一封信，请八位朋友署名，送林主席子超先生，为开临时国民政府委员会，因司法部已经通过故也。瑞伯（鹿钟麟字瑞伯）跑了不少的路，可感谢也。”

6. 特赦施剑翘

这是与郑金声谋杀张宗昌一个套路。9月30日，冯玉祥在日记中又提到为了施剑翘特赦的事，托李烈钧去问国民政府主席林森，林森回答没问题，只等下面公事报上来就批复；冯玉祥本人去找居正催办，居正说正在调卷办理之中。

这样一群掌握最高司法机关的人物和军事委员会副委员长的天大的面子，林森不能不给。果然，两星期后，即1936年10月14日，国民政府主席林森发布对施剑翘的赦免令：

施剑翘因其父施从滨曩年为孙传芳惨害，痛切父仇，乘机行刺，并及时坦然自首，听候惩处，论其杀人行为，固属触犯刑法，而一女子发于孝思，奋力不顾，其志可哀，其情尤可原，现据各学校、各民众团体纷请特赦，所有该施剑翘原判徒刑，拟请依法免其执行等语，兹据中华民国训政时期约法第六十八条之规定，宣告原判处有期徒刑七年之施剑翘，特予赦免，以示矜恤。此令

国民政府主席林森 （印）

施剑翘出狱以后，于1937年2月去了南京，在施中达和施则凡的陪同下，去南京陵园韩公馆拜谢了冯玉祥。之后，在冯玉祥的带领下，一一上门面谢了张继、焦易堂、于右任、李烈钧、张之江等人。

不久，抗战爆发，施剑翘便投身于抗日事业，这与她杀人的动机与行凶行为无直接关系。但她刺杀孙传芳，的确替蒋介石和中统除去一个潜在的敌人，国民政府赦免她，也是情理之中的事情，但这个面子却给了冯玉祥。有这样"过硬"的关系，难怪施剑翘一点都不怯场，杀了人后，仍谈笑风生，好像由她来结束孙传芳的生命是天经地义之事。

第十六讲 "七君子"大案

上集

1936年11月22日深夜，上海发生了一件震惊全国、轰动世界的大事：上海市公安局和租界巡捕房派出8个抓捕小组，分别到全国各界救国会负责人沈钧儒、邹韬奋、李公朴、史良、章乃器、王造时、沙千里和陶行知等人家中，在没有拘捕证，又没有宣布任何罪状的情况下，违法将八人中的七人逮捕了。只有陶行知因出国参加会议未被抓到。

救国会七位负责人相继被捕，都被戴上手铐，拘押受审。这就是著名的"七君子案"。

1. 救国会成立

这要从著名的爱国救亡团体"救国会"说起。

1931年"九一八"事变，日军占领东北后，紧接着就对华北步步侵略，1935年向国民党军事委员会北平分会代理委员长何应钦提出对华北的统治权，并从东北调集大批日军入关，以武力相要挟。5月31日，南京国民政府电令何应钦与日方谈判。6月，国民党军委会华北分会代理委员长何应钦与日本华北驻屯军司令官梅津美治郎谈判，达成了所谓的《何梅协定》。按协议规定，中国军队从河北撤退；取消河北省内的国民党党部；撤换河北省主席和平津两市市长；禁止河北省内的一切反日活动。《何梅协定》的签订，使日本实际取得了对华北的控制权。日本又策动华北五省自治运动，妄图将华北从中国分裂出去。

在这种形势下，全国抗日呼声高涨。各地以上层著名人士为首，先后成立了各种各样的抗日救国团体。

1936年5月31日，代表全国18个省的60多个救国团体，在上海召开了第一次全国各界救国联合会代表大会，出席会议代表有50余人。这次大会选出了执行委员和候补执行委员，并推定宋庆龄、何香凝、沈钧儒、章乃器、陶行知、李公朴、王造时、沙千里、史良等15人为常务委员。全国各界救国会提出：争取张学良、冯玉祥等上层人物参加救国阵营。

全国各界救国会成立后，打电报给张学良、杨虎城、傅作义等爱国将领，宣传救国会的政治主张。张学良态度积极，与救国会互动频繁。7月6日，张学良到上海会见了救国会李公朴、邹韬奋、沙千里等人，商讨组织联合战线和抗日救国问题。

7月15日，为了促成全国各党各派、各地方势力团结合作，共同抗敌，全国各界救国会以沈钧儒等发表了题为《团结御侮的几个基本条件与最低要求》的公开信，阐述对联合救亡的立场及对当局和民众的六点希望：（一）希望蒋介石放弃"攘外必先安内"的政策，联合各党各派，开放民众运动，共纾国难；（二）希望陈济棠、李宗仁、白崇禧推动中央政府出兵抗日；（三）希望宋哲元不再压迫学生爱国运动，不逮捕、殴打抗日民众；（四）希望国民党联合各党各派，主要是与共产党重新携手，为抗日救国共同奋斗；（五）希望中共实行《八一宣言》中提出的主张；（六）希望民众能与政府合作从事抗日。

全国各界救国会公开信发表后，中国共产党迅速作出反应。

8月10日，毛泽东在陕北保安，代表中共中央和苏维埃政府给章乃器、陶行知、邹韬奋、沈钧儒诸先生及全体救国会员发了信，指出："这些文件已经在我们这里引起了极大的同情和兴奋，认为这是代表全国最大多数不愿做亡国奴的人民之意见与要求。……我们同意你们的宣言、纲领与要求，并愿意在你们这些纲领和要求下面，同你们和一切愿意参加抗日救国的党派、团体和个人诚意合作与共同奋斗。"

上海的救国会与陕北的毛泽东遥相呼应，犯了蒋介石的大忌。

张学良、杨虎城两将军亦做出了支持救国会救国方针的举动。9月初，西安的抗日同志会在张公馆正式成立，主席为张学良。

当时与南京政府相对抗的两广方面的陈济棠、李宗仁、白崇禧也表示赞同救国会的救国主张。全国各个抗日团体纷纷成立，这就把整个爱国救亡运动引向了高潮。

2."七君子"被捕

就在"九一八"事变五周年到来之际，为了纪念这个惨痛的日子，上海全市人民举行了一次规模巨大的游行，全国各界救国会领导人沈钧儒、邹韬奋、史良等都参加了这次游行。当游行的队伍走到小东门时，迎面突然出现了国民党的武装军警，他们高呼"冲啊！冲啊！"向游行行列冲来，接着大打出手。史良连忙站到路旁一辆人力车上，高呼"中国人不打中国人！""一致对外！"等口号，军警就向史良冲来，她旁边的一位女青年的头部被打出了血，史良的全身都被打伤，并因肺尖被打伤而咯血。幸而，这时有一群工人用臂膀扣着臂膀奔向军警和史良之间，构成了一道临时的人墙，把史良救出。

紧接着10月19日这天早晨，鲁迅先生因病逝世了。宋庆龄提出：鲁迅先生的葬礼应由救国会主持，因为伟大的鲁迅先生不仅属于文艺界，而且属于全国人民！宋庆龄的提议立即得到全体救国会同志的热烈赞同。

10月22日在爱国救亡运动的高潮中，鲁迅先生的葬礼隆重举行了。那一天，上海全市的学生、工人、店员、作家、教授等各界人士近万人为这位伟大的革命文豪送葬。救国会的负责人宋庆龄、沈钧儒、章乃器、邹韬奋、李公朴、史良、沙千里、王造时等，都出席了葬礼。沈钧儒在覆盖鲁迅先生灵柩的绸布上，书写了"民族魂"三个大字，表达了全国人民的心情和对鲁迅先生崇高精神的敬仰。从殡仪馆到万国公墓大约有十多里路，没有送丧的车队，蔡元培、宋庆龄、沈钧儒、章乃器、李公朴、胡愈之、王造时等年长的、尊贵的都一律步行跟随，年幼的小学生也加入步行送葬鲁迅先生的行列。到达万国公墓后，蔡元培主持了在万国公墓举行的葬仪，宋庆龄、邹韬奋、萧军、内山完造等讲话，胡愈之致哀词。在哀乐声中，由宋庆龄、沈钧儒将写着"民族魂"的旗子，覆盖在灵柩上。

这个声势浩大的送葬仪式，实际上是一次反日大游行。救国会领袖和大家一道高呼"打倒日本帝国主义""打倒汉奸"的口号。当时，救国会的会员已达数十万人，爱国救亡运动遍及全国各地，早已深入人心。

11月12日，救国会在上海静安寺路基督教女青年会的大草坪上举行了纪念孙中山先生诞辰大会。大会由沈钧儒主持，救国会的主要负责人都讲了话。大家在讲话中，高度赞扬了孙中山先生的革命精神，特别是他实行的"联俄、联共、扶助农工"的三大政策，呼吁国共合作，联合抗日，并批评了国民党政府的"攘外必先安内"的政策。这次大会，实际上是一次宣传抗日救国，批判国民党反动派投降日本帝国主义、热衷内战政策的大会。

声势浩大的抗日救亡与反对内战的活动让蒋介石国民党对救国会嫉恨交加，必欲除之而后快，这已是公开的秘密了。当时日本驻沪总领事若杉即命令领事约见国民党上海市政府秘书长俞鸿钧，要求逮捕救国会成员。

国民党上海市党部曾经发了一个通令，指明救国会是一个未经党政机关许可的由一群"反动分子"组成的"非法团体"。这年10月间，一个由蓝衣社分子组成的叫"上海特区最高会议"的组织，在上海开了一次秘密会议，这次会议竟然作出三条决议，第一，要用暗杀方法对救国会首脑处以死刑；第二，收买救国会内的动摇分子；第三，绝对禁止救国会的言论、集会行动。最后上海市政府拍板：除了孙夫人宋庆龄之外，将救国会主要领导人统统抓起来。

3."七君子"放与捉

于是在1936年11月22日深夜，上海市公安局和租界巡捕房派出8个抓捕小组，在没有拘捕证，又没有宣布任何罪状的情况下，违法将"七君子"逮捕了。

随即，上海市市长吴铁城出面向新闻界发表谈话。他说："李公朴等自从非法组织所谓上海各界救国会后，托名救国，肆意造谣，其用意无非欲削弱人民对于政府之信仰。近且勾结赤匪，妄倡人民阵线，煽动阶级斗争。更主张推翻国民政府……""密谋鼓动上海总罢工，以遂其扰乱治安、颠覆政府之企图"。还说："救国会内部尚有共党分子潜伏"，如此等等。"七君子"被捕后，国民党上海市政府发表布告，同吴铁城的谈话如出一辙。他们千方百计，捏造各种莫须有的罪名，用以耸人听闻，迷惑舆论。

11月23日，沈钧儒、李公朴、王造时、沙千里被送到位于北浙江路江苏高等法院第二分院第一庭，接受审讯。当时法庭上已经挤满了旁听的人们，救国会和"七君子"的亲友以及为他们请的辩护人，也已在律师席就座；法警捕探重重叠叠地站在法庭上，戒备森严，空气极为紧张。审判长入座之后，开口第一句话就说："本案情节重大，禁止旁听。"法警立即进行清场，旁听者只能被迫退出，一时气氛更加紧张起来。

在原告席上，上海市公安局的代表控告，一会儿说几位有"反动嫌疑"，一会儿又说是"鼓动工潮"，说了半天也没有确定地说出七人究竟是犯了什么罪，却要求把他们引渡到苏州江苏高等法院去。沈钧儒、王造时等当庭驳斥了公安局代表的诬蔑之词，并对非法逮捕提出抗议，表示坚决反对公安局非法移送。接着，他们请的12位律师轮流进行辩护，提出立即释放的要求。公安局拿不出证据，又无拘票，逮捕罪责不明的公民是违法的，法庭不应违法移送。最后，法院不得不被迫裁定：责付律师保释，改期再讯。于是沈和李、王、沙几位退庭走出门外，候在门外的群众热烈地向他们鼓掌和欢呼。同日，章乃器、邹韬奋、史良三位在薛华立路20号江苏第三高等法院接受庭审，经过辩论，法院也裁定：无犯罪行为，不予起诉，先由律师保释。

"七君子"无罪释放后，大快人心，群情振奋，民众奔走相告。国民党蓄谋已久的计划未能实现，能善罢甘休吗？

当天晚上，一个神秘的电话打到沙千里家里，说：法院补发了拘票，今天夜里又要秘密逮捕救国会七人，通知其他人赶快离开家里。沙千里问："消息来源可靠吗？侬啥人？"对方却挂了电话。

法院刚公开宣布释放，又要秘密抓人？沙千里表示怀疑，决定向沈钧儒等几位报告消息，商量应付的办法。没想到他们都不在家，没有见到。

回到家后，沙千里决定到朋友家里躲起来，刚出门，踏上三轮车，就被几个彪形大汉，如猛兽一般将其从车上拖了下来，押送到捕房里。其余沈钧儒、王造时、章乃器、邹韬奋等都相继被秘密抓捕，只有史良事先得到消息逃了。

为了让广大人民都知道这次秘密逮捕，救国会迅速采取了三项措施：一是立即找上海《立报》主编萨空了，请该报发表救国会负责人再次被捕的消息。《立报》在次日就印出来，满街的报童举着报纸一吆喝，立即轰动上海全市。二是救国会和被捕人员的亲属聘请律师，出庭辩护。上海许多有名的大律师，如章士钊、江一平、陈锐霆、陈志皋等激于义愤，都愿意为他们义务辩护。三是发表《告当局和全国国人书》，强烈地驳斥了国民党当局的诬蔑，动员全国人民进行营救，同时严正地表示：救国会抗敌救国的立场和坚决斗争的意志，是决不会因领导人被捕而有丝毫改变的。

11月24日，北平文化教育界李达、许寿裳、许德珩等109人，联名致电国民党政府，要求"即日完全开释，勿再拘传"。北平大学生救国联合会也作出决议，要求释放被捕救国会领袖，开放民众救国运动，并停课两日，抗议国民党政府的暴行。

但是抗议没有起到什么效果，25日，租界法院以"危害民国"罪名，把几个人移送上海公安局。

许多爱国人士发表谈话，质问国民党政府："被捕的救国会的爱国人士究竟犯了什么罪？"全国各地的救国团体先后发表声明，表示竭诚声援，愤怒抗议。

宋庆龄发表声明说："余以全国救国联合会执行委员之一，特提出抗议，反对此等违法逮捕，反对以毫无根据的罪名横加于诸领袖。"

国际友好人士，以爱因斯坦为首的十几位科学家联名打电报给蒋介石，要求释放"七君子"。

这一事件在国民党内部也引起了一些人士的不满。国民党中央委员于右任、孙科、冯玉祥、李烈钧、石瑛等20多人，联名致电在洛阳的蒋介石，要求对此事件作"郑重处理"；广西的李宗仁、白崇禧致电南京政府，请求将"七君子"无条件释放。

4. 张学良哭谏蒋介石

这时候，还有一个人坐不住了。这个人是谁呢？他就是张学良。

1936年12月3日，一架双引擎小型军用飞机降落在洛阳机场上，张学良将军跳出机舱，坐上汽车，直奔龙门香山寺南的一幢两层小楼。这幢两层小楼的主人是谁？张学良为什么在这个时候匆匆赶到此处？

原来，这幢两层小楼是洛阳地方政府为庆祝蒋介石五十寿辰，特意新建的蒋宋别墅。

蒋介石生于1887年10月31日（清光绪十三年九月十五日），到

1936年10月31日，正值五十大寿。蒋介石以"避寿"为名，于10月29日，从西安乘火车到达洛阳。名为避寿，其实，避比不避更厉害。为什么呢？国民党在全国发起了一场声势浩大的"献机祝寿"运动。上海各界共募捐700万元，购买10架飞机，在龙华机场举行了为庆祝蒋介石寿辰"献机运动"典礼，10架飞机编成一队，命名为"中正队"。31日这一天，首都南京举行了盛大的为蒋介石寿辰献机典礼，各地"捐献"的飞机70多架，由何应钦代表蒋介石受机转献给国民政府。在城外大校场机场和城内的明故宫机场上，共有32架飞机一架接一架飞上蓝天，在空中翱翔，组合成"中正"二字，以示庆祝。南京的民众从来没见过飞机能排成字，真是欢欣鼓舞，全都疯狂了。全国各地民众包括新疆，以及海外缅甸、马来亚、暹罗、檀香山、香港各地的华侨都参与了这场献机运动。

当时的国人、华侨为什么要"献机祝寿"呢？万众一心的目的是要发展空军，抵抗日本侵略中国，因此，抗日成为当时国人的共同心声和愿望。但是，蒋介石到洛阳"避寿"的真正目的，是部署"西北剿共"计划。他召集张学良、阎锡山、刘峙、傅作义等开军事会议，商议对付长征到达陕北的中央红军。

蒋介石是10月22日从南京飞抵西安的。次日，他召见张学良、邵力子，详细询问西北"剿匪"及陕西政情。张学良建议停止内战，进行抗日，遭到拒绝。蒋介石强令张学良加紧"讨伐"红军，指责东北军、西北军"剿共"不力；并调蒋鼎文率中央军入陕，监视张学良、杨虎城作战。25日，蒋介石在张学良、杨虎城陪同下，到西安城南王曲军官训练团训话，宣称："要分清敌人的远近，事情的缓急。我们最近的敌人是共产党，为害也最急；日本离我们很远，为害尚缓。如果远近不分，缓急不辨，不积极剿共而轻言抗日，便是是非不明，前后倒置，……要予以制裁。"当天晚上，张学良即召集在王曲受训的主要领导人和队长讲话，群情激愤。张说："大家要明白，蒋的讲话，主要是对我说的，不是对你们，希望你们要安下心来，要知道我们今天这样，谁叫我们把自己东北家乡丢掉了呢？我们应当忍耐和克制。"经过张的安抚，大家的情绪才安定下来。

在"攘外安内"和"安内攘外"的问题上，张学良和蒋介石发生了分歧。张学良主张"先攘外再安内"，蒋介石坚持"先安内再攘外"。

为了说服蒋介石，张学良甚至在蒋介石从西安去洛阳的当天，也就是10月29日，特地用自己的飞机把阎锡山从太原接来，一起前往洛阳，同在那里为蒋祝寿的傅作义、徐永昌等，伺机劝说蒋介石停止内战，联合抗日。蒋大为震怒，表示"匪不剿完，决不抗日"。蒋在洛阳军分校纪念周上讲话，大骂主张抗日的人，说什么"共产党不要祖国……这种敌人不打，还要什么抗日？当面敌人不打，偏要打远处的敌人，这种军人有什么用处？"张站在前面，在场的人都知道蒋介石在说张学良，都向张偷望，张学良非常难堪。

第二天，蒋介石召开军事会议，颁布对西北红军总攻击令。但是，张学良东北军不愿打红军，在前线按兵不动。嫡系中央军第一军胡宗南按蒋的命令孤军深入，他既不向"西北总部"报告，又不与邻军联系。约在11月中旬，这一纵队前卫两个团进至陕北山城堡的地方，被红军在一夜之间消灭。蒋闻讯大为震怒，严厉电斥张，追究责任，限期电复，意在惩办。

张学良正左右为难、惶恐不安时，闹得沸沸扬扬的"七君子"案却让他下定决心，再次前往洛阳面见蒋介石。因为张学良一直觉得他的救国主张与救国会的爱国主张是一致的。

12月3日，他风风火火地驾机飞赴洛阳，赶到蒋宋别墅。没多久，别墅里就传出了激烈的争吵声。原来，是蒋介石和张学良吵了起来，而且一声比一声高，这是为什么呢？

这次见面，张学良建议：停止"剿共"，和中共合作抗日！蒋介大发脾气：绝不能停止"剿共"，除非你打死我！

退而求其次，张学良提出释放"七君子"；蒋介石训斥其脑残，说："全国只有你一个人这样想！"

实际上，张学良此次赴洛阳的目的就是请蒋介石下令放了"七君子"。但没想到却因此发生了激烈的争吵。

张学良十分难堪，这次蒋、张冲突，也直接导致了西安事变的发生。

蒋介石和国民党当局冒天下之大不韪，在国难当头之际，抓了"七君子"究竟意欲何为？最高法院将怎样审判"七君子"？法庭为何将救国会与西安事变联系起来？法庭用什么罪名给"七君子"定罪？"七君子"能不能放出来？

下集

1."七君子"苏州受审

"七君子"被抓后，南京国民政府决定将这七人移押苏州，由江苏高等法院审理。

1936年12月4日，上海市公安局用客车将"七君子"押赴苏州，在路上，最令人泪目的场面出现了，"起来！不愿做奴隶的人们，把我们的血肉筑成我们新的长城……"李公朴轻轻唱起《义勇军进行曲》，章乃器等人跟着唱，没想到押解人员也被他们的爱国精神所感染，在李公朴的指挥下，全车几十个人异口同声，唱起《义勇军进行曲》《毕业歌》等抗日歌曲，大家热烈鼓掌，也闹不清谁跟谁了。

在到达苏州平门后，汽车进不去城门，大家下车，改乘黄包车去高等法院。李公朴为代表，向押送人员致告别词，双方竟热泪盈眶，依依惜别。三四十部黄包车形成一字长蛇阵，像是示威游行，一路上引起许多人的注意和议论。

这七个人都是法律界、学术界大咖，全国著名爱国人士。

沈钧儒（1875—1963），浙江嘉兴人，大律师、著名法学家。

史良（1900—1985），江苏常州人，女，著名律师。1931年后，任上海律师公会执行委员。上海妇女救国会常委。

沙千里（1901—1982），原籍江苏苏州，生于上海，律师，沈钧儒的学生。

章乃器（1897—1977），浙江青田人，大学教授，著名政治活动家、经济学家。

邹韬奋（1895—1944），祖籍江西省鹰潭市。《生活星期刊》主笔，该刊以讨论抗日救亡的重大理论问题为主旨，或直接揭露日寇侵华的事实，或反映在中华民族危急存亡最迫切的非常时期全国各族人民的反抗斗争。

李公朴（1902—1945），江苏省淮安人，良才补习学校校长。

王造时（1903—1971），江西省吉安市人，律师。

在到达江苏高等法院的当天，就连夜开始侦讯。沈钧儒第一个被叫进去，然后依次逐个传讯。检察官强加在"七君子"头上的所谓"组织救国会""危害民国"的罪名，与上海市公安局的情况大同小异。他们随即被羁押在高等法院看守所。他们的狱中生活又怎样呢？

史良是被关在女监之中的，她不是逃了吗？怎么又被抓起来了呢？原来，史良是回老家为其姨母办丧事去了。她走后，上海市公安局画影图形，悬赏五万元，为了嘲弄当局，史良回来后，专门在爱义文路路口一张悬赏通缉令下照了一张相。等处理完救国会一些由她经手的具体事务后，认为自己不能把责任让别人扛着，让不了解真相的人小瞧了女性，于是自动前往苏州高等法院投案。

史良在牢房中，一方面积极研究自己的"爱国有罪"罪，以便与敌人开展法庭上的斗争；一方面还帮助那些狱友，帮他们分析研究案情，寻找律师，给社会底层寻求法律援助。

史良之外的其他六个人，分住三间平房，有一会客间，可以读书、看报、会客。大家彼此谈笑自若，几个人考虑到这个案子不可能短时间了结，准备做长期斗争。于是，就组织起来。沈钧儒德高望重，经验丰富，而又平易近人，和蔼可亲，是大家最敬佩的领袖，于是推做"主席"，沈钧儒说不可，因为法院所定的罪名之一是"颠覆政府"，如果自称"主席"，正好予人"图谋不轨""查有实据"的口实，因而改称"家长"。其余五人各有分工，章乃器为会计，王造时为文书，李公朴为事务（即公关），邹韬奋为监察，沙千里管卫生。每天早晨，半小时运动，锻炼身体。有跑步，有打拳，有柔软操，有太极推手，还有打球之类。饭后，各人做自己的工作。沈钧儒精于书法，每日临池挥毫。上海法学院早已请他写50份书法义卖，募款兴建楼房，此外亲朋求他墨宝的人也很多。他还经常写诗，表达他的感想，新旧诗都有。邹韬奋续写《经历》一书，讲"二十年来的生活过程中"，从童年讲起，讲求学、就职、谋生、图强的过程，讲对老师和朋友的回忆，讲成长的思想轨迹和心路历程，"其中或者不无一些可供青年朋友们的参考"。王造时翻译他的导师、英国人拉斯基的《国家理论与实际》；章乃器写《救亡运动论》；沙千里写《七人之狱》；李公朴每日手不释卷。大家把牢房变成了斗争和学习的场所，生活很有规律，都有一定的收获。

但是"七君子"这种看似"逍遥"的日子能持续多久？

2. 法庭辩护，蔚为大观

根据法律规定，法庭侦查，是诉讼中的准备程序。侦查时间以两个月为限，必要时可再延长两个月。为了寻找救国会更多的"罪证"，江苏高等法院根据检察官的申请裁定：自1937年2月4日起，再延长侦查两个月。即到4月4日为起诉日期。

就在3月间，国民党当局又施展阴谋，在社会上散布许多流言，制造假象，似乎要释放"七君子"。家属也三番五次地赶来苏州，准备接他们出狱。

在侦查将要期满之前，国民党的一些党政要人和司法方面的当权人物，如司法行政部部长王用宾等，都来到监狱向沈钧儒等人表示，说什么侦查期满之后，本案不会提起公诉，但要你们在恢复"自由"后，不论自动还是被动，都要前往南京，和当局开诚谈话，使政府和人民、当局和救国会之间的隔阂逐渐消除；只要你们发表一个声明，再到反省院办个手续，就可以得到自由。沈钧儒把这个所谓条件告诉大家。众人一致认为，这是要我们写悔过书，表示向政府认罪，坚决不干。软的不吃就来硬的。4月4日是延期侦查的最后一天，晚上8时，法院送来了《起诉书》。以"危害民国"一案，提起公诉。

《起诉书》列举了"七君子"的十大罪状。

1. 有意阻挠中央根绝"赤祸"之国策。

2. 主张释放政治犯，号召各党各派成立人民阵线，建立统一的共和国。

3. 发表团结御侮的几个基本条件，其中有和红军停战议和共同抗日的主张。

4. 邹韬奋提出的人民救国阵线与共产党所倡立的人民阵线口号不同，实系同一名词已无疑议。

5. 毛泽东答复沈钧儒信函有南京政府五月五日颁布的宪法与国民大会组织法、选举法，是反人民和民意的，毛泽东的信不但无自动取消苏维埃政府的表示，并对救国会表示响应。

6. 被告鼓动学生罢课、组织工人罢工。

7. 在邹韬奋家查获共产党《斗争报》，其中虽批评章乃器的主张，仍与三民主义不能相容。

8. 被告称与第三国际无关系，但查人民阵线即系第三国际第七次代表大会通过的口号，是危害民国。

9．西安事变中张学良所提八项主张，内有"容纳各党各派负责救国及立即释放上海被捕之爱国领袖，召开救国会议等"；被告等虽称"丝毫未闻其事"，西安无救国会，显系有意推诿。张学良的主张与救国会相同，互相联络，西安暴动系出于被告所策划，名为爱国实为害国。

……

苏州高等法院检察处提起公诉以后，"七君子"便商量聘请律师的问题。根据当时法律中关于每一个"被告"可以请3名律师为辩护人的规定，决定每人都请3名律师，组成一个由27名著名律师组成的强大的辩护团。他们大多是在社会上很有威望的名噪一时的大律师。请这么多著名律师出庭辩护，在司法界的历史上是空前的。

例如沈钧儒请的大律师有北洋时期司法总长张耀曾；王造时的律师有国会议员、京师高等审判厅厅长、司法总长及政法大学校长江庸；李公朴的律师有司法部次长、议员、朝阳大学校长汪有龄；章乃器的律师有北大教授、东吴大学教授、复旦大学法学院院长张志让；邹韬奋的律师有美国密歇根大学法学博士，东吴大学、暨南大学、中国法政学院教授陈霆锐、刘崇佑；沙千里的律师是江一平，就是为蒋介石与陈洁如办理离婚的律师；此外还有曾经替阮玲玉打官司的谢居三律师等。

"七君子"就是要通过这个阵营强大的律师团，在法庭上同国民党当局展开一场尖锐的合法斗争，以扩大救国会的影响。

苏州高等法院的《起诉书》在上海各报发表后，各界人士群情激愤，纷纷谴责和抗议国民党政府的暴行，又一次激起了爱国有功、救国无罪的群众性的抗日救国运动高潮。

3．欲加之罪，爱国获刑

1937年4月12日，中共中央发表宣言，坚决反对《起诉书》，要求"立即释放沈、章、邹、李、王、沙、史诸爱国领袖及全体政治犯"。

共产党之所以这么要求，是根据西安事变谈判时，蒋介石曾亲口答应"回京后释放爱国领袖'七君子'"。作为一国之领袖，岂能出尔反尔呢？蒋介石也有他的托词：不能干涉司法判案。

上海文化界叶圣陶、胡愈之、夏丏尊、艾思奇、欧阳予倩等近百人，联名要求国民党政府恢复"七君子"的自由，撤销对陶行知等的通缉令。全国进步报刊都发表评论，指责国民党当局镇压爱国运动的违法行为。

1937年6月11日是开庭审判的日子，苏州城如临大敌，五步一岗，十步一哨，三辆接"犯人"的车两边踏板上都站着荷枪实弹的宪兵。下午2点，审判开始。一个审判长、两个推事、一个书记，还有一个检察官，5个人穿着法衣坐在堂上。以张志让和江庸为首的27位辩护律师，围着一张大长桌分坐两旁。沈钧儒身穿长衫，史良穿着旗袍，其余都穿着西装，面对法官。

法官问沈钧儒："你赞成共产主义吗？"

沈答："赞成不赞成主义，这是很滑稽的。我请审判长注意这一点，就是救国会从来不谈主义……如果一定要说我们宣传什么主义，那么，我们的主义就是抗日主义、救国主义。"

法官问："抗日救国不是共产党的口号吗？"

沈答："共产党吃饭，我们也吃饭；难道共产党抗日，我们就不能抗日吗？"

法官问："你知道你们被共产党利用吗？"

沈答："假使共产党利用我抗日，我甘愿被他们利用，并且不论谁利用我抗日，我都甘愿被他们利用。"

接着受审的是章乃器。法官问："你对于各党各派是主张联合的吗？"

章答:"在这国难空前严重的时候,每一个中国人都愿意各党各派联合起来一致抗日。"

问:"你对于共产党抗日有什么意见?"

答:"如果共产党要求抗日,自然应该让它来一同抗日的。"

问:"'剿共'是错误的吗?"

答:"我认为我们内部不应该再有摩擦,在亡国的威胁之下,自己内部还有什么恩怨可说呢。"

问:"你是不是煽动过日本纱厂罢工工潮?"

章答:"很惭愧!我没有这样大的本领!我要有这样大的本领就好了!"

第三个受审的是王造时。法官问:"你们大会的宣言有句话说:各党各派派代表进行谈判,建立一个统一的抗敌政权,是不是要推翻现政府呢?"

王造时是威斯康辛大学的政治学博士,对名词概念特别清楚,答道:"审判长先生,你把政府和政权混为一谈,政府是一个国家的行政机关,是国家机构的组成部分;政权则是国家权力,由军队、警察、法庭、监狱来保证其实现,你所问政权推翻某政府,这样的问题逻辑混乱,概念错误。政府目前最迫切、最重要、最神圣的任务是抗日。我们要抗日,就不能不使这个作为国家机构的政府有极强大的力量。必须全国统一,才能发生,我们所说的统一的抗日政权的意义便是如此。"

问:"为什么要援助罢工呢?"

王答:"不是援助罢工风潮,而是援助罢工工人。我们为了工人没有饭吃,没有衣穿,才援助他们的。我们不但自己援助,并且希望当局对于在日本压迫下的工人也加以援助。他们虽是日本工厂的工人,但到底是中华民国的国民,是我们的同胞!"

下面是沙千里、邹韬奋,问得很简单便草草收场。最后一位是史良。

审判长问："救国会宣言和纲领是什么意思？"

史良答："团结抗日。"

问："你赞成各党各派联合救国吗？"

答："救国会的意思是任何党派都要联合，不管它是国民党也好，共产党也好，不分党派，不分阶级，不分男女，分的只是抗日不抗日。"

问："你反对宪法吗？"

答："我没有反对宪法，而是在国难深重的时刻，喊出大众的呼声，要求抗日救亡。"

问："你知道救国会是违法的吗？"

答："不知道！我认为《起诉书》援引《危害民国紧急治罪法》是绝对错误的。如果一个国民真的不符《危害民国紧急治罪法》，在今日，也只有劝导才是道理。我们并没有犯罪，把我们所有的抗日行动和救国主张硬拉到危害民国上去，我真不知道你们的用意何在？"

问："救国会登记了没有？"

答："本来要登记的，但因怕你们政府为难，所以没有登记。因为政府如果准许我们立案，日本人一定要和政府过不去。但事实上我们多次和政府接洽，包括到南京请愿，政府都是接待的，可见我们实际上已得到批准，救国会是一个完全合法的组织。"

一番唇枪舌剑之后，第一次庭审结束。"七君子"取得了阶段性的胜利。

6月25日，是法庭第二次公开审理。第一个被传审的仍然是沈钧儒。他说："当前国难严重，除抗日外，别无出路。抗日救国怎么能说是危害民国？"

法官问："你们为什么煽动起学生罢课？"

沈钧儒反问审判长："到底是何年何月何日？全上海？还是一个学校？是哪个煽动的？与救国会有什么关系？证据是什么？"

349

审判长无法回答，狼狈不堪。

第二个被审问的是章乃器。审判长问："你们主张抗日救国，是被共产党利用，你知道吗？"

章乃器反问："我想审判长也是和我一样是主张抗日的吧，难道也被共产党利用吗？"

法官问李公朴："你们为何主张联合共产党抗日？就是主张容共！这是犯法行为！"

李公朴回答："十三年（即1924年），中山先生主张容共，实行容共，中山先生错了吗？何况我们只主张停止内战，联合各党各派，目的在集中国力，对付日本。而联合各党各派，是'九一八'以后，国难会议以来上下的共同主张，检察官却大惊小怪，真是不懂。"

检察官又问及救国会与西安事变的关系问题，邹韬奋指着救国会给张学良的电报说："这个电报明明说：希望张学良请命中央出兵抗日，并非叫他举行兵谏，而且同时打同样的电报给国民政府。为什么不说勾结国民政府？"

检察官强词夺理地说："因为你们给张学良的电报引起西安事变！"

史良马上反问道："比方一爿刀店，买了刀的人也许去切菜，也许去杀人，检察官的意思，难道杀了人要刀店负责吗？给张学良通电，因为他是东北人，应该出来打日本侵略者。西安事变是否因此电报而引起，应问张学良。"

原来，西安事变发生后，张学良通电全国，提出八项主张：

（一）改组南京政府，容纳各党各派，共同负责救国。

（二）停止一切内战。

（三）立即释放上海被捕之爱国领袖。

（四）释放全国一切政治犯。

（五）开放民众爱国运动。

（六）保障人民集会结社一切之政治自由。

（七）确实遵行孙总理遗嘱。

（八）立即开救国会议。

其中第三项就提出释放"七君子"，所以法庭就认定"七君子"的主张和张学良的主张有共同之处，所以"七君子"被捕，直接引发了西安事变。

张志让、刘崇佑等律师相继要求传张学良来庭做证。结果，这次审判长又和上次一样，被反驳得狼狈不堪，一无所获。

4. 抗战爆发，"七君子"出狱

7月5日上午，宋庆龄和胡愈之、张天翼、陈波儿等十余位文化界达人来到苏州，要求入狱。宋庆龄的女佣还拎了一只马桶来，表示了入狱的决心。法院先是庭长，后是院长、首席检察官都出来，被宋庆龄一一训斥；但他们说什么也不肯让宋庆龄等入狱。最后宋庆龄要求探监，院长被迫答应。第二天，中外各报都刊登了宋庆龄等人自动入狱的消息，在国际、国内影响很大。

两天以后，爆发了卢沟桥事变，全国都投入到抗战斗争中来。7月31日下午，国民政府被迫释放了关押了八个多月的"七君子"。但是并没有宣告无罪释放，而是在手续上由沈钧儒、章乃器等呈交停止羁押的申请状，交保"开释"。由李根源、张一麐等俱保。

由于战火迅速蔓延，1937年11月，国民政府西迁重庆，沈钧儒等人也迁移重庆，住大梁子青年会17号。

1938年12月，江苏最高法院检察署"以不能行使审判权，声明请转移管辖权"之公函将"沈钧儒等因危害民国申请移转管辖权"，及案卷十九件转交四川高等法院第一分院。

沈钧儒、邹韬奋、王造时、陶行知、沙千里、史良等呈文司法行政部：依法申请将案撤销事，窃查申请人等于民国二十五年因组织救国会，经江苏高等法院检察官以违犯危害民国紧急治罪法第六条之嫌疑，提起公诉，迨去年七月卢沟桥战衅既起，敌人之谋我益著，我政府决定国策全面抗战。即经将声明人等准予完全恢复自由，足证声明人等畴昔言行，确属无背国策，嗣于同年九月，危害民国紧急治罪法后经修正，法意精神尤与原法截然异趣，该检察官曩以该法对声明人等起诉，自更完全不能适用，依法应将本案撤销，为此俱呈，依法鉴核准将本案即予撤销，以资结束而维法纪实为公便。

1939年1月26日，四川高等法院检察官赖毓灵以"该被告等虽属组织团体，号召民众，但所谓抗敌御侮，及联合各界救国各节，均与现在国策不相违背，不能认为以危害民国为目的，该被告等之行为，自属不罚之列，依照前开法条各款，均系应不起诉，本案虽经起诉在先，惟既发现有应不起诉情形，合依同法第二百四十八条第一项，撤回起诉"。最终了结此案。

纵观"七君子"案，完全是由于"九一八"事变以后，国难当头，宋庆龄与"七君子"组织全国各界救国会，表达对蒋介石"攘外必先安内"反动政策的不满，要求停止内战，一致对外，因此遭到逮捕与入狱。"七君子"在法庭上，拿起法律武器，伸张正义，得到了共产党和全国人民的支持；抗战爆发，"七君子"出狱，正是一种时代潮流的体现。

第十七讲　军法审判张学良

上集

1936年，在西安担任陆海空军副司令的张学良在数次与红军作战的过程中失利，损兵折将，加上日本对华侵略加剧，全国要求抗日的呼声高涨，意识到国难当头，再不改弦易辙，中国必亡于日本。于是，暗中与陕北红军联络，不愿再执行蒋介石"攘外必先安内"的反动政策。同时，第十七路军总指挥杨虎城也与张学良有相同主张。1936年4月，张学良想要直接与杨虎城面谈，遂通知杨虎城来到他的驻地洛川，举行秘密会谈，确定了不打内战、共同抗日和与共产党红军三方面合作的方针。自此以后，张、杨就直接进行联系了。他们准备联合起来，逼迫蒋介石停止"剿共"，一致对外。那么如何迫使蒋介石改变政策呢？

1. 张、杨劝说蒋介石

12月3日，张学良驾着军用飞机去洛阳见蒋介石，再次请蒋介石放弃"剿共"主张，领导全国进行抗战。蒋介石是日的日记中有："察北匪伪未退，倭寇交涉将裂，而陕甘地区残匪企图渡河西窜，局势不甚靖也。且东北军之兵心，为察绥战事而动摇，则剿匪之举，即将功亏一篑，此实为国家安危最后之关键，故余不可不进西安，以资震慑而挽危局。"

这里所说察北系指热河日伪军进抵察北以商都、大庙子为根据地，

353

准备再犯百灵庙等地，而外交部方面与日方的调整邦交的交涉几将破裂，红军之西路军准备渡黄河打通国际路线，在陕北"剿共"的东北军因为察绥战事的失利，即将失败。在这种情况下，蒋介石仍坚持"攘外必先安内"的反动政策，要从洛阳进驻西安，以图震慑"剿共"的军队，取得最终的胜利。所以，张学良的洛阳之行并未说服蒋介石，于是在4日，陪同蒋介石一同坐专车前往西安，驻节临潼华清池。

同日，陈诚、卫立煌、蒋鼎文、朱绍良等先后到达西安；中央军纷纷开往潼关，新式战斗机分批降落在西安机场上。

5日，张学良对东北军总部处长应德田说："我对蒋介石把道理都讲遍了，他没有一点回心转意的意思，顽固透了。这样不行，就得换个办法，不能让他顽固下去！"

6日，蒋介石在华清池逐个接见张学良、杨虎城及东北军、西北军师长以上将领并谈话，要求东北军、西北军全部开往陕北前线"剿共"，中央军在后接应督战。否则就将陕甘两省让出来，东北军调往福建，西北军调往安徽。

7日，蒋介石决定以蒋鼎文、卫立煌替代张学良与杨虎城。同日，张学良约杨虎城到他的公馆，商量停止内战的办法。张学良说："我们再劝蒋一次，他再不听，先礼后兵，那我们对得起他！"杨虎城摇摇头："一则蒋是个死不回头的人，劝不转；二则怕说翻了，露出马脚，蒋走了就不好办了。"张学良说："尚看不出蒋有提防我们的迹象。蒋很骄傲，以为我们只会服从他！或许蒋认为我们既去劝他，便不会有其他的举动！"

当天晚上，张学良又去华清池见蒋介石，痛哭陈词："日本由占领东北而控制冀察，今又由冀察而进窥绥远。这种节节逼近永无止境的野心，如不再加以制止和反击，将使整个国土全部沦于敌人之手，到那时我们都将成为中国历史上的千古罪人而无以自解！

"目前，共产党一再表示愿意团结一致，共同抗日。我们有什么理由拒不接纳？据我所知，共产党不但主张抗日，而且拥护你为最高领袖，你还将成为全民族的伟大英雄。内战的结果，无论谁胜谁败，都是中国国防力量的自我消耗，无异在客观上帮助了民族的敌人。

"我个人和东北军始终是站在你这一边的，过去，无论风风雨雨，我们都支持了你，甚至代你受过。'九一八'事变时的不抵抗政策，完全为你所决定，而我却遭到全国人民的攻击和唾骂。我之所以抱着这种隐忍态度，完全是为了维护你的威信，以利于今后领导全国人民进行抗日。今天我们的态度依然如故。"

张学良和蒋介石一个要"攘外安内"，一个要"安内攘外"，主要的分歧就在这里。

对于张学良的苦口婆心，蒋介石却责备他"年轻无知，受共产党的欺骗与麻醉！"最后竟对张学良大嚷："即使你用手枪把我打死，我们'剿共'的政策也不能改变！"

12月8日上午，张学良又赴华清池见蒋介石，蒋介石拍着桌子和张学良大吵了一阵，还是没有结果。张学良出来后对杨虎城说："我的劝说失败了，你可再走一趟！"11点左右，杨虎城去了华清池，向蒋介石进谏："看国内形势，不抗日，国家是没有出路的，人心是趋于抗日的，对红军的事可以商量办，宜用政治方法解决，不宜再对红军用兵！"

蒋介石坚决不答应。杨虎城只得告退，回来后就去与张学良商量对策。杨虎城说："我们应立即行动，不能失去人心与时机，为了抗日救国，牺牲我们两个团体也值得！"

张学良说："我们为了国家，对蒋介石也是仁至义尽了，现在只有一条路！"

9日，蒋介石宣布任命蒋鼎文为西北"剿总"前敌总司令，卫立煌为陕甘绥宁边区总指挥，陈诚以军政部次长身份驻前方指挥"督剿"，樊松甫、万耀煌分别为总预备队司令、副司令，准备对红军发动全面进攻。

　　同日，西安学生万余人举行游行示威，要求停止内战，抵抗日寇，聚集到西北绥靖公署、省政府门前请愿；之后又要去临潼，向蒋介石请愿。蒋介石大发雷霆，让侍从室主任钱大钧给张学良打电话，命令他制止学生闹事，如学生不听，开枪打死勿论。这句话把张学良激怒了，他发火了，说："机关枪不去打日本人，怎么能打学生？"他乘汽车追至十里铺，经过一番掏心掏肺的劝说，总算把学生劝回城了。

2. 张、杨实行"兵谏"

　　此时张学良与蒋介石"政治意见上的冲突"，"已经无法化解，非告一段落不可"，于是与杨虎城商量，决定实行"兵谏"，扣留蒋介石，逼其抗日。10日下午3时，张学良与杨虎城研究了具体扣蒋方案：东北军负责临潼捉蒋；第十七路军负责扣留在城内西京招待所的国民党军政大员；解除陕西省保安司令部、警察局、宪兵第二团、军警联合督察处等军、警、宪、特武装，占领飞机场，扣留飞机及空勤人员。

　　12月11日中午，张学良给驻平凉的第一〇五师第二旅旅长唐君尧发出"限刻可到，机到即来"的急电，并派出专机去接唐君尧。晚6时许，张学良在金家巷公馆召见骑兵第六师师长白凤翔及骑兵第十八团团长刘桂五，向他们交代任务："现在我决定停止内战，一致抗日。令你俩到临潼去，请蒋委员长进城公商救国大事！千万注意，不要伤害蒋委员长！"接着把卫队长孙铭九找来，交代了捉蒋任务，最后说："孙营长，我令你跟白凤翔师长一道去华清池，要听白师长的命令，服从指挥！快去准备吧！"

　　杨虎城也对特务营营长宋文梅布置了具体任务。

　　当晚6时许，唐君尧到达西安机场，刘多荃接他到张公馆。张学良令其指挥西北剿总王玉瓒的卫队一营及第一〇五师第一旅包围华清池，配合华清池内孙铭九的捉蒋行动。捉蒋的总指挥为刘多荃。

原计划是张学良、杨虎城在新城大楼举行盛大的晚宴，招待来陕的军政大员和蒋介石的随行人员。新城大楼是张学良、杨虎城两位将军设立联合指挥部的绥靖公署所在地，南距杨虎城官邸约300米。这时，突然接到蒋介石电话，要宴请张学良、杨虎城、于学忠等高级将领，确定第六次"剿共"计划。张杨决定：杨虎城按计划举行宴会，张学良一人去华清池见蒋介石。蒋问张："虎城怎么没来？"张指着蒋鼎文、陈诚、卫立煌等人说："今晚我俩做东，在新城大楼请他们吃饭，虎城在那里。"

新城大楼宴会十分热闹，觥筹交错，欢声笑语。10点左右，张学良回到金家巷公馆，随即又去新城大楼参加宴会。零点左右，张学良回到金家巷，此时，东北军高级军官王以哲、刘多荃、缪徵流、董英斌等都在座。

张学良说："我今天把大家找来，要跟大家商量一件事。咱们东北军亡省亡家，又背上不抵抗的罪名，不为全国人民所谅解。究竟是谁不抗日呢？到现在，罪名却由咱们背上了。我屡次请求委员长停止内战，一致抗日，共产党的问题应该用政治方法解决，'先安内后攘外'是给日本制造机会。反倒多次挨他训骂。最近我在洛阳恺切陈词，请求准许东北军去察绥支援打日本，他反骂我是反革命。说什么他就是革命，违反他的意志就是叛国反革命。骂共产党不要父母，说我也不要父母。骂共产党不要祖国，说我也不要祖国。在临潼拍桌子骂我，说：'等我死后你再去抗日。'逼的我连话也不能说。现在死逼东北军继续打内战、'剿共'，不听他的命令，就调咱们到福建去。实在逼得我们没办法了。我现在已与杨主任说好了，我们东北军和第十七路军一起行动，决定实行'兵谏'，把蒋介石扣起来，逼他停止内战，一致抗日，你们大家有什么意见？"

半晌，于学忠问："副司令，第二步怎么办？"

张学良说："先扣了再说，只要他答应我们抗日，还拥护他做领袖！"这时，孙铭九来了。

张学良说："孙营长，我令你跟白师长一道去华清池，服从他指挥，你千万不可把委员长给打死了，万不得已时，只能把他的腿打伤，不要让他逃跑了。"

孙铭九敬礼回答说："一定完成副司令给我的任务，不然我就不回来见副司令！"

3. 孙铭九骊山捉蒋

会议结束后，留下缪澂流在张公馆守电话，张学良率其他高级将领去新城大楼指挥军事行动。

12月12日凌晨2时整，白凤翔、刘桂五、孙铭九一同登车，沿着前往临潼的道路疾驰而去。半小时后，到达卫队营的营地，孙铭九即向集合好的队伍传达了命令，作了简短的动员。

之后，卫队营开始行动，两辆卡车载着50多人前往华清池，其余人员随后跟进。连长王协一原打算直冲进华清池大门里，但遭到门卫岗哨的阻拦。这时孙铭九的卡车也到了，开枪将卫兵打倒，顿时枪声大作，与喊叫声混成一团。蒋介石的卫队进行抵抗，子弹从各个屋子里射出来，王连长负责解决蒋的卫队，孙营长带人冲进二门，在激烈的对射之后，孙铭九的人威胁要用手榴弹对付卫队的抵抗，终于卫队停止抵抗，把枪支都扔了出来。孙铭九冲进蒋介石住的五间厅，但蒋介石已经不在了，他伸手一摸，被窝还是热的，蒋的帽子、假牙、皮包都杂乱无章地摆在桌上。

原来，蒋介石听到枪声后，由他的侍卫官竺培基、侍卫施文彪及随从蒋孝镇扶持，跳出后窗，欲从后门出院登后山，见门锁着，又推着蒋介石从墙上跳过去，下面是一条沟，摔坏了腰。蒋介石在左右扶持下逃到骊山上去，隐藏在一个岩穴之中。

这时，有卫士来报告："在后山墙下发现一只鞋。"

孙营长命令："赶快上山搜查！"

天明时分，孙铭九在半山腰发现蒋介石的贴身卫士蒋孝镇，于是问"委员长在哪里？不说真话马上枪毙你！"

蒋孝镇听说要枪毙他，赶紧往山上看了一眼，按照他目指的方向，孙铭九带着人往山上搜去。突然前面有人高喊："报告营长，委员长在这里！"只见蒋介石从山洞里出来，穿着古铜色绸袍，白色睡裤，光着脚，弯着腰，扶着石头站在洞口，冻得全身瑟瑟发抖，说："你打死我吧……"孙铭九说："不打死你，叫你抗日！"

就这样，蒋介石被活捉，在士兵挟架下，簇拥着下山，来到华清池，被弄上小汽车去了西安的新城大楼。

在西安事变中，蒋介石的侍卫长钱大钧发现东北军冲进华清池，他指挥警卫拼死抵抗掩护蒋介石逃脱，自己却被枪弹击中右胸而险些丧命。他被紧急送往医院经抢救后才脱离危险，但幸亏他挨了一枪，否则难逃干系。此外，在东北军突入之时，宪兵一团团附蒋堃率队占据了营房前骊山街西端的土堤，指挥宪兵作战，身中三弹而死。班长曹兆丰、上等兵杨志亦先后阵亡。在后山，宪兵上等兵陈柱亚、郝振伍、熊丸、邝汉杰、江煦、胡致仕等，为掩护蒋介石登山，相继阵亡。在武装侍卫之中，除蒋介石的族孙蒋孝先当时不在华清池外，共有十余人在场。侍从室第一处主任钱大钧在战斗中肋部中弹，随从蒋孝镇负轻伤。第一处第三组侍卫官蒋瑞昌，卫士队区队长毛裕礼，卫士张华、洪家荣，特务员汤根良等毙命，侍卫官施文彪、竺培基身被重创，而蒋孝先则被兵谏部队逮捕处决。根据事后的统计，在西安事变中，侍从人员自第三组少将组长以下共9人"殉难"，宪兵则计有宪兵一团团长杨震亚、团附蒋堃等16人死亡，总计为死亡25人，受伤21人。

4. 西安事变和平解决

12日，张学良、杨虎城等18位高级将领发布对时局通电，提出著名的八大救国主张：（一）改组南京政府，容纳各党各派共同负责救国；（二）停止一切内战；（三）立即释放上海被捕之爱国领袖（"七君子"）；（四）释放全国一切政治犯；（五）开放民众爱国运动；（六）保障人民集会结社一切之政治自由；（七）确实遵行孙总理遗嘱；（八）立即召开救国会议。

是日上午9时，张学良去看望蒋介石。张说："委员长，受惊了！我们守全国人民的要求，发动这次事件，内心纯洁，完全是为国家着想，不是为个人利害打算。希望委员长能平心静气，勇于改正错误，联合全国力量，坚决抗日，以争民族生存，则学良与全国人民于愿足矣。"

蒋介石说："你既为了国家，应先送我到洛阳，送我到洛阳再谈。"

张学良说："今日之事，岂容搪塞了事？我们希望你勇于改过，群策群力，共赴国难。如果仍然执拗不悟，坚持己见，就只有让群众公裁了。"

蒋介石说："我过去对你那样好，现在，你竟想把我交给群众公裁！你既然说是为了国家，你还是先送我回洛阳再谈。"

由于谈话不得要领，张学良告辞。

12月14日，端纳飞到西安，与张学良见面后又去见蒋介石，蒋介石随同端纳，一起搬到高桂滋公馆。

12月17日下午，周恩来抵达西安，在金家巷一号和张学良会谈。周恩来、叶剑英等在西安参加东北军、西北军、红军联席会议，设立联合参谋团，准备抗击中央军的进攻。

20日，宋子文与端纳飞西安，探问蒋介石，并拜访张学良，代表蒋介石与张、杨谈判。在共产国际的指示下，中共方面决定用和平方法解决西安事变。周恩来以共产党代表资格，公开与双方进行谈判，与张、杨进行具体磋商。

22日，端纳、宋美龄、宋子文、蒋鼎文、戴笠等于下午5时抵达西安。蒋介石惊喜交集，决定由宋氏兄妹作为他的代表出面谈判，并指示谈判条件。蒋暗示宋子文改组政府，三个月后开救国会议，改组国民党，同意"联俄、联共"，以西安方面提出的八项主张为谈判的基础；宋子文提出商定的条款不签署书面协议，以蒋介石"领袖人格"作担保。西安方面也表示同意。23日上午谈判开始，经与张、杨商定，由周恩来提出六项条件：1. 停战，撤兵至潼关外；2. 改组南京政府，排除亲日派，加入抗日人士；3. 释放政治犯；4. 保障民主权利，停止"剿共"，联合红军抗日；5. 共产党公开活动（红军保存独立组织领导，在召开民主国会前，苏区仍旧，名称可冠抗日或救国）；6. 召开各党各派各界各军救国会议，与同情抗日国家合作。宋子文表示同意，并转达蒋介石。蒋签字以"领袖人格"作保证。

中集

在共产党代表周恩来的积极参与下，张学良、杨虎城和宋子文经过数次谈判，蒋介石终于同意放弃内战，准备抗日，西安事变和平解决。

1. 张学良送蒋回京

12月24日这天，张学良、杨虎城、宋子文、周恩来达成如下决议：

（一）孔祥熙、宋子文组行政院，宋子文负责改组政府，肃清亲日派；（二）中央军调离西北；（三）宋氏兄妹担保：苏维埃政府、红军名称仍旧，由张学良负责接济，抗战发动，红军再改番号；（四）蒋介石允许回京后释放爱国领袖"七君子"，政治犯分批释放；（五）召开国民党中央全会，开放政权，然后召集各党各派救国会议，三个月后改组国民党；（六）抗战发动，共产党公开。

蒋介石答应回京后通电自省，辞行政院院长。宋子文要求蒋介石下令停战撤兵后，即日回京。

张学良召集王以哲、董英斌、何柱国，密告："我要亲自送蒋介石回南京，并向政府请罪！"三人均阻止。王以哲说："我建议副司令最多送蒋至洛阳。"张学良说："关于东北军听命于于学忠，关于抗日联军总部之事听命于杨虎城，遇问题时多和周恩来商量。"

张学良为什么一定要送蒋介石回南京呢？

张学良的目的是要"恢复其（蒋介石）威信的决心"。因为他了解蒋介石的为人，他说："蒋不能容忍人家挑战他的权威，我损害了他的尊严。"张学良说："好像灯泡，我暂时把它关一下，我给它擦一擦，再给它开开，让它更亮。实际上我这样做，它不是更亮了？"这就叫敢作敢当！

张学良召集部分高级将领和设计委员会成员开会时，透露了蒋介石很快要走，他自己准备亲自送去南京。有人问："副司令就要亲自送蒋到南京是什么意思？"

张学良说："是的，我打算亲自送他到南京。我这一招是抓住他的心，比你们想得高。这次事变，对他是个很大的打击，今后还要拥护他做领袖，同他共事，所以要给他撑面子，恢复威信，好说话，好做事。亲自送他去，也有讨债的意思，使他答应我们的事不能反悔，此外还可以压一压南京亲日派的气焰。""我为什么敢冒天下之大不韪，把蒋扣下了？为的是国内统一，一致对外。假如不把他放回去，国内会有更大的内乱，我就是天下的罪人……我们有本领请神，就有本领送神，不要搬起石头砸自己的脚。"

当晚，周恩来在宋氏兄妹陪同下会见了蒋介石，向蒋申明：中国共产党以国家民族利益为重，以德报怨，和平解决西安事变，目前的形势非抗日无以图存，非团结无以救国，坚持内战只有加速自己灭亡。蒋介石表示：（一）停止"剿共"，联红抗日，统一祖国受他指挥；（二）

由宋子文、宋美龄、张学良全权代表他与周解决一切；（三）他回南京，周可以直接去谈判。我们再也不要打内战了。

25日下午3时半，张学良没有通知周恩来，就和杨虎城陪同蒋介石、宋美龄、宋子文去了西安机场，一行人分乘两架飞机，蒋介石夫妇、黄仁霖乘一架飞机；宋子文、张学良同机。

临行前，蒋介石郑重向张学良、杨虎城表示：今天以前发生的内战，你们负责，今天以后发生的内战，我负责。今后我决不"剿共"。我有错，我承认，你们有错你们亦须承认。

飞机相继抵达洛阳。是夜，张学良给杨虎城打电报，嘱他释放陈诚、卫立煌、陈调元等被扣的军政大员。

26日中午，蒋介石一行先由洛阳飞南京。临上飞机前，蒋介石对张学良说："你非要去南京吗？现在改主意还来得及。"

张学良说："总是要去的，还是这次去吧！"

12点20分，飞机降落在南京大校场机场上，蒋介石受到国民政府主席林森暨各院、部、会等党国要人、陆海空军将领2000多人的迎接。蒋介石向林森一鞠躬，并与各欢迎人员颔首答礼。随即偕夫人驱车至城内明故宫机场，受到在场民众的热烈欢迎。他对记者发表谈话："……现在一切问题应候中央政府解决，余既为军队之最高统帅，对于西安事变理应负责，此系由于余平时未能维持军队之纪律有以致之，私心至为耿耿……"之后，蒋介石等返回军校官邸休息。

2. 张学良自行请罪

下午2点10分，宋子文、张学良抵达南京。张学良对记者说："今日仅愿与诸君见面，无可奉告。此来戴罪，一切唯中央及委座之命是从！"

宋子文、张学良即去了北极阁宋子文公馆。

当时，很多朋友来看望张学良，他们问："你为什么要自己来送？"张学良说："说句不客气的话，那个是泥菩萨呀（指蒋介石），所谓首领就是个泥菩萨呀，为把那个泥菩萨已经扳倒了，那我只好把这个泥菩萨扶起来。它有灵，拿（它）脑袋疼，不能不给他磕头呀。"东北老乡荆有岩、鲁穆庭到宋公馆来看张学良。张很高兴地说："我为国家的抗日办了一件大事，蒋答应一致抗日了，我明天就回西安去。"

张学思前往鸡鸣寺北极阁宋公馆去见大哥张学良。由于看望张学良的人很多，络绎不绝，他无暇与张学思说话，只好说："今天我很忙，过几天我准备回西安，你回头再来，我有话与你详谈。"

当天，张学良即给蒋介石上了一封亲笔信："介公委座亲鉴：学良生性鲁莽粗野，而造成此次违反纪律不敬事件之大罪。兹腆颜随节来京，是以至诚，愿领受钧座之责罪，处以应得之罪，振纲纪，警将来，凡有利于吾国者，学良万死不辞，乞钧座不必念及私情有所顾忌也。学良不文，不能尽意，区区愚忱，俯乞鉴察！专肃敬叩钧安。"

他信心满满，致电杨虎城："午后二时抵京，寓宋子文兄处，一切安善，请转告诸同志释念。"

当晚，蒋介石发表书面谈话："今对西安事变之见解，已见余今日发表在西安对张、杨之训词中，现在一切均应听中央之决定，余身为统帅，率导无方，至生此事变，深觉负疚。"

27日上午，荆有岩再次前往宋公馆见张学良。张说："我还有事，今天走不了了，要等几天。"

12月31日上午，张学思如约来看大哥，一位副官告诉他："副司令去军事委员会了。"张学思在门房坐等。中午时分，两辆黑色轿车开进院子。副官下了车。张学思急忙问："我大哥呢？"

副官神色凄然："四爷，不好了，副司令被扣押了，关在太平门孔祥熙公馆。"

待张学思赶到孔公馆，便被门口士兵拦住，先说没有这个人，张学思便说：见不到我大哥我坚决不走！

等了半天，猛然见二楼窗户内黑纱被撩开，只见张学良站在窗前向他挥手，示意他离开这里！转瞬黑纱落下，张学良的身影消失。张学思呆呆地站了一个多小时，后被士兵赶走。

原来，就在27日，蒋介石在中央党部会上简要报告了西安事变的经过。蒋介石将张学良给他的信同呈文交国民党中央暨国民政府。该呈文写道："谨呈者，此次西安事变，皆由中正率导无方，督察不周之过，业经呈请钧会（府）予免去本兼各职，并严加处分，以明责任，乞蒙钧察。查西北剿匪副司令张学良，代理总司令职务，而在所管辖区内，发生如此巨变，国法军纪，自难逭免。现该员已亲来都门，束身请罪，以中正为所直属上官，到京后即亲笔具书，自认违纪不敬之咎，愿领受应得之罪罚，中正伏以该员统军无状，尚知自认罪愆，足证我中央法纪之严明，故该员有尊重国法悔悟自投之表示，理合将该员来书录呈钧会（府）鉴核，应如何酌情事，依法办理，并特予宽大，以励自新之处，伏候钧裁。"

会上，张继等人严厉谴责张学良，说国家以法令纲纪为重，这次事变的主犯张学良既已同来，就应开军事审判，以治其罪。于是决定组织高等军法会审。

深夜，张学良给杨虎城写了一封信："虎城仁兄大鉴：京中空气甚不良，但一切进行，尚称顺利，子文兄及蒋夫人十分努力，委座为环境关系，总有许多官样文章，以转还（圜）京中无味之风，但所允吾等者，委座再三郑重告弟，必使实现，以重信义，委座在京之困难，恐过于陕地者，吾等在陕心中仍认为蒋先生是领袖，此地恐多系口头恭维，而心存自利也。此函且请秘密，勿公开宣布，恐妨害实际政策之实行，少数人密知可也，此请大安。"

是日，杨虎城将西安所有国民党中央被扣大员陈诚、卫立煌、陈调元、蒋方震等释放，其后陆续回京。

12月28日，宋子文邀请阎宝航去北极阁宋公馆。阎宝航何许人也？

阎宝航（1895—1968），字玉衡，1895年4月6日生于辽宁省海城市。1918年毕业于奉天两级师范学校。1921年，被基督教奉天青年会聘为青年部干事。先后组织"星期三会""启明学社"等团体讨论新文学，学习马列主义，探讨救国救民之路。

1925年6月，阎宝航在沈阳组织学生2万多人，举行声势浩大的示威游行，声援"五卅"运动。1929年毕业于英国爱丁堡大学研究院。相继组织起"辽宁省国民外交协会""辽宁省国民常识促进会""辽宁省拒毒联合会"三个反日群众团体，分别被选为主席、总干事、会长，进行了一系列反日斗争。"九一八"事变后，阎宝航化装逃亡北平，联合高崇民等于9月27日发起组织"东北民众抗日救国会"，阎宝航任常委兼政治部部长，为抗日救亡而奔走呼吁，并募集钱款衣物援助东北抗日义勇军。

阎宝航的出色表现受到张学良、蒋介石和宋美龄的认可，时任军事委员会委员长行营参议、军事委员会政治部设计委员。

两人一见面，宋子文开门见山："我与蒋夫人和张副司令已经商量好了，请你去西安一趟，告诉东北军、西北军将领，张副司令几天内就回去。副司令有一封信带给杨虎城先生，让他把那批马丁飞机放回来，抗战时还需要这批家伙，不要损坏了。"

阎宝航说："我可以和张副司令见面谈谈吗？"

宋子文带着阎宝航去小客厅。张学良已经等在那里。无暇寒暄，阎宝航说："宋先生叫我去西安走一趟，要回那批被扣押的飞机。"

张学良说："我们商量过，你去一趟吧，我这里有封信带给杨先生，把飞机给他们放回来。"

阎宝航问："宋先生说让我告诉东北军、西北军将领，你几天内就回去，你对这有什么把握吗？"

张学良沉默了一会儿，说："我这次举动是为了国家，也是为了领袖，他们对待我怎样我不在乎。"他用手指着西北方轻声说，"他们不让我回去，那边能答应吗？"

这样，阎宝航答应去西安一趟。接着，他去见宋美龄。宋美龄说："阎先生，你辛苦一趟，这回事情险些闹出大乱子来，子文和我也跟着吃了苦头，告诉东北军、西北军将领，副司令几天就回去，大家要安心，不要再闹出什么问题来。"

阎宝航不放心，又追问："你和子文都说张副司令几天内就回去，可有什么保证吗？"

宋美龄答复："你放心，我们牺牲一切也要做到！"

阎宝航："好了，那我就这样对东北军、西北军将领传达吧！"

此时，张学良已经意识到自己处境不佳，但还是寄希望于在陕的东北军和西北军，认为蒋介石不至于翻脸无情。这天下午，吴铁城、张群、吴国桢等人去看张学良，在送他们出门时，张群说："汉卿，改天我们请你的客。"

张学良当即说："好呀，要请快请，晚了可就不赶趟了。"看似无意，其实他已经有所感觉了，但已经来不及了。

第二天，阎宝航和两位空军军官飞抵西安，下榻西京招待所。东北军、西北军将领都去看他。当阎宝航传达了张副司令几天后就回来的消息，众人喜出望外，欢欣雀跃。杨虎城看了张学良的信说："这没问题，飞机给他们放回去。"

31日，西安方面放回被扣押飞机及空勤人员。

第二天即元旦，西安军民庆祝元旦大会在西关飞机场举行。杨虎城与各高级将领进行了阅兵。傍晚6时，在民众体育场开提灯庆祝大会，阎宝航也被邀请参加。正当大家沉浸在庆祝新年的欢乐氛围之中，准备迎接张学良归来时，鲍文樾从南京飞来，气急败坏地报告："张副司令已受军法审判，从宋子文公馆迁往他处，任何人不准接见。"

蒋介石出尔反尔，令东北军、西北军将领顿感愤慨万分，当场一致表示：必须要求南京履行"诺言"，放回张学良。由东北军、西北军将领联名分函宋子文、宋美龄、孔祥熙等，交阎宝航带回南京。杨虎城在致宋子文信中说："弟本应与汉公同负罪责，独罚汉公，至感不安。尚祈鼎力运筹，俾汉公早日返陕主持一切！"

剧情突然来了个一百八十度大反转，这究竟是怎么回事呢？

原来，12月29日，国民党中央为处理西安事变有关事项，举行了常务委员会第三十一次会议。蒋介石将西安事变的经过，作了简略的报告，国民党中央政治局委员会决议：（一）张学良亲来都门，束身谢罪，交军事委员会依法惩办；（二）张学良已悔罪来京，愿受惩处，"讨逆"军事应该停止，"讨逆"总司令及总司令部并应撤销，所有结束事宜，交军政部办理。当晚，国民政府发布命令：即日停止军事行动，撤销"讨逆军"总司令部及"讨逆军东西两路集团军总司令部"。

3. 蒋介卿之死

蒋介卿是蒋介石同父异母的兄长，生于1875年，原名蒋瑞生，字介卿，比同父异母的弟弟蒋介石（谱名蒋瑞元、大名蒋中正）大12岁。

蒋介石父亲死得早，兄弟二人分了家，大兄与后妈失和，孤儿寡母，家难频作，备受欺凌，因此蒋介石与蒋介卿的关系并不好，甚至"信殊怨怼"。后来蒋介石发迹了，与大兄的关系和缓许多。蒋介卿仗着蒋介石的势力，也曾在广东英德等地做过县知事，但为官不正，"亏欠公帑"，后来就回奉化老家，也无人敢惹。

1936年12月13日，西安事变的消息传到奉化溪口。当时蒋介卿正在溪口武山庙听戏，听说蒋委员长被东北军抓获，生死不明，昏倒在戏场。家人七手八脚地将其抬回家抢救，不见好转，三天后就病逝了。家人不敢为其出殡，就将遗体收殓后放在自家祠堂里。

12月27日，回到南京的蒋介石，得知其大兄死了，在日记中写道：“胞兄介卿正午逝世。余在病中，家人犹不愿使余闻之。呜呼，兄弟三人，今只残余一人矣！蒙难之中，使病兄惊悸，使其速亡。但余出险之讯，彼已闻知，当可慰其灵矣。”加上“是日腿部痛苦未减，精神亦不甚佳”。就在这天晚上，张学良来见精神委顿的蒋介石，理直气壮地要求蒋介石让宋子文改组政府，遵守承诺。“彼犹强余以实行改组政府，毫无悔改之心。余以善言慰之，并实告以军法会审后，请求特赦，并予以戴罪图功之意。彼乃昂昂然而去。”这些都是令蒋介石撮火的地方。他怎么能忍下这口气？当然，他也考虑过在西安答应过的事，诺言要不要兑现？不兑现，就在宋子文与宋美龄兄妹之间交代不过去。不过，在国家利益和私人利益之间，蒋介石多半不考虑私人利益。在牛兰事件上，蒋介石拒绝用蒋经国交换牛兰就是例证。

第二天，即28日，蒋介石在中央谈话会上，征求各方对张学良的如何处理意见，多数人主张不能让张学良再回西北。只有宋子文不肯失信于人，一定要让张学良回陕，并拍胸保证：张学良以后必能服从到底。蒋介石认为，宋子文只知私人感情，而不顾国家，并坚持己见。这件事，令宋美龄也是大光其火。但蒋介石坚决不能放虎归山。“既然公私两全之法未得也，乃决心不准其再回西北而保全其生命。”蒋介石在当日的日记中写道：“若复放其回任，不惟后患无穷，而政府之地位立即动摇。以彼回西北，不仅为其为所欲为，且可借口前所要求者如有一件不行，彼即可叛变也。彼所要求者为中央在西北部队一律撤退。此为其唯一要求。如果放弃西北，任其赤化，则不惟国防失一根据，而且中华民族发祥之地且陷入永劫不复矣。况西北动摇，则统一之局全隳，经济计划无从实行，十年建设成绩毁于一旦矣。”

这才是蒋介石下决心不放张学良回西安的原因。可惜，张学良大意失荆州，不但未实现带兵上前线抗日的愿望，而且受到了军法审判。

下集

蒋介石离开西安，回到南京，立即出尔反尔，不顾宋子文、宋美龄的反对，将张学良交军事法庭进行军事审判，已成定局。而且，从他离开西安的那一刻起，恐怕就在酝酿此事了。为什么这样说呢?

1. 军法会审张学良

其实，蒋介石从西安上飞机以后，就在考虑如何处理张学良了。他的脑子里也经过一番斗争。在洛阳登机飞南京之前，蒋介石曾问张学良:"你去不去南京，现在改主意还来得及。"他其实在暗示:到了南京，有些事我就控制不了了，你再考虑一下。张学良年轻气盛，既然如此，就理当负责，逃避无用，于是毅然决然去了南京。

蒋介石到达南京机场后，以国府主席林森为首的党政军高官多人在场迎接。蒋介石与林森寒暄之后，特地走到国府委员李烈钧面前，向李烈钧表示感谢。表面上看是对西安事变时，李烈钧致电张学良、杨虎城，劝告他们负荆请罪，努力自拔;其实，蒋介石已经想好了，令李烈钧担任高等军法会审审判长。

29日，国民党中央为处理西安事变有关事宜，首先举行常务委员会第三十一次会议，蒋介石简略报告了西安事变经过，之后就西安事变后应结束事项作出一系列决定，最后蒋介石提出引咎自请处分，并请免去本兼各职案。结果会议决定了"所请辞职，应予恳切慰留";"自请处分一节，应毋庸议"。接着举行第三十二次会议，讨论张学良问题，即作出决议:"交军事委员会依法办理。"在决议后，还作了一项内部决定，公推李烈钧为审判长，组织高等军法会审。中央常委会散会后，军委会即呈请国民政府特任李烈钧为军事委员会高等军法会审审判长，主持对张学良案的审理。国民党军事委员会下达了法丙字第17807号命令，委派李烈钧为军事法庭审判长，对张学良进行审判。军法审判前，军事委员会通知李烈钧到会座谈。会议由军委会副委员长冯玉祥担任主席，何应钦、朱培德、鹿钟麟都在。冯玉祥宣布开会，说："西安事变，全国震惊。现张学良已送蒋委员长回京，经中央决定组织高等军法会审，审判张学良。国民政府已特派李协和先生为审判长，审判官等人选亦应从速决定，请大家提名。"

何应钦说："审判官的人选，应尊重审判长的意见，最好请审判长提名。"

李烈钧权衡一下，提名和何应钦有关系的军委会常委朱培德和与冯玉祥有关系的军法执行部总监鹿钟麟。果然，何应钦和冯玉祥皆同意。

审判前，李烈钧需要做功课，邀请前最高法院院长徐元诰和二十多名法学家讨论此案。

徐元诰，江西吉安人。日本中央大学攻读法律，由李烈钧介绍加入中国同盟会。归国后，在南昌创办江西法政专门学堂，任堂长。辛亥革命后，任江西省司法司（厅）司长。1917年，任孙中山大元帅府秘书长。1926年，任江西省高等法院院长。次年，北伐胜利，任中央最高法院院长。此后，在上海开律师事务所，并校订《辞海》。

徐元诰说："张学良等在西安对委员长的安全，非但没有尽到护卫之责，竟敢胁迫统帅，勿论其为主犯，还是从犯，其为要犯无疑。此案关系重大，应请审判长从严议处，以申法纪。"在场的人都表示同意徐元诰的意见。

李烈钧被任命为高等军法会审审判长以后，中央很多要人纷纷找他询问处理此案的意见。这当中最为关心的就是宋子文，还有傅汝霖。宋子文因为给张学良担保过他能回西安的，如今非但不能回，反而要受军法审判，自然要关心处理意见。另一位是傅汝霖，时任立法院立法委员、宪法起草委员会委员、内政部常务次长。

李烈钧打官腔："我个人没有什么意见，一切秉承中央党部和国民政府旨意办事！"

其实不然，李烈钧在军法审理的头一天，去了蒋介石那里摸底。蒋介石问："审判长对此案将如何处理？"李烈钧回答："张学良发动西安事变是叛逆行为，有谋害主帅的打算，但能悔改，亲自送委员长回京。愿委员长宽大为怀，赦免对他的处分而释放他。"接着他又拿历史上齐桓公和晋文公作比，说此二人都曾对谋害他的人以宽大为怀而名垂青史。"这两桩历史事件可否作为本案的参考，请委员长核示。"显然，这并不合蒋介石的胃口，所以不置可否。于是，李烈钧说："关于此案，我将依军法审理。"蒋介石这才表态："要慎重审理！"

2．张少帅从容淡定

12月31日上午9点前，军法官、书记官来到审判庭等候，不久，李烈钧偕朱培德、鹿钟麟等到后，众人在休息室先开预备会，就军事委员会军法处预为妥拟的审判要点逐项交换了意见。

当时，张学良在宋子文的陪同下已在候审室等候。

10点整，军事委员会高等军事法庭开庭。李烈钧、朱培德到庭上坐定，鹿钟麟来到候审室与张学良相见并握手，说："汉卿，今天开庭，有话尽管说！法庭内不许携带武器，如身边怀有武器，可放在外边。"

张学良说："是的，身边并无武器。"

鹿钟麟说："好！请稍待。"

鹿钟麟返回复命，回入原席。

李烈钧宣布开庭，命令："将张学良带上！"听到传唤，只见张学良身穿戎装，佩戴上将军衔，面带笑容，来到法庭前，在被告席前站定。

李烈钧说："你是上将，给你设有专座，你可以坐下。"

但张学良依旧笔直地站着。

李烈钧大声问："你知道犯什么罪吗？"

张学良："我不知道！"

李烈钧暗自称赞，"学良真是张作霖的儿子啊！"接着问："你何以竟敢出此举动？"

张学良："完全出自团结御侮、抗日救国的要求。"

李烈钧："你知道你的这种举动是为国法所不容吗？"

张学良："我不知道犯了什么条款。"

李烈钧拿起案子上的《陆海空军刑法》："根据陆军刑法前几条，叛乱罪：背叛党国聚众暴动者处首魁死刑或无期徒刑；辱职罪：不尽其所应尽之责而率队投降敌或委弃要塞于敌，或临阵退却或托故不进者处死刑；抗命罪：拥兵自卫不听最高军事长官调遣者处死刑；暴行胁迫罪：对于上官为暴行胁迫者处死刑；侮辱罪：对于上官面加侮辱或直接以文书侮辱者处死刑……这都是你犯的罪。你怎样胆敢出此？"

他看看张学良，"我们准备了一份向你提问的问题，要你逐条回答。你愿意看看这些问题吗？"

张学良态度从容，毫无顾忌："很好，请给我看看。"

……

李烈钧："你胁迫统帅，是受人指使呢？还是自己策划的呢？"

张学良坦荡地回答："我自己的主意。一人做事一人当，我所做的事，我自当之。我岂是任何人所能指使的吗？"他突然问："我有一句话，请教审判长，可以吗？"

李烈钧："当然可以！"

张学良侃侃而谈："民国二年（1913年）审判长在江西起义讨伐袁世凯，有这回事吗？"

李烈钧："是的。"

张学良说："审判长在江西起义讨伐袁世凯，为的是反对袁世凯的专制称帝，对吗？"

李烈钧点头："是的。"

张学良理直气壮地说："我在西安的行动，为的是谏止中央的独断专行……"

李烈钧急忙打断，斥责道："胡说！那袁世凯怎能与蒋委员长相提并论？你在西安搞事变，是自寻末路，怎么能归罪于谁？"

审判官朱培德、鹿钟麟怕弄僵了，李烈钧又患有高血压病，于是请李烈钧暂时休庭。

休息片刻后继续开庭，李烈钧正颜厉色地问张学良："你在西安所为的根本目的究竟何在？是否有颠覆政府的意图？应据实招供，否则对你不利。"

鹿钟麟插话："汉卿，审判长待人宽厚，切勿失去这个良好的机会。"

张学良说："我要求作一总答复。"

李烈钧："可以！"

张学良说："这回的事，由我一人负责。我对委员长是极信服的，我曾将我们的意见，前后数次口头上及书面上报告过委员长。

"我们痛切地难过，国土年年失却，汉奸日日增加，而爱国之士所受压迫反过于汉奸，事实如殷汝耕同沈钧儒相比如何？我们也无法表现意见于我们的国人，也无法贡献于委员长，所以用此手段以要求领袖容纳我的主张。我可以说，我们此次并无别的要求及地盘金钱等，完全为要委员长准我们做抗日的一切准备，开放一切抗日言论，团结抗日一切力量起见。我认为目下中国不打倒日本，一切事全难解决。中国抗日非委员长领导不可，不过认为委员长还未能将抗日力量十分发扬，而亲日者之障碍高过于抗日者之进行。

"我此次来京，也有三点意见：（一）维持纪律，不隳我中国在国际地位；（二）恢复及崇高领袖之尊严；（三）此事余一人负责……

"我并无一点个人的希求，一切的惩罚我甘愿接受。我写给委员长的信，不知道他要发表的，否则我不写。原先我们也想不是这样做，因为事情紧迫，无法做出来的。

"我始终是信佩委员长的，而且看见他的日记和电文更加钦佩。但对亲日者更加认识。

"至于我个人生死毁誉，早已置之度外……如不是崇信蒋先生之伟大精诚，而其他如中枢怎样处置，那我是不在乎，也可说不接受的。我对于我们之违反纪律之行动，损害领袖之尊严，我是承认的，也愿意领罪。我们的主张，我不觉得是错误的。"

3. 庭审判处十年牢

至此，审判结束，总共不到20分钟。张学良核对了速记官的记录，签字缴回。经全体审判人员传阅并签署后，呈送蒋介石并报请国民政府核示。

随即审判长将军事委员会事先准备好的判决书发下，命令宣判。

军事委员会高等军法会审判决书如下：

判决

被告张学良

右列被告对于上官暴行胁迫案，经本会组织高等军法会审理判决如左：

主文

张学良首谋伙党，对于上官为暴行胁迫，减处有期徒刑十年，褫夺公权五年。

事实

中华民国二十五年十二月，本会委员长蒋中正，因公由洛阳赴陕，驻节临潼。十二日黎明，张学良竟率部劫持至西安，强迫蒋委员长承认其改组政府等主张。当时因公随节赴陕之中央委员邵元冲、侍从室第三组组长蒋孝先、秘书萧乃华及随从公务人员、卫兵等多人，并驻陕宪兵团团长杨震亚等闻变抵抗，悉被戕害；侍从室主任钱大钧亦受枪伤。又在陕大员陈调元、蒋作宾、朱绍良、邵力子、蒋鼎文、陈诚、卫立煌、陈继承、万耀煌等均被拘禁。当经蒋委员长训责，张学良旋悔悟，于同月二十五日随同蒋委员长回京请罪。事变初起，奉国民政府交本会严办，兹又奉交张学良请罪书到会，经组织高等军法会审，审理终结，认定事实如上。

……

核其情状，不无可恕，并依刑法第五十九条，依陆海空军刑法第六十七条第二款前段，减处有期徒刑十年，并依刑法第三十七条第二项，褫夺公权五年，特为判决如主文。

中华民国二十五年十二月三十一日

军事委员会高等军法会审审判长李烈钧

审判官朱培德、鹿钟麟

审判过后，张学良即被送往太平门外孔祥熙公馆，安排在二楼；住在宋公馆的八名副官被强行解除了武装，宋子文告诉他们："审判只是走个手续，五天后保证送张将军回西安。我姓宋的不骗人！"当天晚上，宋子文就去了上海。

4. 蒋介石请求特赦

当高等军法会审对张学良案按蒋介石交下的判决书"照本宣科"宣布判决后，紧接着蒋介石又假惺惺地呈请国民政府为张学良请求特赦。呈文如下：

呈为呈请事，窃以西安事变，西北剿匪副司令张学良，惑于人言，轻于国纪，躬蹈妄行，事后感凛威德，顿萌悔悟，亲诣国门，上书待罪，业蒙钧府饬交军事委员会依照陆海空军刑法酌情审断，处以十年有期徒刑，大法所绳，情罪自当从轻减处，已见宽法。中正负疚在假，本不敢有所陈渎，惟念论事当究其所极，执法不害于施仁，国家设刑典所以儆凶顽，立赦条所以待悛悔。此次该员中于荧惑，大触刑章，变讯传播，举国骇愤，若其遂过怙改，竟复逆施冥刑，在国家固不难制裁，然元气必更以耗竭，尚幸迷途迅返，悔祸及时，观此亲向中正涕泣自白，知良知激发，尚以国家为重，因一念转移之故，挽全局祸福之机，酌情原情，似宜上邀款赦。当今国家多艰，扶危定倾，需才孔亟，该员年富力强，久经行阵，经此大错，宜生彻悟，倘复加以衔勒，犹冀能有补益，似又未可遽令废弃，不为开迁善向上之路……敬恳俯念该员勇于改悔，并恪守国法，自投请罪各情形，依据约法，更沛仁施，将该员应得罪行，予以特赦，并责令戴罪图功，努力自赎，藉瞻后效，而要示逾格之宽仁。是否可行，理合备文呈请，仰祈鉴核施行。

蒋介石为张学良请求特赦的呈文，于高等军法会审宣判后两小时，送达国民政府。

1937年1月1日上午，国民政府主席林森便交司法院核议。司法院即走程序，当即以"尚属可行"复呈国府。1月4日上午，召开国府委员会会议，由林森将蒋介石为张学良请求特赦的呈文连同司法院的核议，提出并作了说明，旋复表决，一致通过准予特赦，并由国民政府发布第一号指令照准，命令："张学良处十年有期徒刑，本刑特予赦免，仍交军事委员会严加管束。此令。"

5. 张学良失去自由

张学良虽然被特赦，蒋介石却对其严加管束，从此失去了人身自由。徒刑还是有期限的，管束就是没有期限的。蒋介石就是要扣押张学良终身。张学良的囚禁之地曾五次变更，1937年初，张学良被囚禁在奉化溪口的雪窦山；1938年秋，又迁徙贵州修文县；1946年11月，张学良被骗解到台湾新竹井上温泉；1949年，搬至台北近郊的阳明山；1961年秋，当张学良被解禁后，在台湾北投新建了一座小别墅。但不管到了哪里，都至少设立三道封锁线。

张学良从此失去自由，长达半个世纪之久。虽然军事法庭判处张学良有期徒刑十年，但蒋介石要求的"特赦"却"管束"张学良54年。1975年蒋介石去世，蒋经国仍然没有释放张学良，显然是执行蒋介石的遗志。1988年蒋经国去世，李登辉仍然扣押张学良三年。1991年张学良获准去美国探亲，才算恢复了人身自由。按他自己的话说："我的事情是到三十六岁，以后就没有了，真是三十六岁，从二十一岁到三十六岁，这就是我的生命。"可见，当时社会的所谓法治只是一种愿望，真正的人治才是民国社会的本质。

第十八讲　张默君状告刘多荃杀夫案

上集

　　张学良、杨虎城两位将军于1936年12月12日发动的西安事变，虽然和平解决，张学良护送蒋介石回到南京，受到军事审判，失去了自由。继而东北军被蒋介石改编。发动事变的刘多荃将军第一〇五师，被调至南阳地区进行整编，改编为第四十七军。1937年卢沟桥事变爆发，8月中下旬，日军开始沿津浦线大举南犯。刘多荃率第四十九军在沧县及静海附近与日军发生激烈冲突，日军以炮火向静海轰击，第四十九军被迫向南撤退。之后该部参加了淞沪会战。

　　就在这时，有一份控告刘多荃的传单在社会上和媒体间传播，对刘多荃本人非常不利。这是一份什么样的传单呢？原来，是一位叫张默君的国民党中央监察委员、国民政府立法委员发出的，她的丈夫、国民党中央执行委员、代理中央宣传部主任委员邵元冲，在西安事变中被枪杀，希望通过舆论和媒体的力量，给政府和军事委员会施加压力，要将杀人凶手绳之以法，替死者即她的夫婿讨回公道。这究竟是怎么一回事呢？

　　要了解这件事的来龙去脉，我们首先要介绍一下张默君是怎样的一个人。

1.辛亥革命吹哨人

　　张默君（1883—1965），女，原名昭汉，湖南省湘乡县人，民主革命家，教育家，女权运动的先驱，记者。

张默君的父亲张通典，字伯纯，号天放楼主，湖南湘乡人，为清末名士，参与军事、实业、教育、新闻和起义活动。曾为湘军曾国荃幕僚，任奏牍兼江南水师提调；后在长沙倡办矿务总局；与谭嗣同等开办南学会、时务学堂，创办《湘报》《时务报》；复入张之洞幕府，参与编练新军；与章太炎发起组织救国会；创办江南制造局、广方言馆；提倡女子教育，办养正女塾、湖南旅宁第一女学；受两广总督张鸣岐电邀至广西，专任垦务，在柳州等地设立垦务公司。1911年，他与革命党人赵声，谋划广州新军起义，失败后逃往香港。武昌起义后，张通典参与苏州光复之役。

张通典的履历，都与新政和革命紧密相连。生活在这样一个家庭中的女孩，受新派思潮影响和革命意识熏陶，她的思想和行为肯定会随着时代的脉搏前进的。

张默君出生的时代，是清朝末期，女孩子是要缠足的，所幸的是她的父亲张通典思想开明，与康有为共同发起"不缠足会"，反对女子缠足，提倡女子受教育。因此，张默君从小就没有被中国固有的封建礼教、陋习所束缚与摧残，保留着一双天足。她从小学习成绩优秀，一直是学霸，堪称"民国最强大脑"！

1901年，18岁的张默君就读于其母任教务长的金陵养正女学校，兼授附小（文史伦理）课程，又入南京汇文女校学英文，她一人兼为教师及两校学生。1904年，她考入上海务本女校师范科；1906年，张默君与张通典父女双双加入了同盟会。

1907年，张默君以第一名的成绩在上海务本师范毕业。这时其父应江苏巡抚陈启泰邀请，赴苏州助陈推行新政。张默君在苏州景海女塾补习英文，预备留学美国。是年秋，两江总督端方聘任张默君为江苏省立粹敏女学的教务长，兼授史地等课。粹敏女学的前身为1905年创办的旅宁第一女学堂，父亲张通典为创办人之一，母亲何承徽为该校最早的国文教员。

1911年，张默君考入上海圣约瑟女子书院文科。也就在这一年，张默君由陈去病、柳亚子等介绍入南社；是年10月10日，武昌新军起义，张默君跟随她的父亲张通典积极响应，率领水陆军警攻入江苏巡抚衙门，说服巡抚程德全反正，成为都督，宣布独立。11月21日（宣统三年十月初一日）江苏《大汉报》在苏州创刊。同盟会会员、南社社员陈去病任主编，张默君担任撰稿。《大汉报》日出一张，宣传辛亥革命，刊载各地光复的新闻消息。

2. 姊妹易嫁

1912年1月，中华民国南京临时政府成立，张通典跟随孙中山左右，任内务司司长、大总统府秘书等。

此时，张默君已是29岁的大姑娘了。那个年代，女孩十四五岁就可以出嫁，就算父母再开明，不逼婚不催婚，女儿难道不思春？其实，张默君的心中，已有一位中意的白马王子。谁呢？他就是蒋作宾。

蒋作宾（1884—1942），字雨岩。湖北应城人，是位官派留学生，毕业于日本陆军士官学校。在日本时就与孙中山、黄兴很熟，是中国同盟会会员。1908年毕业回国，任保定速成学校教习，1909年调任清陆军部军衡司科长，宣统三年（1911年）晋升为军衡司司长。武昌起义后，他借口调兵增援武汉，赶到江西，不但不派兵增援，使武昌形势缓和，而且促成了江西的独立，并任九江军政府参谋长。1912年，南京临时政府成立时，在孙中山的内阁中，黄兴任陆军部长，29岁的蒋作宾为陆军次长。

再看此人气派，相貌堂堂，有军人的气质与政治家的抱负，作为夫婿人选，郎才女貌，简直天造地设的一对，足令张默君芳心大动，却难以启齿；蒋作宾敬佩张默君的学识与文采，两人也很能说到一起；但由于张默君是女中才俊，个性很要强，而且比自己大一岁，囿于女子无才便是德的封建思想，蒋作宾认为找一个女强人做老婆未必能幸福，始终未能从友情向爱情方面迈进。

蒋作宾次长与内务司长张通典，关系都很熟。一天，春光明媚，张默君兴高采烈地邀请蒋作宾去家里做客，拜谒父母，有意撮合自己的婚事，没想到却姐妹易嫁。

这又是怎么回事呢？原来，张默君在为其一一介绍家人时，三妹张淑嘉活泼大方，举止相貌，令蒋作宾倾心不已，两人一见如故，谈得很热烈，旁若无人。其时，张淑嘉芳龄22岁，尚待字闺中。

家宴上，蒋作宾不愧军人气概，运用闪电战术，大胆地站起来向张伯母要求，将张淑嘉许配自己为妻；张老夫人本来对蒋作宾印象极佳，再加上喝了二两老酒，晕晕乎乎，满口答应说："你去找个媒人来正式提亲！"

第二天，蒋作宾托了黄兴登门做媒，并送上聘礼。很快，择了个良辰吉日，热热闹闹地拜堂成亲。张默君眼见心上人竟向自己的小妹求婚，感到自尊心受到极大伤害，在喜宴上默默喝下自己酿成的苦酒。曲终人散，顾影自怜，回到房内大哭一场，发誓：这一辈子再也不嫁人！

张默君随后去上海，组织了中国女界协赞会，任总会长，发刊《神州女报》，创办上海神州女校，有小学、中学、专修班。

3. 姐弟苦恋

1912年8月，中国同盟会与统一共和党、国民公党、国民共进会、共和实进会等，合并组成为国民党。国民党在北京设立本部，在各交通口岸设立交通部，上海国民党交通部部长是居正。当时国民党有个《民国新闻》在上海发行，张默君是编辑课长，邵元冲为其手下的科员。

张默君已是大龄青年，但她的才情与美丽，深深地吸引着小科员邵元冲，办公室恋爱不期而至。邵元冲开始大胆地追求张默君了。

邵元冲，字翼如，浙江绍兴人，生于1890年。13岁应童子试（1903年）中秀才。但二年后，朝廷废除了科举制，因此，1906年，邵元冲考入杭州浙江高等学堂，"浙高"著名校友有"二邵一陈"，二邵就是邵飘萍、邵元冲，一陈就是陈布雷。同年，加入同盟会。次年，考取法官，任江苏省镇江地方审判庭庭长。1911年，东渡日本留学。辛亥革命爆发后回国，邵元冲才22岁，在《民国新闻》担任总编辑。他比默君整整小7岁。那时还不时兴姐弟恋，但邵元冲大胆展开了攻势。对于心高气傲的张默君来说，她心中的如意郎君无论如何不应该是个"小丈夫"。对于邵元冲的死缠烂打，张默君便以蒋作宾为样板，提出三个苛刻的条件，作为自己择偶的标准："第一，必须是留学生；第二，武要做将军；第三，文要掌官印。"《西厢记》中，老夫人对张生与崔莺莺的婚姻，才提出一个条件，张默君一下子来了三个条件。她的本意是想叫邵元冲知难而退，没想到却激发了邵元冲奋发进取的决心和坚持不懈的努力。他坚信：精诚所至，金石为开。

1912年4月，南京临时政府北迁之后，蒋作宾到了北京，在袁世凯的政府中仍然做陆军部次长。

1913年3月，袁世凯派人暗杀了国民党领袖宋教仁，终于导致了"二次革命"的爆发。蒋作宾是国民党人，袁世凯拉拢不成，就把他监禁起来。

这时，邵元冲坚定地站在孙中山和黄兴一边，远走江西，帮助赣督李烈钧在湖口举兵讨袁。不久，军事失利，孙中山、黄兴及邵元冲东渡日本避难；邵元冲并做了孙中山的秘书。在日本期间，孙中山将国民党改组为中华革命党，邵元冲率先加入。不久，孙中山又创办《民国杂志》，任命胡汉民为总编辑，朱执信、戴季陶、邹鲁、邵元冲等为编辑，继续鼓吹革命。

4. 孙中山帮助邵元冲

一日，孙中山忽然问起邵元冲的个人问题，邵元冲遂将对张默君的恋情与三个条件告诉了孙中山。孙中山严肃地说："如果张小姐是认真的，我来帮你完成这三个条件！"

1915年年初，袁世凯为复辟帝制，与日本签订了丧权辱国的"二十一条"。孙中山派遣众多革命党人回国组织武装起义。应浙江革命军司令长官夏尔玙的呈请，孙中山委任邵元冲为革命军绍兴司令官，邵元冲真的由文人转换成军人的角色，回国进行反袁活动。同年12月，他与陈其美、蒋介石、吴忠信、夏尔玙等在上海法租界霞飞路渔阳里5号设立起义机关，以策动"肇和兵舰"起义。12月5日下午以炮声为号，上海举行起义。当天，邵元冲留守起义总部，负责后勤工作。下午，革命党夺取了"肇和"舰，打响了起义的炮声，由于阴差阳错，加上双方力量众寡悬殊，起义最后失败。

很快，法国巡捕包围了国民党上海渔阳里总部，陈其美、邵元冲等迅速爬上房顶逃跑。蒋介石从前门溜走。

同年12月25日，蔡锷等在云南举起反袁护国大旗后，孙中山又命令邵元冲与居正、蒋介石等，在山东组织中华革命军东北军，邵元冲任胶东警备司令，统筹直隶（今河北）、山东、山西的讨袁军事行动，成为一名真正的将军，完成了张默君的一个条件。

1916年袁世凯病死，蒋作宾仍然为北京政府参谋本部次长。总理段祺瑞拒绝恢复临时约法。1917年7月，孙中山从上海南下广州，发表"护法宣言"，组织护法军政府，被国会非常会议举为大元帅。邵元冲追随孙中山，任广州大元帅府机要秘书，代行秘书长。

张默君自从与邵元冲分手后，内心多多少少也有一种难言的惆怅。1918年，她远渡重洋，到了美国，入哥伦比亚大学攻读教育学，并当选为中国留学生纽约同学会会长。

1919年10月，孙中山改组中华革命党为中国国民党。这一年冬天，邵元冲赴美国留学，先后就读于威斯康辛大学和哥伦比亚大学。但邵张二人在哥伦比亚大学失之交臂。邵去时，张已回国。

在这一时期，也有好心人不断地给邵元冲介绍对象，也有欧洲热情奔放的女子主动走近他，但都被他一一拒绝了。

有个叫黄季陆的留学生，担任加拿大《醒华日报》的主笔，与邵元冲的关系最好。一次，黄季陆直接问邵元冲："翼如，你的婚姻大事究竟如何？你是不是要实践'匈奴未灭，何以家为'的那句老话？"

邵元冲回答："我这一生非张默君不娶！"

黄季陆说："听说张默君小姐抱独身主义，也有人说她情有独钟。原来你们还有这一段割舍不下的情感。她现在南京江苏省立第一女子师范任校长呢，你何不去封信问候一下？"

这个江苏第一女子师范学校是什么情况呢？它的前身即原宁垣属女子师范学堂，辛亥革命时一度停办，1912年5月复办，定名为江苏省立第一女子师范学校。1919年校长吕惠东辞职，张默君入美国哥伦比亚大学专攻教育。后遍历欧美各国，考察社会和妇女教育；1920年毕业回国。4月，担任南京江苏省立第一女子师范学校校长，她以"真善美"为该校校训，除注重学生之品格的修养和体格之锻炼外，鼓励学生参与校外学术研究、演讲及其他社团活动，同时也注重家事教育，成效卓著，在多届全国教育展览中，享有"宁一女师，无不第一"的美誉。

1921年，张默君担任中国教育改进社女子教育组组长，发起"中国平民教育运动"，在各地设立平民学校，扫除文盲，并在江苏第一女师附设失学妇孺夜校，于是各省纷纷仿效。

当时，张默君在国内名气已经很大了，找到她应该不是难事。

不料，邵元冲就是一根筋，说："不完成学业，我决不找她！"

1923年，邵元冲学成归来，终于达到张默君的第二个条件。他直奔广州，孙中山十分高兴，很快，邵元冲便成为孙中山的得力助手。是年9月，他作为孙逸仙博士代表团成员，随蒋介石去苏俄考察。

当时，孙中山正谋求国共合作，进行国民党第一次代表大会的筹备工作。

1924年1月，中国国民党一大在广州召开。邵元冲被选为国民党中央候补委员，和他同时被选为候补中央委员的，还有共产党员毛泽东、瞿秋白和张国焘等人。14名中央委员与17名中央候补委员一道，组成国民党第一届中央执行委员会，邵元冲又任中央执行委员。他还有个特殊的身份，即孙中山的机要秘书，直接参与党国政事，开始掌印。他先后担任粤军总司令部秘书长、黄埔军校政治教官、代理政治部主任等职。

当时，黄季陆也参加了国民党一大，任大会《宣言》审查委员会委员、大本营法制委员会副委员长、广东大学法政系主任。他很关心邵元冲的个人问题，一次，黄季陆问："翼如，现在你已经完成张默君小姐的第三个条件。你为何还不写封信问问？"

张默君与邵元冲约定的三个条件："武要做将军，文要掌印，还要是留学生。"如今，邵元冲都一一完成了。

没想到这时，邵元冲却叹了口气："事隔多年，不知她近况如何？贸然修书问候，这木钟如何撞得？"意思木钟如果撞不响可咋办？太没面子了吧？

黄季陆嘻嘻一笑："我教你一手，你不必冒冒失失给她写信，碰钉子。你的《美国劳工状况》不是已经由民智书局出版了吗？你用双挂号把这本新书给她寄去，写明你在广州的地址即可。"

邵元冲不解地问："书寄去又待如何？"

黄季陆笑道："傻瓜，她接到这本书后，一无反应，就没戏了；如果有了回音，就证明你们的爱情余烬未灭，则大有可为！这样做，既不丢你的面子，又无损你的尊严。"

邵元冲直如醍醐灌顶，拍着手，连声道："妙哉，妙哉！有志不在年高。你虽然比我小九岁，但在爱情方面还是个老手呢。事成之后，一定请你吃喜酒！"

然后，书寄走了，并附上一封信。信中说分别八年，即1916年和君一别，转瞬八年，虽然彼此音讯断绝，思君之情犹如春蚕吐丝，绵绵未绝。君当年所提条件未达，所以不敢贸然联系。今特奉上自美留学归来所著之《美国劳工状况》奉上，请雅正云云。但是，日子一天天过去，就是没有回音。原来，张默君此时已离开南京，到上海做神州女校的校长。邵元冲的书信几经周折，终于到了张默君的手中。

有书有信有情，对张默君来说这真是久旱逢甘霖，多年的夙愿实现了。果然，张默君中了黄季陆的"奸计"。静如古井的心，激起狂澜，虽然红颜已老，依然少女情怀，她思如泉涌，在灯下一口气写下六首七绝言情诗。

张默君在诗的序中说：自丙辰（即1916年）别翼如八载，彼此音尘断绝。昨忽得自美归后一书，极道离怀别苦，感而有作，时甲子（即1924年）孟秋也。

第一首是这样写的：

　　放眼苍茫万劫余，八年一得故人书；天荒地老伤心语，忍死须臾悦为予。

　　（失意："文侯悦然，终日不言"。）

第二首：

　　海天哀思两茫茫，断雁零鸿各一方；已分生离成死别，哪堪重展十三行。

387

第三首：

　　木叶萧萧袅袅风，玉蕖憔悴大江东；碧天梦浸英伦月，漫道灵犀万里通。

第四首：

　　奋剑挥波波复流，年年咽恨海西头；无情更是春申月，照彻人天万古愁。

第五首：

　　形在神亡只自怜，（翼如书中有"别来八载形在神亡"语）女娲无术补情天；唯君猛向空明觉，会到灵山证慧禅。

第六首：

　　中年豪气总难收，尽有奇怀供百忧；薄海尘劳须拾捡，风云已附一天愁。

　　一个40岁的"老女人"现在终于不再怨天尤人，不再怀疑没有真正的爱情了，终于相信"天下有情人终成眷属"的至理名言，于是给邵元冲写了一封情意绵绵的信和诗。

　　一天早晨，在失望中的邵元冲接到梦寐以求的张默君的回信之后，欢乐之情溢于言表，他第一个要告诉的人就是黄季陆。于是他手舞足蹈地跑去敲黄季陆的门，大声叫道："季陆，季陆，行了！行了！"

睡眼惺忪的黄季陆开了门，糊里糊涂地问："什么行了行了？"

邵元冲无比兴奋地嚷着："默君，默君，她来信了，在信里称我'翼如'，还说了许多想念我的话，我好感动！六首，六首诗啊！"他的嘴贴着信笺狂吻起来。

邵元冲当即步其韵，和了六首诗。他是这样写的：留欧美八载，苦不得默君书，民十三（1924）年回国，佐总理粤东，致默君长函及近作，获诗大喜，次韵六章：

其一：

危涕重携话劫余，梦魂时篆掌中书；披衷朗月精贞见，万里来归尚起予。

其二：

殷勤青鸟事微茫，饮恨年年天一方；最是赫森江畔路，寒空孤雁不成行。

其三：

娟娟骚怨郁毫端，宛转千回带泪看；石烂海枯盟约在，更无古井起波澜。

其四：

情深似解断还流，迢递秦淮咽石头；千叠渤溟千载恨，莫愁谁说总无愁。

其五：

玉蕖照海绝纤尘，涌现装严沙相身；八载明珠凄月夜，临流遥伴碧衣人。

其六：

进节孤凤相互怜，誓凭彩石补钧天；乾坤万古常新运，携手匡扶印慧禅。

一对情男女，两个南社人，六首对六首，一个"漫道灵犀万里通"，另一个"石烂海枯盟约在"。

邵元冲与张默君十三年的苦恋岁月过去了，这其中四千七百多个日日夜夜，这对痴男怨女是怎样熬过来的，其中的滋味旁人是无法了解的。而今痛苦终于结束，幸福降临在他们的头上。

下集

1. 有情人终成眷属

1924年金秋，邵元冲与张默君决定在上海举行婚礼。婚礼订在上海静安寺路最高档的沧州饭店举行。邵元冲就是要给心爱的张默君一个记忆难忘的盛大的豪华婚礼。

大喜前夕，这对新人携手，喜气洋洋地去沧州饭店看布置的现场，那是张灯结彩、花团锦簇，41岁的张默君，老小姐就要做新娘子，内心的喜悦，溢于言表。看着张默君喜气洋洋的模样，身旁的女服务生因为没想到身边的张默君就是新娘，把她当成新娘的母亲了，于是笑盈盈地问道:"老太太,请问小姐(新娘子)明朝啥个辰光来到?"

一句话问得张默君气得差点没背过气去,一跺脚转身就走;邵元冲也颇为尴尬。但这毕竟是一个带有喜剧色彩的小插曲,也不能破坏两人结婚的大好心情。邵元冲将此事告诉关心他们婚姻的好友黄季陆。黄当即做了一首打油诗,以记此事:

邵张喜事本天裁,洞房沧州饭店开;侍役笑问老太太,小姐明日何时来?

邵元冲与张默君的喜日,恰与张默君母张老夫人六十寿辰在一起,可谓双喜临门,热闹非凡,那情景令张默君终生难忘。

婚后夫妻二人鸾凤偕鸣,相得益彰,感情是很深的。邵元冲忙于党务,常与爱妻分别。1924年10月,冯玉祥发动北京政变,囚禁了大总统曹锟,邀孙中山北上共商国是。11月13日,孙中山偕夫人宋庆龄起程北上,邵元冲随行,被任命为行营机要主任秘书。孙中山一行抵达上海后,于23日登上海丸赴日;邵元冲、汪精卫等从上海转赴北京。

12月4日,孙中山抵达天津;下午,邵元冲、汪精卫等陪孙中山去曹家花园见张作霖。由于旅途劳顿,是晚,孙中山肝病发作。

12月19日,汪精卫、邵元冲、孙科三人代表国民党发表重要声明:重申国共合作是国民党一大宣言所阐明党之主义;国民党对共产党之服从党纲与纪律者,一律同等看待。并驳斥了港英当局、猪仔议员造谣与挑拨国共关系的无耻谏言。

1925年1月1日,孙中山抵达北京后,即住进协和医院进行手术,自知病情严重,口谕将广州中央执行委员会内的政治委员会移设北京,即派汪精卫、于右任、李大钊、李石曾、吴稚晖、邵元冲、陈友仁为政治委员会委员。2月18日,孙中山自医院移居铁狮子胡同行辕。孙中山病危期间,邵元冲是孙中山遗嘱的九个证明签字者之一。直至3月12日,孙中山临终时,邵元冲始终守护在他病榻旁。

邵元冲虽然与张默君天南海北,但几乎是一天一封信,或是一天两封信，从不间断。

俗话说久别胜新婚。邵元与张默君在重逢时，欢愉之情同样令人羡慕。

1925年3月28日，邵元冲带着盼望已久的兴奋心情，回到南京。当时，张默君还住在第一女师的宿舍里，她与邵元冲在南京还没有房子。由于是女师校内，张默君怕影响不好，但又不想去别人家过夜，所以让邵元冲自己去亲戚家住。但经不住邵元冲的软磨硬泡，只得与之同行。两人又有说不完的话，"互诉相思，几至废寝"。

1926年1月至6月间，邵元冲奔走于宁沪之间，监理孙中山陵墓的修建工程以及负责筹办"中山学院"和党务等工作。于是邵元冲在南京玄武湖旁买了一幢楼房，取名"玄圃"，从此两人有了自己的欢乐窝。张默君婚后一年，喜结珠胎，肚子一天天大起来，做母亲的喜悦，是每个女人的天性。尽管她是个女强人，但也有做一个贤妻良母的愿望。

短暂的分离，在邵、张两人的感情生活上平添一段情趣。例如1926年6月下旬的一天，邵元冲坐夜车从上海赶回南京，于早晨8时许到家，他不许下人通报，悄悄上楼，"默君尚酣卧，因亲其颊，乃遽然而觉，相见惊喜，因此共谈离绪，兼谂近体安善，色亦较腴，为之良慰。午后及晚间整书及闲话，十一时后寝"。

然而，不管这对大龄夫妇如何盼望麟儿出生，张默君腹中已经足月的胎儿就是不出来，那时还没有剖腹产。到了收获的季节，张默君却因年纪过大而难产，不但没保住孩子，也终生不能再生育。这对邵元冲、张默君夫妻是个多么沉重的打击，二人悲痛不已。

邵元冲大骂庸医杀人，并极力安慰张默君。但她还是郁郁不乐，暗暗流泪。妹夫蒋作宾知道后，于心不忍，和妻子商量，后将刚生的小女儿蒋硕能过继给邵元冲、张默君夫妇，取名邵英多；后来邵元冲又在上海一家私立医院领养了一个男孩，取名天宜，以传承邵氏香火。

不久，邵元冲接到蒋介石的急电，前往广州，共同策划北伐战争。张默君支持北伐战争，在给邵元冲的信中说："宜促当局从速北伐，否则吾儿牺牲益无价值等语。"邵元冲"阅之心益沉痛矣"。

1926年7月9日，国民革命军正式出兵北伐。两年之后，北伐军打到北平，统一中国，北伐成功。

2. 妇唱夫随，相得益彰

失之东隅，收之桑榆。南京国民政府成立后，邵元冲被任为浙江政治分会主席、省政府委员、杭州市市长。张默君是搞教育的，国民政府任其为浙江省教育厅厅长。1930年1月，国民政府成立考试院，为国家选拔人才。邵元冲任考试院副院长、考选委员会委员长。张任考选委员会专门委员。考试委员分典试委员会委员和襄试委员会委员，张默君为典试委员会委员。

当时，同济大学有个大胡子校长胡庶华是襄试委员会委员，对张默君颇有微词，在闱中作诗自嘲："良才双玉手，襄试一胡须，应怜斑马笔，何日始成朱？"

第一届第二试发榜后，没有一位女子被录取，张默君认为这意味着女典试委员"诚信未孚，阴德亏损"，为此大哭一场。

闲暇之时，张默君莳花弄草，写字作画；一对儿女，承欢膝下，日子过得很是惬意。他们夫妇还经常与汪精卫、梁鸿志、黄濬、陈三立（陈寅恪的父亲）、陈衍等文人名士举行雅集，赋诗作画。

《陈三立年谱》："（1933年）八九月间，公在南京，与陈衍、欧阳渐、邵元冲、张默君、汪兆铭、卢前等游，并于重阳日应曹经沅之邀，赴清凉山扫叶楼登高，同预雅集者有陈衍、冒广生、邵元冲、吴梅、黄濬、梁鸿志、李宣龚、李宣倜、彭醇士、柳诒徵、汪国垣等六十余人。"

张默君与邵元冲身上都有小资产阶级知识分子的气质，共同的爱好很多。一有闲暇，两人便携手游览南京的名胜古迹，徜徉于湖光山色之中；或登鸡鸣寺品茗，步玄武湖踏青；或游清凉山扫叶楼联句，观长江落日；或泛舟秦淮河，玩味桨声灯影；或散步花园，采花数朵，"为默君簪诸髻上，轻芬微度，玉额有酡，令人浑欲醉也"。他们一同去书肆淘书，或去购买纸笔；他们是著名的书画家、诗人、学者，都写得一笔好字，画得一手好画，互相酬唱，其乐融融；张默君雅好收藏，是著名的古玉鉴赏家。夫妻俩在一起时，互相切磋，砥砺学行，激发创作的灵感，寻找生活的情趣。

3. 西安事变，举国皆惊

1936年12月，蒋介石到西安。张默君的妹夫蒋作宾与时任国民党中央宣传委员会主任委员的邵元冲以及陈诚、邵力子、陈调元、卫立煌、蒋方震、蒋鼎文等文武大员随行。蒋介石到西安是主持"围剿"陕北红军的军事行动的。原来，1935年秋，中国工农红军从江西苏区突围，经过广东、湖南、贵州、云南、四川、西康、甘肃，行程两万五千里长征，抵达陕北。蒋介石立即调东北军到陕北"围剿"红军。10月1日，东北军在崂山战役中，王以哲第六十七军一一〇师两个团和师部被歼，师长何立中战死，团长裴焕彩被俘。11月22日，在直罗镇战役中，红军仅以800多人的伤亡就杀、伤、俘6000多东北军官兵。张学良部队的战局失利以及后来对共产党的秘密停战，导致1936年10月22日，蒋介石由南京飞抵西安，严令张学良东北军"进剿"红军。这样，引起张学良和杨虎城两位将军的不满。

10月29日，张学良飞抵洛阳为蒋介石祝寿，劝蒋联共抗日；蒋介石坚决拒绝其北上抗日的主张，强令其"剿共"。

12月2日，张学良再飞洛阳见蒋，要求释放抗日救国会"七君子"。他向蒋介石面报，谓其部下不稳，势难支撑，再三请求蒋委员长前往训话。蒋同意赴西安，驻节临潼华清池；跟随蒋介石的军政大员们，住在城内西京招待所。

12月8日，蒋介石让东北军第六十七军军长王以哲和第一〇五师师长刘多荃去临潼华清池吃早饭，问他们对"剿共"的看法，刘多荃说："中、下级军官全想留着力量，准备打回东北老家去。"蒋介石很不高兴，说："王以哲军部电台和陕北通报，我都知道！"回到西安后，二人即向张学良汇报。当天下午，王以哲即告诉刘多荃："副司令要办一件惊人的大事，你无论如何也想不到！"

12月9日，北平学生"一二·九"运动一周年。这一天，西安学生和各界爱国人士一万多人，高唱抗日歌曲，高呼"东北军打回老家去""中华民族解放万岁""对日宣战"等口号，浩浩荡荡到南院门"西北剿总"、新城"绥署"和北院门省政府请愿。

陕西省主席邵力子亲自接见了学生，他说："大家要求抗日，热情可嘉，可是目前国内不太安静，意志不够统一，委员长指示'攘外必先安内'，你们请求抗日，这是国家大事，委员长现在临潼，自会运筹帷幄，我可转呈大家的意思。"同学们要求到临潼去向蒋介石请愿。当游行队伍行至灞桥附近时，蒋介石命令骑兵在前，步兵在后，架好轻重机枪，用卡车拦阻。同学们群情激愤，驱散骑兵，推翻卡车，与步兵搏斗。正在危急之际，几辆小轿车由西飞驰而来，一个穿长袍马褂的人带着几个背短枪的卫兵分开人群，对学生们大声说："我是张学良，同学们的抗日爱国行动，我是钦佩的，但今还是请大家回去吧。我张某不是卖国贼，也没有忘记东北父老兄弟姐妹，我有杀父之仇，失土之恨，我是有良心的中国人！"又劝"同学们不能再向前去了，到临潼，委员长也不会接见你们，他正在生气，已下令对闹事的格杀勿论，再前去就要流血。至于你们的请求，由我代表大家向委员长去讲。你们相信我张学良一句话，大家要求抗日，三五日内会拿事实回答你们。大家回去吧"。在张学良的劝说下，学生们返回西安。

期间，蒋介石的卫队长蒋孝先一句话激怒了张学良。蒋孝先原先

395

是宪兵三团团长，驻守北平。1935年在《何梅协定》中规定：中央军和宪兵三团退出北平，实现华北自治。蒋孝先就回到南京，任蒋介石卫队长。

张学良愤愤地对刘多荃说："蒋孝先这小子太狂了，他竟然给我带口信（张的幕僚）说，回去告诉张副司令，西北的'剿共'任务如不愿担当，即请张退出西北，不要误了大事。如若还愿意干，就好好干。蒋孝先有什么资格教训我！"张恨极了，又说："我一定要扣蒋，你快去把王以哲找来。"这时，张、杨两将军对于蒋介石坚持内战，已到了忍无可忍的地步，决定对蒋进行"兵谏"，逼蒋抗日。

10日，张学良又来到华清池五间厅，和蒋介石进行争辩。他慷慨激昂地说："日寇侵略我国，步步进逼，国家民族的存亡，已到最后关头。非抗日不足以救亡，非停止内战，不足以言抗日。继续'剿共'，断非出路。"

蒋介石勃然大怒，厉声训斥道："你受了共产党的迷惑，年轻无知！"

张学良怒目反驳："全国人民都要求抗日，倘你再一意孤行，必将成为民族的罪人，袁世凯第二！"

蒋介石"砰"地把桌子一拍，说："现在你就是拿枪把我打死，我的'剿共'计划也不能改变！"说完，怒不可遏，走进了内室。

当晚9时许，张学良在公馆召集王以哲、刘多荃和卫队长孙铭九等人开会，张学良说："为了停止内战，我已决定扣蒋！"

然后，12月12日凌晨，爆发了震惊中外的西安事变。东北军指挥系统：临潼"兵谏"内线总指挥为第一〇五师师长刘多荃，由卫队营长孙铭九负责捉蒋介石。张学良和杨虎城在"兵谏"前，下令不许开枪，只能抓活的。

1936年12月11日深夜，孙铭九从西安到十里铺下令："赶快集合部队，到临潼华清池扣蒋中正。"东北军卫队集合。但因为两辆大汽车夜间怕冻坏水箱，把水箱的水放掉了，这时天还没亮，找不到水，汽车不能开动，孙铭九营长带第七连先走了。就在这个当儿，从西安方面开来一辆小汽车，被大汽车和部队挡住了去路。刘多荃问："你们是哪里的？从哪里来？到哪里去？干什么？"中间一个人说："我是宪兵第三团团长蒋孝先，奉蒋委员长命令，到临潼有要紧事。"他当即被抓。后在临潼逃跑，被打死在小花园。

在华清池，孙铭九所部进攻五间厅；蒋介石跳墙逃跑，后在骊山后山洞里被捉。侍从人员自第三组少将组长以下共9人"殉难"，宪兵则计有宪兵三团团长蒋孝先及宪兵一团团长杨震亚、团附蒋堃等16人死亡（共25人），另有21人受伤。

4. 红颜薄命，鸳鸯失伴

在西安事变中，邵元冲成为唯一被打死的国民党文官大员。这又是怎么一回事呢？

邵元冲于12月11日上午，兴致勃勃地游览了西安翠华山。翠华山位于陕西西安以南23公里秦岭北脉，海拔高度2132米。翠华山原名太乙山，传说有太乙真人在此修炼得名。

邵元冲头戴礼帽，身穿水獭毛领的呢子大衣，在乱石峥嵘的山石上留下生前最后一张照片。他已准备第二天即12日上午离开西安，转回南京，去与爱妻张默君相会。

负责抓捕西京招待所大员的绥靖公署特务营营长宋文梅扣押了陈调元、卫立煌、蒋鼎文、陈继承、蒋作宾、朱绍良、蒋锄欧（国民党政府铁甲车司令）、蒋伯诚（国民党中央委员）、蒋百里、萨镇冰、张冲等人。又在大餐厅后面的伙房一个木箱里找到了陈诚；万耀煌则是从他妻子房里的橱柜中找到的。唯独没有找到邵元冲，他到哪里去了呢？

事变发生时，张家姐妹的夫婿表现迥然不同：蒋作宾十分镇定，当他的房门被士兵砸开时，他是满脸肥皂沫正在刮脸，被士兵带走；而住在楼下南排房间邵元冲，被士兵的砸门声惊醒，惊慌失措，急忙从后窗跳到庭院里，又向西面墙跑去，翻过墙就是公园。

跟在后面的士兵发现后连声大喝："不准动，再跑开枪啦！"然而，邵元冲还是爬上墙头，只听见"啪啪啪啪"一连四枪，击中邵元冲下部，流血不止，当即从墙上掉下来。等宋文梅赶到，发现他还没死，但已经不省人事，赶紧送到医院，不治身亡。

这一切似乎是命中注定的。邵元冲住了招待所一间最好的套房，因为只有这间房有后门。本来这间套房是准备留给陈诚住的，由于陈诚外出，邵元冲住进去了。待陈诚公干回来，见邵元冲已经安顿好，不好意思让他搬出来，于是另外找了一间房。所以邵元冲成为唯一被打死的中央大员。

蒋作宾听说邵元冲被打死了，顿时呆若木鸡，连连摇头叹气，始信红颜薄命，不知张默君将如何挺得住这种鸳鸯失伴的沉重打击。

张默君得知夫君在西安丧命，只如五雷轰顶，痛哭失声，翻看与邵元冲在恋爱时互答之诗句，邵元冲爱情诗中"宛转千回带泪看"，"更无古井起波澜"就像谶语一样，似乎隐藏着不祥之兆。

12月23日，张默君强忍悲痛，给西安张学良、杨虎城复一电报："执事虽不杀伯仁而发纵致使，谁实为之。真相莫明，来示因罪自责，似犹未泯天良……执事果有人心，为国家计，为自身计，应速送蒋公等回京，则翼如殉国大节，亦可稍申。"希望尽快放蒋介石回京。

西安事变和平解决后，张学良陪蒋介石回到南京，先是被安排在北极阁的宋子文公馆内，但是戒备森严。这期间，张默君咽不下张学良"兵谏"致邵元冲被打死这口气，来到北极阁宋公馆，大叫大嚷，要和张学良算账，为其夫讨个公道。当然，卫兵是不会让她进宋公馆的。之后，由国民党中央常委会决议，将张学良交军事委员会依法办理。12月31日，由李烈钧为审判长的高等军事法庭对张学良进行审判。

判决主文如下：张学良首谋伙党，对于上官为暴行胁迫，减处有期徒刑十年，褫夺公权五年。

从此，张学良被蒋介石幽禁。张默君也不能再和张学良算账。那怎么办呢？揪不住眉毛揪胡子。既然张学良要对西安事变负责，那么主持行动的刘多荃也应该对邵元冲的死负责，张学良无法再告了，于是张默君就告刘多荃，要为邵元冲之死讨回公道。军人犯罪，最高法院却无权受理，须由军事法庭来审理；张默君又告到军事委员会，要求军事法院审理。但军事法庭有规定：第一，双方当事人都应是现役军人。张默君不具备这个条件。第二，根据陆军审判条例第四十八条第三项规定："以犯罪前之公正证书证明，其当不在犯罪处所者。"刘多荃并不在邵元冲被打死现场，于是无法审判刘本人。就是说张默君告错了对象。

5．张默君告状无门

不久，东北军被改编。1937年4月，刘多荃所部改编为第四十九军，调至南阳一带，师部就驻扎在玄妙观西花园内。5月的一天，刘多荃的房子里突然响起了枪声，接着他夫人大叫大喊。门外一群卫兵都不敢进去。他的参谋、副官冲进去，只见刘多荃与夫人和一名卫士班长扭打在一起，刘的右肩已经受伤。一名副官上前打死了刺客。原来这名刺客声称：是中央某大员花费2000元收买他来刺杀刘多荃的。这个班长想挣两份钱，告诉刘多荃：你如果掏1000元，就可以免你不死。之后，双方扭打在一起。此事让人自然联想到极有可能是张默君指使所为，但也可能不是，仅是巧合，由于刺客被打死了，查无实据。

不久，卢沟桥事变爆发，刘多荃部被调到津浦路北段去阻击日军，在沧县及静海附近与日军发生激烈冲突，日军以炮火向静海轰击，第四十九军被迫向南撤退。后又参加了淞沪会战。

张默君在得不到最高法院和军队司法部门受理的情况下，为了给邵元冲讨回公道，便到处散发传单，揭发打死邵元冲的刘多荃。她认为刘多荃是杀害邵元冲的凶手，要求将其缉拿归案，为邵元冲报仇申冤。

刘多荃也觉得自己是冤枉的，在整个西安事变中完全是奉军令行事，而且那么多中央大员都没事，单单死了邵元冲，纯属意外。

由于抗战爆发，国家正值整军肃武，用人之际，张默君的传单并没有引起大的波澜，此事不了了之。

"八一三"淞沪战争爆发，张默君积极投入抗日救亡运动。上海失陷后，她到了重庆，一直在湖南、云南、四川等大后方进行宣传，参加各种义卖活动，为抗战竭尽绵薄之力。抗战之初，国民党海军在战斗中损失殆尽。1944年5月20日，中国国民党第五届中央执行委员会第十二次全体会议在重庆开幕，张默君出席了会议。会上，张默君提议：强化海军，建设国防。她的提议得到与会者响应，众人一致要求国民党政府重建海军。这项提案得到通过。因此，当时张默君获得"中国海军之母"的称号。

在邵元冲死后，张默君孤独地生活了近30年，1965年1月30日，张默君因病在台北逝世，享年82岁。

纵观张默君的一生，早年参加辛亥革命，成为民国时期的著名教育家，是著名的书法家、诗人和收藏家。与邵元冲苦恋13年，有情人终成眷属。夫妻恩爱十年，在西安事变中，邵元冲不幸身亡。张默君虽然身为国民党中央监察委员、立法委员，为夫告状无门，无人受理。究其原因，最主要的是军委会高等法庭已审理张学良，并未按蒋介石事先的让张学良在南京待五天就放他回西安的许诺，东北军将领已经愤愤不平；以孙铭九为首的中级军官要求蒋介石释放张学良，否则不惜一战。军委会担心再去传讯刘多荃，肯定会引起东北军的反弹，弄不好部队会哗变，就无法收拾了。再说邵元冲又不能死而复生，所以只能是苦了张默君一人。

第十九讲 军法枪毙韩复榘

上集

1938年1月25日，国民党《中央日报》突然刊登了一则惊人的消息：第五战区副司令长官、陆军二级上将韩复榘被高等军事法庭判决枪毙了。抗战方殷，正是用人之际，韩复榘违反军令，贻误战机，降级使用，戴罪立功，都不是不可以的，为什么蒋介石非得枪毙韩复榘呢？这要从韩复榘的经历和蒋韩恩怨说起。

1. 韩复榘的戎马生涯

韩复榘（1891—1938），字向方，河北霸县人。出生于耕读之家。束发受书，工书法，在县衙中做抄写小吏。因涉足赌场，债台高筑，18岁便为了躲债闯关东，流落辽阳。1909年6月，驻新民府的北洋陆军第一混成协第八十标招兵，韩复榘报名时，负责录名者，不会写"榘"字，韩在纸上写好，督队官冯玉祥看后说："行，有两下子，留下吧！"于是韩复榘补了一名副兵。不久，该部改编为第二十镇第八十标，韩复榘因有文化，很快便升为司书。

1911年辛亥革命爆发，第二十镇的中下级军官施从云、王金铭、冯玉祥、郑金声、张之江、鹿钟麟、韩复榘等，在滦州密谋响应，事机不密，被清军镇压，王金铭、施从云遇害；冯玉祥、韩复榘被押解回籍。冯玉祥在京畿执法处长、左路备补军统领陆建章的运作下，重新任营长。1912年6月，韩复榘复投冯部，初任营部司书。不久，该部改编为京卫军，因有陆建章奥援，冯玉祥步步高升，韩复榘也随之水涨船高，从连长、营长、团长、旅长、师长，成为冯玉祥"十三太保"之一。

1926年，冯玉祥成为拥有二十万大军的西北军领袖，得罪了北洋奉系张作霖、直系吴佩孚和晋系阎锡山等军阀，合军讨伐，冯玉祥下野，去了苏联。西北军遭到奉直晋三方军队的联合打击，溃散到晋北和包头一带，韩复榘与石友三投靠晋军商震部。这年9月，冯玉祥从苏联回来后，五原誓师，成立国民联军，韩复榘、石友三等来归，冯玉祥不计前嫌，任命韩复榘为第六路司令官。

2. 北伐立功

冯玉祥率部援陕，东出潼关，挺进中原，与蒋介石国民革命军会师陇海线。该部改编为第二集团军，冯玉祥为总司令，韩复榘为第六军军长、第三方面军总指挥。

1927年8月，蒋介石下野，冯玉祥所部一柱擎天，支撑北伐的半壁江山。1928年1月，蒋介石复出，重任国民革命军总司令，进行二次北伐，以第二集团军对付平汉线的奉军主力。

4月初，由张学良率领的奉军12个师大举南下，直逼豫北彰德（今河南省安阳市）。对此，冯玉祥调集第二集团军20个师迎敌。4月15日下午6时，冯玉祥发出十万火急电，命令韩复榘军立即北上彰德参战。

韩复榘接到命令，当晚就率队分批登上几列火车，星夜北开，次日上午便赶到彰德车站。

17日晨，韩复榘率军猛攻奉军于学忠部，一天之内连攻下奉军30余村、堡，张学良急调骑兵军一部增援左翼，稳住阵脚。双方激战至夜，一天之内，韩军伤亡官兵数千人，其中张凌云、曹福林、孙桐萱三位师长及两位旅长均受伤。

23日，张学良亲到彰德前线督师，奉军步兵在飞机、坦克掩护下，从东、西、北三面竭尽全力，夹攻彰德，一度攻破三道防线。双方短兵相接，阵地几易其手，尸体几乎将战壕填平。最后，韩复榘军终于攻占西曲沟集，并在此建立第六军前沿指挥部。韩复榘命部队强渡洹河，占领北岸的七八个村庄，奉军右翼防线终于被撕开了一道口子，但在奉军猛烈的炮火面前，韩军也伤亡惨重。韩复榘见状，召集师、旅长开会说："我历来作战没有这样丢过人，我没脸活了！""我们现在的情形是只有前进，否则总司令必定枪毙我，我与其被枪毙而死，不如就死在这里……"说完拔枪要自杀，被左右抱住："请总指挥不要难过，我自己同他们拼去！"韩复榘再次吹响冲锋号。

5月1日下午4点，在韩军昼夜不停的攻击下，奉军右翼防线终于不支，向后退去。韩军咬住不放，步步紧追，先后占领20余个据点，直扑曲沟集。与此同时，奉军左翼也受到刘汝明军的迂回侧击。北路军正面也加大攻击力度，奉军终于全线后退30华里。韩复榘在战场上的表现给冯玉祥留下了深刻印象，他在日记中写道："韩复榘曾抄敌后路，又解卫辉之围，迨与敌对垒彰德，所属三师之团、营长多数伤亡，而韩复榘犹气宇豪迈，谓：'吾尚未抬回，夫何惧何忧。'壮哉！"

6月4日，韩复榘一路北进，率先占领南苑，直抵北京城下。此举被外电报道为"飞将军自天而降"。

北伐胜利后，全国裁减军队，韩复榘改任第二集团军第二十师师长。是年12月，任河南省主席。

3．反出山门投老蒋

1929年初，蒋介石为了裁军，召开全国编遣会议。由于裁人不裁己，激化了与新军阀的矛盾。风云突变，军阀重开战。是年3月，蒋桂战争爆发。韩复榘担任"讨逆军"第三路总指挥，在郑州指挥6个师分路南下，屯兵信阳柳林、李家寨，打算谁取胜就打太平拳。蒋介石收买桂军李明瑞，击垮李、白第四集团军。韩复榘去汉口晋谒蒋介石；通过这次见面，蒋介石对韩复榘印象特别好，称其为"常胜将军""国之宝贝"，并赠其20万元。这样，他成功地在韩复榘和冯玉祥之间打进一个楔子。

紧接着，蒋冯之战即将开打，韩复榘不愿执行冯玉祥放弃山东、河南两省的地盘，收缩兵力，撤回潼关的以防守为主的作战部署，在华阴会议上说：不撤进潼关照样能取得胜利！他提出自己的作战计划，即韩复榘领军十万，沿平汉线南下打武汉；孙良诚率兵十万由陇海路转津浦线打浦口；石友三率军十万为总预备队居中策应。如果按韩复榘的想法干，未必不行。

不料，惹得冯玉祥大光其火，他让韩复榘当着副官、卫士跪在院子里，有意羞辱他。这彻底惹恼了韩复榘。于是，韩复榘联络石友三、马鸿逵叛冯投蒋，向东开拔，导致了西北军分崩离析，冯玉祥败北。韩复榘任河南省主席。

1930年蒋冯阎中原大战前，韩复榘为避免与老长官冯玉祥对抗，要求蒋介石将其调到山东去对付南下的晋军。蒋介石答应了他的请求。韩复榘在晋军攻势面前，放弃济南，退往胶东，苦战胶济线。后在中央军和第十九路军的援助下，于8月上旬发起反攻，晋军溃退。9月初，国民政府改组山东省政府，任命韩复榘兼山东省政府主席。18日，张学良率东北军入关助蒋介石，导致冯阎军大败亏输，中原大战以蒋介石胜利而告终。

4. 建立独立王国

韩复榘主政山东以后，励精图治，提倡教育，发展经济，剿匪赈灾，澄清吏治，开始坐大，企图把山东建设成一个独立王国。这样，与蒋介石南京政府的矛盾逐渐突出。主要表现在以下几个方面：

第一，扣押中央税收。南京财政部历年积欠第三路军的军饷已达一百多万元，韩复榘多次向南京军政部军需署交涉催要，都没有结果。军需署曾表示，一次可拨八十万元就算两清。韩复榘就是不买账，说："要给都给，宁可不要也不能马虎！"于是造成僵局，致使韩部军饷极为困难。韩复榘急眼了，以霹雳手段，将全省国税机关和盐务机构，尽换上自己人，扣留所有税收，不向中央政府交一分钱。财政部部长孔祥熙坐不住了，特意到济南与韩复榘协商，规定由税收项下拨交军费，这才解决军饷问题。

第二，发动驱刘之役。韩复榘主鲁后，胶东的地盘在地方军阀刘珍年手里，刘珍年原属北洋军阀张宗昌的旧部，后名义上归附国民革命军，自立为第十七军军长，成为名副其实的"胶东王"。他在自己的防区内任命12个县县长，擅自收税，除部分直接上缴南京国民政府财政外，其余全归自己，不向省政府交一分钱。南京国民政府曾答应每月给山东军饷六十万元，其中七万拨给刘珍年部，刘珍年非要二十万元；后经国民党山东省党部协调，韩复榘允拨十二万元，但刘珍年坚持要十四点五万元，搞得韩复榘一肚子火。俗话说："卧榻之侧，岂容他人安卧？"

蒋介石调韩复榘到江西"剿共"，他则借口山东"匪情"严重，以此理由来抗命；中央令他缩编军队，他则置若罔闻，继续扩军。蒋介石利用刘珍年在胶东牵制韩复榘，1932年9月，韩复榘发动"驱刘之役"，蒋介石对于韩复榘先斩后奏的做法十分恼火，有意偏向刘珍年一方，但张学良却支持韩复榘。蒋介石坚持要韩刘停战，交还韩部夺取的胶东五县。于是韩复榘请求辞去山东省主席一职。最终，蒋介石妥协，将刘珍年部调往温州，又调往上饶，后刘珍年被诱捕，于1935年5月在南昌经军法会审予以枪毙。

第三，收容石友三。石友三与韩复榘一起脱离冯玉祥，投降蒋介石。1929年12月，蒋调石友三部去广东打张发奎；石怀疑蒋欲在南下途中偷袭其部队，于是在浦口隔江炮击南京，打了蒋介石个措手不及。蒋震怒，调兵讨石。石退往豫南，受到韩的庇护，事情不了了之。1930年中原大战爆发，石友三加入阎冯反蒋联军，担任第四方面军总司令，同时被阎锡山委以山东省政府主席，率部开赴鲁西作战。是时韩复榘军正在山东与晋军鏖战。战争末期，石与阎意见分歧，乃自行撤出战斗，移驻冀南、豫北，同时与张学良暗中联络。中原大战最终以东北军入关援蒋，阎、冯惨败而告终。石友三经张学良、韩复榘向南京方面疏通，仍被蒋任命为第十三路军总指挥，驻军河北顺德（邢台）一带，直接受张节制。

1931年5月，汪精卫、胡汉民、孙科、陈济棠、李宗仁等在广州组织国民政府，与蒋介石的南京国民政府分庭抗礼，形成宁粤对峙。石友三决定利用蒋介石全力对付粤方、无暇北顾之机，"倒蒋反张"。7月18日，石友三在顺德就任广州国民政府委任之第五集团军总司令。20日，发表讨蒋通电。8月4日，石军在张（学良）、蒋（介石）、商（震）三方夹击下几乎全军覆没。石友三率二三十骑乘夜幕驰入济南，直奔省府东大楼。石见到韩复榘夫人高艺珍就放声大哭，说："嫂子，你看我成了这个样子！"韩回到家，石见到韩又大哭一场。韩将石藏在后花园里一座僻静的二层小楼上。韩为朋友，不惜得罪当时中国南北两位军政巨头，这就是韩的性格！1935年，宋哲元就任冀察政务委员会委员长，石友三经萧振瀛斡旋，被宋委以冀北保安司令，下辖四个团，驻防平北清河。

第四，结怨中统。韩复榘很讨厌中统在山东的所作所为。韩复榘对于南京方面对他在山东所做的许多不符合所谓"中央政策"的措施知道得很多，感到奇怪。他同下属谈起来，有人告诉他："省党部张苇村在向南京送情报。"韩复榘十分恼怒，他在一次同张苇村争论时，就送情报的事情提出责难，破口大骂。张苇村为了推卸责任，一方面也嫌谌峻岑送过关于他自己的情报而使他遭到南京申斥，所以就告诉韩复榘，送情报的不是他，而是谌某。

1935年1月，山东省党务整理委员会主任兼山东省政府委员张苇村在进德会被刺身亡。5月12日，韩在济南中山公园厚葬张苇村，敬送"功在党国"的挽联；将原张任董事长兼校长的"建国中学"易名"苇村中学"。蒋介石电令韩复榘缉凶，韩复榘趁机借中统内部矛盾，将山东省党部调查统计室主任谌峻岑扣押，认为他有谋杀嫌疑。南京方面要求将谌押送南京，韩复榘拒不交人。1936年4月16日将谌峻岑秘密勒死，说其"自杀"。谌峻岑的死并不是因为张苇村案，而是蒋介石、戴笠的特务工作激怒了韩复榘。"CC"领袖陈立夫、中统局长徐恩曾特为谌峻岑举行追悼会，封谌为"烈士"。所以，不管张苇村、谌峻岑的死是不是韩复榘所为，但他与中统、军统的梁子已经结下了。

1935年爆发"华北事变"。7月6日，何应钦与日本签订《何梅协定》，将中央军、河北省党部、宪兵三团等撤出华北。12月7日，在北平成立以宋哲元为首的"冀察政务委员会"。日本对华北的侵略步步紧逼，企图诱使韩复榘脱离中央，参加"华北五省自治"。韩为保住山东地盘，对日虚与委蛇，采取敷衍态度。韩的向背对南京来说至关重要：韩向北倒就会扩大华北"特殊化"；韩向南倒向中央，就可以阻止华北局势的进一步恶化。因此，南京方面开始希望与韩复榘改善关系。

第五，西安事变。1936年12月12日，张学良、杨虎城在西安实行"兵谏"，扣留蒋介石及在西安的十几名军政要员，这就是震惊中外的西安事变。韩复榘以其在华北的特殊地位，其动向足以影响全局，因而引起各方关注。12日，即事变当日晚，张学良密电韩复榘，说明"兵谏"原因，是要"联合各党各派一致抗日"，"现在将蒋公请至西安暂住，国家大计由国人共决定"。请韩速派代表赴西安共商国是。随后，韩又收到张、杨"八项政治主张"之通电及刘峙、商震等联名呼吁营救委员长通电。13日，韩复榘召集主要幕僚及将领开会，讨论西安事变问题及应对办法。韩给南京发电，认为当务之急是营救委员长脱险。并派省府参议靳文溪赴开封，面晤刘峙、商震，讨论营救办法。

15日，张学良派一架军用飞机抵济，因飞机降落时折断螺旋桨，无法再使用。韩复榘乃派刘熙众于19日乘火车去西安。客车只通到洛阳，刘认识一位空军队长，请他转告空军副总司令王叔铭，派一架飞机送他去西安。王假意答应，却用飞机把刘送到了太原。不久，张学良就释放蒋介石，刘熙众已无再赴西安的必要。

南京何应钦等主战派咄咄逼人，派飞机轰炸西安，复派中央军讨伐的动作，使韩复榘十分反感。韩一改此前之审慎态度及中立立场，于21日以密码形式致"马电"给张学良，称赞张氏之非常行动为"英明壮举"，并通知张、杨，他的部队将"奉命西开，盼两军接触时勿生误会"。然而，此电为军统方面截获。

南京方面立即派蒋伯诚赶赴济南，对韩复榘说："蒋夫人及宋部长正准备亲赴西安谈判，委员长脱险指日可待了，你怎么还发这种电报呢！"

宋哲元认为韩复榘的"马电"太过莽撞，不仅于事无补，还得罪了蒋介石、何应钦。为协调立场，也为替韩转圜，宋去济南与韩会晤。23日，宋、韩连名发表"漾电"，主张召开国是会议，和平解决西安事变，得到社会各界广泛赞赏。韩、宋在"漾电"中提议"由中央召集在职人员、在野名流，妥商办法，合谋万全无遗之策"等主张与张、杨建议"召集朝野各界官员名流大会"意见一致，被蒋介石视为同党。

25日，西安事变和平解决，下午5时50分，被释放的蒋介石与张学良到达洛阳。当时韩复榘正在济南省政府打麻将，听到这个消息后，当着蒋伯诚的面，把手里的牌一推，说："这叫什么事嘛，没想到张汉卿做事情这么虎头蛇尾！"

27日，毛泽东致函韩复榘，表示愿意合作抗日。信中说："西安事变，西北抗日局面成立，先生主张和平解决，今已达到目的。唯蒋氏难免又受群小包围，延缓抗日发动亦意中事。今后如何改组国防政府，如何组织全国之抗日联军，如何确定救亡大计，均愿与先生及鲁军方面切实合作。"

韩复榘在西安事变中选边站队，立场与张学良一致，当然犯了蒋介石的大忌。对此，蒋怀恨在心，是无论如何也不能原谅的。那么，蒋介石又是怎样逮捕韩复榘，如何通过军法审判而枪毙韩复榘的呢？

下集

蒋介石利用韩复榘，脱离冯玉祥，成了自己手中的棋子；但韩复榘有了自己的地盘，大搞独立王国，与蒋介石的矛盾逐步尖锐，尤其是西安事变时和张学良的立场相同，更加激怒了蒋介石。虽然当时蒋介石自顾不暇，对韩复榘也是无可奈何，但为蒋介石枪毙韩复榘埋下了导火索。

1. 韩复榘与冯玉祥、蒋介石的矛盾

1937年卢沟桥事变爆发后，中国进入全面抗战阶段。1938年1月，蒋介石召集华北第一、第五战区团长以上军官在开封开会，韩复榘率领孙桐萱及旅、团长数十人前往参加，在开会时被扣，很快就遭到军法审判，并被枪毙，这又是怎么回事呢？

七七事变后，冯玉祥被蒋介石任命为第六战区司令长官，到华北指挥抗战，在冀鲁交界的桑园设立长官司令部，指挥津浦线北段地区各部队。当时，韩复榘的第三路军改编为第三集团军，原西北军的宋哲元部改编为第一集团军，都是冯玉祥老部下，但宋哲元、韩复榘都不听冯玉祥指挥。宋哲元去泰山"养疾"。冯玉祥要韩复榘出兵，韩复榘说出兵也不能挽救败局，不如等前方溃退的部队撤完后，山东的军队开上去再打。于是冯对韩不满。

9月30日，沿津浦线南下的日军矶谷廉介第十师团一部占领冀鲁交界的桑园车站，战火烧到山东的大门口。韩部第八十一师师长展书堂亲率500人之奋勇队，于10月1日凌晨，冲进桑园火车站，与梦中惊醒之日军千余人激战4小时，至上午8时，完全控制了火车站，缴获30余门火炮及一列钢甲车。日军在随即赶到的增援部队支援下，又向车站猛烈反扑，敌我双方反复进退，车站几易其手，至下午6时，奋勇队再度控制车站，稳定胜局。3日，南京《中央日报》以"津浦路我军大捷"为题，报道了第三集团军夜袭桑园成功的消息。

10月2日，日军矶谷师团之一部绕道桑园以西南下，与于庄日军会合，包围德州。入夜，日军向德州发起猛攻。我守城部队与敌鏖战竟夜，击退日军进攻。

3日晨，日军全力攻城，飞机、大炮狂轰滥炸，步兵频频发起猛攻。敌军数次攻到城下，均被击退。日军出动数辆坦克，撞击德州西北之小西门，日兵一度冲进城内，旋被守军奋力逐出城外。

4日，上午10时，一列日军钢甲车停在闸口北一公里处，车上几十门火炮与日军炮兵部队的火炮同时轰击德州城墙。随后，日军又出动飞机轰炸，由3架增加到12架。下午一时，德州西北隅城墙被炸开一个大豁口，日军蜂拥而入。埋伏在豁口两侧之丁营，以轻、重机枪组成交叉火力网，封杀入城之敌，同时堆积沙袋堵住豁口。下午4时，德州东北隅城墙亦被炸塌，城防再次被突破。守城官兵与敌展开巷战，一直持续到黄昏。第四八五团官兵在突围过程中，几乎全部为国捐躯，日军也遭受重大伤亡。

蒋介石因德州失守而电责韩复榘。韩据理力争，称德州之战进行时，津浦线上除鲁军孤军奋战外，已无人打仗，况且胶东半岛与黄河的防务还需兼顾。韩愤而向蒋辞职。蒋转而抚慰之，劝其"勿再有辞意，务希督励全军""忍痛抗战，奋斗到底"。

20日，冯玉祥回南京，参加国防会议。大本营决定撤销第六战区，冯的第六战区司令长官之职也随之被解除。时在泰山养病的宋哲元，一接到撤销第六战区的报告，立即向蒋介石申请销假，要求下山归队。10月下旬，宋回到河北大名第一集团军总司令部。

2. 韩复榘与李宗仁的矛盾

第六战区撤销后，山东地区归第五战区司令长官李宗仁指挥。

11月间，占领沧州之日军向鲁北进攻，韩复榘的第三集团军与日寇展开激战。韩率卫队旅第一团亲赴前线指挥，相持月余。一次，韩在济阳城关被敌人装甲车多辆配合飞机数架包围，韩部奋力抵抗，卫队团伤亡殆尽。韩率随从突围，几被敌俘，回到济南时随从人员仅剩数名。在这次战斗中，第三集团军各部也牺牲过半，此时韩军防线，已转移至黄河南岸。

鲁北抗战从1937年10月1日韩复榘军夜袭桑园始，至11月16日，韩复榘军全部撤到黄河南岸，炸毁黄河铁桥止，历时一个半月，经过大小战斗10余次，据孙桐萱说："在这次战斗中，曹（福林）、李（汉章）、展（书堂）等师也牺牲过半。"韩部受到了很大的打击。

11月上旬，日军占领上海，准备三路大军进攻南京，28日，李宗仁来到济南，与韩会商战略问题。李提出要第三集团军以沂蒙山区为后方，必要时将弹药给养物资等运往山区，准备打游击战。韩不同意，说："浦口如失守，敌人即将打到蚌埠。淮河守不住，南下和北上的日军就会打到徐州，我们没有了退路，岂不成了包子馅吗？"

两人不欢而散。李宗仁回徐州，又数次派人向韩要求将原由中央配属韩部的炮兵团调回。该团有卜福斯山炮两营，是韩向蒋借来加强黄河防线的。李要将该团调赴蚌埠，回守淮河，韩坚决不放。韩对来人说："这个团是我直接要来的，你们自己可以向中央要。这个团炮绝对不能给你们运走。"蒋伯诚也从中斡旋，劝韩交出炮兵团，但韩始终执意不肯。最终在蒋介石的压力下，卜福斯山炮团还是被强行调往津浦线南段。韩复榘十分气愤，他对何思源说："蒋叫我们在山东死守黄河，抵住日军，原说派重炮支持的，到快用的时候，忽然抽调走了。他们不守南京，却叫我们死守济南，叫我们用步枪跟日军拼吗？"

12月26日，日军集中炮火强渡黄河，攻打周村，韩部溃退博山。日军占领周村、博山等县后，顺胶济铁路向济南前进。在这种情况下，韩已无兵可调，但东北军于学忠部队驻潍县，于是报告李宗仁：拟请于学忠援助，却被李宗仁一口拒绝，说："于学忠部已决定调蚌埠，不调不行。"因此，韩对李也很不满。

韩复榘在济南危急时，将弹药、给养、医院、修械所及伤病人员、官佐眷属等，仓促用火车运送至河南漯河以西舞阳等县，事先亦未呈报。车过徐州，第五战区来电阻止，并责问说："豫西非第三集团军的后方，为何运往该地？"韩亦在电报上批："全面抗战，何分彼此""开封、郑州亦非五战区后方，为什么将弹药、给养存在该地？"韩的参谋处也按原批字句复电。

12月22日，济阳至青城之间日军开始向黄河南岸破击，并从门台子等渡口渡过黄河。

24日，韩复榘离开济南赴泰安，27日，济南失陷。李宗仁指示韩部节节抵抗，撤守兖州。31日，韩竟擅自放弃泰安，退守济宁布防。泰安失守，造成津浦线徐州以北的空虚，徐州异常恐慌。李宗仁来电，责问为何"放弃泰安"？韩在电报上批："南京已失，何况泰安。"参谋处照原批字眼向李复电，使李更加恼火。李接电后，非常气愤。李将韩的两个复电均转给蒋介石，说对韩无法指挥。1938年1月5日，韩复榘放弃济宁，主力退城武、单县、曹县一带。蒋介石再次日电令韩复榘率部收复兖州，不得擅退。

3. 范绍增告密

四川原是刘湘、杨森等地方军阀的地盘，内部纷争不断，而一直防范蒋介石染指。范绍增原是杨森手下一名师长，后来又投刘湘；蒋介石为了将自己的势力伸向四川，又暗中收买范绍增来对付刘湘，被刘发觉，名义上提升他为副军长，却不让他掌握部队。抗日战争开始，刘湘当了第七战区司令长官。陆续派出好些部队出川，参加抗战。1937年12月，刘湘因胃溃疡在汉口万国医院住院就医。这时戴笠已收到刘湘同韩复榘的往来密电。戴笠找范绍增说："刘湘有病，住的第二号房间，你去监视他。"某天，范绍增见有一个单瘦的高个子的人来看刘湘，范绍增报告戴笠：发现一个不认识的人来找刘湘，戴即反问说："是不是一个单瘦高个子？"范说："是。"戴嘱咐范要特别注意那个人的行动。过不了几天，范的旧部团长潘寅久从前线被撤职回到武汉，来见范绍增说，他去过刘湘长官部参谋处看老朋友徐思平，由于都是熟人没有经过报告，一直进到了办公室。恰巧徐正在聚精会神地写命令，他从徐的背后，见命令的内容是要王缵绪带两个师出川占领宜昌，同即将到襄樊的韩复榘取得联络。待徐发现他背后有人时，即把写的命令盖住，说是写家信。潘把上述情况说完后，范即到孔祥熙家去如此一说，时孔正在家宴客，听完后，不再回到席上，即刻到武昌去报告，蒋介石问范绍增："是否可靠？"范把潘寅久找去，当面对证。当晚，蒋介石认为韩的部队将与四川刘湘勾结在一起，乃策划扣韩。当夜即乘火车到开封，发通知召开一、五战区团长以上会议。

4. 韩复榘被捕

蒋介石亲自给韩打电话说："我决定召集团长以上军官在开封开个会，请向方（韩复榘号）兄带同孙军长桐萱等务必到开封见面。"当时韩的处长们曾劝韩不要亲去，主张派代表参加，而蒋伯诚却竭力怂恿。韩意已决，无法阻拦。

韩复榘先到孙桐萱的防地曹县，在军部午饭后，同到柳河车站，换乘一列钢甲车开到开封。先下榻盐商牛敬庭宅，后迁至黄河水利委员会委员长孔祥榕家中。1月11日下午2点乘车赴开封南关袁家花园内礼堂开会。参加会议的是第一、第五战区所辖各战列部队团长以上各级指挥官及幕僚长，到会约400人。坐在第一排的皆为高级将领，从左至右为：蒋作宾、蒋伯诚、俞飞鹏、刘峙、鹿钟麟、程潜、李宗仁、韩复榘、宋哲元、邓锡侯、孙震、于学忠、万福麟等。蒋介石在讲话中最后提到："有些人不听命令。你不听命令，你的部下怎么能听你的命令。"散会后，韩复榘被蒋介石留下来，蒋质问韩："韩主席，你不发一枪，从黄河北岸，一再向后撤退，继而放弃济南、泰安，使后方动摇，这个责任，应当是你负担！"韩复榘是有胆量的，而且他有傲上的老毛病。他毫不客气地怼过去："山东丢失是我应负的责任，南京丢失是谁负的责任呢？"韩的话音未落，蒋正颜厉色地截住韩的话，说道："现在我问的是山东，不是问的南京！南京丢失，自有人负责。"韩正想开口反驳，可是刘峙拉着韩的手，说："向方，委座正在冒火的时候，你先到我办公室里休息一下吧。"于是他拉着韩的手从会议厅边门去院内，早有准备好的一辆小汽车。刘峙手指着说："坐上吧，这是我的车子。"韩先上了车。刘峙说："我还要参加会议去。"说时就把车门关上了。在这个时候，汽车前座上有两个人爬到后车厢里来，韩起初还以为前座上的两个人是刘峙的随从副官，看见了逮捕令，才知道是军统特务王兆槐。汽车开出袁家花园，迅速驰往火车站。车站内有一连汤恩伯的士兵荷枪实弹，担任警戒，站内一列准备好的专车已升火待发。韩在众特务、军警的簇拥下刚被押上火车，火车便轰然开动。一时间，陇海线及平汉线上所有火车一律停驶，让开线路。搭载着韩的火车先沿陇海线向西疾驶，到郑州再转平汉线南下，沿途一刻不停，直达汉口。在火车车厢里，王兆槐一直陪坐在韩复榘身边。

5. 军法审判韩复榘

韩复榘被羁押在武昌平阅路30号军事委员会军法执行总监部的一

座二层花园小楼里，韩住二层，特务住一层，生活上对韩尚优待，王兆槐每天陪他聊天、下棋，但不准其离开小楼，也不准其与外界联系。

韩复榘的部下刘熙众立即去汉口见冯玉祥，先向冯报告了韩被扣前后的情形，然后又说韩的种种做法不对，主要是指冯任第六战区司令长官时与韩的冲突。刘最后说："无论如何，他是先生一手培养的，还得请您想办法救他。"冯说："别说这些了。现在的问题是如何保全他的性命，我这几天正为这事着急。我觉得应该从你们部队本身去想办法，专靠某一两个人去讲情，是没有多大用的。"刘见冯的表态很诚恳，便辞出，再去见鹿钟麟。鹿说："我和冯先生正为向方的事为难，你们打算怎么办呢？"刘把来汉口前大家开会商议的意见转告，即拥戴鹿钟麟为第三集团军总司令，并征求鹿的意见。鹿说："不错，韩向方再回军队怕是很难了。现在最重要的问题是先保住他的性命，冯先生的看法是对的。最好由你们部队将领向蒋委员长表示一下，使他有所顾虑。最主要的，部队要团结一致，不要被人分化，才有力量。你们自己研究研究吧。我和冯先生自然尽量想办法，用不着说别的。"

刘熙众与冯玉祥、鹿钟麟酝酿第三路军拥鹿之事，犯了大忌。这自然瞒不过蒋介石的耳目，嗣后有人说，刘汉口之行非但未能救韩，反促韩氏之死。刘亦感慨："我自己也体会到，蒋之杀韩虽然已是定案，而我们的做法，也的确不够审慎严密。"

1月19日，军事委员会立即组织高等军事法庭，审讯该案。任命军政部部长何应钦为审判长，军法执行总监鹿钟麟、何成浚为副审判长，徐业道、贾焕臣为军法官。同时，国民党中央通讯社发表一则电讯：

军息，第五战区副司令长官、第三集团军总司令兼第三路军总指挥韩复榘，此次不遵命令，擅自撤退，蒋委员长异常震怒，并韩在鲁勒派烟土、强索民捐、侵吞公款、收缴民枪，种种不法，实属罪大恶极，已于十一日在前方令将韩氏革本兼各职，交军法执行总监部依法惩治，闻现已组织高等军法会审，开始审判中。

韩复榘出庭时，对看守他的官兵说："看这架势是想枪毙我呀。"只见他身穿灰色军服到庭，给何应钦等人敬了个军礼。何请韩坐下。韩笑问："今天这里还有我的座位吗？"然后军法官徐业道起立宣读韩的"罪状"：收缴民枪、勒索民捐、鲸吞公款、擅自撤退。

何应钦问："山东民团枪支，你为何擅自收编？"

抗战之初，韩复榘将菏泽一带的自卫训练班壮丁四千人（自备枪支）编为第一补充旅，委孙则让为旅长；将胶东第七专区训练的壮丁三千人（自备枪支）编为第二补充旅，委张骧伍为旅长。这就是"收缴民枪"。

韩复榘说："那也许是民团指挥张骧武、孙则让、赵明远他们办的吧！"

何应钦问："政府三令五申禁鸦片烟，你为什么还贩卖烟土？"

韩说："那是宋明轩（宋哲元）老早送给我的一千两，家里女人们存着的。"

审判长给韩钦定的另一个罪名"勒派烟土"，即"勒索民捐"，指韩复榘撤离济南前，韩部军法处向商会强派了一部分鸦片，勒索四五万元。

何应钦问："鲸吞公款，有无此事？"此谓有人控告韩复榘鲸吞山东省教育经费。

韩复榘说："绝无此事！"

事后蒋介石曾问山东省教育厅厅长何思源韩复榘鲸吞教育经费和贩卖鸦片之事，何思源说，韩复榘从来没有动用或亏欠过教育经费，也没有贩卖过鸦片。

何应钦问："济南失守后，第三集团军为何一退再退，不节节抵抗？"

韩说："敬之兄，我们都是带兵的人，不能说外行话。兵败如山倒，节节抵抗，又谈何容易呢！"

这时，军法官贾焕臣慷慨激昂地说：韩某某所作所为，形同汉奸。

鹿钟麟反驳道："可以说韩向方作战不力，但决不能冠之以汉奸的名义。"

何应钦问韩："你有两个老婆，为何还娶日本女人？"

韩一脸愕然，说："那是沈鸿烈（青岛市长）、葛光庭（胶济路局长）他们与我开玩笑，叫过日本条子，逢场作戏。"

鹿钟麟顿足叹惜说："你看韩复榘，这不是逐条承认又是什么！真像小孩子一样！"

审判长宣读判决书如下：国民政府军事委员会高等军法会审判决，被告韩复榘，男，四十七岁，河北霸县人，山东省政府主席、第五战区副司令长官、第三集团军总司令、第三路军总指挥，陆军上将。被告因不遵命令，擅自撤退等情一案，经本会高等军法会审审理终结，判决如下：

主文：韩复榘不奉命令，无故放弃济南及其应守之要地，致陷军事上重大损失，处死刑，褫夺公权终身。

事实：被告韩复榘，原充山东省政府主席、第三路军总指挥，任为陆军上将。二十六年抗日军兴，兼任第三集团军总司令，嗣敌南犯，战局演变，中央为策应抗战便利起见，复任被告兼充第五战区副司令长官。被告并不尽其守土职责及抵抗能事，对本会委员长先后电饬出师应援德州及进击沧州，牵制敌军之命令，均不遵奉；复因敌军渡河，擅先放弃济南，撤退泰安，委员长继令该被告坚守鲁南防地，又不奉命，节节后退，迄鲁西济宁，后敌军跟踪侵入，陷军事上重大损失。据该管长官等先后分电检举，并以被告别有借势勒派烟土、强索民捐、侵吞公款、收缴民枪等情事，一并检报到会，经委员长饬将被告，拿解讯办。

1月24日，晚7时，两名特务上楼对韩复榘说："何部长找你谈话，请跟我们走。"韩起身欲走。特务问："家里有没有事？你写信我们可以送到。"韩说："我没有家。"随即下楼。韩走到楼梯中间拐弯处，发现楼下已布满荷枪实弹的特务和军警。韩对前面领路的特务说："我的鞋小，有点挤脚，我回去换双鞋……"遂转过身去，刚要上楼，背后枪声大作。韩回过头，只说了声："打我的胸……"便倒在血泊中。身中7枪，都在胸部。

1月25日，《大公报》刊登本市消息：第五战区副司令长官韩复榘，负担山东省防守任务，贻误戎机，经军事委员会委员长将其免职，拿交军法执行总监部询办，并特派大员，组织高等军法会审，依法审判各情，业志前报。兹悉该案业经会审终结，韩复榘不遵命令，放弃济南及其他应守之要地，致陷军事上重大之损失，罪证确凿，已电请国民政府明令褫夺官勋，一面依照战时军律，判处死刑，以昭炯戒，而肃军纪，即于本月二十四日执行枪决。

韩复榘后葬于鸡公山。

梁漱溟说："蒋介石借此杀了韩复榘，是杀一儆百，还是消灭异己，史家评论，都认为是重在后者，我以为是有道理的。"台湾历史学家李敖说："韩是抗战期间被处决的集团军司令一级的将领，历史上曾有反蒋记录，所谓因违反军纪而遭处决，恐怕大有公报私仇的成分。而抓人处决不是经由正当的军事法庭审理，而是由戴笠用特务手段来处理的，死罪与否，全凭蒋介石手批。"

因此，所谓军法处置，也必须是按蒋介石的旨意而处置的。

第二十讲　徐道邻控告张之江杀父案

上集

1945年11月，有人控告著名将领冯玉祥犯有谋杀罪，将冯玉祥推上被告席，原告方也曾是国民政府要员，他叫徐道邻。徐道邻声称他起诉冯玉祥是为了报杀父之仇，替父亲申冤。这起诉讼案不仅轰动一时，还让一桩尘封20年的连环谋杀案再次呈现在人们的面前。但无论是徐道邻的地位还是影响力，与军事委员会副委员长冯玉祥相比，差距都很大。那么，徐道邻与冯玉祥打官司，会有怎样的结果，而引发这场诉讼的真正原因又是什么呢？

1. 20年前的大仇

1945年11月，在国民政府陪都所在地的重庆地方法院，发生了一起轰动一时的诉讼案，这场案子成为人们街头巷尾、茶余饭后大摆龙门阵的一个谈资。究竟什么样的案件能引起这么大的轰动呢？原来，被告主要有两位，一位是当时的军事委员会副委员长。我们知道军事委员会的委员长是蒋介石，副委员长是谁呢？就是鼎鼎大名的冯玉祥。而且，他跟蒋介石是磕头拜把子的兄弟。还有一位被告也了不得，他就是冯玉祥西北军的"五虎上将"之首，还有着一个"林则徐第二"的美誉，国民政府禁烟委员会的主席、中央国术馆的馆长。而这两位全是国民党的中央委员，分量够重了吧？那我们再看一看所谓的这个原告方：他的名字叫徐道邻，是国民政府行政院政务处处长，也就是说徐道邻和张之江、冯玉祥都是同朝为官的，究竟有多大的仇恨不能在政府框架内或者是在国民党内来进行解决，非要闹到这个法庭上呢？而且，徐道邻在告状之前先把自己的官职给辞了，把大好的锦绣的前程都不要了，那真是舍得一身剐敢把高官拉下马啊！究竟是多大的仇恨非要闹到法庭上打这场官司呢？

原来这个徐道邻要和张之江、冯玉祥打一场人命官司，就是"不共戴天的杀父之仇"，要打这么一场官司。

徐道邻在他的回忆录《二十年后的申冤》当中是这样写的，他说："凡是读中国书，听中国戏，看中国小说的人，对于他没有一件比替父申冤报仇更重要了！但我那时知道，对于我这却不是一件简单的事情。冯是一个手握重兵的大军阀，我是一个赤手空拳的孩子，怎么能谈报仇？"

原告徐道邻在回忆文章《二十年后的申冤》中说道，他父亲遇害是在20年前，也就是1925年，他认为：杀害他父亲的直接凶手是张之江，幕后主使就是冯玉祥。而那时他只有15岁，没有办法也没有能力为父亲申冤，为了替父报仇，将仇人绳之以法，他专门去德国柏林大学攻读法律五年，获法学博士学位。目的就是有朝一日能打赢这场官司，没想到一等就是20年。他起诉杀人凶手的目的，就是为死去的父亲讨个说法。那么，在20年前，冯玉祥又为什么要杀害徐道邻的父亲呢？要弄清这个问题，还要从冯玉祥与徐道邻的父亲徐树铮之间的恩怨说起。

2."小扇子"徐树铮

徐道邻的父亲叫徐树铮，安徽萧县人，外号"小扇子"军师。"小扇子"也指他是幕后摇摇羽毛扇，他是段祺瑞的得力助手，有勇有谋，故深得段祺瑞的欣赏，段内阁的一切重大措施，往往被他所左右，故有"小扇子"军师之称。有人说："徐先生说的话，总理必听；

而总理说的话，徐先生则是可听可不听。"北洋段祺瑞系统的核心人物李思浩曾经感慨："皖段没有又铮不足以成事，亦不足以败事。"徐树铮字又铮，说明他是皖系的灵魂人物，没有他皖系成不了大事，也坏不了大事！

1916年，袁世凯为了复辟当皇帝，遭到全国反对，羞愤而死。袁世凯死后，北洋军阀分成了两大派，一派是直系，一派是皖系。直系就是今天的河北，当时叫直隶，代表人物是谁呢？就是冯国璋，冯国璋是直隶河间人，是直系这派的领军人物。皖系段祺瑞是安徽合肥人，所以这派就被称为皖系。直皖两派军阀明争暗斗，令政局不稳，另一原因是当时国内出现了两个政权，一个就是北京国民政府，另外一个就是孙中山领导的南方护法军政府。怎么会这样呢？因为袁世凯死后，段祺瑞做国务总理，孙中山和一些国会议员要求段祺瑞恢复民国元年制定的《临时约法》，废除袁世凯的宪法，召开国会，被段祺瑞拒绝了。不久，就发生了张勋复辟。张勋被打跑了，冯国璋代理总统，但是仍不恢复《临时约法》，孙中山就带海军几艘军舰和部分国会议员，南下广州，成立了护法军政府，所以这个时候国内出现了南北两个政府。但是，段祺瑞要消灭这个南方政府，所以他就出了一个著名政策，叫作"武力统一中国"，要凭借武力把孙中山消灭掉。但是总统冯国璋他们不同意，为什么呢？就是冯国璋这派的部队都是在湖北、江西、安徽和江苏一带，这是直系的势力范围。如果段祺瑞要武力统一，那肯定是这些地盘或者他的部队先和南方的部队打仗，那损失的就是冯国璋的利益，他的利益损失了，段祺瑞的利益不就扩大了吗？所以冯国璋就提出来"和平统一中国"，可以通过谈判，用谈判的方式南北双方化解仇恨，合并成一个中国。不管武统派、和统派，说到底互相争夺利益，这才是直系和皖系之间矛盾的症结所在。

1918年6月发生了这么一件事，就是段祺瑞策动了国内各个地方的督军，督军都是有军政大权的人，在天津开督军团会议，商量什么事呢？就是商量怎么样继续执行武力统一的这个政策。但是冯国璋知道这件事以后也很不爽，不甘心，他不能眼看着段祺瑞的主张得到实行，应该怎么办呢？冯国璋就派了他身边的一个高等总统府顾问，现任的上将军，就是陆建章，让他到天津去搅局。

陆建章到了天津以后干了什么事呢？他就找到当时直系的大将曹锟这些人，曹锟当时也执行段祺瑞的这个武力统一的政策，求仕欲望是比较积极的，愿意去打南方。陆建章就跟曹锟说，你们应该听总统冯国璋的，不应该按照段总理的意思来行事。这样一来，不就把段祺瑞的这盘子计划给搅乱了，给段祺瑞出主意的徐树铮恨得是咬牙切齿，一定要除掉这个陆建章。用什么办法呢？他想到一个借刀杀人的好计策。

3. 陆建章的鸿门宴

徐树铮借了张作霖在天津奉军的司令部，在奉军的司令部设下一场鸿门宴，请谁呢？请陆建章来吃饭，下了一张大红的请帖送到陆建章那儿。陆建章一看这张请帖头皮有点发麻，是政敌徐树铮下的帖子，去不去呢？又在奉军司令部，有点怪怪的！但转念一想，自己与张作霖没啥矛盾，皖系不会傻到在人家的地盘上动手吧？想来想去最后觉得应该没有什么问题，所以欣然前往。到了奉军司令部，徐树铮很客气，早早地就在门外恭候了。一见面互相寒暄，然后到了客厅，落座以后，酒席早已备好，美酒佳肴山珍海味，把这个陆建章吃得满嘴流油，非常高兴。

吃完以后徐树铮就说，我们到后花园去谈谈吧，散散步嘛。陆建章说好，陆建章就跟着徐树铮去后花园了。根据当时的史料记载，还有一些个人的回忆录记载，当时情况是这样的：

陆建章走到后花园的时候，突然有一把枪就顶在他的后腰上了，陆建章知道坏事了，大吃一惊说：徐树铮你想干什么？徐树铮就说了，你陆建章摇舌鼓唇，东奔西走，就为了和我们皖系作对吗？现在我请你跟阎王爷去作对。接着就是两枪，陆建章跟跄两步就趴到地上，这位上将军就这样死了。

徐树铮打死了陆建章以后，这件事很快就传出去了。张作霖首先要避嫌，撇清干系。他说陆建章是死在我这儿，但是这个事跟我无关，我根本就不在司令部，这是徐树铮干的事，你们不要赖到我头上，就直接把徐树铮给推出来了。段祺瑞一听到这件事顿时就傻了，半天说不出一句话，最后就说，哎呀，没想到这个又铮啊，这次的祸闯大了。就是陆建章即便该死，也轮不着你徐树铮来杀他。他是北洋的元老，又是现任总统府的高级顾问，还是现任的上将军，你徐树铮真是祸闯大了，摊上大事儿了，后果很严重。这个事怎么善后呢？怎么解决呢？你怎么跟直系将领们、跟死者家属交代呢？当时，不少督军把矛头都直指段祺瑞和徐树铮，指责徐树铮违法杀人。在这种时候，总理段祺瑞为了安抚大家的这种情绪，就决定先拨五千块大洋，给这个陆建章的儿子陆承武，让他好好地把陆建章给厚葬了。而且，段祺瑞和徐树铮还有一个最大的担心，他们最害怕的是什么呢？他们不害怕这些在朝的文武大员的指责，最怕的是一个人，这个人就是冯玉祥。

4．冯玉祥隐忍不发

为什么这样说呢？冯玉祥和陆建章的关系不一般。可以说没有陆建章就没有冯玉祥。

早年冯玉祥投北洋新军二十镇（师），他的上司就是协统（旅）陆建章。陆某非常欣赏冯玉祥，把自己老婆刘氏的一个内侄女刘贞德许配给了冯玉祥。冯玉祥就成了陆建章的内侄女婿。俗话说：熟人多吃四两豆腐。有了这层关系，冯玉祥官运亨通，从棚长、排长、连长，做到了营长。1911年10月辛亥武昌起义爆发，武昌的新军造反成功。

北方的这些新军呢，尤其是新军中的中下级军官，热血沸腾，准备响应。这个时候，冯玉祥就和一些营长，密谋在滦洲起义。冯玉祥被推举为"北方革命军总参谋长"，发出起义通电。谁知被标统岳兆麟、通永镇总兵王怀庆告发。王怀庆报告给袁世凯后，袁派大军包围了该地，突然袭击，起义军领导都被抓了，为首的王金铭、施从云、冯玉祥以下五十多人被抓了，响应南方的造反那就是死罪啊，除了冯玉祥，被捕人员都被押赴刑场执行了。

清政府为什么不杀冯玉祥？就因为他是北洋大将陆建章的侄女婿，所以就命令把钦犯冯玉祥押到保定陆军监狱去服刑。没想到，在路过北京的时候，又是这个陆建章把冯玉祥保下来了。陆建章当时是袁世凯的警卫军统领，袁世凯都受他保护。所以他就任性，不但保下冯玉祥，而且官复原职还当营长，很快又做到了团长。后来陆建章把这支部队扩展到了第七师，冯玉祥他这支部队就扩大成第十六混成旅，他就成了旅长。所以说如果没有陆建章，冯玉祥早就死了，就不要说以后步步高升。冯玉祥能不感恩吗？定会知恩图报的。

当听到陆建章被徐树铮打死的这个消息，第十六混成旅旅长冯玉祥正在执行段祺瑞武力统一的政策，率部在湖南常德。当时是痛不欲生啊。他原本应该立即提兵到北京为他的恩公报仇的，向这个段祺瑞和徐树铮讨这么一个公道。但是他没有报仇，为什么？一个混成旅的这个力量，要和段祺瑞几个师来进行对抗，那就是拿鸡蛋撞石头。不但搭上自己的性命，还报不了恩公的仇，这怎么办？不是有这样一句话吗，君子报仇十年不晚。只有把自己的力量发展大了，强大了以后，到那个时候才能够报仇雪恨。

果然，冯玉祥就像一只老虎一样就藏在草丛深处，虎视眈眈地盯着这个徐树铮，就等着一个时机来消灭徐树铮，为他的恩公报仇，这个时机几年以后果真被他等到了。

两年之后，徐树铮所在皖系军阀在直皖战争中惨败，段祺瑞下野。皖系战败后，徐世昌下令通缉徐树铮等"十大祸首"，徐树铮逃到日本公使馆避难达百余日。1920年11月14日，徐树铮藏在一个箱子里，被运离日本公使馆，然后自天津东渡日本。为了打倒直系，徐树铮开始为皖系、奉系和孙中山牵线搭桥，建立三角同盟关系。

再说冯玉祥实力壮大，从一个混成旅，逐渐发展到三个师，成为直系陆军检阅使，成了继皖系、直系、奉系以外的国民军系。认为替恩公陆建章报仇的时机终于成熟了。那么，这期间又发生了什么呢？

1924年9月爆发了第二次直奉战争。陆军巡阅使冯玉祥作为直系大将，出古北口，和奉军作战。在前线，冯玉祥与张作霖定了一个秘密的协定，反旆京师，发动政变，把大总统曹锟给抓起来了，所部改名为国民军。

有这么一句话，叫国不可一日无主啊。北京政变后没有了总统，是黄郛内阁摄政，总不是常事吧。那怎么办？

张作霖和冯玉祥在天津开会，经过谈判达成一种妥协。就这样吧，咱谁也别当，把下野多年的段祺瑞请出山，做临时总执政。这个总执政实际上就是总统。这是个妥协的产物，但是，这个事对段祺瑞来说，那真是天上掉馅饼了。自从1920年的直皖战争，皖系战败，段祺瑞下野四年了，没想到这个馅饼砸到他脑袋上，人家白送给他一个总执政。

1924年11月15日，由张作霖、卢永祥、冯玉祥、胡景翼、孙岳五人以联名推戴的方式，公举段祺瑞为中华民国总执政，执行政府职权。11月22日段祺瑞入京，24日在陆军部宣誓就职，临时政府宣告成立。

这件事给徐树铮也带来了一个希望，什么希望呢？就是皖系势力有一天可以东山再起。但是老江湖段祺瑞可不这样看，他认为自己就是冯玉祥和张作霖的玩偶，是被推出来的，是没有实力和实权的。

因此，段祺瑞怕冯玉祥找徐树铮寻仇，就派徐树铮出国，离冯玉祥远远的。

5. 徐树铮高调进京

1925年1月，段祺瑞任命徐树铮为考察欧美日本各国政治专使，组成一个考察团，考察团先后访问了法国、英国、瑞士、意大利、德国、苏联、波兰、捷克、比利时、荷兰、美国、日本共12个国家，徐树铮会见了这些国家的元首，包括墨索里尼、斯大林、裕仁天皇等，他还有一个重要的使命，就是跟人家商量签订一些购买武器的协定，要发展皖系的军队，就必须有武器有弹药，这些事基本上他都谈妥了。在这种情况下，徐树铮认为时机到来了，1925年12月回到了上海，他迫不及待地想把自己在欧美这一圈获得的这些成果，向段祺瑞进行汇报。

没想到段祺瑞给他打了一份电报，阻止他进京，说你现在千万不要到北京来，为什么呢？当时冯玉祥和张作霖又闹掰了，闹得剑拔弩张，马上就要开战。在这个时候，段祺瑞什么时候被赶下台都不好说了。所以徐树铮不能来北京，北京就是冯玉祥的地盘，你来就是自投罗网了。所以在这个时候他无论如何要制止徐树铮进北京。

段祺瑞让徐树铮暂时不要赶往北京，可以说是出于对其人身安全的现实考虑，因为他认为冯玉祥恩仇必报，肯定不会放过徐树铮。但段祺瑞的好言相劝却被徐树铮拒绝了，那么，徐树铮为何执意要去北京？他在冯玉祥的地盘上受到死亡威胁，又将如何应对呢？

徐树铮不这么想，为什么呢？他认为现在是皖系东山再起的唯一的大好机会，如果这个机会丧失了，以后可能就再没有机会了。再说他在欧美各国走了这么一圈，尤其是跟一些国家接触，比如像与法国签订了一些秘密贷款、购买武器的协定，这是重新振兴皖系的一个基础。如果把这个大好时机失去了，以后再就没有这个机会了。所以他迫不及待地要进北京，要见段祺瑞。1925年12月19日，徐树铮自上海乘轮船进京，12月23日在天津上岸，当天乘汽车抵达北京，12月27日身着挂满勋章的大礼服，以国家专使的身份，去觐见段祺瑞，表示使命完成。

徐树铮在京一共住了七天，他也是想试探一下冯玉祥的底线是什么，我看你冯玉祥敢不敢对我来下手！七天过去了安然无事，徐树铮就决定在12月29日那一天回徐州老家。

就在他准备停当这个当口，段祺瑞突然制止徐树铮南下，为什么呢？

原来就在这一天下午，北风一阵紧似一阵，天昏地暗，要下暴雪了。段祺瑞穿着皮袍来到铁狮子胡同的办公室，突然发现桌上压了一张纸条，他抓起纸条一看是用毛笔写的八个字，让他看得心惊肉跳。这纸条上写的是什么呢？是"又铮不可行，行必死"。段祺瑞当时就慌了，这个条子是谁写的呢？是谁放到这儿的呢？他不知道，问人也没有人知道。那为什么要写这一个示警的条子呢？这里头肯定有问题，不管是真是假，段祺瑞立即派人阻止徐树铮南下。没想到徐树铮看了这个纸条以后，就哈哈一笑，为什么呢？他说这个纸条是真的假的都不知道，如果我看了这个纸条我就留下来了，那不是说我这个人胆小如鼠吗？再说我在北京整整待了七天，堂堂正正，包括出席国务院的这些会议，他冯玉祥不是也没敢对我动手吗？他如果要动他就已经动手了，但是他没动手就证明他不敢来对我寻仇。如果我偷偷摸摸地走了反而显得我胆子太小了吧？所以他决定还在这天晚上，按照原定的计划七点钟动身南下。

再说冯玉祥，终于等到这个徐树铮了，在自己的地盘上如果让徐树铮再溜走，那以后有没有机会就很难说了。

那么，冯玉祥是如何策划谋杀徐树铮的呢？徐树铮的儿子徐道邻又能否替父报仇申冤呢？

下集

1. 廊坊截杀徐树铮

本案原告徐道邻的父亲徐树铮是皖系军阀段祺瑞的心腹和得力干将，在1918年6月，他将力挺直系军阀的军官陆建章杀害。陆建章与冯玉祥的关系非同一般，他不仅曾是冯玉祥的老长官，还对冯玉祥有知遇之恩，所以冯玉祥决心为恩公陆建章报仇，但当时冯玉祥只是一个旅长，还没有实力与徐树铮所在的皖系军阀叫板。7年之后的1925年，冯玉祥的实力大增，成为影响一方的地方实力派，正控制京津地区，得知徐树铮乘坐的列车经过廊坊，于是冯玉祥决定对徐树铮动手了！

冯玉祥周密安排，制订了几套方案。第一套方案，让北京卫戍司令也是他的"五虎上将"之一的鹿钟麟，在北京想办法下手。这个时候没想到鹿钟麟会反对冯玉祥的意见，为什么？因为鹿钟麟是北京的卫戍司令，如果在自己的地盘上发生一件大的凶杀案，把国家的专使杀掉了，对鹿钟麟来说不好交代。所以他就跟冯玉祥说，我们无论如何不能在北京城下手，得让他出了北京，咱们在丰台车站把他干掉。冯玉祥一听也对，那好，既然第一套方案不行，那我们就在丰台车站对徐树铮下手。但是鹿钟麟耍了个滑头，他算计到徐树铮的这趟专列，可能已经过了丰台车站，这才给丰台方面打电话，说你们无论如何要把这趟专使的列车给我扣下来。丰台车站就报告了，专使的列车已经过去了，已经过丰台了。这个时候，鹿钟麟出了一口气，就向冯玉祥汇报说徐树铮的专车已经过了丰台了。冯玉祥一听就火了，那咋办？鹿钟麟说，不要紧，廊坊还有张之江嘛。冯玉祥当机立断，那就让他的大将张之江在下一站廊坊下手。

当时廊坊车站就是张之江的司令部。怎么下手呢？冯玉祥的命令就是说，让张之江在廊坊铁路埋地雷，或者埋炸弹，等专使的专列过来以后，把整个列车都给它炸掉。

没想到张之江这个时候犯难了，如果把专使的列车给炸了，这个事就闹大了，为什么呢？还有一车人的性命呢，你不能为了杀一个徐树铮，把这一车人的性命都搭进去。张之江是一个基督徒，人也老实，不愿意累及无辜之人。因此决定扣下徐树铮再说。没想到徐树铮的专列迟迟不到。

从北京到廊坊50多公里，专使的列车是晚上七点钟出发的，到了夜里十一二点还不见列车过来，难道是有人走漏了消息让徐树铮临时溜了？

如果真是这样反而好了，其实廊坊这个地区已经成了冯玉祥和奉系直鲁联军李景林军队之间的战区了，国民军源源不断地往前线调，都要通过火车来运兵，所以这个军车一过呢，专使的列车就得等着，让这个军车先过。于是火车走走停停，再加上当时的漫天大雪，一直到夜里12点钟，列车才到达了廊坊车站。这个时候，廊坊车站已经布置好了。

此时，站台上响起了欢迎的军号声。徐树铮当时已经在包厢里睡着了，他迷迷糊糊地起来，从包厢当中把窗帘拉开往外一看，只见站台上全是军队，就知道不好了。就在这个时候张之江的参谋长张钺带了几个人上了列车，直接进了头等车厢来找徐树铮。但是在徐树铮的包厢里没有发现人，徐树铮又跑了吗？

其实徐树铮知道大事不好以后，到了最前面一个包厢，那里边坐着一个日本人，他到了那个日本人的包厢，但他没想到张之江的参谋长带着人呢，一个一个包厢地找，最后找到了徐树铮。张之江的参谋长叫张钺，非常客气，给徐树铮敬了一个礼说，专使大人，我们张师长请您下车一叙，没别的意思。徐树铮就推托说，这么晚了，我现在身体不好，也感到很头疼，我就不麻烦张师长了，请您告诉张师长，我们以后有机会再见。专使这样说了以后，参谋长只好带着他的人退下去了。这件事就这样完了吗？

其实根本没完。这叫先礼后兵。不一会儿有一个大汉带了十几个士兵就冲进了车厢，那个大汉命令：来人，扶徐专使下车。

于是当兵的就强行把徐树铮带下了火车，接着徐树铮带的那些随员也被这些士兵押下了列车。这些人关在什么地方呢？就关在廊坊车站的一个马棚里。再说徐树铮被士兵押着，踏着雪走出了车站，一步一步走向了黑暗之中。过了一会儿，在寂静的黑夜里响起了几声枪响，徐树铮就倒在血泊当中，暴尸荒野，时年只有45岁。

2. 陆承武顶缸

徐树铮遇害后，张之江急忙在报纸上发表重要声明，声明他跟徐树铮的死没有任何关系。奇怪的是，与张之江急忙撇清自己的嫌疑不同，有一个人却在报纸上高调声明，说是他开枪杀死了徐树铮，这个人就是陆建章的儿子陆承武！那么，陆承武为什么要站出来顶替杀人真凶呢？

就在徐树铮被杀的第二天一大早，陆建章的儿子陆承武出现在廊坊车站，召开记者招待会，他对记者们说，徐树铮是我陆承武杀的！我是替父报仇！奇怪，徐树铮明明是张之江的部下所杀，怎么这个时候突然又冒出来一个陆承武呢？原来冯玉祥也有所顾虑，他不愿意让他自己或者他的部下背上一个杀害专使的罪名，因此他就想到了陆承武。陆承武你不是要给你爸爸报仇吗？你在天津等着，我们这边一动手杀了这个徐树铮以后，把这个事顶到你头上，说是你自己干的，你替父报仇天经地义，没有任何人能说你什么。所以陆承武到了廊坊以后就把这个消息公布出去了，而且报纸上也就登了。

冯玉祥也不愿意背上这个杀专使的罪名，所以在徐树铮死了以后，他自己还专门给段祺瑞政府打了个电报，说徐专使南下的时候，没想到被奸人所害，要求政府对专使进行抚恤。他打了这么一封电报，实际上也是在试探段祺瑞的态度。段祺瑞接到这封电报以后就把它压下来了，一言不发，就是不回任何字。

这件事对徐树铮的家属，造成了一个极大的误会。他们认为徐树铮生前跟段祺瑞那么好的关系，怎么段祺瑞对徐树铮的死竟然不作任何表态呢？其实你想一想，段祺瑞当时已经岌岌可危了，冯玉祥手握重兵，他的部队就驻扎在北京，段祺瑞还能说什么呢？他是以自己的沉默来进行一种抗议，来进行一种抵制。段祺瑞是一个字没有，也让人感到是有难言之隐。因为他自己也知道，他自己的地位现在已经是岌岌可危了，说不定什么时候就被推戴他的人一脚踢开了。果然，没有几个月即1926年4月20日他就通电下野了，退居天津日本租界当寓公，自号"正道居士"。

段祺瑞下野后离开北京回天津，当列车经过廊坊车站的时候，段祺瑞命令人把车窗打开，久久地凝望着四野，待了有十分钟，老泪纵横，才回到自己的包厢了。这就说明段祺瑞对徐树铮的死是痛彻心扉的。

后来，段祺瑞临终前，告诉他的孙子段昌义："等我死了以后每年你们要祭祖，不要忘了在我的这个灵牌旁边，一定要放上你徐爷爷的牌位。"以后段家就形成了这样一个规定，每年祭祖的时候都要祭拜徐树铮。可见段徐二人的感情之深，绝不是一般交情。

3．子报父仇学法律

徐树铮死后，伤感的不仅是段祺瑞，徐树铮的家人更是痛彻心扉，徐树铮的儿子徐道邻认为：他父亲的死，冯玉祥是主谋，张之江是凶手。所以徐道邻决心尽自己的最大努力让凶手受到惩罚。那么，他为什么隐忍了20年，才向法院控告杀人凶手？蒋介石又为何反对起诉冯玉祥和张之江呢？

徐道邻在他的回忆录《二十年后的申冤》当中是这样写的："冯是一个手握重兵的大军阀，我是一个赤手空拳的孩子，怎么能谈报仇？想要报仇必须努力向上，在社会上有了一定的地位，然后才能做此想。因此我下定了决心，先拿报仇的精神去读书，等书读好了，再拿读书的精神去做事，等事有点成就，再拿做事的精神去报仇。"

徐道邻决心给父亲报仇，以这种精神来进行努力学习，去德国学习法律。为什么要学法律呢？因为他认为民国社会，不管怎么说，应该是一个法制的社会，不能靠打打杀杀，用暗杀的这种手段替父报仇，所以他要等学成归国，用法律作为武器，把仇人告上法庭，将他们绳之以法。经过五年的刻苦钻研，也就是1931年，徐道邻获得了德国柏林大学法律博士这么一个头衔。于是他起程回国，终于可以完成自己的使命了。

回国后的徐道邻并没有将杀父仇人张之江、冯玉祥告上法庭，这究竟又发生什么事呢？

这个时候，中国发生了一件大事，就是"九一八"事变，日本关东军占领了东北四省，这是国仇，国仇大于家恨。因此，必须同仇敌忾，共赴国难。

徐道邻回国后，不久，以法律专家的身份赴南京参加了国民政府的国防设计委员会。在"九一八"事变以后，民族危机空前深重，中国社会的不同阶层都在探索救亡的途径。蒋介石出于增强国力的考虑，秘密地进行了一些抗战的准备工作，其中之一就是创设国防设计委员会。当时社会上出现了学者参政的呼声，许多知识分子采取与政府合作的立场，国防设计委员会为专家学者提供了以自己所学报效国家的机会。蒋介石任国防设计委员会委员长。徐道邻参加了这个委员会的国际关系组。

1935年，徐道邻为蒋介石办了一件事，什么事呢？蒋介石为了阐述中日关系，又不能以官方的名义对外发表，所以以徐道邻的名义在外交杂志上发表了一篇文章，叫作《敌乎友乎？中日关系之检讨》，阐述中日关系到底是敌人还是友人，所以这篇文章发出来以后，引起了各方面的注意。徐道邻也名满天下了。

这时，徐道邻受到了蒋介石的重用。照理说这个时候可以替父报仇了，没想到事情又有新的发展。原来，1935年11月，国民党四届六中全会召开，这个时候蒋介石和冯玉祥捐弃前嫌，共同抗日，冯玉祥出任军事委员会副委员长，而张之江担任中国国术馆馆长。1936年，中国国术馆选拔武术队参加第十届奥运会，声名大震。

抗战爆发以后，冯玉祥以副委员长的身份又兼了第三战区和第六战区的司令长官，而且在抗日第一线大多是冯玉祥西北军的部队，在这种情况下，如果徐道邻为了报家仇状告冯玉祥，对抗战事业来说，对整个西北军来说，将产生一种巨大的负面影响。徐道邻反复掂量，最后决定先公后私，先国后家，把这件事，把这个案子暂时隐忍下来。到了1945年4月，徐道邻的职务又有了新的变化，国民政府任命为他国务院政务处处长，前途一片大好。到了这一年的8月，日本投降了。国仇已经报了，徐道邻就认为这个时候该报家仇了。

4. 自毁前程，替父申冤

根据国民政府1935年1月1日公布的《中华民国刑法》第八十条追诉权，因下列时期内不行使而消灭，犯最重本刑为死刑、无期徒刑或十年以上有期徒刑之罪者，三十年。

犯最重本刑为三年以上十年未满有期徒刑之罪者，二十年。

犯最重本刑为一年以上三年未满有期徒刑之罪者，十年。

那就是说对杀人者的这个追诉权是有时效的，如果过了二十年就自行失效了，就不能再对人家进行起诉了，从1925年12月30日到1945年12月30日就整整20年了。在这种情况下，如果徐道邻再不起诉冯玉祥和张之江，那这个官司就没法打了，他父亲这个公道就讨不回来了。

于是他就毅然决然向重庆地方法院，还向军事委员会递了诉状，状告冯玉祥、张之江杀父。

但是起诉容易胜诉难。我们想一下，首先哪一位法官肯为一个20年前被杀的人，而得罪冯玉祥、张之江这两位高官？另外，还有个知情者就是鹿钟麟，鹿钟麟在抗战时期是兵役部部长，又是国民党中央委员。他可能当证人吗？

其次，冯玉祥和张之江绝不承认这件事是他们干的。因为当时的报纸上已经说明是陆承武替父报仇了嘛，这就是证据。

陆承武是一个最重要的证人。可是由于八年的战乱，这个人跑哪里去了，不知所踪。其他的当事人也都没办法再查找了，这是第二个方面。

所以法院就说，你的证据不足，你拿不出充分的证据来。在这种情况下，徐道邻已经到了一个山穷水尽的地步。

没想到峰回路转，又出来一个隐忍了20年的神秘人物。这个人是谁呢？他就是张之江的军医院院长，他叫段大洪。当时他就在廊坊，就在徐树铮被杀的第二天，他去跪求张之江，说我是徐树铮的学生，我不能看着我老师暴尸荒野，我要替我老师收尸。

他把徐树铮进行了收殓，然后让徐树铮的卫士用骡车，把这个棺材放到骡车上运到了北京的黄寺，后来又想办法运到了老家。这件事被张之江知道后大发雷霆，说我只让你为他收尸，没有让你把他的尸体转运走。

段大洪遭到张之江的训斥以后心灰意懒，从此离开了张之江的部队，吃斋念佛隐姓埋名整整20年，他也在等这一天。当他从报纸上看到徐道邻起诉冯玉祥和张之江以后，他就主动站出来，说他知道当时的内幕，他愿意到法庭上做证人。

这个时候还有一个人愿意出来做证，他就是当年上火车请徐树铮下车的张之江的参谋长，这个人叫张钺。张钺也愿意到法庭上做证。

这样一看，证据够扎实了吧，就在这个时候，军事委员会出面来干涉这件事了。为什么呢？军事委员会的委员长是蒋介石，蒋介石当时有一个政治上的考量。任何法律实际上都是要为政治服务的，如果对政治有害，那你这个法律必须服从于政治。为什么呢？当时正是重庆谈判期间，蒋介石跟共产党正在进行谈判，冯玉祥那个时候跟蒋介石已经有矛盾了，跟共产党关系走得比较近。如果徐道邻出来起诉冯玉祥，可能把冯玉祥这些人推到共产党方面去，那对蒋介石是大为不利的。再加上蒋介石当时已经准备打内战了，他还需要利用冯玉祥原来的部队，还想让西北军做炮灰跟共产党的部队作战。如果你在这个时候，支持徐道邻起诉冯玉祥，或者这个官司打胜了，那你想一想，这个结果会将如何？所以蒋介石虽然跟徐道邻的关系也不错，最后还是选边站队，站在了支持冯玉祥这方面。

5. 告状无门，抱恨终天

因此军事委员会就干涉法院，就是说这个案子不能再审下去了，应该就此为止了。你先把它拖下来，等拖过12月30日，那你就说，这个追诉期已过了。果然，最后法院是以这个起诉状过了追诉期，已经过了20年了为由，这场官司就不了了之了。正是由于军事委员会的暗箱操作，法院就有意拖延这个案子，采取拖延的办法。只要拖延过12月30日，这个案子就等于自动撤销了。果然如此，案子的最后结果是不了了之。

徐道邻为了跟冯玉祥和张之江打官司，毅然辞官放弃自己的大好前程，要为父亲徐树铮讨一个公道，可最终案子却不了了之，但那时他也无可奈何。应该说，徐道邻能做的都已经做了。他能隐忍20年，执着地为父亲的死进行申诉。他虽能毅然决然地起诉位高权重的杀人凶手，但起诉之后的事情，就不是他能左右的了的。那么，对于案件最终不了了之的结果，他的心里又是怎么想的呢？

其实，徐道邻对这个案子的结果，是有心理准备的。他在《二十年后的申冤》这篇文章当中是这样说的："我在递状时，原就担心不会有结果，但是我一定要向社会指出，谁是那个一直躲在他人背后指使杀人者的主凶。他纵然有胆子行凶，但是在二十年后，有人指出他杀人罪行时，他却没有胆子承担。他的这种狼狈的情形，也使我略感安慰。只是含冤二十年，既未能手刃父仇，也未能使犯人正法，终不免抱恨终天。"

输了这场官司的徐道邻，对这个官场的黑暗也是心灰意懒，决心不再从政，在上海教书。后来到了台湾的东海大学，在大学教法律，成了一个法学界的大家。1962年，徐道邻应华盛顿大学之聘到美国去执教。1973年12月24日，由于突发心脏病在美国猝然逝世。

他留有《中国法律史论略》《唐律通论》等著作。他的死也使民国史上这一连串的杀人案件终于画上了一个句号。徐道邻自己是法学的大家，却没有办法为自己的父亲报仇申冤，这对民国司法界来说也是一个巨大的讽刺。

第二十一讲　军统、中统火并大案

韦孝儒被害案
上集

1942年3月的一天，在第一战区所在地的洛阳郊区的一口枯井中，发现了八具被反绑、口中塞着破布的尸体。其中有一具正是失踪数日的河南第十二区行政督察专员韦孝儒。这是什么人干的？为什么要绑架和杀害一个行政督察专员呢？

先讲一下行政督察专员是干什么的。

1932年8月，国民政府行政院颁布《行政督察专员公署暂行条例》，规定省以下设行政督察区。所谓行政督察区类似于现在的省与县之间的地区一级政府机关。

1938年8月进行了调整，从第一区划出开封、通许二县，从第二区划出陈留、兰封、考城、民权、睢县、杞县六县，增设第十二区，专署驻通许县，辖通许、陈留、兰封、民权、睢县、杞县、考城、开封八县，1939年9月，开封县移属第一区。韦孝儒就是第十二区督察专员。

1. 行政专员开会失踪

韦孝儒是什么样的人呢？

韦孝儒（1890—1942），河南杞县人，是河南教育界的重量级人物。早年加入中国同盟会。1913年在河南省立第一中学加入中国国民党。1915年考入北京大学。大学毕业后先后任河南修武、安阳、南阳和安徽六安、立煌、岳西县县长。1937年11月任河南省第二区党务指导专员，开展抗日救亡工作。随着日军攻势的推进，1938年6月3日，杞县被日军土肥原第二师团攻陷。为阻止日军西进，6月9日，蒋介石令炸开花园口大堤，黄河改道，形成大面积的黄泛区。

韦孝儒只身回到杞县圉镇一带，发动睢、杞、陈、通、太等县民众，组建一支十六个大队、五千余人枪的抗日武装，给日军以不小的威胁。曾经在圉镇召开军事会议，令第二区属区队长裴志纯率领县南各大队进攻杞县城，另一支队由赵协中带领攻打陈留，还有一支南下攻打太康，韦孝儒亲自率领所部进攻通许。数日之内，先后克复陈（留）通（许）杞（县）太（康）四县城，受到第一战区司令长官程潜赏两万大洋的嘉奖。韦孝儒因此升任河南第十二区行政督察专员兼通许县长，辖通许、尉氏、陈留、杞县、民权、开封、睢县、太康八县。韦孝儒带领所属部队在敌后黄淮平原一带，陇海铁路两侧从事游击战，据守黄河防务，不仅拒日寇西进，而且保障了后方的安全，尤其对大后方进出沦陷区情报工作人员更有接应掩护的作用，但也得罪不少"自己人"。

1942年3月14日，河南省政府一年一度的行政联席会议在洛阳召开，河南各地县的专员、县长汇集洛阳，3月15日，全天会议，韦孝儒在大会发言，介绍了整顿专区和查扣走私物品的经验，他并没有点名，只是说：今后不管是谁，哪怕是天王老子搞不法买卖，我照样不给面子。

坐在台下的军统负责人赵理君认为韦孝儒公开向他叫板，如坐针毡。坐在他身旁的军统河南站少将站长、第一战区长官部调统室主任岳烛远，眼见得赵理君的脸色变得猪肝一样发紫，暗暗替韦孝儒捏了把汗。当时注意到赵理君脸色难看的还有军事委员会西安行营办公厅的少将艾经武。

艾经武与韦孝儒很熟，会议休息时，提醒说他"脸黑"，意思是不能像包黑子一样六亲不认。韦孝儒却认为我就这样，看谁敢拿我咋样！

韦孝儒有着刚直不阿、疾恶如仇的个性，却毫无意识到死神正悄悄向他逼近。

2. 枯井埋尸，震惊朝野

当时，参加会议的人员都被安排在洛都饭店住宿，只有豫东专员韦孝儒未在指定地点住宿。因为他是洛阳复旦中学的校董，又与该校校长郭兆曙是好友，两人正好秉烛夜谈，于是就没有去安排好的饭店，而是带着两名卫士去洛阳复旦中学下榻。

洛阳复旦中学创办于1932年6月，由时任河南省省长韩复榘牵头，校址选在圆觉寺原贫民小学，挂牌这天有国民政府主席林森、监察院院长于右任、考试院院长戴季陶，以及省长韩复榘、洛阳博古斋老板李壁甫等知名人士出席揭牌典礼。洛阳复旦中学校董会和历届校长开明进步，面向全国公开招聘各科教师，后来入职的这些教师大部分都是国立名牌大学的毕业生，是当时洛阳最好的中学之一。

当晚，在该校内还有教务主任南西光和训导主任丁次镛，以及一个门卫住在宿舍内。

就在这个月黑风高的夜里，一群蒙面大盗翻墙而入，将学校中的八个人统统绑架。

代理校长南西成在该校的同学录序文中沉痛地写道：

"民国三十一年三月十五日，即本期第六周星期日晚十一时左右，本校遭遇最大不幸事件，校长郭明新（兆曙）、教务主任南西光、训导主任丁次镛等门人，突失踪迹，余于次晨六时始得消息。"

南西成就是文中提到失踪教务主任南西光的哥哥。除了序文中提到的这三人外，另外同时失踪的还有五人，分别是：河南第十二（豫东）行政督察专员韦孝儒、韦孝儒的两名护卫、学校门岗以及另一名教员。这就是当年轰动全国的大事件"豫东专员案"。

凶手将绑架的八人带到西工飞机场附近的野地里残忍地勒死，并将尸体扔入一口废弃不用的枯井之中，匆忙在上面修筑了一个简易工事。

第二天上午开会前点名，韦孝儒缺席了。如此重要的会议韦孝儒竟敢不参加，第一战区司令长官蒋鼎文拉长了脸，省长李培基听说韦孝儒等人下榻复旦中学，急忙派人去找，只见他们住的屋子凌乱不堪，随身带的枪支还在，人却毫无踪影。

韦孝儒等人被绑架失踪的消息使整个洛阳城笼罩在一片恐怖的气氛中。

这样一位抗日有功人员为什么会遇害呢？有人散布谣言：不是八路军就是土匪干的。也有人预测是军统干的：军统河南站站长岳烛远和军统骨干艾经武在私下聊天时，岳远烛说了一句意味深长的话："这案子不难破，大致都能猜出是谁干的。"意思是这件事一定与军统有关。矛头暗指赵理君。

赵理君何许人也？

赵理君四川蒲江人，军统金牌杀手，戴笠的爱将，他曾为军统立下"赫赫战功"。赵理君早年曾是热血青年，中学毕业后，当了一名小学教师。1926年考入黄埔军校第五期，参加过1927年广州起义，失败后逃回家乡，继续教书。曾任县民团局教练，在此期间加入共产党，组织过暴动。失败后潜赴南京投奔戴笠，入洪公祠特训班，成为一名"行动"专家。此人最大的特点是心狠手辣，杀人不眨眼。抗战前主持过杀杨杏佛、史量才；抗战爆发后最大的一桩案件就是在上海主持刺杀了国民党元老、民国第一任总理唐绍仪的行动。虽然刺杀行动完成的无可挑剔，但唐绍仪毕竟没有公开投靠日寇，因而惹恼了一批党国大佬，他们要求国民政府惩凶。蒋介石心知肚明，为了安抚党心，除了优恤唐绍仪之外，也严厉告诫戴笠行动要小心。但赵理君却居功自傲，洋洋自得地以为军统上海区区长非己莫属，没想到戴笠却将此职位给了他的老兄弟王天木，顿时惹恼了赵理君。

戴笠为安抚赵理君，只得将其调到第一战区任少将编练专员兼洛阳专区行政督察专员，主要任务是严密控制从河南到山西的黄河渡口，防止八路军的物资从黄河渡口过河，再进入山西根据地。

赵理君利用手中的权力，在其控制的黄河各渡口，以检查为名，敲诈勒索，胡作非为。稍不遂意，轻则打骂，抢劫财物；重则将人打死投入黄河毁尸灭迹。徐恩曾的中统人员多次夹杂其中搜集情报，竟也被赵理君打死后投入黄河。中统特务南西成经过调查，得知是军统所为，多次向中统河南调统室主任甘舍棠汇报人员失踪情况，由于缺乏有力的证据，只得徒呼奈何。

后来，赵理君又兼任国民党军事委员会华北战地督导团督导专员，这个督导团是戴笠于1938年10月伙同天主教神父、比利时人雷鸣远建立的，其成员除天主教徒、军统分子外，还吸收了许多土豪、红枪会徒，以及地痞流氓，在豫东沦陷区及晋东南一带活动，气焰嚣张，连司令长官蒋鼎文也侧目而视，省主席李培基更是敬鬼神而远之。赵理君以抗日为幌子，更加胆大妄为，与日本人勾结，从事毒品走私等活动，大发国难财。

3. 韦孝儒结怨军统

赵理君手下的军统人员与日军搞走私，须从杞县的黄河渡口经过，自然绕不过韦孝儒的防区。而韦孝儒对走私物品尤其是鸦片采取严查严处，断人财路，自然而然就会遭到军统人员的仇视。

1941年底，在杞县渡口，韦孝儒的保安队查到了十多位便衣人员走私的大批鸦片，当场就要扣押。不料，对方毫不示弱，纷纷掏枪，态度还十分嚣张，亮出了军统和曹银屏的牌子。

这个曹银屏是何方神圣？此人正是军统赵理君手下专门负责走私鸦片的别动大队大队长。检查人员见对方是军统的人，自然怯了三分，连忙请示公署专员是否放行。

没想到韦孝儒脸一黑："人可以放，货统统没收！回去告诉曹银屏，再有下次，就不是这个结果，货定查没，人须正法！"

曹银屏的人丢了货，害怕不好交代，于是将韦孝儒如何不放过军统人员的事情添油加醋，特地将中统牵扯进来，说韦孝儒的后台是二陈兄弟，要不给他三个胆也不敢与军统作对。

韦孝儒属于CC系，与陈立夫、陈果夫兄弟的关系不错。他写得一笔好字，遒劲有力，形似汉唐，闻名遐迩。二陈兄弟掌握国民党中央组织系统后，对韦孝儒很器重，陈立夫在抗战时任教育部部长，因韦孝儒是河南教育界耆宿，对他也十分敬重。

听说是中统的人没收了自己的鸦片，挡了自己的财路，赵理君火冒三丈，把枪拍到桌上，有初一就有十五，早晚落在老子手里让你死得难看。

赵理君为何发这么大脾气呢？这还得从中统与军统的矛盾说起。

1928年蒋介石利用二陈兄弟，成立了中央党部调查统计科，成功地进行了"清党"之后，陈立夫志得意满，招兵买马，扩展他的特务王国。

一天，徐恩曾气急败坏地来找他告状："这活没法干！蒋公根本不信任我们，他派了一个叫戴笠的人，抢了头功，把我们跟了一个月的共党人员抓走了。"

陈立夫听后愤愤不平。但以他的海归学养，还得维护领袖的威望，于是循循善诱："我们的工作可以说是党的耳目，人身上的眼睛和耳朵都是成双的，所以党的耳目也可以有两个，相辅相成，有益无损！"

尽管对下属是这样安抚，他还是忍不住去问蒋介石："有个叫戴笠的，在外声称是奉了您的命令在做调查工作，究竟有没有这个事？"

没想到蒋介石倒扭捏起来："唔唔，有的，我有时候要他去查一两件案子，并没有特别的组织。"

陈立夫万万没想到，还真存在着一个有实无名的特务组织。这个隐形组织为什么不在册？经费来源是从哪儿出的呢？

原来，这是蒋介石的私人特务组织。蒋自己掏腰包给马仔戴笠，组织一个专门为他搜集情报的"密查组"。成立之初，只有十几个人，七八支枪，就连办公地点都没有，还是哥们儿胡宗南讲义气，将鸡鹅巷53号的一座两进院落，即第一师驻京办事处免费让戴笠使用。蒋介石给的经费是有限的，于是这些人只能打地铺、吃油条。但他们还都挺能折腾，没日没夜地工作，戴笠的发家就从鸡鹅巷里这座不起眼的院子里开始了。

当满城的夏蝉还在拼命鸣叫时，"九一八"事变爆发了。蒋介石的政策是"攘外必先安内"，遭到党内党外一片反对，蒋介石眼看捂不住，决定以退为进，于是就下野了。

临走前，蒋介石让戴笠压缩编制，成立"联络组"，只给了十个名额，被戏称为"十人团"，这些元老级人物后来都成为军统的骨干。蒋介石还批了3000元白条，戴笠去领钱，军政署回答：蒋已下台，已不好使。

蒋介石下野前，还布下一颗重要的棋子，即让他的一群黄埔弟子筹备成立一个类似希特勒纳粹冲锋队的团体。

一个多月后，蒋介石竟然复出，重回南京。他迫不及待地召见滕杰、贺衷寒、康泽等大弟子们。这些高足异口同声改口称校长为领袖。蒋介石将该团体命名为"三民主义力行社"。力行社下设总务、组织、宣传、特务四个处。

一天晚上，蒋介石在陵园别墅召见戴笠说："特务处长由你负责。"戴笠惺惺作态："这么多黄埔前几期老大哥在，哪里轮得到我来任处长？"

蒋介石说："这不要紧，一切有我，不必考虑其他，主要是你有无决心？"

戴笠即向蒋介石表态："就黄埔关系，你是校长，我是学生；就革命关系，你是领袖，我是部下；我只有坚决服从命令。"

几天后，蒋介石正式颁发任命书，戴笠说："今天接到命令，我的头就拿下来了。干得好一定让敌人杀，做不好让领袖杀！"

1932年4月1日，力行社特务处在南京许家巷正式成立，由原联络组扩充而成，后来军统局将这一天定为创业纪念日，每年4月1日都要举行纪念会，简称"四一大会"。特务处的经费由力行社拨发，但每月不过数千元，干不了大事。

4．中统、军统相互争宠

此时的中统却风生水起，由于在1931年4月下旬，在汉口抓住中共特科负责人顾顺章，很快顾顺章就当了叛徒，使在沪的中共中央机关大伤筋骨，周恩来等中央领导不得不迁往苏区。中统得到了蒋介石的嘉奖和大力扶持，财大气粗的徐恩曾在南京瞻园成立了特工总部，让戴笠好生眼红与妒忌，发誓要与之一争短长。

1932年9月，军事委员会成立调查统计局，局长是陈立夫，军统局收编了戴笠的特务处，重新整合，组建了三个处：

第一处是由以徐恩曾为首的调查统计科人员组成，有数千人。办公地点设在瞻园。主要工作是对付共产党。

第二处处长戴笠，为特务处班底，只有150多人。办公处设在鸡鹅巷、许家巷，负责监视日本间谍、汉奸和共产党，调查军队中的反对派。

第三处处长丁默邨，负责监察邮电，后并入军委会特检处。

戴笠的人马被陈立夫"招安"，最大的好处，是将戴笠的秘密组织由地下转入了地上。力行社特务处，原是一个政治性的秘密组织，不能公开化；并入军委会调统局第二处，可以堂而皇之地列编支费，其经费问题得以解决。在指挥权上陈立夫对戴笠是有名无实的，到后来时机成熟后就分道扬镳了。蒋介石对其特务系统所运用的"分而治之"的"两条腿走路"方针是贯彻始终的，这也为两统之间的矛盾与火并埋下了导火索。戴笠有了充足的经费，铆足劲儿与中统比试高低。

1933年3月，日军进攻热河省，长城抗战爆发，华北局势危机。日军一方面动用了大量兵力进攻长城古北口、喜峰口与冷口，杀向关内；另一方面使用间谍，分化瓦解华北当局，最阴的一招是秘密扶植大汉奸，希望组织所谓"华北国"，使该地区沦为第二个东北。北平军分会委员长何应钦为之手忙脚乱。

此时，戴笠亲赴北平，指导郑介民，实行"北国锄奸"计划，北平、天津两军统站联手，王天木、陈恭澍、白世雄等人通力合作，一举将藏在六国饭店中的大汉奸张敬尧刺死，成功瓦解了"华北国"的阴谋，迫使日军与华北当局签订了《何梅协定》。这一回合，军统不输中统。戴笠也让蒋介石更加对其重视，后来居上，特务人员迅速增加，内勤外勤组织机构扩张，在国内设立华中、华东、华南、华北四大区，各省都建立特务站，又兼并了邓文仪的南昌行营调查课的人员和各省联络点，兵精粮足，人员达到一千多人。

徐恩曾并非庸人，他与戴笠一样，十分工于心计，其阴险毒辣，不在戴笠之下。因此，就内部驾驭来说，徐虽然一派儒雅气质，言谈举止全无戴笠那种张牙舞爪的样子，但中统的高级骨干仍然对徐十分畏惧，原因就在于特务们十分了解徐的为人，一言不合，就可能带来后患。就外部环境来说，徐恩曾经营中统十余年，"反共"有功，蒋介石初时对他的信任不亚于戴笠，在CC系内部，他与二陈的关系之深，也是CC系其他分子所不能及的。

正是由于两统为邀宠，互相拆台，所以矛盾越来越尖锐。抗日战争爆发后，戴笠的第二处正式独立出来，成立军统局，这样军统人员更加趾高气扬，也就有了赵理君一怒之下，痛下杀手，让曹银屏解决韦孝儒。

下集

1942年3月中旬，曹银屏得知韦孝儒要来洛阳开会的消息，认为报仇的时机到了，立即向赵理君请示，赵理君只是让他们"便宜行事"。15日晚，曹银屏带人悄悄抵达洛阳复旦中学，翻墙进去后，冲进韦孝儒的房间，将韦孝儒和他的秘书、副官等都控制住，为防止消息外泄，索性一不做二不休，将该校校长郭兆曙、教务长南西光和一体育教员一起绑架并勒死，不留活口。曹银屏等将八个人杀害后，埋到西工附近的一个枯井之中。

1. 东窗事发

当曹银屏等人匆匆做完后，一大早就赶往赵理君住处，将尚在梦中的赵理君唤醒，报告了事情的经过。赵理君这才意识到事情的严重性，八个人都杀死了？这也忒狠点了吧？韦孝儒是陈立夫的人，他死了，二陈不会善罢甘休，何况中统特务南西成的哥哥南西光也在死者之列，更让他倒吸了一口冷气，这次直接杀到中统的门里去了，徐恩曾决不会置之不理。于是他叮嘱曹银屏，把几个参加行动的人员立即都派到黄河对岸的中条山去。只要没把柄抓在中统手里，来个死不认账，警察局抓不到凶手，死无对证，这件案子就不会落到自己头上。

没想到百密一疏，几个参与行动的凶手竟然被捕了。这也太神了吧？警察局是怎么破案的呢？

原来，这次的事闹得太大了，第一战区司令长官蒋鼎文不敢怠慢，立即开会商议此事。前来参加会议的有：河南省政府主席兼河南省保安司令李培基，军统局河南站长、第一战区长官部调统室主任岳烛远，中统河南调统室主任甘舍棠以及洛阳市警察局局长，还有河南省许多军政要员。军统第一战区少将编练专员兼洛阳专区行政督察专员赵理君也匆匆赶到会场，打探动静。

会上，警察局局长介绍了案件现场的情况。经过勘察和分析，他认为这是一伙有组织的人员干的，带有政治色彩，因为如果是土匪，绑了肉票，劫了重要物品，决不会连韦孝儒等人的枪支都不要。估计十有八九属于政治报复。

行政专员是国民政府委任的地方官员，在省政府开会期间被人绑架，省主席李培基感到极大的压力，而第一战区司令长官蒋鼎文也被打脸，于是一方面报告重庆，另一方面悬赏重金以期早日破案。几天后，蒋鼎文接到洛阳航空站站长张明顺的报告，说在洛阳飞机场南端有口枯井，最近忽然被人用土填平，他感觉有些蹊跷。联想到与韦孝儒失踪日期相近，便立即向上级反映情况。省政府命洛阳行政区专员李杏村亲自督员掘井探查，井掘开后很快便从中挖出8具用绳索背绑着手的尸体，当时天气还比较凉，尸体腐烂得并不是很严重，经验证正是这次失踪的韦孝儒、郭兆曙、南西成等8人。验尸结果表明这些人均是活埋窒息死亡。蒋鼎文听到汇报后大为震怒，严令驻洛阳各军警机关及军统河南调统室主任岳烛远，限期缉拿凶手。

这件事立即在洛阳不胫而走，在市民之间引起恐慌。省长李培基不敢隐瞒，立即向重庆国民政府进行汇报并通报蒋鼎文。消息传开后震惊中原。《河南日报》《河洛日报》《行都日报》《中原日报》等各大报刊均为此事发了号外，河南省党部和教育界人士纷纷上街游行，要求严查，一时间全国舆论哗然。

蒋介石闻讯也感到震惊，此案如果不是日本间谍所为，谁还有此胆量？联想到军统与中统的二虎相争，会不会是军统人员做的呢？为早日平息舆论，他亲自给河南省府及司令部发来电报，并电令戴笠亲自破案。正在甘肃巡视的戴笠接到命令后急忙赶赴洛阳，限期侦破此案。

戴笠也怀疑是自己人所为，不敢怠慢，于是坐着小飞机赶到洛阳，一下机就召集赵理君、曹银屏等人，问这件事是不是他们干的。赵理君早与曹银屏订好攻守同盟，来了个坚决否认。戴老板放心了，了解案情后，他召集驻洛阳的军统所属各个组织的负责人开会研究破案工作。戴笠要求下属们一定要与军、警、宪等部门密切配合，并服从蒋鼎文司令长官的指挥。会上还正式任命第一战区长官部调统室主任岳烛远为联合侦破纵队的总负责人。之后他飞回重庆，向蒋介石汇报，说绝无军统参与此事，有可能是共产党方面干的，请校长一百二十个放心，已安排军统人员全力配合破案。

蒋介石却十分高兴，如果是共党所为，那就求之不得，可以证明他的"限制异党"政策的正确性和前瞻性。

赵理君却任凭风浪起，稳坐钓鱼台。参与命案的人员早已被他安排出了洛阳，死无对证。他心安理得，与他相好的一个姘头整日花天酒地，沉醉不醒。

但是，谁也没想到，那几个杀手，竟然又悄悄溜回洛阳来了。这又是咋回事呢？原来，在行动前，曹银屏曾许给参与行动的人员加官晋爵的大愿。没想到这些人奖金没拿到，却被发配到敌占区中条山去，难不成想借日军的刀来杀人灭口？再加上中条山里太艰苦，吃不到喝不上，于是这几个人擅自主张，又折返回来，昼伏夜行，等到了洛阳早已身无分文。于是其中有个人便把从韦孝儒等人身上取下来的怀表，拿到当铺里去当几个钱。

他们也低估了中统多年的办案能力。南西成的亲哥遇害，死得不明不白，到底是谁干的，猜也能猜个八九不离十，他和中统河南调统室主任甘舍棠一商量，撒出便衣，在当铺、饭店和大车店等处秘密蹲守侦查。

卖表的人走后，便衣便从当铺中拿回怀表，正是韦孝儒的那块。于是又跟踪到大车店，见几个不明身份的家伙，正狼吞虎咽地大吃大喝，嘴里还骂骂咧咧，说曹大队长说话不算数，卸磨杀驴之类的话。于是立即通知警察局，派人包围了大车店，将这伙人悉数缉拿归案。一打一审，竹筒倒豆子，全都招了。于是蒋鼎文命令警察局立即逮捕了赵理君和曹银屏。

2. 赵理君之死

1942年5月的一天，设在重庆曾家岩蒋介石官邸内的军事委员会委员长侍从室，来了一位重要人物，他就是陈果夫。

陈果夫负责国民党党务，兼侍从室第三处处长。第三处设在南温泉的中央政治学校内。一清早，趁日军轰炸机还未飞到重庆的这段时间，他专程赶到曾家岩来向委员长告御状，神色凝重地将一份卷宗放到蒋介石的办公桌上。

此时，蒋介石的办公桌上还有另外一份文件，是教育部部长陈立夫要求严惩在洛阳震旦中学绑架杀害河南教育界耆宿、河南第十二区行政督察专员韦孝儒的凶手的呈文。

蒋介石看完陈果夫呈送的文件后，勃然大怒，一拍桌子："赵理君胆大妄为，原来还是日本间谍。着即严惩为要。"

赵理君是什么人？蒋介石为何要亲自下令枪毙？而陈果夫的这份调查材料究竟写了些什么呢？

徐恩曾当即向二陈进行报告，这件事牵涉到军统残杀中统人员，何况还有韦孝儒、南西光在当中，河南省和全国教育界也都义愤填膺，要求立即严惩凶手，为韦孝儒等人报仇雪恨。

蒋介石叫来戴笠，把电报直接掷到他脸上，大骂戴笠和赵理君蒙蔽领袖，一定要严加惩办。戴笠哀求道："赵同志一向对党国对领袖忠心耿耿，以前许多大案都是他亲自主持的，没有功劳还有苦劳，目

449

前正是多事之秋，用人之际，望校长对学生网开一面。让他戴罪立功也是好的。"蒋介石不置可否，也认为赵理君毕竟是自己的学生，能拖则拖，等风声过去，再做道理。

曹银屏立即被处死，其余人也都受到相应的处罚，只有赵理君暂时被押在第一战区军法执行总监部牢房中，有戴笠交代蒋鼎文照顾，入狱以来，一直过着较为安逸舒适的生活。后被移送第一战区西安的后方基地关押。

徐恩曾也没闲着，他当即命令中统河南调统室主任甘舍棠和南西成等人加紧搜集赵理君在河南残害中统人员的罪证，一并上报。

此时陈立夫代表教育界要求严惩凶手，否则人心惶惶，谁能安心教书育人，完成党国抗战建国的大计？戴笠眼看按压不住，向蒋介石要求：用家法处置赵理君。

陈果夫得知后，坚决不干。他根据中统提供的情报，说出赵理君与日方勾结，属于日本间谍人员，以枪支换鸦片，向日军提供情报，并将杀人凶手安排到日本占领区的种种事实。

一句话，中统就是要置赵理君于死地，以打击军统日益扩大的势力。

戴笠在重庆多方想办法救赵理君；然而身陷囹圄的赵理君仍然不省事，为了尽早出狱，他发了一封电报上呈蒋介石，历数自己为领袖除掉几位心腹大患，例如杨杏佛、史量才和唐绍仪等人的"功绩"。这些大案并不光彩，军统人员都讳莫如深，居然赵理君还表功、揭老底，等于公开说明这些案件都与最高当局有关，怎能不让蒋介石搓火？

戴笠眼看保不住赵理君，搞不好还会让舆论把矛头对准自己引火烧身。于是落井下石，说自己瞎了眼，不知道赵理君已经为日本人办事，成为日本间谍，一定要为团体清除这匹害群之马。

蒋介石当即用毛笔在文件上批道："着即审判，将杀人犯赵理君等处死刑。"

第一战区接到命令，只得组织军事法庭，判处赵理君、曹银屏等死刑。

赵理君死后，戴笠非常难过，在军统部下面前还流下眼泪，厚恤赵理君的家人；命令沈醉将赵理君的尸体运至成都，厚葬在龙泉驿军统烈士公墓之中。戴笠心里对赵理君是有愧疚的，当年把上海区长让给了王天木，让赵理君坐冷板凳他心里肯定不痛快，而后来王天木又投降了汪伪"76号"，狠狠地打了自己的脸，早知如此何必当初？我不杀伯仁而伯仁却因我而死，岂不让自己内部人议论？因此，每次去成都戴笠都要亲自去吊唁赵理君，鲜花醇酒，还用手绢捂着脸，都是做给活人看的。当然，戴笠心里清楚，他绝对不是二陈兄弟的对手，于是将矛头对准中统的掌门人徐恩曾，发誓此仇不报誓不为人。

1943年，中华民国国民政府发文褒恤韦孝儒抗战有功："河南省第十二区行政督察专员韦孝儒，效力革命，夙矢忠勤，历于豫省党务及剿匪工作，建树殊多。抗战军兴以后任职豫东，率队转战，艰险备尝。兹闻遭匪杀害，轸惜良深。应予明令褒扬，以彰忠尽。此令。"

徐恩曾洋洋得意，长出了一口恶气。在这一轮较量中，中统完胜，狠狠地打击了戴笠的力量，认为从此戴笠就要夹着尾巴做人了。只要蒋家天下陈家党还在，戴笠就难再掀动大浪来。

3. 厮杀仅仅是开始

徐恩曾万万没想到的是，军统与中统公开撕破脸就从韦孝儒被害大案开始了。戴笠的报复计划已经开始了。

戴笠的眼睛时刻注视着徐恩曾和中统的一举一动，就像狼一样死死盯住它的猎物，找出破绽，伺机反攻。但想斗垮徐恩曾谈何容易呢？

中统"假钞案"

徐恩曾领导中统组织长达多年,在中国现代史上是与戴笠齐名的特工大头目。

就出身来说,徐恩曾生于浙江吴兴,与国民党官僚陈果夫、陈立夫、朱家骅、张静江等都是小同乡,并且与二陈有表亲关系。毫无背景的戴笠与之是不可比的。但是,也正是因为这一点,徐恩曾既受到二陈、朱、张等人的援手,也受到他们的制约,中统的一应大事,都要先向二陈等人报告,得到他们同意后,才能签报蒋介石;有一些事情,只能通过二陈等人代转代达,徐难以亲自面蒋报告。这就使徐恩曾与蒋之间隔了一层,蒋、徐的关系也就难以亲密。比较之下,戴笠对军统的一应大事,均直接面蒋汇报,不容他人插手,久而久之,蒋、戴之间形成默契,自然是徐恩曾所望尘莫及的了。

1. 徐恩曾、戴笠之比较

就文化程度来说,徐恩曾比戴笠要高出一大截。徐于20世纪20年代初即毕业于上海南洋大学电机系(上海交通大学前身),旋即自费留学美国麻省理工学院,学习电机工程。回国后,初任南京交通技术学校办公室主任,以后得到陈立夫的援引进入中统。而戴笠仅上了一年高中即被开除,并且是个品行很差的坏学生。这从当时重视学历的国民党用人体制来说,徐恩曾自然比戴笠更有一种优越感,其思想深处当然不仅仅以当一名鹰犬为满足。戴笠在相当长的一段时间内不但安心于本职工作,而且对蒋有一种知恩图报之感,因而在蒋的心目中,始终把戴笠看成是比徐恩曾更优秀的特工人才,着意进行培养。

在开创特务工作的局面方面,戴笠完全是靠自己在艰难条件下的拼搏奋斗,才开创了军统的一代盛世。因而戴对军统发展的每一步都有一种亲切且温馨的回忆，他把军统组织看成自己的化身和禁脔，是决不肯让他人染指插足的。徐恩曾经营中统组织则是得力于陈立夫、叶秀峰等人的开创，他对中统的感情在思想深处是可去可留的。

徐恩曾是留过洋的新派人物，思想深处有一定的民主意识。他外表温文尔雅，前额宽阔，戴金丝边眼镜，面孔白皙，微笑时面部还有酒窝，看上去完全是一个大学教授的模样。徐操着上海方言很重的普通话，对懂英语的人则喜欢用英语谈话，冬季则爱穿长袍，平时则穿中山装或西装。

徐恩曾在驾驭特务的手法上多少还能照顾尊重特务的人格，对部属很少发脾气骂人，尤其是对叛徒很"谦和"，中统特务们都认为徐是"温厚长者"。戴笠则是一副魔王的尊容，凶狠霸道、飞扬跋扈，对下属动辄训斥打骂，甚至关押枪杀，毫无体恤怜悯之心。但是，也正因为这一点，戴笠更能适应蒋介石那种对特务工作的家奴式的统治驾驭方法。蒋对戴或打或骂，跪地板、扇耳光，可以随心所欲，发泄内心怒气，而毫无顾忌，加之蒋戴都是出身江湖，脾气、性格、气质相近，说话办事容易投机。但对徐恩曾却不能做到这一点。由此，蒋与二人的亲疏之感，也就立见分晓。

戴笠认为，陈果夫、陈立夫兄弟和蒋介石的关系以及在朝中盘根错节，势力雄厚，一时难以撼动，于是退而求其次，先从徐恩曾下手。如果能将其拉下马来，也就等于打垮了中统。

从1943年开始，戴笠逐渐调整布置力量，开展"倒徐"活动。果然，只用了两年不到的时间就将徐恩曾整垮。这在CC系内部及中统上下引起了一片恐慌。

徐恩曾是一个很复杂、矛盾的人物，一方面，他受过西方民主制度和新科技的教育，崇尚现代文明；另一方面又有浓厚的法西斯主义思想。在徐恩曾的寝室内，除放满英美出版的科技书刊外，最显眼的就是《曾文正公全集》。他有时还在中国工程师学会的刊物上发表文章，并对国际新科技的发展了然于胸。平时，他既会开车，也会修车。由此可见，徐恩曾既是一个浑身浸透了封建主义毒汁的人，又是一个向往资本主义科技文明的人。这就导致徐对蒋的效忠，是区分场合的。在政治上是死心塌地，绝无二心。但在生活上，则保持一定的独立性，不肯完全失去自己的个性。相比而言，戴笠对世界新科技一窍不通，对资本主义的民主制度也不以为然，亦不知人性、人格为何物。而他对希特勒、墨索里尼、希姆莱这些法西斯主义分子以及中国历史上的许多封建暴君、奸雄却有浓厚的兴趣。戴笠对蒋介石的忠诚不讲任何条件，无论是政治上、生活上，只要是蒋的好恶，他无不反复揣摩，以求一宠。

因此，徐恩曾的倒台，既是戴笠不遗余力地攻讦所致，也因他自己的诸多举动触犯了蒋介石的大忌而自取。

常言说，不怕贼偷，就怕贼惦记。戴笠"惦记"上徐恩曾，以牙还牙以眼还眼。戴笠是个睚眦必报的狠角色，在与中统的争斗中，白白损失一员爱将赵理君，岂可善罢甘休？然而要扳倒树大根深的中统也并非易事。于是他下令各地所部，盯紧中统的所作所为，戳其蹩脚，伺机置其于死地。而徐恩曾却沉浸在胜利的喜悦和麻痹之中，不知倒霉的日子却在前面不远处等着他呢。

果然，一起特大的"假钞案"发生了。

2．军统查获"假钞"

戴笠的"倒徐"行动首发于一起"假钞案"。

1943年，军统重庆三斗坪检查哨截获了一辆满载钞票的专车，由中统人员负责押运，钞票经送中国银行验明，真是中国银行的钞票。但是这批巨额钞票的票号早在抗战初期即已全部注销作废。那么，被注销的钞票怎么又运回了战时陪都重庆呢？

原来，1938年10月初，日军逼近武汉，国民政府各机构西迁重庆，水、陆、空运输一时十分紧张繁忙。当时，中国银行一辆满载新钞票的大卡车，在途经湖北宜昌某地一个村庄时，遇上日本飞机轰炸，押运人员和司机于惊慌失措中竟然弃车徒步逃走。由于运钞车丢失，押运人员辗转到达重庆后，向中国银行谎报汽车汽油已经耗尽，不能继续行驶，加上日军追兵将至，遂将运钞车焚毁，等等。中国银行信以为真，乃将该车所载全部钞票号码报请财政部注销，并通报各分支银行备查。没想到该批钞票后来被中统湖北省调查统计室发现，乃报请局本部指示处理办法。徐恩曾是个见钱眼开之人，接到报告后不假思索，指示湖北省调统室派专人将所有钞票运送重庆，目的是混入市场流通；结果连人带车和满车的钞票统统落入军统检查人员手中。戴笠闻报，知道这是一批已经注销的假钞票，大喜过望，立即以"中统局偷运假钞案"向蒋介石亲上签呈。

1943年10月，蒋介石下手令给宪兵司令部军法处，将押运员判处死刑。徐恩曾意识到此案如果不搞清楚，无疑是落在军统手中的把柄，戴笠日后决不会善罢甘休，迟早是一个祸害，于是向中国银行查询：钞票既非伪造，何以又注销。经中国银行询问原押运员和司机后，才弄清原委。

恰在此事之前不久，有中统特务发现经济部某职员有共产党嫌疑，徐恩曾得知，如获至宝，马上下令重庆区特务到经济部抓人。由于正值上班时间，那个被抓职员在部内大喊："特务抓人啦！"于是引起大多数职员反感，纷纷大声抗议，围住特务不让他们把那位职员带走。特务的无法无天，惊动了部长翁文灏，他出来斥责特务，致使特务的逮捕行动失败。翁文灏十分愤怒，认为不通过部长抓人太不尊重人格，马上到蒋介石那里告了徐恩曾一状。

蒋介石极为恼火，认为中统行动粗鲁，不讲究策略，影响了国民党的威信，下令中统今后"不得捕人"，并将徐恩曾找去严加申斥。一波未平一波又起，现在又凭空冒出个"假钞案"，徐恩曾如何敢到蒋介石面前去进行申诉？只好转请二陈出面斡旋。二陈老于江湖，熟知蒋介石的脾气，此案牵涉到中国银行、财政部一系列人员的失职问题，故迟迟不敢向蒋进言。一直拖到押运员死刑执行期限的最后一天，才硬着头皮趁蒋介石出席中央党部总理纪念周大会的机会，向蒋陈述了"假钞案"的来龙去脉，好在这批注销的钞票并未流入市场扰乱金融秩序，蒋介石方才同意从轻发落。

然树欲静而风不止。"假钞案"刚刚处理结束，中统的"伪钞案"又被军统抓住。这又是怎么回事呢？原来1943年底，军统浙江省缉私处处长赵世瑞发现从杭州来的两艘商船满载私货，内中还夹带200万元新法币，商船船主持有中统局所开具的证明文件。

赵世瑞早已得到戴笠的指示，但凡发现中统方面涉嫌走私的线索证据，一律扣留，严加审查。赵世瑞于是不管三七二十一，将该船连人带货全部截住，一边向戴笠报告，一边把钞票送中国银行检验，结果确认这些钞票是伪币。戴笠闻报又是一阵兴奋，立即指示对押运员、中统特务高子文、夏伯良、程憾严刑讯问，押运员如实俱报：钞票是中统安徽屯溪场口利通公司经理沈春霖等人命令运到后方的，至于钞票的来源，只知领取地点，具体情况不详。戴笠不肯放松，下令赵世瑞反复调查，始终无法核实。后由戴笠转请杜月笙利用通济公司上海负责人徐采丞与日方上海特务机关的关系，才弄清原先上海中华书店曾代国民党中央银行印制钞票10元法币铜版，在上海沦陷前运到香港中华书局保存。香港沦陷后，铜版被日本特务机关得到，又再次运到上海进行仿印。印成的钞票由日军特务机关的渊上用1元伪储币（中储券）比40元膺品法币的价格，一次性出售给中统利通公司上海安利办事处200万元，再由该办事处运回重庆，交徐恩曾。戴笠把这件事原原本本汇报给蒋介石，于是，蒋一方面命戴笠把中统押运员高子文、夏伯良、程憾及具体负责购买伪币的中统人员程士范等关进重庆土桥军法执行总监部看守所；另一方面把徐恩曾找去大骂一顿，严令他彻查此事。此时，蒋介石心中再次动起撤免徐恩曾的念头。

3. 徐恩曾"不务正业"

1941年春，经蒋介石侍从室三处主任陈果夫、中央党部秘书长吴铁城推荐，徐恩曾兼任交通部政务次长。蒋为此召见徐恩曾，明确告诉他，这个安排是要求他利用职务之便，推进特工活动。但徐恩曾不听招呼，企图以此作为进身之阶，向政界发展。同时，二陈也认为徐恩曾此举是一种"猎官"行为，有离心倾向，有背叛CC系之嫌，也不肯再为他在蒋面前说话。本来，徐恩曾在国民党五全大会上以仅次于陈立夫的高票当选为中央委员，早已使CC圈子里的人为之侧目。加之，徐恩曾因"猎官"的需要，放松了对内部的控制和对共产党活动的监视，这些都给戴笠留下了把柄。

徐恩曾与戴笠最大的区别在于：徐恩曾虽然长期从事特务工作，但内心却看不起特务这个职业。平时，他宁愿特务们称呼他为"徐先生"，而不愿被称呼为"徐局长"。

徐恩曾自当上交通部政务次长，他又很喜欢特务们称他为"徐次长"，一些有来头的特务刚进中统，徐在接见时常说："调查统计这个名词，没有什么不好，但很多人不愿进调查局；将来你们如不愿意长期在局内工作，我可代为安排到经济部或交通部、邮政储金局等一些部门。"这说明徐恩曾不但自己以特工为耻，而且对别人不安心于特务工作也表示同情、理解，并愿意提供帮助。而戴笠不但以干特务工作为荣，把全部身心投入到特务活动中去，而且最痛恨特务跳槽，规定所有特务都要把特务工作作为终身职业，声称"生的进来，死的出去"。

1944年，国民党中央党部内发现"总裁不裁，中正不正"的标语，蒋介石闻报大为震怒，令徐恩曾彻查俱报。徐恩曾使尽浑身解数，终一无所获。

蒋介石申斥徐恩曾工作不力，有失职守，并认为他多年来企图"猎官""不务正业"，见异思迁，是导致中统工作质量下降的结果。

由于徐恩曾内心看不起特务工作，所以他企图通过向上爬达到摆脱中统的目的，并表现出对政治的浓厚兴趣。这就又犯了蒋的大忌。兼任中统局长的中央党部秘书长朱家骅与另一位中统副局长郭紫峻联手向蒋参了徐恩曾一本，更使徐在中统内部处于不利地位，从而注定了徐迟早必垮台的命运。

除了政治上的原因以外，徐恩曾在经济上的所作所为也与戴笠大相径庭，因而加速了他的垮台。抗战时期，大后方物价飞涨，国民党机关的一般小职员仅靠薪水生活是相当清苦的。即使中统机关，也不能幸免。徐恩曾又没有戴笠的那些便利条件去搞走私、贩毒品、印假钞，当然也是囊中羞涩。偏偏徐恩曾又是个极势利、极吝啬的小人，处处在经济上算计中统特务，以贪污自肥。他在中统搞什么"联谊会"，从特务们的工资中强制扣发百分之十的月薪作为基金。结果这些钱被徐弄去办农场、商场，所得全部落入徐的腰包。徐和妻子费侠出差时在外饮食，叫下属掏腰包，而自己一毛不拔。

徐恩曾的这些所作所为，导致了中统内部的离心离德，不少有真才实学的特务自谋出路，跳槽到其他部门，有的中统特务则暗中向蒋或二陈告发徐的劣行，弄得蒋很有些看不起徐的品行。

在这一点上，戴笠的做法恰恰与徐恩曾相反。戴对手下的特务虽然严厉，但在生活上却十分关照，工资定得相当高，额外津贴、奖金也十分优厚，平时更是注意抓伙食改善，甚至经常抽出时间下厨房，检查特务们的膳食情况，或者亲自到大厨房与特务们一起就餐等等。如此，特务们不但不肯离开军统，而且都能拼命工作，以求得到更多的奖金和津贴。因此，即使徐恩曾的个人生活享受，比起戴笠来，简直有天壤之别，但是，徐的内外名声却比戴笠更为恶劣。

徐恩曾可谓根底深厚，实力很大，然何以失宠于蒋介石，一败如斯？从根本上来说，徐恩曾的这些性格特点不能见容于蒋介石。蒋所需要的是戴笠那种家奴式驯顺的法西斯鹰犬。况且戴笠早就在暗中搜集整理材料，在关键时刻，数次给徐恩曾以痛击，徐败下阵来，是可以预料的。

早在1943年，蒋介石就已经有意撤换徐恩曾，后由陈布雷通过徐的好友侍从室第四组组长陈方传出话来，要徐专心中统工作，毋触蒋怒。徐也为此安心了一段时间，这才避过风头。不过，这时蒋已不放心徐，在徐身后又安排了顾建中、郭紫峻两个大特务任副局长，以便对徐起抑制作用。与徐的心猿意马相比，戴笠不但安心军统工作，而且谢绝加入国民党，谦让中央委员，多次向蒋解释"过去一心追随校长，不怕衣食有缺，前途无望，入党不入党，决不是学生要注意的事，高官厚禄，非我所求"。并说"只要校长信任，就感到莫大的光荣了"，一切"唯校长信任是图，'党官'二字是无所谓的"。加之在当年的一次"官邸甲种会报"中，蒋介石突然向徐恩曾、戴笠询问河北、山东等省敌后解放区的情况，徐恩曾因事先无准备，结果张口结舌，支支吾吾，昏昏然不知其所以然。反之，戴笠却在事前通过唐纵掌握了蒋的腹案，做了充分准备，当即夸夸其谈地说出了一大套。至此，蒋认为徐"不务正业"，辜负了自己对他的信任。

4. 徐恩曾老婆走私案

徐恩曾垮台的导火索源于其前妻和子女走私案。徐恩曾的三房妻子中，原配是一位旧式妇女，抗战期间一直住在上海。二房叫王素卿，是东北人，本在国民党中央组织部任干部，1938年因费侠而与徐恩曾离异。对于徐恩曾来说，与费侠的结合，不单纯是一种男女情色关系，还具有一种政治关系。

徐恩曾的第三房妻子费侠，是留俄学生，中共叛徒。当初，二陈反对他们结合，徐则非要娶她不可。二陈见不能改变徐的主意，则搬出蒋介石来。蒋特意问徐恩曾："你对这个女人有把握吗？她是受共产主义理论毒害很深的人，能说会道，你不要看简单了。"徐竟拂逆蒋意，表示宁愿不做官，也要娶费侠。蒋介石见此情形，想想自己也有过三房妻子，将心比心，此事不在公事之内，尽管心里不痛快，只要徐兢兢业业工作，也不好过于勉强徐恩曾的私事，也就由他去了。

费侠表面上不参与徐恩曾的"公事"，实际上是徐的一个重要幕后参谋，徐的很多主意皆出自费的策划，也有很多活动由费一手组织实施，因而，徐认为费侠是他的"贤内助"。然而，许多事情是利弊相连、祸福相倚的。对于徐来说，一些事情得之于费，亦失之于费，其中最大的失策是为了能与第二房妻子王素卿办理离婚手续，对王作了许多让步。王本是一个很厉害的知识妇女，在中央组织部工作，各方面的人事关系熟悉，很有些"两肋插刀"的壮士愿为她打抱不平，徐恩曾平时就惧怕她几分。在办理离婚手续时，为了能取得王的允诺，不免作了许多让步。王素卿与徐离异后，即带着自己的子女居住在成都，在徐恩曾部属的协助下，倚仗徐的权势，大搞走私贩运、囤积居奇、放高利贷等种种违法活动，牟取暴利。徐本来是知道王素卿的这些活动的，但因自己把王抛弃，内心有愧，也就对此事睁一只眼闭一只眼，任其胡作非为，以求心理平衡。

1944年，王素卿以徐恩曾交通部政务次长的名义，成立了一个汽车运输公司，用自备的货车走私进口西药、五金、布匹等短缺物资，大搞投机倒把活动。王的这些活动情况早被戴笠布置的特务——搜罗整理起来。又因这时，王素卿经营走私物资的一名汽车驾驶员因酗酒伤人致死，在社会上引起公愤，戴笠把这些事统统密报于蒋，攻击徐恩曾暗中指使王素卿利用交通部的权力，走私国家战略物资，扰乱市场，并纵容手下爪牙弄权作势，伤人致死，有损党国和领袖的声誉等等。徐恩曾在这段时间里多次受到蒋的面斥，这是过去中统全盛时期从来没有过的。徐已知自己升官无望，灰心之余，转而按其妻费侠的主意，凭其权势大做不花本钱的生意，挪用中统的特别费在重庆开办了酱园、豆腐坊，在郊区办农场，在成都、昆明等地创办汽车公司搞运输，在中印缅国境线走私物资。徐的这些活动，都被戴笠详加调查，一一俱报给蒋。徐恩曾本来气数已尽，怎经得起如此数案并发？

5. 一朝被贬，"永不叙用"

1945年1月，蒋介石终于勃然大怒，立下手令免去中统局副局长徐恩曾的"本兼各职"，"永不叙用"，并将手令交中央党部秘书长吴铁城和中央组织部部长陈立夫执行。中统局上下听完吴、陈二人的传达后，有的感到愤怒，有的感到沮丧，全局上下议论纷纷，惶惶不可终日，更有的特务不知所措，号啕大哭。

蒋、戴之为人做事历来都是不留后患的，徐的中统局副局长、交通部政务次长被撤免后，开始尚留了一个中央执委的空衔。与徐相交甚好的吴铁城出于怜悯照拂的心理，曾派徐恩曾以中央执委的名义去贵阳等地视察，并出席贵州省党部"纪念周"，在会上讲了话。戴笠为防止徐恩曾东山再起，将"徐恩曾用中央党部名义在外招摇撞骗"的材料通过侍从室的渠道向蒋密报，蒋看到这份材料，立即将吴铁城申斥一番，并下令由吴铁城将徐召回，并严厉规定"今后徐恩曾不得再做任何政治活动"。随后在国民党召开的六全大会上，蒋以总裁身份正式提出六届中央执监委候选人名单，除叛国投敌及死亡者外，其余百分之九十九的五届中央执监委员都被列入六届候选人名单，唯独特意将徐恩曾圈掉，而以张国焘接替。至此，徐恩曾才知道15年的反共之功已不能平息蒋的震怒，自己在政治上的道路已走到头了。

戴笠"倒徐"成功，本该庆幸一番，然而戴笠"倒徐"后，内心不喜反忧。一方面，徐恩曾垮台，中统迅速衰落，戴笠顿失对手，工作起来反而缺乏过去那种源源不断的激情；另一方面，戴笠从徐恩曾的垮台亦联想到自己今后的命运，担心自己的下场反不如徐恩曾幸运。

只怕蒋介石到时为了杀人灭口，以应付舆论，借自己的脑袋一用也未可知。如此一想，戴笠不禁起了兔死狐悲之感，心中始终有种说不清、道不明的情绪难以排遣发泄，并开始认真思索起自己的退路来，这就是戴笠后来打算出国考察的最初想法。

第二十二讲　审判日本战犯酒井隆

上集

抗战胜利以后，中国陆军总司令部设立审判战犯军事法庭，从1946年5月30日开始审理日本战犯。被告人为酒井隆中将和高桥坦中将。酒井隆这个人为蒋介石和何应钦所不容。何应钦说过如果中国只有一个日本战犯，那就是酒井隆；如果所有战犯都能特赦，也必须枪毙酒井隆，这究竟是为什么呢？

1. 酒井隆罪行累累

酒井隆（1887—1946），日本广岛人，陆军中将。早年在日本陆军幼年学校、陆军士官学校和陆军大学毕业，是日本军人中的少壮派，从陆军中尉升至中将，是以其毕生精力从事侵华运动的死硬分子。1919年来华，任日本驻北京公使馆武官辅佐官，1921年1月任日本参谋本部部员，1925年任日本驻汉口武官，1926年任近卫兵团第二联队大队长，1927年任日本驻济南武官，1929年任日本天津驻屯军步兵队长，1932年任日本参谋本部科长，1934年任中国驻屯军参谋长，后任步兵第二十三联队联队长，1937年后任步兵第二十八旅团旅团长，1938年任日本驻蒙军附，1939年任兴亚院联络部长官，1941年后任第二十三军司令官。在对华侵略战争中，唆使部属违反人道，以及违反国际惯例，实施种种暴行……

酒井隆与土肥原贤二、梅津美治郎同为日本侵略政策之主要人物。

参与阴谋计划，从事特务工作，搜集各种有关情报，并积极策动军事政治经济种种侵略。

酒井隆究竟干了些什么，令蒋介石、何应钦深恶痛绝呢？

2. 济南惨案的始作俑者

1928年，蒋介石率军进行"二次北伐"，向奉系军阀展开进攻，兵临济南，奉鲁军张宗昌率残部北逃。国民革命军的北上严重威胁日本在中国北方的利益。

4月16日中午，日本驻济南武官酒井隆少佐密电日军参谋总长铃木庄六："北军形势正日益变得不利"，"卑职认为帝国决心出兵的时机已经成熟"。（参谋本部：昭和三年支那事变出兵史）17日，日本政府就作出了出兵山东的决定。19日，日军参谋总长铃木即向近卫师团师团长谷川直敏、第六师团师团长福田彦助及中国驻屯军司令官新井龟太郎中将发布了关于派遣军第六师团及临时济南派遣队的第一号命令和第一号指示，命令从国内派遣第六师团，临时派遣电信队，临时派遣铁道队。第六师团的任务：在青岛登陆后，实施对济南及胶济铁路沿线的军事占领。在第六师团到达济南前，令中国驻屯军司令官新井龟太郎迅速组成步兵三个中队，实施对济南的军事占领。在国民革命军未进占济南前，日军就出兵山东，做好了武装干涉的准备。

4月21日，驻天津的中国驻屯军三个中队在小泉中佐的率领下，开到济南，对商埠地区实行占领。4月25日，第六师团先头部队在青岛登陆，次日，该师团第十一旅团先遣队开到济南，其余部队陆续在青岛登陆。4月29日，第六师团师团长福田随即率军开到济南。

5月1日晨，国民革命军第四军方振武部和第四十军贺耀祖部占领济南。

5月3日晨，日军寻衅，开枪射击中国军民，引起双方冲突。酒井隆暗中指示日本特务在中日军队对峙中放枪，借机扩大事态，并宣称有

464

数百日本侨民被杀害，虚报数字23倍之多，并急电军部要求下令攻击。当日下午，日军第六师团用大炮和重机枪轰击济南城内稠密居民区和北伐军的驻防地，并沿街放枪，恣意屠杀市民和士兵。日军强行解除北伐军一部7000余人的武装，占领邮政局、电报局等中国机关。赴日军司令部交涉的黄郛也被日军无理扣押达18小时。当晚11时，酒井隆还指使数十名日军闯入国民党山东省交涉公署，剪断电话、电灯线，将国民党山东交涉员蔡公时及17名公署职员全部捆绑起来。蔡公时等人据理力争，痛骂日军的卑劣行径，怒斥日本强盗。日军极其残忍地将蔡公时等人的耳、鼻、舌、眼剜下来，又断其腿臂，然后用机枪将蔡公时等18人全部杀害。随即，日军在济南城内大肆屠杀中国军民，凡遇穿制服者或成群民众，即开枪射击，制造了震惊中外的"济南惨案"。据不完全统计，在"济南惨案"中，中国军民共死伤4000多人。

酒井隆作为一个小小的武官竟制造了这么大的惨案，实属罪大恶极。

3. 分裂华北的种种阴谋

（1）唆使李际春等暴乱

李际春，字鹤翔，回族，直隶丰润南关人，是一个失意的北洋将军。国民革命军打到北平后，蛰居天津日租界。1931年"九一八"事变后，日本又策动"华北自治"，派土肥原贤二大佐来天津任特务机关长。经天津驻屯军步兵队长酒井隆引荐，李际春与土肥原一拍即合。土肥原正式委任李际春为便衣队总司令、张璧为副司令，公开招募游民以及地痞流氓等两千多人，于1931年11月8日，由李、张二人率领在日本租界海光寺（日本驻屯军兵营）集结，11时许，首先出动便衣暴徒百余人，试图向华界警察发动袭击，随后，又有数百名暴徒自日租界冲出，分头进击河北省政府、天津市政府及天津公安局，开枪乱射，进行武装暴乱。时任天津军政负责人东北军第二军军长兼河北省主席王树常，以及天津市市长兼公安局局长张学铭，采取了强硬措施，驱散了这群请愿者，并逮捕了61人。11月9日，李际春亲自率领200余人的敢死队，在海光寺日本驻军的迫击炮掩护下，冲到华界东浮桥，企图抢占公安局，驻军坚决予以回击，李际春和他的敢死队狼狈退入日租界。此次暴乱，到18日始告敉平。李际春又协助日本主子，趁乱把溥仪从天津劫持到大连去了。

（2）谋杀李明岳与朱晓夫

1934年至1935年间，酒井隆在驻屯军参谋长任上，在天津日租界须磨街耕余里一号，设立暗杀机关，唆令其党羽二宫吉野谋刺了国民党天津市党部书记李明岳和《申报》驻津记者朱晓夫。

（3）刺杀马占山与于学忠

1934年2月，酒井隆唆使暗杀团在天津英租界先后谋刺马占山将军和河北省主席于学忠。马占山将军自江桥抗日后，在汉奸张景惠的诱逼下，参加伪满洲国筹建，并就任伪黑龙江省长等，后在黑河组织抗日救国军，被日军打散后，出国避难，从苏联经德国、意大利，又经新加坡、中国香港到达上海。并于1934年回到天津，住英租界46号路燕安里40号二楼。酒井隆指使日本特务企图炸死马占山，被天津公安局侦知，通知河北省主席于学忠，于学忠立即照会英法租界协助破获，酒井隆阴谋破产。他曾经三次收买汉奸暗杀于学忠，都未得逞。

4.《何梅协定》的罪魁祸首

1933年日本与中方签订《塘沽协定》，不仅达到了占领中国东北的目的，而且将冀东的大片国土划为日军自由出入地区。日军并没有因此而满足，反而得寸进尺，继续制造事端，以图进一步占领华北。当时日军的目标集中在河北省政府主席于学忠、国民党河北省党部、中央军在华北部队、宪兵二团三团和蓝衣社等身上。

1934年8月，酒井隆调任中国驻屯军参谋长，他秉承驻屯军司令官梅津美治郎的命令，积极从事侵略华北的阴谋活动。他的目的很明显，就是企图使华北五省脱离南京国民政府，分别成立五个单独的自治政府，以便像伪满洲国那样，脱离中国，臣服于日本。

1935年5月，酒井隆和高桥坦调集炮兵及空军威胁平津，逼迫中国军政当局：罢免河北省政府主席于学忠、天津市市长张廷锷；撤退第五十一军及第二师、第二十五师与宪兵第三团；取消河北党部及政治训练处等，并主张华北五省应脱离中央独立行使政权。那么，酒井隆是企图怎样让华北党政军机关等脱离中央政府控制的呢？

1935年5月3日，在天津日租界内，有伪满洲国背景的《振报》社长白逾桓与《国权报》社长胡恩溥在一夜之间被人暗杀了。

驻屯军参谋长酒井隆与日驻北平武官高桥坦合谋挑事，5月11日，高桥坦至北平中南海军分会访晤委员长何应钦，指明白、胡等人被刺，是"蓝衣社"即军统所为。何应钦当即解释："白、胡被刺事件，因系发生在日租界，我政府无从明了其真相。"高桥坦认为，"暗杀白、胡，与蓝衣社、宪兵特务队均有秘密关系，冀省当局知之有素，若不严加制止，恐引起事态之扩大"。此时，日方又提出遵化县长何孝怡庇护并接济孙永勤部的问题。孙永勤是热河抗日义勇军之一部，有3000余人，由于受到日军攻击，遂越过长城进入遵化、迁安一带。但根据1933年中日所订《塘沽协定》规定，遵化、迁安均在停战线之内，中国军队不能开进，所以孙永勤所部要求遵化县长提供接济，日方认为中方违反了《塘沽协定》。

在日本的威逼下，5月25日，省主席于学忠宣布河北省政府迁往保定。29日，天津驻屯军发表措辞强硬的公报，称：此类事件的发生，可使日军武力进入长城以南，并置平津两城于停战区之内。同日，高桥坦与酒井隆以关东军与华北驻屯军代表身份，访问何应钦，提出四项十一款的质问。

内容为：

甲、平津现为扰乱日满根据地，中国政府是否知情？

天津发生胡、白暗杀事件，查与中国官厅确有关系，政府是否知情？

中满国境仍有义勇军受过官厅委任接济，近如孙永勤曾受遵化县接济，并指示逃走途径，政府是否知情？

乙、因此提出以下之质问：

反日集团究为蒋委员长指导，或何部长指导，或中国政府指导？

此种责任究何人负责？

丙、特预先通告两点，请中国方面注意：

（一）对日满之骚乱行为，如仍以平津为根据地，继续发生，日方认为系破坏停战协定及辛丑条约，停战区域或将扩大至平津。

（二）对与日军之关系者，白、胡之暗杀，日军认为系中国之排外举动，及向驻屯军挑战行为，如将来预知或有类此事件之情事，日军为自卫上断然之处置，或再发生庚子事件，或九一八事件亦不可知。又照停战协定，须中国方面无扰乱日满行为，日军始自动撤退长城之线，如再发生骚乱日满行为，日军可随时开入战区，中方不可不知也。

酒井隆对以上补充个人意见：

蒋委员长对日之二重政策，即对日阳表亲善，暗中仍做种种抗日之准备，如此政策不根本改变，以后演至何种程度，殊不可知。

于学忠为扰乱日满之实行者，张汉卿（张学良）之爪牙，仅迁保定，于事无补，中国政府应自动撤调。

宪兵第三团、河北省市党部、军分会政训处、蓝衣社似以撤退为宜。

最好将中央军他移。

如以上诸点能办到，中日关系或能好转。

酒井隆咄咄逼人，当着何应钦的面，指名要求他罢免宪兵第三团团长蒋孝先、团副丁昌、军分会政训处长曾扩情、蓝衣社河北办事处处长何一飞等人。何应钦表示，凡在军分会职权范围以内之事，当努力办理。当天晚上，何应钦就向国民党中央提出报告，并称"究竟如何应付之处，祈迅赐示遵"。

第二天，即30日，迫不及待的酒井隆命令天津日军开始进行军事威胁，日军公开到中国机关前拍照并做羞辱之态，一个连的日军在装甲车内，机关枪、轻炮等排列在河北省政府门前示威，日机飞临平津上空低飞侦察。酒井隆公开威胁："日军一切已准备完毕，随时均可动作。"

何应钦两电蒋介石与汪精卫请示对策。经过考虑，蒋、汪决定对日方作有限度的让步，以免日方借口挑起大的战祸。于是酒井隆5月29日的要求，中方大部分已主动办理。但是，酒井隆等还不满足。

6月4日，酒井隆和高桥坦再次闯入中南海，态度极为蛮横，质问何应钦对日方要求所采取的行动。何应钦答复称已经罢免了蒋孝先等3人，解散宪兵队第三团特务处等7项。酒井隆当即又提出将于学忠免职，从天津撤走国民党河北省党部，调走北平的宪兵第三团，解散抗日团体及调走驻天津的第五十一军这五条要求。何应钦当即作了答复，天津发生白胡暗杀事件，其地点在日租界，系地方临时发生事件，我政府如何知情？孙永勤部窜遵化、迁安，我政府当即令警团协同围剿，业已将其击溃。至于日方说遵化县接济一事，如查有实据，自当照律惩罚。于学忠主席中央已决定他调，数日内即可发表。宪兵三团蒋孝先、政训处长曾扩情等已撤职，蓝衣社根本无此组织。

酒井隆表示不能满意，又提出新的要求：（1）于学忠之罢免；（2）河北省市党部之撤退；（3）军分会政训处及宪兵三团之他调；（4）类似蓝衣社之抗日团体之撤退；（5）五十一军他调。

酒井隆还要求中央军自河北撤退。如不撤退，日本军部对华北及全中国均有最大之决意，及充分的准备。何应钦答复："即向中央报告！"酒井隆竟大发脾气，骂骂咧咧地出了门，没走几步，即解开裤带，不避周围众人，当院小便起来。一个日本大佐，竟敢对中国上将如此无礼，直接藐视何应钦的尊严。

从4日到8日，中方采取了一连串的措施以满足酒井隆的要求。

6月7日，关东军调兵至古北口、山海关等长城一线，显示向平津推进的态势。

6月9日，酒井隆、高桥坦约见何应钦，态度傲慢粗鲁，无以复加。何应钦的侍从拿出茶点招待酒井隆与高桥坦，酒井隆却把茶点摔掉，大喊："我们不是为吃点心来的，快叫何应钦出来！"当何应钦出来后，酒井隆又使出流氓无赖的手段，他把鞋子脱掉，放到谈判桌上，然后盘腿坐在椅子上，向何应钦递交了日本华北驻屯军司令官梅津美治郎拟订的"备忘录"，要求国民政府将宪兵第三团、军委会政训处等撤出华北。以上机构都是蒋介石为加强对华北的控制而设，阻碍了日本使华北脱离国民政府而实行"自治"的阴谋。酒井隆还要求国民党中央军撤出河北，并罢免对日本态度强硬的河北省主席于学忠，并不时地用佩刀敲打桌子，要求何应钦按照日方拟订的条约签字。何没有答应，酒井隆大为不满，临走前竟在门口撒尿。何应钦对日本驻北平使馆武官辅助官冲野亦男问道："这就是日本军人的礼仪吗？这难道就是日本的道义吗？"

6月10日，酒井隆、高桥坦第三次去中南海面见何应钦，何应钦告以中国政府已承诺日方各项要求。高桥坦竟手持觉书，要军分会副组长转交何应钦。

470

觉书译文：

一、中国方面对于日军所承诺实行之事项如左：

于学忠及张廷锷一派之罢免；

蒋孝先、丁昌、曾扩情、何一飞等之罢免；

宪兵三团之撤去；

解散军分会政治训练处及北平军事杂志；

对日方所称妨害中日两国邦交之秘密组织，如蓝衣社、复兴社等加以取缔，且不容其存在；

撤退河北省内一切党部，撤退励志社北平支部；

第五十一军撤出河北省；

第二师第二十五师撤出河北省，第二十五师学生训练班解散；

禁止中国国内全面性之排外与排日。

二、为以上诸项之实行，左列附带事项，亦须并予承诺：

1. 与日方所定之条款，应于所规定之时间内完全履行；对于有再度渗入之嫌疑，或有妨害中日关系之人物或组织，不得重新进入。

2. 日本希望中国于任命省市职员时，应选择不致妨害中日关系之人物。

3. 对于约定事项之履行，日方得采取监视及纠察之手段。

6月13日晨，何应钦预料酒井隆、高桥坦会进一步逼其签署觉书，于是率少数随员搭乘平汉线火车南下，避开了酒井隆。

7月6日，何应钦正式复函梅津美治郎，在送来的"备忘录"上签了字，表示愿意接受日方的各项要求，全文为："6月9日酒井隆参谋长所提各事项均承诺之，并自主地期其遂行。特此通知。"

这就是酒井隆炮制《何梅协定》的经过，这份协定使中国军队从华北撤出，而日军则不费一枪一弹侵占了中国平津一带的军事要地。而且，就是河北省市官员人选都要经过日本的承认，受日本指挥，干涉中国的内政，是可忍孰不可忍。

《何梅协定》不仅对国民政府是丧权辱国，对何应钦更是奇耻大辱，因此，对蒋介石与何应钦来说，酒井隆必杀！

下集

日本战犯酒井隆在《何梅协定》中起了关键性的作用。《何梅协定》达成之后，国民政府失去对华北的统治，使日本侵占华北有了一个有力的抓手。正是由于酒井隆不遗余力地进行侵华行动，他的军阶和职务才不断变化和升高，而他对中国人民所犯下的战争罪行也越大。

1. 酒井隆在侵华战争中的罪恶

1937年3月，酒井隆被任命为日军第十四师团步兵第二十八旅团旅团长，同时晋升为少将。"七七"事变后，中日爆发全面战争。8月，为了便于指挥作战，酒井隆所部被编入华北方面军序列，属于土肥原第十四师团第二十八旅团，向北平及涿州、保定以南地区进犯。1938年4月初，第五战区浴血奋战，取得台儿庄战役胜利，司令长官李宗仁准备扩大战果，进行徐州会战。5月8日，酒井隆率部侵入山东济宁地区，并控制了黄河渡口。11日，攻占郓城。尔后，第二十八旅团主力渡过黄河，从金乡方向南下，一路烧杀抢掠，相继占领了兰封、考城、内黄、开封、中牟等地，抄了徐州中国军队的东退之路。随即，蒋介石调集数万大军进行兰封会战，要消灭酒井隆，但还是失败了，酒井隆部夺取开封，占领中牟。关键时刻，第一战区所部遵蒋介石命令炸开黄河花园口大堤，以水代兵，酒井隆部被困于洪水之中，加上国民党空军对其轰炸，使其损失惨重，酒井隆包括师团长土肥原均被调离作战部队。

1938年7月，酒井隆担任日本驻张家口特务机关长，负责对蒙疆地区情报工作。12月，日本政府设置了"兴亚院"，负责对华事务。酒井隆任兴亚院蒙疆联络部长官、驻蒙军军附等职。

蒙疆地区包括察哈尔、绥远大部即山西北部，酒井隆一方面大力收集内蒙古、察哈尔、绥远、山西等地的军事、政治、经济各种情报，另一方面大搞经济侵略。日本称这一地区是"东亚共荣圈内唯一的畜产资源供应地"，是"羊毛、煤炭、兽皮等重要资料的宝库"，策划成立了"蒙疆联合自治政府"和"北支那开发株式会社""蒙疆电业株式会社""蒙疆电气通信设备株式会社""国际运输公司""东亚烟草公司""蒙疆造纸公司""蒙疆不动产株式会社""蒙疆兴亚株式会社"等经济机构，垄断内蒙古、山西和河北张家口地区的煤炭、金融、石油、电力、盐、畜产品、粮食、烟草、水泥、木材等重要行业，把掠夺的资源不断输送回国，通过这种掠夺和剥削的方式，来支持日本不断扩大侵华战争。

2. 酒井隆纵兵广东

1941年11月，酒井隆被任命为驻广州的日本第二十三军司令官，赴任之后令其部属矢崎督导广东省伪政权、组织"和平军"；同时积极训练部队，准备进攻香港。

酒井隆在这一时期在广东之罪行：

（一）扶植伪政府

1941年11月，酒井隆任第二十三军司令官，唆使部下、广州特务机关长矢崎，不遗余力扶植广东伪政府。

（二）屠杀及强奸

1940年11月至1943年3月，在广东南海对余汉谋部的战斗中，纵部在天竺村、文岗村、上望村、横岗村、沙头乡等处屠杀村民无数，其有姓名可考者一百四十余人。

1942年11月15日，纵部在广东琼崖文昌县南文村屠杀年老村民十余人，其中有农民邢谷梅夫妇二人，均五十余岁，被用刺刀刺入腹部，继以菜刀剖开腹皮，痛极呼号，惨不忍闻，而日军则大笑取乐。同时焚毁民房五十余间，将财物洗劫一空。

1942年8月6日，纵部在广州黄沙天兴将村妇欧阳刘氏毒打后投入水中溺死。

1942年2月，纵部在南海沙溪乡将村民李辉灌水炙火并吊打，投入海水中复用枪击毙。

1942年8月28日，纵部在广东三水县附近山谷中实行强奸妇女，计日兵十四人轮奸少妇二人，继用刺刀戮毙之并剖开一少妇之腹，使鲜血流出，以饲军犬。

（三）对平民施以酷刑

1940年12月至1942年9月，纵部在广东南海下思洲平地乡周边村、颜村、沙头乡、南边村，广州惠福路，番禺同官社乡、沙甬保等处对贫民肆施酷刑，致重伤者有李永根等十九人，致死者有卢永昌等三人。

1942年6月15日，纵部在广州黄沙用铁棍殴打一怀孕六月之村妇马合氏，致其重伤流产。

（四）流放平民

1941年11月至1943年3月，纵部在广东南海金溪天竺村、文岗村、灶冈古村、上望村、新村等处流放村民，尽驱出境。

（五）抢劫

……（略）

（六）破坏财产

……（略）

3．酒井隆在香港的罪行

12月2日，日军大本营给中国派遣军下达攻占香港的命令。

12月8日凌晨3点51分，坐镇广州的第二十三军司令酒井隆中将正式收到日军参谋总部的开战命令。4时下令第二十三军飞行队于上午7时20分轰炸香港，第三十八师团越境向九龙进攻，香港之战拉开帷幕。

伊东武夫少将指挥第三十八师团第一线部队在炮兵部队掩护下，于深圳附近分兵两路，向深圳—新界边境推进。12月13日九龙半岛全部为日军占领。

12月17日20时整，第二十三军指挥所下达了登陆作战命令。18日，日军第二遣华舰队在港岛南面出现，佯装从南侧登陆，干扰英军判断。20时40分，第三十八师团三个步兵联队以炮兵密集火力作掩护，开始渡海作战，选择从香港岛北岸的太古、北角等地登陆，经过一小时战斗，日军第一批部队在付出重大伤亡后登陆成功。当晚，守军以固定设防的部队和机动部队，在坦克配合下与日军在登陆场附近展开肉搏和巷战。在当夜的激战中，日军相继占领鲤鱼门要塞、西湾炮台，并向南大潭及浅水湾推进。

19日上午10时左右，日军第二三〇联队占领了西旅指挥所。从12月20日至25日，双方展开了激烈的战斗。12月25日下午，日军发起总攻，第二十三军飞行队及全体炮兵对英军阵地集中轰炸和炮击，英军主要阵地相继丢失，重武器所剩无几。同时日军还占领了香港岛黄泥涌贮水池，切断了英军水源，其先头部队已攻进香港市区，守军弹尽粮绝，英军司令玛尔特比感到再也无法抵抗，港督杨慕琦决定"停止抵抗"，并于17时50分派军使前往第三十八师团与日军师团参谋长阿部大佐商谈投降事宜，18时20分港督杨慕琦亲自到第三十八师团司令部，正式表示无条件投降，19时整与第二十三军司令官酒井隆在九龙半岛酒店签订了《停战协定》。

酒井隆在香港犯下的罪行有：

（1）1941年12月19日，酒井隆纵部在香港筲箕湾香岛道抢劫俘房饰物并屠杀英皇家陆军医队队员英人毕汉、屈特、牛顿、毛汉、威廉、麦花、杜尔、力特、蓝基理、哈利臣、凯利等及一名印兵、五名华籍担架队员共十七人，其手段系用刺刀向被害人颈背等部位乱刺并用枪射击致死，证人亦系被害人，当时被刀刺颈部扑地，乘夜日军不备，由尸丛中逃出，将目击情形历陈。

（2）1941年12月19日，酒井隆纵部在香港筲箕湾天主教循道会附近屠杀俘房多人，奥罗夫医生亦在那儿，其屠杀手段系将俘房双手反缚，驱至山上水坝旁排立，用刺刀自背后猛刺毙命，图窜逃者均被枪击毙。

（3）1941年12月19日，酒井隆纵部在香港赤柱屠杀俘房多人，内有英军古士林及麦克次尼，被用刺刀当场戮毙，义勇军琳凯捷则被日军蹴踢头部致死。16岁之加籍兵被刺未死，旋被押往他处。又虐待俘房璧曹，被日军以利斧砍伤颈项。香港义勇军与加拿大部队二三十人被日军以钢盔击其首或以枪托殴击，酷虐手段无所不用其极。

（4）1941年12月19日，酒井隆纵部在香港黄泥涌坳虐待迎降之红十字救护队队员，始将各人殴打，继而捆缚，并将红十字符号撕毁，押往前哨救护站。见证人乘机脱逃。

（5）1941年12月19日，酒井隆纵部在香港栢加山屠杀军医队队员多人，均反缚双手，并以绳套系颈部，押至栢加山西麓，在小谷中斜坡上排立，枪声一起，则纷纷倒毙，罗臣准将亦在内。

（6）1941年12月18日至1942年1月之第一周，酒井隆纵部在香港西环炮台连续屠杀俘房24人，其中知姓名者有郭、潘、何、刘、曾，见证人掩埋尸体时见该处遗尸累累，均双手反缚被刺刀戮毙，有炮手麦当诺尸身在内。

（7）1941年12月十七八日，酒井隆纵部在香港鲤鱼门连续屠杀俘虏30余人，仅见证人一人被刺重伤未死。

（8）1941年12月22日，酒井隆纵部在香港黄泥涌至渣甸山途中虐待俘虏，枪击足蹴剑棒齐施，继命各俘去靴跣足而行，并有二次命各俘排列以种种武器佯作射击姿势。迨押抵北角集中营，各俘足砥皆裂，其有伤重不能行走者即被刺杀途中。

（9）1941年12月24日至26日，酒井隆纵部在香港赤柱圣史蒂芬斯伤兵病院内屠杀伤俘六七十名及病院职员25名，内有军医中士栢坚，首被枪杀，继即展开屠杀，就病床上屠戮伤俘，一时刀剑与惨呼之声交作，事后院内积尸遍地。比勒中校及威弥上尉二尸发现于厕所中，刀痕剑创遍体鳞伤。病院女护士戈登女士、费度夫人、西门思夫人及四华妇（均为英军之家属）均被日军轮奸，尚有史密士夫人、巴施丹夫人及栢夫人则被戮毙地上，以毯遮盖，揭视之下血肉模糊，剁成片片，栢夫人几身首两处，惨不忍睹。又见证人供证日军于1941年12月24日初入圣史蒂芬斯病院即屠杀伤俘，其未被刺死者则被驱出病室，并在身上搜查，因发现一华人皮带中藏有折刀，即时刺杀。其余均被驱入一小室中三日不给饮食，且不时遭受日军殴打，所有饰物均被劫去。

（10）1941年12月27日，酒井隆纵部在香港浅水湾余东旋别墅屠杀俘虏15人，皆反缚双手加以杀害。内有中尉云尼，系被用刺刀戮毙，二印兵被斩首，最惨者为一义勇军，被用刀由额角砍至肩部。

（11）又在浅水湾纵部屠杀伤俘莫理士，系英国第三轻工兵队队员，因负重伤不能行走，途中被日军用刺刀刺死。

（12）1941年12月29日，酒井隆纵部在香港黄泥涌坳屠杀俘虏50余人，手足被缚，刀从背后刺入，其中一二尸体头碎脑流，厥状至惨。又在浅水湾发现英皇家苏格兰部队麦花臣中校及天逊君之尸体，在深水湾并有被屠杀之英军米杜息部队官兵尸首六具。

（13）1941年12月25日，酒井隆纵部在香港赤柱天主教玛丽诺教会附近屠杀俘虏，有英军军官六人、士兵六人被枭首屠戮，内上尉一人、中尉五人、中士三人、下士二人、兵一人，丛葬于嘉美烈女修道院附近。迨1946年3月14日，经东南亚盟军统帅部驻香港第四十三墓地登记组组员皇家炮兵少尉约翰雅力杜坚掘墓，发现遗骨堆中有已锈之铁丝一束，圈成手铐形状，当场摄有照片为凭。

（14）1941年12月26日，酒井隆纵部在香港赤柱美国天主教玛丽诺教会附设伤兵病院内将英伤兵三名由楼上窗口掷出坠地摔死。

（15）1941年12月26日，酒井隆纵部在香港赤柱用十字锹木棒击毙英伤兵，又用刺刀刺杀加拿大伤兵一名。

（16）1941年12月25日至26日，酒井隆纵部在香港赤柱圣史蒂芬斯病院虐杀伤俘，有加拿大步枪手麦克及柏汀被毒打而死，耳朵被割，身带伤痕，麦克除双耳被割去外，并被抉出双目、舌头切断。

（17）1941年12月12日起，酒井隆纵部在九龙与香港抢劫、屠杀俘虏与平民、强奸妇女、虐待俘虏与伤兵，对平民施以酷刑。

（18）1941年12月22日，酒井隆纵部在香港跑马地蓝塘道快乐谷南浦路四十二号之二屠杀华籍平民30余人，内有交通部职员赵、隋二君，当时受刺伤九处，幸未致命，从尸丛中逃出。

（19）1941年12月22日下午6时，酒井隆纵部在香港蓝塘道二号抢劫财物、强奸妇女，最惨者有一孕妇被奸后，复用刺刀刺死，及一十二三岁之幼女被轮奸，平民计被屠杀者48人。

（20）1941年12月28日，酒井隆纵部在粉岭安乐村无故枪杀在马路上行走之华人名彭朝昌者，并任意纵犬咬人取乐。

（21）1941年12月18日，酒井隆纵部在粉岭安乐村强奸妇女多人，入夜每闻妇女惨叫之声。

（22）1941年12月28日，酒井隆命日人竹藤蜂治（香港商业贸易公司总经理）带同所部军官至般含道香港大学冯平山图书馆搜查图书，嗣后由部属调查班班长宫本博少佐派人至该馆将国立中央图书馆寄存之善本书籍110箱全部劫去，于箱面写明寄"东京参谋本部御中"字样，又将国立北平图书馆寄存香港西环永安货仓第二号五楼西文图书馆杂志20箱劫去。

酒井隆占领香港期间，成为日本在香港的第一任总督，他对香港实行的暴政，擢发难数。

4. 酒井隆的最后下场

1943年，58岁的酒井隆转为预备役，回到日本。1945年2月，酒井隆只身来到中国，伪装住进北平东本愿寺，建立"酒井"机关，继续从事搜集情报的特务工作。

1945年8月，日本投降以后，中国战区进行各地的受降工作。酒井隆与他的老搭档、时任华北方面军第一军参谋长高桥坦合谋，在北平制造混乱，威胁受降负责人第十一战区副参谋长吕文贞，企图干扰破坏北平受降工作，被吕文贞下令将这个罪大恶极的军国主义分子逮捕，后押送南京，交陆军总司令部军法总监部之监狱收监待审。

1946年5月30日，陆军总司令部审判战犯军事法庭开审乙级战犯酒井隆，审判长石美瑜、检察官陈光虞等。面对检察官陈光虞对其搜集的种种罪证的起诉书，酒井隆提出抗辩的三点理由：

（一）所谓要求撤退河北驻军、罢免河北行政首长，这是根据《辛丑条约》而提出的；

（二）所谓参加侵华战争，这是奉日本政府之命令；

（三）本人对于部属之暴行，并不知情，焉能负责？

法庭驳斥：

关于第一点，查《辛丑条约》并无禁止我国在河北省驻扎军队以及日本有权要求罢免河北省行政首长之规定。至该约所附天津换文第四段，亦仅为避免中日军队冲突起见，而就双方在天津驻扎地点设有二十华里距离之限制，乃被告竟以该项条约执为日本有权要求我国撤退河北驻军及罢免河北行政首长之主张，显属故为曲解。

关于第二点，按侵略战争，系破坏国际和平之行为，纵令被告奉令参加，原已不能诿卸罪责。况在作战期间，纵兵肆虐，更属违反国际战争法规。奚容藉口政府命令，希图解免。

关于第三点，揆诸国际惯例，作战长官对于部属之行为，有严格监督及管束之责任。被告怠于监督部属之行动，并忽其管束职责，已难辞其咎。矧在港粤督战，阅时将及二载，其部队之暴行，遍及东南，谓为毫无所闻，更属不近情理。且就其已俘部属野间金之助大佐所供："原限两日攻陷香港，但因军团进展迟缓，致费八日之久，曾受严重之谴责，酒井中将定能悉知所有日军之暴行"等语。以及驻港加拿大军医队上尉医官史丹利马田班夫宣誓所称："曾有日本军官本田能操英语，当面声明军令如山，一切俘虏均须就戮"之供词。暨被告在审判中承认当时知悉其部属在圣史蒂芬斯医院戮俘事实之供述，参互而观，足见被告对于其部属之暴行悉属知情故纵。其所以在港作大规模之屠杀，系由于围攻八日始获登陆，积愤难消，乃不惜出此，以示报复，亦属灼然，尚何有掩饰之余地。是其种种抗辩无非狡展图卸，毫无可采。华盛顿九国公约第一条所明定，又斥责以战争为施行国家政策之工具，在巴黎非战公约第一条并揭有明文，乃被告初则唆使奸党、扰乱平津，以武力迫我撤退驻军，罢免行政长官并主张华北五省独立，迨率部转战徐州、广东后，又扶植伪军，助长伪政府之势力，始终参与侵略战争，僭窃我国主权，破坏我国领土与行政之完整，显属违背上开国际公约各规定，自应成立破坏和平罪。爰于比照我国刑法第一百零一条第一项关于以暴动方法窃据国土，僭夺主权罪所定之刑科处；至其在作战期内纵兵屠杀俘虏、伤兵、红十字会医师护士及其他非战斗人员，并肆施强奸、抢劫、流放平民、滥用酷刑，及破坏财产等暴行，系分别违反海牙陆战规例第四条至第七条、第二十三条第三项第七项、第二十八条第四条各规定，应构成战争罪及违反人道罪……查被告对于部属之暴行一再知情故纵，无非企图恃虐立威，征服人民，以达其侵略战争之目的，……查被告破坏和平，参与侵略战争，因而违反人道及战争法规，其罪行具有方法结果之关系，应从重处断。……应予科处极刑以昭炯戒。

本案经本庭检察官陈光虞莅庭执行职务

国防部审判战犯军事法庭

审判长石美瑜审判官孟传文高其迈包启黄胡连云

中华民国三十五年八月二十七日

1946年9月13日，被国民政府定为第一号战犯的酒井隆，被宪兵押赴南京南郊的雨花台执行枪决。这个罪大恶极的侵华日军死硬分子终于伏法。

第二十三讲　审判日本战犯谷寿夫

上集

众所周知，日本战争罪犯在侵华期间给中国人民带来了巨大的灾难和痛苦，给中国造成了巨大的损害，成为中国永久之国殇。

1. 南京大屠杀元凶

1937年12月13日，是一个令中国人蒙受耻辱的日子，也是世界文明史上最为残暴和黑暗的日子。这一天，侵华日军攻占了当时的中国首都南京，在此后的六个星期中，屠杀了30多万平民和放下武器的军人，在南京城到处放火、抢劫、强奸妇女，制造了震惊中外的南京大屠杀惨案。参与这场令人发指暴行的战犯元凶，就是日军第六师团师团长谷寿夫。

1937年12月10日，日本华中方面军司令官松井石根下达了向南京发起总攻击的命令。12日晚，谷寿夫指挥的第六师团任前锋，最先向南京城的南大门——中华门发起狂攻，遭到守城部队顽强抵抗。疯狂的日军用巨炮轰塌了中华门城墙，在缺口处一拥而上，攻入了中华门。杀进城的日军随即展开了一场惨绝人寰的大屠杀。

最初的七天里，屠杀暴行最为惨烈。在中华门外花神庙、宝塔桥、石观音、下关草鞋峡等处，日军用机枪对着被强行捆绑在一起的青壮年男子密集扫射，并将尸体抛入长江，对挣扎未死者，均以乱刀戮毙，乱枪补射，然后将尸体浇上煤油焚烧。南京城到处尸横遍野，血流成河。

在进行集体屠杀的同时，谷寿夫纵容部队官兵到南京的大街小巷，特别是城南、下关一带进行扫荡搜查，对从民宅中拖出来的市民进行屠杀，这些被杀的市民有的是壮年男女，有的是白发老人，有的是黄口幼童。日军除了用机枪乱射外，还采取炮烙、活埋、刺刀乱砍、棍棒乱击、灌煤油、挖眼睛鼻子、割舌头、刺额头、割乳房、刺下体、唤军犬撕咬、将人体倒悬受鞭等酷刑，将无以计数的无辜市民残忍地杀害。他们以目击中国百姓的惨死为乐趣，还进行杀人比赛，其手段之残忍，绝非文字能形容。除了屠杀暴行之外，谷寿夫部队还大肆纵火，南京城陷之初，沿中华门到下关江边，半个南京城遍地烈焰冲天，火烧七天七夜，有着2500多年历史的古城几成灰烬。焚烧和抢劫常常同时并施，许多工厂、商店、居民家中被抢劫一空，大到机器、设备，小到碗筷勺子，贵到古董字画，贱到一瓶酱油一个皮蛋，都成了日军的囊中之物。谷寿夫所部杀人红眼、兽性大发，对妇女无论老幼，只要见到就不由分说进行强奸、轮奸，甚至尸奸，不仅强奸普通女子，甚至连出家尼姑也不放过。日军不仅自己坏事做尽，还强令中国人父亲强奸女儿、公公强奸儿媳、儿子强奸母亲、兄弟强奸姐妹，而他们则在一旁起哄取笑，丧尽天良。妇女被强奸蹂躏后要么被屠杀，要么被抛尸荒野。日军在南京大屠杀期间，强奸妇女达2万起以上。

侵华日军于南京及附近地区进行了长达6周的有组织、有计划、有预谋的大屠杀和奸淫、放火、抢劫等血腥暴行。在南京大屠杀中，大量平民及战俘被日军杀害，无数家庭支离破碎。南京大屠杀的遇难人数超过30万。

2. 谷寿夫其人

制造南京暴行的始作俑者，就是最先攻占南京城，并下达屠杀和烧杀奸淫命令的元凶——日军陆军中将、第六师团师团长谷寿夫。

谷寿夫，日本东京冈山县人，1882年12月出生，1903年陆军士官学校第15期毕业，1911年陆军大学第24期优等毕业。毕业后为日军第三军第十一师团一名下士，因在日俄战争中作战凶悍，屡立战功。1935年被提升为第六师团师团长，是日本少壮派的重要领袖，绰号"九州虎"。1937年"七七"事变后被派往中国，在华北纵容部队烧杀劫掠。在攻陷上海的淞沪战役中，他是日军的主要指挥官。1937年12月12日率所部由中华门攻入南京，伙同第十六师团、十八师团、一一四师团一起，制造了骇人听闻的南京大屠杀惨案。在谷寿夫的部队攻陷南京城时，松井石根还在苏州。因此，入城初期，日军实际上的最高指挥官就是谷寿夫，他无疑是南京大屠杀案的主犯、元凶。

由于谷寿夫遭到国际舆论谴责太大，日本军部将其调回国；直到1945年8月12日，日本大本营再度起用谷寿夫担任第五十九军军长，还未到任，日本就宣布无条件投降了。

1945年7月26日，中、美、英三国发表了《波茨坦公告》，共同表明了惩罚日本战犯的立场。8月15日，日本天皇宣布投降。同一天，蒋介石发表演说，强调要遵照执行《波茨坦公告》，依法惩处重要日本战犯。

根据《海牙公约》和纽伦堡国际法庭、东京国际法庭的规定，将战犯划分为甲、乙、丙三等。

甲级战犯为发动战争，犯破坏和平罪、侵略罪的国家领导者和侵略元凶，例如东条英机、松井石根、土肥原贤二、板垣征四郎等。

乙级战犯指战争组织者及主要指挥者，例如战场上师团、旅团或联队（相于团）的指挥官，谷寿夫就被定为乙级战犯。

丙级战犯指战场上疯狂执行军事任务的普通士兵及军官。例如进行杀人比赛的向井敏明和野田毅等。

战后，甲级战犯由11个同盟国组成的、设立在东京的远东国际军事法庭审理；乙级和丙级战犯则由罪行发生所在国家军事法庭依据国际法与本国刑法的规定对其进行审判。因此，根据这一原则，对日本乙级、丙级战犯，直接受害国可以要求引渡到暴行实施地进行审判。

1946年1月19日，盟军总司令麦克阿瑟签署并颁发了关于在东京设置远东国际军事法庭的命令，宣布对日本战犯进行审判。

2月15日，南京审判战犯军事法庭成立，资深法学专家石美瑜担任审判战犯军事法庭庭长，陈光虞等5人为检察官，叶在增等十多人为审判官，另有书记官、翻译、军需、副官、司书等成员。

但是，谷寿夫得知即将审判战犯的消息后，就从东京的家中销声匿迹了。抓捕和引渡谷寿夫对南京军事法庭来说是头等大事，抓不到人，就无法审判下去。

如何抓捕谷寿夫，就必须提一个人——杜慕陵，他在抓捕和引渡谷寿夫的环节中起了关键作用。

杜慕陵是江苏邳县人，毕业于上海持志大学（上海外国语学院前身）法律系国际法专业，1941年12月23日加入中国远征军，由于他能说了一口流利的英语又谙熟国际法，随后做了远征军首席军法官兼总部参谋长史迪威将军的随身翻译。

盟军在东京设立远东国际军事法庭，审判日本甲级战犯的同时，又在横滨设立了审判乙级战犯的国际法庭，由盟军统帅部邀请有关国家派员参加。中国军政部经过认真遴选，决定将这一历史的重任交给杜慕陵。

1946年6月，杜慕陵去横滨，向法庭提出要将乙级战犯谷寿夫引渡到中国，但谷寿夫在哪里呢？

3．谷寿夫诈死

原来，谷寿夫在自己家里挖了个地洞躲藏起来。杜慕陵在其家附近蹲守，终于发现了谷寿夫的藏身之地。按照外交程序，由日本政府逮捕谷寿夫。1946年8月2日，中国政府派专机将谷寿夫从东京的巢鸭监狱提解归案，引渡到中国。将谷寿夫引渡到上海后，南京军事法庭的法官们心中的一块石头终于落了地。然而，谷寿夫还没有被押赴南京军事法庭，就在看守所突然死亡了。这也太便宜这个恶魔了吧？

这究竟是怎么回事呢？原来这是个大阴谋。

日本军国主义分子把谷寿夫被引渡到中国审判看成奇耻大辱，其部下河野满密谋劫夺谷寿夫。1946年8月2日，谷寿夫从东京被秘密押运到上海龙华机场后送抵上海市警察局的小南门看守所。而这时，河野满联系了日本的韩国籍女特务李长美，通过李长美找到了看守所的副所长毕尚清，毕尚清经不住威逼利诱，答应帮助劫持谷寿夫。此后，谷寿夫服用了毕尚清放入饭盒内的药丸，出现发烧、出汗、心跳加剧症状，随即被送到上海一家教会医院医治，不久医院报告谷寿夫身亡。

经验丰富的南京国防部军法司军医在验尸后判定谷寿夫没有死，而是假死。故一边通知看守所谷寿夫死亡，一边当晚秘密将谷寿夫押往南京陆军特种监狱。当李长美指派人抬着一具化装成谷寿夫的尸体，潜入医院太平间，想来个狸猫换太子时，却发现停放谷寿夫的尸床上空无一人，才知上当受骗了，日本特务劫持谷寿夫的阴谋被挫败。有了这番波折后，为了看守好谷寿夫，中方运用美国特别识别技术制作了特别通行证，只有持这种通行证的人才能接近谷寿夫。日方一直模仿制作通行证未成，因此，一计不成又生一计，一天，李长美和河野满劫持了携带通行证的看守人员邢剑，立刻兵分两路，一路由河野满带人开车去监狱抢劫谷寿夫，一路由李长美留下，准备将邢剑活埋灭口。李长美挖好了坑，准备把已经被打昏死过去的邢剑推下坑去。

没想到苏醒过来的邢剑一跃而起，将李长美打死，并以最快的速度通知了关押谷寿夫的监狱，生擒了河野满。日方的阴谋又未得逞。

下集

1. 谷寿夫关押南京

1946年10月16日，谷寿夫被转押在南京国防部小营看守所。在中国的土地上进行国际审判在此之前没有先例，因此审判谷寿夫对中国政府来说是一个巨大的挑战。行政院处理日本战犯委员会分成三组。第一组，办公地点设在大方巷外交部，由行政院与外交部人员组成，职责是处理与美、英、苏等同盟国设在东京的远东国际军事法庭之间的联络事宜，办理引渡战犯等工作。第二组，办公地点设在中山路司法行政部大礼堂，组长由司法行政部刑事司司长杨兆龙博士兼任，组员有李祥钧、覃雨甘等数十人，职责是搜集调查日本战犯罪行，按照中华民国惩办日本战犯条例及国际公法，确定战犯的罪行，提出初步量刑意见，连同战犯罪行调查表，移交第三组。第三组由行政院国防部人员组成，起初叫陆军总司令部军事法庭，后改为国防部军事法庭，职责是依据中国司法程序，提起对战犯进行审判。

查清谷寿夫的犯罪事实是非常关键的第一步，因此，找一个优秀的主审法官至关重要。谁能挑起这个重任呢？他就是叶在增。

叶在增出生于福州的一个世代书香门第之家，1934年毕业于北平朝阳大学法律系，长期从事军法工作。

2. 大量调查取证

不久，在南京国防部审判战犯军事法庭会议室里召开了由国防部长白崇禧主持的审判谷寿夫案专题预备会，法庭庭长石美瑜，主审法官叶在增和检察官陈光虞等人重点研究了谷寿夫在南京大屠杀中的犯罪事实问题。白崇禧认为，谷寿夫是日本战犯中的死硬派，我们必须拿出大量无可辩驳的证据来，才能让他在铁证如山的事实面前低头认罪。法庭初步研究，决定成立四个小组，分别负责调查南京大屠杀的受害者和目击者；搜集当时中外记者和其他中外人士的一些相关报道、著述和影片资料；查阅首都地方法院的有关调查报告；挖掘中华门外和下关草鞋峡日军大屠杀的万人坑。

与此同时，在南京城，号召各界民众揭发谷寿夫罪行的布告贴满了大街小巷，一批又一批的人们纷纷涌向各个区公所，审判官、书记官忙碌地接待前来控诉的人们。

根据南京市民提供的线索，1947年1月30日，一批军警手持着铁锹和洋镐在一片废墟上不断地挖掘着，不多时，渗透着鲜血的冻土被铁锹和洋镐一层一层地刨挖开，一堆一堆的森森白骨渐渐露了出来，这一堆一堆的白骨中有双手被反绑的尸骨，有被一劈两半的尸骨，有身首异处的尸骨，也有抱成一团的尸骨！南京城里的鱼雷营、草鞋峡、燕子矶、中山码头、江东门、太平门等二十多处，都成了尸骨的集中堆放地。

在调查谷寿夫犯罪事实的一段时间里，法庭先后开展了20多次调查，传讯了1000多名证人，已经获得了大量证词、书信、日记、照片和影片等罪证资料。这些证据中包括了后来非常著名的京字第一号证据——一本封皮上画着一颗红心和一把白刃刀，刀上滴着鲜血，右侧是一个大大的黑字"耻"的相册。相册里有16幅日军在南京行凶作恶的屠城相片。

说起这本相册还有一段曲折的故事！那是1938年1月，原在南京中山东路一家叫作上海照相馆当学徒的罗瑾，躲过死劫后回到家乡，又到新开的一家华东照相馆里做事。有一天，店里来了一个日本少尉军官，要冲洗两卷"樱花"牌胶卷。罗瑾在洗照片的时候惊呆了：其中有几张日军砍杀中国人的现场照片。他怀着激愤的心情偷偷地多洗了几张这样的照片，冒着生命危险暗中保存下来，在战后日本战犯的审判中，这些照片终于成了侵华日军南京大屠杀的铁证，而被法庭列为京字第一号证据。

3. 审判谷寿夫

1947年2月6日下午2点，南京中山东路励志社大礼堂外的门楼上高挂着蓝底白字"国防部审判战犯军事法庭"的巨大横幅。门前戒备森严，道路两旁站立着头戴钢盔、荷枪实弹的宪兵，礼堂外两侧安装的两个有线广播喇叭十分醒目，公审谷寿夫案即将开庭。成千上百的群众前来旁听庭审，有的站立在院内，有的在草地上席地而坐，大家都非常激动。审判大厅内的听众席上也坐满了黑压压的人群。下午2时，审判长石美瑜率众法官们出庭坐定，石美瑜摇了摇铃，宣布："国防部审判战犯军事法庭，现在宣布开庭公审南京大屠杀主犯谷寿夫，带被告！"

谷寿夫脸色灰白，被几名宪兵押着，穿过人群让开的通道，走进了法庭，他脸色阴沉地走上被告席，直挺挺地站立着，他先向审判台上的法官鞠了一躬，然后低下头去，竭力装出一副若无其事的样子。

石美瑜问了被告姓名、年龄、籍贯，谷寿夫一一作了回答。

石美瑜正色道："下面由检察官宣读起诉书！"

检察官陈光虞起身宣读："被告谷寿夫，男，66岁，日本国东京都冈山县中野区人，系日本陆军中将……1937年12月，被告谷寿夫在南京作战期间，于12月13日至21日，纵容部下大肆杀害俘虏及非战斗人员，并强奸妇女和抢劫破坏财产……"

起诉书宣读完毕后，石美瑜说："被告谷寿夫，根据规定，本法庭宣布指定两位律师为你的辩护人。"

"我不需要什么辩护人！"谷寿夫断然拒绝。

石美瑜道："被告可以不需要律师辩护，这是你的权利。那么，被告对起诉书所指控其在南京大肆屠杀战俘和无辜平民百姓、强奸妇女、抢劫破坏财产的犯罪事实，是否认罪？还有什么话要说？"

"不！对公诉人先生的所有指控我都不能接受！"谷寿夫说着，从身上掏出一份早就准备好的辩护词，滔滔不绝地念了起来："本人虽然历任军界职务，但从未参与国策之研究决定，本人一向认为中日两国乃兄弟之邦，力主中日亲善……"

听众席上顿时一片哗然，不时响起愤怒的斥骂声。石美瑜赶忙摇铃示意大家安静。

谷寿夫继续说道："本人虽然两次率兵来华，均系奉天皇之命向中国作战，军人以服从命令为天职。交战时双方都要死人，这是常识。至于说我率领部下屠杀南京人民，那是绝对没有的事。战火中平民有伤亡的话，也是在所难免，我对此深表遗憾。"谷寿夫说到此，法庭内又响起一片叫骂声。

谷寿夫仍然在狡辩："我率领的部队乃是皇军精锐，军纪极严，而且部属皆为有文化教养的军人，我可以保证他们不会有烧、杀、淫、掠之事。所以，既然不存在什么大屠杀，当然也就不存在什么大屠杀主犯。"坐在前排的大屠杀中的幸存者和死难者的家属，此刻一个个无不愤怒至极，他们向谷寿夫冲去，但被宪兵劝阻。

石美瑜再次摇铃："安静，请大家安静！"庭内愤怒的叫骂声久久才得以平息。此时，石美瑜厉声道："传证人！"旁听席上应声站起了黑压压的一片人，他们都争着要上前做证。"大家不要乱！"石美瑜见状，用手按了按："大家先坐下，一个一个来。"

"报告法官，我来揭发！"中年妇女李秀英走上证人席，控诉了日军进城后，到她家扫荡搜查，对她欲行强奸，李秀英怀孕在身，誓死不从，拼命反抗，气急败坏的日军对着李秀英连捅37刀，孩子不幸流产的事实。接着，其他证人纷纷走到证人席上，向法官展示自己头上、身上、腿上的斑斑伤痕。接下来，80多位证人，声泪俱下，泣不成声，愤怒揭发谷寿夫部队的罪行。在法庭旁听的记者在每个证人做证时都举起相机，一道道闪烁的弧光记录了这场正义的审判。

谷寿夫听了义愤填膺的证人们的证词，却百般推卸罪责，他说："战争一开始，双方就都要死人。至于南京百姓的伤亡，那可能都是其他别的部队所为。"谷寿夫继续说："因为当年进攻南京的部队除本部第六师团外还有第十四师团、第十六师团和第十八师团。但现在出庭做证的人，均将对日军的全部怨恨都施加于被告一身，既指不出加害者的姓名及所属部队番号，而在地点上，又都不在我部管辖范围之内，时间上，也都在本部队调遣之后。所以这样的证明，并不能作为法庭有力之罪证。"

石美瑜宣布："下面请《陷都血泪录》一书的作者，当年的郭岐营长出庭做证！"

已成为少将的郭岐应声走上证人席。郭岐说："我要问被告，日军攻陷南京时，你的部队驻在何处？"

谷寿夫说："我部驻在中华门附近。"

郭岐又说："《陷都血泪录》所列惨案，都是我当年亲眼所见，都是发生在中华门附近，它正是你部残酷屠杀中国百姓的铁证！"

谷寿夫狡辩道："我部进驻中华门时，该地居民已迁徙一空，根本没有屠杀对象。我的部队一向严守纪律，从来不乱杀一人。"

谷寿夫的再次狡赖使得法庭里的怒骂声、狂呼声、诅咒声、大哭声交织在一起，石美瑜大呼一声："把在中华门外雨花台万人坑被害同胞的头颅抬上来！"顿时，法庭上一片寂静无声，人们的眼睛都盯在宪兵们抬出来的一个又一个麻袋上，一个又一个头骨从麻袋中滚动而出，现场不少人的身体已经颤抖起来。

石美瑜说："这是从中华门外的万人坑里挖掘出的一部分，刀砍的痕迹清晰可辨。很多依稀可见是女人和孩子的尸骨。"

"被告谷寿夫！"审判官叶在增厉声喝道："你抬起头来仔细看看！"

"被告谷寿夫！"叶在增随即质问道："刚才法医已经报告，这些头颅都是从你部所辖区内万人坑中挖出，其中有三具女性和两具儿童，难道女性和儿童也会成为战斗人员吗？"谷寿夫顿时语塞，无言以对。

石美瑜："下面请外籍证人出庭做证。"

"我来做证！我是美国人，叫史密斯！金陵大学教授。"史密斯边说边走上证人席："我以上帝的名义发誓，日军在南京制造的大屠杀是客观存在的事实。南京安全区成立时，本人即为安全区委员会秘书。日本军队进城后，安全区人民深受非常之虐待！为此，本人不得不多次向日本大使馆提出抗议。在我后来撰写的《南京战祸写真》一书中，就有关于不同性别、不同年龄的伤亡分布。"史密斯说完用手在胸前虔诚地画着十字，然后退出证人席。

石美瑜："下面请金陵大学教授，美国友人贝德士先生出庭做证。"

儒雅的贝德士疾步走上证人席，用手比画着向法庭陈述说："我以我的人格担保，我是站在公理和人道的立场上做证的！自日本军队进入南京城以后，在广大范围内杀人、放火、抢劫与强奸平民百姓，并大肆枪杀他们认为曾充当中国军人的非武装人员，情势万分严重。尤其是在前10天内，日军对中国人民所犯之罪恶无可指数，本人曾亲眼目睹日军大批大批地枪毙中国军民，使南京满城各街尽是尸体。英国记者田伯烈所著的《外人目睹之日军暴行》一书，记录了日军在南京的暴行。"说完，他将《外人目睹之日军暴行》一书呈交法庭验证。

石美瑜："下面请英国记者田伯烈先生出庭做证。"田伯烈手捧着一份简报走上证人席。田伯烈说："我是英国《曼彻斯特卫报》驻南京记者田伯烈，这是我10年前写的一篇通讯，记述了日军在中华门一带屠杀中国人和烧毁房屋、强奸妇女的事实，现在，我将这篇通讯当庭念一遍。"他看了谷寿夫一下，然后念道："据不完全统计，到12月27日止，日军在这一带杀害无辜平民50000人，强奸妇女5000多人，烧毁房屋1800多栋。国际维护员主席拉贝先生和秘书史密斯先生见此惨状，特地走访日军第六师团部，要求阻止无法容忍的残暴行为。但身为师团长的谷寿夫将军却避而不见，最后只让一名少佐出面应付几句了事。因此，日军的残暴行为更为变本加厉。"

石美瑜问："被告谷寿夫！你当时为什么避而不见？"

谷寿夫说："现在出庭做证的都是你们中国人的盟友，我要求能让日本证人出庭做证，否则，这个法庭将无公理可言！"

法庭审判官们商量了一下，宣布休庭。

1947年2月25日，法庭第三次对谷寿夫进行公审。首先，法庭传唤了日本证人小笠原清，石美瑜问了小笠原清的姓名、国籍、职业后告知小笠原清："本庭依照国际公约，准许你出庭为被告谷寿夫做证。"

小笠原清："本人是日本陆军大学学生，多年来一致从事南京战役的研究工作，据我研究的结果表明，当时雨花台是中日双方激战的地方，而中华门一带早就没有了居民，故无屠杀对象。由此可推断谷寿夫部队没有暴力行动。"

陈光虞："证人小笠原清，你是否参加了进攻南京的作战？"

小笠原清："本人并未参加进攻南京作战。"

陈光虞："那么，当时你在何处？"

小笠原清："我……我当时正在东京日本陆军大学读书。"

法庭内传出一阵唏嘘声。

陈光虞当即予以驳斥："被告谷寿夫的部队进攻南京之时，证人小笠原清尚在日本求学，徒以臆测被告部队在南京并无暴行，这种脱离史实的唯心主义研究，必然得出违反事实的结论，自属无可采信。"

石美瑜随即厉声宣布，小笠原清出于国族观念，竟然出庭为被告做伪证，妄图为被告开脱罪责，且扰乱法庭。鉴于这一事实，作出依法判处小笠原清有期徒刑三年的决定。

谷寿夫见状，要求法庭准予向日本国再度调传证人。石美瑜当庭告知谷寿夫："被告谷寿夫申请传讯会攻南京的日军将领柳川军参谋长田边盛武、第六师团参谋长下野一霍、坂井德太郎出庭做证。此三人是参与会攻南京之战的日军高级军官及参谋长官，他们对于南京大屠杀均有共犯嫌疑，无做证价值，被告申请驳回。"

谷寿夫继续蛮横地为自己辩解，反复地叫嚷着："我在南京并没有下达过肆虐华人的命令！请法庭给予公正……"

证人郭岐听了不由怒发冲冠，他手拿一纸通令，疾步来到证人席，当庭展示并质问道："那么，我请问你，是谁在日军攻陷南京以后，下令解散军纪三天？你睁大眼睛看一看，这命令上是谁签的大名？是你谷寿夫！"

"这……"谷寿夫看到那张命令，顿时像泄了气的皮球，软瘫在被告席上。

"被告谷寿夫！"石美瑜立即严厉驳斥："你所指挥的第六师团究竟对大屠杀负责否，南京被杀数十万人民，被告是否有责，本庭尚未裁决，却何有谓之不公之说？"

谷寿夫黔驴技穷，露出狰狞："法庭的两次公审出庭做证的人，均不能指出加害人之姓名及部队番号，而在时间和地点上，又与本部驻南京的时间、地点多有出入，故此种所谓证人，实乃是一种假想，也应属于伪证者。请庭上调查事实真相，秉公处断。"

石美瑜当即一挥手道："放映证据！"法庭立即放映了日军自己拍摄的中华门至新街口的屠杀现场纪录片，还放映了美国驻华大使馆新闻处拍摄的谷寿夫部队的暴行影片，屏幕上出现了谷寿夫率部攻入南京中华门，日军士兵手握机枪向无辜平民扫射，日军士兵刀劈中国平民、战俘的镜头。许多在场旁听的市民看着荧幕上飞机轰炸、杀人放火的镜头，吓得闭上了眼睛，有的经不住揪心的哭喊声紧紧捂住了双耳。在这部影片中谷寿夫先后出现了7次，其中5次出现时，他身后是正在起火倒塌的高楼。谷寿夫看到这些镜头，顿时脸色如死灰，哑口无言，失去了傲慢的神情。铁证如山，还有什么好说的呢！

随着放映机停止转动，庭审现场灯光复明。石美瑜说："从屏幕上可以看出，谷寿夫部队的番号及时间、地点上，都有具体所指。特别是外国人的纪录片，呈现了被告及被告部队屠杀中国百姓的场面，难道这也是伪造？也是假想？"

谷寿夫张口结舌，无言以对。

旁听席上的听众再也按捺不住心中怒火，法庭内又响起一片激烈的喊杀声。

情绪激动的检察官陈光虞起立发言，他说："审判长，各位法官，法庭经过公审，被告谷寿夫的罪行现已证实，毋庸抵赖。像这样一个杀人魔王，屠夫刽子手，人世间岂能容其生存？！"

3月10日，石美瑜代表南京军事法庭，宣读了长达100多页的《战犯谷寿夫判决书》，全文分主文、事实、理由三部分，认定了南京市民惨遭日军集体杀戮及焚烧灭迹者达19万人以上、被日军零星残杀、事后经慈善团体掩埋者达15万人以上，被害人总数达30余万的事实，并当庭宣判："被告因战犯案件，经本庭检察官起诉，本庭判决如下：谷寿夫在长期作战期间，纵兵屠杀俘虏及非战斗人员，并强奸、抢劫、破坏财产，处死刑。"

石美瑜宣判完毕，法庭内的听众和中外记者们全体起立，暴风雨般的掌声骤然响起。接着，石美瑜问道："被告谷寿夫，你是否认罪服判？""不！审判长，我认为这个判决是不公正的，因此我提出申请，要求复审！"浑身哆嗦的谷寿夫还抱着最后一丝希望不放："至于共同屠杀罪，希望法庭再引渡一些有关人员来华询问，以使全部弄清然后再作决定不迟……"

陈光虞："被告谷寿夫，你向法庭提出要求引渡有关人员来华询问，是指哪些人？可将其姓名、职业、地址报上法庭。"

"这个……"谷寿夫一时无从说起:"这个……"

陈光虞:"既然被告无法提供上述事项,法庭依法驳回被告谷寿夫的要求!"

石美瑜宣布:"闭庭!"

对谷寿夫案公审完毕后,中国法庭向蒋介石作了汇报。蒋介石指示:"谷寿夫在南京杀害了几十万人,他罪不容诛,死有余辜!"

4. 枪毙谷寿夫

4月25日,蒋介石批签了判决谷寿夫死刑的代电。

谷寿夫案的判决传遍了南京城,这一天,新街口、夫子庙、中山路、中华门……一张张打着红色"√"字的谷寿夫执行死刑的布告被张贴在墙上。众多市民争相观看,奔走相告,脸上流淌着悲喜交织的泪水。

1947年4月26日,石美瑜、叶在增、葛召荣等法官和陈光虞检察官,一起驱车来到宪兵戒备森严的南京小营战犯拘留所。谷寿夫戴着礼帽和白手套,身穿日本军服,从牢房中被提出。法官和检察官对其验明正身。

石美瑜宣读了谷寿夫死刑执行令后,陈光虞检察官问谷寿夫,你还有什么最后陈述?谷寿夫摇了摇头,然后把那戴着手铐的手颤抖着伸进衣袋,掏出一只白绸缝制的小口袋来,递给陈光虞。谷寿夫低声道:"这袋子里装着我的头发和指甲,请先生转给我的家人,让我的身体发肤回归故土!"

随后,石美瑜将死刑执行书放到谷寿夫面前:"签字!"

谷寿夫在死刑执行书上颤抖地签下了自己的名字。两名宪兵走过来,将谷寿夫五花大绑,在其颈后插上一块"战犯谷寿夫"的木质斩标,然后押上停在一旁的刑车。鸣着尖厉警笛声的刑车,在几辆摩托车的护卫下,开出拘留所,后面紧跟着几辆军用吉普车。

这一天的南京，市民如潮水般从四面八方涌向刑车经过的地方，由于被围得水泄不通，刑车不得不缓慢行驶。一些妇女在路边点起白烛摆香设案，祭慰亡灵。

而在雨花台刑场四周已经戒备森严，拉起了警戒线，警戒线外挤满了前来围观的群众，人山人海，万头攒动。押送谷寿夫的刑车刚一抵达，愤怒的人们要求枪毙谷寿夫的呼声一浪高过一浪。两名行刑宪兵将早已吓得全身瘫痪、面无人色的谷寿夫架下刑车，拖赴行刑地。随着一声枪响，谷寿夫随之倒地，两颗门牙掉落，一摊污血从他身下溢出。

引渡谷寿夫来南京的杜慕陵亲往现场，履行了监斩职责，亲眼见证了南京大屠杀的主犯谷寿夫伏法。南京人民见证了战争狂人终难逃脱历史的审判！

南京军事法庭自成立至1947年底，共审理日本战犯102人，其中被判死刑6人，被判无期徒刑10人，被判有期徒刑12人。

南京审判日本战犯是正义对邪恶的一场斗争，是对日本侵华战争的侵略者的一次清算，代表了中国百姓的心声，它警示我们的子孙后代，永远不忘那场非正义的侵略战争，是公理对强权的一场胜利。前事不忘后事之师，它提醒中日两国人民要世世代代友好下去，中日永不再战！

第二十四讲　审判"天字第一号战犯"

上集

冈村宁次对中国犯下滔天罪行，被中国人民视为第一号战犯，也名列远东国际军事法庭的战犯名单之列。然而他却躲过了与甲级战犯东条英机、板垣征四郎、土肥原贤二等被判处绞刑的相同下场。

1949年1月26日下午4时，国防部审判战犯军事法庭重新开庭，审理"天字第一号战犯"、侵华日军总司令冈村宁次。法庭很狭小，旁听席上只有新闻记者20余人，没有外交使团参加。事先冈村宁次得到内部可靠消息，法庭将判其有期徒刑七年，冈村本人也希望如此判处。庭长石美瑜问冈村宁次有何最后陈述，冈村宁次表示对于日本官兵的罪行给多数中国公民造成物质上、精神上的灾难表示歉意等，石美瑜站起来大声宣判："被告冈村宁次，依法应判为无罪！"

冈村宁次听后顿时以为自己耳朵出了问题。这时宣判结束，记者们一起涌进庭长室大叫大嚷，表示不服。此时的冈村宁次已趁乱从后门溜走。两天以后，冈村宁次和260名日本战犯从上海起航回国。这到底是怎么回事？

1933年发表过《闲话皇帝》一文的杜重远，"反日有罪"，被法庭判处锒铛入狱，而抗战胜利后，侵华元凶冈村宁次大将，却被民国政府审判战犯军事法庭宣判无罪，然后悄悄遣返回国，大出国际、国内社会乃至冈村宁次本人的意外。这一幕是怎样导演而成的？民国的司法究竟怎么了？

1. "泥瓦匠"

冈村宁次,绰号"泥瓦匠"。1884年5月15日,生于日本东京石坂町。少年时代的冈村宁次渴望当一名真正的军人。他在中央幼年学校毕业后,便报考东京陆军地方幼年学校;毕业后,又考入陆军士官学校第十六期步兵科。在校学习努力、训练刻苦,并在脑中植入了效忠天皇的愚忠思想。他认为万一在对外战争中阵亡,"肉体虽死灵魂犹存""贯彻忠节无死无生"。他最感兴趣最着魔的,是研究中国问题,梦想使那块广袤神奇的土地,变成日本殖民者的乐园。因此他把侵略中国作为终生奋斗的目标。

冈村宁次以优异的成绩从士官学校毕业后,被授予陆军少尉军衔分派到步兵第一联队补充队任队附。他兢兢业业,干得很卖力,并盼望立即有战争爆发。

1904年日俄战争的锻炼,使冈村宁次成熟了不少。日俄战争结束后,冈村宁次调驻朝鲜。1907年12月,他奉调回国,在母校东京士官学校担任学生队队长。为了晋升高级军官,他准备报考陆军大学。当时,清朝政府向日本派了大批留日学生学习军事。1907年秋天的这批留学生共108人,校方将他们分别编入学生队的第四、五、六队。冈村宁次是第三队队长。这个队中不少人日后成为驰骋疆场的一代名将,例如孙传芳、阎锡山、陈仪、卢香亭、周荫人等人。1909年,孙传芳在日本士官学校第六期毕业后回国;冈村宁次则于次年考取陆军大学第二十五期继续学习。

1914年8月,冈村宁次被调到参谋本部任中国班员,这是专门综合分析研究来自中国的情报的一个部门。正值第一次世界大战爆发,日本加入英、法等协约国,对德国宣战,冈村宁次以参谋本部派遣人员的身份,到"青岛围攻军"司令部工作,任务是搜集日德战争的相关资料。

从此，冈村宁次就与中国"结缘"，经常在中国北方搜集情报，从事间谍活动。几年间，建立了属于自己的间谍网。当时，他的学生阎锡山已成为山西省的统治者，他数次造访阎锡山，与之建立了密切的关系。在他的牵线搭桥下，阎锡山将山西的一个铁矿的开采权让与日本财阀三井株式会社，而三井式株式会社则向阎锡山供应所需的各种器材和装备。抗战期间，冈村宁次在任华北派遣军总司令时，双方之间达成一种默契。这种关系一直保持到日本投降及国共内战结束，蒋介石逃离大陆，还余音袅袅。

2. 偷地图的人

1923年8月，冈村宁次升任中佐，为参谋本部第二部（中国班）部附。12月任日本驻上海领事馆武官，从事情报工作，搜集军事要地的资料。

1924年，江浙战争爆发，孙传芳与直系江苏督军齐燮元联手，乘机进攻浙江，夺取杭州，进军上海；北京政府任命孙传芳为浙江军务督理兼浙闽巡阅使。孙有了属于自己的地盘，崛起东南，令各方刮目相看。冈村宁次不断到杭州，与孙传芳讨论局势的发展，帮助他出谋划策，从而使日本获得更大的权益。

江浙战争的结果是皖系军阀惨败，直系的力量空前膨胀，后直系冯玉祥倒戈，发动北京政变，囚禁了大总统曹锟，吴佩孚大败，张作霖进关。奉军南下，长驱上海，与孙军对峙。孙传芳以屈求伸，遂与奉军妥协，退回浙江。

1925年10月，孙传芳吹响反奉号角，分兵三路，进攻上海、南京等地。奉军战线太长，仓皇北逃；孙传芳组成苏、皖、赣、闽、浙五省联军，杀进南京，渡江北上，一口气将奉军撵至山东境内。反奉战争的迅速胜利，奠定了孙传芳东南五省联军总司令的霸主地位，开府金陵，雄踞五省，自成一系，野心大炽，想吞并全国。他特别感激冈村宁次的情报和谋划，特聘冈村宁次为高级军事顾问。冈村宁次将此事请示参谋本部，该部认为日本支持孙传芳，对排挤英国、美国的势力，发展在长江中下游地区的力量大有好处，于是将冈村宁次作为军务局编外人员，同意其到孙传芳处充当军事顾问。冈村宁次在东南五省联军中应付，得心应手，原因是他的学生在五省联军中多充当要职，如浙江总司令卢香亭、浙江第一师师长陈仪、福建总司令周荫人、总参议杨文恺等。

1926年7月，广州国民政府誓师北伐，以消灭北洋军阀为目标。北伐军在国民的积极支持下，势如破竹，迅速夺取湖南、湖北，打垮了吴佩孚。孙传芳原是抱着坐山观虎斗的态度，想等两败俱伤时，再动手击败北伐军。但北伐军总司令蒋介石在长沙会议上，决定分兵进攻江西，打到孙传芳的五省地盘上来。孙总司令只得慌忙发兵援赣，自己亲自坐镇九江，将总部设在"江新"号轮船上。冈村宁次的舱房就在孙指挥室的隔壁，当时，孙传芳的舱房内挂着一幅五万分之一比例的华中地区的军用地图，那是他为进取武汉、彻底打败北伐军而准备的。这种军事地图是留日学生从日本回国后，运用所学专业知识测绘而成的，绘图方式与日本完全相同。由于印制很少，各指挥机关都极为珍视，按绝密文件保管，极难获得。尽管冈村宁次备受孙传芳尊敬，经常向其请教作战事宜，但却不让其接触地图。

军事地图对军队来说是极其重要的，战争的胜负，往往取决于地图。尤其是在当时的条件下，五万分之一比例的地图，这对一个间谍出身的军人来说，具有何等价值是不言而喻的，于是冈村宁次下决心将地图"偷"到手。

某次，冈村宁次去南昌前线协助卢香亭作战。当冈村宁次做好作战计划后，卢便要求他将五万分之一比例的军用地图带回九江的联军司令部，冈村宁次如获至宝，乘机雇了条小船，在船夫的帮助下，将小船摇到停泊于九江江面上的日本旗舰"安宅"号旁。旗舰的日本军官看见冈村宁次一身中国士兵的打扮，不准他上舰。后来他看见甲板上有一名他认识的近藤参谋，这样，舰上放下软梯，惊魂未定的冈村宁次才得以脱险。在仓促中，他丢弃了所有的行李物品，却冒着生命危险，将五万分之一比例的军用地图"偷"了出来。

冈村宁次回国后，将那份地图交给了参谋本部，获得嘉奖和一笔巨额奖金。一年之后，那份地图被印制出来。

冈村宁次曾恬不知耻地炫耀道："武汉作战时所用的华中中部地区五万分之一比例的地图，大部分是我秘密搞到的。"

3. 侵华战争立"军功"

1928年在国民革命军北伐途中，冈村宁次参与制造了"济南惨案"；1932年"一·二八"事变率兵侵略上海；1933年曾代表日本政府和中国政府签订了《塘沽协定》。

1938年武汉会战时，冈村宁次是第十一集团军司令官。武汉地区地形十分复杂，这些偷来的地图使日军便于熟悉华中地区的地形地貌。冈村宁次每天都用有色铅笔把部队的进展情况标绘在桌子旁边的那份地图上，他甚至把被日军占领的山头一个一个地标记下来，随着部队缓慢西进，那份地图上渐渐出现了一些细小的碎点，这些碎点看起来很像衣服上的碎点花纹。冈村宁次望着地图，"常常希望这些碎点早日连成一片"。

在华中作战中，尤其是在武汉地区作战中，一位日本军官说："武汉作战和中国大陆各次作战，多亏有这份五万分之一比例的地图。只是由于局部（特别是距主要道路较远地区）不够精确，也曾为作战带来一些差错。"在以后日军发动的南昌会战、襄东会战、赣湘会战等战役中，那份五万分之一比例的军用地图都派上了大用场。

1941年冈村宁次任日本华北方面军司令后，施行野蛮的"三光政策"，把华北搞得"无村不戴孝、家家有哭声"，制造的"无人区"更是"荆莽侵占了田园，人肉胀死了野狗"的一片惨象。冈村宁次从事侵华活动时间之长、升职之快，在日军中是少见的，其官阶和荣耀如时人所说，"是用中国人民的血肉堆砌而成的"。

聂荣臻元帅说："这个被称为日本军阀三杰之一的冈村宁次，曾是屠杀我们东北同胞的刽子手，让他到华北一上任，便提出'三分军事，七分政治'，集军事、政治、经济、文化、交通、特务为一体的总战力，对各根据地实行野蛮的'三光政策'。他上台后的第一步棋，是集中了五个师团、六个混成旅团，另有一部分伪军，共计七万兵力，首先向我北岳区举行了一次规模空前的大扫荡。"给中国军民造成极大的损伤。

靠着这些所谓战绩，冈村宁次最后成了日本中国派遣军总司令官，统辖105万日军，在侵华战争中，对中国人民所犯下的滔天罪行，罄竹难书。

4. 蒋介石以德报怨

日本投降后，在举国要求惩办战犯的呼声中，延安方面宣布冈村宁次为首要战犯。国内舆论普遍认为他是"中国战区天字第一号战犯，应判处极刑"，"对中国，对中国人民，碎骨粉身不足以偿其罪"。他本人也深知罪责难逃而惶惶不宁。

日本投降之时，冈村宁次心情沉重地回到寓所，彻夜不眠，他建议将日军总部迁至中国，与盟国军队决一死战，决不投降；遭到大本营否决后，也想到自杀；最后想到在中国有一百多万军队及一百多万日侨的归国问题，责任重大，总算稳定下来，带着忐忑的心情等待着即将到来的审判，甚至上断头台。

他在日记中写道："中国事变（即抗日战争）以来，我虽未直接参与战争的谋划，但一直在中国战线先后担任师团长、军司令官、方面军司令官，最后到达最高地位的总司令官。因此，在停战初期，我自忖不仅被判为战犯，且死刑也在所难免。"

然而，蒋介石不这样看：冈村宁次的压舱石作用是极大的，首先，他手上的军队是能帮助他阻挡共产党军队进入上海、南京、武汉、北平等大城市的关键力量；其次，冈村宁次能约束在华一百多万军队及一百多万侨民，若是这些携有武器的日本官兵失去了控制，那后果不堪设想；最后，他要依靠冈村宁次的帮助，消灭共产党的军队。

8月18日，在冈村宁次起草的《和平后对华处理纲要》中，他表示全力支持国民党政权，仇视共产党。他说，"延安方面如有抗日侮日之行为，则应断然予以讨伐"，日军在华所有武器装备"应为充实中央的武力作出贡献"，命令在华日军武装抵抗八路军、新四军受降，这正是蒋介石所期望的。

冈村宁次凭借他"中国通"的机敏，揣摩到战后蒋介石的心病：中共力量日益壮大，势必危及委员长的统治。国民党的军队远在后方，要开赴前方，接受日军投降，鞭长不及马腹。于是，他唯国民政府之命是从，"拒缴武器给国军以外的任何军队"。冈村宁次迎合了蒋介石的意图，9月9日，他代表日军向中国陆军总司令何应钦投降。

9月12日，日军总司令部改为中国战区日本官兵善后总联络部，总司令官改为总联络部长官。但日军与中共武装之间的战事却一直持续至10月中旬。冈村遵照蒋介石的命令，保住了大城市没有落入共产党军队手中，为国民党军队顺利接收胜利果实作出了"贡献"。

投桃报李。中国陆军司令何应钦正式知会冈村宁次，从10月起，日本所有"徒手官兵"将纳入国民政府军补给体制，享有与国民政府军官兵同等的补给，每人每月可有主食25市两的白米。从12月起，除了享有与国民政府军同等规格的伙食供应外，还与政府军官兵一样，享受同等水平的薪资：将官每月8000元，校官4000元，尉官2000元，士官400元，士兵200元。

冈村宁次还为蒋介石"反共"出谋划策。1945年底，"国防部第三研究组"在南京建邺路168号成立，这是一个利用特别人员组成的极端秘密的组织，专事研究"反苏、反共"的"战略"。该组织搜罗了原日本第十三军军长土居明夫中将、在缅甸曾生食英国军官肉的步兵大佐辻政信、日本陆军从事密码战研究的"国宝"大久保春夫、日本陆军中野学校（情报学校）校长山网少将等一批日本战犯，专门研究对付苏联和中共的情报机构的办法。

蒋介石对冈村的配合表示十二分的满意。12月23日上午，蒋介石亲自会见冈村宁次和小林浅三郎，双方进行了友好的交谈。

蒋："您身体好吗？如有什么不便之处，请不客气地向我或何总司令提出，尽量给予便利。"

冈村："谢谢您的好意。我一直过得很满意。"

蒋："听何总司令说，接收工作进展顺利，殊堪同庆。日本侨民有什么困难，也请提出。"

冈村："目前没有，如发生困难，当即奉告。"

蒋："中日两国均以孙文先生的遗志为基础，互相提携。"

冈村："我完全同意。"

蒋介石百忙之中进行的这次"始终面带微笑"的会谈，不光是为了表示"不念旧恶""与人为善"的姿态，还是他在国共关系日益恶化之际"高瞻远瞩"，将冈村宁次这位"反共战略家"引为己类，所以蒋在会谈中说出"最要紧"的是"互相紧密提携"，望冈村宁次帮他一把。

从这以后，何应钦对冈村宁次的态度变了。在1946年2月12日，何应钦总部参谋钮先铭、曹士澄两位少将及王武上校专门访问冈村宁次，传达何应钦的口信："最近中国报纸刊载何应钦谈话称冈村大将将作为战犯予以逮捕的消息，与事实不符，应予更正。战犯系由政府决定，与总司令部无干，但对努力配合接收工作者，总司令部建议政府不以战犯论。政府是否采纳尚难逆料。"

国民政府行政院和军事最高机关对冈村宁次战犯问题进行了数次讨论。

4月22日，在一次会议上，何应钦曾列举了许多理由为冈村洗罪。蒋介石虽表示同意，尚有些扭扭捏捏，说："要考虑政治方面的策略，研究处理办法。"

下集

1. 蒋介石包庇战犯

日本投降以后，国共双方对待日本战犯的态度迥然不同。

共产党方面：针对日本侵华八年对中国人民犯下的滔天罪行，1945年11月，延安发布战犯名单，第一名就是冈村宁次，第二名战犯是曾任华北方面军的多田骏大将，第三名战犯为曾任驻山东第四十三军司令官细川中康中将。这三人都曾经在华北地区与八路军作战，是华北军民的死对头。此外，还包括很多中下级军官，还有士兵，如伍长、上等兵，这些人在华北参加过各种对抗日根据地的"扫荡"，名单上共有二万多人。

国民党方面：根据蒋介石的方针，确定战犯以最小限度为宜。被冈村宁次认为的"亲日"毋宁说"爱日"的汤恩伯，在单独会谈时对冈村宁次说"战犯只以某某（未举其名）一人为代表即可"。这就说明了国民党高层对待日本战犯的态度。到底有多少呢？有人说17人，也有人说150人；但是民众纷纷来信检举，所以冈村宁次说："由于中国方面要趁停战的机会，确定了加强中日互助合作的方针，故在最高领导层虽拟将战犯情况保持平衡，加以经过八年战乱，受日军蹂躏过的地方百姓，对日军官兵的横行霸道，纷纷检举，被拘留的人也将与日俱增。"

在各种罪行和铁证面前，被中国审判战犯法庭判处死刑的战犯，各地都有一些。例如，1946年4月22日，汉口第六方面军参谋长镝木少将以下5名战犯被判死刑，在上海监狱执行，台湾军司令官安藤利吉大将4月20日在上海监狱自杀。根据蒋介石的方针，确定战犯范围以最小限度为宜。所以更多的战犯却被网开一面了。

南京审判战犯军事法庭于1946年5月30日开始审判战犯。首先传唤的被告是酒井隆和高桥坦中将。1935年5月，这两个人一个以日本驻天津驻屯军参谋长的身份，一个以日本驻北平使馆武官的身份，气势汹汹地闯进中南海北平军分会委员长何应钦的办公室，甚至将马靴跷在办公桌上，恣意咆哮，逼迫何应钦答应苛刻的条件，即将中央军、中央党部撤出北平，撤销河北省主席和天津市长职务，否则将对中国开战。当时看着眼前两个比自己军阶低得多的"小霸王"的蛮横无理，何应钦感到是一种极大的侮辱，但他还是屈服了，签订了丧权辱国的《何梅协定》。但他心里记住了这件事。此番，这两个家伙落到自己手里，不收拾他俩还等啥呢？于是酒井隆被判处死刑，高桥坦被判无期徒刑。

截止到1946年5月，在中国境内，被拘留的战犯嫌疑人已达三千多人。经过冈村宁次一再请求释放，到6月被拘留的战犯（包括台湾、海南岛）人数如下：

已判决死刑28人，徒刑73人，扣押2042人，合计2143人。

东京审判是指1946年5月3日至1948年11月12日，远东国际军事法庭在日本东京对第二次世界大战中日本首要甲级战犯的国际大审判。这些人中包括东条英机、松井石根、土肥原贤二等对中国和亚洲乃至全世界犯下累累罪行的战犯。

1945年12月1日，何应钦在重庆接见记者时宣称："总司令冈村宁次将与总司令部人员同时回国，由盟军进行审判。"翌日，日本共同社也报道了"冈村将作为战犯遣返"的消息。

1946年5月3日，东京的远东国际军事法庭开庭，冈村宁次的部下松井石根等甲级战犯受到审判。

2. 躲开东京审判

那究竟想个什么法子能让冈村宁次留下来呢？蒋介石等也绞尽脑汁；许多军事要员也竭力为冈村宁次开脱奔走。蒋介石私下交代，为避免舆论反对，处理要注意策略。

1946年4月22日的一次会议上，军方列举出许多理由，为冈村洗罪，参谋总长陈诚正式书面报告蒋介石，表示先将处理问题搁起来再说。6月17日，国防部部长白崇禧让王俊中将向冈村宁次传递口信，要他安心，"为了敷衍舆论，也可能移交军事法庭审理，但审判只是走走形式而已"。

但是同盟国方面却紧追不放，要求将冈村宁次遣返回国，接受东京审判。这如何是好呢？

6月25日，在国防部战犯审理会上，二厅（情报厅）王处长建议，可任冈村为总联络班长，留驻南京；与会者均表示同意。28日，冈村宁次联络班迁入金银街4号日本大使馆原租用的二层楼房内。

不久，参谋总长陈诚向蒋介石建议，冈村宁次在战争结束后功劳显著，应予宽大处理。如此对将来中日关系亦属有利。他还建议，作战犯处理的问题暂且不论，但很担心同盟国要找麻烦，估计回国问题也有困难。为回避国际舆论和中国百姓的责难，对其采取等待时机的态度。

这年9月，战犯处理委员会负责人回答中外记者提问，当有记者问及何时拘留战犯冈村宁次时，该负责人解答："冈村宁次系日本战犯，但自日本投降以来，在维持南京治安、协助我国接收以及受降工作上，成绩显著。目下仍任联络班长，工作尚未结束。何时对其拘捕，委员会正在研究中。"

10月14日，中方告知冈村宁次：联络班预定在年内撤销，但如果让冈村君回国，估计被美苏等盟国方面指定为战犯的可能性极大，因此，决定让其继续留驻中国，究竟如何处理，现正在研究中。后经国民政府行政院会议决议，对于冈村宁次既不令其归国，亦不予以监禁，仍以联络班长名义留驻南京，并配属参谋若干人。

国共内战开始后，1947年4月，作为"反共教师爷"的冈村宁次还被请到徐州、郑州、北平和东北等地"指导"对中共的作战。

同年10月7日，日本联络班全部工作宣告结束。但是，按参谋总长陈诚的命令，至1948年4月下旬前仍保留联络班名义，其目的是为冈村的延期审判寻找借口。

从10月13日起，冈村宁次开始发低烧，患上了肺炎。作为病人就需要诊治。直到1948年3月29日，冈村这个老赖才离开金银街4号，从下关车站乘车前往上海，暂住王子惠黄渡路宅邸。参谋总长密电令淞沪警备司令宣铁吾对冈村进行保护。国防部二厅一处吴文华专门前往探望冈村，面交参谋总长为冈村宁次开具的在沪养病的证明书。

3．冈村宁次无罪开释

直到1948年8月2日，冈村宁次首次接到军事法庭送来的起诉书。8月14日，冈村出席军事法庭，随即被送入战犯监狱。

8月23日是冈村宁次战犯案首次公开审理的日子。石美瑜任审判长，叶在增、陆起、林健鹏、张体坤任审判官，检察官为施泳，他身着戎装，足蹬皮靴，腰系佩剑，危坐高堂。军法官石美瑜虽知当局欲包庇冈村的意图，但还存一线希望。为了使罪犯得到清算，他有意为审判大造声势，散发了一千多张旁听券，招集中外记者、外交使团和国内民众前来旁听。

法庭设通译员四人，分译中、日两国语言，三位律师出庭辩护，提审落合甚九郎等四名在押犯出庭做证。

9时30分，公审在吴淞路原市商会礼堂举行。冈村宁次及四名证人在宪兵的押解下进入法庭。冈村装出一副大学教授、学者模样，态度矜持而傲慢。开庭不久，检察官和辩护律师唇枪舌剑干了起来，法庭气氛相当紧张。国防部派来"旁听"的两名少将高参渐渐坐不住了，中途退席离去。中午休庭，法官照例都到四川北路海宁路口的凯福饭店进餐，正当法官们边进餐边议论审判场面时，饭店的招待员请庭长接电话。石美瑜起身出去接电话，回来后，脸色难看地说："刚才接到国防部秦次长（秦德纯）电话，冈村宁次一案暂停审理，听候命令，所有法庭人员一律不得擅离职守。"

　　于是原定下午的继续开庭审理工作只好临时取消了。石美瑜十分敏感：国防部既然公开插手，此案今后是断难"依法审理"了。不判冈村有罪，于法于理不容，舆论上也说不过去。照上峰旨意判决，作为审判长的自己，不仅坏了一世声名，遭世人千秋唾骂，而且政局如有变动，也定难推卸责任。越想越怕，为摆脱干系，他连夜写了请调报告，以"父母年迈急需照顾"为名，要求调回福建老家工作。

　　在狱中候审的冈村宁次提出了"因病要求保外就医"的申请。

　　11月24日，甲级战犯土肥原贤二、板垣征四郎被东京审判庭宣判死刑。次日，冈村在日记中写下："青年时代我等四人均为志在大陆之同窗好友。与矶谷廉介促膝共话我等命运，无限感慨。"

　　11月27日，监狱接到国防部二厅电话："已派人接冈村出狱就医，希速准备。"这天下午一时，军事法庭庭长石美瑜来监狱，宣布："准冈村宁次暂时出狱，并延期30天公审。"

　　这又是怎么回事呢？原来是淞沪警备司令汤恩伯的功劳。有汤氏札记为证：

　　"目前对冈村宁次大将进行审判，正值华北政局恶化。中国共产党对此案审理也极为注意。在国防部战犯处理委员会审理此案时，行政院及司法部的代表委员均主张处死刑或无期徒刑。我从'反共'

的见地出发，主张宣判无罪，并要求主任委员、国防部副部长秦德纯，特别是何应钦出席参加审议。结果我的意见获得胜利"，"即使法律上构成犯罪，鉴于当前国内外形势，从策略上考虑，也宜宣判无罪"。

1948年12月17日冈村做客汤恩伯公馆时，"汤将军告以半月前与蒋总统及国防部部长何应钦商谈有关我的问题的内情。我对汤将军的努力表示感谢"。

冈村得到了汤恩伯的鼎力相助。汤毕业于日本陆军士官学校，与冈村宁次是"校友"。中日战争期间，汤恩伯与冈村有过四次对战的机缘，汤都相安无事。战后汤对蒋介石的用意揣摩至深，他也想借重冈村宁次献策，巩固长江江防。

为报答这位老同学，冈村"依据壮年时期以来研长江下游军事要地的知识，陈述了有关防守长江的意见"。1949年元旦，在汤恩伯前往探询冈村"病情"时，老同学"遂就长江防御问题交换了意见"。

再说石美瑜的请调报告一直得不到批复。相反1949年1月中旬，国防部命令提升他为国防部军法局军法处处长，兼审判战犯军事法庭庭长，授中将军衔。

1月24日在南京召开的紧急会议上，国防部长徐永昌交给石美瑜两份电报：一份是汤恩伯要求将冈村宁次无罪释放的电报；另一份是"引退"的蒋总统从溪口发来的电报，大意为汤恩伯呈请要求判冈村无罪，应予照准，云云。徐永昌又拿出一份抄写工整的判决书，主文只有六个字"冈村宁次无罪"。石美瑜的心突地一沉，略显为难地说："要是各位审判官拒绝签字，当如何处理？"徐说道："我已令军法局明天派人前往上海，要是审判官拒绝签字，以军法从事，由军法局法官接办此案！"

1949年1月26日，对冈村宁次战犯的第二次公审草草开场了。被蒙在鼓里的老法官陆起，因为即将退休，此案是他毕生审理的最后一起案子，特意穿了授衔时的那套上校军服，精神抖擞地坐在那里。由于当局封锁消息，出席旁听的仅20余名记者。比起上年8月有100多人旁听的审判，场面显得格外冷清。

中午休庭后，石美瑜把法官请到庭长室，神情严肃地说："今天要辛苦各位，让肚子受点委屈，先合议好对本案的处理意见再去吃饭。"法官你一言我一语，认为应处极刑。不等法官们说完，石就打断说："诸公，案件拖了这么久，你们怎么还不了解内情？你们看……"说着就拿出了汤恩伯和蒋介石的电报，以及国防部拟好的判决书。法官们一个个惊得目瞪口呆……石美瑜接着说，这是上峰的决定，我也身不由己，诸位现在就签字吧！

四位法官，你望着我，我望着你，谁也不敢签字。石美瑜叹息道："国防部派来的军法官就在隔壁房里等候，要是我们不签字，他们就接办此案，宣布重新审理，结果还不是一样？那我们都要到警备司令部的地下室去。"

最后石美瑜的目光停留在老法官陆起的脸上，缓声说道："陆法官，你年纪大，资历深，就带头签个字吧。"陆起痛苦地说："如果一定要签，那也没有办法，不过我要在评议本上写下保留意见。"于是，法官们一个个无奈地履行了手续，也写下了他们心里的屈辱与遗憾。

下午4时，重新开庭。庭长石美瑜宣布了对另外两名战犯的判决之后，开始对冈村宁次宣判：

公诉人本庭检察官被告冈村宁次，男，66岁，日本东京人，前日本驻华派遣军总司令官陆军大将。

指定辩护人江一平律师、杨鹏律师、钱龙生律师。

对上诉被告因战犯案由本庭监察员起诉，本庭判决如下：

主文：

冈村宁次无罪

理由:

按战争罪犯之成立,系以在作战期间肆施屠杀、强奸抢劫等罪行,或系违反国际公约,计划阴谋发动或支持侵略战争为要件。并非一经参加作战,即应认为战犯,"南京大屠杀、港粤暴行,系酒井隆、松井石根所为,他们已受到惩治",且在被告任前,"被告授命之日,以迄日本投降时止,阅时八月,所有散驻我国各地之日军多因斗志消沉,鲜有进展",日本投降时,"被告乃息戈就范,率百万大军听命投降",因此"自不能仅因其身份系敌军总司令,遽以战犯相绳","应予谕知无罪,以期平允"。综合以上各项,依法应判"冈村宁次无罪"。根据以上结论,按战争罪犯审判条例第一条第一项、刑事诉讼法第二百九十三条第一项,判决如主文。

中华民国三十八年一月二十六日

审判长等人署名盖章

当听到审判长宣判冈村宁次"无罪"时,听众席上一片哗然,纷纷抗议与质问。庭长宣布退庭,躲进庭长室。然而,一切都已成定局,抗议终究是抗议,只是徒劳。冈村宁次原先曾听传言,说石美瑜批准判他有期徒刑七年,思想上已有所准备,结果竟判无罪,深感意外。他认为:主要是以何应钦国防部长为首的军方要人,尤其是汤恩伯将军强硬主张宣判无罪的作用。

闭庭后,为回避众多新闻记者的镁光灯,冈村从后门撤离现场,被径直送到一处秘密宅邸。

1月29日早8时,冈村在汤恩伯将军的亲自护送下,与其他259名日本战犯一起,在上海码头乘美国驱逐舰"John W. Weeks"号归国。为何走得如此匆忙?原来代总统李宗仁已把向中共引渡冈村宁次作为与中共实现和平的条件,并再度下达了逮捕冈村宁次的命令。航行途中，美籍船长告诉冈村："据东京电台的消息，中共对国民政府发出通告，作为和平条件之一，要求引渡冈村宁次。可你看，我们的船已经进入了公海……"二人对视一笑。

原来，在东京的中国驻日代表团拒绝了李宗仁代总统要求引渡冈村宁次的命令，并求美军帮忙解救冈村。这时美国为对抗苏联，应付远东局势，实行"扶日反共"政策，也深盼借重日本战犯。于是，专为冈村派出了这艘轮船。因怕夜长梦多，国民党当局在确认船已离开横滨港后，才匆忙对冈村进行终审判决，判决无罪，并且立即出境。

到1950年，国民党当局下令将全部日本战犯释放。

是年2月，冈村宁次组织了以富田直亮少将为首，由19名原陆军参谋人员组成被称为"白团"的军事顾问团，前往台湾帮助蒋介石。

国民党当局的此种做法，"严重损害了中国人民以八年血战换来的制裁日本战犯的基本权利"。当时就有人提出，此种公然蔑视民意和法律的做法，"破坏了立国的纪纲，挫伤了民族的正气，丧失了作为五强之一的国家体统"。而头号战犯冈村宁次的无罪释放，正是蒋介石为了国民党的利益，利用日本战犯来对付共产党，而牺牲中国人民的利益，这才是冈村宁次得以从头号战犯变为无罪释放的根本原因。

第二十五讲　国民政府首都南京"艳尸案"

上集

国民政府首都指的是南京，"艳尸"说的是死者是一位年轻漂亮的女性，当时的报纸上将这起案件称为"艳尸案"。1946年春，抗战时期迁都重庆的国民政府，决定在当年5月5日还都南京。为了保证国民政府顺利地平安地完成"还都"，南京城的宪兵、警察加强了治安管理工作，严防各类刑事案件和政治案件的出现。

1. 白鹭洲惊现"艳尸"

4月10日，夫子庙旁白鹭洲公园的清晨注定不得宁静了，在水边，一位年轻的姑娘倒在地上。死者容颜实在太美了，让人看后无不惋惜和摇头，这么漂亮、年轻的女子究竟为什么死了呢？是自杀还是谋杀？奇怪的是死者脸上丝毫没有惊恐、害怕的神情，反而洋溢着一缕幸福和快乐的神情。她仰面朝天地躺在那里，一只胳膊在头的旁边，另一只胳膊在腰间，双腿略微弯曲，好像在跳一支华尔兹……只是左边的太阳穴上有一处烧焦的黑洞，而右边的太阳穴血肉模糊，一股黑色的血迹从那里流出，污血和着泥土，已经凝聚成一种深褐色。

从死者的穿戴来看，显然出自一个殷实之家，乌黑的烫着大波浪卷的秀发，遮盖着死者的耳朵，耳垂上有水晶耳环，手腕上戴着小金表，外面穿着红色薄呢大衣，里面是剪裁合体的阴丹士兰旗袍，一双颀长的美腿上穿着正宗美国货的玻璃丝袜。一只米黄色高跟鞋脱落了，

515

另一只还穿在脚上。

一位清晨出门卖菜的菜农向附近的大石坝街警察所报了案。值班的警察只是问了一下情况，作了简单的登记，说："等八点上班后我向王所长汇报。"当即有围观者向附近的报馆打电话，通报白鹭洲出了"艳尸"，不少新闻记者赶往事发现场。

白鹭洲位于南京城东南隅，是一个四面环水的湖心岛，岛屿上面多柳树，风景如画。这里原是明朝开国元勋中山王徐达家族的别业，故称为徐太傅园或徐中山园。明武宗正德皇帝南巡时，曾慕名到该园赏景钓鱼。入清以后，因不断受到战火与人为的破坏，以致景物凋零，园林萧瑟，一代名园已成遗址。民国期间，南京特别市政府于1929年将该处建为"白鹭洲公园"，种植了大片荷花，每到夏秋时节，荷花映日，清香扑鼻，引得青年男女、遗老遗少来此游玩嬉戏赏荷观菊。到了抗日战争时期，南京沦陷，白鹭洲公园成为一片废墟。日本投降以后，这里依旧无人整理修葺，水面上漂浮着树叶和浮萍，岸边是瑟瑟的水草和芦苇，每到夜晚，草虫唧唧。这里成为人迹罕至的偏僻场所，胆小者根本不敢光顾。

大石坝街警察所的王所长八点到所，得知辖区内发生命案，立即派出两名片警前往保护现场，并亲自与侦缉队第二分队的贾队长联系，让他带着人去勘查。

就在贾队长和探员鲁俊赶到白鹭洲莲子营八号的菜地时，白鹭洲发生"艳尸案"的消息已经传遍全城。那年头的小报馆记者为抢新闻实在太厉害了，就在九点前后，就有报童挥舞着手中的报纸，满大街奔跑吆喝着："看报看报，白鹭洲发生'艳尸'命案，有漂亮小姐死于非命……"

贾队长搜索着死者红呢子大衣的口袋，一条洒满香水的绣花手绢，一只精细的小牛皮夹子，打开一看，里面有法币一百块，还有一个折成纸燕型的纸条。他小心翼翼打开一看，这张笔记本上撕下来的纸条上写着：

戴小姐：今接到兰萍电话，请你今午后到三茅宫去，并希望将丸药带去，有事面谈，勿误！朱克明

三茅宫在王府大街附近，是三间道士庵，不知何年建成，幸免于日军战火，而且香火颇甚。

贾队长掏出笔记本，将纸条仔细放进里面，再合上笔记本，大声命令："大家好好找找，周围还有没有证据和线索。"

队员们做扇形分开，瞪大眼睛寻找着，果然，一名警察在离尸体四米左右的泥土中发现了一枚空弹壳。贾队长接过来："这是一枚四号勃朗宁手枪的弹壳，再找找，或许还有发现。"

几名探员脱了鞋袜，踩进冰冷的湖水里，在水里摸索起来。什么都没发现，正当一名探员往岸上走的当口，右脚底板突然被硬物件"咯"了一下，他急忙弯腰用手去摸，一把勃朗宁手枪带着泥水被抠了出来。

贾队长高兴地说："好！回去领赏，去找一辆板车把尸体运到局里。"

这时，《中央日报》的记者徐佳士已闻讯赶来，他掏出本子和笔，向侦缉队队员问："这里谁负责？我是《中央日报》记者，我想采访一下，这具'艳尸'是什么时候死在这里的？是什么时候被发现的？"

贾队长以讥讽的口吻说："《中央日报》不够灵通啊，小报上已经有消息了。"

徐佳士说："我主要想了解一些内幕消息，请帮帮忙！"

贾队长说："我是负责这起命案的侦缉队贾队长，这具女尸是早晨六点左右被一个卖菜的发现的。根据尸体的变化判断，死的时间大约在昨天晚上十点。"

徐记者问："晚上十点？应该是一个很安静的环境，周围有没有居民听见枪声呢？"

一句话提醒了贾队长，十点左右他和兄弟们正在这一带巡逻，怎么会听不见枪声呢？

他摇摇头："没有居民反映有枪声，我们也没有听到……"

"那这个女人是他杀或自杀？"徐记者又追问道。

"可以肯定不是自杀！"贾队长肯定地回答。"你看，子弹是从左太阳穴打进去，右太阳穴出来的。普通人不会用左手开枪的！"贾队长接着说："肯定也不是谋财害命，金饰和衣服没有被动过的痕迹就是证明！"

当天下午发行的晚报上刊登出大石坝街警察所的"认尸启事"。

领尸启事已登出一天了，却没有家属来领尸体。难道这名被害的女子不是南京本地人？但她钱包里的字条又怎么解释呢？

贾队长发现死者的尸体腹部有些异样，便将其送到南京地方法院的验尸官处去验尸。不验则已，一验还真发现了新的问题。

验尸官令人脱光了女尸的衣服，将其赤裸地放在验尸台上，验尸官除了认真检查了女尸太阳穴上的伤口外，再检查全身，死者皮肤白皙，乳房高耸，发育良好。

他对身边的助手说："这具女尸已经不是处女了。"

助手一边做记录，一边问："何以见得呢？"

验尸官用戴着橡胶手套的手指着女尸说："死者乳头突出，呈现紫色，这不是未孕姑娘的乳房，显然她有身孕。"

他又用手指按着女尸微微隆起的小腹："你看，死者的小腹微涨而坚挺，里面显然有东西，这是有怀孕的表现，她肚子里的这个孩子起码有4个月了。"

助手说："这起案件有可能是情杀！"

验尸官点头："死者既未婚而有孕，极可能属于情杀。这个女人是否真的怀孕，还须解剖才能确定。但是，能不能解剖还须她的家人同意。"

贾队长请示王所长怎么办，王所长说："反正也验过尸了，再等一天，不行就把她掩埋在中华门外的坟场吧！"

2. 堂兄领尸

13日清晨，派出所门前来了一个眉清目秀、身材高挑、身穿灰花格西装、二八分头、油头粉面的年轻人，进了警察所就说："我叫朱克明，是来领堂妹朱兰萍的尸体的。"

王所长问："你怎么就知道死者是你的堂妹呢？"

朱克明从西装的左边口袋里掏出一张报纸，指着下角的一则启事说："这是我堂妹失踪第二天，我在报上刊登的寻找'兰萍'的寻人启事。"他又掏出右边口袋中的另一张报纸："这是你们登载的认尸启事，两下对照着看，那不就证明女尸就是我的堂妹吗？我现在就把尸体领走。"

王所长说："忙什么，还要办手续呢！"

贾队长说："死者怀了孩子，家属是否同意解剖？"

朱克明急忙说："不行不行，死了要个全尸，再说天也热了，再摆尸体腐臭了。"

王所长："你能代表家属的意见吗？"

朱克明："当然能，我已经和鼓楼的大中殡仪馆联系好了，一会儿他们就来车将尸体移殡。快办手续吧。"

贾队长突然问道："你叫什么名字？家住哪里？和死者是什么关系？"

青年男子反问："我没说吗？我叫朱克明，家住中山北路新安旅馆，就在外交部对面。我父亲是旅馆的老板，我是死者的堂兄。"

"朱克明？"贾队长突然想起死者留下的字条，那上面的签名不正是朱克明吗？看来，这个家伙与此案有关。

贾队长问："你的堂妹是什么时候离开家的？"

朱克明说："兰萍是4月9日下午离开家的，她家就住大方巷，离我家几步路。我二叔二婶以为兰萍住在我家，以前兰萍就常住在我家，也没找她。等到第二天中午她还未回去，二婶来我家找人，我们才知道兰萍失踪了，当天下午我们就在大方巷警察所报了案，所里也派出警察、侦缉队在下关、山西路、鼓楼一带进行寻找，我们还在《南京晚报》上刊登了寻人启事。"

贾队长突然问："戴小姐是谁？"

朱克明说："戴小姐叫戴章兴，是家妹的中学同学，又是闺中密友，两人经常来往的。"

"戴小姐住在哪里？"

"住在鼓楼马台街18号。"

贾队长打开案卷，从里面拿出朱克明写给戴小姐的字条，放在朱克明面前："这是你写的吧？"

朱克明说："不错，是我写的，是兰萍打电话给我，让我帮她约戴小姐出来见面的。唉，你们是从哪里得到这张字条的？"

贾队长："这是在死者皮夹子里找到的。"

朱克明："那一定是她和戴小姐见面后，戴小姐给她的。"

"是你亲自送给戴小姐的吗？"

"不是，我托茶房送去的。"

"为什么？"

"那天我害眼病，出不得门；另外，戴小姐有个男朋友，是个军人，喜欢吃醋，见有男的去找戴小姐，动不动就露出腰里的勃朗宁手枪，我是不敢惹他。"

贾队长拿出那把勃朗宁手枪："是这把吗？"

朱克明拿过来，翻来覆去看着："对！就是这把，枪号629。"

贾队长："你怎么这么清楚？"

朱克明："我央求戴小姐从她男朋友手里借过来玩了几天，当然熟悉。"

"你说的线索很重要，我们会调查的。"贾队长突然问："朱兰萍出事的那天你们见过面吗？"

朱克明眼中流露出一丝惊慌，随即又镇定下来："没、没有。我那天眼睛有毛病，哪里也没有去。"

贾队长："朱兰萍家人是否知道女儿出事了？"

朱克明："已经知道了，我有我二叔出具的委托书。"

贾队长对探员鲁俊说："给他办领尸手续。"

朱克明在领尸的单子下角龙飞凤舞般写下了"朱克明"三个字。

贾队长说："朱克明先生，等你把尸体移送大中殡仪馆之后，请到我这里再来一趟，我有话要问你。"

朱克明稍稍一愣，随即恢复了常态，说："好的。我一定来！"

3. 警方调查

随即，贾队长去了马台街，找到了戴小姐戴章兴的家。戴家只有母女二人。戴小姐已经得知好友朱兰萍的死，见调查人员上门，显得很紧张。

贾队长看出了戴章兴的惊恐，安慰说："你不要害怕，我只是了解几个问题。你和朱兰萍的关系平时不错，她最近找过你吗？"

戴章兴说："在她出事前一个星期，兰萍曾来我家，没说几句话，当时天已经下雨，她非要去朱克明家。我说下雨了，你有什么要紧事找他？"

贾队长："她怎么说？"

戴章兴："她说有要紧事相商，不能告诉我。还从我房间的五斗橱上将'月月红'拿去了。"

"月月红……这是治什么病的？"贾队长问。

"好像是治胃病的……"

"治胃病的？没听说过啊！"

贾队长觉得戴小姐一定隐瞒了什么，于是掏出自己的名片交给戴小姐："想起什么给我打电话。另外，最近不要离开南京，我随时可能来找你！"

贾队长出了门，来到鼓楼附近的同仁堂药店。进了店门之后，有伙计热情地迎上来："先生，需要点什么？"

贾队长："'月月红'，有吗？"

"先生，请问多大岁数的人用？"

"我自己用。"

经理急忙过来："先生，您知道'月月红'是治什么病的？"

贾队长拿出自己的警官证："这是我的派司。我来了解情况，是为了一桩案子。'月月红'是治胃病的吗？"

经理客气地说："先生，您搞错了。这是妇女专门用的药，女人身上不来月经或月经紊乱，吃了'月月红'以后，就可以来月经！"

贾队长："原来如此。这种药是随便可以卖的吗？"

经理摇头："不行，必须有正规医院或有名大夫的药方，否则不卖！"

贾队长点头："除了你们同仁堂外，还有别的药房卖'月月红'吗？"

"没有，只有我们同仁堂卖，我们是老字号，这味药是我们自己研制的，'月月红'的名字是我们起的，属于我们的专利。"

贾队长："照你这么说，你们卖的'月月红'都有登记？"

经理："当然有，"他吩咐伙计，"去把登记簿拿来，请队长过目！"

伙计赶忙拿过登记簿，贾队长接过来翻看着，在3月15日购买"月月红"的人名里，发现了"朱克明"的名字。

出了同仁堂，贾队长返回马台街，快到戴章兴家门口时，只见戴小姐坐着黄包车迎面而来，踏板上还放着一只皮箱。

贾队长拦下车，问："戴小姐，你这是上哪里？"

戴章兴脸一红："我想去舅舅家……"

贾队长对车夫说："警察办案，将车直接拉到大石坝街侦缉队！"

回到大石坝街，贾队长立即将戴章兴带到审讯室。

贾队长生气地拍着桌子："戴章兴，你三番五次对我说假话，我要拘留你！"

戴章兴吓哭了："贾队长，饶了我这一次，我再也不敢瞎讲了，你问吧，我知道什么说什么……"

贾队长："你一开始就知道'月月红'是治月经的，你也应该知道朱兰萍怀孕了，为什么不说实话？"

戴章兴："我这是替人保密，兰萍不让我说她怀孕的事。"

贾队长："他们兄妹关系应该是很好的，为什么见面还要通过你传递纸条呢？"

戴小姐："是啊，他们关系是很好，原来是不需要我这个中间人的，最近两人不知道为什么闹了别扭，兰萍不理他。那天朱克明送'月月红'来，非让我给兰萍送去！"

贾队长："'月月红'是朱兰萍自己用，还是给别人找的？"

戴小姐："我不知道，我问过兰萍，她没有说……"

贾队长拉开公文包，拿出字条："朱兰萍被害的那天中午，你是不是见过这张字条？"

戴章兴接过字条念了一遍："戴小姐：今接到兰萍电话，请你今午后到三茅宫去，并希望将丸药带去，有事面谈，勿误……我没有见过这张字条，我那天中午和我妈去二郎庙新光影剧院看电影了，美国片《出水芙蓉》，对了，我这有票根。"

贾队长接过票根，上面的时间是10日下午11点30分。

贾队长："这张票根可以让我用用吗？"

戴小姐叮嘱一句："请用完后还给我，我是收藏电影票的。"

贾队长说："没问题！"

戴小姐又问："这张字条是在哪里找到的？"

贾队长："这是朱兰萍死后在她身上发现的。"

戴小姐想了想："我知道了，这有可能是朱克明为了约兰萍出来，找人送去的。"

贾队长："好了，戴小姐，以后有事我再找你，这是我的名片，想起什么给我打电话。"

为了证明戴小姐说的都是真的，贾队长让探员鲁俊带着票根，去了延龄巷口的二郎庙新光影剧院，据服务员回忆，演《出水芙蓉》的那天，坐在二排3号和5号座位上的是一位小姐和一位青年军官。

鲁俊："这么多人看电影，你敢肯定吗？"

服务员："笃定！因为他们来晚了，是我打着手电筒帮他们找的座位。"

那么，戴小姐为什么要隐瞒青年军人呢？这把手枪与青年军官有无关系呢？这个年轻的军人会不会与这场杀人案有关联呢？

中集

1. 锁定疑犯

贾队长再次传讯了戴小姐，拿出了两张电影票票根，开门见山地问："戴小姐，和你一起看电影的那个青年军官叫什么？是哪个部队的？"

戴章兴脸一红："他是我的男朋友，叫林昆福，陆军第一五一师的军需官。"

贾队长："怎么认识的？"

戴章兴："兰萍介绍的。"

贾队长："朱兰萍怎么会认识林昆福的？"

戴章兴："他部队在广东，是专门来南京定制美式军服的，就住在大方巷口的新安旅社。"

贾队长说："不对啊，他应该住在部队招待所。"

戴章兴解释："部队招待所两人一个房间，他到新安住的是单间，而且离被服厂近。他在新安旅社遇见朱兰萍，一下子就迷住了，狂追不舍，开始兰萍有点动心，后来被朱克明知道了，两人大闹，于是兰萍没得办法，就把林昆福又介绍给我了。"

贾队长："这就对了，一定是你的男朋友和你合伙谋杀了朱兰萍！"

戴小姐急了："你不要信口开河，绝对没有这样的事！"

贾队长："你约朱兰萍见面后，你的男朋友用枪打死了朱兰萍，之后连夜逃跑。"

戴章兴："好玩了，我男朋友为什么要打死朱兰萍？"

贾队长："原因很简单，因为，她怀了你男朋友的孩子！"

戴章兴愤怒地叫起来："你有什么证据？"

贾队长拉开抽屉，从里面拿出一支手枪，放到戴小姐面前。

贾队长说："这就是打死朱兰萍的那支手枪，就是你男友的！"

戴小姐急忙否认："不！这不是他的枪。这是一把四号勃朗宁手枪，是袖珍型（PocketModel）自动手枪，仅供防身用的。"

贾队长："那你男朋友的枪是什么样的？"

戴章兴："我男朋友是军官，他用的是美式左轮式手枪。"

贾队长点头："戴小姐，你一个女流，看来你对枪很内行嘛。"

戴章兴说："我男朋友是军人，随身带着枪，我也跟着玩玩，多多少少懂一点嘛！"

贾队长："那你玩给我看看！"贾队长把枪推到了戴小姐面前。

戴小姐拿起枪，熟练地举枪瞄准，又做了个击发动作，接着几下就把那把枪拆解开了，之后又熟练地拼装在一起。

贾队长："看来，你也玩过这把枪？"

戴小姐说："这是朱克明的枪，去年他在下关八字山伪海军总司令部旁边的海军学校上学时，从一个军官手上买的。伪国民政府垮台后，他就把枪藏在我家里。我几个同学都见过，不信你可以调查。"

贾队长问："那好吧，你男友林昆福在哪里？我和他谈谈。"

戴章兴："走了，10日我和他看完电影后，他就坐9点半的夜车去了上海，这会儿估计已经在前往广东的海轮上了。"

贾队长："这么巧？朱兰萍出事的那天晚上他就走了？"

戴章兴："对呀，看完电影我们一起去'六华春'吃的饭，晚上9点半的火车，我把他送上车才回家的。"

贾队长问："那你为什么说是和你妈一起去看的电影？"

戴章兴说："我知道兰萍死了，就怕把我男朋友牵进这场官司中来。"

贾队长问："那你为什么说假话？既然你和男朋友去看电影，为什么说和你妈一起去的？"

戴小姐："我妈不同意我们的关系，第一五一师在广东，我男友家是台湾南投的，怕我跟了他去台湾，所以我才说谎，怕让我妈知道……"

第二天上午，贾队长和探员鲁俊前往中山北路大方巷口的新安旅社。

一个五十来岁的茶房迎了出来，"二位，你们住店吗？"

贾队长掏出名片，说："这是我的名片，去把你们老板和少爷叫出来。"

茶房说："好好！我这就去，二位稍待。"

贾队长在旅社里溜达，仔细地打量新安旅社。店面不大，有客房

50多间，分上下两层。从大门往里去，走道有一米多宽，两边是一间一间的客房，走道尽头，右手是一座楼梯，楼梯下有一小屋，是茶房的住处。楼梯转弯上去，二楼还是客房。后面是一座天井，左侧是老虎灶，大铁锅内终日是滚开的水，供住店的客人使用。过了天井就是后宅，也是两层楼房，就是店主和家人的下榻之处。

朱秉礼、朱克明父子听说贾队长来了，急忙迎了出去，朱秉礼说："您就是贾队长？我是新安旅社的老板朱秉礼。"

贾队长："我就开门见山，来这儿的目的主要是为了调查朱兰萍被害案件，希望你们配合。朱老板，我问话，请你回答就行了。4月10日晚上，朱克明都干什么？什么时候回来的？"

朱克明插嘴："那天我害眼病，就在家哪儿也没去！"

朱秉礼说："对对！那几天，我家克明害眼病，足不出户，哪儿也没有去。"

贾队长："在家干什么？"

朱克明说："陪我奶奶吃茶聊天。"

贾队长对朱克明："没问你，闭嘴！"

朱秉礼："贾队长，你不要嫌我啰唆，我多说两句，我们朱家到我这一辈就我兄弟二人，我是老大朱秉礼，还有个兄弟朱秉义，也就是朱兰萍的父亲。我家老母亲还健在，10日那天晚上，我家祖孙三代，一家人都在嗑瓜子、瞎吹牛。"

贾队长："你说的属实？"

朱秉礼："不信你可以问我家茶房，老太太平时住老二家，那天就是他去接的老太太。"

茶房上前："是是是，老板说的都是实话，是我去接的老太太。"

贾队长："老太太今年高寿？现在哪里？"

朱秉礼说："八十三了，就在后面楼上，我现在就上楼把老太太请下来，你可以再问问她！"他又特地交代茶房："老王，你在我家七八年，什么不晓得？你好好照顾二位，该倒水倒水，别漏到桌上和地上。"

茶房点头："我晓得！不会的。"

贾队长问茶房："你叫什么？"

"小人叫王明干！"

"什么地方人？"

"四川成都。"

"啥时候到南京来的？"

"我20岁到南京，一直在夫子庙讨生活。"

"你和朱老板一家都熟吗？"

"咋能不熟呢？民国二十六年，南京沦陷后，无处落脚，在大街上给人擦皮鞋，后来朱老板收留了我，就留在新安旅社。"

"你和朱家老太太也熟吗？"

"也熟，朱家老太太一直跟着二老爷生活。10日晚上，是我把老太太从二爷家接来的。"

这时，朱秉礼父子扶着白发苍苍的老母亲从后楼下来。老太太裹小脚，颤颤巍巍的，一头走一头哭喊着："我命苦啊，十八岁嫁到朱家，二十岁男人就死了，留下两个娃儿，我屎一把尿一把好容易把娃儿拉扯大，成家立业，老大生了个男娃，老二是个女娃，我就盼着孙儿孙女能早早给我生第三代，没想到孙女死了，孙子被人怀疑，这叫我怎么活啊……"

贾队长解释："老太，请不要激动，我们只是了解一下情况，并没有怀疑你家孙子与此案件有关……"

老太太呼天抢地："我家孙子可怜了啊——，白白遭冤枉，是哪个天打五雷轰的坏良心，我家孙子是清白的，奶奶给你做证，不行我这条老命就不要了——"

老太一哭二闹，直接躺到地上打起滚，还想用头去撞板凳，眼看要出人命，吃瓜群众都围在旅社门口，乱发议论，有的摇头，纷纷指责贾队长不应如此对待一个老人家。

贾队长只得对朱秉礼说："你要对你儿子朱克明出具干结，保证他不得离开家，随时接受警方传唤。"

朱秉礼立即说："好好好，我出具干结，如果克明离开旅社，我负法律责任。"

朱克明说："贾队长，我下午去大中殡仪馆一趟，然后随时听候你们侦缉队调查。"

天近晌午，贾队长和鲁俊已经饥肠辘辘，两人走上大街，往南不远，路旁的一家匾额上写着"四姑娘饭馆"，就走了进去。

老板娘年近30岁，姓周，见来了客人，热情地迎了上来："二位先生想吃点什么？"

贾队长说："简单一点，炒两个菜，再来半斤老酒，越快越好！"

老板娘："好嘞，一份芦蒿香干肉丝，一份洋葱炒鸡蛋，再来碗菊花涝汤吧！"老板娘拿过茶壶倒茶。

贾队长："你们出来办案不容易！"

贾队长问："老板娘，你怎么知道我们是办案的。"

老板娘："你们在那边办案，我路过时看见了。"

贾队长问："那家少爷人品如何？"

周姑娘："不是正经人！"

贾队长略有所思点点头："哦，朱克明和她堂妹关系如何？"

周姑娘撇撇嘴："不正常，我估计他堂妹的死八成和他有关！"

贾队长放下筷子："何以见得啊？"

周姑娘说："朱兰萍出事的那天下午，我在北极阁下碰见他俩，女的噘个嘴在生气，男的一个劲儿地哄。朱克明见到我以后，急忙和他堂妹分开，说自己无事上街逛逛。"

"朱克明和朱兰萍都穿着什么颜色的衣服？"

"朱克明穿着藏青色的西装，他表妹穿的是一件红颜色呢子大衣。"

贾队长吩咐鲁俊："你就在这里监视朱克明，如果发现他想逃跑，就立即逮捕他！"

2. 朱克明逃跑

这天下午，朱克明一袭灰长袍，脚穿布鞋，坐黄包车去了湖北路与中山北路路口的大中殡仪馆。鲁俊跟踪至大中殡仪馆，在停尸房前，发现朱克明与一个50多岁的人在打招呼，称呼对方"二叔"，并低三下四地说着什么，而那个被称为"二叔"的人对其非常厌恶，头一扭，说："我没有你这个侄子！"转身径直而去。

鲁俊心想：这就是朱兰萍的父亲朱秉义了，于是跟了过去，将自己的名片递上，说："我是负责朱兰萍案子的探员鲁俊，你为什么不理你的侄子朱克明啊？"

朱秉义气呼呼地说："他是个畜生，我没有这个侄子！"

鲁俊："能和我谈谈吗？"

朱秉义摇着头，长叹一口气："家丑不可外扬。"

鲁俊："朱先生，你的女儿那么年轻，又是那么漂亮，养到18岁，应该说是你的掌上明珠，就这样被人害死了，你就眼睁睁地让女儿惨死，不想让凶手绳之以法吗？"

朱秉义眼泪流了下来："我何尝不想啊。我恨不得将他碎尸万段啊……"

鲁俊问："这是什么时候发生的事？"

朱秉义哭着说："应该是今年1月，我老母亲过83岁生日那天，我们全家都去大哥家与老母做寿，我们都喝多了，兰萍在二楼睡了，就在那天晚上，兰萍被那个畜生给糟蹋了。"

鲁俊说："你是怎么知道的？"

朱秉义："兰萍后来发现自己怀孕了，我和她妈问她，是兰萍亲口说的。"

鲁俊："但是，你老母亲做证，那天晚上朱克明、朱兰萍都打了一夜的牌啊。"

朱秉义摇着头："我们朱家兄弟二人就朱克明这一个男丁，老太太有她的主张，做儿子的又能说什么？我是实在心不甘啊。"

鲁俊："朱先生，我明白你的心思，天子犯法与庶民同罪，不让杀害你女儿的凶手逍遥法外，是我们的职责所在。"

朱秉义开始犹豫。这时鲁俊一回头，发现朱克明消失了。

鲁俊立即借殡仪馆的电话，与中山码头、下关车站和中华门各火车站派出所联系，要求他们加强监视，防止朱克明逃跑。然后向贾队长汇报。

贾队长在电话中吩咐："中山码头晚上八点有一班船，十点有一班船，估计朱克明等不到那时候，他极有可能坐下午五点的快车去上海，你先去下关车站。"

3. 抓捕朱克明

当鲁俊赶到下关车站时，果然，就在进站口排队的人群中截住了朱克明。鲁俊调侃着："朱少爷，你这是要去哪儿啊？"

朱克明有点沉不住气了："我有个同学在上海，明晚结婚，我参加过婚礼就回来……"

鲁俊说："朱少爷，你有过干结，不得离开南京，对不住了，请你跟我去侦缉队协助调查。"

朱克明色厉内荏："办案是你们侦缉队的责任，找不到凶手我们家属要告你们，还敢对我怎样？"

鲁俊收敛起笑容："少说废话，不然对你不客气！"

朱克明要横："你敢拿本少爷怎么样？"

鲁俊上去抓住朱克明的胳膊，往后一拧，再往上一抬，朱克明立

531

即"哎哟""哎哟"地叫起来。"我的胳膊要断了……"

鲁俊瞪起了眼:"给脸不要脸,你走不走?!"

"我走!我走!"朱克明哀求着。

鲁俊放开手:"给我老实点!"说完,他掏出手铐,一头铐在朱克明的右手腕上,另一头铐在自己的左手腕上,拦了一辆出租车,二人坐进去。

等他们回到警察所,天已经黑了,贾队长的办公室还亮着灯。一进门,鲁俊就说:"这家伙想跑,我在下关车站把他截回来!"

朱克明叫了起来:"你们凭什么乱抓人?凭什么怀疑我是凶手?有什么证据!我要控告你们?"

贾队长平静地说:"我们只是请朱先生来协助调查案件,没有别的意思,这是上午咱们说好的,你为什么要逃跑呢?"

朱克明态度强硬起来:"既然我不是疑犯,你没有权力限制我的人身自由!我去上海是参加同学的结婚典礼的,后天回来,为什么不行?"

贾队长话题一转:"听朱先生的意思,对法律很熟悉?"

朱克明吹嘘道:"当然,我在中央大学法律系上过学,念过民法和刑事法,你们这是违法,我要找律师,让你们吃不了兜着走!"

贾队长:"好啊,请不请是你的权利!"

朱克明:"你们侦缉队也太不像话了,抓捕不到真正的凶手,竟然怀疑我杀害了堂妹。我和兰萍自幼一起长大,兄妹感情很好!再说,我一介书生,如何有枪?如何会开枪?"

贾队长拉开抽屉,拿出一张纸:"你的情况,我已经从大方巷警察所户籍科抄来了。我读给你听听:朱克明,南京市人,生于民国十六年十月初三,家住南京大方巷32号;父朱秉礼,商人,在中山北路开设新安旅社;母朱陈氏。朱克明曾在上海高昌庙伪海军学校学习海军,后在伪中大法律系学习,因违反校规,屡教不改,被学校劝退……"

朱克明不服气地反问:"我违反伪校的校规怎么啦?"

贾队长突然又转了话题:"你在伪海军学校学过打枪,你为何不承认呢?"

朱克明一惊,额头上泛起了汗珠,他掏出手绢擦擦汗,掩饰着:"那是几年前的事了,我已经忘了如何打枪,再说我哪来的枪?我哪来的枪……"

"那要问你自己。至于你有没有枪,我们会调查清楚的。"

朱克明的脸色白了,哀求着:"贾队长,我脑子很乱,很多事情需要梳理一下,我以人格保证,不再离开南京,随时听候你的传唤,你能让我回家住吗?我情愿交保金!"他从口袋中掏出一沓子法币,递到贾队长面前。

贾队长推开他的手说:"在案件未水落石出之前,多少保金也没有用,你哪儿也不能去!"

冷月窥窗,朱克明辗转反侧,一夜无眠。

那么,接下来会如何发展呢?

下集

侦缉队通过几天的调查走访,锁定了杀害朱兰萍的疑犯就是其堂兄朱克明,于是准备将调查的所有证据移交南京地方法院检查处,交法庭审判。

1. 车夫指认嫌疑人

4月15日上午,贾队长带着探员,押着朱克明去了白鹭洲莲子营8号案发地。朱克明的态度表现得异常镇定,矢口否认来过这里,并说对城南一带根本不熟悉。但是,到了凶杀现场时,他站在朱兰萍被害的地点之外，就是不肯往跟前去。贾队长事先吩咐手下把朱兰萍的那件红色的呢子大衣铺在地上，当他们穿过菜地，到达水边时，突然间朱克明瞥见了那件红呢子大衣，在阳光的照射下，像一摊红色的血，当时朱克明脸色发白，浑身颤抖，虚脱得要倒下。鲁俊一把抓着他的胳膊，将他半拖半拽，拉到路上。一名小报记者凑过去："请问贾队长，你们拘留了朱克明吗？"

贾队长："他需要协助调查此案，却违反'不得离开南京'的规定，擅自前往上海，不得已我们拘留了他。"

记者："贾队长，我可以理解为朱克明是本案的疑犯吗？这是一起兄杀妹的风流案件吗？"

贾队长："他只是疑犯，是不是兄杀妹还须作进一步的调查。"

小报记者飞快地用笔记录着，接着，他又问朱克明："朱先生，你此刻站着这里，看着令妹被害的现场，心里作何感想？"

朱克明掏出白手绢擦泪，激动地问："如果是你家亲人被杀，你会作何感想？我是被冤枉的，我和兰萍从小一起长大，感情非常深，兰萍的死，让我悲痛欲绝，没想到侦缉队抓不到凶手，拿我当替罪羊，天理何在？良心何在？"说着便号啕大哭起来。这样一来，一群吃瓜群众七嘴八舌，有个老太用围裙擦着眼泪："这娃儿可怜！"

这时，人群中，出现了戏剧性的一幕：一个黄包车车夫突然走到贾队长面前说："我知道凶手是谁，说了有赏钱吗？"

贾队长点头："只要你不瞎说，赏钱少不了你的，法币一百块！"

就在车夫出现时，朱克明显得很紧张，尤其是听到二人关于赏钱的对话，额头上竟冒出汗来，赶紧蹲在地上。

贾队长问："叫什么名字？职业和家庭住址。"

车夫："我叫张林森，拉黄包车的，家住木匠营，离这里不远。"

贾队长："你去认认那个人，10日夜里可拉过他。"

张林森走了过去，朱克明把头低到胸前，他托起朱克明的下巴，看了看："就是他，10日夜里头就是他在前面路口拦我的黄包车。当时我正拉车回家，他非要坐车，还骂我有钱不赚，呆啊！"

朱克明立即否认："你才呆啊，我什么时候坐你的车啊？那天晚上我在家里打了一夜的麻将，哪里也没有去。你见鬼了！"

车夫："你才是鬼，从菜地里跑出来，吓我一大跳！"

贾队长问车夫："10日那天晚上你大约几点钟看见此人？"

车夫说："11点20分左右。"

贾队长问："你有表啊？怎么就能知道是11点20分？"

车夫说："城里末班小火车十一点一刻经过这里，那天，小火车刚过不久，这个人就从菜地那边跑过来。"

贾队长心想："这就对了，凶手一定是利用小火车的轰隆声和鸣笛声开的枪，难怪周围的居民和巡逻队都没有听见枪声。"

贾队长点头："这就对了，小火车末班车到达中华门终点站的时间是11点30分，经过武定门和白鹭洲的时间正好是11点15分。"

车夫："这个人穿的是西装，蓝色还是棕色，天黑看不清楚，黑皮鞋，不会错！"

贾队长："你怎么记得这么清楚？"

车夫："他踩得一脚烂泥巴，都刮到我的车帮上了，害我第二天搞了半天。"

朱克明急了："贾队长，你不要听这种臭拉车的嚼蛆，这种人，为了一点赏钱就可以坏良心！"

车夫反驳："我坏良心？这么年轻漂亮的姑娘你都敢打死，还说我坏良心！"

贾队长："你不要理他，你告诉我，你拉着这个人到什么地方去了？"

车夫："他先说去夫子庙文德桥，到了后，他又说去三山街，到了三山街后又要去升州路，在糯米巷口就下了车。"

朱克明又开始大叫："贾队长，你千万别听他嚼蛆，我那天哪里也没有去！冤枉啊！冤枉啊！"

贾队长说："冤枉不冤枉我们会搞清楚的，况且我并没有说你是杀人犯，你慌什么？"

鲁俊问："要不要车夫去局里做笔录？"

贾队长："当然，你先带他去，我陪朱先生再看看杀人现场。"他问朱克明："你不过来看看令妹的被害地点吗？"

朱克明掏出手绢擦着眼泪："太惨了，我不去，刚才差点儿晕过去。"

"那好，我自己去。"贾队长独自走向水边，蹲下去用指甲刀挖了一块兰萍被害处的泥，仔细地装在一个火柴盒里。

2. 皮鞋、西装上的痕迹

当天下午，贾队长、鲁俊来到新安旅社后院，上了二楼，让茶房王明干开门进了朱克明的房间，两人打量着少爷讲究的卧室，里面有收音机、手摇唱机，墙上挂着一对青年男女的婚纱照。贾队长问：男的是朱克明，女的是谁啊？王明干介绍：女的叫汪丽珍，家住升州路，是做绸缎生意的。五月就打算办喜事。

房中还有大衣橱、穿衣镜，红木雕花床上是崭新的大同被单厂生产的床单和绣花枕套。

鲁俊一眼看到朱克明的床底下有双黑皮鞋，弯腰把它拿出来，翻过来一看，鞋底花纹凹槽中，还有一些细微的黄泥。

鲁俊对贾队长说："鞋子擦过了，但还是没有完全弄干净。把泥抠下来带回去化验。"

贾队长从公文包里拿出了在凶杀现场拍摄的鞋底花纹的照片两相对比："鞋底的花纹是一样的。"

鲁俊从衣架上取下朱克明的藏青西装，在上面发现了沾上的红绒，于是又叫："队长，你看！"

536

贾队长说:"采集下来,回去和朱兰萍穿的红大衣上的物质化验一下。"

新安旅社的茶房王明干被侦缉队传来,贾队长问:"10日那天朱克明是不是出去了?"

王明干说:"我在店里忙里忙外的,哪里管得着我家少爷去哪儿?"

贾队长拉开公文包,从里面取出一缕红绒:"王明干,这是死者朱兰萍大衣上的红绒,这和朱克明的藏青西服上沾的红绒,说明朱兰萍在临死前两人有过亲密的接触。你如果知情不报,是要负法律责任的。"

王明干没有吭气。

贾队长又将皮鞋提溜到王明干眼前:"这是你擦的鞋吧?锃亮,能照出人影,够专业!"

王明干:"那当然,我擦了三四年的皮鞋……"突然,他意识到说错了话,于是急忙改口,"不不,是大少爷自己擦的……"

贾队长:"你糊鬼呀,大少爷能擦出这样的鞋?"

王明干承认:"那天他中午就出去了,是穿着藏青西装和黑皮鞋走的……"

贾队长还去了周姑娘饭店,问朱克明为人如何。

周姑娘说:"朱克明就欢喜嫖小丫头!"

3. 朱克明自杀

16日清晨,身陷侦缉队的朱克明得知今天是朱兰萍的出殡下葬日,起床后长吁短叹,即爬在桌前,一个劲地写着什么,鲁俊给他送的早饭根本没动。朱克明的表现反常,引起了贾队长和鲁俊的注意。到了上午11点,朱克明突然摘下手指上的金戒指塞到嘴里,吞金自杀。留下四封遗书,分别是致父母、致叔父(即朱兰萍的父亲)、致未婚妻汪丽珍和致侦缉队贾队长。

致父母的信函如下：

　　父母亲大人膝下，敬秉者。不孝儿因堂妹兰萍被害一事，蒙受不白之冤，谣言杀人，百喙莫辩。儿自幼与妹妹兰萍感情很好，朝夕相处，就是一家人。用常理测度，做哥哥的岂能谋杀妹妹，做出如此禽兽不如，伤天害理之乱伦之事？

　　侦缉队破不了此案，无法交差。遂以兰萍大衣口袋中有儿写的，兰萍请其好友戴章兴小姐午后到三茅宫约会的字条为由，并押儿至兰萍被害之现场，强污孩儿是兰萍被杀的疑犯。奇耻大辱，是可忍孰不可忍。孩儿唯有一死来证明清白。孩儿一死，不但我家断绝香火，而且二叔家亦有乏嗣之忧，呜呼，遭此飞来横祸，岂不是天要亡我朱门？人生最大不幸在白发人送黑发人，孩儿不孝，唯有在另一个世界中恭候二老，以图报答养育之恩。

不孝男克明泣拜顿首

民国三十五年四月十六日

致叔父的信函如下：

　　叔父大人膝下，见字如面。想我朱门，绵延十数代，到父亲与叔父这一代，手足两家，即有克明一男。古人云：不孝有三，无后为大。当年爷爷在世之时即有遗嘱，由孙儿一人承佻二门，接续香火。遽料我朱家今遭此横祸，兰萍妹死于非命，叔父大人痛失爱女，掌上明珠，我父一脉，亦因儿遭缧绁，即丧爱子。造化弄人，天要亡我朱家，何人能救？唯有朱家自救，否则断无生路。

　　侄儿唯有一死以报叔父昔日养育之恩，唯望侄儿死后，叔父大人能替侄儿在奶奶面前尽忠尽孝。

所请之事，务祈垂许。以上请托，恳盼慨允。诸事费神，伏乞俯允。

不孝男克明恭叩！

中华民国三十五年四月十六日

致未婚妻汪丽珍的信：

丽珍：我最最亲爱的妻，虽然你我尚无成亲，但已有夫妻之实；且今年五月五日，国民政府还都的庆典日，就是你我大喜之日，但目前似乎成为可望而不可即的事情了。每念及此，犹如万箭穿心，潸然泪下……

丽珍，你是知道的，我和兰萍是堂兄妹，从小一起成长，感情很好，历来如此。对于她婚事，我一向很操心的，还记得吗？我也曾托你给萍妹介绍男朋友，但她那时和一个军官打得火热，对别人的介绍和劝说都不放在心上，做哥哥的我也是无奈的。兰萍日前托我给戴小姐写个字条见面，兰萍死后，该字条被侦缉队发现，作为是我杀害兰萍的罪证，无论我怎样解释，都不能洗刷被诬之实情，致使哥杀妹之谣言满天飞。被人误会，愤不欲生。

永远爱你的克明

中华民国三十五年四月十六日

致侦缉队贾队长：

贾队长：你轻信谣言，岂不知墙倒众人推？我与兰萍是亲兄妹，从小至大，感情甚笃，做哥的怎么会对妹做出伤天害理、乱伦之事？兰萍是一漂亮的姑娘，身边岂无异性追求？特别有一年轻军官林某，台湾南投人氏，在一次舞会上与兰萍相识，曾死命追兰萍；因其部要开往台湾，我们阻止兰萍与其交往。日前，就在该部开往台湾，他曾邀兰萍与其同往，遭兰萍拒绝，之后即发生兰萍被害之事。究竟是否此人所为亦未可知？然为何非诬我为杀害兰萍的凶手？克明唯有一死表明心迹。

朱克明

中华民国三十五年四月十六日

幸亏被鲁俊发现得早，就近将呻吟不断的朱克明送到长乐路的公立第一医院进行抢救，医生让朱克明喝药水，并用肥皂水进行灌肠，终于将其肚子里的金戒指排泄出来。为了治疗方便，不致再节外生枝，当天下午5点，贾队长允许朱克明的父亲朱秉礼将其从医院领回家。

在南京地方法院侦查厅，检察官从枪的线索入手，把凶枪和其他大小不同的几支手枪都放在朱克明的朋友王立章和高有福面前，两人一眼就认出了朱克明的那把枪，肯定地说："这是朱克明的，不会错！"

而且，通过化验，证明这把枪上沾上的泥土，和出事地点所捡到的弹壳上的泥土、朱克明皮鞋底的土灰、西装上的土灰以及朱兰萍大衣上的土灰属于同一构造。

在询问朱克明与"月月红"的问题上，朱克明的父亲朱秉礼和母亲朱陈氏坚持说："兰萍素患胃病，克明以为'月月红'为养胃药，哪里知道是打胎的？"

朱陈氏哭着叫屈："我家克明这个娃儿，就是脾气不好，平时喜欢得罪人，吃大亏唉！"

朱克明被侦缉队拘留，以及"朱克明杀妹"的传言被晚报记者大加炒作的消息不胫而走，整个南京市街头巷尾，市民们议论纷纷，成为人们茶余饭后的谈资，各种各样的版本满天飞。

为了营救朱克明，其父朱秉礼花重金聘请了南京著名大律师赵文琦为其辩护。赵文琦亲自写了"赵文琦律师代表朱秉义为'艳尸案'

释明启事"，交给各家报馆刊发。

南京刚刚复刊的《南京人报》上发表了"赵文琦律师代表朱秉义为'艳尸案'释明启事"，声明下列各点：

一、朱克明目疾数日，足不出户。

二、朱兰萍出事时，朱克明正和祖母、家人闲谈。

三、朱克明出事后，态度安详，吞金后，夜间睡眠安定，足见其无愧于心。

四、朱克明有未婚妻，感情很好，与妹无仇，亦无财产纠纷。

5月17日，朱兰萍的父亲朱秉义来到侦缉队，面见贾队长，要求撤案。

贾队长问："你对死者案件想怎么处理？"

朱秉义答："我请求从轻处理，我要求保释侄子朱克明！"

贾问："你老婆也是这个意见？"

朱答："是的，我和我老婆现在不愿追究了，很多事情不好说。"

贾问："对于本案，证据表明就是你侄子干的，你是怎么想的？"

朱答："我的意思，假使我家女儿是别人所害，我也不追究了，假使是克明所为，不谈了，任何一切都不再追究。"

4．证据确凿，真凶翻供

尽管如此，侦缉队还是将有关证据和案卷移交南京地方法院检察官。

在法庭上，朱克明始终否认堂妹朱兰萍是被他所杀。又供出朱兰萍有两个男朋友，一个姓林，即林昆福；还有一个叫高有福的。说有一次在珠江路跳舞厅跳舞时，林和高为了争着和朱兰萍跳舞，双方都拔枪相对。

朱克明的母亲朱陈氏专门到戴小姐家，请她不要承认朱克明有过手枪。

茶房王明干也否认在侦缉队招供的口供，说4月10日他家少爷卧病不起，根本无法外出，绝对否认有强奸之事；原先口供是贾队长逼供，是按照贾队长的意思说的。朱家的表妹出庭做证，说出事的当晚曾和表姐一起打牌。

尽管如此，南京地方法院仍于1946年9月6日，对朱克明枪杀朱兰萍案进行了宣判，法官宣读了审判主文：

> 朱克明杀人，判处死刑，褫夺公权终身，又未受允准而持有军用手枪、子弹，处有期徒刑一年，应执行死刑，褫夺公权终身。四寸勃朗宁手枪（三一〇一六四号）一支及弹壳一枚，均没收。

朱克明紧紧握着拳头听完宣判，一头大汗；他的祖母靠在法院的墙上顿足号啕大哭。他未过门的妻子汪丽珍在整个庭审期间，都用一块绣着兰花的手帕捂住半边脸，默默啜泣。

朱克明大声嚷道："我对死刑的判决不服，提出上诉！"聘请的赵文琦、李模和王龙三位律师当即商量上诉有关问题。朱克明被押往老虎桥监狱看守所。

11月20日，首都高等法院院长赵琛突然收到一封从台湾基隆寄来的平快信。信封上写着"南京首都高等法院院长先生亲启"，下署"不详自台湾寄"；打开一看，信中说："本人是一位军人，在京结识朱兰萍，一见倾心，离京后，未得朱回信，四月二日又赶回南京，四号会于友人家，因为不便详谈，晚间酌往电影院，坐于最后之排，因向其提起婚姻之期，熟料竟遭拒绝，大反前誓。五日复相遇于中央商场，比约往中山陵，途中仍要求下一决心，况且身怀有孕，只有同走

542

离开之一法。而彼竟回答：我有办法打胎，你不要管。碰了这次钉子后，在愤激之下，于十日下午带了枪，到了白鹭洲空地，我就将手枪取出，逼问到底同我走不走。彼很愤怒地说打死我也不能同你走。斯时我的怒火中烧即失手射击，将其击倒。我应该以死抵罪，但是家中老母无依，所以只得逃走。我不是贪生怕死的人，问题是一旦投案，老母必因我之犯罪忧虑，着急而很快地死，我死有余辜，而致老母的速死，罪更大了。院长先生，有什么方法使我良心得安，你能不能把我的疑问披露一点，给我参考。如果可以投案的话，我绝对来自首。"末尾署名"在逃罪人"。

这封信一经披露，赵琛院长当即表示：如果投函人能在最近由台湾来南京投案，证明确系凶手，可作自首论，从宽处置。如果此案关系人在这里故弄玄虚，一定依法追究。但是几个月过去，再无音讯；而且法院派人去基隆调查，并无查到那位"青年军人"。

这期间，汪丽珍诞下一名女婴。朱家人又陷入无后的惶恐之中。

5. 法院最终宣判

1947年7月16日，首都高等法院在朝天宫大成殿再次对"白鹭洲命案"进行宣判。

首都高等法院刑事庭审判长骆允协，推事申屠宸、葛之覃开庭宣判。审判长骆允协宣读判决书：

> 首都高等法院刑事判决三十五年度刑上字第一〇七号
>
> 上诉人即被告朱克明，男，年二十二岁，南京人，住中山北路一九九号，无业，现在押。上诉人即被告因杀人案件，不服首都地方法院中华民国三十五年九月六日第一次判决，提起上诉，本院判决如下：
>
> 主文原判决书撤销。

朱克明杀人，减处有期徒刑十五年，褫夺公权十年，其他部分免诉。

……

至于朱克明杀人后为什么去了三山街和升州路，后来才知道汪丽珍家就在这附近，而且在这两处都有店铺，买卖比朱家的大得多。汪丽珍也怀了朱克明的骨肉，如果朱克明被处以死刑，汪丽珍也是最大的牺牲者。一个案子牵涉三家人的悲剧，还能怎么办？何况汪丽珍的父亲财大气粗，走后门走到首都最高法院院长赵琛那里，法院还能怎么办？

当法律遇上伦理道德问题，执法者也从两方面进行考量，该案导致朱氏兄弟几乎翻脸，然而，老太太以死相威胁，终于摆平两个儿子之间的怨恨。道理很简单，但也很残忍。朱克明是朱姓家族唯一的血脉，如果朱秉义一定要为女儿报仇，那后果将导致朱家断子绝孙，这是朱家人都不能接受的，只有保住朱克明的命，这才是朱家人唯一的选择。

第二十六讲 永和金号血案

上集

1947年5月4日，星期天，天未亮时，位于湖南省邵阳市中心东直街的永和金号突然冒出了浓烟烈火，这是偶然的事故还是有人刻意所为呢？

1. 金号突发惨案

就在金号失火时，有人发现从金号大门里窜出一个黑影，附近的岗警却置之不理。隔壁大华药号经理怕殃及池鱼，带领全体员工帮着救火，后来救火队也赶来了，大火虽然控制住了，但中进房屋的门窗、房梁都已化为灰烬。这时才有派出所警察及六区专员公署机要秘书傅德明带人前来勘查。该金号共三进院，第一进为门面房，客厅，有一名店员倒卧在血泊之中。全身有刀伤14处，均为尖刀戳刺，血肉模糊，死者叫饶文清，是该店的会计；另有三人中毒，呈昏迷状态，分别是店员鄢占魁、邓康年及学徒杨留权。中进房屋基本被大火烧毁，在破砖残瓦之中，发现尸骸一具，已成焦炭，经调查，死者为该店学徒金海水。后进房屋屋内和楼上共二人，为店员鄢子和与厨工陈玉清，皆口流涎水，呈中毒状，昏迷不醒。

该店一名叫喻让贤的学徒正向众人讲述惨案发生的经过，突然，专员公署秘书傅德明出现在他身后，大声呵斥："闭嘴！我要枪毙你！"随即将喻让贤逮捕，押了就走，喻让贤大喊冤枉。正在这时，

545

县长徐君虎赶来，听见喻让贤拼命喊冤，于是责成傅德明必须保证喻让贤的安全，听候调查处理。

这个徐君虎是个什么样的人呢？

2．"草鞋县长"调查

徐君虎，湖南新宁县人。1924年加入中国社会主义青年团，同年加入中国国民党。1925年6月考入广东第二军官学校，同年冬被选送莫斯科中山大学学习，1927年春回国参加北伐。卢沟桥事变后，任广西北上抗日独立旅旅长。1944年至1949年先后任新宁县县长和邵阳县县长。

徐君虎踏着残余的火烬，走进后面的厨房，一个中毒较轻名叫陈玉清的厨工还睡在床上。徐君虎问："你店里起了火、杀了人，你知道吗？"

陈玉清吞吞吐吐地说："傅秘书要我们吃丸子呀。"

"为什么要你们吃？"

"不吃他要捉人呀！我们店里的先生都吃了，我只好跟着吃。他要我张开口看吃完没有，我在舌头底下藏了两片没有吃进肚子里去……"他一边说，一边把早先藏在口里的两片白色药片拿给徐县长看。其余中毒的员工鄢占魁、鄢子和（两父子）、邓康年、杨留权已昏迷不能讲话。徐县长即派警护送他们去普爱医院进行急救，与此同时，着手搜集人证、物证，以期迅速破案。

永和金号是一家经营金饰物品和回收金条、银圆的金店。总号设在衡阳，系独资经营，资财雄厚。邵阳金号只是分店。其前身是一位叫陈汉章的打首饰的技工与朋友合资开设的同和金号，由于经营不善，顶给了衡阳永福药号老板何情恒，该老板只有一个儿子叫何建中，是个花花公子。出事前，邵阳永和金号分号经理杨振华委派一个叫田瑞清的暂代该店业务；案发时分号代经理不在店里。

5月5日，邵阳县县长徐君虎、参议会议长谢煜焘、警察局局长段一诚、镇长吴总权等去了普爱医院，对治疗中的店员分别进行侦讯。第一个被询问者即是店员鄢子和。

县长徐君虎问：姓名、年龄、籍贯、住址、职业。

鄢子和答：鄢子和，29岁，江西丰城人，帮永和金号卖货。

问：你店被烧那一晚，有些什么人到你店里？

答：5月3日，有专员公署傅德明秘书来我店，大约是晚上八九点钟的时候，他喊开门进来的，是我开的门。

徐君虎又问：傅秘书进店后，同你谈些什么话？

答：他说陈汉章是共产党，问我同陈汉章有什么交情。我再对他说，我同陈汉章没有什么交情。他是一个一个问的，然后再传召集本店员工，喊到客堂里，对我们说要带我们到专署去审问。

问：你们为什么不跟到专署去呢？

答：我们不敢去，傅秘书说只要我们吃丸子，每人吃十颗。他说这个丸子是"真言片"，吃了就会讲真话，那就不用去了。

问：被杀的那个店员，被杀时的情形你知道吗？

答：被杀死的那个人，怎样死的不知道。我们吃药丸之后，是傅秘书扶被杀的那个人去睡了。

问：你看见傅秘书带了枪吗？

答：他多半带了枪在身上，但我没看见。

问：你为什么那晚不在家歇？要到店里歇？

答：我不在家歇的原因是第二天要带银（钱）到长沙，因为那边有个联号，要赶早搭车的缘故。

问：傅秘书穿什么服装？身材有多高？

答：穿花格子西装，有条花领带，身材瘦长，没有戴帽子。我认识他的，同警局段局长一样高。

问：在头天晚上傅秘书问杨经理的话，你在房里吗？

答：我同邓康年在旁边，至于他们谈什么，我没听清楚。

问：杀死饶文清你知道吗？

答：我吃丸子之后就昏倒了，傅秘书送我到铺上睡去，所以不知道。

……

徐君虎又询问了第二个人即厨工陈玉清。

问：姓名、年龄、籍贯、住址、职业。

答：陈玉清，45岁，湘乡人，帮永和金号煮饭。

问：前天晚上有什么人到永和金号？

答：……有一个穿西装的单身长子，说是专署的，问我们一个个的话，到十点钟对我们说，永和金号的人都要到专署去，说永和金号的人员都同陈汉章有关系。

问：问了你们之后，傅秘书说些什么话？

答：问了我们的话之后，要将全店员工带到专署去。店员邓康年说，我们经理不在店里，都去了就没人照顾店了。

问：你们不肯去专署，后来怎样呢？

答：到了十一点钟的时候，傅拿出一包"真言丸"叫我们吃，邓康年第一个吃，只有饶文清不肯吃，说我来不久，与陈汉章没见过，不肯吃。傅秘书对我们说，我家里也有子女，吃了这丸子没有关系。所以我们都吃了，我吃了八粒，过了二十分钟就神智不清了。

……

徐君虎等又询问小学徒杨留权。

问：姓名、年龄、籍贯、住址、职业。

答：杨留权，14岁，江西人，永和金号学徒。

问：你何时到邵阳来的？

答：去年农历十一月间到永和金号的，做杂役事务。

问：前天晚上有些什么人到你店子里？

答：前天（三日）晚上有一个专署的秘书到我店里，他一共到店里来了三四次了。前几天傅秘书来店，同杨经理在楼上看了，又在客堂里吃了茶就去了。

问：前天晚上傅秘书来，同你们说了话吗？

答：前天晚上，傅秘书在八点钟的时候敲门进来的，为了陈汉章的事情，进来之后，先喊师傅们问话，最后就问我同煮饭的和那个烧死的学徒金海水。

问：问话之后又怎样呢？

答：问我们之后，就在袋里拿出一包丸子（用纸包的）说我们讲谎话，吃了丸子就讲真话。逼迫我们每人要吃十粒，如若掉了一颗，就要再吃十粒。

问：如何起火与杀人的，你知道吗？

答：他怎样杀人，怎样放火，我吃了丸子不清楚了。

问：被杀死那个人，吃了丸子吗？

答：他叫饶文清，傅秘书不要他吃丸子，最后杀的。

问：傅秘书穿什么衣服？身材怎样？带了枪吗？

答：傅秘书穿条花西装，面瘦长，西式头，枪在身上，我看见枪壳，但是没有拿出来。

……

此时，该店经理杨振华闻讯从衡阳赶回。徐君虎最后询问经理杨振华。

问：姓名、年龄、籍贯、住址、职业。

答：杨振华，33岁，江西高安县人，永和金号经理。

问：你将傅秘书到你店里查案的情形详细说出。

答：我店里前经理叫田瑞清，因被专署押解到长沙去了，现释放，但不敢来邵。所以我从衡阳来邵约十天之久，至5月3日离邵阳赴衡阳。在2日晚上9时，傅秘书一个人带了一把手枪来店，叫我将店门关起，同时说外面风声不好，叫我将店门早关为好。我对傅秘书说，时间很早，不便关门。于是傅秘书喊我到店内进客堂里去了，我亲自拿茶烟招待，他不肯喝。傅秘书再对我说：不瞒你，本来专署要带你同店内人员到专署去的，我不麻烦你，所以我亲自来了。陈汉章有口供，说你店里有一个密室。又说陈汉章受共产党的愚弄，在共产党里做一个小小的职员。我便问他，我有无关系？傅答无多关系。他于是叫我陪同他满屋看密室。我对傅说，有无密室我不知道，请带陈汉章亲自来查勘，因这房子是陈汉章的。他仍旧要我陪他看，并问我左右后面有无出路。我告知并无出路，只有一个太平门。我又打开给他看了。此门平时并不通行的。最后我又陪他到客堂闲谈约一小时，他就离店而去。

问：饶文清是你的什么人？

答：被杀这个饶文清是我的亲戚，是事发前到店里，大约六天，是来管钱管货的。

问：傅秘书另外还跟你谈了些什么呢？

答：傅秘书前天晚上来的时候，将我店内的员工姓名都抄去了。

问：你有什么请求？有无话说？

答：我店里服毒的这六个员工，请求保障他们的生命安全，别无话说。

永和金号的技工陈汉章与永福药号少东家何建中也被法院传讯，交保回家。

到此，调查询问结束。

为妥保受害人的安全，徐君虎在县政府腾出一间房子将他们迁住进去。

3．传讯傅德明

5月5日，邵阳地方法院传讯了专员公署机要秘书傅德明，当庭拟扣押，但被专员孙佐齐保释。法院又提审六位中毒的被害人，孙佐齐

550

派嫌疑人傅德明一起跟着陪审，意图威吓被害人，使之不敢如实回答。

一个凶犯居然高居法堂，更激起被害者的悲愤和观审者的愤怒，哪有这种道理？孙佐齐的做法，也引起法院检察官和士绅的不满。当场，在被害人的坚决要求下，法院又将傅德明重新拘押起来。然而，专员公署向检察官谢功预出具了证明：5月3日晚上傅德明没有外出。并于5月7日呈报省方以傅德明"因公受累"，请予保障。

傅德明入狱后，仍挟持专署为护符，每次提审，总是神气十足，一日咬定此案系共产党地下工作人员所为，他因干"肃奸"工作而遭到报复，并在邵阳《民报》和《铁报》上刊登启事："本人从事铲除奸匪工作，遂为奸匪所积怨，永和金店惨案，实其暗算成果。现自赴法院请求侦查，同时设法破案，为被害人雪恨，誓与奸匪奋斗到底！"

该案牵涉到专员公署机要秘书傅德明和值班卫兵，专员孙佐齐恫吓媒体，封锁消息，不准对外报道或透露一个字。

孙佐齐，湖南邵阳人，毕业于中山大学经济系。曾任中国国民党北京特别市党部秘书兼宣传部部长。抗日战争期间曾代理国民党湖北省党部书记长。1946年至1947年任湖南第六区行政专员兼保安司令。

孙佐齐下令封锁消息，威胁报社，还派人去邮局检查邮件，致使全市民众，无不表示愤慨，而全市商店莫不惶恐不安，天一黑即关门闭店，唯恐再遭不测。

5月8日，孙佐齐具文法院，要求保释傅德明，写着"兹有本署秘书傅德明，保证随传随到"字样。但被法院拒绝了。

也就在这一天，律师廖奇受理永和金号案。诡异的事情发生了。有人持枪到他家进行威胁，声言找个姓唐的朋友，搜查各个房间。幸亏廖律师当时不在家。家人赶紧送信，让廖某别回。廖律师急忙向县政府请求保护，县长徐君虎当即派手枪排到廖家警卫，以免再发生祸事。

同样在这天晚上，傅德明所在的看守所外面，突然枪声大起，传言为傅德明的同伙所为，是准备劫狱的。

调查人员在对全市药店进行排查时，中德药房店主的老板娘申云英说："案发第二天，有专署科员宋绥章来店里威胁我说：'你不能对任何人说安眠药片是你卖的，否则药铺你开不成，也别想活下去。'"后来查明买药者就是傅德明！

此时，邵阳有多个单位和店铺都收到恐吓信，写着：

事不关己何太劳，何时知休真英豪；

忠言不听防后悔，手枪炸弹助尔曹。

显然有一股势力要努力掩盖事实真相。

4．专员公署封锁消息

由于邵阳专员公署封锁消息，5月7日，邵阳本地士绅成立了该案声援委员会，委员会联名电呈国民政府主席蒋介石、武汉行辕主任程潜、湖南省主席王东原等，条陈血案经过，吁请迅速彻查严究，以平民愤。

从8日开始省内外各报才陆续大规模报道，这一重大下毒、杀人、放火、抢劫案件，很快就传遍长沙、湖南全省乃至全国。

永和金号经过杨经理仔细清点，该店有赤金121两及首饰多件被劫，店里仅剩小首饰十余件，银洋一千余元。显然这是一场人为的刑事案件。

邵阳六中有一名学生，写信将此事告诉他在省里某机关工作的父亲："邵城于上周发生空前大惨案。永和为邵城第一家金号，此次竟遭专署秘书之毒手，以致全店八人，一人被杀十四刀而死，一人中毒而被烧死，余六人均中毒，本来可全部烧死，但因他纵火是第二层楼门，前面一栋并未起火，此六人已安全脱险。前周报上是登得要紧，但近三日已烟无消息。傅秘书已被监禁，并未押。他是去年主办六中之异党者（注：异党即共产党，即抓共产党的主持人），昨日又有新不好消息：六中自首学生经孙专员面问：你们的主脑刘步连闻已来邵，永和金号为他所举，如你们能把他捉到，即赏你们永和所失金子百分之五十云云。此事究竟如何，现尚不得而知，校长今日在纪念周上说也，否则又将累害学生，希自首学生注意。在此种学校求读，真无安全之日。一切事情，均不敢乱言，其他一切，大人可勿念。"

这封信是什么意思呢？除了向父亲报告这起骇人听闻的大案之外，重点是说了六中校内发生的事情。专员孙佐齐将此杀人抢劫案件说成是共产党干的，因为傅德明是在六中主持抓共产党的负责人，引起师生很大的恐慌，所以孙佐齐警告该校学生，傅是遭人陷害。可见孙佐齐要将永和金号案与共产党挂钩；该校校长又在纪念周（国民党规定每周一为总理孙中山纪念周）上吓唬学生。所以这名中学生担心此事又将"累害学生，希自首学生注意。在此种学校求读，真无安全之日。一切事情，均不敢乱言"。

湖南高等法院首席检察官汪廉、检察官谢功预及邵阳地方法院院长陈振球，亲自赴拘留所数次侦讯犯罪嫌疑人傅德明。

傅德明恃专署为护身符，百般狡辩，抵死不认账，一口咬定此案系共产党地下工作者所为；他由于"肃奸"而遭人报复。法院院长陈振球说："主犯轮廓大具，傅德明已无疑义，现在侦查中，全部犯罪事公布有待。"

此时，案件却有了重大突破。永和金号一个叫喻让贤的学徒在服药时，用衣袖擦嘴，偷偷将七片药吐在衣袖中，假装睡在床上。直到大火燃烧，消防队员赶来时，才穿一件单衣从楼上跑下来，先到同丰金号，再到福升元金号，向老板喻纯报告发生的一切。谁知喻纯与孙佐齐是一伙的，反咬这一切都是喻让贤所为。

喻让贤在傅德明被拘押后，才敢向法院说出了事情经过。

调查人员经过多方询问，所有证词都指向傅德明，于是这个政府机关的人渣锒铛入狱。

傅德明伪造信件，勒索黄金，杀人害命，焚尸灭迹，罪不可赦。

但是，谁能相信这桩复杂的杀人抢劫纵火案件是一位白面书生所为？

傅德明明知招了是死，不招也是死，干脆来了个死猪不怕开水烫，坚决否认有他人参与，企图以一死而了结此案。他在狱中曾写纸条告诉专署科科长王雪非，请转告他人，傅某绝不会攀咬他人。

下集

1. 纸条里的秘密

六区专员孙佐齐的态度令人感到奇怪，他指使手下加强邮电检查，防止案情外传，禁止邵阳市报纸揭露案情；并恶毒无耻地扬言"杀人放火是共产党的惯技"，企图提讯中毒员工，加以迫害；还一而再再而三在报章上、在法庭上替傅德明辩护，要保释傅德明。孙佐齐为什么这样卖力？究竟孙佐齐与这个案件有无牵连？

尽管其拼命打压舆论，孙佐齐犯罪团伙还是露出了蛛丝马迹。专署科科长王雪非曾派下属宋绥章带法币20万元去狱中交傅德明，作为打点狱中各方费用；傅德明在狱中写纸条告诉专署科科长王雪非，请转告他人，傅某绝不会攀咬他人，并有一死了之的念头。

5月12日，王雪非给傅德明送牢饭，其中夹了一张纸条，写着：

环境不利此案侦讯，决定请求转移管辖，解长（沙）办。

替你做了反诉书，控告六人为被告，以便传讯。

你要为天地父母朋友妻子而奋斗，丧身是不忠不孝不仁不义，你忍心辜负我吗？

情形日益好转，案情不难大白……已分呈各有关文告，已日夜赶办，明日发出，对你绝对有益处，底稿明天设法给你看。

……

我与济清（即专署视察郭璋）拼死为你奋斗，讨米叫化都不惜，

554

神明实鉴此心。

保外实太难，佐公（孙佐齐）为此事日夜忧思，神魂颠倒，他是爱你至切，一切为案子打算，谁存心牺牲你，谁遭天杀。

你解长沙，我绝对辞职同你去，以便照拂。所有字条要焚毁，免人口实。

但是，这张字条没有落到傅德明的手里，而是被看守发现，查出交到检察官手中。

这已证明此案不是一人所为。起码孙佐齐、王雪非、郭璋等人有嫌疑。

2. 安眠药找到出处

为了搜集有关证据，来证实这一案件是六区专员公署有计划、有步骤的集体行动，县长徐君虎从安眠药片的来源入手，访问了几个医院没有结果，他约了卫生院曾院长、省立中医院一个药剂师，一起去各药店调查，查看进出货账簿。他在兄弟药房发现了有购安眠药进货账，却没有出货账，非常怀疑。然而，该店坚不承认有卖药片给傅德明的事。他们又到了中德药房，店主陈子庄已外出，他的妻子申云英听到是来调查傅德明买药的事，脸色一下子变了，开始时对所问一切都答以"不晓得"。经过徐君虎再三开导，并保证她只要据实检举，不但无罪，而且有功，老板娘的头渐渐低下去了，沉默了一会儿，忽然说："县长，请您老人家房里坐。"她便承认："在惨案发生之前，傅德明经常来楼上照相馆和我们店里玩。5月2日晚边，傅匆匆忙忙来找我的丈夫，要买安眠药一百片，说是新化县托他买的，证件明日送来。我店里没有货，向兄弟药房分得百片交他拿去。第二天证件没有送来。第三天早上永和金号惨案发生了，街上人相传有个中毒轻点的厨工已经说出是傅德明搞的，还从口中吐出了两颗白色药片。我夫妇俩听到这个消息，受到良心上的责备，痛苦至极，行坐不安。想自首，专署已派人来警告我们不许泄露。想隐瞒，又怕查出来了牵连进去，只好终日躲在外面，……这个坏东西（指傅）真害死人呀！"徐君虎从口袋里取出一张名片，提笔写了几句嘉奖她并负责保障她夫妇无罪的话，给她收存，还允诺从当晚起派警驻守店前保护他们的安全。

3．傅德明大包大揽

在证据面前，傅德明知道抵赖不了，和检察官讲条件：我家数代单传，只有我一个儿子。法院只要能饶我一条狗命，我就承认。

检察官问：饶文清是怎么死的？

答：我先用事先带去的钉锤猛击饶的头部，等其昏厥倒地，再用刀刺杀！

问：所劫赃物呢？

傅德明又招出了第二个人，即六区专员公署二科科长王雪非。

说：东西藏在他办公处的箱子里，钥匙在我这里。

他从枕头下摸出一把钥匙递给首席检察官汪廉。

汪廉带着法警立即前往警卫森严的专员公署，在王科长房中，果然发现一只上了锁的木箱，汪廉用傅德明给他的钥匙打开一看，里面有所劫金饰等赃物，当即取出清点，由专员孙佐齐签字密封。汪把赃物带回法院，人赃俱获！

5月19日下午7时，邵阳地方法院检察处开庭，进行侦讯。由首席检察官发传票给专署专员孙佐齐、第二科科长王雪非、科员宋绶章、兵士杨钧、中德药房老板娘申云英，一一进行审讯。整个案讯过程直到深夜12点结束。审问结果：除了傅德明还押死牢外，当场将宋绶章收押；由于王雪非不承认他知道傅德明放在他办公室的箱子里是什么东西，于是交保；专员孙佐齐具保，随传随到；药店老板娘申云英庭谕返家，等候再传。

5月21日，汪廉检察官对罪犯傅德明和王雪非进行传讯。

检察官问傅德明：你作案的动机是什么呢？

答：我需要钱！我有一个华侨女朋友叫曾静薇，是抗战时期日本军快打到桂林时认识的，当时我担任汽车队长，利用职权之便，把曾小姐全家送到独山，两人订婚。

我很爱曾静薇，她要和我结婚，让我5月5日去香港结婚。

我没有结婚费用，于是想先向永和金号经理田瑞清要一笔钱，我假造一封电报，说田与奸党有联系，就将其捕解长沙。我要他出三百两金子，替他想法子，他说我店里连三十两都没有。

问：田瑞清既然没有钱，你怎样又将他释放的？

答：我谎称省府另外捉了一同姓名的正犯，放你回家去好了。

问：那你又是如何去永和金号的？

答：我5月2日到永和金号和杨经理谈了几句话，到各方看了一下，不忍下手，仍回专署。我因决定5日要到香港，逼得没有办法，所以3日晚，把药放在口袋里，走到永和金号，先问他们的履历，再问他们与陈汉章的关系，以后叫他们集合到客厅里，说吃了我这药，就可说真话，我就每人给他十片。姓饶的是初来，说不认识陈汉章，我说可以不吃。那七个人吃了之后，我叫他们都去睡。过了半个钟头我又每人问了一次，还是犹疑不决，没有动手。

问：你是如何杀死饶文清的？

答：一直拖到清晨四点钟，我要饶文清带我到秘密室开铁柜，他开了好久，没有开，又摇了几下，说里面没有东西。我就说：不看了，我要回去了。他走前，我走后，和他同到工作房的时候，我就暗地拿了一个有棱角的铁锤在手里，跟他后面走，到客厅时，趁他不备，我由后面向他头上打一下，他用手抱他的头，我接连又打一下，他就向前面一扑，跌到椅子旁边地下。我心慌了，向他头上又乱打了几下，他就没有动了。

问：你又是如何放火烧房的？

傅德明不承认：我没有烧房。饶倒下后，我又走到后面去开铁柜，出来时，听到里面房间洋油灯倒下来的响声，大概是我出房时，脚步震动，致洋油灯倒了，引起火的。

问：金子等物件是在哪里拿的？

答：我出来后在那桌子旁边抽屉内，拿了金子首饰，放到衣袋里，就开门出来。

问：你把金子放在哪里了？

答：我回到专署在房里找一块白布，包好金饰，放到最底下的一口黑皮箱里。那箱子是王雪非的，钥匙在我这里。

检察官就被告傅德明所供的凶器铁锤，经比对死者饶文清之尸伤，确属相符，而中毒之金海水尸体，亦经验明，是被焚烧身死；并检查了傅德明所穿兰柳条毛哔叽西装衣服，其衣左领襟上与其裤左腿膝下，均有紫黑色血迹，是其犯罪证据。对于放火一节，法庭经再三诘问，傅坚决否认。然核其凶毒手段，其为纵火灭迹，亦显然无疑。

4．帮凶——落网

之后，检察官又传讯了疑犯王雪非。王与傅德明是战干团同学，又是介绍傅德明到专员公署给孙佐齐当秘书的关键人物。

检察官问：姓名、年龄、籍贯、职务。

王雪非丝毫不显紧张，答：王雪非，男，年31岁，湖南龙山人，湖南省第六行政区督察专员公署第二科科长。

检察官问：箱子是你的？

王雪非说：是。

检察官问：傅德明为何把赃物藏在你的箱子里？而且又在你办公室搜出来？

王雪非说：箱子是我的，因为这是一口新箱子，钥匙就挂在箱子上，我放在办公室了。傅德明放赃物时，我当时去省里了，不知道傅德明把赃物藏在里面。

于是法庭只好将王雪非交保，由专员孙佐齐具保，随传随到。

5. 衙门即匪窟

法庭根据审讯结果，决定判处傅德明死刑。但是，有一人认为此案决不是傅德明一人所为，肯定背后还有主谋。他是谁呢？原来就是傅德明的父亲傅晋山。此人是上海一个小公务员。他从上海写了两封信，一封给邵阳地方法院陈院长，一封给傅德明。前函内容，长达数千言，大意认定永案之发生，绝非其子一人所为，请求法院追究余党；后函内容，对若子之罪行，力加申斥，令傅犯速供出共犯，方对得住国家云云。致傅德明的信，陈院长亲赴监狱交给傅德明。傅德明阅后，暗泣不已，似有无限隐情。

就在这时，案情又有了新的突破性进展。该案帮凶之一郭璋交保，在孙佐齐具保后释放。一天晚上，郭璋又偷偷潜入六区专员公署，进入傅德明的办公室。他究竟想干什么呢？原来地方检察处在案发后检查了傅德明的办公室，只是巡视一圈，并没有认真搜查，就在箱子、柜子上贴了封条，还有重要的物证在里面。

郭璋拿着手电，偷偷地揭开封条，撬开文件箱，找到傅德明所写的关于永和金号的重要文件，予以撕毁。这时正好有新任秘书张恩海发现傅德明办公室有人，叫来警卫，于是将郭璋连同撕毁的文件及傅德明的文件箱，扭送到地检处讯办。

邵阳地方法院检察处根据线索侦查取证，顺藤摸瓜，果然，又牵出专署视察员郭璋、科长王雪非、电报科长白鸿钧夫妇（白妻担任译电员，伪造逮捕田瑞清等往来电报，系此人所为），及科员宋绶章、庶务孙忠瑞等多人，事实证明专员孙佐齐就是背后主使者。

先说白鸿钧夫妇，他们编造假电报内容，诬陷陈汉章通共、田瑞清为奸匪要犯，有了假电报，傅德明才去抓捕、要挟田瑞清，要他出三百两金子才能放人。

郭璋与傅德明共同假造书信，诬陷永和金号店员陈汉章为奸匪，将其施行逮捕；又恐吓永和金号店伙计不许去电报局及邮局拍发邮电；事发后又撕毁有关本案的重要文件。

王雪非招认与傅德明共同参与制造假信，敲诈陈汉章、田瑞清；又招供参与此案的宋绥章是专员公署会计，永和金号案发生后，宋绥章奉孙佐齐的命令，知道傅德明是在中德药房购得一百片安眠药后，前去威胁该店老板陈子庄，如果向法院说出去，就会有人要他的命，致使老板陈子庄因畏惧而逃往外地，耽误了办案的时间。

还有牵出庶务孙忠瑞，因傅德明被捕，孙忠瑞以邵阳精忠会肃奸组名义，写信恐吓知情人聂海平，不准其讲出实情，否则有性命之危险。当时孙忠瑞拒不承认，后经聂海平拿出信件比对其笔迹，终于认罪。

该案发生后，专署有兵士孙复初、何述廉、杨钧逃走，后杨钧被捕，证实有士兵参与，分赃后逃跑。但是，首席检察官汪廉作出对逃走的士兵不予追究的决定。

真是骇人听闻，堂堂行政官署，从上到下，竟成为劫匪巢穴，真是千古奇闻。

6．草草了事

6月27日上午9时，邵阳地方法院提永和金号惨案凶犯傅德明、孙佐齐、王雪非、白鸿钧、宋绥章、孙忠瑞、郭璋等到庭，由庭长郭振鑫朗读正式宣判文书。

一、傅德明、孙佐齐、王雪非、白鸿钧、郭璋等贪污及盗匪案件判决主文：

傅德明共同连续借势勒索未遂，处有期徒刑十二年，褫夺公权十年，抢劫而故意杀人，处死刑，褫夺公权终身。孙佐齐、王雪非共同连续借势勒索未遂，各处有期徒刑十二年，褫夺公权十年。白鸿钧共同连续借势勒索未遂，处有期徒刑十年，褫夺公权八年，郭璋被诉贪污部分无罪。

二、宋绶章、孙忠瑞妨害自由一案，判决主文：宋绶章以加害生命恐吓他人，处有期徒刑六月。孙忠瑞以加害生命恐吓他人，处有期徒刑六月。

三、（永福药号老板之子）何建中自诉郭璋妨害自由一案，判决主文：郭璋以加害身体恐吓他人，处有期徒刑六月，褫夺公权一年。

郭庭长嗣又告以判决理由，并谕知提出要请复判最高法院及限期（复判期限为十日，自送达判决书后起算）。

傅德明初闻贪污部分处有期徒刑十二年时，面有喜色，继而听到盗匪部分应执行死刑时，面色惨白，全身发抖。法官宣布退庭，傅犯被法警押出庭时，腿吓软了，不能举步，由法警二人挟扶而行。其余孙佐齐等各犯，均默然无语，退庭后仍一一还押。

永和金号惨案的判决，对舆论开了个大玩笑，谁都看得出"刑不当罪，罚不足惩"；邵阳各界声援永和金号惨案委员会对邵阳地方法院的判决，"殊为遗恨"，盼望各界予以"有力声援"。尽管民情汹汹，法院还是避重就轻，草草结案。

10月22日清晨，罪犯傅德明被地方法院刑事庭宣布执行死刑。行刑前，刑庭推事邝文灿、检察官雷湘杰对傅德明宣布：地院检察处昨晚奉到司法行政部代电，核准执行傅犯死刑。你尚有何话说？

傅德明："没有什么说的，如能延缓两周执行，我当将真情一一吐露。"

问："你有无遗嘱？"

答："没有，但尚有许多账目没有了清，须请稍缓执行！但账目多已记不清楚是该谁的，所留的行李物件，概由王雪非处理。"他长叹一声"事到如今，心中要说的话，一时不知从何说起……哈哈哈"，他竟然笑出声来。

这时，四名法警押着傅德明来到监狱后的草坪执行枪决，法警连发三枪，连中两弹，一弹系由脑后射击，自左耳穿入，"砰"的一声，傅犯应声倒地，因两肩耸动，乃再补一弹，由背后直贯心胸，血流如注。

围观的群众一起拍手，纷纷喊道："该死！该死！"憋了几个月的一口恶气终于得出，也是大快人心。

法警在傅犯尸身口袋中还搜出了几张残缺不全的致陈辞修总长的信。陈辞修即陈诚，蒋介石的心腹，时任参谋总长。

陈诚任战干团团长时，傅德明是他的学生。这个案子果然还有隐情，牵涉到三青团与国民党派系斗争。以陈诚为首的团派与以陈立夫为首的党派是死对头，明争暗斗。傅德明、孙佐齐属于团派，党派想借此案件斗垮团派。傅德明若能借陈诚的力量来个大翻盘，这件案子或有另外的走向。

但是，一切都来不及了，信未写完，该犯就被执行枪决，这大概就是傅德明临终前所说"如能延缓两周，我当将真情一一吐露"。

其实作为该案主审官的汪廉后来在《湖南文史资料》撰文说：我在内心也感到对孙佐齐是办得太轻，他实在是死有余辜……后来，除了傅德明真的枪毙外，孙佐齐提起上诉，原判十二年徒刑居然撤销了。其余罪犯有的保外就医，有的假释，有的复判，都一个个逍遥法外了。

难怪当时永和金号店员鄢子和用大白纸写了一副对联表达悲愤的心情：

上联：细看官家真面目；

下联：专署原来是匪窝。

第二十七讲　军法审判黄樵松

1948年11月19日，就在淮海战役进行之际，南京政府国防部军法审判庭以"通匪谋反"罪，判处国民党第三十军军长黄樵松死刑，褫夺公权终身。11月27日夜，黄樵松、晋夫、王震宇三人终被枪杀于南京江东门外中央军人监狱刑室。这究竟是怎么回事呢?

上集

1. 西北战将，参加"剿共"

黄樵松是西北军旧部，参加过北伐和新军阀混战，属于西北军中能战之将。

黄樵松原名黄德全，字道立，号怡墅，1901年出生在河南省尉氏县蔡庄乡后黄村。当时有个习俗，一般人都喜欢找个离自己故乡稍近的名城作为自己的出生地。尉氏离开封几十里，所以黄樵松说自己是开封人。

黄樵松家境贫寒，在他小时候，其父黄金玉举家逃荒到太康县城，做小生意，节衣缩食供儿子读书。黄樵松开始念私塾，后入小学，1920年考入淮阳省立第四中学，学习成绩优异。上学期间，黄樵松喜欢文艺，吹拉弹唱无所不精，尤其对诗词感兴趣，幻想将来能做个诗人。

1922年，河南大旱，饿殍遍野。此时，冯玉祥在河南当督军，命令所部招兵，以解决饥荒和年轻人吃饭问题。21岁的黄樵松毅然中断学业，与同学张宗衡一道投考冯玉祥的学兵团，在开封演武厅受训。

冯玉祥在旧式部队中以善于练兵著称，对新兵要求很严，但黄樵松不怕苦累，勤学苦练，测验时各个项目成绩优异。这年10月底，冯玉祥调北京任陆军检阅使，学兵团随之开往北京南苑。为了提高学兵团训练质量，冯玉祥请来保定军校一批毕业生任教官。学习科目有军人教科书、八百字课、简明军律、军歌等。出操训练，包括刺枪、劈刀、射击、器械体操，要求人人都会套数，个个都能在杠子上拿大顶，能跑八道阻拦；冬季还要举行野外挖壕沟比赛。经过两年多训练，学兵们都达到了相当于军校毕业生的程度。黄樵松的军事知识和技能，就是在这个时期打下基础的。直到后来他当上师长，还时常到靶场和士兵比赛射击，弹无虚发。

1924年10月，冯玉祥联合胡景翼、孙岳发动"北京政变"，组成国民军。黄樵松担任冯玉祥卫队连连长，旋升任营长。这年，冯玉祥与李德全结婚，黄随侍左右。冯玉祥唤"德全"，经常是夫人和卫队营长都答应，于是冯玉祥将黄德全改名为黄樵松。

1926年，张作霖、吴佩孚、张宗昌、阎锡山等北方军阀联合进攻国民军，冯玉祥宣布下野，前往苏联考察。所部退往绥远、包头等地。同年7月，广东国民革命军誓师北伐，蒋介石要求冯玉祥部策应。冯玉祥从苏联返回，召集旧部，联合国民军第二、三军残部，组成国民联军，于9月17日在五原隆重誓师。随后进入甘肃、陕西，解西安杨虎城之围，杀出潼关，与国民革命军会师中原。黄樵松表现出色，由营长先后升为团长、旅长。

1928年北伐成功后，蒋介石与冯玉祥、李宗仁、阎锡山等地方实力派矛盾开始尖锐，1929年4月，蒋桂战争爆发，紧接着是蒋冯战争爆发，到1930年，终于爆发了蒋冯阎中原大战。战争持续半年之久，最终以冯阎失败而告终。黄樵松所在的孙连仲、高树勋残部被蒋介石收编为第二十六路军，孙连仲任总司令兼江西清乡督办，高树勋为军长兼第二十七师师长，黄樵松担任第八十一旅第二团团长，随该部由山东开往江西参加对红军的第二次"围剿"。孙部第二十五、第二十七两师从宜黄、乐安分左右两路出动,向东韶、小埔、龙岗合围红军。5月22日,黄所在第二十七师西援,在中村被红军歼灭近半个旅,损失很大,仓皇后撤到东陂、宜黄。之后,黄樵松在宜黄负责训练新兵。

1931年7月,蒋介石又对中央苏区发动了第三次"围剿",第二十六路军大部分官兵是北方人,水土不服,生病和死亡的不少,人心厌战。孙连仲借口有病,到上海疗养去了,由赵博生参谋长代行职务。不久"九一八"事变发生。在"剿共"前线的黄樵松感慨地说:"遥望东北半壁沦于日寇之手,实我辈军人之奇耻大辱,何不停止内战,一致对外?"

是年12月14日,第二十六路军参谋长赵博生、第七十三旅旅长董振堂等率部1.7万人在宁都起义。这次举义黄樵松虽未能参加,但思想上受到很大震动。为防止其他有进步倾向的军官步赵、董后尘,黄樵松等被集中到南昌接受"整肃"。

1932年春,黄樵松随第二十七师师长高树勋驻防宜黄一带,被红军包围后高树勋弃城而逃,所部与第二十五师合并为第二十七师,孙连仲自兼师长,黄樵松任旅长。1934年,孙连仲所部又发展为三个师,黄樵松为冯安邦第十七师之第七十九旅旅长。

1935年7月,孙连仲奉命率队到湖北公安、石首"追剿"贺龙红军,旋奉调河南南阳驻防,所部改编为第三十军,黄樵松为第二十七师第七十九旅旅长。所部后移驻河南确山、信阳一带。

2. 抗日先锋,河北杀敌

1937年7月,卢沟桥事变发生,蒋介石在庐山宣布抗战,即命驻守平汉线的第二十六路军两个师开赴石家庄等地集中。时任第二十七师第七十九旅旅长的黄樵松激动不已,当即写信给远在开封的妻子王怡芳，信中说："挥兵北上赶倭寇，壮士一去不复还！""他不死，我便亡，决殊死之战最后关头，便是今日！"表达了为国抗日的决心。

第二十七师全体官兵就是以这种同仇敌忾的精神奔赴抗日战场的。他们在孝感、广水、花园等车站登上火车，在沿途人民的热情欢送下，陆续进入河北。7月30日，黄旅先头部队赶到长辛店，占领琉璃河、马头镇，为掩护第二十九军撤退，即与敌接上火。

黄樵松当即命令以杨守道第一五五团、第一五七团戴炳南第一营为守备部队，占领琉璃河、黄土坡之线阵地，并在窦店、交道镇构筑两个前进据点。窦店由王书忱防守，交道镇由戴炳南防守。

8月1日，敌乘我军刚构筑战壕，阵地未固之际，即以飞机、坦克、步兵、炮联合向我阵地发起猛烈进攻。我军立即披甲上阵，与敌激战竟日，将敌击溃。是日，孙连仲在给蒋介石电报中说："南京委员长蒋：密。情报：一、今午敌五六百名、坦克车二三十辆到达长辛店，在南岗洼构筑工事中。二、敌装甲汽车四辆，摩托车二十余辆，载步兵百余名，今午后进占良乡城。三、我二十七师黄樵松旅，现在琉璃河占领阵地，抵御南下之敌，其先头便衣队在良乡五里许与敌遭遇激战后，敌退入城内，现在对峙中。"

8月2日，黄旅在良乡、窦店间遇敌装甲车辆，载日军数十人。黄樵松指挥部队将敌包围，全歼日军并将装甲车击毁。敌复以汽车数辆、装甲车两辆载步兵百余人疯狂反扑，黄指挥部队沉着应战，将其击退。良乡、琉璃河都是平原，又有青纱帐，难以发现隐蔽的敌步兵，用迫击炮和手榴弹又不易击毁敌坦克，战士们靠轻重机枪、步枪和手榴弹，另背一把大刀与敌拼杀。敌欺我军没有现代化武器，非常猖狂，飞机故意飞得很低，连轰炸带扫射。在黄樵松的指挥下，我军用机枪和步枪对空射击，打落敌机一架，埋伏在青纱帐里和公路两边的敢死队队员硬是将手榴弹塞进敌坦克孔，炸毁敌坦克数辆。

3日午后，敌以装甲车十余辆、战车两辆，载步兵百余人进行反扑,企图运回尸体和被击毁的飞机、坦克残骸,又被黄部击退。5日,我军把来犯之敌赶出良乡以北的南岗洼,但良乡仍在敌手。

8月11日,敌板垣师团猛攻居庸关,南口方面战事吃紧。为牵制日军,蒋介石急电孙连仲令第二十七师"即速进占良乡"。黄奉命派出一个营、机枪连及便衣队,当夜出发,翌日凌晨2时半一举登上城垣,冲入街市,与日军展开巷战。正当良乡城几乎全部被我军克复时,接到蒋介石停止进攻良乡的电话命令,黄率部撤出,返回琉璃河阵地。敌沿永定河西犯,均被黄樵松部击退。

8月21日凌晨3时,为配合卫立煌第十四集团军向北出击南口之敌,孙部黄旅便衣队复向良乡进攻,遭敌顽强抵抗,于当晚7时返回原防。激战至22日,第五十三军接替孙部防务。孙部在平汉线正面东西杨村、马头镇、琉璃河、房山等地节节抗击强敌,浴血苦战。

据《抗日战史》记载:

> 九月十七日拂晓,敌乘第二十六路军调整部署之际,借飞机与炮兵之支援,向该路军全线猛攻。第二十七师在长沟镇一带阵地,予敌以重创。第四十七师阵地被敌突破。至十二时,海深塘之敌,窜至树林店分向涿县城围攻,与第三十一师发生激战,敌我伤亡均重。当时,原拟以第二十七师向松林店集结之部队,驱逐渡河北拒马河之敌;讵该师进至涿县南,遭敌夹击,陷入重围,该军全线陷入混乱,伤亡惨重,遂于当晚,令所部经涞水、易县,向满城、完县一带转进。

第二十七师撤到易县,各部会合后,转移到满城。在一轮皎洁的明月下,黄樵松与参谋长徐宪章策马而行。

徐说:"我们大汉民族自古就有抗击外族入侵的光荣历史,而今我们却是垂头丧气地躲着日本人,何时才能有痛杀鬼子的一天啊!"

黄樵松乐观地说："月落日出，夜尽天明，这是天地日月运行的规律，我们是抗战，是义战，中国人民是会面对伟大的明天的。骑驴看唱本——走着瞧吧！"

3. 浴血太行

10月，黄樵松率部专战晋东，绕袭核桃园、关沟，经两日激战，肉搏十余次，将敌歼灭。击毙敌大队长中岛利男、少佐鲤登及其以下官兵300余人。黄樵松曾赋诗一首，讴歌这一胜利。诗云：

> 陈兵娘子关，壮志薄云天；
>
> 笑斩鲤登头，放歌大阪山。

大阪山居雁门关东南高地，为兵家必争之地，由黄樵松旅固守。日军曾多次进攻均未得逞。21日，敌增调第三十九联队配以飞机大炮猛烈攻击。黄旅守军与敌展开肉搏数十次，至23日山顶工事完全被毁平，官兵全部殉国。经此战斗，黄旅能战官兵仅剩400余人。但"忠勇之气，牺牲精神，丝毫不懈"，"均抱与阵地共存亡之决心"。（《二十六路军总指挥孙连仲致蒋介石漾电》）

太原失守后，各部溃兵乱糟糟的，孙连仲遇到了冯钦哉的第二十七路军，该部拥挤一团，乱糟糟的，毫无秩序地溃退。孙连仲的参谋长问："这么宽的公路，为什么拥挤在一起呢？"

冯部师长孔从洲自嘲地说："我们是二十七路，现在才分十八路走呢！"

孙连仲越过冯部，只见前面行进着一支部队，队列整齐，纪律严明，孙连仲心想，在大撤退时能保持这样好的军风纪，实在难得！谁的队伍？追上前一看，原来是黄樵松的部队，黄本人正走在队伍的前面。孙连仲感叹道："真将才也！"

4. 死守台儿庄，坚持禹王山

1938年1月，孙连仲部由陕西调河南信阳、罗山整补，黄樵松升任第二十七师师长。日军占领南京后，企图打通津浦线，过江北上，向徐州方面大举进犯。是年3月，孙连仲第二集团军奉第五战区司令长官李宗仁命令，开往徐州东北的台儿庄。官兵们都受过黄樵松的爱国教育，皆抱着必死的决心，他们到达台儿庄时，胸章上除了番号外，反面印着"生在陕西，死在山东"的字样。

3月22日，孙连仲到达台儿庄运河以南地区，即召集将校级以上军官训话。他说："这次对日作战，关系到国家命运，同胞的安危，全体官兵弟兄们应以必死的信念，来死守台儿庄，我们西北军的光荣之地，这里就是我们的坟墓！"

黄樵松回到师部后，立即召集全体军官开会，他说："这次对日作战不成功便成仁，如果为国牺牲是最大的光荣，倘若战胜敌人，收复了失地，更是全国同胞唯一的希望。现在全国都在祝祷我们的胜利，我们要以必死之决心，把日本侵略者赶出中国去。希望在座的各位回去以后把我讲的话传达给每一个兄弟！"

第二十七师主阵地部署在禹王山。在战斗中，第一五九团第二营营长王景山率全营官兵与敌白刃战，双方短兵相接，登敌战车投掷手榴弹者有之，向敌战车浇汽油燃烧者有之，敌之战车被毁四辆，而我官兵蜂拥爬上敌战车，被坦克甩下活活碾死者七十余人。王景山营长坚守阵地，身中数弹，英勇牺牲，又为敌战车碾成肉泥。继以刘冠英营增援，两营官兵共伤亡七百余人。

23日，日军矶谷第十师团濑谷支队自峰县沿台枣铁路支线南下，猛攻台儿庄。黄樵松率部由贾庄星夜徒步向台儿庄附近集结。翌日晚，日军突破台儿庄东北角，与池峰城部展开激烈战斗；黄部在斐庄、前后枣庄、孙庄一带与敌展开拉据战。

28日，日军调集兵力，再次发起猛攻，从西北角冲入台儿庄内。黄部分向刘家湖、邵家庄、前园村、坟上等处进攻，并占领邵家庄，迫近刘家湖。

29日，矶谷率师团主力自峰县南下，板垣师团之坂本支队从临沂南下，一起猛扑台儿庄。城内的池峰城第三十一师不能支撑时，黄樵松第二十七师与张金照第三十师分左右两翼出击。黄樵松把该师的军乐队也带到前线，冲锋时，鼓声咚咚，号角震天，战士们一鼓作气杀向日军，军威大震。

一天下午，营长孙遇贤带着一营人，外加敢死队在台儿庄东南五里处一个小庄内，准备云梯，欲夜袭台儿庄内的日军，到拂晓进攻时，寨墙上没有日军防守，部队顺利地爬上寨墙，敌人突然从房屋里挖枪眼向我军射击，双方展开激烈的巷战，第七十九旅中校副官高步桥在激战中被炮弹炸断左腿，送到湖北沙市后方医院，终因伤势过重而死。在临死前，他照了一张面带微笑的照片，以示为国捐躯，死得其所。这张照片十天以后寄到第二十七师师部，黄樵松悲痛异常，令杜团长在照片后面用钢笔写下"死得光荣"四个字，传示各官兵，以激励士气。

4月2日，黄樵松亲自挑选奋勇队员250人组成20个敢死队实行突击，携带汽油桶，内装鞭炮，冒充机关枪；另携燃火物，到处放火逐敌。此外，第三十师派四十四旅旅长吴鹏举率领一个团从该师阵地杀出，向枣庄敌军指挥部进行袭击，以配合黄樵松师的行动。

午夜前，台儿庄外四面起火，人喊马嘶，加上老百姓协同助战，黄师从台儿庄东北角搜入，延至东门，乘势向西北扩展，攻进西北角，敌军纷纷败退，我军终于恢复了原来的阵地。

翌日，庄内日军向我发起总攻，集中炮火向东南角轰击，黄部始由庄内撤出。4月6日，汤恩伯军团出现在敌后，我军里应外合，发起全线反攻，终于取得台儿庄战役胜利。

中集

在著名的台儿庄大战中，孙连仲第二集团军各部伤亡惨重，黄樵松所部第二十七师伤亡更重。台儿庄会战期间，著名诗人臧克家来到第三十军采访，写下了《津浦北线血战记》一书，其中就有黄樵松的事迹和照片，称赞黄樵松能文能武，是第五战区有名的战将。

1. 徐州撤退，损失奇重

1938年5月，日本大军云集徐州，企图消灭中国军队主力，第五战区司令长官李宗仁眼见徐州会战无法实施，即命令各部分头突围。第二集团军总司令孙连仲命令黄樵松部第二十七师与张金照第三十师掩护大军撤退。黄樵松部撤至徐州西北九里山附近。5月19日，敌步骑炮兵附战车数十辆，在空军配合下猛攻第二十七师和第三十师阵地，阵地上一片火海。黄部"官兵皆深明大义，……虽孤军重围，仍极力苦撑，阵线屹然未动"（《第二集团军孙连仲部参加鲁南台儿庄作战战报》）。至下午5时，待徐州城内我军全部撤离，黄始率部向西南冲出重围，于5月下旬到达淮阳附近，"沿途屡遭敌人追击，损失奇重"。

第二十七师在突围过程中，损失较大，经过短期补充休整，开往大别山北麓潢川一带。6月，孙连仲部驻湖北广水一带，第二十七师驻应山。黄樵松利用部队休整机会，编印了《军民日报》，刊载战地消息，反映部队训练、军民关系等情况，激励将士做好战斗准备；同时成立了抗战干部随营学校，招纳新生，补充战斗中的减员。1948年太原起义中，与黄樵松一道就义的第三十军谍报队长王震宇，就是这时从汉口招来的新学员。第二十七师经过短期补充休整，开往大别山北麓潢川一带，投入保卫大武汉的战役。

2. 保卫鸦雀尖，指挥最前沿

是年8月，武汉会战大别山战斗打响。9月上旬，黄樵松所部在潢川以南地区与日军进行过一些战斗。中旬，日军第十三、第十六师团等相继侵占叶家集、商城等地，沿商（城）麻（城）公路进犯大别山，以便接近武汉外围。10月，敌人集主力攻击商麻公路上的战略制高点鸦雀尖。黄樵松亲赴狮子口督战，指挥保卫鸦雀尖，敌集中炮火向我阵地轰击，并施放大量毒瓦斯，同时步兵千余人猛攻，企图夺取鸦雀尖，当战斗激烈之时，师长黄樵松和副师长阎廷俊均中毒，打喷嚏、呕吐不止，仍坚持战斗。狮子口以北阵地多被摧毁；敌四百余人乘机夺取该阵地，在黄樵松的指挥下，阵地复被我军夺回，毙敌二三百人，我伤亡官兵109人。由于敌军炮火猛烈，加上飞机轰炸，第二十七师指挥所几次被迫搬迁，黄樵松昼夜查看地图，指挥作战。

第五战区司令长官李宗仁致蒋介石密电，称："（一）文晨（十二日）敌约三千余人、炮十余门向鸦雀尖一带二十七师阵地猛攻，午后战况尤烈，并施放喷嚏性毒气，我官兵冒毒死拼，毙敌无算。是役黄师长、阎副师长因督战，均轻中毒，随从参谋副官各一员负重伤，营长李振魁阵亡，营长负伤三员，连长以下伤亡二百余员名，刻在苦战中。……是役毙敌约四百余名，我伤亡官兵一百五十余员名，刻在对战中。等情。谨闻。夏。李宗仁。"

著名诗人臧克家有一首长诗《国旗飘在鸦雀尖》，真实地记录了这次战况。诗中写道："士兵死了，连排长上去。连长死了，拿营长去填。""没有兵力给他增援，送去的是国旗一面。另外附了一个命令，那是悲痛的祭文一篇：有阵地，有你。阵地陷落，你要死。锦绣的国旗一面，这是军人最光荣的金棺……"

黄师与敌人在商麻公路鏖战月余，直到10月下旬武汉撤守前夕，日军始突破大别山。第二十七师经老河口退到豫南一带休整补充。

1939年春，第五战区部队控制了枣阳地区，巩固襄樊、宜昌，屏蔽川陕，并在11月发起冬季攻势，进而威胁武汉。日军第十一军遂于1940年4月中旬调集军队，发动枣宜会战。豫南日军分数路向我第五战区进犯。5月初，日军在明港附近遇到黄樵松等部左右夹击，损失惨重，至5日被歼2000余人。5月18日，黄樵松为配合友军进攻信阳，派出一团人乘夜穿过敌据点，突入敌人占领的信阳车站一带，出其不意地消灭了一批日军，并放火焚烧了敌仓库。这一行动，给全国军民以极大的鼓舞。

3. 友善八路军，亲近共产党

第三十军是西北军老底子，与共产党的关系比较融洽。黄樵松在抗战时期曾经与共产党高级将领朱德、彭德怀、贺龙等人有不错的关系。1938年蒋介石到洛阳召开第二战区团长以上军官会议。会上，黄樵松与朱德、彭德怀、贺龙等人，相互交换了对日作战战略战术。朱德等指出：根据我方武器处于劣势的情况，不能死守硬拼，应当采用运动战拖住敌人，用游击战袭扰敌人，发挥有利地形，创造条件歼灭敌人。还要发动群众，实行全民抗战。黄樵松从自己的实战体验中感到八路军将领的这些主张非常符合实际，非常正确。会下他与朱德等接触颇多，谈得也很融洽。后来他给官兵讲话时，谈到对朱德的印象："他穿套粗布棉军衣，发言句句适合抗战需要。我们国民党军官有的穿羔皮军衣，有的穿呢军服，却讲不出带兵打仗的道理。和八路军相比，实觉抱愧。"这次会上，黄樵松还为彭德怀拍了一张半身照，此后一直珍藏在身边。

在共产党的帮助下，黄樵松成立了第二十七师战地服务团。战地服务团共20多人，负责人是曲茹，团员有后来的著名音乐家马可等人，都是中共党员或民先队员。在战地服务团工作期间，黄樵松与他们当中不少人交了朋友，抗战情绪很高，常常在师部处长以上会议上讲形势，讲抗战必胜的道理，要求师部机关官兵为房东担水、扫院，军医主动为群众看病。农忙季节他还令全师官兵下地帮助农民干活。

1939年1月，国民党五届五中全会在重庆召开，通过了蒋介石提出的《限制异党活动办法》。2月，蒋介石命令撤销国民党军队中的战地服务团。迫于形势，曲茹和战地服务团部分团员决定撤离。黄樵松给他们发了路费，临行前还和他们聚餐，语重心长地说："你们看得远，想得周到，就这样办吧！不过你们不要忘了我们是志同道合的朋友。"并派人护送几个团员到达安全的地方。是年6月，曲茹受中共北方局派遣，又回第三十军工作。是年11月间，国民党军队向中共中原局所在地确山县竹沟镇新四军留守处发动突然袭击，制造了"确山惨案"。曲茹途经第二十七师驻地，向黄樵松作了介绍。黄当即表示：绝不参加反共活动，对冲出包围的新四军人员概不加阻挠。结果，该师防区非但未抓从竹沟突围出来的中共人员，还帮助个别突围人员安全转移。

1940年初，黄樵松部移防河南叶县时，国民党第五战区司令长官部接到密报，说第二十七师有共产党人活动。孙连仲带着名单到叶县第三十军驻地召开军官会议，当场逮捕了第二十七师的团长陈扶民、杜新民等七人，交军法处看押，并声明要加以处决。曲茹到桑园找到黄樵松商量对策，黄表示先设法营救，以观事态发展，并说："如果形势紧迫，我可以把队伍拉走，靠拢新四军，继续抗战。"曲茹认为此举须请示组织后再定。黄情绪激动地说："我绝不会做民族和人民的罪人，逼得走投无路，我会杀它一个回马枪的。你们回到延安，请对毛主席说，我将来一定要走延安的道路。"

后来曲茹到延安向毛泽东汇报了这件事。毛泽东十分重视黄樵松、池峰城等人的情况，尤其对黄坚持抗战、反对蒋介石制造反共摩擦表示赞赏。当得知黄"拉出部队，靠拢新四军"的坚决态度后，指示曲茹继续做好该部工作。

被逮捕的陈扶民、杜新民等七人，后经黄樵松等力保，得免于难，但都被逐出了第二十七师。黄樵松也因此受到牵连，于1941年调任第六十八军第一四三师师长，原师长李曾志调第二十九师师长。黄樵松在该师任内参加了鄂西会战和常德会战。

1945年3月，日军集结五个师团并骑兵第四旅团共7万多人，战车百余辆，于21日分路向南阳、老河口、襄樊进犯。黄樵松率第一四三师，受命固守南阳。他一面督促部队整修城防工事，一面囤积粮秣弹药，为激励官兵，特备白茬棺材一口，亲笔书写"黄樵松灵柩"，放在指挥部中，表示决心与南阳共存亡。战斗打响后，黄率部顽强抵御，连续打退敌人数次进攻，后与日军展开了激烈的巷战。守卫马武家、卧龙岗、元妙观的第四二九团三个排，与敌拼到弹尽粮绝，全部壮烈殉国。经七昼夜激战，我阵地巍然未动。后来黄部受命突围。4月1日夜晚，士兵身穿棉衣涉水渡过白河。

戎马倥偬，黄樵松诗兴大发，口占一首："别矣南阳城，回顾复回顾，红杏暗送香，白水牵衣诉。"

4. 反对打内战，消极还赋闲

1945年8月，日本投降。黄樵松升为第六十八军副军长兼一四三师师长；不久，军事整编，该部被整编为第六十八师，不久调任第三十军副军长。1945年10月底，蒋介石派出大批军队向共产党解放区进攻。时任第三十军副军长黄樵松率部与第四十军、新八军等部由新乡沿平汉路北进，向晋冀鲁豫解放区进犯。10月24日，在邯郸以南马头镇、崔曲地区，被晋冀鲁豫军区主力部队包围。第十一战区副司令长官高树勋率新八军一万多人，在马头镇通电起义。战区副司令长官兼第四十军军长马法五指挥第三十军、第四十军突围南逃，损失惨重，马法五以下二万余人被俘。黄樵松侥幸突围，喟然叹息："厮杀半生，如今还要打内战，国家何日得安定，人民何日得更生？"

在邯郸战役中，第三十军被人民解放军消灭，后重建第三十军，鲁崇义任军长，黄樵松任副军长，1946年该军改为整编第三十师，师长鲁崇义，副师长黄樵松。是年春，第三十军曾调山西运城一带与解放军作战，因伤亡惨重，不得不撤回陕西整补。9月下旬，晋冀鲁豫野战军发动临汾战役，第三十军一个旅被全歼。年底，河南新闻界人士到豫西汲县第三十军访问，黄樵松陪着记者考察团到了前线，他无限感慨地说："打完日本自己人打自己，老百姓犯了什么罪呀！"记者问及他内战是谁挑起的？他摇摇头，只是回答："天晓得！"

黄樵松不愿为蒋介石继续效力，不久便告长假回到开封家里闲居，曾在妻子王怡芳任教的省立第三小学演讲，阐述抗战成果来之不易，珍惜和平的重要。他还特意书写了早年的一首诗作，并悬挂在自己的住处。上书："十年戎马久离家，踏遍关山与水涯。待到功成归故里，携儿月下种梅花。"以表示自己不再参与内战。但闲居年余，还是被强令召回军中。

1948年3月，徐向前指挥华北野战军第一兵团发起临汾战役，黄樵松整编第三十旅应援临汾，几乎全军覆没，让鲁崇义和黄樵松大伤脑筋。

5月，徐向前又发起晋中战役，解放了除太原以外的晋中地区。7月下旬逼近太原。

此时，国民党军取消整编番号，黄樵松部又改为第三十军。蒋介石带着军令部长徐永昌、新闻局长邓文仪飞抵太原，与阎锡山召开军事会议，研究保卫太原作战方案，并答应调军来支援太原。

8月中旬，蒋介石急电胡宗南调兵，胡宗南令驻防渭南的左世允（协中）第二十二军和榆林的第八十三旅空运太原；第三十军军直部队和戴炳南的第二十七师（总计四团）奉命集结西安机场等待空运，军长黄樵松则"称病"住进渭南西关一家医院，以图躲避，因为他实在不愿意与共产党作战。没想到，军长鲁崇义对驰援太原之事借故推脱，于是黄樵松被正式任命为军长，戴炳南为第二十七师师长、仵德厚为副师长。该军编入阎军作战系列。

胡宗南先后三次派人催促黄樵松去太原前线指挥部队，最后一次还命副官长带着他的手谕亲到渭南促黄北上。孙连仲和鲁崇义也劝黄樵松尽快去太原，在这种情况下，黄樵松见实在躲不过去，只好应命。中秋节到了，黄樵松在西安新城军部赏月联欢，宴会完毕，表演文艺节目。黄樵松拉起胡琴，自唱了一段"秦琼卖马"，热闹一阵之后，有人问道："老黄，你看太原这战事前途怎样？"黄樵松说："孤城一座，四无依靠，若是再无援军，将来想再唱'卖马'也不可得了。"

那人说："我们岂不是死鬼作乐吗？"

黄樵松说："那也未必，我们还可以死里逃生嘛。"

临行前，黄樵松对妻子王怡芳说："你带着孩子收拾东西回开封老家吧，只要你们一走，我就可以远走高飞，无牵无挂。"

黄樵松身不由己地到太原以后，曾经取得一些进展，但也损失了4000多官兵。他知道再战下去前途暗淡。面对孤城一座，四面楚歌，内心十分苦闷、彷徨。有一次在进攻得手后，大家都夸奖黄樵松神勇，黄却说："说良心话，伤亡惨重，补充不来，难以为继呀，就凭我们这一灯油，能熬几天呢？"

9月下旬，在济南战役中，原西北军吴化文率二万余人举行战场起义，济南很快被解放军夺取。黄樵松闻讯，震动很大，写下"济南噩耗，大势去矣"。寥寥八个字，表明他对国民党的未来已彻底失望。

这时，老长官高树勋的一封策反信，通过第三十军一名被俘的排长秘密送到黄樵松手中。信中写道：

"……在一发千钧之际，还不早下决心，更待何时？人家亲信部队郑洞国，在危急之时不听蒋之乱命，自动放下武器，你们为什么、有何代价？况我西北军历来是革命的，在蒋贼分化欺骗收买之下，部队部分走向崩溃，多数干部流离失所，无法生活者比比皆是。回忆过去能不痛心？我在三年间已深刻认识到，我们应走的道路。共产党不论对任何人，只要站到人民方面来，就特别受爱护、欢迎，如在战场起义归来，则不但论功行赏，且可保持原来的番号及其部队。以弟等之智勇果敢，必能当机立断，毅然举起义旗，坚决回到革命方面，创造自己的前途……"黄松樵反复诵读，震动很大。

解放军太原前线总指挥徐向前也亲自致黄樵松数函，讲明我党我军对国民党军起义投诚的政策，积极鼓励他站到人民解放队伍中来。

下集

1. 联络解放军，阵中谋起义

在人民解放军解放太原的战役中，身为国民党第三十军军长的黄樵松，反对蒋介石的内战政策，向往光明，为了给第三十军在黑暗之中寻求一条生路，为了使饥饿苦难之中的30万太原百姓及早获得解脱，毅然决定阵前起义，反戈一击。

黄樵松写信给徐向前表示决心说："为了拯救太原30万父老兄弟姐妹出水火，我决心起义，站到人民和正义方面来，望请指示，定当效劳……"

1948年10月31日夜，黄樵松派该军少校谍报队队长王震宇和谍报员王玉甲持其亲笔信，从太原东山防地出来，辗转来到解放军八纵司令员王新亭的司令部，王震宇说自己是受命前来接洽谈判之事的，送上给徐向前司令员的复信，信中表示起义决心。

徐向前闻讯十分高兴，特派兵团政治部主任胡耀邦和高树勋将军前来，与王震宇等人商议第三十军起义一事。

黄樵松将军提出了四点要求，主要是起义成功后，由他负责改组山西省政府，保留并扩充第三十军，该军在一年内整编训练，暂不他调。黄樵松拟订的起义计划是：以换防休整为名对第三十军进行调动，用一个团从东山前线到太原小东门开辟一条走廊，引导解放军进城；用一个团占领其他各个城门，断绝阎军内外联系；用一个团直扑太原绥靖公署，活捉阎锡山，胁迫他命令阎军放下武器，接受改编。

胡耀邦高兴地对王震宇说："请联络官先生回去向黄军长转达：黄军长以民族利益为重，迎接我军入城作战，共同解决太原问题，我们表示钦佩，他的这种爱国热情，我们表示欢迎。"

徐向前亲笔复了一封信，信中说："贵军长为早日解放太原30万人民于水火，拟高举义旗，实属对山西人民一大贡献。向前保证贵军起义后仍编为一个军，一切待遇与人民解放军同。唯时机紧迫，为更缜密计，事不宜迟。"

高树勋也复了一信，强调"见面后速令王（震宇）回来，以便确定我们见面地点"。黄樵松阅信后，当天再派王震宇、王玉甲到人民解放军指挥部，商议起义具体事宜。经双方会商，协议我军攻取太原城，黄樵松第三十军交出防守的大小东门，战斗一打响，第三十军即撤出城外集结，进行补充整编。王震宇要求我方派代表进城直接与黄樵松军长商量起义方案。胡耀邦准备携带徐向前和高树勋的回信亲自随同王震宇进城与黄樵松面谈，临出发时，徐向前让第八纵政治部宣传部部长晋夫替胡耀邦前往。

关于临时改由晋夫担任谈判代表进城问题，胡耀邦回忆说，当时他把亲自进城的想法向徐向前司令员在电话中汇报后，徐向前认为没有必要亲自去，因而改派晋夫以军团政治部宣传部长的身份，带侦察参谋翟许友以警卫员的身份进城。胡耀邦在交代任务时说："晋夫同志，组织上决定派你去执行深入虎穴的任务，任务很艰巨，可能还会有生命危险！"晋夫表示："作为一个共产党党员，只要是党的需要，就是牺牲了也甘心！"

11月4日拂晓，晋夫和卫士翟许有随王震宇、王玉甲前往太原城，王新亭、胡耀邦等亲自送他们到路口，并派警卫连送他们到阵地前沿。

2. 遭叛徒出卖，被捕太原城

11月3日中午，黄樵松带着戴炳南、参谋长仝学曾等人在建设厅厅长关民权家中参加午宴，席间，关民权对解放军连日来对东山的猛攻极为担忧，问道："老黄，共产党打进来怎么办？"黄樵松轻松地说："打进来，你还做你的厅长。"

不明就里的关民权问："恐怕脑袋也保不住了，还做什么厅长？"

黄樵松脱口而出："我保你！"随即又自觉失口，掩饰道："说笑话吧。"吃完饭，戴炳南跟着黄樵松到了他下榻在太原中国银行宿舍。

黄樵松问："你考虑好了没有？"

戴炳南诧异地问："什么？"

原来，在这年的10月下旬，黄樵松与戴炳南讨论全国战局，黄樵松说："济南失守，吴化文起义，现东北失利，徐州也不妙，不如早作打算，来一个突变！"即率部起义的意思。

此时的戴炳南却犹豫动摇起来，说："军座，你的想法对，但现在时机不到。我怕……"

"前怕狼后怕虎啥都干不成！"黄樵松出示了徐向前司令员和老长官高树勋的信件让戴炳南过目，并说我找你来就是商量起义之事。

戴炳南看了信后神色大变，说："我的家属尚在西安国民党手中，咱是不是将起义计划推迟几天。"

黄樵松说："这不行，我已派王震宇等人前往联络，你回去立即把起义事迅速告诉各团长。"

戴炳南说："军座，这事太大，是不是再认真考虑一下？"

黄樵松说："没有再考虑的必要，炳南，你快回去向各团传令行动。"

戴炳南与黄樵松关系非同一般，1932年起，两人就在一个锅里摸马勺，就如亲兄弟一般。黄任团长，戴当营长、黄当旅长，戴当团长，黄当军长，戴当师长。但在关键时刻，戴炳南虽然勉强应允了黄樵松的起义计划，但他对固守太原仍存有一线希望。

这天下午6点多，戴炳南回到剪子湾师部后，与他的结拜兄弟、第二十七师副师长仵德厚商议对策。

仵德厚是陕西三原人。16岁投西北军军官学校，历任排长、连长、营长，在台儿庄作战时表现勇敢，后任团长、副师长，也是该军中一位能战之将。但仵德厚不愿起义，说："咱三十军就这万把人，阎老西有十几万人，我们一旦守不住城门而被阎军消灭太不值了。"

戴炳南说："你说得对，咱身家性命不能让他给毁了。我也不愿太原被共产党统治，不愿对不起老长官孙连仲和鲁崇义，不愿在西安的家眷受到牵连，不愿背负叛变投敌的罪名，但我和黄樵松几十年的关系，他是我大哥，你让我咋办？眼下我只有三条路可走！第一，跑到徐向前那里，没我啥责任；第二自杀；第三向阎锡山告密！"

仵德厚说："第一条路我不同意，第二条路不值，我同意第三条！做大哥就更应该替兄弟们多考虑考虑，他不考虑咱，咱就不管他！"

戴炳南："第三条路对得起老长官孙连仲、鲁崇义，不落投敌叛变的罪名，只对不起黄樵松！"

仵德厚："谁对不起谁呀？你的爷爷和父亲都曾在山西任过职，他们都阎锡山的旧属，你和阎锡山是父一辈子一辈的关系，怕啥？你给他帮了这么大的忙，你还怕没好果子吃？"

"好！就这么办！他不仁咱也不义！"戴炳南狠狠地掐灭了手里的香烟。

随后，戴炳南又叫来下属团长欧耐农，问："黄樵松要叛变投八路，你干不干？"欧说："师座，你让我解甲归田算了。"

戴炳南说："那好，老件，你和欧团长掌握部队，监视军部的行动，我现在就赶往绥靖公署去。"

当晚，戴炳南赶到绥靖公署找到参谋长赵世铃，唤醒已经入睡的阎锡山，跪在阎锡山的床前，流着泪把黄樵松要起义之事说了一遍，并表示自己坚决效忠党国。阎锡山听完之后，大惊失色，呆坐半晌无言。随后，阎锡山夸奖戴师长有胆有识，将才难得，要好好掌握部队，随即让赵世铃打电话把孙楚、王靖国找来商量对策，决定重新布防阵地，监视第三十军防区，天明后让戴炳南下令，以换防名义将第三十军全部撤出阵地，让别的部队接防。并决定以召开军事会议的名义邀黄樵松前来，诱捕黄樵松。

12点左右，黄樵松接到太原绥署参谋长赵世铃电话，让他到绥靖公署参加军事会议，黄樵松推脱未去，阎锡山派人将第三十军少将参谋长全学曾（号伯诚，山东长青人。陆军大学特别班第6期毕业。1948年任第三十军少将参谋长。同年11月3日，在太原参加诱捕准备起义的第三十军军长黄樵松。此人后赴西安任第一一三军三三五师师长，1949年任第三十军三三五师师长，同年12月17日在四川洪雅投诚）叫来，让其打电话给黄樵松，诡称："阎锡山在军事上有重大行动，参谋长难以做主，请军长亲自到会。"

黄依然未动身，于是阎锡山出马，亲自打电话邀请黄樵松来开会，另派汽车到第三十军军部迎接。

在如此微妙的时刻，黄樵松却未能警觉出阎锡山接二连三地邀请的反常情况，只带着一名警卫乘车来到了绥靖公署，一进副官处，黄樵松就被等候在那里的保卫队员拘捕，并从身上搜出徐向前、高树勋写给他的信件。随即将其架到阎锡山面前。阎锡山问："黄军长，蒋总统和我都很器重你，到太原后我待你不薄，你为什么要叛变？"

黄樵松坦言道："好汉做事好汉当，我不愿意打内战，我要弃暗投明，你看着办吧！"

阎锡山把手杖一顿，大喝："捆起来！"保卫人员七手八脚地把黄樵松捆住，押到绥署西楼上。阎锡山当夜宣布戴炳南为第三十军代理军长，仵德厚升任第二十七师师长。

次日上午，阎军逮捕了从东山解放军指挥部返回的谍报队队长王震宇、队员王玉甲以及同来的解放军参谋处长晋夫和翟许有。

阎锡山立即向蒋介石报告黄樵松"叛变"的经过，蒋介石立即复电阎锡山："着将黄樵松速解京审办。"

11月6日，黄樵松、王震宇和晋夫等人在太原被押上飞机。飞经北平，住了一夜，于7日中午抵达南京明故宫机场。随即押解往羊皮巷18号国防部军法局陆军监狱关押。黄樵松入狱后，明知前途难测，但他镇静如常，毫无畏惧之色。他以豁达的胸怀，吟诗作文，留下来的有《卧室颂》《骊歌》《黑暗的早晨》和《铁窗晚眺》等，借以发泄愤懑和抒发对亲人的深切思念之情。

《卧室颂》这样写道："我们小屋中，铁栏密密封，马桶煤油灯，淡盐水半碗，白菜儿梗，网似虫吃的窟窿。一堆大米包，灯影里，疑是坟墓重重，一串恶梦，一阵狂叫，惊醒没有娱乐的可怜虫——看守兵，嬉闹着，味正浓。"

3．军法审判，判处死刑

蒋介石对黄樵松的反叛极为震怒，令军法监理会同首都卫成总部共同审判，以参谋总长顾祝同为首组成了特别法庭，合议审判。审判长由余汉谋担任，吴英荃、罗杏芳、周云繁、杜慕陵担任审判官。

面对法庭对他指控的"种种罪名"，黄樵松毫不屈服，大声宣布："我不是叛变，而是不愿意替蒋介石当炮灰，不愿打内战。"

审判长余汉谋振振有词地问："你一人不愿打也就罢了，为什么还要大家都不打呢？"

黄樵松讥讽地回答："试问，我的士兵哪个愿意打？"此时，他还想把责任揽到自己身上，说："解放军的宣传部部长是我请来的，我的谍报队队长是我命令他去的，要杀便杀我，为何判他们有罪？"

晋夫则大声说："黄军长，你没有罪！有罪的是他们，该杀的也正是他们！死，吓不倒我们，会有人替我们报仇的。全国就要解放，南京也一定要解放，清算他们的日子就要来到了。"

11月19日，国民党国防部特别法庭以黄樵松、王震宇"共同率队降匪徒"罪，判处黄樵松、王震宇死刑，褫夺公权终身。"吕守成（即晋夫）煽惑军人逃叛"，处死刑，褫夺公权终身"。三人均拒绝在判决书上签字。翟许友因为没有暴露自己的真实身份，而被判处无期徒刑。（翟许友在中华人民共和国成立后被打成"叛徒"，"文革"中被送入安徽"五七"干校学习，后平反。）

审判官宣读了判决书：

国防部判决书（37）柱列字第0227号

判决正本

被告

黄樵松，男，年四十六岁，河南开封人，整编第三十军中将军长

王震宇（即王震中），男，年三十三岁，汉口市人，整编第三十军谍报队少校队长

吕守成（即晋夫），男，年三十二岁，河南洛阳人，匪军第八纵队政治部宣传部长

王玉甲，男，年二十三岁，河南洛阳人，整编第三十军谍报队上等兵

许有（即翟许有），男，年二十一岁，山西安邑人，匪军第八纵队勤务兵

右列被告等因通匪谋反一案本部判决如左：

主文

黄樵松、王震宇共同率队降匪徒各处死刑，褫夺公权终身。

吕守成煽惑军人逃叛，处死刑，褫夺公权终身。

王玉甲无罪

许有另案办理

事实

……

理由

……

基上论结，除许有部分另案办理外，合依战时陆海空军审判简易规程第八条，刑事诉讼法第二百九十一条前段、第二百九十三条第一项，陆海空军刑法第一条第二项，刑法第二十八条、第三十七条第一项戡乱时期危害国家紧急治罪条例第五条第一项第四款判决如主文。

中华民国二十七年十一月十九日

合议审判

审判长余汉谋印

审判官吴英荃印

审判官罗杏芳印

审判官周云繁印

审判官杜慕陵印

书记官盛元泉印

4. 英勇就义，无愧人民

1948年11月27日夜，一群宪兵将黄樵松、晋夫、王震宇三人拉出江东门陆军监狱牢房，走向刑场。

临刑前，共产党员晋夫高呼：

"打倒国民党反动派！毛主席万岁！共产党万岁！"

黄樵松也高呼：

"打倒蒋介石！毛主席万岁！共产党万岁！"

黄樵松牺牲后，遗物遗诗幸得保存。有一方白丝手帕上用毛笔题写了"死而无悔"四个字。

黄樵松在给其妻王怡芳的遗书中写道：

"你看，我虽在牢狱里，但心情怡然，高兴了，就写一套杂感野词，虽不尽合规律，但觉得生动真实而有趣。芳啊！这种恬淡修养，你还要学习呢。

我生前酷爱艺术，今为艺术而死，夙愿以偿，尤其是死在首都金陵，那就更难能可贵了，你想想，中国人能死在这个地方的有几人？你不替我高兴吗？迎接我军入城，解放太原，我们表示钦佩和欢迎！"

在一首题为《死》的五言绝句中写道：

戎马仍书生，何事掏虎子；

不欲蝇营活，但愿艺术死。

其实，黄樵松在反动派的牢房中，不能公开表白心向共产党，为真理而牺牲，只能用"艺术"二字来隐晦地表达其意罢了。否则，这些遗作，也不会流传下来的。

黄樵松被捕的消息传到西安，他在重池路204号的住宅被查抄。妻子王怡芳正在产褥期中，得知丈夫入狱的消息，心中悲痛万分，抛下婴儿赶往南京营救。黄樵松牺牲后，王怡芳出重金买通狱卒运出三人遗体，置棺立碑并葬于莫愁湖畔。

1949年4月下旬太原解放。守军将领孙楚、王靖国、仵德厚等被俘，唯独不见戴炳南。

黄樵松与吉鸿昌一样，都是西北军中的军魂、鬼雄，是西北军的杰出代表和骄傲。西北军中的败类戴炳南之流，也没有好下场。太原解放后，戴炳南自知罪大恶极，躲藏起来，企图以诈死蒙混过关，后来终于被我公安机关逮捕。经过审问，戴炳南供称："我忠于蒋介石，讨好阎锡山，为了升官向上爬，出卖了老朋友黄樵松军长，破坏了起义计划，我犯下不可饶恕的大罪。"

经过太原市军管会特别法庭开庭审判，太原军管会主任徐向前，副主任罗瑞卿、赖若愚、胡耀邦署名发布布告，判处罪大恶极的戴炳南死刑，判处仵德厚有期徒刑十年。同年7月8日，戴炳南背插亡命牌，五花大绑，在万人指骂中，被游街示众，拉出太原大南门外执行枪决。

黄樵松烈士的骨灰于1979年从南京迁往举义地太原。中共山西省委、省人民政府、省一军区、省政协及省城各界举行了隆重的骨灰安放仪式。薄一波、程子华等领导人送了花圈和挽联。中共山西省委统战部副部长王益民代表山西省委致悼词，称赞"黄樵松烈士是一位有正义感、有民族气节的军人，是一位爱祖国、爱人民、爱和平的爱国人士，他为解放太原献出了宝贵的生命，虽死犹生"。这是对黄樵松最公正的评价。黄樵松的遗像及事迹在太原烈士陵园和南京雨花台革命烈士纪念馆展出，永远供人们参观、瞻仰。

第二十八讲　财政部金融泄密大案

上集

  1948年8月19日夜，一个神秘女人从南京下关车站乘坐沪宁铁路的夜车，经过一夜的颠簸，于上午7时抵达上海。出站后，随即拦了一辆祥生汽车公司的出租车，消失在人海之中。这个女人有一个明显的特征，即嘴角有一颗黑痣。不久，她的身影又出现在位于九江路上的上海证券大厅之中，她让经纪人帮其做空了手中所有永安纱厂的股票。大家也许没有想到，这一次看似平常的股票买卖，却在上海滩，乃至南京等大城市引起轩然大波。原来，南京国民政府财政部在次日即8月20日，宣布了币制改革的消息。有内鬼提前泄露出来，因此才有人抛空手里的全部股票，狂赚一大笔不义之财。之后，这个神秘女人像一阵风，来无影又去无踪，她到底是谁？她又是怎样得知金融改革的绝密消息的？

1. 金圆券改革

  1948年，国民党军事力量同人民解放军相比已处于劣势，国统区人民此起彼伏的"反蒋"斗争又严重打击了蒋介石的统治，而维系国民政府命脉的经济体系由于法币的破产亦渐趋崩溃。国民政府长期以来由于滥发法币，造成物价飞涨、民不聊生。到是年8月，法币流通量已达640万亿元，是1937年6月流通量的45万倍，法币信用完全破产了。国民政府为挽救危局，8月19日颁布《财政经济紧急处分令》，同时公布了《金圆券发行办法》《人民所有金银外币处理办法》《整理财政及加强管制经济办法》等条例，宣布实行币制改革，发行金圆券，代替原来流通的法币及东北流通券；规定以金圆券1元合法币300万元、合东北流通券30万元的比价进行兑换；金圆券发行总额以20亿为限，同时实行"现价"政策，规定各地物价冻结在1948年8月19日水准上，不得再行提高，违者严惩。这就是所谓的"八一九防线"。政府限期收兑民间黄金、白银、外币，禁止任何人持有；限期登记管理民间存放在国外的资产。

8月20日，为了晓谕全国，国民党政府专门在南京召开了记者招待会，镁光灯闪烁，台上官员意气风发红光满面，下面的记者纷纷提问。

财政部部长王云五出席了该会，此人天庭饱满，一脸福相，端坐在主席台上，翘着白胡子，用中英文流利地回答着中外记者们有关币改的各种提问，现场的气氛颇为活跃。

王云五（1888—1979），祖籍广东香山，生于上海，熟读儒家经典。早年进入商务印书馆，兼任东方图书馆馆长，创立四角号码检字法；抗战时期为国民参政会参政员，国民政府经济部部长、行政院副院长、财政部部长。

在场记者们向这位"财神爷"提出了一些颇为棘手的问题，而王云五左右逢源，给了记者们满意的答复。王云五再三强调："币改早有准备，却未透露半点风声，尽管有许多谣传，但直到公布，大家才知晓。这是社会的进步、政府的进步。"

他强调说："为了保证币制改革顺利进行，行政院特意设置经济管制委员会，并在上海、天津、广州设立经济管制督导员，上海的督导员就是蒋介石的大公子蒋经国，可见国民政府对此次币制改革的决心与信心。"

记者招待会结束，这位刚上任三个月的财政部部长王云五，用手抹了抹油光可鉴的头发，踌躇满志地钻进了轿车。殊不料，民国金融界证券交易史上颇为轰动的一桩泄密大案已经发生了……

2. 绝密信息已经泄露

就在这一天，上海《大公报》记者季崇威探到一条爆炸性新闻：有人事前已知要实行币制改革，银行将要歇业一天，趁19日上午大量抛空永安纱厂股票，一夜暴富！季崇威将此事告知报社经理李子宽。李子宽掂出其中的分量，忙问："消息来源可靠吗？"

季崇威："绝对可靠！"

李子宽立即嘱咐用"本报讯"标题，在本市新闻栏"币制改革的事前迹象"下，添加一条"豪门巨富纷纷搜购金公债·隐名之人曾大批抛售股票"的副题，迅速揭露此事。

第二天一早，当新出的《大公报》送到市民手中时，这则新闻立刻吸引了读者的眼球。

报纸特写："……19日上午，有某隐名之人从南京乘夜车抵沪，下车后直至某熟悉证券号，一个上午向市场抛售三千万股永纱股票，照昨天股票惨跌的行市计算，此人大约可获利四五千亿元。"

犹如一颗原子弹爆炸，立即产生了轰动效应。全国各大报纸争相刊登有关消息。财政部部长王云五刚刚宣布"没有半点消息流出去"，这条重磅消息就直接打了王云五部长的脸。

这一天《大公报》社的电话铃声不断，都快被股民打爆了。所有的电话几乎都在问："谁是隐名之人？""从哪里得来的消息？"

可是报社一般记者连文章作者是谁都弄不清，回答都是无可奉告。于是，马路消息、花边新闻应运而生，众说纷纭。有人怀疑王云五的挚友、前国民政府经济部常务次长潘序伦就是隐名之人，潘闻风即登报辟谣，说绝无此事；有人说是前任钱币司长、现任小四行（即民国时期的中国通商银行、四明银行、中国实业银行和中国国货银行的合称）总经理戴铭礼所为，因为此人认为币改不合时宜，会出大乱子，《南京晚报》希望戴铭礼也能登报辟谣；还有人说是经济部部长陈启天所为。而上海证券市场更是谣传证券交易所要停业，这是由南京来沪的某要员说的，已将此消息告诉了杜维屏、盛老七、潘序伦三位经济界要人。

风声传开，上海金融管理局长林崇墉和刚到上海任上海区经济管制督导员的蒋经国震怒不已，表示要进行彻查。王云五也开始坐立不安。

南京国民政府深感事态严重，任凭谣传发展下去，官宦大员不知还要牵连多少，刚刚发行的金圆券信誉岂不毁于一旦？

财政部给上海金融管理局和上海证券交易所监理员办公处接连发来几道密电，其中一封曰："事关行政纪律，无论是否事实，均应彻查深究。该案报载既有具体日期、地点、种类、数量，根据此项线索严密追究，并从多方彻查，必可求得真相。合行电仰该局长、该监理员克日严密查究，务将事实真相于电到三日内详细报部，不得稍有隐纵为要。"并加派周德伟参事赴沪，会同侦查。

8月26日，南京地方法院检察院也签发了"宪机字第5675号通知"，委派唐鸿烈、孙玉琳两监察委员火速赶赴上海查询《大公报》所载"隐名之相"，以正视听。

唐、孙二人于次日晨抵沪后，顾不得旅途劳累，驱车直奔上海《大公报》经理部。李子宽经理见来者不善，知道事情闹大了，遂告知此消息乃本报记者季崇威采访所得。

当晚，唐、孙寻到季崇威，晓以利害，希望合作。哪知这位"无冕之王"软硬不吃，毫无惧色，仿佛早就抱定"大不了上法庭公开内幕"的决心，不愿为三斗米出卖朋友。唐、孙二人软磨硬逼，终无收获。而上海证券交易所监理员办公处因其主要职责即为对交易所的一切事项进行监督检查，避免违法事情产生，现报上该项新闻无论是否属实，终是其管辖范围，因此压力颇大。

财政部派去的王鳌堂监理员急忙与该报联系，并驱车亲自拜访《大公报》老板王芸生，查寻消息来源，未获线索。碰了一鼻子灰的王监理回住处后召集下属商量对策，最后决定：由他及其心腹召见经纪人头目，其余一干人等检查账目。

召见的第一人是股票经纪人公会理事长王乃徐，此位为老谋深算的江湖人物，对此种事情唯恐避之不及，当然不会有结果。王鳌堂又电话召其他理事逐一查询，亦未能获得真相。其余人员根据当日交易所买卖报告单，就各经纪人售出永纱股额查明列表，对售出永纱股额在三百万股以上者详查其客户姓名、地址、股数及经纪人解付客户交割金之行庄名称、支票号码等列表查核，复将表内所列股额较大者在同一住址的客户20人的交易情形汇列简表，凭以查核，仍无结果。

财政部上海金融管理局得知此事后，认为非同小可，即予严密关注，并开始着手调查，一方面派人至证券交易所调查8月19日各经纪人证券买卖情形，当时因该所账目正在交割，便嘱咐其缮写8月18日永纱、景福、新亚、美亚等四种股票成交数量清单后，再进行追查。另一方面先就20日沪报所载19日证券市场交易过程中有卖出之各经纪人，如七十一、一四五、一〇六、一〇二号等家分别派员检查。检查结果各该经纪人账内客户委托买卖股票数量并不多，最多的不到50万股，账面观察，无任何违法之举。金管局的官员们推测，"如无巨额抛空，必非场内交易"。便与其他调查机关取得联络，并派精干人员在外从旁调查，以期获得线索。

8月28日上午，各路人马汇集在上海市警察局会议室里，会商破案之事。出席人员除了蒋经国等南京来人外，还有市警察局副局长兼特刑处长张师、原市经济警察大队大队长程义宽等十余人。会议开了一半，突接南京总统府电令，全文只有五个大字："限七天破案。"

在场的各位议论纷纷，面露难色，蒋经国在会议室里踱着方步，给各位打着气说："现在看来，肯定有这等事，希望各位同仁通力合作，互通消息，各位都是有经验的破案高手，相信我们一定能将此事搞个水落石出，给政府和民众一个交代。"

会后，各路人马分头行动。

3. 排查到林乐耕

由于上海金融管理局和上海证券交易所监理员办公处同属财政部，财政部又饬令两方会同检查。会后，金管局立即派人去监理员办公处与王鳌堂接洽联系。王将该处调查的当日各经纪人证交数量表记录全部提供给该局。恰巧上海交易所将交易所各经纪人证券成交数量表缮写后亦送至该局。两相对照，仔细核查，在237家经纪号中，选择其中卖出永纱股票数量在300万股以上及其他有场外交易嫌疑的各经纪人，进行重点排查，共查出五十五、八十五、九十五、一九○、二○四、二二四、二三五、二三七等22户可疑单位。之后，金管局抽调大批精干人员会同上海市警察局警员，兵分几路，前往检查，特别注意有无场外交易及支票存根、送款簿等记载。这次检查大有收获，嫌疑对象归纳有三：

（一）承认有场外交易行为的仅一九○号林乐耕一户，据称他于8月16日左右买进二三七号经纪人杜维屏永纱股票1600万股。

（二）有场外交易嫌疑的有三家：八十五号介昌证券号，外传该号交易甚多，而账面登载甚简；一四五号立丰证券号账上交易甚少而银钱往来甚多；第二号水成证券号介入钱庄票据未能说明来源。

（三）场内交易以七十六号经纪人证券号卖出1190万股为最多，其中以糜耕记400万股为最巨，二一三号经纪人祥大证券号下泰记魏少庭300万股次之，其他在200万股以上者甚少，在100万股以上者亦不多见。

根据以上检查结果，大家一致认为林乐耕嫌疑最大。

"马上拘传林乐耕！"金管局局长林崇墉一声令下，很快，林乐耕被捕到案。林局长连夜亲自讯问。

林乐耕这位股票市场上的"多头"，由于政府公布币改方案，引发了股市的连续下跌，眼见自己的股票大跌，本就一肚子怨气，现见有人过问，便将事情经过来了个竹筒倒豆子，统统说了出来。

林乐耕说："我的证券号自7月份对讲电话割断后，交易清淡，直到8月16日始有大户交易，因为16日有杜维屏向我抛空1600万股（杜抛出我买进），到18日、19日杜维屏又抛空，他问我要不要？我说不要。后来杜维屏在19日下午就抛给十六号经纪人泰丰证券号500万股，又抛给一九二号经纪人天裕证券号500万股。在8月19日除杜维屏抛空外，还有二十八号、三十七号、六十五号、一四五号、三十八号等经纪人亦有抛空。另外我还在市场上听人说有由南京来沪的某要员将证券交易所要停业的消息告诉了杜维屏、盛老七、潘序伦三人。"

事情很明显了，根子在杜维屏。

杜维屏何方神圣？此乃上海滩上赫赫有名的青帮大亨杜月笙的二公子，蒋介石发动"四一二"反革命政变、指挥"八一三"上海抗战和1948年竞选总统时，杜月笙都是出了大力的。谁敢动他的儿子？大家都感到棘手，没办法，汇报给蒋经国。蒋经国这次来上海，已下了很大的决心，再大的人物他都敢动，人送绰号"打虎队长"。蒋经国下令："不论是谁，都给我拿下！"

4. 杜维屏浮出水面

有了"尚方宝剑"在手，上海市警察局经济大队马上开具搜查证，搜查有场外交易嫌疑的华美商号。恰巧杜维屏外出，不在公司，警察们出具证件——搜查。只见该公司营业间，一面墙上装有巨幅黑板，上写着"买卖"与"交割"字样，另一面为客厅，有数人围坐一圆桌正在倾谈。客厅内为经理、副理办公室，电话与传话器俱全，规模俨然为一证券交易公司。

警察问："谁是负责人？"

"我是。"一名为朱道东的职员应答，于是警察就地进行审讯。

问："公司经理是谁？"

答："杜维屏。"

问："杜维屏去哪里了？"

答："不知道。"

问："你叫什么名字？什么地方人？年龄、地址。"

答："朱道东，江苏武进人，现年35岁，住虹口区靶子路海南路82弄11号。"

问："你在公司担任什么职务？"

答："庶务。"

问："你可以负责谈话吗？"

答："可以的。"

问："你们公司经营什么业务？"

答："经营美国货及摇袜机。"

问："你们公司同仁名单拿来看看……"

答："名单没有。"

问："你们公司里有几名职员？"

答："我们公司里有四名职员。"

问："我们进来时公司里有七八人，他们做什么事的？"

答："他们都是杜经理的亲朋好友。"

问："你们公司的营业执照呢？"

答："在杜经理家里。"

问："你们公司里的账本呢？"

答："我不管账的。"

问："你们营业间里墙上黑板做什么用的？"

答："去年做股票用的。"

问："黑板上报纸是什么时间封上去的？"

答："是8月初封的。"

问："黑板是8月初封上去的，为什么有8月21日的报纸呢？"

答："是以后加贴上去的。"

此人不愧是杜维屏的庶务，神情镇定自若，答话滴水不漏。警察便讯问另一名叫徐逸洲的职员，该职员经不起警察的恐吓，马上承认该号确有经营证券事情，经常有顾客五六人，每次交易多在四五十万股之间，先一日付款，后一日交割。

警察们见证据确凿，便要查封该号，带走职员。眼见事情闹大了，也不知有没有人通风报信，杜维屏及时地出现在门口了。经过一番交涉，警察决定暂不查封该号，但杜维屏须出具说明书。

杜维屏说："这个容易。"只见他大笔一挥，"唰唰唰——"顷刻便就。

只见说明书上写着：本公司开设于民国三十六年一月十四日，领有财政部经济部设字第三一九号营业执照，董事长孔令侃，总经理杜维屏，经营工业事项：一、建筑砖瓦事业；二、印刷事业、油墨油漆；三、食品及渔业冷藏；四、蓝麻（即巴西进口的一种大理石）等贸易事项。

警察说："你的商号明明是工贸公司，并非正式证券经纪人，却进行着代客买卖股票事情，这是违法的，希望你这几天暂留上海，随传随到。"

杜维屏唯唯称是。

下集

1. 审讯杜维屏

金管局长林崇墉将此事详细汇报了蒋经国，蒋经国见案子有了眉目，大喜过望，拍着林的肩膀说："老兄啊，你可立了大功了，希望你再接再厉，与其他机关通力合作，将此案查个水落石出。"

上海区经济管制督导专员办公处根据线索，命令上海市警察局马上拘传林乐耕及上海证券交易所第二三七号经纪人杜维屏。

9月2日上午，在上海市警察局七楼会议室，检察院检察委员、市警察局、金融管理局及财政部参事周德伟会同审讯了林乐耕和杜维屏。

林乐耕说："在8月11日、12日左右，二三七号经纪人杜维屏找我，他要卖出股票，我就向他买进1600万股，至于是谁叫他卖出的，我不知道；杜维屏卖出的股票有否场账？我也不知道。"

看样子，要知道事情的真相，一切都要等审讯杜维屏了。

上午10时半，对杜维屏的审讯开始了。杜维屏带来了下属证券主管邱云峰。以下即为审讯的原始笔录：

询问人："姓名、年龄、籍贯、职业、住址。"

杜维屏："杜维屏，27岁，上海，鸿元证券号老板，住霞飞路新康花园9号。"

问："据我们调查所得，贵号于8月11日、12日有永纱1600万股卖与林乐耕。"

答："我因为事繁，关于证券部分我不清楚，问我号中邱经理，他知道。"

审讯人又传邱云峰，问："姓名、年龄、籍贯、职业、住址。"

邱云峰："邱云峰，28岁，上海，鸿元证券号经理，证券大楼

465室。"

问："邱云峰，在8月11日至19日有无朋友向你说可以放空头？"

邱云峰答："没有，从12日起，一般消息都利空，散户多做空头，我们变为多头，为避免老板损失，故把多头额子轧平（意思即多头与空头均衡），且老板亦关照额子不要做大。"

问："为何向别人处抛空头？"

答："我曾关照过额子不要做大。"

问："19日吃进多少？"

答："上午一千二三百万，下午抛给振昌、董阿之天裕，下午以15300点套脱。"

问："请你回忆19日共抛多少？抛与何人？"

答："1200万股，抛给天裕500万股、振昌300万股、龚茂德400万股。"

问："上项数目是有账可查的，有无场外交易？"

答："是场外交易，无账。"

问："欲查可否查到？"

答："客户有存根可查。"

问："在11日至19日抛出的重要客户可报告吗？"

答："19日早晨，未开门即有叫李伯勤的客户携两个女人来候，一开门，即每人抛出200万股，本来本号限制每人100万股，然他们说愿即付保证金，故允与其交易。一抛后即跌停板，故本号亏本甚大。下午他们又来，与其他客户谈起他们是一早由南京来的，其中一女子为李伯勤的妹妹，嘴角有一颗黑痣。另一女子系北方口音，看她们的形色，甚为慌张。"

2. 揪出神秘女人

参与审案人员交换了一下眼神，于是又问："当时详情如何？"

邱云峰："李姓客户和两个女人同时敲出300万一记，敲出二记后男客即说出了已得到消息；之后，三人离去。女客下午来后，见行情跌下未做交易即离去。"

问："除李伯勤之外，其他人还有可疑之处吗？"

答："没有。"

问："据调查另有盛姓客户在19日于你号中抛空，有没有？"

答："没有。"

问："杜先生的朋友中有姓盛的吗？"

杜维屏答："我与盛家的人都熟，盛秉臣、盛老五、盛老七都熟识。"

问："盛秉臣在上海做何事？"

答："他在上海开有华福烟草公司。"

问："杜先生不肯讲出盛秉臣先生是否事前有闻风，恐怕害他而不肯讲出来。"

答："据我知道他与本案无关，而且我可以绝对保证他与此案无关。"

问："你何时开始做场外交易的？"

答："如果我们有多的额子，场内不易卖出，故委托别的经纪人代卖。"

问："你抛给林乐耕多少股？"

答："9日、10日零星客户是多头后翻空头，再翻多头，如此达四次，全部的客户额都抛给了林乐耕。"

问："你抛给林乐耕的股票，是何人直接接洽？"

答："是我号内学徒胡增达进行交易的，因为额子小，故不必由我自己去接洽。"

问："据我们调查所得，11日至16日决不止抛出1600万股，在16日一天你们就抛出了1600万股。"

答："绝没此事。"

问："你与林乐耕交易何时起？"

答："交易早已开始，此次空头1600万股抛与林乐耕，是8月11日起至16日止。"

问："你平时进去数额很少，为何16日一天抛出很大的额子。"

答："因为客户多翻空头。"

问："19日李伯勤何时抛给你？你何时抛出去？"

答："上午9时半李伯勤抛出，我们下午再转抛出。"

问："你说19日起大量抛空，为何知情形不好，还继续抛空，是否有人告诉你消息？"

答："没有得消息。"

问："你们与官场人物有来往吗？"

答："没有。"

问："盛老七过去与何证券号有关系？"

答："我们不知道。"

问："有没有人告诉你说交易所要停业？"

答："没有。"

问："李伯勤所赚的钱，有支票存根可查吗？"

答："因为支票都是凑拢的户头不等，但其中有一女人嘴上有痣的、新开户为'兰记'，另一即李伯勤的妹妹为'淑记'。"

问："这两个女人我们会调查，你们可以出面来证明吗？"

答："我们当尽力协助。"

问："李伯勤住在何处？"

答："住在延庆路9弄20号。"

警察局局长下令："马上拘捕嫌疑犯李伯勤及那两个女人！"

警察局稽查处经济组长毛克刚率领一干人等来到延庆路9弄20号，发现这并不是李伯勤的家，而是其妹妹李国兰的家。原来李国勤是长期借住于此。警察们在屋内遍搜四处，不见李伯勤的踪影。

说来也巧，另一嫌疑人李国兰正在吃饭。她的嘴角正好有一颗黑痣，于是手到擒来，被警察戴上手铐。警察厉声讯问其哥的去向。无奈她拒不作答，只说："他已离开我家半年多了。"

警官乐嘉芳从李家仆人处审问出："李国勤有时寓于复兴路瑞华坊57号其友高祥生家。"

毛克刚一面率人赴高家，一面命令组员李吉光带领部分警察在此周围化装布控，守候李伯勤。奔波一中午，仍无李伯勤踪迹。警察们推测他已潜逃，于是收队回局。

通过李国兰提供的信息，又将住在湖南路343号中国石油公司宿舍内的另一女人杨淑瑶也拘捕归案。

同日下午4时，对这两女嫌疑犯在不同地点同时进行审讯。

对李国兰的审讯地就在上午审杜维屏的地方，审讯人仍为原班人马。

问："你的姓名、年龄、学历？"

答："我本名李国兰，因丈夫姓陶，故改名陶李国兰。现年32岁，文化程度高中。"

问："你娘家有几个兄弟姐妹，叫啥名字？干什么事的？"

答："李伯勤、李国树、国良、国桢、国元、国藩，姐妹二人，国兰、国蕙。长兄伯勤是在华美证券号做交易生意，并没固定职业。国良在上海电信局，国树在资源委员会台湾肥料公司。"

问："你丈夫叫什么名字？职业、住址。"

答："叫陶启明，在南京财政部资料室做秘书，目前就住在部里。"

问："8月18日李伯勤、你和陶小姐搭夜车自南京来，有没有这回事？"

答："我根本没有去南京，其他我不知道，陶小姐并没有出过门。"

问："李伯勤、陶小姐和你本人19日早晨什么时候到证券大楼鸿兴字号的？"

答："19日早晨，我和徐太太杨淑瑶在电梯上遇到李伯勤，所以一同至华美证券号，华美在普益大楼。"

问："华美证券号经纪人是谁？你去做什么？"

答："不知道，我去卖股票。"

问："卖出多少股票？"

答："我两次共卖出股票200万股，徐太太卖出200万股，李伯勤卖出300多万股。"

问："徐太太丈夫是谁？"

答："她丈夫是我丈夫的朋友，在中国石油公司做事。"

问："从台湾回来后，你什么时候开始做证券？"

答："19日为第一趟。"

问："你19日是卖出抑买进？"

答："我是抛空200万股。"

问："你19日抛空，你丈夫知道吗？"

答："当日夜里知道的，因为在18日下午自南京回上海探亲，所以我要去做股票他当晚就知道。"

问："你丈夫何时回南京的？"

答："19日夜里回了南京。"

问："你丈夫18日晚回来和你谈起抛空的事吗？"

答："谈过，当时我们大家以为最近报上有变动消息，所以预备做股票，我丈夫表示同意。"

问："那你抛空事先你丈夫知道吗？"

答："知道的。"

问："200万股赚了多少钱？"

答："约24个亿。"

问："你同徐太太是怎么碰见的？"

答："我去找她的。"

问："你在华美有没有开户？怎么做法？"

答："没有开户，我是托我兄伯勤代开户做的，一切手续托他办的。"

问："下午有没有做？"

答："仍在华美等待，下午未做交易，亦未到别处去做。"

问："你丈夫何时进财政部的？"

答："在王云五部长时进去的，已两个月，是徐百齐介绍进去的。"

问："你丈夫与徐百齐什么关系？"

答："是朋友，与王部长不认识。"

问："你丈夫原在何处做事？"

答："在台湾高雄地方法院任推事，由居正院长介绍的。"

问："你丈夫回沪后找其他朋友没有？有没有打电话与人交谈有关币改、证券方面的事？"

答："我不晓得。"

问："你哥哥是你去找他的吗？"

答："是我去华美找他的。"

问："那他现在何处？"

答："不知道。"

李国兰兄妹情深，她就是不肯说出李伯勤的下落。

在警察局经警队接受审讯的杨淑瑶，生性胆小怕事，警察一问，她马上交代了事情的经过：

8月19日上午8时许，李国兰来约她去华美做股票，说有消息，这次包赚不赔。上午9点到那里，由李伯勤为她及李国兰开了"淑记""兰记"账号。9点半开市即做好抛出永纱股票的准备，在16450

点时抛出100万股，在16000点时续抛出100万股。赚到的钱托陶太太存了起来，其他的她一概不知。

案情调查至此，一切都已明了，这个"隐名之人"就是陶启明。

3．财政部里内鬼

财政部上海金融管理局局长林崇墉马上接通了南京财政部部长办公室的电话。王云五已下班回家，接电话的是王云五的心腹、该部秘书长徐百齐。徐百齐一边做着笔录，一边淌着汗，等林讲完挂上电话后，他还机械地重复着："好，我马上呈报部长。好，我马上呈报部长。"

徐百齐坐上黑色小轿车，从中山东路财政部，绕过新街口，直奔鼓楼王云五的公馆。车子在崎岖的马路上颠簸着，徐百齐的心颠簸得更厉害。怀里的那份电话记录写着：立即扣押陶启明，消息暂不公布，以免有关人犯闻风潜逃。

这份记录呈上去，对徐百齐将意味着什么，没有人能比他自己更清楚了。

原来陶启明进财政部，是徐百齐做保人介绍来的，币改的消息也是他透露给陶启明的。这种关系，这等大案，使徐百齐越想越怕……

王云五正在吃晚饭，看完电话记录，放下筷子就跟着徐百齐赶回财政部，他拿起办公桌上的电话专线，立即通知南京警察厅厅长黄珍吾，派人去财政部三楼单身宿舍捉拿陶启明。王云五又让人事处处长吴兴周调出陶启明的档案，取出陶的一寸小照，交给黄珍吾，请警察厅协助缉拿。安排妥当，王云五便回公馆，半夜不敢睡，听候消息。

当晚，警察局的人就去了财政部陶启明的宿舍，但空无一人，难道他听到风声逃走了？于是南京警察厅派出警员达千余人之多，在各交通要道、下关火车站、中华门火车站、中山码头等处布控，分发陶启明的复印照片，严加盘查，谨防该犯潜逃。

那么，陶启明到底上哪儿去了？原来他赴宴去了，到了深夜，才回宿舍。一进门，便被警察拿下，验明正身后，将他带进了警察局。

王云五手书一函，亲自交给黄厅长。上面写着："本部秘书陶启明，据报19日曾抛售永纱股票，该员泄露公务秘密，嫌疑重大。身为公务人员，竟有如此不法行为，实堪痛恨，应请贵厅即予逮捕，依法究办。此致首都警察厅。王云五，9月2日。"

9月3日上午8时，警察局开始审讯陶启明。熟知法律的陶启明百般抵赖、狡辩，死不认账。最后，熬到5日，他终于忍受不了那套"科学仪器"的强烈刺激，招出同案犯还有他的上司兼朋友徐百齐。

徐百齐原系中央研究院研究员，从1931年到1942年任商务印书馆法律书籍主编，深得王云五赏识。后又到上海律师事务所工作。1946年经王云五提携任经济部主任秘书。1948年王云五任财政部部长时，徐便改任财政部秘书长。同年6月，本在台湾法院任推事的陶启明因"法律、英文均好"，被徐百齐引进了财政部当秘书。

就在陶被捕的第二天上午，徐百齐自感罪责难逃，主动找王云五密谈了数小时。尔后由王云五亲自打电话通知警察厅黄珍吾："徐百齐为表明心迹，自请看管，请派员来部监管。"次日，王云五又在给行政院报告中说："全国银行封关两天的电令，是由徐百齐拟的，用人不当，深至欠愧！"

在陶启明供出徐百齐后，王云五又发函致黄珍吾："本部停职秘书徐百齐，因为陶启明之介绍人，自请看管。顷据贵厅刑警总队审讯陶启明之口供，认徐百齐有重大嫌疑，请自行逮捕，拘押法办。"

4. 如此宣判

王云五丢卒保车，于是，徐百齐被"请"到了刑警总队。

至此，由于财政部泄密而引发上海证交所发生抛空大案的案情已全部明朗，涉案人员都得到程度不同的处理。

605

1948年9月15日出版的《新闻天地》有这样一段文字："……最高当局因为改革币制伊始，不愿使这件事牵连更多或更大的人物，以致影响政府威信，进而影响新币制的信用，所以决定陶案至徐百齐为止。听说最高当局曾告监察院长于右仁，转告办此案的唐鸿烈、孙玉琳二委员，对徐百齐的侦讯勿为已甚。"

根据上峰的旨意，9月28日上午在上海地方法院宣判杜维屏、李国兰等人。判词云："买卖股票本属合法交易，但须在交易所法许可范围以内。否则，就是违反交易所法。"

根据这一罪状，法官宣布：陶李国兰被判徒刑10个月，杨淑瑶被判7个月。

杜维屏另案：违法经营场外交易者，财政、工商两部根据情节给予处分，如九〇号经纪人吕濂敬被要求缴销营业执照，经纪人杜维屏被吊销营业执照，而林乐耕也被移送法庭审理。杜维屏被判徒刑8个月。

监察委员孙玉琳等联名纠举财政部部长王云五，用人不当，严重失职。但南京地检处认为该案与王云五无关。而王云五本人早在9月22日飞赴美国，出席国际货币基金会会议去了。他临走时命令财政部稽核田百川及上海金管局派人会同秘密调查上交所监理员王鳌堂失职实情。于是王鳌堂也就成了替罪羊。案件发生不久，即被免职。

财政部稽核田百川通过调查，认为："王鳌堂对于证券场外交易，事前疏于防范，未作任何有效之处置，币制改革前夕抛空大量证券案发生之后，亦未见派员作严密之彻查。"上海金管局派了卢耀文、萧迥等人去调查，该二人本就眼红王鳌堂之职位，趁机列举了大量事实，证明王"漠视职务处理失当"。10月29日，财政部发了个部令："上海交易所监理员王鳌堂着即准予撤职。此令。"

1949年1月19日上午10时40分，南京地方法院在经过"缜密侦讯"后，作出如下判决：

"徐百齐、陶启明共同对于非主管或监管之事务利用机会图利，各处徒刑七年。"

所谓的宣判，只是一纸空文。徐百齐的7年牢，只坐了22天，即于2月10日便离开娃娃桥监狱，离宁返沪；陶启明不久亦被释放。

这场财政部内部泄密而引发的证券抛空大案曾轰动全国，几十家报纸、杂志予以登载，上自蒋介石、蒋经国等国府要员，下至宁、沪两地数千警员，均插手、参与该案，几乎成了妇孺皆知的一桩大案。但该案随着国民党政权的垮台而草草收场，作为蒋家王朝结束前最后一出完整的自欺欺人的庭审闹剧而载入史册。